Vom Wertmaß der Poesie

Literaturbetrachtungen von Goethe bis Fontane

Herausgegeben von
Jürgen Israel

Erschienen bei
Hinstorff Rostock

Die Sammlung
Deutschsprachige Literatur in Längsschnitten
Begründet von Kurt Batt

ISBN 3-356-00160-4

1. Auflage 1988. Lizenz-Nr. 391/240/14/88. Printed in the German Democratic Republic. Ausstattung: Lothar Reher. Gesamtherstellung: Offizin Andersen Nexö, Graphischer Großbetrieb, Leipzig, III 18/38. Bestell-Nr. 522 890 6

01480

Matthias Claudius

(Lessing, Minna von Barnhelm)

Ich habe einen Bekannten, der unter andern sonderbaren komischen Vergleichungen, die er allezeit macht, die Aufführung eines guten Schauspiels mit der Abfeurung einer scharf geladenen Kanone zu vergleichen pflegt. Nicht der Knall, der durch die ganze Gegend hinrollt, nicht der Wald noch die glänzenden Paläste, die ihn zurückstoßen; der gespaltene Eichbaum, die zerrissene Bergseite beweisen es, daß die Kanone scharf geladen war. Als die ›Minna von Barnhelm‹ des Herrn Lessing den 8. dieses hier von der Akkermannschen Gesellschaft aufgeführt ward, war ein naiver unwissender Jüngling im Parterre, der in dem folgenden Briefe von dem, was er erlebt hat, seinem Vater Bericht abstattet. Es ist freilich nur ein Brief eines unwissenden Jünglings, aber doch immer so gut als der Knall schaler Lobsprüche, wenn ihn auch die Wände des schönsten Palastes zurückgestoßen hätten.

Hamburg, den 9. Nov.

Mein lieber Vater!

Dieser Brief kommt, Ihnen zu sagen, daß Ihr Fritz gesund und wohl in Hamburg angekommen ist und Vetter Steffen glücklich aufgefragt hat. Wenn man aus meinem Quartier linker Hand immer so vor sich eine Weile hingegangen ist, da wohnt Vetter Steffen, in einem hohem Hause, er hat sich recht gefreut, als er mich sahe. Aber das heiß ich eine Stadt, das Hamburg, da gibt's was zu sehen, Rathäuser und Baumhäuser und Weinhäuser und Caféhäuser und Musikhäuser; mein Vetter geht allenthalben mit mir hin. Gestern abend, den Abend vergeß ich nicht, solange ich lebe, gestern abend, etwas nach 5 Uhr, führte er mich in ein Musikhaus. Wir kamen durch einen wunderlichen krummen Gang in einen großen prächtigen Saal. Hier saßen wohl bei tausend Menschen teils auf Bänken, die auf der Erde hintereinander, und teils in Bücherrepositoriis und kleinen Schränkgen, die rund herum an den Wänden übereinander befestigt waren. Wir hatten eine herrliche Musik zu hören und ein großes schönes Gemälde zu sehen, das auf einem Vorhange gemalt war. Hinter dem Vorhange, dachte ich bei mir selbst, wird ein Alkove mit einem Himmelbette sein, aber das geht dich nichts an. Doch ich hatte nicht recht geraten. Der Vorhang ward hernach weggetan, und dahinter war noch ein ganzes geräumiges Wirtshaus, wo man vermutlich alles fordern und haben konnte, was man wollte; es würde auch gewiß den Abend was Rechtes sein verzehrt worden, denn im Saal waren viele vornehme und reiche Mann- und Frauenzimmer, wenn sich nicht von ohngefähr, gerade als die Musik aufhörte, in dem Wirtshause ein besonderer Vorfall ereignet hätte. Reisende Leute, die sich kannten und suchten und, ohne es zu wissen, in demselben Wirtshause logierten, fanden sich. Das war ein Lärm, da war Freude und Leid und Zank und wieder Freude und wieder Zank und Liebe und Freundschaft und Großmut, alles durcheinander. Doch es mochte eine recht gute Art Leute sein; bei uns sind die Leute nicht so, auch hier müssen nicht viele so sein, denn die ganze Gesellschaft im Saal wunderte sich über sie, starrte mit Augen und Ohren sie an und vergaß Essen und Trinken darüber. Sie waren freigebig, rechtschaffen, edel, hart gegen sich selbst, wollten mit Gewalt glücklich machen und nicht glücklich gemacht sein – Da war eine hübsche Witwe, die betrübter war, als sie aussah, eine Kammerjungfer, die mutwilliger aussah, als sie war, ein vortrefflicher Wachtmeister, ein Kerl, der Geld hatte, und ein junges schlankes Fräulein, für die ich alles in der Welt hätte tun können – ja, aber der Major von Tellheim tat auch als ein rechtschaffener Mann bei ihr. Er hatte, konnte ich wohl merken, dem Fräulein die Ehe versprochen, und wollte sie auch noch gerne haben, wollte sie aber auch nicht haben, weil er unglücklich geworden war. Das junge Fräulein freuete sich herzlich, daß sie ihren Tellheim wiedergefunden hatte, und wollte ihn mit allem seinem Unglück, sie stürmte erst mit freundlichen muntern Einfällen und edler Schalkhaftigkeit, dann mit verstelltem Unglück und einer großmütigen Entsagung auf sein Herz. O! Ich kann Ihnen nicht so recht sagen, wie das alles war; aber ich will Ihr Fritz nicht sein, wenn mir nicht dreimal bei dem, was die Leute sagten und taten, die Tränen in die Augen getreten sind. Manchmal ward's mir auch grün und gelb vor den Augen, und ich dachte, es würde tote Leute geben, doch ging alles gottlob noch gut ab.

Das Fräulein war aus Sachsen und hieß Minna von Barnhelm. Wenn Fräulein Eleonora von ... auch nicht die eine hohe Schulter hätte, so wäre sie doch nur ein dummes Fräulein gegen die von Barnhelm. Sie war so witzig, so ungekünstelt, so sanft, kurz, wie gesagt, ein junges schlankes Fräulein, für die ich ungekannt und ohne Belohnung alles in der Welt hätte tun können. Ich habe auf meine eigne Hand Jubel gesungen, daß die Sache so nach ihrem Wunsch ablief. Nun wird sie wohl mit ihrem Tellheim schon auf ihre Güter in Sachsen gereist sein, und ich werde sie nicht wiedersehen. Mag sie doch, wenn's ihr nur wohl geht.

Vetter Steffen sagte mir im Vertrauen, daß ein Mann, der Lessing heißt und der sich hier aufhalten soll, diese ganze Geschichte gemacht habe – Nun so vergeb's ihm Gott, daß er dem Major und dem armen Fräulein so viel Unruhe gemacht hat. Ich will gewiß den Hut nicht vor ihm abnehmen, wenn er mir begegnet. Aber zehn Taler wollte ich darum geben, wenn ich noch einmal eine solche Geschichte mit ansehen könnte. Mir war den ganzen Abend das Herz so groß und so warm – ich hatte einen so heißen Durst nach edlen Taten – ja ich glaube wahrhaftig, wenn man solche Leute oft sähe, man könnte endlich selbst rechtschaffen und großmütig mit ihnen werden.

Die Leser werden sich, aus dem 89. Stück dieser ›Nachrichten‹, eines Briefes von einem unwissenden Jüngling an seinen Vater erinnern; der Vater hat ihm geantwortet, eine Tante auch, und er selbst hat einen zweiten Brief geschrieben, warum sollte man diese Briefe nicht auch lesen können?

An Fritz von seinem Vater.

Du hast für deinen letzten Brief etwas bei mir zugute, mein Sohn. Deine Geschichte, von den Leuten im Wirthause gefällt mir, und der warme Ton, darin du von dem Major von Tellheim, von dem Wachtmeister und dem jungen schlanken Fräulein sprichst, gefällt mir auch. Ihr Betragen war edel und gut, ich kenne die Familien der von Barnhelms und Tellheims, sie handeln immer nicht anders.

Die Götter gaben dem Menschen ein Herz, das aufwallen und mit dem wärmeren Blute sanfte Röte in sein Gesicht, Tränen in seine Augen und mit ihnen Empfindung der Seligkeit und unwiderstehlich süßes Wonnegefühl durch jede kleinste Nerve strömen konnte; sie gaben ihm einen Verstand, der diese Aufwallungen beherrschen und zu seiner wahren Wohlfahrt leiten sollte. Der Mensch überließ sich zu sehr den schmeichelhaften Aufwallungen – und machte sich unglücklich. Du hast ein weiches, unverdorbenes Herz und wirst auch Leute sehen, die minder gut und edel handeln. Sei auf deiner Hut, teurer Jüngling. Ich weiß jemand, der gerne dein Verstand sein und als dein Schutzgeist über dein Herz wachen würde, wenn du dich ihm vertrauen wolltest. Lebe wohl, Fritz, und schreibe mir bald, daß du Geld brauchst.

N.S. Solltest du einmal das Fräulein von Barnhelm sprechen, so grüße sie freundlich von einem alten Manne, der nahe an seinem Grabe noch Freude und die Tugend liebhat; noch eins, wenn dir Lessing begegnet, kannst du immer den Hut vor ihm abnehmen.

An Fritz von seiner Tante.

Hochgeehrter liebwerter Herr Vetter.

Wenn mein Brief den Hrn. Vetter bei gutem Wohlsein antrifft, so soll es mir lieb und angenehm zu vernehmen sein, ich befinde mich wohl. Du bist in dem Hause mit dem Vorhange gewesen, du Sündenwisch, und solch ein Unglück mußte ich noch auf meinen alten Tagen an meiner Schwester Kind erleben! Aber es hat mich wohl geahndet: der Komet stand grade über unser Dach, und ich habe eine Zeitlang her schwere Träume gehabt von Nachtraben, Aalen und blutigem Schafgekröse. Der Herr Vetter hat mich lange nicht mit einem Schreiben beehrt, und ich wünsche recht sehr von seiner werten Hand zu erfahren, wie es ihm auf seiner Reise geht. Aber der gottvergessne Steffen! habe ich ihm darum so viel Gutes getan und ihn mit meinem Testamente bedacht, daß er dich verführen sollte? Noch heute will ich alles wieder umstoßen, das Gasthaus zu meinem Unversitätserben einsetzen, und ihr könnt zappeln, ihr heimlichen Sündenböcke, ihr. Und du schämst dich nicht in deinem Briefe von einem abgedankten Wachtmeister und einem Fräulein, das du gesehn, noch viel Rühmens zu machen! Auf meinen Knien danke ich Gott, daß er mir keine Kinder und keinen Mann gegeben hat, damit ich doch solche Sünde und Schande nicht an meines eignen Leibes Erben erleben durfte. Pfu dich und komme mir nie wieder vor Augen. Schließlich empfehle ich mich des Herrn Vetters Gewogenheit und beharre mit vielem Estime, nebst freundlichem Gruß an Hrn. Steffen, meines lieben Herr Vetters ergebenste Dienerin und Tante etc.

Karl Wilhelm Ramler

Emilia Galotti: ein Trauerspiel von G. E. Lessing. Berlin 1772

›Emilia Galotti‹ behauptet, ebenso wie ›Minna von Barnhelm‹, nicht bloß auf dem deutschen Theater, sondern auf dem großen klassischen Theater der gelehrten Welt einen vorzüglichen Rang. Ein Verächter seiner Landsleute, »der in das eigne Fleisch die eignen Klauen setzt«, wird dies Trauerspiel allerdings zu erniedrigen suchen. Er wird sich über ein mit Fleiß gewagtes Wort aufhalten, wie jener bei einem großen Palaste über den Bogen eines Fensters, und wird an keine der tausend mit Geschmack angebrachten Schönheiten noch an die Kunst, tausend Fehler glücklich vermieden zu haben, mit einer Silbe gedenken.

Viele Liebhaber der Bühne haben sich seit einiger Zeit merken lassen, Tragödien wie ›Miß Sara‹, wie ›Romeo‹, wie ›Beverley‹ wären allzu traurig, erregten zu viel Tränen. Unser Dichter gibt ihnen hier eine ›Emilia‹, die keinen Strom von Tränen, sondern gleichsam nur Keime von Tränen und einen heilsamen Schauer von Schrecken erregt. Was werden diese zweideutigen Liebhaber nunmehr sagen? Sie werden sagen: Man weint nicht genug in Eurer ›Emilia‹, man lacht sogar darin; und werden das Lachen der Bosheit, des Hohnes, der Bitterkeit und das schreckliche Lachen des Trübsinns und einer halben Raserei mit dem komischen Lachen der Lustigkeit und des Leichtsinns verwechseln.

Doch genug von dem Bösen, was einige hier suchen werden. Wir müssen den Lesern anzeigen, was andere Gutes in diesem neuen Stücke unsers dramatischen Dichters finden. Sie finden darin wahre Charakter geschildert; nicht solche, die gar keinen Schein von Fehlern haben; auch nicht solche, die keinen Anstrich von irgendeiner Tugend haben, sondern solche, wie sie die Natur geschaffen hat und noch schaffen kann. Sie finden ferner, daß die Charakter vortrefflich voneinander abstechen, und zwar nicht so wie Schwarz und Weiß (welches gar keine Kunst erfordert), sondern so wie sie Homer und Shakespeare zu schattieren wissen. Da die Szene des Schauspiels in Italien ist, so hat der Dichter nicht allein Sitten der Welt, Sitten der Prinzen, der Hofleute, der Künstler, der Religiösen, der Biedermänner, ja sogar der Räuber und Mörder überhaupt geschildert, sondern er hat noch vieles von dem Eigentümlichen des Landes hinzuzutun gewußt. Was seine Sprache anbetrifft, so ist sie die Sprache der mannigfaltigen Natur, aber die lebhafte und kurze, die nachdrückliche und dennoch leichte Sprache der Natur; nicht die einförmige Sprache der Studierstube, nicht die einförmige Sprache so manches berühmten ausländischen Dichters, bei welchem die Prinzessin Tochter und der tapfere Vater und der alte Bediente und die junge Vertraute ungefähr einerlei Sprache, und mehrenteils eine zu künstliche, übertriebene, deklamatorische Sprache führen. – Nachdenkliche Leser finden hier bei jedem Schritte, den sie tun, Sachen: nicht so oft gesagte, sondern neue, selbst gedachte und lehrreiche Sachen, und was das Beste ist, die nicht die Miene haben, als ob sie lehren wollten. – Die Ankündigung des Inhalts, die den Dichtern so schwer wird, geschieht hier so ungezwungen, ist so schön in Handlung gebracht wie möglich. – Die geringsten Umstände, die bloß ein Theaterspiel zu sein scheinen, haben einen Einfluß in die Folge des Stücks und dienen entweder, den Charakter und die Leidenschaft der Personen in ein helleres Licht zu setzen oder die Wahrscheinlichkeit der folgenden Begebenheit zu vermehren. – Die letzte Entwicklung ist mit ungemeiner Kunst vorbereitet und wird unsern Augen bis ans Ende glücklich entzogen. Kurz, dieses Trauerspiel hat überall Schönheiten, die jedermann in die Augen fallen, und auch Schönheiten, die vielleicht den Kunstverwandten zuerst und, sobald diese sie anzeigen, allen andern Augen einleuchtend sind. Wir ersuchen die Kunstrichter, die mehr Raum dazu haben als wir, sich selbst und ihrer Nation durch Entdeckung derselben Ehre zu machen. Doch auch die Schauspieler können sie hinlänglich zu empfinden geben. Sie haben hier alle mögliche Gelegenheit, ihren Verstand und ihre Talente zu zeigen, nicht darin, daß sie den Dichter verschönern, sondern darin, daß sie den Geist des Dichters erreichen können. – Von dem bekannten Hauptendzweck dieser und einer jeden wahren Tragödie sagen wir nichts: wir hätten aber Lust, an die Spitze dieses Stücks jene königlichen Worte zu schreiben: Et nunc reges intelligite! erudimini, qui judicatis terram.

Wir vermuten nicht, daß irgendeiner, der von der dramatischen Kunst wichtigere Teile kennt als die Beobachtung der Einheit des Orts, wir vermuten nicht, daß ein solcher das beste Stück des Beaumarchais oder Falbaire oder Mercier oder de La Harpe oder Sedaine lieber gemacht haben möchte als die ›Emilia Galotti‹. Wird dieses Stück aber ebenso eifrig angepriesen werden als die Stücke dieser Neuern? – Von denen gewiß, die den wahren Geschmack des Schönen überhaupt und nicht den einseitigen Geschmack für eine Art von Schönheit allein oder gar für eine Sprache allein besitzen. Von denen gewiß, die die Meisterstücke in den alten und in den vornehmsten neuen Sprachen gelesen und überdacht haben. Von denen gewiß, die sich mit den besten philosophischen Wissenschaften und Kenntnissen des Lebens bereichert haben; aber nicht von denen, die, wenn sie nicht französisch parlieren könnten, fast gar nichts könnten. –

Matthias Claudius

»Emilia Galotti« Ein Trauerspiel von Gotthold Ephraim Lessing

Wollt's wohl machen wie der Maler Conti; er lehnte anfangs das Gemälde der Emilia verwandt gegen einen Stuhl, aber die Leser haben wohl nicht so viel Geduld als der Prinz, will's also lieber gleich umwenden, daß sie die runden hervorliegenden Figuren sehn, den rauhen, biedern Odoardo, den feinen, guten Appiani, den Engel Emilia, den schönen, frechen, infamen Sünder Angelo und den noch infamern Filou und Hofschranzen Marinelli. »Der Künstler scheint mit dem Auge gemalt zu haben, weil so wenig auf dem langen Wege aus dem Auge durch den Arm in den Pinsel verlorengegangen ist; alles wie aus dem Spiegel gestohlen; das Stück soll nicht aufgehangen werden, soll bei der Hand bleiben, nicht wahr?«

Das erste also, was ich von diesem Trauerspiel zu sagen habe, ist, daß es mir gefallen hat; das heißt nun wohl eben nicht viel gesagt, aber es ist auch nie meine Sache gewesen, viel zu sagen; und wer da sagte, daß es ihm nicht gefallen habe, der hat doch noch weniger gesagt. Freilich, wenn ich verstünde, was zu einem guten Trauerspiel gehört, so könnt ich's alles weitläufig mit Gründen belegen und sagen, so und so und dies und das und darum. So aber kann ich nur schlechthin sagen, was mir sonderlich gefallen hat, und das will ich frei tun, damit mich der Maler Conti nicht ins Kloster schicke. Sonderlich denn hat mir gefallen der Stolz des Malers Conti in seinem Gespräch mit'm Prinzen, sonderlich, daß Camillo Rota das Todesurteil doch wohl nicht mitgenommen hatte, sonderlich der Morgenbesuch des alten Odoardo, sonderlich Pirro und Angelo, sonderlich Odoardo und Claudia, sonderlich, daß Emilia nichts vor dem

Grafen Appiani auf dem Herzen behalten wollte, sonderlich die melancholische Schwärmerei des Grafen Appiani, sonderlich sein Gespräch mit dem Hofschranzen, sonderlich Angelo und Marinelli, sonderlich Emilia, sonderlich Marinelli und Claudia, sonderlich Orsina und Marinelli, sonderlich Odoardo und Orsina, sonderlich Marinelli, der Prinz und Odoardo, sonderlich das ganze Stück von der »Kunst, die nach Brot geht« bis zu Odoardos schönem »Zieh hin«. Der Schuß im 1. Auftritt des 3. Akts hat mich recht erschreckt; ich war mir auf hundert Meilen noch keinen Schuß vermuten. Auch die Orsina hat mich ein paarmal recht surpreniert; der Henker erwarte so viel Geist, Entschlossenheit und feste Wut von einer solchen Nickel; 's ist gar ein verteufeltes Weib, aber meisterhaft wie die andern.

Ein Ding hab ich nicht recht in Kopf bringen können, wie nämlich die Emilia, Seite 149, sozusagen bei der Leiche ihres Appiani an ihre Verführung durch einen andern Mann und an ihr warmes Blut denken konnte. Mich dünkt, ich hätt an ihrer Stelle nackt durch'n Heer der wollüstigen Teufel gehen wollen, und keiner hätt es wagen sollen, mich anzurühren. Doch das kommt mir wohl nur so vor, und ich hab's bloß gesagt, damit ich mich ganz ledig sagte. Wollt's auch für viel nicht mit Herrn Lessing verderben. Er fackelt nicht; zwar, er gäb sich auch mit'm schlichten Boten wohl nicht ab, er ist's so mit Geheimden Räten gewohnt.

Johann Gottfried Herder

Theokrit und Geßner

Von allen Werken des schweizerischen Geßner liebe ich seine Idyllen am meisten und will sie mit den Idyllen des Theokrit vergleichen. Sie verdienen dies mehr als die Idyllen des Fontenelle und Pope. Ich will den feinen Bemerkungen des Kunstrichters[1] folgen, sofern sie zu meiner Vergleichung gehören und so fern ich ihnen beistimmen kann.

»Man kann entweder die Beschäftigungen und die Lebensart oder die Empfindungen und Leidenschaften der kleinen Gesellschaften betrachten. Sowohl die Lebensart als die Empfindungen können entweder der Natur gemäß, gleichsam porträtiert, oder nach dem Ideal verschönert werden. Hier ist in wenig Worten die Beschreibung von viererlei Arten von Gedichten, die alle zu einer Hauptklasse, den Landgedichten überhaupt gehören. 1) Die Beschäftigungen von kleinern Gesellschaften nach der Natur. 2) Eben dieselbe nach dem Ideal. 3) Die Empfindungen und Leidenschaften der kleinern Gesellschaften nach der Natur. 4) Eben dieselbe nach dem Ideal. Die erste ist das eigentliche Landgedicht; die zweite kommt mit der Beschreibung des goldnen Weltalters überein; die dritte ist eine Art von Landekloge, die nicht ganz zu verwerfen ist; die vierte ist die wahre Idylle Theokrits, Virgils und Geßners. Was ist nunmehr die Idylle? Nichts als der sinnlichste Ausdruck der höchst verschönerten Leidenschaften und Empfindungen solcher Menschen, die in kleinern Gesellschaften zusammenleben.«[2] Der sinnreiche D. mag

1) Liter. Br. T. 16, p. 113

2) p. 124. 125

als Beobachter recht haben, in der Anwendung finde ich einige Bedenklichkeiten.

Zuerst: Landgedicht, Ekloge und Idylle – der Sache nach mag ihr Unterschied wesentlich und notwendig sein, wer aber gibt den Worten den allgemeinen Wert, du sollst eben das bedeuten? Unser Kunstrichter glaubt mit Schlegel einerlei unter Landgedicht zu verstehen, und es ist zwischen ihnen doch ein Unterschied. Schlegel versteht darunter bloß ein Landschaftsstück, eine Schilderung der Gegenstände der Natur; D. meint ja schon Beschäftigungen darunter und also wirklich Handlung, was jener doch schon zur Ekloge rechnet. Der Franzose versteht wieder, was er will, unter Idylle und Ekloge; wenn auch nur 10 Stücke von Theokrit und Virgil alsdann noch Eklogen sein können, genug, wenn er nur seinen Fontenelle behält. Ein Deutscher wirft den Fontenelle heraus, wenn er nur seinen Geßner behält. So bestimmt ein jeder willkürlich, und weil kein gesetzgeberischer Aristoteles vorgearbeitet hat, ohne Einheit.

Was ist zu tun? Theokrit, Bion und Moschus haben Idyllen geliefert; aus ihnen abstrahiere man also den Begriff der Idylle. Virgil hat seine Eklogen genannt. Um den Unterschied der Namen zu bestimmen, bestimme man den Unterschied der Werke. Nun vergleiche man die Neuern mit den Alten. Wie sind sie von ihnen unterschieden, um neue Klassen zu formieren? Wieviel Gattungen gäbe es, die noch ungebraucht sind? Und was ist endlich das Landgedicht überhaupt?

Zuerst also, wenn es vier Arten von Landgedicht gibt, welche ist die älteste? Porträts und schlechte Porträts sind eher als Ideale, als höchst verschönerte Ideale; so müssen auch die ersten Landgedichte gewesen sein. Könnte dies nicht eine Ursache sein (wenn gegen den Eigensinn der Zeit noch mutmaßliche Ursachen gelten), warum vor Theokrit alle Landdichter verloren gegangen sind, warum selbst die meisten Gedichte seines Lehrers Bion verloren gegangen sind, weil sie vielleicht die Natur noch zu gemein porträtiert haben? Nur Theokrit, ein später Dichter, wurde der erste

Anfänger einer goldnen Epoche, weil er eben den Zeitpunkt in den Landgedichten erreichte, daß seine verschönerte Natur auch feinen Zeitaltern gefallen konnte.

Aber welche Natur hat er verschönert? Beschäftigungen? Oder Empfindungen und Leidenschaften? Der Anfang der Dichtkunst ist wahrscheinlich eher von Leidenschaften als bloßen Beschäftigungen gewesen. Diese waren teils nicht wert, teils nicht hinreichend genug, um Dichterei hervorzubringen. Dies bestätigen die ältesten Beispiele und die Kenntnis der ersten Zeiten noch mehr. Erst Leidenschaft, dann Empfindung, dann Beschäftigungen und endlich tote Malerei, so ist der Gegenstand dieser Dichtkunst nach verschiedenen Zeitaltern gesunken. Eben derselbe Schritt wie aus der Idylle, der Schäferdichterei, eine Ekloge, ein Landgemälde entstanden, hat eine andere Veränderung zur Parallele, wie aus der homerischen Iliade eine Aeneide, aus dem εἶδος des Pindar eine Ode des Horaz, aus dem μέλος des Anakreon eine Tändelei Catulls geworden. Jene redeten durch Ausdruck und Handlung, diese redeten durch Worte und Schilderungen; jene bewegten durch das, was sie zeigten, durch Empfindung, bei diesen kam es sehr in Betracht, auf was Art sie es vorzeigten. Kurz, wenn Idylle das Landgedicht ist, das Leidenschaften und Empfindungen kleiner Gesellschaften auf die sinnlichste Art ausdrückt, so ist Theokrit ein Idyllendichter, und zwar der vollkommenste unter allen, die ich kenne.

Aber Empfindungen und Leidenschaften nach dem Ideal?[1] Höchstverschönerte Leidenschaften und Empfindungen? Eine Leidenschaft, eine Empfindung, höchst verschönert, hört auf, Leidenschaft, Empfindung zu sein. Zweitens: sie hat keinen sinnlichen Ausdruck. Das höchste Schöne hat kein Bild. Wir wollen diese zwei Ursachen sehen! Ein Schäfer mit höchst verschönerten Empfindungen hört auf, Schäfer zu sein; er wird ein poetischer Gott. Das ist nicht mehr ein Land der Erde, sondern ein Elysium der Göt-

1) p. 124. 125

ter. Er handelt nicht mehr, sondern beschäftigt sich höchstens, um seine Idealgröße zu zeigen. Er wird aus einem Menschen ein Engel, seine Zeit ein gewisses Figment der goldnen Zeit. Und profitiert der Dichter dabei? Ohnmöglich! Uns rührt nichts, was nicht mehr Mensch ist. Götter, die nicht menschlich werden, bewundern wir höchstens mit kalter Bewunderung. So entgeht dem Dichter viel von seinem Zweck und noch mehr von der Mannigfaltigkeit seiner Charaktere. Wenn ich immer die höchst verschönerte Schäferlarve sehe, so verliere ich die Verschiedenheit menschlicher Gesichtszüge, dem Dichter entgehen zehn Situationen, dem Leser zehnerlei Vergnügen. Kurz, aus eben den Ursachen, warum derselbe Kunstrichter von der Bühne und aus der Epopöe[1] das Ideal der Vollkommenheit verbannen will, verbanne ich's aus Arkadien; es schafft Unfruchtbarkeit, Einförmigkeit und schränkt die Erfindung ein.

Ich will aber keine Abhandlung über das Schäfergedicht schreiben, sondern nur den Charakter der Theokritschen und Geßnerschen Idyllen bestimmen, und eben dies hat mich so weit geführt. Der Kunstrichter sagt, »Empfindung und Leidenschaften nach dem Ideal – das ist die wahre Idylle Theokrits, Virgils und Geßners.« Wie, dachte ich, alle drei nach einem Ideal? Alle drei höchst verschönert? Der Kunstrichter raubt mir mit seiner Einteilung allen Unterschied, den ich so oft zwischen allen dreien empfunden, und Empfindung läßt sich nicht sogleich rauben.

Die Leidenschaften, die Theokrit seinen Schäfern gibt, sind durchaus menschlich, und nach ihren kleinen Gesellschaften, nach ihrem Zustande nicht aber moralisch unschuldig. Daphnis und sein Mädchen fällt jedem hiebei zuerst ein. Ist die Liebe der Zauberin zu ihrem Geliebten wohl höchst verschönert? Platonisch vollkommen denkt, empfindet und liebt kein Schäfer in ihm. Er überläßt sie ihrer Natur, die nach ihrem Zeitalter und nach ihrer Gesellschaft

---

1) Liter, Br. T. 7 und 9

unschuldig ist. Seine Schäferhelden sind nicht jenem philosophischen Helden gleich,

> Qui metus omnes et inexorabile fatum
> Subiecit pedibus – –

alsdenn wäre sie unerträglich. Seine Liebe wird stürmisch, wird Raserei bis zum Tode, selbst seine Grazien sind nichts weniger als höchst verschönerte Ideale. Aus jeder Idylle muß ich Proben hiervon anführen können, weil ich dies eben für das Charakterstück derselben halte.

Der Kunstrichter verwirret sich selbst in seinem eigenen Gewebe, wenn er auf die niedrigen Züge stößt, die die Franzosen im Theokrit nicht ausstehen können, und löset dies Rätsel so auf: »Weil in der Idylle Leidenschaften und Empfindungen bis auf den höchsten Grad veredelt werden, so tue der Dichter wohl, daß er ihre Lebensart nicht zugleich mit idealisieret.«[1] Ich glaube, der Dichter tut nicht gar zu wohl dran, denn je höher das eine veredelt wird, desto mehr muß das andre verekelt werden. Die Lebensart, sagt er, gehöret nicht mit zu seiner Absicht. Allerdings, hat er nicht kurz vorher selbst eine Eklogenart für die Landbeschäftigungen ausgemacht; und was ja eine ganze Ekloge abgeben kann, sollte das als Teil bei dem andern so unbeträchtlich sein? Aber durch diesen Kunstgriff wird der Leser aus der Irre der idealischen Welt auf die Natur zurückgeführt? Leider ja, aber auch zu dem Seufzer gebracht, warum hat mich der Dichter in die ärgerliche Irre geführt? Hätte er nicht diesen idealischen Traum gehabt, alsdenn hätten seine Charaktere an Mannigfaltigkeit und Bestimmtheit gewonnen? Der Kunstrichter siehet sich nach Beispielen um, seinen Gedanken zu erläutern, und ich, – zu widerlegen. Theokrit ist Beispiel genug! Man flechte in irgendeine Geßnersche Idylle einen Theokritschen niedrigen Zug ein, er wird unausstehlich, im Theokrit aber ohne verwöhnte Ohren nicht. Wie kommt das? »Geßners größtes Verdienst ist, daß er die Schranken der Veredelung so genau zu treffen gewußt.«

---

1) Liter. Br. T. 5, p 134. 135

Und Theokrit nicht so genau? Und hat doch sein Ideal höchst verschönert? Gehorsamer Diener! Der Kunstrichter hat sich bloß in das Ideal seiner Einteilung und Erklärung wegen verliebt; sobald er sein Definieren vergißt, bekennt er selbst: »Man hat die Empfindungen des Landmannes verschönert, dem Ideal näher gebracht, doch so, daß sie ihre Natur nicht ablegen!« Nun sind wir schon mehr Freunde, doch nicht völlig. Wenn das Ideal die höchste Schönheit bleibt, so steht Virgil über Theokrit. Geßner über Virgil und Fontenelle über Geßner; und ich rangiere umgekehrt.

Das Ideal des Schäfergedichts ist, wenn man Empfindungen und Leidenschaften der Menschen in kleinen Gesellschaften so sinnlich zeigt, daß wir auf den Augenblick mit ihnen Schäfer werden, und so weit verschönert zeigt, daß wir es den Augenblick werden wollen. Kurz, bis zur Illusion und zum höchsten Wohlgefallen erhebt sich der Zweck der Idylle, nicht aber bis zum Ausdruck der Vollkommenheit oder zur moralischen Besserung.

Aus dieser Bemerkung, die ich anderswo beweisen will, folgt vieles zu meiner Parallele: je näher ich der Natur bleiben kann, um doch diese Illusion und dies Wohlgefallen zu erreichen, je schöner ist meine Idylle. Je mehr ich mich über sie erheben muß, desto moralischer, desto feiner, desto artiger kann sie werden, aber desto mehr verliert sie an Idyllenschönheit. Dies ist der Unterschied zwischen Theokrits und Geßners Charakter.

Theokrit schildert durchgängig Leidenschaft; Geßner, um nicht seinem Ideal zu nahe zu treten, ist hierin weit blöder. So wie uns unser Wohlstand zu einer Schwäche gebildet, die nur für uns schön läßt, so schmeckte vieles dem Geschmack der Griechen, was uns zu stark ist. Seine Schäferleidenschaft bleibt immer mehr schleichende Neigung, die weiche, zärtliche Liebe, zu drücken, zu herzen, zu küssen; dies ist die Farbe, die man überall sieht. Amyntas, ein Schäfer, der sich des Baums erbarmte, läßt uns, wie Ramler[1] sagt,

---

1) s. seinen Batteux

schließen, »was wird nicht ein größerer Vorfall bei ihm wirken?« So schließen, glaube ich, kann man im Geßner oft; aber es sehen? Selten.

Theokrit schildert kleinere menschliche Gesellschaften, nicht »wie sie der Weltweise in der Ökonomik moralisch betrachtet«[1], sondern wie er sie als Dichter von seiner Zeit abstrahieren konnte, um sinnlich zu reizen und zu überreden. Seine Sittlichkeit ist also auch nichts minder als moralisch, sondern politisch diesen kleinen Gesellschaften so fern angemessen, damit sie reizen und illudieren. Das ganze goldene Weltalter, in welches die Schweizer die alten Schäfer setzen, ist also eine schöne Grille. Die griechischen Idyllendichter wissen von einer vollkommen goldnen Zeit nur im seligen Elysium der Götter und in der Jugend der Welt, wo die Helden lebten. Da schöpften die Korybanten aus Milchströmen ihre Begeisterung. Aber Theokrits Schäfer schöpfen klares Wasser. Ja auch da nicht einmal waren die Helden den seligen Göttern gleich; und Theokrits Schäfer sollten es sein? Ist Alcimadure, ist Battus, ist Polyphem, ist der arme Fischer denn in dem glücklichen reizenden Alter, wo man das goldne malt? Aber was gewinnt Theokrit dabei? Er kann wirkliche Sitten schildern. Da er sein Gemälde aus dem Leben porträtierte und bis auf einen gewissen Grad erhöhete, so konnte er auch Leben in dasselbe bringen.

Aber Geßner und die Neuern? Wir, die von diesem Zeitalter der Natur so weit entfernt sind, daß wir fast niemals wahre menschliche Sitten, sondern politische Lebensart erblicken, müssen entweder einem ganz abgezogenen Ideal folgen, oder wenn wir unsre Lebensart verfeinern wollen, Artigkeit malen. Das letzte tat Fontenelle; er, der in seiner Nation nichts erblickte, nichts anders erblicken wollte und endlich selbst an alten Schäfern nichts anders erblicken konnte, schilderte, was er sahe und sehen wollte: Gewohnheiten und Umgang und Artigkeit und Hofmanieren, die endlich einem Franzosen gefallen können, aber einem Grie-

---

1) s. Liter. Br. im angef. Teil

chen verächtlich und ekelhaft sein müssen. Geßner, der von den Griechen seine Weisheit erlernt hat und seiner Zeit sie bequemte, nahm sich also ein gewisses moralisches Ideal, und was verliert er dabei? –

Erstlich die Bestimmtheit der Charaktere. Seine Schäfer sind alle unschuldig, nicht weil die Unschuld aus ihrer Bildung folgt, sondern weil sie im Stande der Unschuld leben, lauter Schäferlarven, keine Gesichter; Schäfer, nicht Menschen. Statt zu handeln, beschäftigen sie sich, singen und küssen, trinken und pflanzen Gärten. Worin ist Geßner glücklicher als in diesen Küchen- und Landschaftsstücken, wo er die Natur oft als eine Nymphe an ihrem Nachtschleier unvermutet erhascht. Geßner ist hierin noch vortrefflich und mischt diese Schilderungen nur ein; aber wenn seine Nachfolger mittelmäßige Schilderungen zum Hauptwerk[1], zu ihrem ganzen Geschäfte machen, so weicht dies ja ganz von den Alten ab. Sie malen das, worin ihnen der Maler es zuvor tun kann, nur selten, nur als ein Nebenwerk, nur kurz. Wenn aber Breitenbauchs jüdische Schäfergedichte nichts als malen, so – können sie bloß durch die Kunst des Malers schätzbar werden, und schlägt die fehl, so ist alles verloren.

Die Mannigfaltigkeit leidet bei diesem Ideal noch mehr. Nicht von innen aus der Seele, sondern meistens nach Umständen wird sie bestimmt. Geßners Idyllen sind oft allerliebste Schäfertändeleien, hier über ein fliegendes Rosenblatt, dort über einen zerbrochenen Krug, hier über einen Baum, dort über das Schnäbeln der Tauben; hier redet der Vater Menalkas, hier der Sohn Myrtill über seinen schlummernden Vater, hier der Liebhaber, dort die Schöne, immer aber derselbe Schäfer, nur in einer andern Situation.

So möchte Geßner gegen Theokrit sein. Ich weiß nicht, ob ich mit Ramler sagen kann, »er hat im wahren Geist des Theokrits gedichtet. Man findet hier gleiche Süßigkeit, gleiche Naivete, gleiche Unschuld in Sitten.« Die Süßigkeit

---

1) s. Jüd. Schäferged.

des Griechen ist noch ein klarer Wassertrank aus dem pierischen Quell der Musen; der Trank des Deutschen ist verzuckert. Jenes Naivete ist eine Tochter der einfältigen Natur; die Naivete im Geßner ist von der idealischen Kunst geboren; jenes Unschuld redet in Sitten des Zeitalters; die Unschuld des letzten erstreckt sich bis auf die Gesinnungen, Neigungen und Worte. Kurz, Theokrit malt Leidenschaften und Empfindungen nach einer verschönerten Natur, Geßner Empfindungen und Beschäftigungen nach einem ganz verschönerten Ideal. Naturszenen kann ich noch dazu setzen, nur Leidenschaften nicht so leicht. Wo er sie schildern muß, z. E. in seinem Tode Abels und in seinem Daphnis, mißraten sie oft: Abel zu fromm, Kain zu übertrieben und unwahrscheinlich, Daphnis für die Erde zu himmlisch und für das Reich der Hebe zu irdisch. Seine Schäferspiele – man führe sie auf, und man wird Puppen sehen; man lese sie, und es sind ergötzende Puppen. Aber ein Schäferspiel wirklich in Theokritschem Geist, das muß ebensowohl rühren wie ein griechisches Heldenspiel.

Ich entziehe Geßner hiermit nichts von seinen gerechten Lobsprüchen; ich kann aus Rammlers Batteux mit willigen Fingern hinzusetzen: »Seine Erfindungen sind (im Detail) mannigfaltig, seine Pläne regelmäßig, nichts ist schöner als sein Kolorit, seine Prose ist so wohlklingend, daß wir den Theokritschen Vers nur sehr wenig vermissen.« Ich preise ihn allen Deutschen an, von ihm Weisheit im Plan, Schönheit in der Auszierung, die leichteste Stärke im Ausdruck und die schöne Nachlässigkeit zu lernen, womit er die Natur malet.

Aber Theokrit kann er uns nicht sein. Im Geist der Idyllen muß er nicht unser Lehrer, unser Original und noch weniger unser einziges Original sein! Und das aus drei Gründen: Zuerst würden dadurch bloß arme trockne Nachahmungen erzeugt, anstatt daß aus Theokrit noch neben ihm Originale gebildet werden können, die eine neue und eigentümliche Art der Verschönerung nach dem Geschmack unsrer Zeit haben können, wenn sie Genies sind. Die Natur, der Theokrit näher ist, kann als eine Mutter mit vielen Brüsten noch viele Geister tränken, und wer trinkt nicht lieber aus der Quelle als aus einem Bach?

Zweitens: was ein Genie bildet, ist vorzüglicher im Theokrit, Leidenschaft und Empfindung; was uns Geßner zeigen kann, ist mehr Kunst und Feinheit, Schilderung und Sprache. Ahmen wir nun bloß dem letztern nach, so entstehet ein peior progenies von Landdichtern, die ewig schildern und langweilig schwatzen, wie Geßner viele solche schon hervorgebracht.

Drittens: da unsere Laune mehr das Denken als Beobachten ist, so versäumen wir bei der bloßen Nachahmung der Neuern sehr leicht das letzte und vertiefen uns in idealische Träume, statt wie der griechische Zeuxes wirkliche Naturbilder zu studieren. Zu schwach alsdenn, das höchste zu erfliegen, und zufrieden, wenn wir statt eines griechischen Gefühls lieber französischen leichten Geschmack haben, bringen wir Mißgeburten zur Welt, die ausschweifend auf der einen und ohne Interesse auf der andern Seite sind, unbestimmte Mittelarten zwischen Engeln und sinnlichen Geschöpfen. Aber desto mehr Liebhaber finden sie oft, weil ein frommer lieber Leser und ein unreifer feuriger Jüngling sie beide umarmen, ob sie gleich der Kenner verwirft.

Endlich schreibt Geßner zwar gegen einen Athenienser Dorisch, aber gegen andere Schweizer wie Theokrit gegen Pindar. Er ist ein Sohn derselben Grazie, die den Theokrit salbete, und kann sich in Deutschland das Lob geben, was sich der bescheidene Theokrit gab: ich habe mich nie fremder Musen bedienet!

Johann Wolfgang von Goethe

»Idyllen« von Geßner

»Die Schönheiten der Natur«, sagt der Verfasser in dem angehängten Brief an Füßlin, »und die guten Nachahmungen derselben von jeder Art taten immer die größte Würkung auf mich; aber in Absicht auf Kunst wars nur ein dunkles Gefühl, das mit keiner Kenntnis verbunden war, und daher entstand, daß ich meine Empfindungen und die Eindrücke, welche die Schönheiten der Natur auf mich gemacht hatten, lieber auf eine andre und solche Art auszudrücken suchte, welche weniger mechanische Übung, aber die gleichen Talente, eben das Gefühl für das Schöne, eben die aufmerksame Bemerkung der Natur fordert.«

Geßner war also zum Landschaftsmaler geboren, ein pis aller machte ihn zum Landschaftsdichter, und auch nun, da er zu seiner Bestimmung durchgedrungen, da er einen ansehnlichen Rang unter den Künstlern erworben, genießt er in Gesellschaft der Gespielin seiner Jugend, der ländlichen Muse, manchen süßen Augenblick. Malender Dichter, dazu charakterisiert sich in angeführter Stelle Geßner selbst, und wer mit Lessingen der ganzen Gattung ungünstig wäre, würde hier wenig zu loben finden. Doch wir wollen hier nicht unbillig sein. Wir kennen die Empfindungen, die aus der bürgerlichen Gesellschaft in die Einsamkeit führen, aufs Land, wo wir dann nur zum Besuch sind, nur wie bei einer Visite die schöne Seite der Wohnung sehn, und ach! nur sehn – der geringste Anteil, den wir an einer Sache nehmen können!

Und so ist es Geßnern gegangen. Mit dem empfindlichsten Auge für die Schönheiten der Natur, das heißt für schöne Maße, Formen und Farben, hat er reizende Gegenden durchwandelt, in seiner Einbildungskraft zusammengesetzt, verschönert, und so standen paradiesische Landschaften vor seiner Seele. Ohne Figuren ist eine Landschaft tot, er schuf sich also Gestalten aus seiner schmachtenden Empfindung und erhöhten Phantasie, staffierte seine Gemälde damit, und so wurden seine Idyllen. Und in diesem Geiste lese man sie, und man wird über seine Meisterschaft erstaunen. Wer einen Malerblick in die Welt hat, wird mit inniger Freude vor seinen Gegenden verweilen, ein herrliches Ganze steigt vor unsern Augen auf, und dann das Detail, wie bestimmt, Steine, Gräschen. Wir glauben, alles schon einmal gemalt gesehen zu haben, oder wir möchten's malen. Das sagt uns aber ein Feind poetischer Malerei: Was ist's? Der Vorhang hebt sich, wir sehen in ein Theater, das für uns, von der Seite zu beschauen, ebenso künstlich hintereinandergeschoben, so wohl beleuchtet ist, und wenn wir einige Minuten Zeit gehabt haben, Ah! zu sagen, dann treten Junggesellen und Jungfrauen herein und spielen ihr Spiel.

Wir zweifeln nicht, daß sich darauf antworten ließe; aber die Leute sind nicht zu bekehren, sie verlangen, daß alles von Empfindungen ausgehn, alles in sie zurückkehren soll. Wenn wir als Maler Geßners Figuren betrachten, so sind es die edelsten, schönsten Formen; ihre Stellung so ausgedacht, so meisterhaft empfunden, ihr Stehen, Sitzen, Liegen nach der Antike gewählt. –

Was geht mich das an, sagt der Gegner! Im Gedicht ist mir nicht drum zu tun, wie die Leute aussehn, wie sie Hände und Füße stellen, sondern was sie tun, was sie empfinden. Nach der Antike mögen sie wohl studiert sein, wie Geßner seine Landschaft mehr nach seines Herrn Schwähervaters Kupferstichsammlung als nach der Natur ausgebildet zu haben scheint.

Ich will, fährt er fort, von dem Schattenwesen Geßnerischer Menschen nichts reden. Darüber ist lange gesagt, was zu sagen ist. Aber zeigt das nicht den größten Mangel dichterischer Empfindung, daß in keiner einzigen dieser Idyllen die handlenden Personen wahres Interesse an- und miteinander haben? Entweder ist es kalter erzählender Monolog oder, was ebenso schlimm ist, Erzählung, und ein Vertrauter, der seine paar Pfennige quer hinein dialogisiert, und wenn denn einmal zwei was zusammen empfinden, empfindet's einer wie der andre, und da ist's vor wie nach.

Wer wird aber einzelnen Stellen wahres Dichtergefühl absprechen? Niemand. Einzelne Stellen sind vortrefflich, und die kleinen Gedichte machen jedes ein niedliches Ganzes. Hingegen die größern; so trefflich das Detail sein mag, so wenig zu leugnen ist, daß es zu gewissen Zwecken wohl geordnet ist, so mißt ihr doch überall den Geist, der die Teile so verwebt, daß jeder ein wesentliches Stück vom Ganzen wird. Ebensowenig kann er Szene, Handlung und Empfindung verschmelzen. Gleich in der ersten tritt der Mond auf, und die ganze Idylle ist Sonnenschein. Der Sturm ist unerträglich daher. Voltaire kann zu Lausanne aus seinem Bette dem Sturm des Genfer Sees im Spiegel nicht ruhiger zugesehen haben, als die Leute auf dem Felsen, um die das Wetter wütet, sich vice versa detaillieren, was sie beide sehn. Das mag sein! In dieser Dichtungsart ist der Fehler unvermeidlich; dagegen zu wie viel Schönheiten gibt er Anlaß? Muß man dem Theater nicht auch manche Unwahrscheinlichkeit zugute halten, und dennoch interessiert es, rührt es. Und von der »Schweizer-Idylle« habt ihr kein Wort gesagt! Wie ich anfing, sie zu lesen, rief ich aus: O hätt er nichts als »Schweizer- Idyllen« gemacht! Dieser treuherzige Ton, diese muntre Wendung des Gesprächs, das Nationalinteresse! »Das hölzerne Bein« ist mir lieber als ein Dutzend elfenbeinerne Nymphenfüßchen. Warum muß sie sich nur so schäfermäßig enden? Kann eine Handlung durch nichts rund werden als durch eine Hochzeit? Wie lebendig läßt sich an diesem kleinen Stücke fühlen, was Geßner uns sein könnte, wenn er nicht durch ein zu abstraktes und ekles Gefühl, physikalischer und moralischer Schönheit, wäre in das Land der Ideen geleitet worden, woher er uns nur halbes Interesse, Traumgenuß herüberzaubert.

Johann Heinrich Merck

Geschichte des Fräuleins von Sternheim

Es haben sich bei der Erscheinung des guten Fräuleins von Sternheim sehr viele ungebetne Beurteiler eingefunden. Der Mann von der großen Welt, dessen ganze Seele aus Verstand gebaut ist, kann und darf das nicht verzeihen, was er eine Sottise du cœur nennt. Er überließ also schon lange das gute Kind ihrem Schicksal und gedachte ihrer sowenig als ein Kammerherr seiner Schwester, die einen Priester geheiratet hat. Der Schönkünstler fand in ihr eine schwache Nachahmung der Clarissa, und der Kritiker schleppte alle die Solözismen und baute sie zu Haufen wie das Tier Caliban bei unserm Freund Shakespeare. Endlich kam auch der fromme Eiferer und fand in dem Geist der Wohltätigkeit dieses liebenswürdigen Mädchens einen gar zu großen Hang zu großen Werken. Allein alle die Herren irrten sich, wenn sie glauben, sie beurteilen ein Buch – es ist eine Menschenseele; und wir wissen nicht, ob diese vor das Forum der großen Welt, des Ästhetikers, des Zeloten und des Kritikers gehört. Wir getrauen uns den Schritt zu entschuldigen, durch den sie sich Derbyn in die Arme warf, wann wir den Glauben an die Tugend in dem Gemälde Alexanders betrachten, da er seinem Leibarzt den Giftbecher abnahm. Zu dem Glaubenseifer kommt oft Bekehrungssucht; und mischten wir dazu ein wenig Liebe zum Ausländischen, zum Außerordentlichen in der Seele eines guten Kindes von 20 Jahren, die sich in einer drückenden Situation befindet, so hätten wir ungefähr den Schlüssel zu der sogenannten Sottise. Die Szene bei der Toilette zeigt deutlich, daß das Werk keine Komposition für das Publikum ist, und Wieland hat es so sehr gefühlt, daß er es in seinen Anmerkungen der großen

Welt vorempfunden hat. Das Ganze ist gewiß ein Selbstgespräch, eine Familienunterredung, ein Aufsatz für den engeren Zirkel der Freundschaft: denn bei Lord Rich müssen die individuellen Züge beweisen, daß dieser Charakter zur Ehre existiert. Das Journal im Bleigebürge ist vor uns die Ergießung des edelsten Herzens in den Tagen des Kummers, und es scheint uns der Augenpunkt zu sein, worauf die Verf. ihr ganzes System der Tätigkeit und des Wohlwollens wünscht betrachtet zu sehen. Auch der Mut hat uns gefallen, mit dem sie Lord Rich einzelne Blicke in ihr Herz tun und ihn das niederschreiben läßt, was ihr innerer Richter bewährt gefunden hat. Es war ihr wahrscheinlich darum zu tun, sich selbst Rechenschaft zu geben, wie sich in der Situation ihrer Heldin würde betragen haben; und also betrachtet sie den Plan der Begebenheiten wie ein Gerüste zu ihrem Sentiments. Will der Herr Kritiker uns ins Ohr sagen, daß die Fugen des Gerüstes grob ineinandergepaßt, alles nicht gehörig behauen und verklebt sei, so antworten wir dem Herrn: Es ist ein Gerüste. Denn wäre der Machiniste Derby so fein ausgezeichnet wie Richardsons Lovelace, so wäre das ganze vielleicht ein Spinnengewebe von Charakter, zu fein, um dem ungeübteren Auge die Hand der Natur darin zu entdecken, und der Schrifttext wäre Allegorie geworden.

Christian Daniel Friedrich Schubart

(Friedrich Nicolai, Freuden des jungen Werthers)

Die »Freuden des jungen Werthers« sind jetzt in tausend Händen und verdienen's traun nicht. Man hat neulich dem Notanker einen Kopf mit'm Fratzengesicht aufgesetzt; das wollt Nicolai nicht leiden. Darum ward er zornig, wollte dem Werther den Kopf runterschlagen und ein französisches Milchgesichtlein drauf stellen, à la Vestris frisiert und mit Lyoner Rot bemalt; aber 's wollte niemand behagen als den artigen Herrchen, die nur gewohnt sind, Porzellanfiguren auf den Toiletten zu sehen. Da spöttelt der Mann über den gerupften Stil und über den Geniestrom, der hoch einherbraust und auch ihm sein Tulipanbeetchen wegzuschwemmen droht. Das Ding kömmt mir just vor, als wenn ein bebalsamter und bedufteter griechischer Süßling zum Scopas gekommen wär und gewinselt hätte: gib doch deinem Laokoon ein Alltagsgesicht.

So Nicolai zu Goethe: mach doch aus deinem Werther einen guten Jungen, der sich nicht gleich vorn Kopf schießt, wann er's Mensch nicht kriegen kann. Laß lieber den Albert 'n Hasenfuß sein! Soll dann das Genie handeln wie die kalte Vernunft? Soll Feuer Wasser sein?

'Nunter mit dem Quark in Entengraben!

Heinrich Wilhelm von Gerstenberg

Geschichte des Agathon. Zwei Teile. Frankfurt und Leipzig. 1766. 1767

Wenn unsre Skribenten vom ersten Range so fortfahren, uns mit unsterblichen Werken zu überraschen, so werden wir allmählich den Unmut erklären können, mit dem sich gewisse englische Journalisten ganz neuerlich auf Veranlassung des »Messias« und »Tod Adams« über den Wind beklagten, der einige ihrer Landsleute antriebe, to recommend those heavy german dungcarts, who daily are perfuming this Metropolis (eine zierliche Bildersprache, die wir uns nicht zu übersetzen getrauen). Neuer Zunder für ihre Galle! Wieland, abermals ein verwünschter Deutscher, wagt, sich durch ein Original, das dem geistreichsten Briten Ehre machen würde, den Fieldings und Richardsons an die Seite zu setzen. Wie hat der Deutsche so vermessen sein können? So vermessen zu einer Zeit, da jeder Kunstrichter von Grubstreet sich rüstet,

> And stares tremendous with a threat'ning eye,
> Like some fierce tyrant in old tapestry.

Aber nun werden unsre deutschen Leser, da wir genug und mehr als genug gesagt haben, ihre Aufmerksamkeit zu erwecken, eine nähere Nachricht von diesem Buche verlangen: denn ein Roman, den man neben den Meisterstücken der beiden großen Engländer nennen dürfte, müßte doch wohl ein wichtiges Werk sein?

Die »Geschichte des Agathon« macht eine neue Klasse von Romanen, die vielleicht gutenteils schon dagewesen ist, aber jetzt erst einen Rang und einen Namen erhält, da der Verfasser sich durch das, was er aus seinem Eignen hineinzulegen gewußt, in derselben obenan setzt. In eben dem großen Sinne, worin man Richardson zuerst denkt, wenn man von Romanen spricht, die das Herz rühren und die menschliche Natur zugleich enthüllen und erheben, und Fielding zuerst, wenn von Romanen für die Sitten, voll Charakter nach dem Leben und voll britischer Laune, die Rede ist; in eben diesem großen Sinne ist Wieland der erste Romanist, der die Einbildungskraft und, welches einigen sonderbar vorkommen wird, mit der Einbildungskraft zugleich den Verstand zu beschäftigen verstanden hat; bewunderungswürdig in den phantasiereichsten Zügen des Platonismus und in den nur allzuglänzenden Gemälden beides, der geistigen und körperlichen Wollust, noch bewunderungswürdiger in der überschwänglichen Fülle seiner philosophischen Bemerkungen, seiner Weltkenntnis und seiner fast attischen Beredsamkeit. Wir wollen damit nicht leugnen, daß die Gattung der beiden Engländer nicht an sich besser sei: allein der König eines in seiner Art geringern Strichs Landes ist gleichwohl auch ein König.

Inzwischen dürfen wir, bei der Verpflichtung, worin wir stehen, unsern Mitlesern vollkommene Rechenschaft von unsrer Lektüre zu geben, nicht bergen, was uns an der »Geschichte des Agathon« einigermaßen mißfallen hat, eben darum mißfallen hat, weil es sehr vermeidliche Fehler betrifft. Herr Wieland ist in einzelnen Stücken (denn im ganzen ist sein Buch, wie wir gesagt haben, Original) zu sehr Nachahmer bald von Fielding, bald von Rousseau, bald von Cervantes: von Fielding sowohl der Manier als dem Tone nach, in den an sich vortrefflichen Ausschweifungen, die den pragmatischen Teil seiner Geschichte ausmachen (sie sind so vortrefflich, daß W. seinen Meister weit zurückläßt); von Rousseau in der beredten Abhandlung des Hippias und einigen kleinern Auswüchsen, die sich übrigens der feinste und leichtsinnigste Athenienser zueignen dürfte; und von Cervantes in der Anlage des Werks selbst, deren Ähnlichkeit mit der spanischen Herr W. erst am Ende seiner Geschichte bemerkt zu haben scheint, wo er seinen vorgegebnen griechischen Autor völlig auf die nämliche Art redend einführt wie Cervantes seinen arabischen. Wir könnten auch der verfehlten Wahrheit in einigen Charakteren erwähnen (die Wahrheit, so treffend sie in der Natur sein mag, ist in der Nachahmung immer verfehlt, wo der Dichter uns die geheimen Triebfedern und den Übergang aus einer Empfindung in die andre verbirgt), wenn wir uns nicht erklärt hätten, daß die »Geschichte des Agathon« nicht von dieser Seite zu beurteilen sei. Vielen wird die in ein System gebrachte epikureische Philosophie, der ziemlich herrschende Skeptizismus und die schwelgerische Schlüpfrigkeit einiger der reizendsten Gemälde anstößig sein: alles das ist wirklich anstößig. Allein zu geschweigen, daß doch am Ende die Gefährlichkeit eines solchen Buches immer nur etwas verhältnismäßiges ist, je nachdem es einem verständigen oder unverständigen Leser in die Hände gerät, und daß in dieser Absicht, so lange die Welt steht, noch nie ein Buch geschrieben worden, das für alle Leser gerecht sei, welches auch freilich nicht wohl möglich sein möchte, da niemand leicht behaupten wird, für mehr als eine Klasse von Lesern schreiben zu können, so ist es billig, das moralische Verdienst eines großen Dichters von seinem poetischen zu unterscheiden, zumal wenn sich dartun läßt, daß selbst auf jener Waage der wahrscheinliche Nutzen den wahrscheinlichen Schaden weit überwiegt. Endlich würden wir vielleicht, wenn wir uns zu Verbesserern aufwürfen, hin und wieder, nämlich zu Anfange des Werks, einige Ungleichheiten im Stil (Agathon wurde von den ersten Strahlen aufgeweckt, die in horizontalen Linien an seiner Stirn hinschlüpften), einige Unrichtigkeiten im Üblichen (die Kunst der Sophisten war allenthalben an ihrem rechten Platz, beliebt bei Hofe, beliebt an der Toilette, beliebt beim Spieltisch, beliebt beim Adel, beliebt bei den Finanzpächtern, beliebt bei den Theatergöttinnen, beliebt sogar bei der Priesterschaft. Oder S. 121, wo der Fehler noch größer ist, weil ein Grieche selbst redt: Gehe an die Höfe, du wirst Leute finden, welche das Glück, worinnen sie schimmern, der Empfehlung eines Kammerdieners, der Gunst einer Dame, die sich für ihre Talente verbürgt hat, oder der Gabe des Schlafs schuldig sind, womit sie befallen werden, wenn der Wesir mit ihren Weibern scherzt), einige Abweichungen von der Einheit in dem Charakter des Geschichtschreibers (S. 10, wo der Verf. von den Unsterblichen redet, die das Gewebe der menschlichen Zufälle leiten, da er doch in dem ganzen übrigen Teile des Werks ein Schriftsteller aus unsern Zeiten ist): diese und verschiedne andre solche Dinge würden wir aus unserm Exemplare wegstreichen, hätten wir es nicht von jeher für eine seltsame Art von Schwachheit gehalten, wenn man einem angesehenen Manne ein Bein unterschlägt, bloß um sich in der nichtswürdigen Gestalt eines Ausbesserers vor ihn hinzustellen.

Herr Wieland verspricht zum Schlusse Beiträge zur Geschichte der Danae, zu den Grundsätzen des Sophisten Hippias u. dergl., wofern ihn der Beifall des Publikums ermuntert. Wir glauben, ihn eines allgemeinen Beifalls versichern zu können; und sollt auch das nicht sein: Männer wie Herr Wieland hangen nicht vom Beifall des Publikums ab.

Johann Christoph Gottsched

Der Einsiedler, ein Trauerspiel in Versen, von einem Aufzuge. Karlsruhe 1761

Bei der Menge von Trauerspielen, die nun seit einigen Jahren erschienen sind, muß man doch gestehen, daß es uns Deutschen noch immer an Stücken fehlt, die fähig wären, uns auch in diesem wichtigen Felde der Poesie bei Ausländern denjenigen Beifall zu erwerben, den einige gute Köpfe unserer Nation wegen anderer Arbeiten schon längst erhalten haben. Zwar leugnen wir nicht, daß wir einige wenige Stücke aufweisen können, die viele Schönheiten besitzen und die vielleicht ohne Tadel sind. Aber die meisten übrigen Geburten, die man mit dem prächtigen Namen Trauerspiel benennet hat, sind doch gewiß nicht so beschaffen, daß sie einige Aufmerksamkeit erregen und ihren Verfassern wahre Ehre bringen könnten.

Was mag wohl daran Schuld sein, daß es mit den meisten hierin so schlecht fort will? Es müssen doch Hindernisse sein, die wichtig sind; und vielleicht ist die Größe des Gegenstandes eine der vornehmsten mit. Wir wollen hier itzt nichts bestimmen, so viel sich auch davon sagen ließe. Allein dies läßt sich leicht einsehen, und wir können es nicht oft genug wiederholen, daß die gar zu große Nachahmung der Ausländer, besonders der Engländer, den nächsten Grund von diesem Übel enthält, das noch bis itzt nicht hat geheilet werden können, weil diejenigen, die damit behaftet sind, noch immer gegen die besten Ermahnungen taub gewesen. Man kennet nun schon die Arbeiten, wovon wir reden. Man mag sie nun auch von einer gewissen Seite rühmen, wie sehr man will, man sieht doch schon, wer sie sind, und die Nachwelt wird sich gewiß nicht äffen lassen und noch viel weniger das Dunkle, das Schwülstige, das Lächerlich-Erhabene und wie man alle die Possen nennen will, die man für Schönheiten ausgibt, für die Tugenden halten, die notwendig dergleichen Stücke erfordern, wenn sie gefallen wollen. Mehr mögen wir itzt nicht davon reden. Es bleibt allemal ein Übel, und man wird es schon erkennen, wenn man nur anfängt, etwas weniger parteiisch zu sein und etwas weniger Eigenliebe für sich selbst zu hegen.

Wir kommen auf den gegenwärtigen Verfasser. Er scheint ein junger Dichter zu sein, der von der Natur mit einigen Talenten begabet ist, kurz, der es vielleicht in seiner Gewalt hat, inskünftige einmal eine ziemliche Stelle unter unsern guten Dichtern einzunehmen. Nur muß er sich hüten, daß er nicht zu bald mit seinen Arbeiten hervortritt und daß er sich nicht zu sehr auf seine angebornen Fähigkeiten oder auf den Beifall einiger Freunde verläßt! Beides kann ihm sehr schädlich sein und diejenigen Tugenden in ihm ersticken, die itzt erst hervorschimmern und die wir in diesem Versuche bemerkt zu haben glauben. Es wird für ihn sehr vorteilhaft sein, wenn wir von der Anlegung seines Entwurfes, von der Knüpfung des Knotens, von der Entwickelung und von allen übrigen Erfordernissen des Trauerspiels nichts erwähnen; denn vielleicht hätten wir dann mehr als eine Ursache, etwas scharf mit ihm umzugehen. Wir würden ohnedies nur alte Regeln wiederholen müssen; und die Anwendung derselben auf gegenwärtiges Stück würden wir, wegen Kürze des Raums, doch nicht gehörig ausführen können. Wir raten dem jungen Dichter daher, sich fleißig mit solchen Schriften bekannt zu machen, die die Materien weitläufig und richtig genug abhandeln, und deren wir heutigentags in ziemlicher Menge sowohl unter den Franzosen als unter uns Deutschen aufweisen können. Um aber unsern Lesern wenigstens zu zeigen, daß unser Verf. wirklich Fähigkeiten besitzt, die ihm Beifall verschaffen können, wollen wir einige Stellen abschreiben, die gewiß allen Lesern von Geschmack und Einsicht gefallen müssen. Der Schauplatz ist ein einsamer Hügel. Theodor, der der Held dieses Stückes ist, sieht die Sonne und hebt im ersten Auftritte an:

Wie freundlich grüßest du mein kleines Königreich,
Wohltätiges Gestirn, dem Auge Gottes gleich!
Doch dieses ist von mir auf ewig abgekehret.
O Zorn des Ewigen! Zu lang hast du gewähret.
Bis an den Rand der Welt, bis unter dieses Dach,
Furchtbarer, schleuderst du mir deine Donner nach.
Vergebens hab ich mich vor deinem Blick verstecket;
Auch hier in dieser Kluft hast du den Wurm entdecket,
Den ehmals deine Hand zum Thron erhoben hat,
Und den dein starker Fuß in seinem Grimm zertrat.
Ich Unglückseliger, was war denn mein Verbrechen?
Gebotst du mir nicht selbst, laut für mein Volk zu sprechen,
Das ein gekröntes Kind in harte Fessel schlug?
Allein du hörst mich nicht, du hast noch nicht genug.
O letzte Hoffnungen, ihr reizet mich vergebens;
Auch ihr rauscht nur dahin zum Glücke meines Lebens
In jenes tote Meer, das jeden Traum verschlingt,
Den kein entflammter Wunsch, kein Sternlauf wiederbringt.
Mein Freund, der einzige, der mir noch treu geblieben,
Nachdem die Tyrannei mich aus der Welt vertrieben,
Mein Frommhold ist nicht mehr. Ein wütender Orkan
Begrub den frömmsten Knecht im bittern Ozean.
Ach, oder er erlag vom kriegerischen Schwerte,
Das die zum Paradies von Gott geschaffne Erde
Vier lange Jahre schon mit Bruderblut entweiht.
Vielleicht – mein zitternd Herz bejaht die Grausamkeit.
Ja, meine Feinde sind auch noch nach fünfzehn Jahren
Nicht menschlicher, als sie bei meinem Sturze waren.
Ihr Haß verfolgt noch einst mein moderndes Gebein;
O Himmel, könnt ich nur allein das Opfer sein!
Ein Heiligers als ich ruht dort im Schoß der Erde,
Das zweite kniet auch schon auf dem Opferherde,
Ein unschuldvolles Kind, so jenem Lamme gleicht,
Das auf Moria Gott sein Leben dargereicht.

Was sagt man zu diesen Versen? Hat der Verfasser das Mechanische der Poesie nicht ziemlich in seiner Gewalt? Und hat ihn der Reim wohl einmal zu harten oder ungeschickten Beiwörtern verleitet? Wir können ihn also hier nicht anders als loben. Man wird auch aus dieser Stelle schon etwas von dem Inhalte des Stückes selbst vermuten können. Das Kind, von dem er geredet, und das ein Opfer werden soll, ist Seraphina. Er hatte es für ein gefundenes Hirtenkind ausgegeben, aber es war es nicht. Er will ihm seinen wahren Ursprung entdecken, ehe er stirbt. Er fährt deswegen fort:

O du mein Heiligtum, mein Kummer, meine Lust!
Was für ein Donnerschlag droht deiner zarten Brust!
Er wird das Paradies, das in dir blüht, zerstören
Und dich, die Unschuld selbst, vor Henkern zittern lehren.
Gewissen und Natur, warum verstummt ihr nicht?
O warum zwingt ihr mich zu dieser schweren Pflicht?
Sie kömmt, ihr Antlitz glüht von einer heitern Freude,
Wie blutet mir das Herz! Gott stärk uns alle beide!

Seraphina erscheint (2. Auftritt): Sie hat ein Körbchen voll Nüsse, die sie gesuchet hat und ihm bringen will. Sie sieht ihn weinen; sie fragt ihn, warum; aber er ruft aus:

Mein Kind, Gott segne dich, ich habe keinen Segen.

Sie antwortet:

Was will doch euer Herz mit diesen lauten Schlägen?
Und warum stöhnt es so, das beste, beste Herz?
Mein Vater, gebt mir auch etwas von eurem Schmerz. –
Ihr schweiget? Darf ich nichts von eurem Kummer wissen?
Wie? Noch mehr Tränen? Ach, die muß mein Mund entküssen.
Nun weinet keine mehr, mein Vater, keine mehr,

Sie fallen in mein Herz und machen es so schwer,
So schwer ...

Diese Stellen sind hinreichend, unser Urteil zu bestätigen. Bei Kleinigkeiten, die sich hier und da wohl tadeln ließen, wollen wir uns nicht aufhalten. Überhaupt ist unsre Meinung, daß man Anfänger in der Dichtkunst, wenn sie in der Tat einige Spuren von der Begeisterung zeigen, besonders aber diejenigen, die sich auf Dinge dieser Art legen, mehr ermuntern als abschrecken müsse. Und diese Billigkeit hoffen wir bei unserm Verf. nicht ohne Grund anwenden zu können. Wir wünschen ihm daher inskünftige zur Unternehmung neuer Stücke dieser Art viel Lust, viel Fleiß und viel Überlegung. Vielleicht ersetzt er alsdann alles das, was ihm itzt noch zu fehlen scheint und das ihm doch unentbehrlich ist.

Wir könnten noch viele Fragen an ihn tun und unter andern, warum er nicht statt des Einsiedlers die Seraphine, dieses unglückliche Mädchen, zur Hauptperson seines Stücks gewählt. Sie scheint uns viel bequemer dazu, und alle anderen Situationen und was er sonst Gutes dabei angebracht, hätte dessen ungeachtet noch ebenso gut stattfinden können. Aber wir wollen ihm dergleichen kleine Anmerkungen schenken. Doch können wir uns nicht enthalten, unsern Lesern zum Beschlusse noch eine Stelle mitzuteilen, von der wir glauben, daß sie gefallen wird. Theodor, der Einsiedler, klagte noch immer über ihr Schicksal, er geht ab und will zu Gott für sie beten. Seraphina vernimmt es und ruft im 3. Auftritte für sich aus:

Er eilt, der Patriarch, vor Gottes Thron zu treten,
O Heil ihm, auch für mich und seine Seele beten.
Welch eine Seligkeit faßt der Gedank in sich!
Der frömmste Sterbliche, der bittet Gott für mich.
Ich konnte sein Gebet in seinen Augen lesen.
Hör auch das meinige, du Vater aller Wesen!
Erscheine deinem Freund, den schwarzer Kummer frißt,

Und schenke mir ein Herz, das seiner würdig ist.
Dort knieet er im Busch. Wie er die Hände ringet!
Was für ein Perlenstrom aus seinen Augen dringet!
Ihr Tränen des Gebets, wie schön ist euer Lauf!
Ihr fallt nicht in den Staub, euch fassen Engel auf,
Um euch in Gottes Schoß lobsingend auszugießen.
Was seh ich! (Sie entflieht.)

Eben erinnern wir uns, ein gewisses englisches Gedicht gelesen zu haben, das fast eben den Inhalt hat. Wenigstens dünkt uns noch, daß ebenfalls ein Einsiedler die Hauptperson war, daß er ebenfalls aus gewissen unredlichen und ungerechten Absichten aus seinem Vaterland vertrieben war und zu einer Einöde seine Zuflucht genommen hatte. Man schreibt es dem Mallet zu. Es scheint also, daß unser Verfasser sich dessen bedienet habe oder daß ihm solches wenigstens Anlaß dazu gegeben. Genauer können wir es itzt nicht bestimmen, weil wir das Stück des Engelländers nicht gleich bei der Hand haben. Allein das brittenzende »Heil ihm!« scheint unsern Einfall zu bestätigen. Denn welcher Deutsche spricht wohl so?

Heinrich Wilhelm Gerstenberg

Schweizerlieder von J. C. Lavater. Dritte Auflage. Bern

Unter den wenigen guten Köpfen, die sich seit einigen Jahren bekannt gemacht haben, ist Herr Lavater einer der besten; hat daher auch die Ehre, dem einsichtsvollen Herrn Klotz nicht sehr zu gefallen. Daß dieser Kunstrichter die Schweizerlieder aus einem ganz falschen Standpunkte angesehen, wie sich der Verfasser in der neuen Vorrede beschwert, wen wird das befremden? Nicht uns! Wir unsers Orts haben uns schon lange ausgewundert, daß er auf ein richtiges Urteil so selten trifft: wir wundern uns nur noch cum risu, wenn er wirklich einmal darauf hintappt; doch davon nächstens ein wenig umständlicher.

»Wer beim ersten Aufschlagen dieser Lieder, und insonderheit auf einer jeden Seite des zweiten Buchs, nicht empfindet, daß ihr Hauptendzweck sei, häusliche und bürgerliche Tugenden unter den Eidsgenossen wiederherzustellen und fortzupflanzen, für den, sagte Herr Lavater, habe ich nicht geschrieben. Wer einem Dichter, dem sein Vaterland aufträgt, Nationallieder zu singen, nach jeden andern Regeln, nur nicht nach der untadelhaften Absicht des Dichters, (die, setzen wir hinzu, in dem gegenwärtigen Falle fast allein entscheiden muß) beurteilet, dem fehlt, wie mich deucht, eine wesentliche Eigenschaft des Kunstrichters; und wem, bei der Beurteilung eines Gedichts, das die erste und fast einzige Frage ist, hat der Dichter die Manier eines andern glücklich nachgeahmt? wer das ganze zweite Buch meiner Lieder verwirft, weil es überall nicht nachgeahmt ist, wer ganz und gar nicht daran denkt, Nationallieder als solche zu beurteilen: dessen Urteil könnte mir unter anderm auch darum sehr gleichgültig sein, weil es mich nicht trifft.«

Die ganze Kritik in der Hallischen Bibliothek läuft darauf hinaus, daß Herr Lavater nicht original werden kann, weil Gleim vortreffliche Kriegslieder vor ihm gesungen hat. Mit ebenso gutem Fug ließe sich das von Gleimen behaupten, weil schon Klopstock ähnliche Lieder vor ihm gesungen hätte, und sogar von Klopstock, weil er sie ausdrücklich zur Nachahmung des bekannten Chevy-chase-Song im Spectator gesungen hatte: denn der Ton, der Geist, und sogar die Stanze, sind in allen die nämlichen. O der tiefsinnigen Kritik, die noch nicht weiß, wodurch sich originale Nachahmung von knechtischer Nachahmung unterscheidet! »So viel ist richtig«, antwortet Herr Lavater seinem Tadler, »daß ich nicht mehr der erste Kriegsliederdichter in Deutschland sein kann, weil der fürstliche Gleim unsterbliche Kriegslieder vor mir gesungen hat. Ob diese letzten aber ein richtiger Maßstab der meinigen, oder ob nicht vielmehr der Charakter seiner und meiner Lieder so verschieden sein müsse, als die Natur des Klimas und der Regierungsform, unter welcher wir leben, so verschieden als der Enthusiasmus für die Freiheit und die Liebe für einen König oder die Geschichte des letzten Krieges, und die Geschichte der Eidsgenossen in ihren schönsten Zeiten, sind: dies ist eine andre Frage.«

– Die wir allerdings bejahen: nur daß wir zweifeln, ob jemand die Verschiedenheit empfinden könne, der die Sache selbst nie empfunden hat. Es ist hier der Ort nicht, uns darauf einzulassen; dies einzige müssen und wollen wir sagen, daß wir Hrn. Lavater seines edlen Enthusiasmus wegen längst geliebt haben, – längst geliebt, noch ehe wir denselben aus seinen Schriften kannten. Der Mann, der Bürger ist uns ehrwürdig: Schande wär's, ihn vor dem Schriftsteller zu übersehen.

»Der zweite Teil«, fuhr die H. Bibl. fort, »muß bei einer neuen Ausgabe ganz wegbleiben. Die Poesie ist so matt, kraftlos, gedehnt, und der Poesie des ersten Teils so unähnlich, daß man wirklich zweifeln sollte, ob auch beide einerlei Verfasser haben.«

Wie nun? hat der Diktator alles Gefühl verloren? Muß! wegbleiben! ganz wegbleiben! Welche unverschämte Sprache von einem Manne, der, wie Lessing bewiesen hat, nach dem Maße seiner Einsichten noch ein fleißiger bescheidener Student sein sollte. – Und gar das Urteil selbst. Die Poesie des zweiten Teils ist der Poesie des ersten so unähnlich, daß Wie? will er den Ton und die Kraft eines Bürgerliedes nach Kriegsliedern beurteilen? Soll es zweifelhaft sein, ob beide einerlei Verfasser haben, weil Dinge, die nicht ähnlich sein konnten noch sollten, auch wirklich nicht ähnlich sind?

»Ich will hier unterdrücken«, sagt Herr Lavater. »was ich bei diesem befremdeten Urteile gedacht habe. Gewiß ist, wenn ich mir den Beifall des Vaterlandes wegen eines Teiles meiner Lieder versprechen darf, so ist es unstreitig wegen des zweiten. Der erste ist eigentlich um des zweiten willen da, und enthält gleichsam die Beweisstellen von der Wahrheit und Möglichkeit der Ausübung dessen, was ich in den patriotischen Liedern gelehrt habe.«

Jedoch lohnt es wohl die Mühe, diesen Kritikastern ihre schiefen Urteile nachzuberichtigen? Das Buch liegt vor uns: laßt uns selbst zusehen, ob auch wir, wären wir Schweizer, dem Dichter unsre Stimme gegeben hätten, unser Tyrtäus, und noch etwas bessers, zu sein. Wer es von der Seite nicht untersuchen mag, der untersuche es liebe gar nicht: der Bücher, woran man sich zum Geschmackkünstler meistern kann, gibt es schon noch andere.

Hr. Lavater selbst stellt uns in den Gesichtspunkt, woraus er seine Lieder beurteilt wissen will. »Ein Schweizerliederdichter wird sich sorgfältig auf folgende Fragen antworten. Versteht mich der Eidsgenosse, der Schinznacher, das Mitglied der glücklichen Republik, der Demokrate an der Landsgemeine, der Bauer am Pfluge, die Jugend, für die ich itzt vorzüglicher Weise unmittelbar dichten will? Was begeistert, was bessert die Eidsgenossen? Was könnte noch tiefern Eindruck auf sie machen? Welche Lieder sind für sie schön, treffend, oder matt usw.? Auf diese Waage muß er das Ganze, jedes einzelne Stück, jede Strophe, jeden Ausdruck legen, und der Frage bei weitem nicht zu viel Ansehn über sich geben: was werden fremde (nicht bloß dem Lande, sondern dem Geiste nach fremde) Kunstrichter dazu sagen? Für die schreibt er ja ganz und gar nicht: sonst müßte er überall seine Schweizerlieder machen.«

Ein Mann, der so denkt, schreibe was und wie er will; für uns nicht umsonst soll er geschrieben haben, und wenn ihn Beifall unbekannter Leser aus der Ferne belohnen kann, so belohne ihn auch der unsrige. Die gegenwärtige Auflage unterscheidet sich von den vorigen beiden durch viele neue Verbesserungen, durch einige neue Lieder, die teils dem Verfasser die helvetische Gesellschaft zu Schinznach aufgetragen hat, teils sonst seinem Plane und seinen Ansichten angemessen waren. Der Abdruck ist schön, mit artigen Zeichnungen eines Füsli, Gesners, Grims geziert, und sehr korrekt. Auf den Vorbericht folgt ein Zueignungsschreiben an die helvetische Gesellschaft in Schinznach, und das Lied dieser Gesellschaft voll einer liebenswürdigen Schwärmerei, die von Tugend und Vaterland glüht. Das erste Buch enthält 15 historische Lieder, die, wie in der zweiten Ausgabe mit kurzen Einleitungen aus Tscharners Geschichte der Eidsgenossen versehen sind: Albrecht von Zürich, Wilhelm Tell, der Schweizerbund, die Schlacht bei Morgarten, der zweite Sieg an dem selben Tag; die großmütigen Belagerten, die Schlacht der Laupen, die Schlacht bei Sempach, die Schlacht bei Nässels, die Schlacht bei Basel, die Schlacht bei Grandson, die Schlacht bei Murten, die Schlacht bei Nanci, Nicolaus von der Flüe und der Schwabenkrieg. Im zweiten Buche liest man itzt folgende patriotische Lieder: Der Schweizer; gemeindsgenössiges Lied; Loblied auf helvetische Eintracht; Lied einer schweizerischen Öbrigkeit; Lied einer glücklichen Republik; Lied für Schweizerbauren; Lied für Schweizer, die sich in den Waffen üben; Lied für Schweizerknaben, die sich in den Waffen üben; Lied für Schweizermädchen; Lied auf den Meistertag zu Zürich; Republikanisches Trinklied für Bürger zu Zürich; Lied der demokratischen Kantone bei ihrer jährlichen Landsgemeinde; Lied eines Schweizerischen Geistlichen; Abschiedslied an einen Schweizer, der auf Reisen geht; zwei Kriegslieder; ein Schlachtlied; zwei Siegeslieder; Gebetlied eines Schweizers und Lied des Schweizerliederdichters. Auch diese haben hin und wieder eine kurze Einleitung, wo irgend ein Mißverstand zu besorgen war. Als ein Anhang ist beigefügt: Erklärung einiger Stellen und Ausdrücke aus den Schweizerliedern für ungelehrte und ausländische Leser. Verzeichnis einiger noch wünschbarer Schweizerlieder, von denen verschiedne schon fertig sind, die aber hier noch nicht bekannt gemacht werden. Der Inhalt ist von allen sehr wohl gewählt, und, mit Rücksicht auf den vaterländischen Zweck, einer interessanten Bearbeitung fähig. Zuletzt folgt ein Verzeichnis derer, die auf die dritte vollständige Ausgabe der Schweizerlieder pränumeriert haben. Wir wollen nun noch schließlich der Ursache ein wenig nachforschen, warum der tiefsehende Kunstrichter in der H. Bibl. die Poesie des zweiten Buchs so matt, kraftlos und gedehnt gefunden hat. Wenn der Dichter, der mit seinem Gegenstande vertraut ist, da eine Klippe und dort eine Klippe bemerkt, der er ausweichen muß, und oft nur mit vieler Schwierigkeit ausweichen kann, so sieht der kecke Kunstrichter, der sich bloß an dem Ausfalle zu belustigen kommt, nichts von dem allem. Ohne zu wissen, oder sich viel darum zu bekümmern, daß der Weg des Verfassers ein Ausweg, und als solcher ein sehr glücklicher, war, ruft er ihm zu: guter Freund, wie, wenn du nach jener Seite gefahren wärst? – Da war aber die Klippe! – Wie, wenn jener gegenüber? Da? Da war eine andre Klippe! – Du hättest also lieber gar nicht ausfahren müssen! – Sehr wohl! Wer aber war hier der Blinde, der dem Sehenden den Weg weisen wollte? Dies ist die Geschichte der meisten Kritiken, wovon wir in vielen unsrer periodischen Schriften nur wenige, die wenigsten in der H. Bibliothek ausnehmen können. Ein treffendes Beispiel gibt uns die angeführte wider Hrn. Lavaters Bürgerlieder an die Hand. Der Dichter bemerkte zwei Abwege, die er vermeiden mußte. Was für den mittelmäßig belesenen Mann nicht die geringste Undeutlichkeit hat, ist oft für den Bauern ein Rätsel. Dadurch sind dem Dichter die Hände sehr gebunden: entweder schreibt er matte Prosa, oder er wird unverständlich. Was zu tun? Gesetzt, sagt sich der Dichter, ich wähle eine naive Sprache, die ohne Figuren und Bilder stärker malt und herzlicher spricht, als alle Bilder in einem Dialekt, den alle Menschenseelen verstehen sollten! – Vortrefflich, sagt der Kenner, und noch vortrefflicher der Ausweg, als ohne jene Klippen selbst der gerade Weg sein würde. – So auch der undenkende Kunstrichter mit seiner vielwissenden Miene? O nichts weniger! Ihm ist diese naive Sprache matt, kraftlos gedehnt; er hat seinen Kopf voller Grenadierlieder; und wie in aller Welt stimmt der Ton des naiven Bürgerliedes mit dem Tone des Grenadierliedes zusammen, wie der Ton folgender Strophen in dem Liede für Schweizerbauern?

Wer ist so vergnügt, ihr Brüder?
Wer ist glücklicher, als wir?
Lauft die Erde auf und nieder;
Keinen, keinen findet ihr!
In den Dörfern, in den Städten;
keiner ist so frei und reich;
Uns, wir könnten, Brüder! wetten,
Ist kein Baur auf Erden gleich. –

Andre Bauern, was sie pflanzen,
Was sie auf und angebracht,
Das verschmausen, das vertanzen
Fürsten oft in einer Nacht;
Fürsten, die sich Väter nennen,
Väter, die noch lachen können,
Sehn sie Bauern nackt und arm;
Väter, daß sich Gott erbarm! –

Gott im Himmel sei gepriesen!
Er ist's, der uns glücklich macht:
Macht, daß uns in Feld und Wiesen
Alles blühet, alles lacht!

Er vermehrt uns unsre Herden!
Er, er ließ uns Schweizer werden!
Er, er macht von Tyrannei
Und uns unsre Kinder frei. –

Stünden diese vortrefflichen Strophen in irgend einem kurrenden Gassenliede, und auch wir hätten unsre Dorsets, Drydens und Addisons, mit welcher rühmlichen Sorgfalt würden sie von ihnen aufgehoben und den glänzendsten vieler neuen Dichter an die Seite gesetzt worden sein. Wer das sechsundachtzigste Stück des Zuschauers gelesen hat, wird wissen, worauf wir zielen. Doch was man itzt noch verschmähet, wird die klügere Nachwelt schon noch schätzen. Desto besser für den Dichter, desto schlimmer für den Kunstrichter.

Friedrich Schiller

Göttingen. Gedichte von G. A. Bürger. Mit Kupfern 1789

Die Gleichgültigkeit, mit der unser philosophierendes Zeitalter auf die Spiele der Musen herabzusehen anfängt, scheint keine Gattung der Poesie empfindlicher zu treffen als die lyrische. Der dramatischen Dichtkunst dient doch wenigstens die Einrichtung des gesellschaftlichen Lebens zu einigem Schutze, und der erzählenden erlaubt ihre freiere Form, sich dem Weltton mehr anzuschmiegen und den Geist der Zeit in sich aufzunehmen. Aber die jährlichen Almanache, die Gesellschaftsgesänge, die Musikliebhaberei unsrer Damen sind nur ein schwacher Damm gegen den Verfall der lyrischen Dichtkunst. Und doch wäre es für den Freund des Schönen ein sehr niederschlagender Gedanke, wenn diese jugendlichen Blüten des Geists in der Fruchtzeit absterben, wenn die reifere Kultur auch nur mit einem einzigen Schönheitsgenuß erkauft werden sollte. Vielmehr ließe sich auch in unsern so unpoetischen Tagen, wie für die Dichtkunst überhaupt, also auch für die lyrische, eine sehr würdige Bestimmung entdecken; es ließe sich vielleicht dartun, daß, wenn sie von einer Seite höhern Geistesbeschäftigungen nachstehen muß, sie von einer andern nur desto notwendiger geworden ist. Bei der Vereinzelung und getrennten Wirksamkeit unsrer Geisteskräfte, die der erweiterte Kreis des Wissens und die Absonderung der Berufsgeschäfte notwendig macht, ist es die Dichtkunst beinahe allein, welche die getrennten Kräfte der Seele wieder in Vereinigung bringt, welche Kopf und Herz, Scharfsinn und Witz, Vernunft und Einbildungskraft in harmonischem Bunde beschäftigt, welche gleichsam den ganzen Menschen in uns wieder herstellt. Sie allein kann das Schicksal abwenden, das traurigste, das dem philosophierenden Verstande widerfahren kann, über dem Fleiß des Forschens den Preis seiner Anstrengungen zu verlieren und in einer abgezognen Vernunftwelt für die Freuden der wirklichen zu ersterben. Aus noch so divergierenden Bahnen würde sich der Geist bei der Dichtkunst wieder zurechtfinden und in ihrem verjüngenden Licht der Erstarrung eines frühzeitigen Alters entgehen. Sie wäre die jugendlichblühende Hebe, welche in Jovis Saal die unsterblichen Götter bedient.

Dazu aber würde erfordert, daß sie selbst mit dem Zeitalter fortschritte, dem sie diesen wichtigen Dienst leisten soll; daß sie sich alle Vorzüge und Erwerbungen desselben zu eigen machte. Was Erfahrung und Vernunft an Schätzen für die Menschheit aufhäuften, müßte Leben und Fruchtbarkeit gewinnen und in Anmut sich kleiden in ihrer schöpferischen Hand. Die Sitten, den Charakter, die ganze Weisheit ihrer Zeit müßte sie, geläutert und veredelt, in ihrem Spiegel sammeln und mit idealisierender Kunst aus dem Jahrhundert selbst ein Muster für das Jahrhundert erschaffen. Dies setzte voraus, daß sie selbst in keine andre als reife und gebildete Hände fiele. Solange dies nicht ist, solange zwischen dem sittlich ausgebildeten, vorurteilfreien Kopf und dem Dichter ein andrer Unterschied stattfindet, als daß letzterer zu den Vorzügen des erstern das Talent der Dichtung noch als Zugabe besitzt, so lange dürfte die Dichtkunst ihren veredelnden Einfluß auf das Jahrhundert verfehlen, und jeder Fortschritt wissenschaftlicher Kultur wird nur die Zahl ihrer Bewunderer vermindern. Unmöglich kann der gebildete Mann Erquickung für Geist und Herz bei einem unreifen Jüngling suchen, unmöglich in Gedichten die Vorurteile, die gemeinen Sitten, die Geistesleerheit wieder finden wollen, die ihn im wirklichen Leben verscheuchen. Mit Recht verlangt er von dem Dichter, der ihm, wie dem Römer sein Horaz, ein teurer Begleiter durch das Leben sein soll, daß er im Intellektuellen und Sittlichen auf einer Stufe mit ihm stehe, weil er auch in Stunden des Genusses nicht unter sich sinken will. Es ist also nicht genug, Empfindung mit erhöhten Farben zu schildern; man muß auch erhöht empfinden. Begeisterung allein ist nicht genug; man fodert die Begeisterung eines gebildeten Geistes. Alles, was der Dichter uns geben kann, ist seine Individualität. Diese muß es also wert sein, vor Welt und Nachwelt ausgestellt zu werden. Diese seine Individualität so sehr als möglich zu veredeln, zur reinsten, herrlichsten Menschheit hinaufzuläutern, ist sein erstes und wichtigstes Geschäft, ehe er es unternehmen darf, die Vortrefflichen zu rühren. Der höchste Wert seines Gedichtes kann kein andrer sein, als daß es der reine, vollendete Abdruck einer interessanten Gemütslage eines interessanten vollendeten Geistes ist. Nur ein solcher Geist soll sich uns in Kunstwerken ausprägen; er wird uns in seiner kleinsten Äußerung kenntlich sein, und umsonst wird, der es nicht ist, diesen wesentlichen Mangel durch Kunst zu verstecken suchen. Vom Ästhetischen gilt eben das, was vom Sittlichen; wie es hier der moralisch vortreffliche Charakter eines Menschen allein ist, der einer seiner einzelnen Handlungen den Stempel moralischer Güte aufdrücken kann, so ist es dort nur der reife, der vollkommene Geist, von dem das Reife, das Vollkommene ausfließt. Kein noch so großes Talent kann dem einzelnen Kunstwerk verleihen, was dem Schöpfer desselben gebricht, und Mängel, die aus dieser Quelle entspringen, kann selbst die Feile nicht wegnehmen.

Wir würden nicht wenig verlegen sein, wenn uns aufgelegt würde, diesen Maßstab in der Hand, den gegenwärtigen deutschen Musenberg zu durchwandern. Aber die Erfahrung, deucht uns, müßte es ja lehren, wieviel der größere Teil unsrer, nicht ungepriesenen, lyrischen Dichter auf den bessern des Publikums wirkt; auch trifft es sich zuweilen, daß uns einer oder der andre, wenn wir es auch seinen Gedichten nicht angemerkt hätten, mit seinen Bekenntnissen überrascht oder uns Proben von seinen Sitten liefert. Jetzt schränken wir uns darauf ein, von dem bisher Gesagten die Anwendung auf Hn. Bürger zu machen.

Aber darf wohl diesem Maßstab auch ein Dichter unterworfen werden, der sich ausdrücklich als »Volkssänger« ankündigt und Popularität zu seinem höchsten Gesetz macht? Wir sind weit entfernt, Hn. B. mit dem schwankenden Wort »Volk« schikanieren zu wollen; vielleicht bedarf es nur weniger Worte, um uns mit ihm darüber zu verständigen. Ein Volksdichter in jenem Sinn, wie es Homer seinem Weltalter oder die Troubadours dem ihrigen waren, dürfte in unsern Tagen vergeblich gesucht werden. Unsre Welt ist die homerische nicht mehr, wo alle Glieder der Gesellschaft im Empfinden und Meinen ungefähr dieselbe Stufe einnahmen, sich also leicht in derselben Schilderung erkennen, in denselben Gefühlen begegnen konnten. Jetzt ist zwischen der Auswahl einer Nation und der Masse derselben ein sehr großer Abstand sichtbar, wovon die Ursache zum Teil schon darin liegt, daß Aufklärung der Begriffe und sittliche Veredlung ein zusammenhängendes Ganzes ausmachen, mit dessen Bruchstücken nichts gewonnen wird. Außer diesem Kulturunterschied ist es noch die Konvenienz, welche die Glieder der Nation in der Empfindungsart und im Ausdruck der Empfindung einander so äußerst unähnlich macht. Es würde daher umsonst sein, willkürlich in einen Begriff zusammenzuwerfen, was längst schon keine Einheit mehr ist. Ein Volksdichter für unsre Zeiten hätte also bloß zwischen dem Allerleichtesten und dem Allerschweresten die Wahl: entweder sich ausschließlich der Fassungskraft des großen Haufens zu bequemen und auf den Beifall der gebildeten Klasse Verzicht zu tun – oder den ungeheuren Abstand, der zwischen beiden sich befindet, durch die Größe seiner Kunst aufzuheben und beide Zwecke vereinigt zu verfolgen. Es fehlt uns nicht an Dichtern, die in der ersten Gattung glücklich gewesen sind und sich bei ihrem Publikum Dank verdient haben; aber nimmermehr kann ein Dichter von Hn. Bürgers Genie die Kunst und sein Talent so tief herabgesetzt haben, um nach einem so gemeinen Ziele zu streben. Popularität ist ihm, weit entfernt, dem Dichter die Arbeit zu erleichtern oder mittelmäßige Talente zu bedecken, eine Schwierigkeit mehr und fürwahr eine so schwere Aufgabe, daß ihre glückliche Auflösung der höchste Triumph des Genies genannt werden kann. Welch Unternehmen, dem ekeln Geschmack des Kenners Genüge zu leisten, ohne dadurch dem großen Haufen ungenießbar zu sein – ohne der Kunst etwas von ihrer Würde zu vergeben, sich an den Kinderverstand des Volks anzuschmiegen. Groß, doch nicht unüberwindlich ist diese Schwierigkeit; das ganze Geheimnis, sie aufzulösen – glückliche Wahl des Stoffs und höchste Simplizität in Behandlung desselben. Jenen müßte der Dichter ausschließend nur unter Situationen und Empfindungen wählen, die dem Menschen als Menschen eigen sind. Alles, wozu Erfahrungen, Aufschlüsse, Fertigkeiten gehören, die man nur in positiven und künstlichen Verhältnissen erlangt, müßte er sich sorgfältig untersagen und durch diese reine Scheidung dessen, was im Menschen bloß menschlich ist, gleichsam den verlornen Zustand der Natur zurückrufen. In stillschweigendem Einverständnis mit den Vortrefflichsten seiner Zeit würde er die Herzen des Volks an ihrer weichsten und bildsamsten Seite fassen, durch das geübte Schönheitsgefühl den sittlichen Trieben eine Nachhülfe geben und das Leidenschaftsbedürfnis, das der Alltagspoet so geistlos und oft so schädlich befriedigt, für die Reinigung der Leidenschaften nutzen. Als der aufgeklärte, verfeinerte Wortführer der Volksgefühle würde er dem hervorströmenden, Sprache suchenden Affekt der Liebe, der Freude, der Andacht, der Traurigkeit, der Hoffnung u. a. m. einen reinern und geistreichern Text unterlegen; er würde, indem er ihnen den Ausdruck lieh, sich zum Herrn dieser Affekte machen und ihren rohen, gestaltlosen, oft tierischen Ausbruch noch auf den Lippen des Volks veredeln. Selbst die erhabenste Philosophie des Lebens würde ein solcher Dichter in die einfachen Gefühle der Natur auflösen, die Resultate des mühsamsten Forschens der Einbildungskraft überliefern und die Geheimnisse des Denkers in leicht zu entziffernder Bildersprache dem Kindersinn zu erraten geben. Ein Vorläufer der hellen Erkenntnis, brächte er die gewagtesten Vernunftwahrheiten, in reizender und verdachtloser Hülle, lange vorher unter das Volk, ehe der Philosoph und Gesetzgeber sich erkühnen dürfen, sie in ihrem vollen Glanze heraufzuführen. Ehe sie ein Eigentum der Überzeugung geworden, hätten sie durch ihn schon ihre stille Macht an den Herzen bewiesen, und ein ungeduldiges, einstimmiges Verlangen würde sie endlich von selbst der Vernunft abfodern.

In diesem Sinne genommen, scheint uns der Volksdichter, man messe ihn nach den Fähigkeiten, die bei ihm vorausgesetzt werden, oder nach seinem Wirkungskreis, einen sehr hohen Rang zu verdienen. Nur dem großen Talent ist es gegeben, mit den Resultaten des Tiefsinns zu spielen, den Gedanken von der Form los zu machen, an die er ursprünglich geheftet, aus der er vielleicht entstanden war, ihn in eine fremde Ideenreihe zu verpflanzen, so viel Kunst in so wenigem Aufwand, in so einfacher Hülle so viel Reichtum zu verbergen. Hr. B. sagt also keineswegs zuviel, wenn er »Popularität eines Gedichts für das Siegel der Vollkommenheit« erklärt. Aber indem er dies behauptet, setzt er stillschweigend schon voraus, was mancher, der ihn liest, bei dieser Behauptung ganz und gar übersehen dürfte, daß zur Vollkommenheit eines Gedichts die erste unerläßliche Bedingung ist, einen von der verschiednen Fassungskraft seiner Leser durchaus unabhängigen absoluten, innern Wert zu besitzen. »Wenn ein Gedicht«, scheint er sagen zu wollen, »die Prüfung des echten Geschmacks aushält und mit diesem Vorzug noch eine Klarheit und Faßlichkeit verbindet, die es fähig macht, im Munde des Volks zu leben: dann ist ihm das Siegel der Vollkommenheit aufgedrückt.« Dieser Satz ist durchaus eines mit diesem: Was den Vortrefflichen gefällt, ist gut; was allen ohne Unterschied gefällt, ist es noch mehr.

Also weit entfernt, daß bei Gedichten, welche für das Volk bestimmt sind, von den höchsten Forderungen der Kunst etwas nachgelassen werden könnte, so ist vielmehr zu Bestimmung ihres Werts (der nur in der glücklichen Vereinigung so verschiedner Eigenschaften besteht) wesentlich und nötig, mit der Frage anzufangen: Ist der Popularität nichts von der höhern Schönheit aufgeopfert worden? Haben sie, was sie für die Volksmasse an Interesse gewannen, nicht für den Kenner verloren?

Und hier müssen wir gestehen, daß uns die Bürgerischen Gedichte noch sehr viel zu wünschen übrig gelassen haben, daß wir in dem größten Teil derselben den milden, sich immer gleichen, immer hellen, männlichen Geist vermissen, der, eingeweiht in die Mysterien des Schönen, Edlen und Wahren, zu dem Volke bildend herniedersteigt, aber auch in der vertrautsten Gemeinschaft mit demselben nie seine himmlische Abkunft verleugnet. Hr. B. vermischt sich nicht selten mit dem Volk, zu dem er sich nur herablassen sollte, und anstatt es scherzend und spielend zu sich hinaufzuziehen, gefällt es ihm oft, sich ihm gleich zu machen. Das Volk, für das er dichtet, ist leider nicht immer dasjenige, welches er unter diesem Namen gedacht wissen will. Nimmermehr sind es dieselben Leser, für welche er seine *Nachtfeier der Venus*, seine *Lenore*, sein Lied *An die Hoffnung, Die Elemente, Die Göttingische Jubelfeier, Männerkeuschheit, Vorgefühl der Gesundheit* u. a. m. und eine *Frau Schnips, Fortunens Pranger, Menagerie der Götter, An die Menschengesichter* und ähnliche niederschrieb. Wenn wir anders aber einen Volksdichter richtig schätzen, so besteht sein Verdienst nicht darin, jede Volksklasse mit irgend einem, ihr besonders genießbaren, Liede zu versorgen, sondern in jedem einzelnen Liede jeder Volksklasse genug zu tun.

Wir wollen uns aber nicht bei Fehlern verweilen, die eine unglückliche Stunde entschuldigen, und denen durch eine strengere Auswahl unter seinen Gedichten abgeholfen werden kann. Aber daß sich diese Ungleichheit des Geschmacks sehr oft in demselben Gedichte findet, dürfte ebenso schwer zu verbessern als zu entschuldigen sein. Rez. muß gestehen, daß er unter allen Bürgerischen Gedichten (die Rede ist von denen, welche er am reichlichsten aussteuerte) beinahe keines zu nennen weiß, das ihm einen durchaus reinen, durch gar kein Mißfallen erkauften Genuß gewährt hätte. War es entweder die vermißte Übereinstimmung des Bildes mit dem Gedanken oder die beleidigte Würde des Inhalts oder eine zu geistlose Einkleidung, war es auch nur ein unedles, die Schönheit der Gedanken entstellendes Bild, ein ins Platte fallender Ausdruck, ein unnützer Wörterprunk, ein (was doch am seltensten ihm begegnet) unechter Reim oder harter Vers, was die harmonische Wirkung des Ganzen störte: so war uns diese Störung bei so vollem Genuß um so widriger, weil sie uns das Urteil abnötigte, daß der Geist, der sich in diesen Gedichten darstellte, kein gereifter, kein vollendeter Geist sei, daß seinen Produkten nur deswegen die letzte Hand fehlen möchte, weil sie – ihm selbst fehlte.

Man begreift, daß hier nicht der Ort sein kann, den Beweis für eine so allgemeine Behauptung im einzelnen zu führen; um jedoch im kleinen anschaulich zu machen, was die Bürgerische Muse sich zu erlauben fähig ist, wollen wir ein einzelnes Lied, und zwar bloß in dieser einzigen Hinsicht durchlaufen:

Elegie, als Molly sich losreißen wollte

Auszuschreien seinen Schmerz –
Schreien! Ich muß aus ihn schreien.

Und sie sollte lügen können?
Lügen nur ein einzig Wort?
Nein! In Flammen will ich brennen,
Zeitlich hier und ewig dort,
Der Verzweiflung ganz zum Raube
Will ich sein, wofern ich nicht
An das kleinste Wörtchen glaube usf.

O ich weiß wohl, was ich sage,
Deutlich, wie mir See und Land
Hoch am Mittag liegt zu Tage,
So wird das von mir erkannt.

Rümpften tausend auch die Nasen –
O ihr tausend seid nicht ich.
Ich, ich weiß es, was ich sage,

Denn ich weiß es, was sie ist,
Was sie wiegt auf rechter Waage!
Was nach rechtem Maß sie mißt.

Doch lebendig darzustellen
Das, was sie und ich gefühlt,
Fühl ich jetzt mich, wie zum schnellen
Reigen sich der Lahme fühlt.

Es ist Geist, so rasch beflügelt,
Wie der Spezereien Geist,
Der, hermetisch auch versiegelt,
Sich aus seinem Kerker reißt. –

Ach ich weiß dem keinen Tadel,
Ob es gleich mich niederwürgt –
Wie wird mir so herzlich bange,
Wie so heiß und wieder kalt! –

Herr mein Gott! Wie soll es werden?
Herr mein Gott! Erleuchte mich!

Freilich, freilich fühlt, was billig
Und gerecht ist, noch mein Sinn –
Dient denn Gott ein Mensch zum Spiele,
Wie des Buben Hand der Wurm?

O es keimt, wie lang es währe,
Doch vielleicht uns noch Gewinst –

Sinnig sitz ich oft und frage
Und erwäg es herzlich treu
Auf des besten Wissens Waage:
Ob »uns lieben« Sünde sei?

Freier Strom sei meine Liebe,
Wo ich freier Schiffer bin.

Zur Entschuldigung Hn. B. sei es übrigens gesagt, daß das gewählte Lied, dessen vier letzte Strophen jedoch von ungemeiner Schönheit sind, zu seinen mattesten Produkten gehört; doch müssen wir zugleich hinzusetzen, daß wir nur die Hälfte dessen bezeichnet haben, was uns darin mißfallen hat. Sollen wir nun noch aus *Fortunens Pranger* die faulen Äpfel und Eier – Mir nichts, dir nichts – Lumpenkupfer – Schinderknochen – Schurken – Fuselbrenner – Galgenschwengel – Mit Treue umspringen, wie die Katze mit der Maus – Hui und Pfui – u. d. m. als Beweise unsrer Behauptung anführen, oder weiß der Leser es schon genug, um darin uns beizustimmen, daß ein Geschmack, der solche Cruditäten sich erlaubte, und bei wiederholter Durchsicht begnadigte, Hn. B. auch bei seinen gelungensten Produkten unmöglich ein treuer und sichrer Führer gewesen sein konnte?

Eine der ersten Erfordernisse des Dichters ist Idealisierung, Veredlung, ohne welche er aufhört, seinen Namen zu verdienen. Ihm kommt es zu, das Vortreffliche seines Gegenstandes (mag dieser nun Gestalt, Empfindung oder Handlung sein, in ihm oder außer ihm wohnen) von gröbern, wenigstens fremdartigen Beimischungen zu befreien, die in mehrern Gegenständen zerstreuten Strahlen von Vollkommenheit in einem einzigen zu sammeln, einzelne, das Ebenmaß störende Züge der Harmonie des Ganzen zu unterwerfen, das Individuelle und Lokale zum Allgemeinen zu erheben. Alle Ideale, die er auf diese Art im einzelnen bildet, sind gleichsam nur Ausflüsse eines innern Ideals von Vollkommenheit, das in der Seele des Dichters wohnt. Zu je größerer Reinheit und Fülle er dieses innere allgemeine Ideal ausgebildet hat, desto mehr werden auch jene einzelnen sich der höchsten Vollkommenheit nähern. Diese Idealisierkunst vermissen wir bei Hn. Bürger. Außerdem, daß uns seine Muse überhaupt einen zu sinnlichen, oft gemeinsinnlichen Charakter zu tragen scheint, daß ihm Liebe selten etwas anders als Genuß oder sinnliche Augenweide, Schönheit oft nur Jugend, Gesundheit, Glückseligkeit nur Wohlleben ist, möchten wir die Gemälde, die er uns aufstellt, mehr einen Zusammenwurf von Bildern, eine Kompilation von Zügen, eine Art Mosaik als Ideale nennen. Will er uns z. B. weibliche Schönheit malen, so sucht er zu jedem einzelnen

Reiz seiner Geliebten ein demselben korrespondierendes Bild in der Natur umher auf, und daraus erschafft er sich seine Göttin. Man sehe 1. Teil, S. 124: *Das Mädel(?), das ich meine, Das hohe Lied* und mehrere andre. Will er sie überhaupt als Muster von Vollkommenheit uns darstellen, so werden ihre Qualitäten von einer ganzen Schar Göttinnen zusammengeborgt. *Die beiden Liebenden:*

Im Denken ist sie Pallas ganz
Und Juno ganz an edelm Gange,
Terpsichore beim Freudentanz,
Euterpe neidet sie im Sange;
Ihr weicht Aglaja, wenn sie lacht,
Melpomene bei sanfter Klage,
Die Wollust ist sie in der Nacht,
Die holde Sittsamkeit bei Tage.

Wir führen diese Strophe nicht an, als glaubten wir, daß sie das Gedicht, worin sie vorkömmt, eben verunstalte, sondern, weil sie uns das passendste Beispiel zu sein scheint, wie ungefähr Hr. B. idealisiert. Es kann nicht fehlen, daß dieser üppige Farbenwechsel auf den ersten Anblick hinreißt und blendet, Leser besonders, die nur für das Sinnliche empfänglich sind, und, den Kindern gleich, nur das Bunte bewundern. Aber wie wenig sagen Gemälde dieser Art dem verfeinerten Kunstsinn, den nie der Reichtum, sondern die weise Ökonomie, nie die Materie, nur die Schönheit der Form, nie die Ingredienzien, nur die Feinheit der Mischung befriedigt! Wir wollen nicht untersuchen, wie viel oder wenig Kunst erfodert wird, in dieser Manier zu erfinden; aber wir entdecken bei dieser Gelegenheit an uns selbst, wie wenig dergleichen Matadorstücke der Jugend die Prüfung eines männlichen Geschmacks aushalten. Es konnte uns eben darum auch nicht sehr angenehm überraschen, als wir in dieser Gedichtsammlung, einem Unternehmen reiferer Jahre, sowohl ganze Gedichte als einzelne Stellen und Ausdrücke wiederfanden (das Klinglingling, Hopp, Hopp,

Hopp, Huhu, Sasa, Trallyrum larum u. dgl. m. nicht zu vergessen), welche nur die poetische Kindheit ihres Verfassers entschuldigen und der zweideutige Beifall des großen Haufens so lange durchbringen konnte. Wenn ein Dichter, wie Hr. B., dergleichen Spielereien durch die Zauberkraft seines Pinsels, durch das Gewicht seines Beispiels in Schutz nimmt: wie soll sich der unmännliche, kindische Ton verlieren, den ein Heer von Stümpern in unsere lyrische Dichtkunst einführte? Aus eben diesem Grunde kann Rez. das sonst so lieblich gesungene Gedicht *Blümchen Wunderhold* nur mit Einschränkung loben. Wie sehr sich auch Hr. B. in dieser Erfindung gefallen haben mag, so ist ein Zauberblümchen an der Brust kein ganz würdiges und eben auch nicht sehr geistreiches Symbol der Bescheidenheit; es ist, frei herausgesagt, Tändelei. Wenn es von diesem Blümchen heißt:

Du teilst der Flöte weichen Klang
Des Schreiers Kehle mit
Und wandelst in Zephyrengang
Des Stürmers Poltertritt,

so geschieht der Bescheidenheit zuviel Ehre. Der unschickliche Ausdruck: die Nase schnaubt nach Äther, und ein unechter Reim: blähn und schön verunstalten den leichten und schönen Gang dieses Liedes.

Am meisten vermißt man die Idealisierkunst bei Hn. B., wenn er Empfindung schildert; dieser Vorwurf trifft besonders die neuern Gedichte, großenteils an Molly gerichtet, womit er diese Ausgabe bereichert hat. So unnachahmlich schön in den meisten Diktion und Versbau ist, so poetisch sie gesungen sind, so unpoetisch scheinen sie uns empfunden. Was Lessing irgendwo dem Tragödiendichter zum Gesetz macht, keine Seltenheiten, keine streng individuellen Charaktere und Situationen darzustellen, gilt noch weit mehr von dem lyrischen. Dieser darf eine gewisse Allgemeinheit in den Gemütsbewegungen, die er schildert, um so weniger verlassen, je weniger Raum ihm gegeben ist, sich über das Eigentümliche der Umstände, wodurch sie veranlaßt sind, zu verbreiten. Die neuern Bürgerschen Gedichte sind großenteils Produkte einer solchen ganz eigentümlichen Lage, die zwar weder so streng individuell, noch so sehr Ausnahme ist, als ein Heautontimorumenos des Terenz, aber gerade individuell genug, um von dem Leser weder vollständig, noch rein genug aufgefaßt zu werden, daß das Unideale, welches davon unzertrennlich ist, den Genuß nicht störte. Indessen würde dieser Umstand den Gedichten, bei denen er angetroffen wird, bloß eine Vollkommenheit nehmen; aber ein anderer kommt hinzu, der ihnen wesentlich schadet. Sie sind nämlich nicht bloß Gemälde dieser eigentümlichen (und sehr undichterischen) Seelenlage, sondern sie sind offenbar auch Geburten derselben. Die Empfindlichkeit, der Unwille, die Schwermut des Dichters sind nicht bloß der Gegenstand, den er besingt, sie sind leider oft auch der Apoll, der ihn begeistert. Aber die Göttinnen des Reizes und der Schönheit sind sehr eigensinnige Gottheiten. Sie belohnen nur die Leidenschaft, die sie selbst einflößten; sie dulden auf ihrem Altar nicht gern ein ander Feuer als das Feuer einer reinen, uneigennützigen Begeisterung. Ein erzürnter Schauspieler wird uns schwerlich ein edler Repräsentant des Unwillens werden; ein Dichter nehme sich ja in Acht, mitten im Schmerz den Schmerz zu besingen. So, wie der Dichter selbst bloß leidender Teil ist, muß seine Empfindung unausbleiblich von ihrer idealischen Allgemeinheit zu einer unvollkommenen Individualität herabsinken. Aus der sanftern und fernenden Erinnerung mag er dichten, und dann desto besser für ihn, je mehr er an sich erfahren hat, was er besingt; aber ja niemals unter der gegenwärtigen Herrschaft des Affekts, den er uns schön versinnlichen soll. Selbst in Gedichten, von denen man zu sagen pflegt, daß die Liebe, die Freundschaft usw. selbst dem Dichter den Pinsel dabei geführt habe, hatte er damit anfangen müssen, sich selbst fremd zu werden, den Gegenstand seiner Begeisterung von seiner Individualität loszuwickeln, seine Leidenschaft aus einer mildernden Ferne anzuschauen. Das Idealschöne wird schlechterdings nur durch eine Freiheit des Geistes, durch eine Selbsttätigkeit möglich, welche die Übermacht der Leidenschaft aufhebt.

Die neuern Gedichte Hn. B. charakterisiert eine gewisse Bitterkeit, eine fast kränkelnde Schwermut. Das hervorragende Stück in dieser Sammlung, *Das hohe Lied von der Einzigen*, verliert dadurch besonders viel von seinem übrigen unerreichbaren Werte. Andre Kunstrichter haben sich bereits ausführlicher über dieses schöne Produkt der Bürgerischen Muse herausgelassen, und mit Vergnügen stimmen wir in einen großen Teil des Lobes mit ein, das sie ihm beigelegt haben. Nur wundern wir uns, wie es möglich war, dem Schwunge des Dichters, dem Feuer seiner Empfindungen, seinem Reichtum an Bildern, der Kraft seiner Sprache, der Harmonie seines Verses so viele Versündigungen gegen den guten Geschmack zu vergeben; wie es möglich war, zu übersehen, daß sich die Begeisterung des Dichters nicht selten in die Grenzen des Wahnsinns verliert, daß sein Feuer oft Furie wird, daß eben deswegen die Gemütsstimmung, mit der man dies Lied aus der Hand legt, durchaus nicht die wohltätige, harmonische Stimmung ist, in welche wir uns von dem Dichter versetzt sehen wollen. Wir begreifen, wie Hr. B., hingerissen von dem Affekt, der dieses Lied ihm diktierte, bestochen von der nahen Beziehung dieses Lieds auf seine eigne Lage, die er in demselben, wie in einem Heiligtum, niederlegte, am Schlusse dieses Lieds sich zurufen konnte, daß es das Siegel der Vollendung an sich trage; – aber eben deswegen möchten wir es, seiner glänzenden Vorzüge ungeachtet, nur ein sehr vortreffliches Gelegenheitsgedicht nennen – ein Gedicht nämlich, dessen Entstehung und Bestimmung man es allenfalls verzeiht, wenn ihm die idealische Reinheit und Vollendung mangelt, die allein den guten Geschmack befriedigt.

Eben dieser große und nahe Anteil, den das eigene Selbst des Dichters an diesem und noch einigen andern Liedern dieser Sammlung hatte, erklärt uns beiläufig, warum wir in diesen Liedern so übertrieben oft an ihn selbst, den Verfasser, erinnert werden. Rez. kennt unter den neuern Dichtern keinen, der das sublimi feriam sidera vertice des Horaz mit solchem Mißbrauch im Munde führte als Hr. B. Wir wollen ihn deswegen nicht in Verdacht haben, daß ihm bei solchen Gelegenheiten das Blümchen Wunderhold aus dem Busen gefallen sei; es leuchtet ein, daß man nur im Scherz so viel Selbstlob an sich verschwenden kann. Aber angenommen, daß an solchen scherzhaften Äußerungen nur der zehente Teil sein Ernst sei, so macht ja ein zehenter Teil, der zehenmal wiederkömmt, einen ganzen und bittern Ernst. Eigenruhm kann selbst einem Horaz nur verziehen werden, und ungern verzeiht der hingerissne Leser dem Dichter, den er so gern – nur bewundern möchte.

Diese allgemeinen Winke, den Geist des Dichters betreffend, scheinen uns alles zu sein, was über eine Sammlung von mehr als hundert Gedichten, worunter viele einer ausführlichen Zergliederung wert sind, in einer Zeitung gesagt weden konnte. Das längst entschiedne einstimmige Urteil des Publikums überhebt uns, von seinen Balladen zu reden, in welcher Dichtungsart es nicht leicht ein deutscher Dichter Hn. B. zuvortun wird. Bei seinen Sonetten, Mustern ihrer Art, die sich auf den Lippen des Deklamateurs in Gesang verwandeln, wünschen wir mit ihm, daß sie keinen Nachahmer finden möchten, der nicht gleich ihm und seinem vortrefflichen Freund Schlegel die Leier des pythischen Gottes spielen kann. Gerne hätten wir alle bloß witzigen Stücke, die Sinngedichte vor allem, in dieser Sammlung entbehrt, so wie wir überhaupt Hn. B. die leichte, scherzende Gattung möchten verlassen sehen, die seiner starken nervigten Manier nicht zusagt. Man vergleiche z.B., um sich davon zu überzeugen, das *Zechlied*, 1. Teil, mit einem anakreontischen oder horazischen von ähnlichem Inhalt. Wenn man uns endlich auf Gewissen fragte, welchen von Hn. B. Gedichten, den ernsthaften oder den satirischen, den ganz lyrischen oder lyrischerzählenden, den frühern oder spätern wir den Vorzug geben, so würde unser Ausspruch für die ernsthaften, für die erzählenden und für die frühern ausfallen. Es ist nicht zu verkennen, daß Hr. B. an poetischer Kraft und Fülle, an Sprachgewalt und an Schönheit des Verses gewonnen hat; aber seine Manier hat sich weder veredelt noch sein Geschmack gereinigt.

Wenn wir bei Gedichten, von denen sich unendlich viel Schönes sagen läßt, nur auf die fehlerhafte Seite hingewiesen haben, so ist dies, wenn man will, eine Ungerechtigkeit, der wir uns nur gegen einen Dichter von Hn. B. Talent und Ruhm schuldig machen konnten. Nur gegen einen Dichter, auf den so viele nachahmende Federn lauern, verlohnt es sich der Mühe, die Partei der Kunst zu ergreifen; und auch nur das große Dichtergenie ist imstande, den Freund des Schönen an die höchsten Forderungen der Kunst zu erinnern, die er bei dem mittelmäßigen Talent entweder freiwillig unterdrückt oder ganz zu vergessen in Gefahr ist. Gerne gestehen wir, daß wir das ganze Heer von unsern jetzt lebenden Dichtern, die mit Hn. B. um den lyrischen Lorbeerkranz ringen, gerade so tief unter ihm erblicken, als er, unsrer Meinung nach, selbst unter dem höchsten Schönen geblieben ist. Auch empfinden wir sehr gut, daß vieles von dem, was wir an seinen Produkten tadelnswert fanden, auf Rechnung äußrer Umstände kommt, die seine genialische Kraft in ihrer schönsten Wirkung beschränkten, und von denen seine Gedichte selbst so rührende Winke geben. Nur die heitre, die ruhige Seele gebiert das Vollkommene. Kampf mit äußern Lagen und Hypochondrie, welche überhaupt jede Geisteskraft lähmen, dürfen am allerwenigsten das Gemüt des Dichters belasten, der sich von der Gegenwart loswickeln und frei und kühn in die Welt der Ideale emporschweben soll. Wenn es auch noch so sehr in seinem Busen stürmt, so müsse Sonnenklarheit seine Stirne umfließen.

Wenn indessen irgend einer von unsern Dichtern es wert ist, sich selbst zu vollenden, um etwas Vollendetes zu leisten, so ist es Hr. Bürger. Diese Fülle poetischer Malerei, diese glühende, energische Herzenssprache, dieser bald prächtig wogende, bald lieblich flötende Poesiestrom, der seine Produkte so hervorragend unterscheidet, endlich dieses biedre Herz, das, man möchte sagen, aus jeder Zeile spricht, ist es wert, sich mit immer gleicher ästhetischer und sittlicher Grazie, mit männlicher Würde, mit Gedankengehalt, mit hoher und stiller Größe zu gatten und so die höchste Krone der Klassizität zu erringen.

Das Publikum hat eine schöne Gelegenheit, um die vaterländische Kunst sich dieses Verdienst zu erwerben. Hr. B. besorgt, wie wir hören, eine neue, verschönerte Ausgabe seiner Gedichte, und von dem Maße der Unterstützung, die ihm von den Freunden seiner Muse widerfahren wird, hängt es ab, ob sie zugleich eine verbesserte, ob sie eine vollendete sein soll.

Friedrich Schlegel

(Über Maler Müllers Werke)

In der blühenden Periode unserer neuen deutschen Literatur, welche die letzte Hälfte des 18. Jahrhunderts umfaßt, war besonders die mittlere Zeit der siebziger Jahre reich an genialischen Erscheinungen und Bestrebungen. Man hat diese Epoche sogar die der Kraftgenies genannt. Der spottende Tadel, welcher in diesem Beinamen liegt, war durch die Übertreibungen der Nachahmer und die Torheiten der Unberufenen veranlaßt. Denn es war auch damals ergangen, wie es immer zu gehn pflegt; die Schar der Nachfolger ergreift von den außerordentlichen Schriftstellern gerade nur das, was oft schon tadelhaft ist, wenigstens solche Eigenheiten und Manieren, wo die Tugenden und Vorzüge des Genies unmittelbar an Fehler grenzen, und durchaus keine Nachahmung dulden. Solche Eigenheiten und Paradoxien, die nur allenfalls an dem ertragen werden können, dem sie natürlich sind, wiederholen und übertreiben sie dann so lange, bis das, was anfangs als eine neue und kraftvolle Erscheinung des Genies uns erfreute, zur Mode herabgesunken und epidemisch um sich greifend, endlich allen zum Ekel wird. Dieses Schauspiel, was sich auch in neuern Epochen unserer Literatur noch oft wiederholt hat, ward damals zuerst recht auffallend bemerkt.

Unrecht würde man jedoch haben, wenn man dieser Epoche der sogenannten Kraftgenies das wahre Genie absprechen wollte. Dies darf gewiß nicht gesagt werden von einer Zeit, wo Goethe, Bürger, Stolberg, Lavater und Herder zuerst auftraten. Und wie manche andere könnten noch neben jenen genannt werden, die zwar (was oft zufällig ist) minder berühmt geworden sind, doch ebenfalls als Männer von Kraft und Geist in ihren dichterischen oder anderen Werken erscheinen. Unter diesen behauptet nach unserm Gefühl eine ganz vorzügliche Stelle Hr. Friedrich Müller, jetzt königlich bayerischer Hofmaler, in dessen jetzt gesammelten poetischen Werken und Bruchstücken sich das entschiedene Talent eines wahren Dichters im vollsten Sinne des Wortes durchaus nicht verkennen läßt.

Hr. Maler Müller lebt schon sehr lange (so viel wir wissen über 30 Jahre) vom deutschen Vaterlande entfernt zu Rom, wo er der Ausübung und dem Studium der bildenden Kunst sein Leben gewidmet hat, von welcher Seite er den Freunden und Kennern derselben in Deutschland auch durch manchen künstlerischen Aufsatz, wie den in den HOREN und sonst hinreichend bekannt ist. Den Gedichten seiner Jugend konnte M. in diesen Verhältnissen von dorther lange nicht die fortdauernde Aufmerksamkeit schenken, die sie verdient hätten. Einige waren gedruckt, aber einzeln und zerstreut verloren sie sich bald in dem Gedränge unserer immer bändereicher anschwellenden Literatur und blieben fast nur den wenigen sorgsamer nachsuchenden Freunden unserer Dichtkunst bekannt. Vieles blieb ungedruckt; manches ließ der Dichter selbst unvollendet. Von einigen seiner Arbeiten ging die Handschrift verloren; wovon die nachstehende Anzeige nähere Nachricht gibt.

Es ist als ein Gewinn für unsere dichterische Literatur, besonders die frühere Zeit derselben zu betrachten, daß wir nun eine vollständigere Sammlung der Werke und Dichtungen des Maler Müller besitzen, die in einem geschmackvollen Äußern bei Mohr und Zimmer (Heidelberg 1811) in drei Bänden erschienen ist.

Für diejenigen unserer Leser, welche mit dieser Sammlung selbst noch weniger bekannt sein sollten, gehen wir den Inhalt derselben kurz durch, ehe wir ihnen die uns mitgeteilte ausführliche Charakteristik vorlegen.

Der erste Teil enthält die Idyllen. Sie sind sehr mannigfaltiger Art und enthalten im Keime die Anlage zu allen den verschiedenen Richtungen, worin sich Müllers Poesie versucht hat. Einige tragen ganz das Gepräge der Zeit an sich, der sie ihre Entstehung verdanken, und erneuern uns das Bild der damals herrschenden Poesie. Die biblischen Idyllen, wie Adams Erwachen, reihen sich von selbst an Geßner; nur ist Sprache und Darstellung bei Müller freier, kecker und kühner. Die Prosa schien seit Geßner für Idyllen die natürlichste Form. Die mit unter den Idyllen aufgeführte Dichtung Kreuznach ist nicht sowohl eine Idylle, als ein kleineres halb lyrisches Heldengedicht in Prosa, wie man sie seit Macphersons Ossian auch in Deutschland damals liebte und versuchte. In Müllers griechischen Idyllen sieht man schon die ihm eigentümliche, lebendige Art, die alte Mythologie aufzufassen. Die vorzüglichsten unter allen, und gewiß die eigentümlichsten sind die einheimischen, pfälzischen Idyllen, wie Ulrich von Koßheim, Die Schafschur und Das Nußkernen. Es ist ein recht lebendiges Gefühl darin von dem frohen rheinländischen Leben, den anlockenden alten Sagen und der herrlichen Natur, die nirgends in Deutschland mit solchen Erinnerungen verwebt und so romantisch ist wie dort. Dieses Romantische der Rheinsagen und der altdeutschen Zeit scheint uns überhaupt das Gebiet, worin Müllers Poesie sich am schönsten und glücklichsten entfaltet hat.

Die beiden andern Bände enthalten die lyrischen Gedichte und die dramatischen Werke und Bruchstücke. Unter den Liedern und Romanzen sind manche, welche leicht und glücklich hingedichtet, den besten aus jener Zeit von Stolberg, Bürger oder den frühern von Goethe gleichgestellt werden dürfen.

In der Niobe hat der Dichter die ihm eigentümliche Idee, wie man die alte Mythologie durch einen tiefern sittlich philosophischen Sinn neu, durchaus anders als die alten Dichter und doch wahrhaft dichterisch gestalten könne, im Großen ausgeführt. Sehr lebendig aufgefaßt ist die alte Mythologie in allen griechischen Gedichten Müllers, und das ist mehr wert als jede noch so ängstliche Nachahmung. Doch auch so zweifeln wir, ob auf diesem Wege und durch solche Bearbeitung griechischer Gegenstände unsere Poesie das erwünschte Ziel erreichen könne.

Das größere Fragment von Faust ist, ungeachtet auch hier das Genie des Dichters sich wohl beurkundet, im Ton noch etwas studentisch. Stellenweise konnte es scheinen, als sei es das Vorbild gewesen für unsere auch in den neuesten Zeiten wieder Mode gewordene Handwerksburschen-Poesie. Freilich mit dem unermeßlichen Abstande der immer bleibt zwischen der angebornen genialischen Kraft und der erzwungenen Nachäffung. Die in Prosa fertig ausgearbeitete Genovefa fällt auch noch oft in einen zu unedlen Ton; doch ist vieles vortrefflich, wie der Charakter des Golo, das Lied wunderschön. Der Dichter muß diese am Rhein einheimische und allbekannte Legende besonders geliebt haben, da noch außer jenem in Prosa vollendet vorhandenen Schauspiele zwei einzelne poetisch ausgeführte Szenen aus der Geschichte der Genovefa als Bruchstücke hier sich vorfinden, die unstreitig einer etwas späteren und reifern Zeit des Dichters angehören. Äußerst rührend und zart ist die Szene in der Wildnis zwischen der Mutter und dem kleinen Schmerzenreich. Die Szene im Gefängnis aber zwischen Genovefa und Golo (in Ulrich von Koßheim als Episode eingeflochten) gehört durch hinreißende Kraft, Begeisterung der Leidenschaft und große Charakterzeichnung zu dem Erhabensten, was unsere Poesie aufzuweisen hat. Wenn bloß von einzelnen Szenen die Rede ist, so findet sich keine in Schiller und Goethe, die ergreifender wäre als diese oder poetisch schöner. Auch durch die Vergleichung mit Tiecks gelungenstem Meisterwerke verlieren diese Fragmente von Müllers Genovefa nichts an ihrem Werte.

Doch dieses, und was sonst den eigentümlichen Wert jedes einzelnen Stückes betrifft, wird ausführlicher erwogen in der nachfolgenden Anzeige, die von einem Freunde M's herrührt; aber einem solchen, der die Poesie selbst liebt, und auch die Werke des Freundes mit sorgsamer Unterscheidung des Guten und des minder Gelungenen zu empfinden und zu beurteilen weiß. Was man gewöhnlich eine Rezension nennt, darf der Leser hier nicht erwarten; wohl aber ein selbstgedachtes Urteil aus eigenem Gefühl, über Müllers Poesie. – Manche Nachrichten über die verlornen Werke usw. sind uns um so willkommener gewesen, da weder der Dichter noch wer sonst etwa an der Herausgabe Anteil genommen hat, dieser Sammlung eine Vorrede oder sonstige Nachweisung hat mitgeben wollen.

Jakob Michael Reinhold Lenz

Über »Götz von Berlichingen«

Wir werden geboren, unsere Eltern geben uns Brot und Kleid, unsere Lehrer drücken in unser Hirn Worte, Sprachen, Wissenschaften, irgendein artiges Mädchen drückt in unser Herz den Wunsch, es eigen zu besitzen, es in unsere Arme als unser Eigentum zu schließen, wenn sich nicht ein tierisch Bedürfnis mit hineinmischt; es entsteht eine Lücke in der Republik, wo wir hineinpassen, unsere Freunde, Verwandte, Gönner setzen an und stoßen uns glücklich hinein; wir drehen uns eine Zeitlang in diesem Platz herum wie die andern Räder und stoßen und treiben, bis wir, wenn's noch so ordentlich geht, abgestumpft sind und zuletzt wieder einem neuen Rade Platz machen müssen. Das ist, meine Herren, ohne Ruhm zu melden, unsere Biographie, und was bleibt nun der Mensch noch anders als eine vorzüglich-künstliche kleine Maschine, die in die große Maschine, die wir Welt, Weltbegebenheiten, Weltläufte nennen, besser oder schlimmer hineinpaßt. Kein Wunder, daß die Philosophen so philosophieren, wenn die Menschen so leben. Aber heißt das gelebt? Heißt das, seine Existenz gefühlt, seine selbständige Existenz, den Funken von Gott? Ha, er muß in was Besserm stecken, der Reiz des Lebens: denn ein Ball anderer zu sein ist ein trauriger, niederdrückender Gedanke, eine ewige Sklaverei, eine nur künstlerische, eine vernünftige, aber eben um dessentwillen desto elendere Tierschaft. Was lernen wir hieraus? Das soll keine Deklamation sein, ihr Herrn; wenn Ihr Gefühl Ihnen nicht sagt, daß ich recht habe, so verwünscht ich alle Rednerkünste, die Sie auf meine Partei neigten, ohne Sie überzeugt zu haben. Was lernen wir hieraus? Das lernen wir hieraus, daß handeln, handeln die

Seele der Welt sei, nicht genießen, nicht empfindeln, nicht spitzfindeln, daß wir dadurch allein Gott ähnlich werden, der unaufhörlich handelt und unaufhörlich an seinen Werken sich ergötzt; das lernen wir daraus, daß die in uns handelnde Kraft unser Geist, unser höchstes Anteil sei, daß die allein unserm Körper mit allen seinen Sinnlichkeiten und Empfindungen das wahre Leben, die wahre Konsistenz, den wahren Wert gebe, daß ohne denselben all unser Genuß, all unsere Empfindungen, all unser Wissen doch nur ein Leiden, doch nur ein aufgeschobener Tod sind. Das lernen wir daraus, daß diese unsre handelnde Kraft nicht eher ruhe, nicht eher ablasse zu wirken, zu regen, zu toben, als bis sie uns Freiheit um uns her verschafft, Platz zu handeln: Guter Gott, Platz zu handeln, und wenn es ein Chaos wäre, das du geschaffen, wüste und leer, aber Freiheit wohnte nur da, und wir könnten dir nachahmend drüber brüten, bis was herauskäme – Seligkeit! Seligkeit! Göttergefühl das!

Verzeihn Sie meinen Enthusiasmus! Man kann nicht so enthusiastisch von den Sachen sprechen. Da unsere Gegner so viel Feuer verschwenden, uns das Leiden süß und angenehm vorzustellen, sollen wir nicht aus Himmel und Hölle Feuer zusammenraffen, um das Tun zu empfehlen? Da stehn unsre heutigen Theaterhelden und verseufzen ihre letzte Lebenskraft einer bis über die Ohren geschminkten Larve zu Gefallen – Schurken und keine Helden! Was habt ihr getan, daß ihr Helden heißt?

Ich will mich bestimmter erklären. Unsre heutigen Schaubühnen wimmeln von lauter Meisterstücken, die es aber freilich nur in den Köpfen der Meister selber sind. Doch das beiseite, seien sie, was sie seien, was geht's mich an?

Laßt uns aber einen andern Weg einschlagen, meine Brüder, Schauspiele zu beurteilen, laßt uns einmal auf ihre Folgen sehen, auf die Wirkung, die sie im ganzen machen. Das, denk' ich, ist doch gewiß wohl der sicherste Weg. Wenn ihr einen Stein ins Wasser werft, so beurteilt ihr die Größe, Masse und Gewicht des Steins nach den Zirkeln, die er im

Wasser beschreibt. Also sei unsere Frage bei jedem neuen herauskommenden Stück das große, das göttliche cui bono? Cui bono schuf Gott das Licht, daß es leuchte und wärme; cui bono die Planeten, daß sie uns Zeiten und Jahre einrichteten, und so geht es unaufhörlich in der Natur: nichts ohne Zweck, alles seinen großen, vielfachen, nie von menschlichem Visierstab, nie von englischem Visierstab ganz auszumessenden Zweck. Und wo fände der Genius ein anderes, höheres, tieferes, größeres, schöneres Modell als Gott und seine Natur?

Also cui bono? Was für Wirkung? Die Produkte all der tausend französischen Genies auf unsern Geist, auf unser Herz, auf unsre ganze Existenz? Behüte mich der Himmel, ungerecht zu sein. Wir nehmen ein schönes, wonnevolles, süßes Gefühl mit nach Hause, so gut, als ob wir eine Bouteille Champagner ausgeleert – aber das ist auch alles. Eine Nacht drauf geschlafen, und alles ist wieder vertilgt. Wo ist der lebendige Eindruck, der sich in Gesinnungen, Taten und Handlungen hernach einmischt, und prometheische Funken, der sich so unvermerkt in unsere innerste Seele hineingestohlen, daß er, wenn wir ihn nicht durch gänzliches Stilliegen in sich selbst wieder verglimmen lassen, unser ganzes Leben beseligt: das also sei unsre Gerichtswaage, nach der wir auch mit verbundenen Augen den wahren Wert eines Stückes bestimmen. Welches wiegt schwerer, welches hat mehr Gewicht, Macht und Eindruck auf unsre Meinungen und Handlungen? Und nun entscheiden Sie über Götz. Und ich möchte dem ganzen deutschen Publikum, wenn ich so starke Stimme hätte, zurufen: Samt und sonders ahmt Götzen erst nach, lernt erst wieder denken, empfinden, handeln, und wenn ihr euch wohl dabei befindet, dann entscheidet über Götz.

Also, meine werten Brüder, nun ermahne und bitte ich euch: Laßt uns dies Buch nicht gleich nach der ersten Lesung ungebraucht aus der Hand legen, laßt uns den Charakter dieses antiken deutschen Mannes erst mit erhitzter Seele erwägen und, wenn wir ihn gut finden, uns eigen machen, damit wir wieder Deutsche werden, von denen wir so weit, weit ausgeartet sind. Hier will ich euch einige Züge davon hinwerfen. Ein Mann, der weder auf Ruhm noch Namen Anspruch macht, der nichts sein will, als er ist: ein Mann; der ein Weib hat, seiner wert, nicht durch Schmeichelei sich erbettelt, sondern durch Wert verdient, eine Familie, einen Zirkel von Freunden, die er alle weit stärker liebt, als daß er's ihnen sagen könnte, für die er aber tut, alles dransetzt, ihnen Friede, Sicherheit für fremde, ungerechte Eingriffe, Freude und Genuß zu verschaffen. Sehen Sie, da ist der ganze Mann immerweg geschäftig, tätig, wärmend und wohltuend wie die Sonne, aber auch ebenso verzehrendes Feuer, wenn man ihm zu nahe kommt, und am Ende seines Lebens geht er unter wie die Sonne, vergnügt, bessere Gegenden zu schauen, wo mehr Freiheit ist, als er hier sich und den seinigen verschaffen konnte, und läßt noch Licht und Glanz hinter sich. Wer so gelebt hat, wahrlich, der hat seine Bestimmung erfüllt, Gott, du weißt es, wie weit, wie sehr, er weiß nur soviel davon, als genug ist, ihn glücklich zu machen. Denn was in der Welt kann wohl über das Bewußtsein gehen, viel Freud angerichtet zu haben.

Wir sind alle, meine Herren, in gewissem Verstand noch stumme Personen auf dem großen Theater der Welt, bis es den Direkteurs gefallen wird, uns eine Rolle zu geben. Welche sie aber auch sei, so müssen wir uns doch alle bereithalten, in derselben zu handeln, und je nach dem wir besser oder schlimmer, schwächer oder stärker handeln, je nach dem haben wir hernach besser oder schlimmer gespielt, je nachdem verbessern wir auch unser äußerliches und innerliches Glück.

Was könnte eine schönere Vorübung zu diesem großen Schauspiel des Lebens sein, als wenn wir, da uns itzt noch Hände und Füße gebunden sind, in einem oder andern Zimmer unsern Götz von Berlichingen, den einer aus unsern Mitteln geschrieben, eine große Idee – aufzuführen versuchten. Lassen Sie mich für die Ausführung dieses Projektes sorgen, es soll gar so viel Schwierigkeiten nicht haben, als

Sie sich anfangs einbilden werden. Weder Theater noch Kulisse, noch Dekoration – es kommt alles auf Handlung an. Wählen Sie sich die Rollen nach Ihrem Lieblingscharakter oder erlauben Sie mir, sie anzugeben. Es wird in der Tat ein sehr nützliches Amüsement für uns werden. Durchs Nachahmen, durchs Agieren drückt sich der Charakter tiefer ein. Und Amüsement soll es gewiß dabei sein, da bin ich Ihnen gut vor, größer, als Sie jetzt sich jemals vorstellen können. Aber nur Ernst und Nachdruck bitt ich mir dabei von Ihnen aus, denn, meine Herren, Sie sind jetzt Männer, und ich hoff, ich habe nicht mehr nötig, Ihnen den Anspruch des Apostels Pauli zuzurufen: Als ich ein Kind war, tat ich wie ein Kind, als ich aber ein Mann ward, legt ich das Kindische ab. Wenn jeder in seine Rolle ganz eindringt und alles draus macht, was draus zu machen ist, denken Sie, meine Herren, welch eine Idee! Welch ein Götterspiel! Da braucht's weder Vorhang noch Bänke! Wir sind über die Außenwerke weg. Zwei Flügeltüren zwischen jeder Szene geöffnet und zugeschlossen, die Akte können wir allenfalls durch eine kleine Musik aus unsern eigenen Mitteln unterscheiden. Und kein Sterblicher darf zu unsern Eleusinis, bevor wir die Probe ein-, drei-, viermal gemacht, und dann eingeladen alles, was noch einen lebendigen Odem in sich spürt, das heißt, Kraft, Geist und Leben, um mit Nachdruck zu handeln.

Tantum

Christian Daniel Friedrich Schubart

(Goethe, Götz von Berlichingen)

Außerordentlich hab' ich mich gefreut, als ich vernahm, daß Götz von Berlichingen mit der eisernen Hand, dieses Schauspiel, welches hundert französische und die meisten deutschen aufwiegt, in Berlin, diesem Tempel des guten Geschmacks, nicht nur dreimal nacheinander mit dem größten Beifalle aufgeführt worden, sondern auch auf Verlangen wiederholt werden mußte. Wie patriotisch klopft mein Herz bei dieser Nachricht! Sollte nicht einmal das deutsche Publikum an komischen Opern, an Tragikomödien, diesen Mißgeburten des Auslandes und an leeren Farcen satt haben, und unsre ersten Genies Klopstock, Goethe und Lessingen bitten, uns mehr patronymische Stücke zu liefern, wie Hermannsschlacht, Götz und Minna? – Alle gebrechlichen Seelen aber, die am Götz von Berlichingen keinen Geschmack finden, empfehl' ich hiemit dem Lazrarette des Cervantes, unten an dem Fuße des Parnasses.

Man erlaube mir, eine Anekdote hieher zu setzen, die mir beim Götze einfiel. Der Graf Schm. am Churpfälzischen Hofe, der sich durch sein Herz, seinen Geschmack und seine Erfahrungen vor tausenden auszeichnet, sprach, als man ihm den Götz von Berlichingen vorlas: Ich weiß nicht, ob ich lieber den ganzen Voltaire, oder dieses einzige Schauspiel gemacht haben möchte.

Christoph Martin Wieland

Über das Schauspiel
Götz von Berlichingen mit der eisernen Hand

Ich habe versprochen, das bekannte Schauspiel, Götz von Berlichingen mit der eisernen Hand, gegen einige Vorwürfe, die ihm von dem Rezensenten desselben – übrigens einem Mann von Geschmack und philosophischem Geiste, und einem großen Bewunderer des schönen Ungeheuers, wie er es nennt – im 3. Bande des Teutschen Merkurs gemacht worden sind, zu rechtfertigen. Und dies ist's, was ich itzt tun will, wiewohl ich leicht voraussehe, daß manche wunderliche Leute Ärgernis daran nehmen, und mir übel ausdeuten werden, daß ich Gerechtigkeit gegen einen Menschen ausübe, der es, wie sie sich einbilden, nicht um mich verdient hat. Gerechtigkeit braucht niemand von uns zu verdienen, dächte ich, wir sind sie einem jeden schuldig, dem Teufel selbst, wie das Brokardicum sagt. Ein Autor ist darum nicht gleich ein Duns, weil er unbillig oder unartig gegen uns ist; und warum sollte ein böser Mensch (gesetzt auch, daß einer, der uns nicht liebt, darum gleich ein böser Mensch sein müßte) nicht eben sowohl ein gutes Werk schreiben können, als er, wenn er ein Maler wäre, ein gutes Gemälde machen könnte, ohne um einen Gran weniger ein böser Mensch zu sein?

Aber, sagt man, es kommt doch so heraus, als ob ihr einen Autor, der euch übel mitgespielt hat, bestechen wolltet, wenn ihr ihn lobt. – Ich muß gestehen, daß mir nie in den Sinn gekommen ist, daß man so etwas vermuten könne. Mein ganzes Betragen, seitdem ich mich als Schriftsteller in die Welt gewagt habe, sollte, dächt' ich, mich gegen einen solchen Argwohn schützen. – Und wozu hätte ich nötig, mir durch niederträchtige Mittel Freunde machen zu wollen? Oder, wie sollte ein Mann, der nicht ohne alle Kenntnis der Welt und des menschlichen Herzens ist, sich nur einfallen lassen können, daß jedermann das Beste von ihm denken; daß niemand schief oder hämisch oder übereilt oder parteiisch von ihm urteilen werde? Freilich wäre zu wünschen, daß die Schriftsteller einander wenigstens mit Anständigkeit behandeln, ihre Talente nicht zur Befriedigung kleiner schlechter Leidenschaften mißbrauchen, und den Stand der Gelehrten nicht durch ihre eigne Bemühungen in den Augen der Weltleute verächtlich machen möchten. Aber wie viele Dinge wären nicht zu wünschen? Wenn Wünsche Pferde wären, wer würde zu Fuß gehen, – sagt ein englisches Sprichwort.

Ferne sei es also von mir, daß ich den Verfasser des Götz von Berlichingen – der eine eigene Freude daran haben soll, Personal-Satyren auf den Ersten den Besten, der ihm in den Wurf kommt, zu machen – durch diese kleine Apologie bestechen wollte, meiner zu schonen, wenn es ihm einmal wieder einfallen sollte, in einem Anstoß von Laune sich lustig über mich zu machen! Ich gönne einem jedem seine Freude, und wiewohl der Mutwille an einem Knaben eine Unart ist, so wünschte ich mir doch keinen Jungen, der nie in dem Falle wäre, die Rute zu verdienen. Junge mutige Genies sind wie junge mutige Füllen; das strotzt von Leben und Kraft, tummelt sich wie unsinnig herum, schnaubt und wiehert, wälzt sich und bäumt sich, schnappt und beißt, springt an den Leuten hinauf, schlägt vorn und hinten aus, und will sich weder fangen noch reiten lassen. Desto besser! denn wenn es, ut iniquae mentis asellus, die Ohren sinken ließe, und die Lenden schleppte, würde jemals ein Bucephalus oder Brigliador daraus werden können? Praecipitandus est liber spiritus – Da ist kein ander Mittel! Man muß die Herren ein wenig toben lassen; und wer etwan von ungefähr – denn sie meinen es selten so übel – von ihnen gebissen oder mit dem Huf in die Rippen geschlagen wird, betrachte sich als ein Opfer für das gemeine Beste der gelehrten Republik, und tröste sich damit, daß aus diesen nämlichen wilden

Jünglingen, sofern sie glücklich sein sollten in Zeiten auszutoben, noch große Männer werden können; wiewohl dies freilich dem einen und andern schon mißlungen ist, und auch fernerhin zuweilen mißlingen dürfte.

Wer wohl die jungen Autoren, Kunstrichterchen, und gelehrte Polischinellen sein mögen, denen man durch diese kleine Apologie einige Nachsicht bei dem Publikum gewinnen möchte? – Nur ein wenig Geduld! sie werden sich bald selbst verraten. Sie werden so laut wiehern, und so ungebärdig ausschlagen, daß es unmöglich sein wird, sie zu übersehen. Dies gehört mit zur Natur eines solchen gelehrten Hinnulus. Aber es hat nichts zu bedeuten. Mit der Zeit wird sich's schon geben. Man versichert mir, die Männerchen hätten entsetzlich viel Genie, sehr viel Wissenschaft, und das este Herz von der Welt. – Genie, Wissenschaft, gutes Herz! dies ist just, als ob jemand Feuer im Busen trüge, das kann nicht lange verborgen bleiben! Und so wie ich mich kenne, bin ich gewiß, daß wir am Ende noch sehr gute Freunde werden müssen. Aber zu unserm Götz von Berlichingen!

Immerhin sei dies Schauspiel – das man nicht aufführen kann – bis uns irgend eine wohltätige Fee ein eigen Theater und eigene Schauspieler dazu herzaubert – immerhin sei es ein schönes Ungeheuer. Möchten wir viele solche Ungeheuer haben! Der Fortschritt zu wahren Meisterstücken würde dann sehr leicht sein. Wer hat es gelesen, ohne zu fühlen, (wenn er auch nicht sagen konnte, wie und warum) daß ihn nicht leicht eine andre Lektüre (immer nehme ich Emilia Galotti aus) mit solcher Gewalt ergriffen, so stark interessiert, so mächtig erschüttert, so durchaus vom ersten Zug bis zum letzten in die Begeisterung des Dichters hineingezogen, und ans ununterbrochne Anschaun der lebendigen Gemälde, die er, ut Magus, vor unsern Augen vorbeiführt, angeheftet habe? – Welche Wunder sollte das Genie, das dies getan hat, nicht auf unserer Schaubühne wirken können, wenn es ihm einfiele, Schauspiele zu schreiben, die man aufführen könnte?

Es ist augenscheinlich, daß er in dem Augenblick, da er den Entschluß faßte, aus Götzens von ihm selbst beschriebener Geschichte, ein Schauspiel zu machen, sich vorsetzte, alle Regeln des Aristoteles als Fesseln, mit denen sein noch ungebändigtes Genie sich nicht schleppen wollte, von sich zu werfen. Es kann also zu nichts helfen, ihm die Übertretung dieser Regeln zum Vorwurf zu machen, oder ihm zu zeigen, was für Nachteile aus dieser Empörung gegen jenen alten Gesetzgeber der Dichter entstehen mußten. Unfehlbar wußte der Verfasser dies alles so gut wie wir; aber er wollte nun einmal allen dreien Einheiten auf den Kopf treten, und er glaubte so viel dadurch zu gewinnen, oder gewann vielmehr wirklich so viel dadurch, daß er sich das, was er dabei verlor, nichts anfechten ließ. Vermutlich wird die Zeit wohl kommen, da er, durch tiefere Betrachtungen über die Natur der menschlichen Seele, auf die Überzeugung geleitet werden wird, daß Aristoteles am Ende doch recht habe, daß seine Regeln sich vielmehr auf Gesetze der Natur, als auf Willkür, Konvinienz und Beispiele gründen, und, mit einem Worte, daß sich ein sehr triftiger Grund angeben läßt, warum ein Schauspiel – kein Guckkasten sein soll.

Die beste Antwort auf alles, was man ihm wegen Nichtbeobachtung der Einheiten vorgeworfen hat, ist, daß er bloß ein Drama zum Lesen schreiben wollte. Ihn zu beschuldigen, daß er sich wirklich eingebildet habe, sein Drama könnte und sollte auf unsern Schaubühnen aufgeführt werden, würde eben so viel sein, als ihm, der so viel Genie zeigt, den allgemeinen Menschenverstand abzusprechen.

Aber werden nicht Shakespeares regelloseste Stücke noch immer in London aufgeführt? – Ich könnte hierauf antworten, daß Garrik selbst, der größte Verehrer den Shakespeare vielleicht jemals gehabt hat, gleichwohl für gut befunden, einigen der vorzüglichsten Stücke seines Lieblings eine weniger wilde Gestalt zu geben. Aber es bedarf dieser Antwort nicht. Die Engländer haben alle mögliche Ursache, auf ihren Shakespeare stolz zu sein und seine besten Stücke, mit allen ihren Fehlern, Absurditäten und Barbarismen, den regelmäßigsten Stücken der Franzosen und ihrer eignen neuen Dichter vorzuziehen. Indessen gestehen alle Kenner und Leute von Geschmack in England, daß ein Shakespeare, der in unseren Tagen, mit gleichen Talenten, regelmäßige Stücke schriebe, wohl daran tun würde und daß alle Vorteile, welche man durch Verletzung solcher Kunstgesetze, die sich auf die Natur selbst gründen, erhält, nicht verhindern können, daß Fehler nicht Fehler und Ungereimtheiten nicht Ungereimtheiten sein sollten.

Sobald ich ein Drama für die Schaubühne schreibe, wird alles, was die Illusion hindert, zum Fehler. Schreib' ich's bloß für Leser, so ist die Rede nicht von Illusion; dann ist dem Poeten, eben sowohl wie dem Geschichtsschreiber, erlaubt, seine Leser von einer Handlung zu einer andern gleichzeitigen, oder von einem Orte zum andern fortzuführen, und, mit gleicher Leichtigkeit Monate und Jahre, oder Gebirge und Meere zu überspringen. Dann ist es bloß darum zu tun, die Leser durch die Wahrheit und Kraft seiner Gemälde zu begeistern, und dann hängt es bloß von ihm ab, wie viel solcher Gemälde er nebeneinander, oder in einer zusammengeordneten Folge vor unsern Augen vorbeiführen, und welche davon er völlig ausmalen, welche bloß skizzieren, welche nur gleichsam mit einem einzigen Zug, wie einen Gedanken aufs Papier werfen will. Vergebens sagt man einem solchen Dichter: »Der Reichtum eurer Materien und eure erzwungne Kürze ist euch hinderlich gewesen, hat euch genötigt, Handlungen nur leicht zu berühren, die ihr zu den interessantesten Szenen hättet ausmalen können.« Dies wollt' ich aber nicht, antwortet der Dichter; und daran müssen wir uns denn wohl ersättigen.

Aber was der Dichter antworten wollte, wenn man ihn fragte: Warum er sein Drama gerade in fünf Akte geteilt habe? – Wenigstens, nicht dem Aristoteles zu gefallen. Er hätte, nach seiner Weise, vier, sechs, sieben, und, wenn es ihm beliebt hätte, siebenmal sieben Akte machen können. Die chinesischen Schauspieler führen Tragikomödien auf, die oft acht Tage währen, sagt man uns. Warum sollten wir an einem Drama, das nicht zum aufführen bestimmt ist, nicht acht Tage lesen können? Wollte Gott, Götzens Verfasser gäb' uns ein ganzes Jahrhundert in einer tragikomischen Farce, die im Geiste seines Götzens geschrieben wäre: Möchte sie doch dreihundertundfünfundsechzig Akte haben!

Die Rezension sagt: »Der Leser findet höchstunwahrscheinlich, daß ein Mann wie Weislingen, der ihm nur als ein Hofmann, nicht als ein durchaus verdorbner Bösewicht gezeigt worden, daß ein solcher Mann so leicht Tugend, Rechtschaffenheit und sich selbst einer jählich entstehenden Leidenschaft aufopfert – gegen welche der Leser ihn durch die Freundschaft gegen Götzen und die Liebe gegen Maria genug gesichert glaubt.« Wenn der Leser dies glaubt, so hat er den Höfling, Weislingen, nicht recht ins Auge gefaßt, oder kennt die Menschen nicht genug. Weislingens Charakter scheint mir eins von den großen Meisterstücken unsers Dichters zu sein. Gerade so wie ich ihn gleich in den ersten Szenen, wo er auftritt kennen lerne, ist er der Mann, dem ich alles zutraue, was er im ganzen Stücke tut. Kein durchaus verdorbner Bösewicht; nichts weniger nur ein weicher, wollüstiger, verkehrt bei den Verkehrten, aus Schwäche; gefühlvoll wie alle Wollüstlinge, aber unfähig, Widerstand zu tun, wenn ihn ein Fürst, der ihn anlächelt, oder eine schöne, glattzüngige Schlange wie Adelheid, zum Bösen versucht. Das übrige, was ihn auszeichnet, ist bloß Verfeinerung dieser Naturanlage – Weltkenntnis, Hofsprache, Geschmeidigkeit; und alles zusammen macht eines von diesen gewöhnlichen Mitteldingen aus, die alles sind, wozu man sie macht; selten Böses tun, als andern zu gefallen; gerne edel und bieder wären, wenn die Tugend nur keine Opfer verlangte; in einem Anstoß von Weichherzigkeit die besten Vorsätze fassen, und etliche Wochen später in der Trunkenheit einer betörenden Leidenschaft sich zu Werkzeugen der ärgsten Bubenstücke machen lassen. – Dies ist Weislingen; und o! wie wimmelt's in der Welt von solchen Zwittern! daß ein solcher Mann, auf Götzens Schlosse, in

Götzens, Elisabeths und Mariens Gesellschaft, die besten Hoffnungen von sich gibt, zumal da sich die Tugend dem weichlichen Menschen in Gestalt der jungen, vollblühenden Marie zeigt, wundert mich eben so wenig, als daß er zu Bamberg bei lockenden Zureden eines Fürsten, dessen Günstling er war, sich seine gute Vorsätze wieder gereuen läßt, den verführerischen Reizen einer Adelheid unterliegt, und der Hoffnung ihres Besitzes alles aufopfert. – Ich mag alle diese Szenen so oft wiederlesen, als ich will, mir fällt nicht ein, zu wünschen, daß der Dichter uns »rührende Auftritte vom innerlichen Kampfe der Liebe zu Adelheit mit Tugend und Ehre« in dem schalen Herzen dieses Höflings hätte geben sollen. Dann hätte Weislingen ein andrer Mann sein müssen! Bei diesem verlohnte sich's der Mühe nicht. Solche Kämpfe sind nur interessant, wenn sie in der Seele eines Mannes vorgehen, der wirklich ein Mann von Ehre, und dessen Seele bisher unbefleckt gewesen ist.

Die Rezension scheint in dem Vorwurfe, den sie unserem shakespearisierenden Dichter macht, daß er viele höchstinteressante Situationen, sonderlich in den letztern Akten, nicht benützt, hingegen in den ersten sehr entbehrliche, wiewohl an sich sehr interessante Szenen angebracht habe, aus der Acht zu lassen, daß unser Dichter kein regelmäßiges Drama schreiben wollte, und daß er allem Ansehen nach, zu seinem Schauspiel eben so wenig einen nach Diderots Vorschrift verfaßten Plan gemacht hat, als Ariost zu seinem Orlando einen Plan nach dem Muster Homers und den Regeln des Aristoteles. Bei seiner Weise gewann er, was er auch einer Seite verlor, auf der andern wieder, und hatte noch das Verdienst, neu und sonderbar zu sein, obendrein. Ein jeder urteilt in Sachen des Geschmacks nach dem seinigen. Die Rezension hat vielleicht Recht; aber ich, meines Orts, gäbe weder den ehrlichen Bruder Martin – zumal da wir durch ihn Götzen gleich anfangs von seiner schönsten Seite kennen lernen, und diese Szene, die in den beiden ersten angefangne Exposition, auf eine von dem gemeinen Zuschnitt der Expositionen, so meisterlich abgehende Weise, fortsetzt

– noch die Szene zwischen Maria, Carl und Elisabeth, durch die wir die beiden Damen auf einmal so gut kennen lernen, als ob wir sie gemacht hätten, – ich gäbe, sage ich, keine von diesen Szenen um die beste von denen, welche der Poet hätte machen können und sollen, wenn er gewollt, d.i. wenn er nach einem künstlich angelegten theatralischen Plane gearbeitet hätte.

Die Rezension meint: die Charaktere der Frauenzimmer wären dem Dichter weniger geglückt als die männlichen; und auch hierin, glaube ich, hat sie unrecht. Nichts vom Worte geglückt zu sagen, welches nirgends weniger als auf ein Stück paßt, wo Laune und Genie alles und das Glück gewiß nichts getan haben – so deucht mich, der größte Meister in weiblichen Charakter-Gemälden, Shakespeare selbst sei nirgends größer in dieser Art von Malerei als unser Dichter in seinen Gemälden von Maria, Elisabeth und Adelheid. Der Verfasser der Rezension sagt das Gegenteil in den stärksten Ausdrücken. »Elisabeth, Götzens Gemahlin, zeigt sich niemals als eine würdige Gemahlin dieses unglücklichen Helden. Der männliche Mut, den der Verfasser zum Hauptzug ihres Charakters gemacht hat, ist in beleidigende, fast möchten wir sagen, dumme Unempfindlichkeit, ausgeartet usw.« Es ist wahr, Elisabeth ist keine Schwätzerin; erscheint durchaus als eine ehrliche wenig verfeinerte Hausfrau aus einer Zeit, wo die Frau eines Landedelmanns, gleich dem guten Weibe Salomons, vor Tag aufstund, ihr Haus besorgte, ihre Küche selbst bestellte usw. Aber so wie sie ist, welcher Mann sollte sich keine Frau wie Elisabeth wünschen? Mir hat in dem ganzen Stücke nur eine Stelle das Herz umgekehrt und Tränen der tiefsten Empfindung aus den Augen gepreßt – und diese ist, in der Szene zu Jaxthausen, wo Götz, da es nun mit ihm aufs äußerste gekommen ist, seine Schwester und seinen Freund Sickingen nötigt, sich zu entfernen. Die ganze Szene ist ein Meisterstück von erhabner Einfalt, wahre, ungekünstelte, im höchsten Grade rührende Natur! – Maria und Sickingen haben sich nun endlich aus Götzens und Elisabeths Armen gerissen. Ich trieb sie, sagt Götz, und da sie geht, möcht' ich sie halten. Elisabeth du bleibst bei mir. »Bis in den Tod« antwortet Elisabeth. – Dies einzige Wort, in der Situation, in dem Augenblicke, wo es gesagt wird, ist unendlichmal mehr als alle die schönen Tiraden, wie der beste französische Poet sie hätte herdeklamieren lassen. Es stellt ein Weib vor meine Seele, das des größten Helden würdig ist; ein Weib, das durch dies einzige bis in den Tod, so schön und groß als alle Alcesten, Pantheen, Porcien und Arrien der Fabel und der Geschichte in meinen Augen wird. Auch fühlt' es Götz, was ein solches Weib wert ist. Wen Gott lieb hat, sagt er, dem geb er so eine Frau! – Und Elisabeth sollte sich niemals als eine würdige Gemahlin unsers Helden zeigen? – Wahrlich, die Aristarche schlummern zuweilen auch so gut wie die Homere!

Was unser Aristarch an Marien aussetzt, sagt weder mehr noch weniger, als – daß der Dichter keine phantasierte Helden, sondern ein sanftes weibliches Geschöpf schildern wollte, nicht nach einem Modell aus der Welt der Ideen, sondern nach der Natur, mit allen den liebenswürdigen Schwachheiten, wodurch sie dieses Geschlecht für das unsrige so interessant gemacht hat, und mit allen Nuancen der Sitten und der Religion des rohen Zeitalters, woraus er sein Sujet genommen hat. Doch genug zur Apologie eines Werkes, das so stark für sich selbst spricht. Der Rezensent hat ihm übrigens so viel Gerechtigkeit wiederfahren lassen, und die Mannigfaltigkeiten und Vortrefflichkeiten desselben so scharfsinnig bemerkt und bezeichnet, daß es unbillig wäre, ihm den wenigen, ziemlich bescheidnen Tadel übel aufzunehmen. Bescheidenheit im Urteilen über Werke des Genies ist in unsern Tagen schon ein Art von Verdienst; Behutsamkeit im Tadeln würde für jene kunstrichterliche Tugend eine sehr nützliche Gesellschafterin sein. Wie oft scheint uns bei der ersten Lesung tadelhaft, was wir bei der zweiten oder dritten vortrefflich finden.

Die shakespearische Manier, in welcher der Dichter gearbeitet hat, brachte es mit sich, auch Personen von den niedrigsten Klassen aufzuführen, und diese mußten nun wohl freilich ihre eigene Sprache reden. Tausend schwere Not, schert euch naus – Peter das ist ein gefunden Fressen, und dergleichen elegantiae der teutschen Sprache haben also im Munde der Personen, welche der Dichter so sprechen läßt, nichts sehr anstößiges. Die Scheißkerle im Munde des Hrn. Hauptmanns der Reichs-Exekutionstruppen möchten weniger zu rechtfertigen sein; aber noch weniger konnten die ausgeartete Teutschen des achtzehnten Jahrhunderts das Große und Heroische in dem Ausdruck Götzens fühlen: »sag deinem Hauptmann: vor Ihro Kayserl. Majestät hab ich wie immer schuldigen Respekt. Er aber, sag's ihm, er kann mich am Arsch lecken.« Auch hat der Autor selbst, oder der Korrektor wenigstens, in einer neuern Ausgabe für gut gefunden, die Stärke dieses altteutschen Kompliments in etwas zu mildern, und sich begnügt nach den Worten er kann mich – das was der Hauptmann tun könnte, durch einen Gedankenstrich der Scharfsinnigkeit des Lesers anheimzustellen.

Ich spreche nicht gerne von den Fehlern eines vortrefflichen Werkes, zumal wo die Absicht zu bessern nicht statt finden kann; Aber, da doch so manches ohne hinlänglichen Grund an Herrn Goethens Götz getadelt worden: so wäre es ein wenig wunderlich, wenn man von dem, was vielleicht der größte und augenscheinlichste Fehler in seinem Stücke ist, gar nichts sagte – ich meine von der ziemlich häufigen Vermengung der Sprache aus den Zeiten Maximilian I mit der von Joseph II welche desto auffallender ist, da der Verfasser affectiert hat, Götzen selbst meistens eben so reden zu lassen, wie er in seiner von ihm selbst verfaßten Lebensgeschichte spricht. Ich verstehe unter Sprache hier nicht bloß Deklination, Wortfügung und Redensarten, sondern auch Ausdrücke und Wendungen, welche eine gewisse Verfeinerung voraussetzen, wovon man zu Götzens Zeiten in Teutschland noch gar keinen Begriff hatte. Von dieser Art ist, z. E. Meine Rechte, obgleich im Kriege unbrauchbar, ist gegen den Druck der Liebe nicht unempfindlich –.

Es wäre leicht, eine Menge solcher Stellen auszuzeichnen, die mit der naiven, aber ungeschliffenen und von unsrer heutigen himmelweit abgehenden Sprache, welche Götz von Berlichingen selbst in seiner Lebensbeschreibung spricht, den seltsamsten Kontrast macht. Es ist freilich, außer unserm der seine Personen aus dem dreizehnten oder fünfzehnten Jahrhundert nimmt, sie auch die Sprache dieser Zeiten reden lassen müsse. Aber wenn er nun je seinem Stück eine besondere Energie dadurch zu geben glaubte, so hätte er wenigstens alle seine Personen, jeden nach seiner Art, (denn freilich sprachen auch damals die Bischöfe und die Hofleute feiner als Bauern, Zigeuner und der Wirt in der Herberge zu Schwarzenberg) sich durchgängig so ausdrükken lassen sollen, wie man unter Kaiser Maxen zu reden pflegte. – Doch, dem Manne, dessen Philosophie auf den Grundsatz das Böse sei gut, und das Gute, böse, das Schöne, häßlich, und das Häßliche, schön, – gebaut ist, muß es lächerlich vorkommen, wenn man so viel Worte verliert, um ein Werk zu verteidigen oder zu tadeln, worin alles gut ist und alles nichts taugt.

Christoph Martin Wieland

Götter, Helden und Wieland. Eine Farce. Leipzig 1774

Der Herr Dr. Goethe, Verfasser dieses Werkleins, nachdem er uns in seinem Götz von Berlichingen gezeigt hat, daß er Shakespeare sein könnte, wenn er wollte, hat uns in dieser heroisch-komisch-farcicalischen Pasquinade gewiesen, daß er, wenn er wolle, auch Aristophanes sein könne. Denn so wie es ihm in diesem kritischen Wrekekekex Koax Koax beliebt hat, mit Wieland und Wielands Alceste sein Spiel zu treiben, so trieb es Aristophanes ehemals mit dem nämlichen Euripides, welchen Hr. Goethe hier, mit der ihm eignen Laune, dem Verfasser des Singspiels Alceste auf den Kopf treten läßt. Wir empfehlen diese kleine Schrift allen Liebhabern der pasquinischen Manier als ein Meisterstück von Persiflage und sophistischem Witze, der sich aus allen möglichen Standpunkten sorgfältig denjenigen auswählt, aus dem ihm der Gegenstand schief vorkommen muß, und sich dann recht herzlich lustig darüber macht, daß das Ding so schief ist!

Christian Daniel Friedrich Schubart

(Goethe, Götter, Helden, Wieland)

Hier liegt eine Posse[1] vor mir, die mich fast zu Tod ärgert, »Götter, Helden und Wieland« betitelt. Nicht, als wenn diese Posse schlecht geschrieben wäre, nein, ein Meisterstück ist sie, und niemand kann so dialogisieren als der Verfasser des »Götz von Berlichingen«. Nur der Angriff auf unsern Wieland, dem wir in aller Absicht so viel zu danken haben, mißfällt mir. Dorat, schreibst du noch ein Gedicht und preisest die Einmut unsrer schönen Geister?

Leider muß ich's sagen! Keine Gelehrten sind zu Ungezogenheiten, Zänkereien und wechselseitigen Beschimpfungen geneigter als die Deutschen. Wie hat man nicht den grauen Bodmer, dessen Denkmal schon lang im Tempel des Geschmacks steht, mißhandelt! Wie mußte sich nicht Klopstock von Schulknaben behandeln lassen, er, der jetzt in seiner »Gelehrtenrepublik« eine so erhabene Rache nimmt! Und jetzt auch Wieland! Nicht von einem Kleingeiste, sondern von einem Manne von Genie. Wenn Liliputier mit ihren Nadelpfeilchen aufeinanderschießen, so lacht man. Wenn aber Brobdingrags ihre Riesenfäuste heben, dann zittert man vor Gefahr. Und Gefahr ist's für unsre Literatur, wenn sich die besten Köpfe entzweien und ihr Feuer, das sie zu unsterblichen Werken verwenden sollten, in Zank und Schmähschriften weglodern lassen.

1) Warum denn »Farce«? – Weg mit französischem Plunder, wo wir ihn entbehren können.

Matthias Claudius

Die Leiden des jungen Werthers.
Erster und zweiter Teil.
Leipzig 1774.

Weiß nicht, ob's 'n Geschicht' oder 'n Gedicht ist; aber ganz natürlich geht's her, und weiß einem die Tränen recht aus'm Kopf herauszuholen. Ja, die Lieb' ist 'n eigen Ding; läßt sich's nicht mit ihr spielen, wie mit einem Vogel. Ich kenne sie, wie sie durch Leib und Leben geht, und in jeder Ader zuckt und stört, und mit'm Kopf und der Vernunft kurzweilt. Der arme Werther! Er hat sonst so feine Einfälle und Gedanken. Wenn er doch eine Reise nach Paris oder Peking getan hätte! So aber wollt' er nicht weg von Feuer und Bratspieß, und wendet sich so lange dran herum, bis er kaputt ist. Und das ist eben das Unglück, daß einer bei so viel Geschick und Gaben so schwach sein kann, und darum sollen sie unter der Linde an der Kirchhofmauer neben seinem Grabhügel eine Grasbank machen, daß man sich drauf hinsetze, und den Kopf in die Hand lege, und über die menschliche Schwachheit weine. – Aber, wenn du ausgeweint hast, sanfter guter Jüngling, wenn du ausgeweint hast, so hebe den Kopf fröhlich auf, und stemme die Hand in die Seite! Denn es gibt Tugend, die, wie die Liebe, auch durch Leib und Leben geht, und in jeder Ader zuckt und stört. Sie soll, dem Vernehmen nach, nur mit viel Ernst und Streben errungen werden, und deswegen nicht sehr bekannt und beliebt sein; aber wer sie hat, dem soll sie auch dafür reichlich lohnen, bei Sonnenschein und Frost und Regen, und wenn Freund Hain mit der Hippe kommt.

Johann Jakob Wilhelm Heinse

Die Leiden des jungen Werthers. Leipzig 1774

Wer gefühlt hat und fühlt, was Werther fühlte, dem verschwinden die Gedanken wie leichte Nebel vor Sonnenfeuer, wenn er's bloß anzeigen soll. Das Herz ist einem so voll davon und der ganze Kopf ein Gefühl von Träne. O Menschenleben, welche Glut von Qual und Wonne vermagst du in dich zu fassen! Da liegt er im Kirchhof unter den zwo Linden im hohen Grase. Tief ist sein Schlaf, niedrig sein Kissen von Staub; und o wann wird es Morgen im Grabe, zu bieten dem Schlummerer: Erwache! Armer Werther! Unglücklichere Lotte!

Ich hoffte nicht, als ich die vorhergehende Einleitung schrieb, daß ich nach ihr unsern Leserinnen eine solche Schrift anzeigen würde. Die reinsten Quellen des stärksten Gefühls von Liebe und Leben in allem fließen in lebendigen Bächen in unentweihter Heiligkeit darinnen; und auch dann noch, wenn es bis zur höchsten Leidenschaft anströmt. Jede Leserin nehme sie in einer der glücklichen stillen Stunden in die Hand, wann die Ebbe der Seele wieder Flut geworden ist. Die Geschichte davon ist so einfach und natürlich, als eine sein kann; nicht Roman, sondern allein Darstellung der Leiden des jungen Werthers aus seinem ganzen Wesen bis aus dem Mittelpunkte des Herzens heraus.

Es sind einige Briefe darin, die unter das Vortrefflichste gehören, was das starkfühlende Herz der stärksten Geister je hervorgebracht hat. Zum Beweise will ich folgende anführen: S. 8, 26, 91, 103, 159 und den letzten. S. 66, 100, 153, 170, und in den folgenden läßt Werther an einigen Stellen den Petrarca unter sich, in dessen Gedichten man alles heftige Leiden und heilige Entzücken von Liebe vereinigt findet, was vor und nach ihm empfunden worden ist; und so brennende Wonneglut, wie S. 207, 210, und 211, hat die Seele des S. Preux nicht durchglüht.

Doch, es verdrießt mich, daß ich so von einem Buche reden muß, wo alles lebendige Gestalt hat. Wer hat zum Beispiele jemals so viel Vergnügen bei einem Kindergemälde, und wenn es von dem größten Meister gewesen wäre, empfunden, als bei S. 30, 48, 60? Welche Landschaften voll Leben! Und welch ein himmlisches Gewächs in seiner Vollkommenheit ist Lotte! S. 106 und den folgenden sagt sie mehr für das Herz, als Plato bei seinen tiefsinnigsten und erhabensten Beweisen von der Unsterblichkeit des Menschen. S. 193 können unsere Leserinnen den Kelten Ossian in seiner Wahrheit kennen lernen. Wer kann vor Empfindung etwas über den Gesang der Minona und Ullins und die Klagen Armins sagen, wenn er auch nur einen Schatten von den Gefühlen des Barden dabei hat! Diese Schwere läßt sich nicht aus der Sphäre des Herzens winden.

Was wahr und falsch und nicht neu in diesem Buche sei, mit welchem andern Werke zu seinem Nachteil man es vergleichen müsse, ob der junge feurige Werther sich an einigen Stellen nicht richtiger und dem Wohlstande gemäßer habe ausdrücken sollen, und wie er von seiner törichten Leidenschaft sich hätte befreien können; und dergleichen weltweise Betrachtungen überlaß ich den Politikern, die der gute Werter S. 23 beschrieben hat, denen unter unsern Leserinnen zu sagen, die was davon zu hören verlangen. Die Genies müssen sich's zuweilen gefallen lassen, daß ihnen diese Herrn hier und da einen Wasserbau anlegen. Muß doch der mächtige Vater Rhein so seinen schönen Schlangenlauf am Ende verändern, um einige fruchtbare Wieselein zu machen, nach dem kleinen Interesse der tausend Beherrscher seiner Ufer sich seiner Kräfte begeben, und in mancherlei Zickzack sich brechend traurig zur Ruh in's Meer sich wälzen.

Für diejenigen Damen, die das edle volle Herz des unglücklichen Werthers bei Lotten für zu jugendliche unwahrscheinliche Schüchternheit, und seinen Selbstmord mit einigen Philosophen für unmöglich halten, ist das Büchlein nicht geschrieben. Die andern werden's vielleicht, wie ich, zu den wenig einzelnen Büchern legen, die sie des Jahrs mehr als einmal lesen. Habe warmen herzlichen Dank, guter Genius, der Werthers Leiden den edlen Seelen zum Geschenke gabst.

Christoph Martin Wieland

Die Leiden des jungen Werthers

Nicht Leiden in dem Sinne, wie sonst die Romanhelden zu Wasser und zu Lande tausend Fährlichkeiten auszustehen hatten, sondern ein Gemälde eines innern Seelenkampfes, wie der nur entwerfen kann, der den Schöpfer des Hamlet und des Othello studiert hat. Gresset ist, so viel ich weiß, der einzige dramatische Schriftsteller, welcher den Selbstmord nicht zur Pointe, sondern zum Thema eines Stücks gemacht hat. Hier ist es aber nicht um kalte moralische Diskussionen, sondern darum zu tun, die Wahrscheinlichkeit zu zeigen, wie ein vernünftiger und sonst schätzbarer Mann bis zu einem solchen Schritte gebracht werden kann. Im Drama muß es noch immer eine rasche Tat scheinen, so wie man bei aller Mühe des Dichters die Ermordung der Emilia Galotti durch ihren Vater doch unwahrscheinlich genannt hat. Hier aber in einer langen Reihe von Briefen können wir den Charakter desselben nach allen seinen kleinen Bestimmungen so durchschauen, daß wir ihn selbst an den Rand des Abgrundes begleiten. Und der Dichter hat ihn wie Pygmalions Bildsäule so beseelt, daß wir ihn vor Augen zu sehen glauben, und kein einziger Zug von ihm unkenntlich bleibt. Einen einzelnen Selbstmörder rechtfertigen und auch nicht rechtfertigen, sondern nur zum Gegenstande des Mitleids zu machen, in seinem Beispiele zu zeigen, daß ein allzuweiches Herz und eine feurige Phantasie oft sehr verderbliche Gaben sind, heißt keine Apologie des Selbstmords schreiben. Dennoch ist dieser gewöhnliche Fehlschluß auch bei diesem Buche gemacht worden, unerachtet der Verfasser ausdrücklich die Erzählung nur denen zum Troste empfiehlt, die aus Geschick oder eigner Schuld keinen bessern finden können.

Unzufriedenheit mit dem Schicksale ist eine der allgemeinen Leidenschaften, und daher sympathisiert hier jeder, zumal da Werthers liebenswürdige Schwärmerei und wallendes Herz jeden anstecken müssen. Außer der Kunst des Verfassers, die Nuancen aller Leidenschaften zu treffen, verdient die populäre Philosophie Lob, womit er sein ganzes Werk durchwürzt hat. Ich will das Gegenwärtige genießen, und das Vergangne soll mir Vergangen sein, und hundert solche Maximen, die aus Werthers nicht misanthropischem, sondern bewegtem Herzen fließen, machen mehr Eingang als die strotzenden Predigten unsrer täglichen Romane.

Christian Friedrich Daniel Schubart

(Goethe, Die Leiden des jungen Werthers)

Da sitz ich mit zerfloßnem Herzen, mit klopfender Brust und mit Augen, aus welchen wollüstiger Schmerz tröpfelt, und sag dir, Leser, daß ich eben die Leiden des jungen Werthers von meinem lieben Goethe – gelesen? – Nein, verschlungen habe. Kritisieren soll ich? Könnt ich's, so hätt ich kein Herz. Göttin Critica steht ja selbst vor diesem Meisterstücke des allerfeinsten Menschengefühls aufgetaut da. Mir war's, als ich Werthers Geschichte las, wie der Rahel im 11. Gesang des Messias, wie sie im himmlischen Gefühl zerrann, und unter dem Gelispel des wehenden Bachs erwachte. – Ein Jüngling, voll Lebenskraft, Empfindung, Sympathie, Genie, so wie ohngefähr Goethe, fällt mit dem vollen Ungestüm einer unbezwinglich haftenden Leidenschaft auf ein himmlisches Mädgen. Die ist aber schon verlobt, und vermählt sich mit einem braven Manne. Aber dieses Hindernis verstärkt nur Werthers Liebe. Sie wird immer unruhiger, heftiger, wütender, und nun – ist jede Wonne des Lebens für ihn tot. Er entschließt sich zum Selbstmorde und führt ihn auch aus. Diesen simplen Stoff weiß der Verfasser mit so viel Aufwand des Genies zu bearbeiten, daß die Aufmerksamkeit, das Entzücken des Lesers mit jedem Briefe zunimmt. Da sind keine Episoden, die den Helden der Geschichte, wie goldnes Gefolg einen verdienstlosen Fürsten, umgeben; der Held, er, er ganz allein, lebt und webt in allem, was man liest; er, er steht im Vordergrunde, scheint aus der Leinwand zu springen und zu sagen: Schau, das bin ich, der junge leidende Werther, dein Mitgeschöpf! so mußt ich volles irdenes Gefäß am Feuer aufkochen, aufsprudeln, zerspringen. – Die eingestreuten Reflexionen, die so natürlich aus den Begebenheiten fließen, sind voll Sinn, Weltkenntnis, Weisheit und Wahrheit. Thomsons Pinsel hat nie richtiger, schöner, schrecklicher gemalt als Goethes. Soll ich einige schöne Stellen herausheben? Kann nicht; das hieße mit dem Brennglas Schwamm anzünden, und sagen: Schau, Mensch, das ist Sonnenfeuer! – Kauf's Buch und lies selbst! Nimm aber dein Herz mit! – Wollte lieber ewig arm sein, auf Stroh liegen, Wasser trinken und Wurzeln essen, als einem solchen sentimentalischen Schriftsteller nicht nachempfinden können. Ist bei Stage zu haben.

Friedrich Schiller

Über »Egmont«, Trauerspiel von Goethe

Entweder es sind außerordentliche Handlungen und Situationen, oder es sind Leidenschaften, oder es sind Charaktere, die dem tragischen Dichter zum Stoff dienen; und wenn gleich oft alle diese drei, als Ursach' und Wirkung, in einem Stücke sich beisammen finden, so ist doch immer das eine oder das andere vorzugsweise der letzte Zweck der Schilderung gewesen. Ist die Begebenheit oder Situation das Hauptaugenmerk des Dichters, so braucht er sich nur insofern in die Leidenschaft und Charakterschilderung einzulassen, als er jene durch diese herbeiführt. Ist hingegen die Leidenschaft sein Hauptzweck, so ist ihm oft die unscheinbare Handlung schon genug, wenn sie jene nur ins Spiel setzt. Ein am unrechten Orte gefundenes Schnupftuch veranlaßt eine Meisterszene im »Mohren von Venedig«. Ist endlich der Charakter sein vorzüglicheres Augenmerk, so ist er in der Wahl und Verknüpfung der Begebenheiten noch viel weniger gebunden, und die ausführliche Darstellung des ganzen Menschen verbietet ihm sogar, einer Leidenschaft zu viel Raum zu geben. Die alten Tragiker haben sich beinahe einzig auf Situationen und Leidenschaften eingeschränkt. Darum findet man bei ihnen auch nur wenig Individualität, Ausführlichkeit und Schärfe der Charakteristik. Erst in neuern Zeiten, und in diesen erst seit Shakespeare, wurde die Tragödie mit der dritten Gattung bereichert; er war der erste, der in seinem »Macbeth«, »Richard II.« usw. ganze Menschen und Menschenleben auf die Bühne brachte, und in Deutschland gab uns der Verfasser des »Götz von Berlichingen« das erste Muster in dieser Gattung. Es ist hier nicht der Ort, zu untersuchen, wie viel oder wie wenig sich diese neue Gattung mit dem letzten Zwecke der Tragödie, Furcht und Mitleid zu erregen, verträgt; genug, sie ist einmal vorhanden, und ihre Regeln sind bestimmt.

Zu dieser letzten Gattung nun gehört das vorliegende Stück, und es ist nicht einzusehen, inwiefern die vorangeschickte Erinnerung mit demselben zusammenhängt. Hier ist keine hervorstechende Begebenheit, keine vorwaltende Leidenschaft, keine Verwickelung, kein dramatischer Plan, nichts von dem allen; – eine bloße Aneinanderstellung mehrerer einzelner Handlungen und Gemälde, die beinahe durch nichts als durch den Charakter zusammengehalten werden, der an allen Anteil nimmt und auf den sich alle beziehen. Die Einheit dieses Stücks liegt also weder in den Situationen noch in irgendeiner Leidenschaft, sondern sie liegt in dem Menschen. Egmonts wahre Geschichte konnte dem Verfasser auch nicht viel mehreres liefern. Seine Gefangennehmung und Verurteilung hat nichts Außerordentliches, und sie selbst ist auch nicht die Folge irgendeiner einzelnen interessanten Handlung, sondern vieler kleinern, die der Dichter alle nicht brauchen konnte, wie er sie fand, die er mit der Katastrophe auch nicht so genau zusammenknüpfen konnte, daß sie eine dramatische Handlung mit ihr ausmachten. Wollte er also diesen Gegenstand in einem Trauerspiel behandeln, so hatte er die Wahl, entweder eine ganz neue Handlung zu dieser Katastrophe zu erfinden, diesem Charakter, den er in der Geschichte vorfand, irgendeine herrschende Leidenschaft unterzulegen oder ganz und gar auf diese zwo Gattungen der Tragödie Verzicht zu tun und den Charakter selbst, von dem er hingerissen war, zu seinem eigentlichen Vorwurf zu machen. Und dieses letztere, das Schwerere unstreitig, hat er vorgezogen, weniger vermutlich aus zu großer Achtung für die historische Wahrheit, als weil er die Armut seines Stoffs durch den Reichtum seines Genies ersetzen zu können fühlte.

In diesem Trauerspiel also – oder Rezensent müßte sich ganz in dem Gesichtspunkte geirret haben – wird ein Charakter aufgeführt, der in einem bedenklichen Zeitlauf, umgeben von den Schlingen einer arglistigen Politik, in nichts als sein Verdienst eingehüllt, voll übertriebenen Vertrauens zu seiner gerechten Sache, die es aber nur für ihn allein ist, gefährlich wie ein Nachtwanderer auf jäher Dachspitze wandelt. Diese übergroße Zuversicht, von deren Ungrund wir unterrichtet werden, und der unglückliche Ausschlag derselben sollen uns Furcht und Mitleiden einflößen oder uns tragisch rühren – und diese Wirkung wird erreicht.

In der Geschichte ist Egmont kein großer Charakter, er ist es auch in dem Trauerspiele nicht. Hier ist er ein *wohlwollender, heiterer* und *offener* Mensch, Freund mit der ganzen Welt, *voll leichtsinnigen Vertrauens zu sich selbst und zu andern, frei und kühn*, als ob die Welt ihm gehörte, brav und unerschrokken, wo es gilt, dabei *großmütig, liebenswürdig* und *sanft*, im Charakter der schöneren Ritterzeit, *prächtig* und *etwas Prahler, sinnlich* und *verliebt*, ein *fröhliches* Weltkind – alle diese Eigenschaften in eine lebendige, menschliche, durchaus wahre und individuelle Schilderung verschmolzen, die der verschönernden Kunst nichts, auch gar nichts zu danken hat. Egmont ist ein Held, aber auch ganz nur ein flämischer Held, ein Held des sechzehnten Jahrhunderts; *Patriot*, jedoch *ohne sich durch das allgemeine Elend* in seinen *Freuden stören zu lassen; Liebhaber, ohne darum weniger Essen und Trinken zu lieben.* Er hat *Ehrgeiz*, er *strebt nach einem großen Ziele*, aber das hält ihn nicht ab, *jede Blume aufzulesen*, die er auf seinem Wege findet, *hindert ihn nicht, des Nachts zu seinem Liebchen zu schleichen*, das kostet ihm keine schlaflosen Nächte. Tolldreist *wagt er bei St. Quentin und Gravelingen sein Leben*, aber er *möchte weinen*, wenn *er von dieser freundlichen, süßen Gewohnheit des Daseins und Wirkens scheiden* soll. »Leb' ich nur«, so schildert er sich selbst, »um aufs Leben zu denken? Soll ich den gegenwärtigen Augenblick nicht genießen, damit ich des folgenden gewiß sei? Und diesen wieder mit Sorgen und Grillen verzehren? – Wir haben die und jene Torheit in einem lustigen Augenblick empfangen und geboren, sind schuld, daß eine ganze edle Schar mit Bettelsäcken und mit einem selbstgewählten Unnamen dem König seine Pflicht mit spottender Demut ins Gedächtnis rief, sind schuld – was ist's nun weiter? Ist ein Fastnachtsspiel gleich Hochverrat? Sind uns die kurzen bunten Lumpen zu mißgönnen, die ein jugendlicher Mut um unsers Lebens arme Blöße hängen mag? Wenn ihr das Leben gar zu ernsthaft nehmt, was ist denn dran? Scheint mir die Sonne heut, um das zu überlegen, was gestern war?« – Durch seine *schöne Humanität*, nicht durch Außerordentlichkeit, soll dieser Charakter uns rühren; wir sollen ihn lieb gewinnen, nicht über ihn erstaunen. Diesem letztern scheint der Dichter so sorgfältig aus dem Wege gegangen zu sein, daß er ihm eine Menschlichkeit über die andere beilegt, um ja seinen Helden zu uns herabzuziehen – daß er ihm endlich nicht einmal so viel Größe und Ernst mehr übrigläßt, als unsrer Meinung nach unumgänglich erfordert wird, diesen Menschlichkeiten selbst das höchste Interesse zu verschaffen. Wahr ist es, solche Züge menschlicher Schwachheit ziehen oft unwiderstehlich an – in einem Heldengemälde, wo sie mit großen Handlungen in schöner Mischung zerfließen. Heinrich IV. von Frankreich kann uns nach dem glänzendsten Siege nicht interessanter sein als auf einer nächtlichen Wanderung zu seiner Gabriele; – aber durch welche strahlende Tat, durch was für gründliche Verdienste hat sich Egmont bei uns das Recht auf eine ähnliche Teilnahme und Nachsicht erworben? Zwar heißt es, diese Verdienste werden als schon geschehen vorausgesetzt, sie leben im Gedächtnis der ganzen Nation, und alles, was er spricht, atmet den Willen und die Fähigkeit, sie zu erwerben. Richtig! Aber das ist eben das Unglück, daß wir seine Verdienste von Hörensagen wissen und auf Treu und Glauben anzunehmen gezwungen werden, – seine Schwachheiten hingegen mit unsern Augen sehen. Alles weiset auf diesen Egmont hin, als auf die letzte Stütze der Nation, und was tut er eigentlich Großes, um dieses ehrenvolle Vertrauen zu verdienen? (Denn folgende Stelle darf man doch wohl nicht dagegen anführen: »Die Leute«, sagt Egmont, »erhalten sie [die Liebe] auch meist allein, die nicht darnach jagen. Klärchen: Hast du diese stolze Anmerkung über dich selbst gemacht? du, den alles Volk liebt? Egmont: *Hätte ich nur etwas für sie getan!* Es ist ihr guter Wille, mich zu lieben.«) Ein großer Mann soll er nicht sein, aber auch erschlaffen soll er nicht; eine relative Größe, einen gewissen Ernst verlangen wir mit Recht von jedem Helden eines Stückes; wir verlangen, daß er über dem Kleinen nicht das Große hintansetze, daß er die Zeiten nicht verwechsele. Wer wird z. B. folgendes billigen? Oranien ist eben von ihm gegangen; Oranien, der ihn mit allen Gründen der Vernunft auf sein nahes Verderben hingewiesen, der ihn, wie uns Egmont selbst gesteht, durch diese Gründe erschüttert hat. »Dieser Mann«, sagt er, »trägt seine Sorglichkeit in mich herüber. – Weg! – Das ist ein fremder Tropfen in meinem Blute. Gute Natur, wirf ihn wieder heraus! Und von meiner Stirne die sinnenden Runzeln wegzubaden, gibt es ja wohl noch ein freundlich Mittel.« Dieses freundliche Mittel nun – wer es noch nicht weiß – ist kein andres als ein Besuch beim Liebchen! Wie? Nach einer so ernsten Aufforderung keinen andern Gedanken als nach Zerstreuung? Nein, guter Graf Egmont! Runzeln, wo sie hingehören, und freundliche Mittel, wo sie hingehören! Wenn es Euch zu beschwerlich ist, Euch Eurer eignen Rettung anzunehmen, so mögt Ihr's haben, wenn sich die Schlinge über Euch zusammenzieht. Wir sind nicht gewohnt, unser Mitleid zu verschenken.

Hätte also die Einmischung dieser Liebesangelegenheit dem Interesse wirklich Schaden getan, so wäre dieses doppelt zu beklagen, da der Dichter noch obendrein der historischen Wahrheit Gewalt antun mußte, um sie hervorzubringen. In der Geschichte nämlich war Egmont verheiratet und hinterließ neun (andre sagen elf) Kinder, als er starb. Diesen Umstand konnte der Dichter wissen und nicht wissen, wie es sein Interesse mit sich brachte; aber er hätte ihn nicht vernachlässigen sollen, sobald er Handlungen, welche Folgen davon waren, in sein Trauerspiel aufnahm. Der wahre Egmont hatte durch eine prächtige Lebensart sein Vermögen äußerst in Unordnung gebracht und brauchte also den König, wodurch seine Schritte in der Republik sehr gebunden wurden. Besonders aber war es seine Familie, was ihn auf eine so unglückliche Art in Brüssel zurückhielt, da fast alle seine übrigen Freunde sich durch die Flucht retteten. Seine Entfernung aus dem Lande hätte ihm nicht bloß die reichen Einkünfte von zwo Statthalterschaften gekostet; sie hätte ihn auch zugleich um den Besitz aller seiner Güter gebracht, die in den Staaten des Königs lagen und sogleich dem Fiskus anheimgefallen sein würden. Aber weder er selbst noch seine Gemahlin, eine Herzogin von Bayern, waren gewohnt, Mangel zu ertragen; auch seine Kinder waren nicht dazu erzogen. Diese Gründe setzte er selbst bei mehreren Gelegenheiten dem Prinzen von Oranien, der ihn zur Flucht bereden wollte, auf eine rührende Art entgegen; diese Gründe waren es, die ihn so geneigt machten, sich an dem schwächsten Aste von Hoffnung zu halten und sein Verhältnis zum König von der besten Seite zu nehmen. Wie zusammenhängend, wie menschlich wird nunmehr sein ganzes Verhalten! Er wird nicht mehr das Opfer einer blinden törichten Zuversicht, sondern der übertrieben ängstlichen Zärtlichkeit für die Seinigen. Weil er zu fein und zu edel denkt, um seiner Familie, die er über alles liebt, ein hartes Opfer zuzumuten, stürzt er sich selbst ins Verderben. Und nun der Egmont im Trauerspiel! – Indem der Dichter ihm Gemahlin und Kinder nimmt, zerstört er den ganzen Zusammenhang seines Verhaltens. Er ist ganz gezwungen, dieses *unglückliche Bleiben* aus einem *leichtsinnigen Selbstvertrauen* entspringen zu lassen, und verringert dadurch gar sehr unsere Achtung für den Verstand seines Helden, ohne ihm diesen Verlust von seiten des Herzens zu ersetzen. Im Gegenteil – er bringt uns um das rührende Bild eines Vaters, eines liebenden Gemahls, – um uns einen Liebhaber von ganz gewöhnlichem Schlag dafür zu geben, der die Ruhe eines liebenswürdigen Mädchens, das ihn nie besitzen und noch weniger seinen Verlust überleben wird, zugrund richtet, dessen Herz er nicht einmal besitzen kann, ohne eine Liebe, die glücklich hätte werden können, vorher zu zerstören, der also, mit dem besten Herzen zwar, zwei Geschöpfe unglücklich macht, um »die sinnenden Runzeln von seiner Stirne wegzubaden«. Und alles dieses kann er noch außerdem erst nur auf Unkosten der historischen Wahrheit möglich machen, die der dramatische Dichter allerdings hintansetzen darf, um das Interesse seines Gegenstandes zu erheben, aber nicht um es zu schwächen. Wie teuer läßt er uns also diese Episode bezahlen, die, an sich betrachtet, gewiß eines der schönsten Gemälde ist, die in einer größern Komposition, wo sie von verhältnismäßig großen Handlungen aufgewogen würde, von der höchsten Wirkung würde gewesen sein.

Egmonts tragische Katastrophe fließt aus seinem politischen Leben, aus seinem Verhältnis zu der Nation und zu der Regierung. Eine Darstellung des damaligen politisch-bürgerlichen Zustands der Niederlande mußte daher seiner Schilderung zum Grund liegen, oder vielmehr selbst einen Teil der dramatischen Handlung mit ausmachen. Betrachtet man nun, wie wenig sich Staatsaktionen überhaupt dramatisch behandeln lassen, und was für Kunst dazu gehöre, so viele zerstreute Züge in ein faßliches, lebendiges Bild zusammenzutragen und das Allgemeine wieder im Individuellen anschaulich zu machen, wie z. B. Shakespeare in seinem Julius Cäsar getan hat; betrachtet man ferner das Eigentümliche der Niederlande, die nicht eine Nation, sondern ein Aggregat mehrerer kleinen sind, die unter sich aufs schärfste kontrastieren, so daß es unendlich leichter war, uns nach Rom als nach Brüssel zu versetzen; betrachtet man endlich, wie unzählig viele kleine Dinge zusammenwirkten, um den Geist jener Zeit und jenen politischen Zustand der Niederlande hervorzubringen, so wird man nicht aufhören können, das schöpferische Genie zu bewundern, das alle diese Schwierigkeiten besiegt und uns mit einer Kunst, die nur von derjenigen erreicht wird, womit es uns selbst in zwei andern Stücken in die Ritterzeiten Deutschlands und nach Griechenland versetzte, nun auch in diese Welt gezaubert hat. Nicht genug, daß wir diese Menschen vor uns leben und wirken sehen, wir wohnen unter ihnen, wir sind alte Bekannte von ihnen. Auf der einen Seite die fröhliche Geselligkeit, die Gastfreundlichkeit, die Redseligkeit, die Großtuerei dieses Volks, der republikanische Geist, der bei der geringsten Neuerung aufwallt und sich oft ebenso schnell auf die seichtesten Gründe wieder gibt; auf der andern die Lasten, unter denen es jetzt seufzt, von den neuen Bischofsmützen an bis auf die französischen Psalmen, die es nicht singen soll – nichts ist vergessen, nichts ohne die höchste Natur und Wahrheit herbeigeführt. Wir sehen hier nicht bloß den gemeinen Haufen, der sich überall gleich ist, wir erkennen darin den Niederländer, und zwar den Niederländer dieses und keines andern Jahrhunderts; in diesem unterscheiden wir noch den Brüssler, den Holländer, den Friesen, und selbst unter diesen noch den Wohlhabenden und den Bettler, den Zimmermeister und den Schneider. So etwas läßt sich nicht wollen, nicht erzwingen durch Kunst. – Das kann nur der Dichter, der von seinem Gegenstand ganz durchdrungen ist. Diese Züge entwischen ihm, wie sie demjenigen, den er dadurch schildert, entwischen, ohne daß er es will oder gewahr wird; ein Beiwort, ein Komma zeichnet einen Charakter. Buyck, ein Holländer und Soldat unter Egmont, hat beim Armbrustschießen das Beste gewonnen und will, als König, die Herren gastieren. Das ist aber wider den Gebrauch.

BUYCK: Ich bin fremd und König und achte eure Gesetze und Herkommen nicht.

JETTER, EIN SCHNEIDER AUS BRÜSSEL: Du bist ja ärger als der Spanier; der hat sie uns doch bisher lassen müssen.

RUYSUM, EIN FRIESLÄNDER: Laßt ihn! doch ohne Präjudiz! Das ist auch seines *Herren Art, splendid zu sein und es laufen zu lassen, wo es gedeiht!«*

Wer glaubt nicht, in diesem »doch ohne Präjudiz« den zähen, auf seine Vorrechte wachsamen Friesen zu erkennen, der sich auch bei der kleinsten Bewilligung noch durch eine

Klausel verwahrt. Wie wahr, wenn sich die Bürger von ihren Regenten unterreden –

> »Das war ein Herr! (Von Karl V. spricht er.) Er hatte die Hand über den ganzen Erdboden und war euch alles in allem – und wenn er euch begegnete, so grüßt' er euch, wie ein Nachbar den andern usf. – Haben wir doch alle geweint, wie er seinem Sohn das Regiment hier abtrat – sagt' ich, versteht mich – der ist schon anders, der ist majestätischer.

JETTER: Er spricht wenig, sagen die Leute.
SOEST: Er ist kein Herr für uns Niederländer. Unsere Fürsten müssen froh und frei sein wie wir, leben und leben lassen« usw.

Wie treffend schildert er uns durch einen einzigen Zug das Elend jener Zeiten: Egmont geht über die Straße, und die Bürger sehen ihm mit Bewunderung nach.

»ZIMMERMEISTER: Ein schöner Herr!
JETTER: Sein Hals wär' ein rechtes Fressen für einen Scharfrichter.«

Die wenigen Szenen, wo sich die Bürger von Brüssel unterreden, scheinen uns das Resultat eines tiefen Studiums jener Zeiten und jenes Volks zu sein, und schwerlich findet man in so wenigen Worten ein schöneres historisches Denkmal für jene Geschichte.

Mit nicht geringerer Wahrheit ist derjenige Teil des Gemäldes behandelt, der uns von dem Geiste der Regierung und den Anstalten des Königs zu Unterdrückung des niederländischen Volks unterrichtet. Milder und menschlicher ist doch hier alles, und sehr veredelt ist besonders der Charakter der Herzogin von Parma. »Ich weiß, daß einer ein ehrlicher und verständiger Mann sein kann, wenn er gleich den nächsten und besten Weg zum Heil seiner Seele verfehlt hat«, konnte eine Zöglingin in des Ignatius Loyola wohl nicht sagen. Besonders gut verstand es der Dichter, durch eine gewisse Weiblichkeit, die er aus ihrem sonst männischen Charakter sehr glücklich hervorscheinen läßt, das kalte Staatsinteresse, dessen Exposition er ihr anvertrauen mußte, mit Licht und Wärme zu beseelen und ihm eine gewisse Individualität und Lebendigkeit zu geben. Vor seinem Herzog von Alba zittern wir, ohne uns mit Abscheu von ihm wegzukehren; es ist ein fester, starrer, unzugänglicher Charakter, »ein eherner Turm ohne Pforte, wozu die Besatzung Flügel haben muß«. Die kluge Vorsicht, womit er die Anstalten zu Egmonts Verhaftung trifft, ersetzt ihm an unserer Bewunderung, was ihm an unserm Wohlwollen abgeht. Die Art, wie er uns in seine innerste Seele hineinführt und uns auf den Ausgang seines Unternehmens spannt, macht uns auf einen Augenblick zu Teilhabern desselben; wir interessieren uns dafür, als gält' es etwas, das uns lieb ist.

Meisterhaft erfunden und ausgeführt ist die Szene Egmonts mit dem jungen Alba im Gefängnis, und sie gehört dem Verfasser ganz allein. Was kann rührender sein, als wenn ihm dieser Sohn eines Mörders die Achtung bekennt, die er längst im stillen gegen ihn getragen. »Dein Name war's, der mir in meiner ersten Jugend gleich einem Stern des Himmels entgegenleuchtete. Wie oft hab' ich nach dir gehorcht, gefragt! Des Kindes Hoffnung ist der Jüngling, des Jünglings der Mann. So bist du vor mir hergeschritten; immer vor, und ohne Neid sah ich dich vor und schritt dir nach und fort und fort. Nun hofft' ich endlich dich zu sehen und sah dich, und mein Herz flog dir entgegen. Nun hofft' ich erst mit dir zu sein, mit dir zu leben, dich zu fassen, dich – Das ist nun alles weggeschnitten, und ich sehe dich hier!« – Und wenn ihm Egmont darauf antwortet: »War dir mein Leben ein Spiegel, in welchem du dich gern betrachtetest, so sei es auch mein Tod. Die Menschen sind nicht bloß zusammen, wenn sie beisammen sind; auch der Entfernte, der Abgeschiedne lebt uns. Ich lebe dir und habe mir genug gelebt. Eines jeden Tages hab' ich mich gefreut« usf. – Die übrigen

Charaktere im Stück sind mit wenigem treffend gezeichnet; eine einzige Szene schildert uns den *schlauen, wortkargen, alles verknüpfenden und alles fürchtenden Oranien.* Alba sowohl als Egmont malen sich in den Menschen, die ihnen nahe sind; diese Schilderungsart ist vortrefflich. Um alles Licht auf den einzigen Egmont zu versammeln, hat der Dichter ihn ganz isoliert, darum auch der Graf von Hoorne, der ein Schicksal mit ihm hatte, weggeblieben ist. Ein ganz neuer Charakter ist Brackenburg, Klärchens Liebhaber, den Egmont verdrängt hat. Dieses Gemälde des melancholischen Temperaments mit leidenschaftlicher Liebe wäre einer eignen Auseinandersetzung wert. Klärchen, die ihn für Egmont aufgegeben, hat Gift genommen und geht ab, nachdem sie ihm den Rest zurückgelassen. Er sieht sich allein. Wie schrecklich schön ist diese Schilderung: »Sie läßt mich stehn, mir selber überlassen. Sie teilt mit mir den Todestropfen und schickt mich weg! von ihrer Seite weg! Sie zieht mich an und stößt ins Leben mich zurück. O Egmont, welch preiswürdig Los fällt dir! Sie geht voran; sie bringt den ganzen Himmel dir entgegen? Und soll ich folgen? wieder seitwärts stehn? den unauslöschlichen Neid in jene Wohnungen hinübertragen? Auf Erden ist kein Bleiben mehr für mich, und Höll' und Himmel bieten gleiche Qual.« – Klärchen selbst ist unnachahmlich schön gezeichnet. Auch im höchsten Adel ihrer Unschuld noch das gemeine Bürgermädchen, und ein niederländisches Mädchen – durch nichts veredelt als durch ihre Liebe, reizend im Zustand der Ruhe, hinreißend und herrlich im Zustand des Affekts. Aber wer zweifelt, daß der Verfasser in einer Manier unübertrefflich sei, worin er sein eigenes Muster ist!

Je höher die sinnliche Wahrheit in dem Stück getrieben ist, desto unbegreiflicher wird man es finden, daß der Verfasser selbst sie mutwillig zerstört. Egmont hat alle seine Angelegenheiten berichtigt und schlummert endlich, von Müdigkeit überwältigt, ein. Eine Musik läßt sich hören, und hinter seinem Lager scheint sich die Mauer aufzutun, eine glänzende Erscheinung, die Freiheit in Klärchens Gestalt, zeigt sich in einer Wolke. – Kurz, mitten aus der wahrsten und rührendsten Situation werden wir durch einen Salto mortale in eine Opernwelt versetzt, um einen Traum – zu sehen. Lächerlich würde es sein, dem Verfasser dartun zu wollen, wie sehr dadurch unserm Gefühle Gewalt angetan werde; das hat er so gut und besser gewußt als wir, aber ihm schien die Idee, Klärchen und die Freiheit, Egmonts beide herrschende Gefühle, in Egmonts Kopf allegorisch zu verbinden, gehaltreich genug, um diese Freiheit allenfalls zu entschuldigen. Gefalle dieser Gedanke, wem er will – Rezensent gesteht, daß er gern einen sinnreichen Einfall entbehrt hätte, um eine Empfindung ungestört zu genießen.

Friedrich Schlegel

Über Goethes »Meister«

Ohne Anmaßung und ohne Geräusch, wie die Bildung eines strebenden Geistes sich still entfaltet und wie die werdende Welt aus seinem Innern leise emporsteigt, beginnt die klare Geschichte. Was hier vorgeht und was hier gesprochen wird, ist nicht außerordentlich, und die Gestalten, welche zuerst hervortreten, sind weder groß noch wunderbar: eine kluge Alte, die überall den Vorteil bedenkt und für den reicheren Liebhaber das Wort führt, ein Mädchen, die sich aus den Verstrickungen der gefährlichen Führerin nur losreißen kann, um sich dem Geliebten heftig hinzugeben, ein reiner Jüngling, der das schöne Feuer seiner ersten Liebe einer Schauspielerin weiht. Indessen steht alles gegenwärtig vor unsern Augen da, lockt und spricht uns an. Die Umrisse sind allgemein und leicht, aber sie sind genau, scharf und sicher. Der kleinste Zug ist bedeutsam, jeder Strich ist ein leiser Wink, und alles ist durch helle, und lebhafte Gegensätze gehoben. Hier ist nichts, was die Leidenschaft heftig entzünden oder die Teilnahme sogleich gewaltsam mit sich fortreißen könnte. Aber die beweglichen Gemälde haften wie von selbst in dem Gemüte, welches eben zum ruhigen Genuß heiter gestimmt war. So bleibt auch wohl eine Landschaft von einfachem und unscheinbarem Reiz, der eine seltsam schöne Beleuchtung oder eine wunderbare Stimmung unsers Gefühls einen augenblicklichen Schein von Neuheit und von Einzigkeit lieh, sonderbar hell und unauslöschlich in der Erinnerung. Der Geist fühlt sich durch die heitre Erzählung überall gelinde berührt, leise und vielfach angeregt. Ohne sie ganz zu kennen, hält er diese Menschen dennoch schon für Bekannte, ehe er noch recht weiß oder sich fragen kann, wie er mit ihnen bekannt geworden sei. Es geht ihm damit wie der Schauspielergesellschaft auf ihrer lustigen Wasserfahrt mit dem Fremden. Er glaubt, er müßte sie schon gesehen haben, weil sie aussehn wie Menschen und nicht wie Hinz oder Kunz. Dies Aussehn verdanken sie nicht eben ihrer Natur und ihrer Bildung, denn nur bei einem oder dem andern nähert sich diese auf verschiedne Weise und in verschiednem Maß der Allgemeinheit. Die Art der Darstellung ist es, wodurch auch das Beschränkteste zugleich ein ganz eignes, selbständiges Wesen für sich und dennoch nur eine andre Seite, eine neue Veränderung der allgemeinen und unter allen Verwandlungen einigen menschlichen Natur, ein kleiner Teil der unendlichen Welt zu sein scheint. Das ist eben das Große, worin jeder Gebildete nur sich selbst wiederzufinden glaubt, während er weit über sich selbst erhoben wird; was nur so ist, als müßte es so sein, und doch weit mehr, als man fordern darf.

Mit wohlwollendem Lächeln folgt der heitre Leser Wilhelms gefühlvollen Erinnerungen an die Puppenspiele, welche den neugierigen Knaben mehr beseligten als alles andre Naschwerk, als er noch jedes Schauspiel und Bilder aller Art, wie sie ihm vorkamen, mit demselben reinen Durste in sich sog, mit welchem der Neugeborne die süße Nahrung aus der Brust der liebkosenden Mutter empfängt. Sein Glaube macht ihm die gutmütigen Kindergeschichten von jener Zeit, wo er immer alles zu sehen begehrte, was ihm neu war, und, was er gesehen hatte, nun auch gleich zu machen oder nachzuahmen versuchte oder strebte, wichtig, ja heilig, seine Liebe malt sie mit den reizendsten Farben aus, und seine Hoffnung leiht ihnen die schmeichelhafteste Bedeutung. Eben diese schönen Eigenschaften bilden das Gewebe seines Lieblingsgedankens, von der Bühne herab die Menschen zu erheben, aufzuklären und zu veredeln und der Schöpfer eines neuen, schöneren Zeitalters der vaterländischen Bühne zu werden, für die seine kindliche Neigung, erhöht durch die Jugend und verdoppelt durch die Liebe, in helle Flammen emporschlägt. Wenn die Teilnahme an diesen Gefühlen und Wünschen nicht frei von Besorgnis sein kann, so ist dagegen nicht wenig anziehend und ergötzlich, wie Wilhelm auf einer kleinen Reise, auf welche ihn die Väter zum ersten Versuch senden, einem Abenteuer von der Art, die sich ernsthaft anläßt und drollig entwickelt, begegnet, in welchem er den Widerschein seines eignen Unternehmens, freilich nicht auf die vorteilhafteste Weise abgebildet, erblickt, ohne daß ihn dies seiner Schwärmerei untreu machen könnte. Unvermerkt ist indes die Erzählung lebhafter und leidenschaftlicher geworden, und in der warmen Nacht, wo Wilhelm, sich seiner ewigen Verbindung mit seiner Mariane so nahe wähnend, liebevoll um ihre Wohnung schwärmt, steigt die heiße Sehnsucht, die sich in sich selbst zu verlieren, im Genuß ihrer eignen Töne zu lindern und zu erquicken scheint, aufs äußerste, bis die Glut durch die traurige Gewißheit und Norbergs niedrigen Brief plötzlich gelöscht und die ganze schöne Gedankenwelt des liebenden Jünglings mit einem Streich vernichtet wird.

Mit diesem so harten Mißlaut schließt das erste Buch, dessen Ende einer geistigen Musik gleicht, wo die verschiedensten Stimmen wie ebenso viele einladende Anklänge aus der neuen Welt, deren Wunder sich vor uns entfalten sollen, rasch und heftig wechseln, und der schneidende Abstich kann die erst weniger, dann mehr als man erwartete gereizte Spannung mit einem Zusatz von Ungeduld heilsam würzen, ohne doch je den ruhigsten Genuß des Gegenwärtigen zu stören oder auch die feinsten Züge der Nebenausbildung, die leisesten Winke der Wahrnehmung zu entziehn, die jeden Blick, jede Miene des durch das Werk sichtbaren Dichtergeistes zu verstehen wünscht.

Damit aber nicht bloß das Gefühl in ein leeres Unendliches hinausstrebe, sondern auch das Auge nach einem großen Gesichtspunkt die Entfernung sinnlich berechnen und die weite Aussicht einigermaßen umgrenzen könne, steht der Fremde da, der mit so vielem Rechte der Fremde heißt. Allein und unbegreiflich, wie eine Erscheinung aus einer andern, edleren Welt, die von der Wirklichkeit, welche Wilhelmen umgibt, so verschieden sein mag wie von der Möglichkeit, die er sich träumt, dient er zum Maßstab der Höhe, zu welcher das Werk noch steigen soll; eine Höhe, auf der vielleicht die Kunst eine Wissenschaft und das Leben eine Kunst sein wird.

Der reife Verstand dieses gebildeten Mannes ist wie durch eine große Kluft von der blühenden Einbildung des liebenden Jünglings geschieden. Aber auch von Wilhelms Serenate zu Norbergs Brief ist der Übergang nicht milde, und der Kontrast zwischen seiner Poesie und Marianens prosaischer, ja niedriger Umgebung ist stark genug. Als vorbereitender Teil des ganzen Werkes ist das erste Buch eine Reihe von veränderten Stellungen und malerischen Gegensätzen, in deren jedem Wilhelms Charakter von einer andern merkwürdigen Seite, in einem neuen helleren Lichte gezeigt wird; und die kleineren, deutlich geschiednen Massen und Kapitel bilden mehr oder weniger jede für sich ein malerisches Ganzes. Auch gewinnt er schon jetzt das ganze Wohlwollen des Lesers, dem er, wie sich selbst, wo er geht und steht, in einer Fülle von prächtigen Worten die erhabensten Gesinnungen vorsagt. Sein ganzes Tun und Wesen besteht fast im Streben, Wollen und Empfinden, und obgleich wir voraussehn, daß er erst spät oder nie als Mann handeln wird, so verspricht doch seine grenzenlose Bildsamkeit, daß Männer und Frauen sich seine Erziehung zum Geschäft und zum Vergnügen machen und dadurch, vielleicht ohne es zu wollen oder zu wissen, die leise und vielseitige Empfänglichkeit, welche seinem Geiste einen so hohen Zauber gibt, vielfach anregen und die Vorempfindung der ganzen Welt in ihm zu einem schönen Bilde entfalten werden. Lernen muß er überall können, und auch an prüfenden Versuchungen wird es ihm nie fehlen. Wenn ihm nun das günstige Schicksal oder ein erfahrener Freund von großem Überblick günstig beisteht und ihn durch Warnungen und Verheißungen nach dem Ziele lenkt, so müssen seine Lehrjahre glücklich endigen.

Das zweite Buch beginnt damit, die Resultate des ersten musikalisch zu wiederholen, sie in wenige Punkte zusammenzudrängen und gleichsam auf die äußerste Spitze zu treiben. Zuerst wird die langsame, aber völlige Vernichtung von Wilhelms Poesie seiner Kinderträume und seiner ersten Liebe mit schonender Allgemeinheit der Darstellung betrachtet. Dann wird der Geist, der mit Wilhelmen in diese Tiefe gesunken und mit ihm gleichsam untätig geworden war, von neuem belebt und mächtig geweckt, sich aus der Leere herauszureißen, durch die leidenschaftlichste Erinnerung an Marianen und durch des Jünglings begeistertes Lob der Poesie, welches die Wirklichkeit seines ursprünglichen Traums von Poesie durch seine Schönheit bewährt und uns in die ahndungsvollste Vergangenheit der alten Heroen und der noch unschuldigen Dichterwelt versetzt.

Nun folgt sein Eintritt in die Welt, der weder abgemessen noch brausend ist, sondern gelinde und leise wie das freie Lustwandeln eines, der zwischen Schwermut und Erwartung geteilt, von schmerzlichsüßen Erinnerungen zu noch ahndungsvolleren Wünschen schwankt. Eine neue Szene öffnet sich, und eine neue Welt breitet sich lockend vor uns aus. Alles ist hier seltsam, bedeutend, wundervoll und von geheimem Zauber umweht. Die Ereignisse und die Personen bewegen sich rascher, und jedes Kapitel ist wie ein neuer Akt. Auch solche Ereignisse, die nicht eigentlich ungewöhnlich sind, machen eine überraschende Erscheinung. Aber diese sind nur das Element der Personen, in denen sich der Geist dieser Masse des ganzen Systems am klarsten offenbart. Auch in ihnen äußert sich jene frische Gegenwart, jenes magische Schweben zwischen Vorwärts und Rückwärts. Philine ist das verführerische Symbol der leichtesten Sinnlichkeit; auch der bewegliche Laertes lebt nur für den Augenblick; und damit die lustige Gesellschaft vollzählig sei, repräsentiert der blonde Friedrich die gesunde, kräftige Ungezogenheit. Alles was die Erinnerung und die Schwermut und die Reue nur Rührendes hat, atmet und klagt der Alte wie aus einer unbekannten, bodenlosen Tiefe von Gram und ergreift uns mit wilder Wehmut. Noch süßere Schauer und gleichsam ein schönes Grausen erregt das heilige Kind, mit dessen Erscheinung die innerste Springfeder des sonderbaren Werks plötzlich frei zu werden scheint. Dann und wann tritt Marianens Bild hervor wie ein bedeutender Traum; plötzlich erscheint der seltsame Fremde und verschwindet schnell wie ein Blitz. Auch Melinas kommen wieder, aber verwandelt, nämlich ganz in ihrer natürlichen Gestalt. Die schwerfällige Eitelkeit der Anempfinderin kontrastiert artig genug gegen die Leichtigkeit der zierlichen Sünderin. Überhaupt gewährte uns die Vorlesung des Ritterstücks einen tiefen Blick hinter die Kulissen des theatralischen Zaubers wie in eine komische Welt im Hintergrunde. Das Lustige und das Ergreifende, das Geheime und das Lockende sind im Finale wunderbar verwebt, und die streitenden Stimmen tönen grell nebeneinander. Diese Harmonie von Dissonanzen ist noch schöner als die Musik, mit der das erste Buch endigte; sie ist entzückender und doch zerreißender, sie überwältigt mehr, und sie läßt doch besonnener.

Es ist schön und notwendig, sich dem Eindruck eines Gedichtes ganz hinzugeben, den Künstler mit uns machen zu lassen, was er will, und etwa nur im einzelnen das Gefühl durch Reflexion zu bestätigen und zum Gedanken zu erheben und wo es noch zweifeln oder streiten dürfte, zu entscheiden und zu ergänzen. Dies ist das erste und das Wesentlichste. Aber nicht minder notwendig ist es, von allem einzelnen abstrahieren zu können, das Allgemeine schwebend zu fassen, eine Masse zu überschauen und das Ganze festzuhalten, selbst dem Verborgensten nachzuforschen und das Entlegenste zu verbinden. Wir müssen uns über unsre eigne Liebe erheben und, was wir anbeten, in Gedanken vernichten können, sonst fehlt uns, was wir auch für andre Fähigkeiten haben, der Sinn für das Weltall. Warum sollte man nicht den Duft einer Blume einatmen und dann doch das unendliche Geäder eines einzelnen Blattes betrachten und sich ganz in diese Betrachtung verlieren können? Nicht bloß die glänzende äußre Hülle, das bunte Kleid der schönen

Erde ist dem Menschen, der ganz Mensch ist und so fühlt und denkt, interessant: er mag auch gern untersuchen, wie die Schichten im Innern aufeinanderliegen und aus welchen Erdarten sie zusammengesetzt sind; er möchte immer tiefer dringen, bis in den Mittelpunkt womöglich, und möchte wissen, wie das Ganze konstruiert ist. So mögen wir uns gern dem Zauber des Dichters entreißen, nachdem wir uns gutwillig haben von ihm fesseln lassen, mögen am liebsten dem nachspähn, was er unserm Blick entziehen oder doch nicht zuerst zeigen wollte und was ihn doch am meisten zum Künstler macht: die geheimen Absichten, die er im stillen verfolgt und deren wir beim Genius, dessen Instinkt zur Willkür geworden ist, nie zu viele voraussetzen können.

Der angeborne Trieb des durchaus organisierten und organisierenden Werks, sich zu einem Ganzen zu bilden, äußert sich in den größeren wie in den kleineren Massen. Keine Pause ist zufällig und unbedeutend; und hier, wo alles zugleich Mittel und Zweck ist, wird es nicht unrichtig sein, den ersten Teil unbeschadet seiner Beziehung aufs Ganze als ein Werk für sich zu betrachten. Wenn wir auf die Lieblingsgegenstände aller Gespräche und aller gelegentlichen Entwicklungen und auf die Lieblingsbeziehungen aller Begebenheiten, der Menschen und ihrer Umgebung sehen, so fällt in die Augen, daß sich alles um Schauspiel, Darstellung, Kunst und Poesie drehe. Es war so sehr die Absicht des Dichters, eine nicht unvollständige Kunstlehre aufzustellen, oder vielmehr in lebendigen Beispielen und Ansichten darzustellen, daß diese Absicht ihn sogar zu eigentlichen Episoden verleiten kann wie die Komödie der Fabrikanten und die Vorstellung der Bergmänner. Ja, man dürfte eine systematische Ordnung in dem Vortrage dieser poetischen Physik der Poesie finden; nicht eben das tote Fachwerk eines Lehrgebäudes, aber die lebendige Stufenleiter jeder Naturgeschichte und Bildungslehre. Wie nämlich Wilhelm in diesem Abschnitt seiner Lehrjahre mit den ersten und notdürftigsten Anfangsgründen der Lebenskunst beschäftigt ist, so werden hier auch die einfachsten Ideen über die schöne

Kunst, die ursprünglichen Fakta und die rohesten Versuche, kurz die Elemente der Poesie vorgetragen: die Puppenspiele, diese Kinderjahre des gemeinen poetischen Instinkts, wie er allen gefühlvollen Menschen auch ohne besondres Talent eigen ist, die Bemerkungen über die Art, wie der Schüler Versuche machen und beurteilen soll, und über die Eindrücke, welche der Bergmann und die Seiltänzer erregen, die Dichtung über das goldne Zeitalter der jugendlichen Poesie, die Künste der Gaukler, die improvisierte Komödie auf der Wasserfahrt. Aber nicht bloß auf die Darstellungen des Schauspielers und, was dem ähnlich ist, beschränkt sich diese Naturgeschichte des Schönen; in Mignons und des Alten romantischen Gesängen offenbart sich die Poesie auch als die natürliche Sprache und Musik schöner Seelen. Bei dieser Absicht mußte die Schauspielerwelt die Umgebung und der Grund des Ganzen werden, weil eben diese Kunst nicht bloß die vielseitigste, sondern auch die geselligste aller Künste ist und weil sich hier vorzüglich Poesie und Leben, Zeitalter und Welt berühren, während die einsame Werkstätte des bildenden Künstlers weniger Stoff darbietet und die Dichter nur in ihrem Innern als Dichter leben und keinen abgesonderten Künstlerstand mehr bilden.

Obgleich es also den Anschein haben möchte, als sei das Ganze ebensosehr eine historische Philosophie der Kunst als ein Kunstwerk oder Gedicht und als sei alles, was der Dichter mit solcher Liebe ausführt, als wäre es sein letzter Zweck, am Ende doch nur Mittel, so ist doch auch alles Poesie, reine, hohe Poesie. Alles ist so gedacht und so gesagt wie von einem, der zugleich ein göttlicher Dichter und vollendeter Künstler wäre, und selbst der feinste Zug der Nebenausbildung scheint für sich zu existieren und sich eines eignen, selbständigen Daseins zu erfreuen. Sogar gegen die Gesetze einer kleinlichen unechten Wahrscheinlichkeit. Was fehlt Werners und Wilhelms Lobe des Handelns und der Dichtkunst als das Metrum, um von jedermann für erhabne Poesie anerkannt zu werden? Überall werden uns goldne

Früchte in silbernen Schalen gereicht. Diese wunderbare Prosa ist Prosa und doch Poesie. Ihre Fülle ist zierlich, ihre Einfachheit bedeutend und vielsagend, und ihre hohe und zarte Ausbildung ist ohne eigensinnige Strenge. Wie die Grundfäden dieses Stils im Ganzen aus der gebildeten Sprache des gesellschaftlichen Lebens genommen sind, so gefällt er sich auch in seltsamen Gleichnissen, welche eine eigentümliche Merkwürdigkeit aus diesem oder jenem ökonomischen Gewerbe, und was sonst von den öffentlichen Gemeinplätzen der Poesie am entlegensten scheint, dem Höchsten und Zartesten ähnlich zu bilden streben.

Man lasse sich also dadurch, daß der Dichter selbst die Personen und die Begebenheiten so leicht und so launig zu nehmen, den Helden fast nie ohne Ironie zu erwähnen und auf sein Meisterwerk selbst von der Höhe seines Geistes herabzulächeln scheint, nicht täuschen, als sei es ihm nicht der heiligste Ernst. Man darf es nur auf die höchsten Begriffe beziehn und es nicht bloß so nehmen, wie es gewöhnlich auf dem Standpunkt des gesellschaftlichen Lebens genommen wird: als einen Roman, wo Personen und Begebenheiten der letzte Endzweck sind. Denn dieses schlechthin neue und einzige Buch, welches man nur aus sich selbst verstehen lernen kann, nach einem aus Gewohnheit und Glauben, aus zufälligen Erfahrungen und willkürlichen Forderungen zusammengesetzten und entstandnen Gattungsbegriff beurteilen, das ist, als wenn ein Kind Mond und Gestirne mit der Hand greifen und in sein Schächtelchen packen will.

Ebensosehr regt sich das Gefühl gegen eine schulgerechte Kunstbeurteilung des göttlichen Gewächses. Wer möchte ein Gastmahl des feinsten und ausgesuchtesten Witzes mit allen Förmlichkeiten und in aller üblichen Umständlichkeit rezensieren? Eine sogenannte Rezension des »Meister« würde uns immer erscheinen wie der junge Mann, der mit dem Buche unter dem Arm in den Wald spazieren kommt und den Philine mit dem Kuckuck vertreibt.

Vielleicht soll man es also zugleich beurteilen und nicht beurteilen, welches keine leichte Aufgabe zu sein scheint.

Glücklicherweise ist es eben eins von den Büchern, welche sich selbst beurteilen und den Kunstrichter sonach aller Mühe überheben. Ja, es beurteilt sich nicht nur selbst, es stellt sich auch selbst dar. Eine bloße Darstellung des Eindrucks würde daher, wenn sie auch keines der schlechtesten Gedichte von der beschreibenden Gattung sein sollte, außerdem, daß sie überflüssig sein würde, sehr den kürzern ziehen müssen; nicht bloß gegen den Dichter, sondern sogar gegen den Gedanken des Lesers, der Sinn für das Höchste hat, der anbeten kann und ohne Kunst und Wissenschaft gleich weiß, was er anbeten soll, den das Recht trifft wie ein Blitz.

Die gewöhnlichen Erwartungen von Einheit und Zusammenhang täuscht dieser Roman ebensooft, als er sie erfüllt. Wer aber echten systematischen Instinkt, Sinn für das Universum, jene Vorempfindung der ganzen Welt hat, die Wilhelmen so interessant macht, fühlt gleichsam überall die Persönlichkeit und lebendige Individualität des Werks, und je tiefer er forscht, je mehr innere Beziehungen und Verwandtschaften, je mehr geistigen Zusammenhang entdeckt er in demselben. Hat irgendein Buch einen Genius, so ist es dieses. Hätte sich dieser auch im ganzen wie im einzelnen selbst charaktersisieren können, so dürfte niemand weiter sagen, was eigentlich daran sei und wie man es nehmen solle. Hier bleibt noch eine kleine Ergänzung möglich, und einige Erklärung kann nicht unnütz oder überflüssig scheinen, da trotz jenes Gefühls der Anfang und der Schluß des Werks fast allgemein seltsam und unbefriedigend und eins und das andre in der Mitte überflüssig und unzusammenhängend gefunden wird und da selbst der, welcher das Göttliche der gebildeten Willkür zu unterscheiden und zu ehren weiß, beim ersten und beim letzten Lesen etwas Isoliertes fühlt, als ob bei der schönsten und innigsten Übereinstimmung und Einheit nur eben die letzte Verknüpfung der Gedanken und der Gefühle fehlte. Mancher, dem man den Sinn nicht absprechen kann, wird sich in vieles lange nicht finden können, denn bei fortschreitenden Naturen erweitern, schärfen und bilden sich Begriff und Sinn gegenseitig.

Über die Organisation des Werks muß der verschiedne Charakter der einzelnen Massen viel Licht geben können. Doch darf sich die Beobachtung und Zergliedrung, um von den Teilen zum Ganzen gesetzmäßig fortzuschreiten, eben nicht ins unendlich Kleine verlieren. Sie muß vielmehr, als wären es schlechthin einfache Teile, bei jenen größern Massen stehnbleiben, deren Selbständigkeit sich auch durch ihre freie Behandlung, Gestaltung und Verwandlung dessen, was sie von den vorhergehenden überkamen, bewährt und deren innre absichtslose Gleichartigkeit und ursprüngliche Einheit der Dichter selbst durch das absichtliche Bestreben, sie durch sehr verschiedenartige, doch immer poetische Mittel zu einem in sich vollendeten Ganzen zu runden, anerkannt hat. Durch jene Fortbildung ist der Zusammenhang, durch diese Einfassung ist die Verschiedenheit der einzelnen Massen gesichert und bestätigt, und so wird jeder notwendige Teil des einen und unteilbaren Romans ein System für sich. Die Mittel der Verknüpfung und der Fortschreitung sind ungefähr überall dieselben. Auch im zweiten Bande locken Jarno und die Erscheinung der Amazone, wie der Fremde und Mignon im ersten Bande, unsre Erwartung und unser Interesse in die dunkle Ferne und deuten auf eine noch nicht sichtbare Höhe der Bildung. Auch hier öffnet sich mit jedem Buch eine neue Szene und eine neue Welt, auch hier kommen die alten Gestalten verjüngt wieder; auch hier enthält jedes Buch die Keime des künftigen und verarbeitet den reinen Ertrag des vorigen mit lebendiger Kraft in sein eigentümliches Wesen. Und das dritte Buch, welches sich durch das frischeste und fröhlichste Kolorit auszeichnet, erhält durch Mignons »Dahin« und durch Wilhelms und der Gräfin ersten Kuß eine schöne Einfassung wie von den höchsten Blüten der noch keimenden und der schon reifen Jugendfülle. Wo so unendlich viel zu bemerken ist, wäre es unzweckmäßig, irgend etwas bemerken zu wollen, was schon dagewesen ist oder mit wenigen Veränderungen immer ähnlich wiederkommt. Nur was ganz neu und eigen ist, bedarf der Erläuterungen, die aber keineswegs alles allen hell und klar machen sollen. Sie dürften vielmehr eben dann vortrefflich genannt zu werden verdienen, wenn sie dem, der den »Meister« ganz versteht, durchaus bekannt und dem, der ihn gar nicht versteht, so gemein und leer wie das, was sie erläutern wollen, selbst vorkämen, dem hingegen, welcher das Werk halb versteht, auch nur halb verständlich wären, ihn über einiges aufklärten, über anders aber vielleicht noch tiefer verwirrten, damit aus der Unruhe und dem Zweifeln die Erkenntnis hervorgehe oder damit das Subjekt wenigstens seiner Halbheit, soviel das möglich ist, innewerde. Der zweite Band insonderheit bedarf der Erläuterungen am wenigsten: er ist der reichste, aber der reizendste; er ist voll Verstand, aber doch sehr verständlich.

In dem Stufengange der Lehrjahre der Lebenskunst ist dieser Band für Wilhelmen der höhere Grad der Versuchungen und die Zeit der Verirrungen und lehrreichen, aber kostbaren Erfahrungen. Freilich laufen seine Vorsätze und seine Handlungen vor wie nach in parallelen Linien nebeneinander her, ohne sich je zu stören oder zu berühren. Indessen hat er doch endlich das gewonnen, daß er sich aus der Gemeinheit, die auch den edelsten Naturen ursprünglich anhängt oder sie durch Zufall umgibt, mehr und mehr erhoben oder sich doch aus ihr zu erheben ernstlich bemüht hat. Nachdem Wilhelms unendlicher Bildungstrieb zuerst bloß in seinem eigenen Innern gewebt und gelebt hatte, bis zur Selbstvernichtung seiner ersten Liebe und seiner ersten Künstlerhoffnung, und sich dann weit genug in die Welt gewagt hatte, war es natürlich, daß er nun vor allen Dingen in die Höhe strebte, sollte es auch nur die Höhe einer gewöhnlichen Bühne sein, daß das Edle und Vornehme sein vorzüglichstes Augenmerk ward, sollte es auch nur die Repräsentation eines nicht sehr gebildeten Adels sein. Anders konnte der Erfolg dieses, seinem Ursprunge nach achtungswürdigen Streben, nicht wohl ausfallen, da Wilhelm noch so unschuldig und so neu war. Daher mußte das dritte Buch eine starke Annäherung zur Komödie erhalten, um so mehr, da es darauf angelegt war. Wilhelms Unbekanntschaft mit der Welt und den Gegensatz zwischen dem Zauber des Schauspiels und der Niedrigkeit des gewöhnlichen Schauspielerlebens in das hellste Licht zu setzen. In den vorigen Massen waren nur einzelne Züge entschieden komisch, etwa ein paar Gestalten zum Vorgrunde oder eine unbestimmte Ferne. Hier ist das Ganze, die Szene und Handlung selbst, komisch. Ja man möchte es eine komische Welt nennen, da des Lustigen darin in der Tat unendlich viel ist und da die Adligen und die Komödianten zwei abgesonderte Korps bilden, deren keines dem andern den Preis der Lächerlichkeit abtreten darf und die auf das drolligste gegeneinander manöverieren. Die Bestandteile dieses Komischen sind keineswegs vorzüglich fein und zart oder edel. Manches ist vielmehr von der Art, worüber jeder gemeiniglich von Herzen zu lachen pflegt, wie der Kontrast zwischen den schönsten Erwartungen und einer schlechten Bewirtung. Der Kontrast zwischen der Hoffnung und dem Erfolg, der Einbildung und der Wirklichkeit spielt hier überhaupt eine große Rolle: die Rechte der Realität werden mit unbarmherziger Strenge durchgesetzt, und der Pedant bekommt sogar Prügel, weil er doch auch ein Idealist ist. Aus wahrer Affenliebe begrüßt ihn sein Kollege, der Graf, mit gnädigen Blikken über die ungeheure Kluft der Verschiedenheit des Standes; der Baron darf an geistiger Albernheit und die Baronesse an sittlicher Gemeinheit niemanden weichen; die Gräfin selbst ist höchstens eine reizende Veranlassung zu der schönsten Rechtfertigung des Putzes, und diese Adligen sind, den Stand abgerechnet, den Schauspielern nur darin vorzuziehen, daß sie gründlicher gemein sind. Aber diese Menschen, die man lieber Figuren als Menschen nennen dürfte, sind mit leichter Hand und mit zartem Pinsel so hingedruckt, wie man sich die zierlichsten Karikaturen der edelsten Malerei denken möchte. Es ist bis zum Durchsichtigen gebildete Albernheit. Diese Frische der Farben, dieses kindliche Bunte, diese Liebe zum Putz und Schmuck, dieser geistreiche Leichtsinn und flüchtige Mutwillen haben etwas, was man Äther der Fröhlichkeit nennen möchte und was zu zart und zu fein ist, als daß der Buchstabe seinen Eindruck nachbilden und wiedergeben könnte. Nur dem, der vorlesen kann und sie vollkommen versteht, muß es überlassen bleiben, die Ironie, die über dem ganzen Werke schwebt, hier aber vorzüglich laut wird, denen, die den Sinn dafür haben, ganz fühlbar zu machen. Dieser sich selbst belächelnde Schein von Würde und Bedeutsamkeit in dem periodischen Stil, diese scheinbaren Nachlässigkeiten und Tautologien, welche die Bedingungen so vollenden, daß sie mit dem Bedingten wieder eins werden und, wie es die Gelegenheit gibt, alles oder nichts zu sagen oder sagen zu wollen scheinen, dieses höchst Prosaische mitten in der poetischen Stimmung des dargestellten oder komödierten Subjekts, der absichtliche Anhauch von poetischer Pedanterie bei sehr prosaischen Veranlassungen, sie beruhen oft auf einem einzigen Wort, ja auf einem Akzent.

Vielleicht ist keine Masse des Werks so frei und unabhängig vom Ganzen als eben das dritte Buch. Doch ist nicht alles darin Spiel und nur auf den augenblicklichen Genuß gerichtet. Jarno gibt Wilhelmen und dem Leser eine mächtige Glaubensbestätigung an eine würdige, große Realität und ernstere Tätigkeit in der Welt und in dem Werke. Sein schlichter, trockner Verstand ist das vollkommene Gegenteil von Aureliens spitzfindiger Empfindsamkeit, die ihr halb natürlich ist und halb erzwungen. Sie ist durch und durch Schauspielerin, auch von Charakter; sie kann nichts und mag nichts als darstellen und aufführen, am liebsten sich selbst, und sie trägt alles zur Schau, auch ihre Weiblichkeit und ihre Liebe. Beide haben nur Verstand, denn auch Aurelien gibt der Dichter ein großes Maß von Scharfsinn, aber es fehlt ihr so ganz an Urteil und Gefühl des Schicklichen wie Jarnon an Einbildungskraft. Es sind sehr ausgezeichnete, aber fast beschränkte, durchaus nicht große Menschen, und daß das Buch selbst auf jene Beschränktheit so bestimmt hindeutete, beweist, wie wenig es so bloße Lobrede auf den Verstand sei, als es wohl anfänglich scheinen könnte. Beide sind sich so vollkommen entgegengesetzt wie die tiefe, innige Mariane und die leichte, allgemeine Philine; und beide treten gleich diesen stärker hervor, als nötig wäre, um die dargestellte Kunstlehre mit Beispielen und die Verwicklung des Ganzen mit Personen zu versorgen. Es sind Hauptfiguren, die, jede in ihrer Masse, gleichsam den Ton angeben. Sie bezahlen ihre Stelle dadurch, daß sie Wilhelms Geist auch bilden wollen und sich seine gesamte Erziehung vorzüglich angelegen sein lassen. Wenngleich der Zögling trotz des redlichen Beistandes so vieler Erzieher in seiner persönlichen und sittlichen Ausbildung wenig mehr gewonnen zu haben scheint als die äußre Gewandtheit, die er sich durch den mannigfaltigeren Umgang und durch die Übungen im Tanzen und Fechten erworben zu haben glaubt, so macht er doch dem Anscheine nach in der Kunst große Fortschritte, und zwar mehr durch die natürliche Entfaltung seines Geistes als auf fremde Veranlassung. Er lernt nun auch eigentliche Virtuosen kennen, und die künstlerischen Gespräche unter ihnen sind, außer dem, daß sie ohne den schwerfälligen Prunk der sogenannten gedrängten Kürze unendlich viel Geist, Sinn und Gehalt haben, auch noch wahre Gespräche; vielstimmig und ineinandergreifend, nicht bloß einseitige Scheingespräche. Serlo ist in gewissem Sinne ein allgemeingültiger Mensch, und selbst seine Jugendgeschichte ist, wie sie sein kann und sein soll bei entschiedenem Talent und ebenso entschiedenem Mangel an Sinn für das Höchste. Darin ist er Jarnon gleich: beide haben am Ende doch nur das Mechanische ihrer Kunst in der Gewalt. Von den ersten Wahrnehmungen und Elementen der Poesie, mit denen der erste Band Wilhelmen und den Leser beschäftigte, bis zu dem Punkt, wo der Mensch fähig wird, das Höchste und das Tiefste zu fassen, ist ein unermeßlich weiter Zwischenraum, und wenn der Übergang, der immer ein Sprung sein muß, wie billig durch ein großes Vorbild vermittelt werden sollte, durch welchen Dichter konnte dies wohl schicklicher geschehen als durch den, welcher vorzugsweise der Unendliche genannt zu werden verdient? Grade diese Seite des Shakespeare wird von Wilhelmen zuerst aufgefaßt, und da es in dieser Kunstlehre weniger auf seine große Natur als auf seine tiefe Künstlichkeit und Absichtlichkeit ankam, so mußte die Wahl den »Hamlet« treffen, da wohl kein Stück zu so vielfachem und interessanten Streit, was die verborgne Absicht des Künstlers oder was zufälliger Mangel des Werks sein möchte, Veranlassung geben kann als eben dieses, welches auch in die theatralische Verwicklung und Umgebung des Romans am schönsten eingreift und unter anderm die Frage von der Möglichkeit, ein vollendetes Meisterwerk zu verändern oder unverändert auf der Bühne zu geben, gleichsam von selbst aufwirft. Durch seine retardierende Natur kann das Stück dem Roman, der sein Wesen eben darin setzt, bis zu Verwechslungen verwandt scheinen. Auch ist der Geist der Betrachtung und der Rückkehr in sich selbst, von dem es so voll ist, so sehr eine gemeinsame Eigentümlichkeit aller sehr geistigen Poesie, daß dadurch selbst dies fürchterliche Trauerspiel, welches, zwischen Verbrechen und Wahnsinn schwankend, die sichtbare Erde als einen verwilderten Garten der lüsternen Sünde und ihr gleichsam hohles Inneres wie den Wohnsitz der Strafe und der Pein darstellt und auf den härtesten Begriffen von Ehre und Pflicht ruht, wenigstens in einer Eigenschaft sich den fröhlichen Lehrjahren eines jungen Künstlers anneigen kann.

Die in diesem und dem ersten Buche des nächsten Bandes zerstreute Ansicht des Hamlet ist nicht sowohl Kritik als hohe Poesie. Und was kann wohl anders entstehen als ein Gedicht, wenn der Dichter als solcher ein Werk der Dichtkunst anschaut und darstellt? Dies liegt nicht darin, daß sie über die Grenzen des sichtbaren Werkes mit Vermutungen und Behauptungen hinausgeht. Das muß alle Kritik, weil jedes vortreffliche Werk, von welcher Art es auch sei, mehr weiß, als es sagt, und mehr will, als es weiß. Es liegt in der gänzlichen Verschiedenheit des Zweckes und des Verfahrens. Jene poetische Kritik will gar nicht wie eine bloße Inschrift nur sagen, was die Sache eigentlich sei, wo sie in der Welt stehe und stehn solle, dazu bedarf es nur eines vollständigen, ungeteilten Menschen, der das Werk, solange als nötig ist, zum Mittelpunkt seiner Tätigkeit mache; wenn ein solcher mündliche oder schriftliche Mitteilung liebt, kann es ihm Vergnügen gewähren, eine Wahrnehmung, die im Grunde nur eine und unteilbar ist, weitläufig zu entwickeln, und so entsteht eine eigentliche Charakteristik. Der Dichter und Künstler hingegen wird die Darstellung von neuem darstellen, das schon Gebildete noch einmal bilden wollen; er wird das Werk ergänzen, verjüngen, neu gestalten. Er wird das Ganze nur in Glieder und Massen und Stücke teilen, nie in seine ursprünglichen Bestandteile zerlegen, die in Beziehung auf das Werk tot sind, weil sie nicht mehr Einheiten derselben Art wie das Ganze enthalten, in Beziehung auf das Weltall aber allerdings lebendig und Glieder oder Massen desselben sein könnten. Auf solche bezieht der gewöhnliche Kritiker den Gegenstand seiner Kunst und muß daher seine lebendige Einheit unvermeidlich zerstören, ihn bald in seine Elemente zersetzen, bald selbst nur als ein Atom einer größeren Masse betrachten.

Im fünften Buche kommt es von der Theorie zu einer durchdachten und nach Grundsätzen verfahrenden Ausübung; und auch Serlos und der andern Roheit und Eigennutz, Philinens Leichtsinn, Aureliens Überspannung, des Alten Schwermut und Mignons Sehnsucht gehen in Handlung über. Daher die nicht seltene Annäherung zum Wahnsinn, die eine Lieblingsbeziehung und Ton dieses Teils scheinen dürfte. Mignon als Mänade ist ein göttlich lichter Punkt, deren es hier mehrere gibt. Aber im ganzen scheint das Werk etwas von der Höhe des zweiten Bandes zu sinken. Es bereitet sich gleichsam schon vor, in die äußersten Tiefen des innern Menschen zu graben und von da wieder eine noch größere und schlechthin große Höhe zu ersteigen, wo es bleiben kann. Überhaupt scheint es an einem Scheidepunkte zu stehen und in einer wichtigen Krise begriffen zu sein. Die Verwicklung und Verwirrung steigt am höchsten und auch die gespannte Erwartung über den endlichen Aufschluß so vieler interessanter Rätsel und schöner Wunder. Auch Wilhelms falsche Tendenz bildet sich zu Maximen, aber die seltsame Warnung warnt auch den Leser, ihn nicht zu leichtsinnig schon am Ziel oder auf dem rechten Wege dahin zu glauben. Kein Teil des Ganzen scheint so abhängig von diesem zu sein und nur als Mittel gebraucht zu werden wie das fünfte Buch. Es erlaubt sich sogar bloß theoretische Nachträge und Ergänzungen, wie das Ideal eines Souffleurs, die Skizze der Liebhaber der Schauspielkunst, die Grundsätze über den Unterschied des Drama und des Romans.

Die »Bekenntnisse der schönen Seele« überraschen im Gegenteil durch ihre unbefangene Einzelnheit, scheinbare Beziehungslosigkeit auf das Ganze und in den früheren Teilen des Romans beispiellose Willkürlichkeit der Verflechtung mit dem Ganzen oder vielmehr die Aufnahme in dasselbe. Genauer erwogen aber dürfte Wilhelm auch wohl vor seiner Verheiratung nicht ohne alle Vewandtschaft mit der Tante sein, wie ihre Bekenntnisse mit dem ganzen Buch. Es sind doch auch Lehrjahre, in denen nichts gelernt wird als zu existieren, nach seinen besonderen Grundsätzen oder seiner unabänderlichen Natur zu leben; und wenn Wilhelm nur durch die Fähigkeit, sich für alles zu interessieren, interessant bleibt, so darf auch die Tante durch die Art, wie sie sich selbst interessiert, Ansprüche darauf machen, ihr Gefühl mitzuteilen. Ja, sie lebt im Grunde auch theatralisch; nur mit dem Unterschiede, daß sie die sämtlichen Rollen vereinigt, die in dem gräflichen Schlosse, wo alle agierten und Komödie mit sich spielten, unter viele Figuren verteilt waren, und daß ihr Innres die Bühne bildet, auf der sie Schauspieler und Zuschauer zugleich ist und auch noch die Intrigen in der Kulisse besorgt. Sie steht beständig vor dem Spiegel des Gewissens und ist beschäftigt, ihr Gemüt zu putzen und zu schmücken. Überhaupt ist in ihr das äußerste Maß der Innerlichkeit erreicht, wie es doch auch geschehen mußte, da das Werk von Anfang an einen so entschiednen Hang offenbarte, das Innre und das Äußre scharf zu trennen und entgegenzusetzen. Hier hat sich das Innre nur gleichsam selbst ausgehöhlt. Es ist der Gipfel der ausgebildeten Einseitigkeit, dem das Bild reifer Allgemeinheit eines großen Sinnes gegenübersteht. Der Onkel nämlich ruht im Hintergrunde dieses Gemäldes wie ein gewaltiges Gebäude der Lebenskunst im großen, alten Stil, von edlen, einfachen Verhältnissen, aus dem reinsten, gediegensten Marmor. Es ist eine ganz neue Erscheinung in dieser Suite von Bildungsstücken. Bekenntnisse zu schreiben wäre wohl nicht seine Liebhaberei gewesen, und da er sein eigner Lehrer war, kann er keine Lehrjahre gehabt haben wie Wilhelm. Aber mit männlicher Kraft hat er sich die umgebende Natur zu einer klassischen Welt gebildet, die sich um seinen selbständigen Geist wie um den Mittelpunkt bewegt.

Daß auch die Religion hier als angeborne Liebhaberei dargestellt wird, die sich durch sich selbst freien Spielraum schafft und stufenweise zur Kunst vollendet, stimmt vollkommen zu dem künstlerischen Geist des Ganzen, und es wird dadurch, wie an dem auffallendsten Beispiele gezeigt, daß er alles so behandeln und behandelt wissen möchte. Die Schonung des Oheims gegen die Tante ist die stärkste Versinnlichung der unglaublichen Toleranz jener großen Männer, in denen sich der Weltgeist des Werks am unmittelbarsten offenbart. Die Darstellung einer sich wie ins Unendliche immer wieder selbst anschauenden Natur war der schönste Beweis, den ein Künstler von der unergründlichen Tiefe seines Vermögens geben konnte. Selbst die fremden Gegenstände malte er in der Beleuchtung und Farbe und mit solchen Schlagschatten, wie sie sich in diesem alles in seinem eigenen Widerscheine schauenden Geiste abspiegeln und darstellen mußten. Doch konnte es nicht seine Absicht sein, hier tiefer und voller darzustellen als für den Zweck des Ganzen nötig und gut wäre, und noch weniger konnte es seine Pflicht sein, einer bestimmten Wirklichkeit zu gleichen. Überhaupt gleichen die Charaktere in diesem Roman zwar durch die Art der Darstellung dem Porträt, ihrem Wesen nach aber sind sie mehr oder minder allgemein und allegorisch. Eben daher sind sie ein unerschöpflicher Stoff und die vortrefflichste Beispielsammlung für sittliche und gesellschaftliche Untersuchungen. Für diesen Zweck müßten Gespräche über die Charaktere im »Meister« sehr interessant sein können, obgleich sie zum Verständnis des Werkes selbst nur etwa episodisch mitwirken könnten: aber Gespräche müßten es sein, um schon durch die Form alle Einseitigkeit zu verbannen. Denn wenn ein einzelner nur aus dem Standpunkte seiner Eigentümlichkeit über jede dieser Personen räsonierte und ein moralisches Gutachten fällte, das wäre wohl die unfruchtbarste unter allen möglichen Arten, den »Wilhelm Meister« anzusehen, und man würde am Ende nicht mehr daraus lernen, als daß der Redner über diese Gegenstände so, wie es nun lautete, gesinnt sei.

Mit dem vierten Bande erscheint das Werk gleichsam mannbar und mündig geworden. Wir sehen nun klar, daß es nicht bloß, was wir Theater oder Poesie nennen, sondern das große Schauspiel der Menschheit selbst und die Kunst aller Künste, die Kunst zu leben, umfassen soll. Wir sehen auch, daß diese Lehrjahre eher jeden andern zum tüchtigen Künstler oder zum tüchtigen Mann bilden wollen und bilden können als Wilhelmen selbst. Nicht dieser oder jener Mensch sollte erzogen, sondern die Natur, die Bildung selbst sollte in mannigfaltigen Beispielen dargestellt und in einfache Grundsätze zusammengedrängt werden. Wie wir uns in den »Bekenntnissen« plötzlich aus der Poesie in das Gebiet der Moral versetzt wähnten, so stehn hier die gediegnen Resultate einer Philosophie vor uns, die sich auf den höhern Sinn und Geist gründet und gleich sehr nach strenger Absonderung und nach erhabner Allgemeinheit aller menschlichen Kräfte und Künste strebt. Für Wilhelmen wird wohl endlich auch gesorgt, aber sie haben ihn, fast mehr als billig oder höflich ist, zum besten; selbst der kleine Felix hilft ihn erziehen und beschämen, indem er ihm seine vielfache Unwissenheit fühlbar macht. Nach einigen leichten Krämpfen von Angst, Trotz und Reue verschwindet seine Selbständigkeit aus der Gesellschaft der Lebendigen. Er resigniert förmlich darauf, einen eignen Willen zu haben, und nun sind seine Lehrjahre wirklich vollendet, und Natalie wird Supplement des Romans. Als die schönste Form der reinsten Weiblichkeit und Güte macht sie einen angenehmen Kontrast mit der etwas materiellen Therese. Natalie verbreitet ihre wohltätigen Wirkungen durch ihr bloßes Dasein in der Gesellschaft. Therese bildet eine ähnliche Welt um sich her wie der Oheim. Es sind Beispiele und Veranlassungen zu der Theorie der Weiblichkeit, die in jener großen Lebenskunstlehre nicht fehlen durfte. Sittliche Geselligkeit und häusliche Tätigkeit, beide in romantisch schöner Gestalt, sind die beiden Urbilder oder beiden Hälften eines Urbilds, welche hier für diesen Teil der Menschheit aufgestellt werden.

Wie mögen sich die Leser dieses Romans beim Schlusse desselben getäuscht fühlen, da aus allen diesen Erziehungsanstalten nichts herauskommt als bescheidne Liebenswürdigkeit, da hinter allen diesen wunderbaren Zufällen, weissagenden Winken und geheimnisvollen Erscheinungen nichts steckt als die erhabenste Poesie, und da die letzten Fäden des Ganzen nur durch die Willkür eines bis zur Vollendung gebildeten Geistes gelenkt werden! In der Tat erlaubt sich diese hier, wie es scheint mit gutem Bedacht, fast alles und liebt die seltsamsten Verknüpfungen. Die Reden einer Barbara wirken mit der gigantischen Kraft und der würdigen Großheit der alten Tragödie; von dem interessantesten Menschen im ganzen Buch wird fast nichts ausführlich erwähnt als sein Verhältnis mit einer Pächterstochter; gleich nach dem Untergang Marianens, die uns nicht als Mariane, sondern als das verlassene, zerrissene Weib überhaupt interessiert, ergötzt uns der Anblick des Dukaten zählenden Laertes, und selbst die unbedeutendsten Nebengestalten wie der Wundarzt sind mit Absicht höchst wunderlich. Der eigentliche Mittelpunkt dieser Willkürlichkeit ist die geheime Gesellschaft des reinen Verstandes, die Wilhelminen und sich selbst zum besten hat und zuletzt noch rechtlich und nützlich und ökonomisch wird. Dagegen ist aber der Zufall selbst hier ein gebildeter Mann, und da die Darstellung alles andern im großen nimmt und gibt, warum sollte sie sich nicht auch der hergebrachten Lizenzen der Poesie im großen bedienen? Es versteht sich von selbst, daß eine Behandlung dieser Art und dieses Geistes nicht alle Fäden lang und langsam ausspinnen wird. Indessen erinnert doch auch der erst eilende, dann aber unerwartet zögernde Schluß des vierten Bandes, wie Wilhelms allegorischer Traum im Anfange desselben, an vieles von allem, was das Interessanteste und Bedeutendste im Ganzen ist. Unter andern sind der segnende Graf, die schwangre Philine vor dem Spiegel, als ein warnendes Beispiel der komischen Nemesis, und der sterbend geglaubte Knabe, welcher ein Butterbrot verlangt, gleichsam die ganz bürlesken Spitzen des Lustigen und Lächerlichen.

Wenn bescheidner Reiz den ersten Band dieses Romans, glänzende Schönheit den zweiten und tiefe Künstlichkeit und Absichtlichkeit den dritten unterscheidet, so ist Größe der eigentliche Charakter des letzten und mit ihm des ganzen Werks. Selbst der Gliederbau ist erhabner, und Licht und Farben heller und höher; alles ist gediegen und hinreißend, und die Überraschungen drängen sich. Aber nicht bloß die Dimensionen sind erweitert, auch die Menschen sind von größerem Schlage. Lothario, der Abbé und der Oheim sind gewissermaßen jeder auf seine Weise der Genius des Buches selbst, die andern sind nur seine Geschöpfe. Darum treten sie auch wie der alte Meister neben seinem Gemälde bescheiden in den Hintergrund zurück, obgleich sie aus diesem Gesichtspunkt eigentlich die Hauptpersonen sind. Der Oheim hat einen großen Sinn, der Abbé hat einen großen Verstand und schwebt über dem Ganzen wie der Geist Gottes. Dafür, daß er gern das Schicksal spielt, muß er auch im Buch die Rolle des Schicksals übernehmen. Lothario ist ein großer Mensch, der Oheim hat noch etwas Schwerfälliges, Breites, der Abbé etwas Magres, aber Lothario ist vollendet, seine Erscheinung ist einfach, sein Geist ist immer im Fortschreiten, und er hat keinen Fehler als den

Erbfehler aller Größe, die Fähigkeit, auch zerstören zu können. Er ist die himmelanstrebende Kuppel, jene sind die gewaltigen Pilaster, auf denen sie ruht. Diese architektonischen Naturen umfassen, tragen und erhalten das Ganze. Die andern, welche nach dem Maß von Ausführlichkeit der Darstellung die wichtigsten scheinen können, sind nur die kleinen Bilder und Verzierungen im Tempel. Sie interessieren den Geist unendlich, und es läßt sich auch gut darüber sprechen, ob man sie achten oder lieben soll und kann, aber für das Gemüt selbst bleiben es Marionetten, allegorisches Spielwerk. Nicht so Mignon, Sperata und Augustino, die heilige Familie der Naturpoesie, welche dem Ganzen romantischen Zauber und Musik geben und im Übermaß ihrer eignen Seelenglut zugrunde gehen. Es ist, als wollte dieser Schmerz unser Gemüt aus allen seinen Fugen reißen: aber dieser Schmerz hat die Gestalt, den Ton einer klagenden Gottheit, und seine Stimme rauscht auf den Wogen der Melodie daher wie die Andacht würdiger Chöre.

Es ist, als sei alles Vorhergehende nur ein geistreiches, interessantes Spiel gewesen und als würde es nun Ernst. Der vierte Band ist eigentlich das Werk selbst; die vorigen Teile sind nur Vorbereitung. Hier öffnet sich der Vorhang des Allerheiligsten, und wir befinden uns plötzlich auf einer Höhe, wo alles göttlich und gelassen und rein ist und von der Mignons Exequien so wichtig und so bedeutend erscheinen als ihr notwendiger Untergang.

Karl August Varnhagen van Ense

Aus meinem Leben. Dichtung und Wahrheit. Von Goethe. Dritter Teil. Es ist dafür gesorgt, daß die Bäume nicht in den Himmel wachsen. Tübingen 1814.

Wie nach dem Vorüberziehn dunklen Gewittersturms sich der Tag wieder klärt und sogleich in erfreuender Sonne das verhüllt gewesene Leben und Regen einer reichen Gegend wieder sichtbar wird, so erscheint nach dem donnernden Begegnen streitender Heere, die unsern Gesichtskreis mit Nacht und roher Gewalt erfüllten, als ein Sonnenblick schöner Friedenswiederkehr dieser dritte Teil von Goethes Leben, den wir als ein erneuertes Pfand des fortdauernden Waltens unserer edelsten Nationalität annehmen und bewillkommnen. In der Tat lebt in allen Hervorbringungen Goethes, als in eben so vielen Symbolen, ein Geist des Lebens, Bildens und Wissens, der mehr als irgend eine andere einzelne Selbständigkeit das ursprüngliche Wesen des Deutschen abspiegelt, der nicht von uns weichen darf, wenn nicht alle Waffentaten und die dadurch errungene äußere Freiheit zum leeren Prunk werden sollen, nicht besser, als der, welchen wir, weil er höherer Erfüllung entbehrte, zerstören mußten und konnten. Zwischen dem zweiten Bande und dem dritten dieser Lebensbeschreibung liegt dicht eingeschlossen der große Krieg, der aus dem Innern von ganz Europa sich in unser Land zusammengezogen und daselbst in heftigen Schlägen entladen hat; die Welt steht als eine neue da, noch ungewiß über die Zukunft und über die Richtungen, welche die Völker nehmen werden. Aber siehe, was auch geschehn sein und wie es in Zukunft werden mag, diese Versicherung ist uns schon bereits durch die Tat verbürgt, daß unser höheres Leben in seinem alten Ruhme durch alles drängende Gewühl der Ereignisse entschlossen weiterschreitet, und dem Jüngling, der es verließ um dem

Kampfe zu folgen, tritt es an der Schwelle der Rückkehr sogleich wohlbekannt und freundlich wieder entgegen. Wiefern aber gerade dieses Buch vorzugsweise dieser Bezeichnung angehört, glauben wir durch die folgenden Worte, welche längst entschiedene Wahrheit mehr noch voraussetzen als bestätigen, keineswegs erst auszumitteln.

Durch ein zufälliges, aber bedeutendes Zusammentreffen steht der Kreis von Leben und Wirken, in welchem das Werk mit diesem Bande fortrückt, in naher Beziehung auf die Gegenwart, und hält durch seine Bilder einen Gedanken erneuert fest, welchem kein Deutschgesinnter leicht entsagen mochte, und den er für den Augenblick dennoch aufgeben mußte. Das Elsaß, welches im Frieden wieder an Frankreich überlassen worden, hat schon längst unter uns den berechnenden Staatsmann wie den fühlenden Vaterlandsfreund zur lebhaftesten Teilnahme angeregt, und jeder Blick auf diese von dem gemeinsamen Vaterlande abgerissene Landschaft trug und fand die Aufforderung, dieselbe mit dem deutschen Reiche wieder verbunden zu sehn. Sprach in dem durch hundertjährige Entfremdung halb entschlafenen, halb irrgeleiteten Andenken des dortigen Volkes schon längst kein entschlossenes Verlangen mehr für die ursprüngliche Gemeinschaft, so verleugnete doch weder Mundart noch Sitte, noch Gemüts- und Denkweise den frühern Zusammenhang, den die ganze Natur des Landes mit Wald und Feld, Gebirg und Tal, leidenschaftlich auszurufen schien. Da in der äußern Lage der Dinge, welche den letzten Friedensschluß herbeiführte, für uns eher die Möglichkeit vorhanden schien, selbst das Ungerechte durchzusetzen, als die Notwendigkeit, dem Rechtmäßigen zu entsagen, so konnte mancher Entferntere wohl auf die Meinung geraten, daß in der Art und Weise des Landes sich schon vielleicht keine Nötigung mehr ausspreche, das Elsaß mehr für deutsch, als für französisch zu halten, und es daher in Gottes Namen letzteres verblieben sei. In diesen Zweifel tritt nun überraschend und unabsichtlich die in dieser Beziehung nie gemeinte, unbefangene Darstellung des Elsasses in diesem

Buche als ein lebendiger Zeuge auf, der, weil er nicht meint, eine Streitfrage zu entscheiden, durch seine Aussage eben entscheidet. Nach allen Richtungen, sowohl des äußeren Lebens, als des innern Wollens, in Stadt und Land, in Kunst und Wissen, im Zusammenhang des Bodens und der Menschen, in geistigen und körperlichen Beziehungen, offenbart sich das Elsaß hier als deutsches Land, wo alles deutsche von je geblüht hat und noch in der letztern Zeit herrlich gediehen ist, in unserem Dichter und vielen andern Trefflichen. Diese lebendige Dokumentierung, die unter andern Umständen ein siegfrohes Loblied gewesen wäre, tönt uns jetzt als ein grinsendes Klagelied zu, in welchem für uns auf immer eine mahnende Berechtigung liegt, die uns mit Rechtsgründen und jeder Waffe einst aufzuführen obliegt.

Die schönen, bewegungsvollen Rheinländer, deren wir uns jetzt glücklicherweise als wiedergewonnener mit neuer Hingebung erfreuen dürfen, erscheinen darauf in all der Fülle mannigfacher Gestalten, heiterer Eindrücke und glücklicher Begünstigung hellen lebensfrohen Daseins, mit welchen wir ehemals gewohnt waren die ganze Magie reizender Bilder, die sich um die blühende Benennung »das Reich« in unserem Innern schwangen, vorzugsweise mit dem Rheinstrom verbunden zu denken. Die lebhafte, rührige Kraft des Lebens und Wirkens, welche sich als eigentliche Jugend in Goethes fernerer Entwicklung hier dargibt, scheint in der Tat mehr als je an die Gegend zu erinnern, welche die Eigentümlichkeit und Landesart ihrer Naturerzeugnisse auch in der Pflege eines solchen geistigen Sohns behauptet hat. Den Aufenthalt am heimischen Main im glücklichen Kreise der wohlbestehenden Vaterstadt und in der Lahngegend bei Wetzlar, die Fahrten zu den zahlreichen heitern Städten, deren der Rhein keine verläßt, ohne schon wieder eine folgende zu erblicken, die Mannigfaltigkeit der geistlichen und weltlichen Staaten, der ausgebildeten Zustände alter und neuer Zeit, und allen freien Wechsels innerhalb einer großen Einheit, diese ermunternden Lebensgebilde sehn wir in der frischen Kraft wieder, die alle Erzeugnisse Goethes aus jener Zeit durchströmt, nach allen Seiten üppig hinwagt, und noch spät in Herrmann und Dorothea der edlen Bildung homerischen Gesanges diese Welt zum würdigen Stoffe gibt, der sich auffallend von allem unterscheidet, was ein mehr norddeutsches Dasein hätte leisten gekonnt.

In dem raschen Fortschritte einer drangvollen Entwickelung ist Goethes Leben schon zu der Stufe herangestiegen, wo der Trieb sich auszudehnen schon die ganze Breite, welche die Schranken der Welt oder des Menschen, seiner Freiheit gestatten, umfaßt hat, und nun seine fernere Richtung nur noch in die Tiefe oder in die Höhe nehmen kann; alle dichterisch möglichen Verhältnisse haben sich schon mehr oder weniger in weltlicher Wirklichkeit besser oder schlechter abgespiegelt, und das geträumte Leben scheint sich nun immer mehr und mehr in ein wahrhaftes, nicht bloß verwandelt, sondern auch verändert zu haben. Auf diesem Punkte ist es, wo die meisten Menschen, denen die Natur die Gabe dichterischer Empfindung durch die Beigabe dichterischer Hervorbringung erhob, sich von der Dichtung abwenden, die ihnen nur ein Vorausgreifen des bis dahin fehlenden Lebens war, dagegen bei dem wahren Dichter, nachdem seine begehrendste, persönliche Einbildung einigermaßen befriedigt worden, nun erst recht die Leidenschaft für eine höhere Welt entzündet wird, die zu erschaffen die Erfüllung der gewöhnlichen Welt ihm erst Muse und Vertrauen gibt.

Die volle Glut dieser jugendlichen Flamme leuchtet uns aus dem Werke entgegen, welches zuerst den entschiedenen Ruf unseres Dichters gründete, indem es eine allgemeine Bewegung unter den Menschen erregte. Werther ist in Rücksicht der mächtigen Wirkung, die es hervorbrachte, eines der bedeutendsten Bücher; der Geist der Freiheit, welcher sich in unserer Literatur und unseren sittlichen Vorstellungen vielfach lebendig zeigte, hatte hier zum erstenmal in der Kunst seine Gesinnung nicht bloß ausgedrückt, sondern war selbst in körperlicher Gestalt übergeströmt, in welcher er auf die Folgezeit einen unzuberechnenden Einfluß übte. Werther und Götz von Berlichingen nebst Faust und einer Anzahl kleinerer bald lustiger Spiele, bald kecker Ausbrüche, bezeichnen das Heroenzeitalter der goethischen Dichtung, in welchem zuvörderst die Naturungeheuer der Dichterbrust überwunden und hingestreckt werden, die Verzweiflung, der Selbstmord, die rohe Gewalt, so daß dagegen alle spätern tragischen Stoffe in milderer Bildung auftreten. Die Bekenntnisse, wie der Dichter durch diese Werke dasjenige, was er andern gab, selbst los war und gleichsam als schwere Last aus seiner Brust hinausgewälzt hat, geben vollständigen Aufschluß über den Zusammenhang, den sie mit seinem Innern haben.

Die Hindernisse, welche der Dichter fortdauernd durch den verworrenen Zustand der Nation in seinem Streben erfahren muß, das weder geistige Richtschnur noch lebendiges Muster, noch gebildeten Stoff findet, werden zwar glücklich überwältigt, aber dennoch erschrecken wir vor den rastlosen, angestrengten Arbeiten, die vorgehn mußten, oft ganz geheim im Innern, um zum Dichten Raum und Stoff zu gewinnen: wir lernen kennen, was das heißt, ein deutscher Dichter zu sein, und wie wenig die günstige Gabe eines wohlwollenden Gottes, wodurch allein schon Dichter sonst möglich waren, dazu hinlänglich ist, sondern alle Kräfte eines ganzen Menschen, der nach allen Richtungen begabt ist, dazu gehören. Zwar legt die Welt von jeher allem ausgezeichneten Wollen der Menschen bald Schranken an, und selten leistet jemand auch nur die Hälfte von dem wirklich, was er sich im Gemüt als Aufgabe vorgestellt und seiner Lebenstätigkeit zu lösen möglich gedacht, allein in diesem Falle scheinen doch, außer den allgemeinen Bedingnissen, noch vorzüglich die der damaligen Zeit eigenen besondern verschuldet zu haben, daß Goethe von so großen, herrlichen Vorhaben, und die in seinem Innern schon zu so mächtigen Gestalten gewachsen und gereift, ja beinah fertig und mit einzelnen Gliedern schon ans Licht gekommen waren, abgewendet und verhindert worden; die Geschichte des ewigen Juden, das Leben Mahomets und der Mythos Prometheus sind uns hier als drei große Stoffe bezeichnet, deren Ausführung, wenn sie stattgefunden hätte, nicht geringer gewesen sein könnte als die des Faust, und die zu entbehren wir ewig beklagen müssen.

Die Reichhaltigkeit so vielartigen Lebens, als nun dem Dichter von allen Seiten entgegenkommt, und in welches seine glücklichen Fähigkeiten eingreifen, machen uns unmöglich, jedem einzelnen dieser Gänge zu folgen; und wir müssen uns begnügen, nur von dem Hauptsächlichsten einiges erwähnend zu berühren. Der Zustand der Literatur und die Stellung der Gelehrten gewähren in dieser Periode ein sehr erfreuliches Bild innern Aufstrebens in äußerem Gelingen. Die Verehrung, zu welcher das Volk, seinen Fürsten zum Trotz, höchst geneigt ist für alles vaterländische Ausgezeichnete, steigt in dem Maße, als immer zahlreichere und würdigere Menschen diesen Kreis erfüllen. Ein Schöpflin, Klopstock, Möser, Klinger, Lavater und Jacobi erscheinen uns von einem Glanze der Verehrung umgeben, den in der Folge selbst unter den größeren Geistern keiner mehr mit so allgemeiner Zustimmung genossen hat, ohne daß nicht schon hieraus ein Grund böser Anfechtung geworden wäre. Goethe selbst, indem er auf Wieland und Nicolai mit fröhlicher Derbheit zurückwirkt, und bei andern selbst zum Angreifenden wird, ist weit entfernt von jenen schonungslosen Anfällen, welche in unseren Tagen so heftige Störungen machten. Dieser begünstigenden Umstände ungeachtet, gehörte gleichwohl die ganze Zusammensetzung von Anlagen und der lebenreiche Sinn, welche wir in den früheren Teilen allmählig heraufwachsen sahen, dazu, um durch keine Beschränkung im Innern noch äußere Parteisucht von der nahen und eindringlichen Berührung mit so vielen großartigen und bedeutenden Männern, die zum Teil sich widerstrebten, zum Teil einander wenigstens fremd blieben, irgend ausgeschlossen zu sein. Wir sahen bisher bloß den Dichter, jetzt aber zeigt sich auch schon der Schriftsteller, und Goethe tritt in die Mitgenossenschaft mit jeder andern Berühmtheit, und es bildet sich die heiterste Wechselwirkung und ehrenvollste Gemeinschaft. Klopstock, der lange in der Ferne verehrt worden, tritt endlich persönlich vor unsere Augen und erhöht die würdige Meinung, die wir schon von ihm gefaßt hatten. Lavater und Basedow vergegenwärtigen die schöne, begeisterte Pflege, welche die Erziehung und der Glaube in jener Zeit so reichlich fanden, und welche diesen wichtigen Gegenständen unter den Deutschen auch seitdem nie gefehlt hat. Als Meisterstücke der Charakterzeichnung können neben den Schilderungen dieser beiden Personen hier vorzüglich noch Lenz, Hamann und Zimmermann angeführt werden, so wie im Zusammenstehn als Gruppe die Familie Laroche in Ehrenbreitstein. Klinger dürfte man vielleicht schon einigermaßen kennen müssen, um die freundliche Schilderung, die Goethe von ihm macht, gehörig zu beurteilen. Die spätern Ereignisse einer gewaltsamen Literatur entstellten freilich das Bild Jacobis, dessen tiefer Geist sich lange Zeit von Woge zu Woge fortschwingen ließ und mit neuen Weisheitslehren wetteiferte, bis endlich doch gegen die wissenschaftliche Größe Fichtes und Schellings bloß ein mit Empfindung ausgestattetes Gedankenstückwerk übrigstand; hier aber ist die hochhaltende Verehrung, welche Goethe dem ausgezeichneten Manne darbringt, sowohl jener Zeit, als auch dem Manne selbst vollkommen angemessen, der so viel Schönes, Gutes, Herzerfreuendes geleistet hat.

Aber nicht bloß die Gegenwart Goethes erblicken wir umgeben von aller Fülle eines wohlgeordneten, in seinen Bedürfnissen vielbegehrenden und in der Befriedigung derselben nicht ausschweifenden Lebens, sondern auch für die Zukunft sehn wir ihm die Zusicherung des Edelsten und Besten erscheinen in dem freilich nur erst noch vorübergehenden Auftreten des werten Fürsten, der allen Dank des Dichters ungeteilt behalten sollte und Kaiser und Könige ihm entbehrlich machte. Hervorgerufen durch das Entgegenkommen des Fürsten selbst, der dem bedeutenden Geiste aufmerksame Achtung bezeugt, vermittelt sogleich und erhoben durch die Gegenwart der trefflichen Gesinnung, die aus Mösers Buche die Unterhaltung belebt, führt diese Bekanntschaft gleich in ihrem ersten Ursprunge alle die gute Vorbedeutung mit sich, welche die Folge so reichlich erfüllen wollte.

Wenden wir nun den Blick auf den Schatz innerer Erfahrungen, Entwickelungen und Ansichten, der sich unserem Dichter in diesem Zeitraume zugewendet hat, so müssen wir sowohl über den Reichtum seiner Seele als über die herrliche Gleichmäßigkeit erstaunen, in welcher in Unruhen des Geistes und Stürmen des Herzens, im fleißigen Aufnehmen und schaffenden Ausströmen immer ungetrübt das Ganze seines Daseins gefördert und ausgebildet wird; die innere Ordnung begünstigter Naturen läßt keine Seite menschlicher Anlagen zurückbleiben, und in jedem Tage, jeder Stunde, haben alle teilgehabt am Leben. Die gelehrte Befriedigung über das wissenswerte Überlieferte, die wissenschaftliche und künstlerische Beruhigung über die Welt und den Menschen und die fromme Freudigkeit in Gott kommen aus allen schwankenden Bewegungen der Seele immer wieder klar und rein hervor. Die Neigung zu Friederiken, deren Katastrophe mehr eilig und unbehaglich vorbeigerückt als erzählt ist, wird nicht sowohl verdrängt, als vielmehr verändernd aufgenommen von der Liebe zur Natur und offnen Welt, die unsern Dichter nie verläßt. Als die Literatur und Kunst der Franzosen, zu welchen Goethe von dem Elsaß aus, bei der äußerlichen Nähe mit innerlicher Entfernung, hinüberblickt, Mißbehagen und Unlust in seinem künstlerischen Denken ausbreitet, begegnet ihm Shakespeare mit aller Erfrischung und Freiheit, deren zauberhafte Wirkung auf ein gutes, reizbares Gemüt schon im Wilhelm Meister so teilnehmend dargestellt ist. Nordische Sagen und indische Märchen erweitern den Kreis der durch griechische Mythologie genährten und ungesättigt in ihr schmelzenden Einbildungskraft; die Anschauung von Kunstwerken des Altertums, von Gemälden und Gebäuden, ist immerfort eröffnet und wird mit Eigentümlichkeit benutzt. Von keiner Seite aber erscheint die Bildung Goethes so gesund und stark, als von der religiösen. In ihm ist die schöne Frömmigkeit, die in dem Herzen aus reiner Quelle strömt und sich den Bildern und Lehren eines edlen Glaubens mit Einsicht und Liebe erschwingen mag, aber keineswegs an sie gefesselt und auf sie lediglich angewiesen ist, sondern die Verbindung mit Gott in jeder Tiefe der Natur und Geschichte sicher und lauter wiederfindet. Das Fräulein von Klettenberg, die Mitglieder der Brüdergemeinde und Lavater halten ihn für keinen ausschließlichen Christen, in ihrem Sinne daher eigentlich für gar keinen, aber ohne daß sie darüber kleinherzig betrübt oder bekehrungseifrig würden, wie sie ihm auch keineswegs Einsicht und Urteil über Glaubensgegenstände deshalb absprechen, vielmehr bleibt ihr liebreicher Umgang, ihre gegenseitige Erweckung unverletzt und mit gleicher Freudigkeit dieselbe, die sie vorher war. Durch die fernern Aufschlüsse, die der Verfasser hier über religiöse Ansichten und Empfindungen, sowohl seiner selbst, als seiner Zeitgenossen, gibt, fällt auch ein neues Licht auf die Darstellungen zurück, welche in den beiden ersten Bänden hierüber vorgekommen sind und dort bloß eingeschaltet, jetzt aber mehr mit dem Ganzen notwendig verbunden erscheinen.

Die Abfassung des Buches hat in Betreff ihrer äußeren Gestalt dieselbe frühere Bequemlichkeit und Gutmütigkeit, die eben nichts vorenthalten will, ohne darum alles zu sagen; für manches, was zur Sache zu gehören schien und doch nur obenhin berührt, oder fast übergangen worden, bietet sich freundlicher Ersatz durch viele glückliche Gegenstände, die ohne grade fremd zu sein, doch mehr gelegentlich als notwendig herbeigeführt werden. Wir gestehn, daß wir keinen Grund sehen, warum dem Verfasser das Recht, dessen bisher alle Urheber von Gedenkbüchern sich bedient haben, versagt sein sollte, auch wenn die Seitenwege, die er bisweilen einschlägt, mehr abschweiften, als sie nach unserer Einsicht wirklich tun; was er nur immer geben mag, kann auch an dieser Stelle wert und willkommen sein, da es als selbständiges, abgerißnes Bruchstück uns ein köstliches Kleinod wäre, in welchem wir den anziehendsten Reiz nicht verkennen würden. Die Betrachtungen über Voltaire und die französische Literatur, die Bemerkungen über den Vorzug prosaischer Übersetzungen vor denen in Versen, die Gedanken über die Schaubühne und fremde und einheimische Stücke der damaligen Zeit, die Nachrichten von dem Reichskammergericht und manche kleinere Einschaltungen stehn jedoch mit dem Ganzen in innerem Zusammenhang, den Goethe mit psychologischen Zwischenworten jedesmal den Schwachen anzudeuten billig verschmäht hat, und sind insgesamt an sich merkwürdig, unterhaltend und belehrend. Einen besondern Wert hat die Erzählung von dem Reichskammergericht; denn äußerst unwissend ist unser Publikum über alle größeren vaterländischen Anstalten und das Einzelne der Verfassungen, wodurch unendlich viel Schaden entsteht, vorzüglich zu einer Zeit, wo die Aufmerksamkeit auf alles, was Staatseinrichtungen betrifft, so sehr im Wachsen ist, und da die Kenntnis dieser Dinge bisher nur mühsam und durch gelehrte Arbeit zu erlangen war, so teilt Goethe, der auf alles denkt, was an der Zeit ist, mit glücklich waltender Hand diese strengeren Tatsachen in milderer Gestalt mit, und sie werden, gleich erklärten Denkmälern, für die Ungelehrten auf eine Art zugänglich, daß notwendig Viele an solchem Platze landsmännischer Regungen ein neues Band deutschen Zusammenhanges finden. Auf gleiche Weise hat früher Justus Möser, dem eine Lobschrift zu schreiben wir uns längst vorgesetzt hatten, aber nun durch dieses Buch überflüssig finden, die Gegenstände des Gemeinwesens und Bürgertums dem gelehrten Wust entrissen, und der Gründlichkeit unbeschadet faßlich und nutzreich für alle dargestellt.

Das Verhältnis des Erzählers selbst zu seiner Erzählung und deren jetzigen Lesern ist im allgemeinen dasselbe geblieben und nur in einigen Nebenzügen vielleicht etwas verändert. Mehr als bei den ersten Bänden war uns bei diesem der gänzliche Mangel an Koketterie mit sich selbst auffallend, weil hin und wieder sogar das Gegenteil davon hervorzukommen und mit einer eigenen Art Verdrießlichkeit und Unbehagen die eigene Persönlichkeit zu verkümmern scheint. Recht klar sind uns auch manche der innersten Verhältnisse nicht geworden, und Schonung im Guten wie im Bösen hat über manche Massen ein verwildertes Dunkel geworfen, durch das wir doch hindurch müssen. So konnten wir uns eines mißmutigen Befremdens nicht erwehren, als wir an die Stelle kamen, wo Goethe einmal von seinen jetzt verdüsterten Seelenkräften spricht; glücklicherweise liegt gegen solchen Ausspruch das ganze Buch als Gegenrede vor uns. So könnten wir auch über das Vergangene leicht getäuscht werden, wenn uns nicht anderweitige Angaben zu Hilfe kämen und das absichtliche Zurücksetzen der Persönlichkeit wieder gut machten; man erinnere sich nur z. B. bei dem Besuche in Pempelfort bei Jacobi, wo Goethe sich wie gewöhnlich in stiller Unscheinbarkeit vorübergehn läßt, der Stelle in Heinses Briefen, wo dieser an Gleim schreibt, er habe bei Jacobi den jungen Goethe gesehn, der vom Fuß bis zum Scheitel lauter göttliches Feuer sei. So war Goethe damals, und so ist er noch; denn in dem Menschen geht nichts Vorübergehendes verloren, sondern jede spätere Lebenszeit besitzt alle früheren mit, nur daß die Jugend nicht mehr allein, sondern ihre Leidenschaft mit der Kraft des Mannes und mit der Ruhe des Alters zusammengekommen ist. Und so ist denn das gegenwärtige Werk wegen des Mitbesitzes auch der spätern Lebensgüter vorzugsweise ein Erzeugnis des Alters zu nennen, jenes Alters, das, wie bei Platon und Sophokles, die Meisterschaft des Lebens und Bildens auf den Gipfel führt. Wir schließen unsere Betrachtungen mit den Worten, die als Grund des sittlichen und literarischen Lebensbaues unseres Dichters mitgeteilt werden: »Das Innere, Eigentliche einer Schrift, die uns besonders zusagt, zu erforschen, sei daher eines jeden Sache und dabei vor allen Dingen zu erwägen, wie sie sich zu unserm eigenen Innern verhalte, und in wiefern durch jene Lebenskraft die unsrige erregt und befruchtet werde; alles Äußere hingegen, was auf uns unwirksam oder einem Zweifel unterworfen sei, habe man der Kritik zu überlassen, welche, wenn sie auch im Stande sein sollte, das Ganze zu zerstückeln und zu zersplittern, dennoch niemals dahin gelangen würde, uns den eigentlichen Grund, an dem wir festhalten, zu rauben, ja uns nicht einen Augenblick an der einmal gefaßten Zuversicht irre zu machen.«

Matthias Claudius

»Der Hofmeister oder Vorteile der Privaterziehung« Eine Komödie. Leipzig 1774

Sind zween Brüder von Berg, einer Geheimer Rat und der andre Major; haben beide Kinder, der Geheime Rat Fritzen und der Major Junkern Leopold und Gustchen; ist auch ein junger Leipziger Student, heißt Läufer, des alten Läufer sein Sohn, der'n gut Kompliment zur Menuett samt Pas machen, auch etwas zeichnen kann; wird Hofmeister bei Junker Leopold und Gustchen und lehrt den einen gar nichts und die andre zuviel, so daß der Major ihm eine Kugel durch den Arm knallt und er sich selbst durch einen desperaten Schnitt kastrieren tut; ist noch ein Privathofmeister im Stück, der auch ein elender, nichtsnütziger Gesell ist wie sein Eleve, der Herr von Seifenblase. Der Geheime Rat tut seinen Fritz in die öffentliche Schule und Universität schikken, und Fritz wird ein edel Kerl, nicht so von wegen des bekannten Stolzes etc., sondern von wegen, daß das Herz in seinem Leibe ein edles Herz war ... Ist auch ein Graf Wermuth, der für 30000 Fl. tanzen kann und gerne für noch 30000 Fr. mehr wie Pintinello möchte tanzen können, vermutlich sich selbst im Spiegel und der hochadelichen Frau Majorin desto besser zu gefallen, sind auch einige Studenten und Weibsleute aus Halle und eine alte Marthe, die Gustchen auf ihrer Flucht in ihre Hütte aufnimmt und ihres Kindes pflegt; ist endlich mein lieber Wenzeslaus mit seiner Brille, der kreuzbraveste Schulmeister, womit Gott je ein Dorf gesegnet hat, und Liese, ein junges gelbhaariges Bauernmädchen, mit ihrem Gesangbuch. Diese Leute haben nun einen Vorgang miteinander und handeln und sprechen dabei, ein paar zivilisierte Subjekte ausgenommen, nicht wie gemalte Herren, sondern ganz natürlich und ungeschminkt von der Leber weg, so wie jedem die Natur den Handel und Sprechschnabel hat wachsen lassen. Freilich ein Maître des Arts wird mit dem alten Läufer sagen, daß der Autor sich in die Winke und Vapeurs der Frau Majorin (Theorie des Dramas einer dampfichten Dame) mehr hätte fügen und ein feiner artiger Autor sein sollen; er ist aber mit seinem Geheimen Rat des Dafürhaltens, daß ein Autor nicht an der Sklavenkette seufzen noch an den Winken der gnädigen Frau hängen müsse. »Ohne Freiheit geht das Genie bergab. Freiheit ist das Element des Autors wie das Wasser das des Fisches, und ein Autor, der sich der Freiheit begibt, vergiftet die edelsten Geister seiner Muse, erstickt die schönsten Reize seiner Komödie in der Blüte und ermordet sich selbst.« Sonach ist die Einheit der Zeit und des Ortes noch ganz gut beobachtet worden, denn die gesamte Handlung ist doch innerhalb'n Meilen oder sechzig und zehn bis zwanzig Jahre Zeit eingeschlossen, und da ist nichts von zu sagen. Der Geheime Rat ist ein vortrefflicher Mann, und die besten Figuren des Stücks sind der Major und Wenzeslaus. Doch ich will nicht weitläufig über die Charaktere räsonieren; aber wäre ich König, so wäre der Geheime Rat mein Premierminister, sein Bruder mein Major, Graf Wermuth mein Hof- und Bollwerk, mein Feldmarschall, Pätus mein Vorleser und Maître de garderobe, Liese meine Maintenon, wenn ich nämlich so schwach wäre, einer zu bedürfen, Wenzeslaus mein Oberkonsistorialrat und Generalsuperintendent, und der Autor mein Freund.

Ludwig Tieck

(Johann Heinrich Voß. Gedichte im Musenalmanach für 1796)

... Jedermann ist darüber einig, daß der Vossische Almanach, seit seiner Entstehung, einen entschiedenen Wert gehabt hat. Auch im diesjährigen finden Sie viele schätzbare Gedichte vom Herausgeber. Sie sind aus allen verschiedenartigen Manieren des Verfassers, und fast in allen erkennt man den geübten Dichter, welcher Sprache und Versbau vollkommen in seiner Gewalt hat. Das Gedicht von Voß, welches die Sammlung eröffnet: Der Geist Gottes, ist vorzüglich poetisch und kühn, der Geist des Lesers folgt den Gedanken des Dichters willig und ohne Mühe, und doch erhält die Seele dadurch einen hohen Schwung. Was gemeinen Versmachern viele Anstrengung und Spannung kostet, um den Leser in einen poetischen Rausch zu versetzen, dazu braucht ein Dichter wie Voß nur einige Striche, einen Gedanken, der gleichsam nur vorüberflattert und doch gewaltig die Seele des Hörenden ergreift.

Nur, erlauben Sie mir hier eine Bemerkung, die ich lieber gleich vorausschicken will, damit Sie sich schon früh an meine Klagen gewöhnen. Ist es Ihnen nicht auch aufgefallen, daß jetzt unter unsern deutschen Dichtern ein Lustrum entsteht, in welchem fast alle Ideen mehr oder minder allegorisch vorgetragen werden? Man schreibt entweder Verse über abstrakte Gegenstände, und dann treten Menschheit, Aufklärung, Veränderlichkeit usw. personifiziert auf; oder man sucht einem ganzen Gedichte eine allegorische, dunkle Beziehung beizumischen. Im ersten Falle grenzen die poetischen Produkte leicht an jene steifen, pedantisch ausgemessenen und symmetrisch gestellten Gedichte, die vor und zu Gottscheds Zeiten Mode waren. Im zweiten Falle aber wird der Dichter leicht schwer und unverständlich; er trachtet mehr darnach, eine Verwandtschaft unter Bildern und ihren gegenseitigen Beziehungen zu entdecken; als eine eigentlich poetische Darstellung hervorzubringen; und da es dem Witze und der Phantasie schwerfällt, Ähnlichkeiten zu entdecken, so verführt dies den Dichter sehr leicht, nach Analogien zu jagen und aus seinen Versen eine geheime Rätselschrift zu bilden. Er gerät in Gefahr, den Namen eines Dichters zu verlieren, indem er das Gebiet der Dichtkunst erweitern und eine subtile Philosophie in ihre Grenzen ziehen will. Dieser Vorwurf trifft nach meiner Meinung mehrere von den neueren Schillerschen Gedichten, so wie die genannte Vossische Ode gleichfalls einige zu abstrakte Sätze enthält, noch mehr aber eine andere: Die erneute Menschheit. Vorzüglich schön ist der Chorgesang an der Quelle und die Aufmunterung. Der Gesang der Leibeigenen am Erntefeste hingegen scheint mir etwas matt. In den Gedichten, die sich nicht zu dem Schwunge der Ode erheben, erkennt man mit Wohlgefallen den Dichter der Natur und der Grazien, dem kein Zug mißlingt, keiner ohne Bedeutung aus der Feder fließt. Das Ohr freut sich, wenn es, nach so manchem rauhen und widrigen Ton neuerer Dichter, auf diese leichten und musikalischen Gedichte trifft ...

Johann Wolfgang von Goethe

Königsberg: Lyrische Gedichte von Johann Heinrich Voß. 1802

Indem wir die Verzeichnisse sämtlicher Gedichte, wie solche den Bänden regelmäßig vorgedruckt sind, am Eingange betrachten, so finden wir die Oden und Elegien des ersten Bandes, imgleichen die Oden und Lieder der drei folgenden, nicht weniger die übrigen kleineren Gedichte unter sich durchaus nach der Jahrzahl geordnet.

Eine Zusammenstellung der Art, die schon mehreren Dichtern gefiel, deutet, besonders bei dem unsrigen, auf ruhige, gleichförmige, stufenweis erfolgte Bildung und gibt uns ein Vorgefühl, daß wir in dieser Sammlung, mehr vielleicht als in irgendeiner andern, das Leben, das Wesen, den Gang des Dichters abgebildet empfangen werden.

Jeder Schriftsteller schildert sich einigermaßen in seinen Werken, auch wider Willen, selbst; der gegenwärtige bringt uns vorsätzlich Inneres und Äußeres, Denkweise, Gemütsbewegungen mit freundlichem Wohlwollen dar und verschmäht nicht, uns durch beigefügte Noten über Zustände, Gesinnungen, Absichten und Ausdrücke vertraulich aufzuklären.

Und nun, auf eine so freundliche Weise eingeladen, treten wir ihm näher, suchen ihn bei sich selbst auf, schließen uns an ihn und versprechen uns im voraus reichen Genuß und mannigfaltige Belehrung und Bildung.

In ebener, nördlicher Landschaft finden wir ihn, sich seines Daseins freuend, unter einem Himmelsstrich, wo die Alten kaum noch Lebendes vermuteten.

Und freilich übt denn auch daselbst der Winter seine ganze Herrschaft aus. Vom Pole herstürmend bedeckt er die Wälder mit Reif, die Flüsse mit Eis; ein stöbernder Wirbel treibt um den hohen Giebel, indes sich der Dichter, wohlverwahrt, häuslicher Wöhnlichkeit freut und wohlgemut solchen Gewalten Trotz bietet. Bepelzte, bereifte Freunde kommen an, die, herzlich empfangen, unter sicherem Obdach, in liebevollem, vertraulich-gesprächigem Kreis das häusliche Mahl durch den Klang der Gläser, durch Gesang beleben und sich einen geistigen Sommer zu verschaffen wissen.

Dann finden wir ihn auch persönlich den Unbilden des Winterhimmels trotzend. Wenn die Achse, mit Brennholz befrachtet, knarrt, wenn selbst die Fußtritte des Wanderers tönen, sehen wir ihn bald rasch durch den Schnee nach fernen Freundeswohnungen hintraben, bald, zu großem Schlittenzuge gesellt, durch die weiten Ebenen hinklingeln, da denn zuletzt eine trauliche Herberge die Halberstarrten aufnimmt, eine lebhafte Flamme des Kamins die eindringenden Gäste begrüßt, Tanz, Chorgesang und mancher erwärmende Genuß der Jugend sowohl als dem Alter genugtut.

Schmilzt aber von einer zurückkehrenden Sonne der Schnee, befreit sich ein erwärmter Boden nur einigermaßen von dieser lästigen Decke, so eilt mit den Seinen der Dichter alsbald ins Freie, sich an dem ersten Lebenshauche des Jahres zu erquicken und die zuerst erscheinenden Blumen aufzusuchen. Vielfarbiger Güldenklee wird gepflückt, zu Sträußern gebunden und im Triumph nach Hause gebracht, wo diese Vorboten künftigen Genusses ein hoffnungsvolles Familienfest zu krönen gewidmet sind.

Tritt sodann der Frühling selbst herein, so ist von Dach und Fach gar die Rede nicht mehr; immer findet man den Dichter draußen, auf sanften Pfaden, um seinen See herstreichen. Jeder Busch entwickelt sich im einzelnen, jede Blütenart bricht einzeln in seiner Gegenwart hervor. Wie auf einem ausführlichen Gemälde erblickt man im Sonnenschein um ihn her Gras und Kraut so gut als Eichen und Buchen, und an dem Ufer des stillen Wassers fehlte weder das Rohr noch irgendeine schwellende Pflanze.

Hier begleitet ihn nicht jene verwandelnde Phantasie, durch deren ungeduldiges Bilden sich der Fels zu göttlichen Mädchen ausgestaltet, der Baum seine Äste zurückzieht und mit jugendlichen, weichen Armen den Jäger zu locken scheint. Einsam vielmehr geht der gemütvolle Dichter als ein Priester der Natur umher, berührt jede Pflanze, jede Staude mit leiser Hand und weiht sie zu Gliedern einer liebevoll übereinstimmenden Familie.

Um ihn, als einen Paradiesbewohner, spielen harmlose Geschöpfe, das Lamm auf der Wiese, das Reh im Walde. Zugleich versammelt sich das ganze Chor von Vögeln und übertönt das Leben des Tags mit vielfachen Akzenten.

Dann am Abend, gegen die Nacht hin, wenn der Mond in ruhiger Pracht am Himmel heraufsteigt und sein bewegliches Bild auf der leise wogenden Wasserfläche einem jeden schlängelnd entgegenschickt, wenn der Kahn sanft dahinwallt, das Ruder im Takte rauscht und jede Bewegung den Funken eines Widerscheins hervorruft, von dem Ufer die Nachtigall ihre himmlischen Töne verbreitet und jedes Herz zum Gefühle aufruft: dann zeigt sich Neigung und Leidenschaft in glücklicher Zartheit, von den ersten Anklängen einer vom höchsten Wesen selbst vorgeordneten Sympathie bis zu jener stillen, anmutigen schüchternen Lüsternheit, wie sie aus den engeren Umgebungen des bürgerlichen Lebens hervorsprießt. Ein wallender Busen, ein feuriger Blick, ein Händedruck, ein geraubter Kuß beleben das Lied. Doch ist es immer der Bräutigam, der sich erkühnt, immer die Braut, welche nachgibt, und so beugt selbst alles Gewagte sich unter ein gesetzliches Maß; dagegen erlaubt er sich manches innerhalb dieser Grenze. Frauen und Mädchen wetteifern keck und ohne Scheu über ihre nun einmal anerkannten Zustände, und eine beängstete Braut wird unter lebhaften Zudringlichkeiten mutwilliger Gäste zu Bette gebracht.

Sogleich aber führt er uns wieder unter freien Himmel ins Grüne, zur Laube, zum Gebüsch, und da ist er auf die heiterste, herzlichste und zarteste Weise zu Hause.

Der Sommer hat sich wieder eingefunden. Eine heilsame Schwüle weht durch das Lied, Donner rollen, Wolken träufeln, Regenbogen erscheinen, Blitze leuchten abwärts, und ein kühler Segen wallt über die Flur. Alles reift; keine der verschiedenen Ernten versäumt der Dichter, alle feiert er durch seine Gegenwart.

Und hier ist wohl der Ort, zu bemerken, welchen Einfluß auf Bildung der untern deutschen Volksklasse unser Dichter haben könnte, vielleicht in einigen Gegenden schon hat.

Seine Gedichte, bei Gelegenheit ländlicher Vorfälle, stellen zwar mehr die Reflexionen eines Dritten als das Gefühl der Gemeine selbst dar; bear wenn wir uns denken mögen, daß ein Harfner sich bei der Heu-, Korn- und Kartoffelernte finden wollte, wenn wir uns vorstellen, daß er die Menschen, die sich um ihn versammeln, aufmerksam auf dasjenige macht, was ihnen als etwas Alltägliches widerfährt, wenn er das Gemeine, indem er es betrachtet, dichterisch ausspricht, erhöht, jeden Genuß der Gaben Gottes und der Natur mit würdiger Darstellung schärft, so darf man sagen, daß er seiner Nation eine große Wohltat erzeige. Denn der erste Grad einer wahren Aufklärung ist, wenn der Mensch über seinen Zustand nachzudenken und ihn dabei wünschenswert zu finden gewöhnt wird. Man singe das Kartoffellied wirklich auf dem Acker, wo die völlig wundergleiche, den Naturforscher selbst zu hohen Betrachtungen leitende Vermehrung nach langem, stillem Weben und Wirken vegetabilischer Kräfte zum Vorschein kommt und ein ganz unbegreiflicher Segen aus der Erde quillt, so wird man erst das Verdienst dieser und anderer ähnlichen Gedichte fühlen, worin der Dichter den rohen, leichtsinnigen, zerstreuten, alles für bekannt annehmenden Menschen auf die ihn alltäglich umgebenden, alles ernährenden hohen Wunder aufmerksam zu machen unternimmt.

Kaum aber ist alles dieses Gute in des Menschen Gewahrsam gebracht, so schleicht auch der Herbst schon wieder heran, und unser Dichter nimmt rührenden Abschied von einer, wenigstens in der äußeren Erscheinung, hinfälligen

Natur. Doch seine geliebte Vegetation überläßt er nicht ganz dem unfreundlichen Winter. Der zierliche Topf nimmt manchen Strauch, manche Zwiebel auf, um in winterhafter Häuslichkeit den Sommer zu heucheln und auch in dieser Jahreszeit kein Fest ohne Blumen und Kränze zu lassen. Selbst ist gesorgt, daß es dem zur Familie gehörenden Vogel nicht an grünem, frischem Dache seiner Käfichtlaube fehle.

Nun ist es die schönste Zeit für kurze Spaziergänge, für trauliches Gespräch an schaurigen Abenden. Jede häusliche Empfindung wird rege, freundschaftliche Sehnsucht vermehrt sich, das Bedürfnis der Musik läßt sich lebhafter fühlen, und nun mag sich der Kranke selbst gern an den traulichen Zirkel anschmiegen, und ein verscheidender Freund kleidet sich in die Farbe der scheidenden Jahreszeit.

Denn so gewiß nach überstandenem Winter ein Frühling zurückkehrt, so gewiß werden sich Freunde, Gatten, Verwandte in allen Graden wiedersehen; sie werden sich in der Gegenwart eines allliebenden Vaters wiederfinden und alsdann erst unter sich und mit allem Guten ein Ganzes bilden, wonach sie in dem Stückwerk der Welt nur vergebens hinstrebten. Ebenso ruht auch schon hier des Dichters Glückseligkeit auf der Überzeugung, daß alles der Vorsorge eines weisen Gottes sich zu erfreuen habe, der mit seiner Kraft jeden erreicht und sein Licht über alle leuchten läßt. So bewirkt auch die Anbetung dieses Wesens im Dichter die höchste Klarheit und Vernünftigkeit und zugleich eine Versicherung, daß jene Gedanken, jene Worte, mit denen er unendliche Eigenschaften faßt und bezeichnet, nicht leere Träume noch Klänge sind, und daraus entspringt ein Wonnegefühl eigener und allgemeiner Seligkeit, in welcher alles Widerstrebende, Besondere, Abweichende aufgelöst und verschlungen wird.

Wir haben bisher die sanfte, ruhige, gefaßte Natur unseres Dichters mit sich selbst, mit Gott, mit der Welt in Frieden gesehen. Sollte dann aber nicht eben jene Selbstverständlichkeit, aus der sich ein so heiteres Leben nach den inneren Kreisen verbreitet, öfter von außen bestürmt, verletzt und zu leidenschaftlicher Bewegung aufgeregt werden? Auch die Frage läßt sich vollständig aus den vorliegenden Gedichten beantworten.

Die Überzeugung, durch eigentümliche Kraft, durch festen Willen aus beengenenden Umständen sich hervorgehoben, sich aus sich selbst ausgebildet zu haben, sein Verdienst sich selbst schuldig zu sein, solche Vorteile nur durch ein ungefesseltes Emporstreben des Geistes erhalten und vermehren zu können, erhöht das natürliche Unabhängigkeitsgefühl, das, durch Absonderung von der Welt immer mehr gesteigert, in den unausweichlichen Lebensverhältnissen manchen Druck, manche Unbequemlichkeit erfahren muß.

Wenn daher der Dichter zu bemerken hat, daß so manche Glieder der höheren Stände ihre angebornen großen Vorrechte und unschätzbaren Bequemlichkeiten vernachlässigen und hingegen Ungeschick, Roheit, Mangel an Bildung bei ihnen obwaltet, so kann er einen solchen Leichtsinn nicht verzeihen. Und wenn sie noch überdies mit anmaßendem Dünkel dem Verdienst begegnen, entfernt er sich mit Unwillen, verbannt sich launicht von heiteren Gastmählern und Trinkzirkeln, wo offene Menschlichkeit von Herzen ins Herz strömen und gesellige Freude das liebenswürdigste Band knüpfen soll.

Mit heiligem, feierlichem Ernst zeigt er das wahre Verdienst dem falschen gegenüber, straft ausschließlich Dünkel bald mit Spott, bald sucht er den Irrungen mit Liebe entgegenzuwirken.

Wo aber angeborne Vorteile durch eigenes Verdienst erhöht werden, da tritt er mit aufrichtiger Achtung hinzu und erwirbt sich die schätzenswertesten Freunde.

Ferner nimmt er einigen vorübergehenden Anteil an jenem dichterischen Freiheitssinn, der in Deutschland im Genuß zehnjährigen Friedens durch poetische Darstellungen geweckt und unterhalten wurde. Mancher wohlgesinnte Jüngling, der das Gefühl akademischer Unabhängigkeit ins Leben und in die Kunst hinübertrug, mußte in der Verknüpfung bürgerlicher Administration so manches Drückende und Unregelmäßige finden, daß er, wo nicht im besonderen, doch im allgemeinen, auf Herstellung von Recht und Freiheit zu sinnen für Pflicht hielt. Kein Feind drohte dem Vaterlande von außen, aber man glaubte sie zu Hause, auf dieser und jener Gerichtsstelle, auf Rittersitzen, in Kabinetten, an Höfen zu finden; und da nun gar Klopstock durch Einführung des Bardenchors in den heiligen Eichenhain der deutschen Phantasie zu einer Art von Boden verhalf, da er die Römer wiederholt mit Hilfe des Gesanges geschlagen hatte, so war es natürlich, daß unter der Jugend sich berufene und unberufene Barden fanden, die ihr Wesen und Unwesen eine Zeitlang vor sich hintrieben, und man wird unserm Dichter, dessen reines Vaterlandsgefühl sich später auf so manche edle Weise wirksam zeigte, nicht verargen, wenn er auch an seinem Teil, um die Sklavenfessel der Wirklichkeit zu zersprengen, den Rhein gelegentlich mit Tyrannenblut färbt.

Auch ist in der Folge die Annäherung zum französischen Freiheitskreise nicht heftig noch von langer Dauer; bald wird unser Dichter durch die Resultate des unglücklichen Versuchs abgestoßen und kehrt ohne Harm in den Schoß sittlicher und bürgerlicher Freiheit zurück.

Innerhalb des Kunstkreises läßt er denn auch manchmal seinen Unmut sehen; besonders äußert er sich kräftig, ja, man kann sagen, hart gegen jene vielfachen unsicheren Versuche, durch die das deutsche Dichterwesen eine Zeitlang in Verwirrung geriet. Hier scheint er nicht genugsam zu sondern, alles mit gleicher Verdammnis zu strafen, da doch selbst aus diesem chaotischen Treiben manches Schätzenswerte hervorging. Doch sind Gedichte und Stellen dieser Art wenige, gleichnisweise gefaßt und ohne Schlüssel kaum verständlich; deswegen man des Dichters sonstige billige Denkweise auch hier unterlegen darf.

Daß überhaupt eine so zarte, in sich gekehrte, von der Welt weggewandte Natur auf ihrem Lebenwege nicht durchaus gefördert, erleichtert und in heiterer Tätigkeit gekräftigt worden, läßt sich wohl vermuten. Doch wer kann sagen, daß ihm ein solches Los gefallen sei! Und so finden wir schon in manchen früheren Gedichten ein gewisses zartes Unbehagen, das durch den Jubel des Rundgesanges wie durch die heitere Feier der Freundschaft und Liebe unvermutet hindurchblickt und manches herrliche Gedicht stellenweise einer allgemeineren Teilnahme entzieht. Nicht weniger bemerken wir spätere Gesänge, in denen gehindertes Streben, verkümmertes Wachstum, gestörtes Erscheinen nach außen, Kränkungen mancher Art mit leisen Lauten bedauert und verlorene Lebensepochen beklagt werden. Dann aber tritt er mit Macht und Gewalt auf, kämpft hartnäckig, wie um sein eigenes Dasein, dann läßt er es an Heftigkeit der Worte, am Gewicht der Invektiven nicht fehlen, wenn die erworbene heitere Geistesfreiheit, dieser aus dem Frieden mit sich selbst hervorleuchtende ruhige Blick über das Weltall, über die sittliche Ordnung desselben, wenn die kindliche Neigung gegen den, der alles leitet und regiert, einigermaßen getrübt, gehindert, gestört werden könnte. Will man dem Dichter dieses Gefühl allgemein heiligen Behagens rauben, will man irgendeine besondere Lehre, eine ausschließende Meinung, einen beengenden Grundsatz aufstellen, dann bewegt sich sein Geist in Leidenschaft, dann steht der friedliche Mann auf, greift zum Gewehr und schreitet gewaltig gegen die ihn so fürchterlich bedrohenden Irrsale, gegen Schnellglauben und Aberglauben, gegen alle den Tiefen der Natur und des menschlichen Geistes entsteigenden Wahnbilder, gegen Vernunft verfinsternde, den Verstand beschränkende Satzungen, Macht- und Bannsprüche, gegen Verketzerer, Baalspriester, Hierarchen, Pfaffengezücht und gegen ihren Urahn, den leibhaftigen Teufel.

Sollte man denn aber solche Empfindungen einem Manne verargen, der ganz von der freudigen Überzeugung durchdrungen ist, daß der jenem heiteren Lichte, das sich seit einigen Jahrhunderten, nicht ohne die größten Aufopferungen der Beförderer und Bekenner, im Norden verbreitete, mit vielen anderen das eigentliche Glück seines Daseins schuldig sei? Sollte man zu jener scheinbar gerechten, aber parteisüchtig grundfalschen Maxime stimmen, welche, dreist genug, fordert, wahre Toleranz müsse auch gegen Intoleranz tolerant sein? Keineswegs! Intoleranz ist immer handelnd und wirkend, ihr kann auch nur durch intolerantes Handeln und Wirken gesteuert werden. Ja, wir begreifen um so mehr die leidenschaftlichen Besorgnisse des Dichters, da ihm noch von einer andern Seite jene düsteren Übermächte drohen. Sie drohen, ihm einen Freund zu rauben, einen Freund in dem wichtigsten Sinne des Wortes. Wenn unser Dichter, wie wir gesehen, so liebevoll an allem hangen kann, was nicht einmal seine Neigung zu erwidern vermag, wie muß er sich erst ans Teilnehmende, an Menschen, an seinesgleichen, an vorzügliche Naturen anschließen und sie zu seinen kostbarsten Gütern zählen!

Gebildete, nach Bildung strebende Männer sucht frühe sein Geist, sein Gefühl auf. Schon schweben Hagedorn und Kleist, die erst verschiedenen, gleichsam seliggesprochenen deutschen Dichtergestalten in die ätherischen Wohnungen voraus; auf sie ist der Blick jüngerer Nachkömmlinge gerichtet, ihre Namen werden in frommen Hymnen gefeiert. Nicht weniger sieht man die lebendig vorstehenden, vorantretenden gebildeten Meister und Kenner, Klopstock, Lessing, Gleim, Gerstenberg, Bodmer, Ramler, von den neu aufsprießenden, im Hochgefühl eigenen Vermögens, mit kraftvoller Selbstschätzung und würdiger Demut verehrt. Schon erscheinen die Namen Stolberg, Bürger, Boie, Miller, Hölty in freundschaftlicher Anerkennung des Ruhmes wert, den ihnen das Vaterland bald bestätigen sollte.

In diesem Chor von Freunden, von Verehrten setzt der Dichter ohne bedeutenden Verlust lange sein Leben fort; ja, es gelingt ihm, die Fäden akademischer Frühzeit durch Freundschaft, Liebe, Verwandtschaft, eheliche Verbindung, durch fortgesetzte Teilnahme, durch Reisen, Besuch und Briefwechsel in seinen übrigen Lebensgang zu verweben.

Wie muß es daher den liebenswürdig Verwöhnten schmerzen, wenn nicht der Tod, sondern abweichende Meinung, Rückschritt in jenes alte, von unseren Vätern mit Kraft bekämpft, seelenbedrückende Wesen ihm einen der geliebten Freunde auf ewig zu entreißen droht! Hier kennt er kein Maß des Unmuts; der Schmerz ist grenzenlos, den er bei so trauriger Zerstückelung seiner schönen Umgebungen empfindet. Ja, und er würde sich aus Kummer und Gram nicht zu retten wissen, verlieh ihm die Muse nicht auch zu diesem Falle die unschätzbare Gabe, jenes bedrängende Gefühl am Busen eines teilnehmenden Freundes harmonisch gewaltig auszustürmen.

Wenden wir uns nun von dem, was unser Dichter als allgemeines und besonderes Gefühl ausspricht, wieder zurück zu seinem darstellenden Talent, so drängen sich uns mancherlei Betrachtungen auf.

Eine vorzüglich der Natur und, man kann sagen, der Wirklichkeit gewidmete Dichtungsweise nimmt schon da ihren Anfang, wo der übrigens unpoetische Mensch dem, was er besitzt, dem, was ihn unmittelbar umgibt, einen besonderen Wert aufzuprägen geneigt ist. Diese liebenswürdige Äußerung der Selbstigkeit, wenn uns die Erzeugnisse des eignen Grundes und Bodens am besten schmecken, wenn wir glauben, durch Früchte, die in unserem Garten reiften, auch Freunden das schmackhafteste Mahl zu bereiten, diese Überzeugung ist schon eine Art von Poesie, welche der künstlerische Genius in sich nur weiter ausbildet und seinem Besitz nicht nur durch Vorliebe einen besondern, vielmehr durch sein Talent einen allgemeinen Wert, eine unverkennbare Würde verleiht und sein Eigentum dergestalt den Zeitgenossen, der Welt und Nachwelt zu überliefern und anzueignen versteht.

Diese gleichsam zauberische Wirkung bringt eine tieffühlende, energische Natur durch treues Anschauen, liebevolles Beharren, durch Absonderung der Zustände, durch Behandlung eines jeden Zustandes in sich als eines Ganzen schaffend hervor und befriedigt dadurch die unerläßlichen Grundforderungen an inneren Gehalt; aber damit ist noch nicht alles geschehen; auch äußerer Mittel bedarf es, um aus jenem Stoff einen würdigen Körper zu bilden. Diese sind Sprache und Rhythmus! Und auch hier ist es, wo unser Dichter seine Meisterschaft aufs höchste bewährt.

Zu einem liebevollen Studium der Sprache scheint der Niederdeutsche den eigentlichsten Anlaß zu finden. Von allem, was undeutsch ist, abgesondert, hört er nur um sich her ein sanftes, behagliches Urdeutsch, und seine Nachbarn reden ähnliche Sprachen. Ja, wenn er ans Meer tritt, wenn Schiffer des Auslandes ankommen, tönen ihm die Grundsilben seiner Mundart entgegen, und so empfängt er manches Eigene, das er selbst schon aufgegeben, von fremden Lippen zurück und gewöhnt sich deshalb mehr als der Oberdeutsche, der an Völkerstämme ganz verschiedenen Ursprungs angrenzt, im Leben selbst auf die Abstammung der Worte zu merken.

Diesen ersten Teil der Sprachkunde läßt sich unser Dichter gewissenhaft angelegen sein. Die Ableitung führt ihn auf das Bedeutende des Wortes, und so stellt er manches gehaltvolle wieder her, setzt ein mißbrauchtes in den vorigen Stand, und wenn er dabei mit stiller Vorsicht und Genauigkeit verfährt, so fehlt es ihm nicht an Kühnheit, sich eines harten, sonst vermiedenen Ausdrucks an rechter Stelle zu bedienen. Durch eine so genaue Schätzung der Worte, durch den bestimmten Gebrauch derselben entsteht eine gefaßte Sprache, die sich, von der Prosa weg, unmerklich in die höheren Regionen erhebt und daselbst poetisch für sich zu schalten vermögend ist. Hier erscheinen die dem Deutschen sich darbietenden Wortfügungen, Zusammensetzungen und Stellungen zu ihrem größten Vorteil, und man kann wohl sagen, daß sich darunter unschätzbare Beispiele finden.

Und nicht bloß diesen ans Licht geförderten Reichtum einer im tiefsten Grunde edlen Sprache bewundern wir, sondern auch, was der Dichter bei seiner hohen Forderung an die Rhythmik durch Befolgung der strengsten Regeln geleistet hat. Ihn befriedigte nicht allein jene Gediegenheit des Ausdrucks, wo jedes Wort richtig gewählt ist, keines einen Nebenbegriff zuläßt, sondern bestimmt und einzig seinen Gegenstand bezeichnet. Er verlangt zur Vollendung Wohllaut der Töne, Wohlbewegung des Periodenbaues, wie sie der gebildete Geist aus seinem Innern entwickelt, um einen Gegenstand, ein Empfundenes völlig entsprechend und zugleich bezaubernd anmutig auszudrücken. Und hier erkennen wir sein unsterbliches Verdienst um die deutsche Rhythmik, die er aus so manchen schwankenden Versuchen einer für den Künstler so erwünschten Gewißheit und Festigkeit entgegenhebt. Aufmerksam horchte derselbe den Klängen des griechischen Altertums, und ihnen fügte sich die deutsche Sprache zu gleichem Wohllaute. So enthüllte sich ihm das Geheimnis der Silbenmaße, so fand er die innigste Vereinigung zwischen Poesie und Musik und ward unter dem Einflusse eines freundschaftlichen Zusammenlebens mit Schulz in den Stand gesetzt, solche Früchte einer gemeinsamen Anstrengung seinem Vaterlande auf praktischem und theoretischem Wege mitzuteilen.

Besonders angenehm ist das Studium jener Gedichte, die sich der Form nach als eine Nachbildung der aus dem Altertum geretteten ankündigen. Belehrend ist es, zu beobachten, wie der Dichter verfährt. Hier zeigt sich nicht etwa nur ein ähnlicher Körper, notdürftig wiederhergestellt; derselbe Geist vielmehr scheint ebendieselbe Gestalt abermals hervorzubringen.

Wie nun der Dichter den Wert einer bestimmten und vollendeten Form lebhaft anerkannt, die er bei seinen letzten Arbeiten völlig in der Gewalt hat, so wendet er ebendiese Forderung auch gegen seine früheren Gedichte und bearbeitet sie musterhaft nach den Gesetzen einer in ihm später gereiften Vollkommenheit. Haben daher Grammatiker und Techniker jene Leistungen besonders zu würdigen, so liegt uns ob, daß wir das übernommene Geschäft, den Dichter aus dem Gedicht, das Gedicht aus dem Dichter zu entwikkeln, mit wenigen Zügen vollenden.

Auch innerhalb des geschlossenen Kreises der diesmal anzuzeigenden vier Bände finden wir ihn, wie er sich zum vorzüglichen Übersetzer jener Werke des Altertums nach und nach ausbildet.

Durch den entschiedenen, oben gepriesenen Sieg der Form über den Stoff, durch manches von äußerer Veranlassung völlig unabhängige Gedicht zeigt uns der Dichter, daß es ihm freistehe, das Wirkliche zu verlassen und ins Mögliche zu gehen, das Nahe wegzuweisen und das Ferne zu ergreifen, das Eigene aufzugeben und das Fremde in sich aufzunehmen. Und wie man zu sagen pflegte, daß neben dem römischen Volke noch ein Volk von Statuen die Stadt verherrliche, so läßt sich von unserem Dichter gleichfalls aussprechen, daß in ihm zu einer echt deutschen wirklichen Umgebung eine echt antike geistige Welt sich geselle.

Ihm war das glückliche Los beschieden, daß er den alten Sprachen und Literaturen seine Jugend widmete, sie zum Geschäft seines Lebens erkor. Nicht zerstückeltes, buchstäbliches Wissen war sein Ziel, sondern er drang bis zum Anschauen, bis zum unmittelbaren Ergreifen der Vergangenheit in ihren wahresten Verhältnissen; er vergegenwärtigte sich das Entfernte und faßte glücklich den kindlichen Sinn, mit welchem die ersten gebildeten Völker sich ihren großen Wohnplatz, die Erde, den übergewölbten Himmel, den verborgenen Tartarus mit beschränkter Phantasie vorgestellt; er ward gewahr, wie sie diese Räume mit Göttern, Halbgöttern und Wundergestalten bevölkerten, wie sie jedem einen Platz zur Wohnung, zur Wanderung den Pfad bezeichneten. Sodann, aufmerksam auf die Fortschritte des menschlichen Geistes, der nicht aufhörte zu beobachten, zu schließen, zu dichten, ließ der Forscher die vollkommene Vorstellung, die wir Neuern von dem Erd- und Weltgebäude sowie von seinen Bewohnern besitzen, aus ihren ersten Keimen sich nach und nach entwickeln und auferbauen. Wie sehr dadurch Fabel und Geschichte gefördert worden, ist niemand mehr verborgen, und sein Verdienst wird sich immer glänzender zeigen, je mehr dieser Methode gemäß nach allen Seiten hin gewirkt und das Gesammelte geordnet und aufgestellt werden kann.

Auf die Weise ward sein großes Recht begründet, sich vorzüglich an den Urbarden anzuschließen, von ihm die Dichterweihe zu empfangen, ihn auf seinen Wanderungen zu begleiten, um gestärkt und gekräftigt unter seine Landsleute zurückzukehren. So, mit festhaltender Eigentümlichkeit, wußte er das Eigentümliche jedes Jahrhunderts, jedes Volkes, jedes Dichters zu schätzen und reichte die älteren Schriften uns mit geübter Meisterhand dergestalt herüber, daß fremde Nationen künftig die deutsche Sprache als Vermittlerin zwischen der alten und neuen Zeit höchlich zu schätzen verbunden sind.

Und so werde zum Schluß das Hochgefühl gelungener unsäglicher Arbeit und die Einladung zum Genusse des Bereiteten mit des Dichters eigenen Worten ausgesprochen:

Mir trug Lyäos, mir der begeisternden
Weinrebe Sprößling, als, dem Verstürmten gleich
Auf ödem Eiland, ich mit Sehnsucht
Wandte den Blick zur Hellenenheimat.

Schamhaft erglühend nahm ich den heiligen
Rebschoß und hegt ihn, nahe dem Nordgestirn,
Abwehrend Luft und Ungeschlachtheit,
Unter dem Glas in erkargter Sonne.

Vom Trieb der Gottheit, siehe! beschleuniget,
Stieg Rankenwaldung, übergewölbt, mich bald
Mit Blüte, bald mit grünem Herling,
Bald mit geröteter Traub umschwebend.

Im süßen Anhauch träumt ich, der Zeit entflohn,
Wettkampf mit altertümlichem Hochgesang.
Wer lauter ist, der koste freundlich,
Ob die Ambrosiafrucht gereift sei.

Adolph Freiherr von Knigge

Die Räuber, ein Schauspiel

Ein erschreckliches Gemälde des bejammernwürdigsten menschlichen Elendes, der tiefsten Verirrung, des schrecklichsten Lasters – Menschen dargestellt, die voll Kraft zu bessern Dingen geboren, hinabgesunken, nicht mehr an Würde der Menschheit zu glauben, durch eine Reihe von Verführungen, ach! und von unglücklichen Schicksalen dahin gestoßen werden, tollkühn und verzweifelnd dem Abgrunde entgegen zu eilen. So erschütternd dies Gemälde ist, Schlag auf Schlag, Abscheulichkeit auf Abscheulichkeit; so wenig es zu wünschen sein mag, daß man sein Herz an den Anblick dieser gräßlichen Szenen gewöhne; so untauglich dies Stück vielleicht zu einer Vorstellung auf dem Theater ist; so wohl (wir müssen es gestehen) ist es gezeichnet, so stark ausgemalt; so lebhaft ist das Kolorit, so äußerst kein gemeiner Kopf. – Aber wer würde das aus der langweiligen schleppenden Vorrede ahnden? Die Charaktere der Räuber sind, unserm Gefühle nach, meisterhaft bearbeitet. Franz hingegen (das wollen wir zur Ehre der Menschheit hoffen) ist ein Geschöpf, wie es deren nie gegeben hat. So ganz von Grunde aus verderbt, vergiftet, ohne daß man weiß woher; in dem Schoße des besten Vaters erzogen, ohne je etwas gelitten, ohne je etwas erfahren zu haben, welches das Feuer einer wilden Leidenschaft anzünden könnte; bloß aus dem einzigen Gefühle, daß er allein Herr sein will, ein so eingefleischter Teufel! – Nein! das ist nicht möglich!

Karl Philipp Moritz

Kabale und Liebe, ein bürgerliches Trauerspiel in fünf Aufzügen, von Friedrich Schiller

In Wahrheit wieder einmal ein Produkt, was unseren Zeiten – Schande macht! Mit welcher Stirn kann ein Mensch doch solchen Unsinn schreiben und drucken lassen, und wie muß es in dessen Kopf und Herz aussehen, der solche Geburten seines Geistes mit Wohlgefallen betrachten kann! – Doch wir wollen nicht deklamieren. Wer 167 Seiten voll ekelhaften Wiederholungen gotteslästerlicher Ausdrücke, wo ein Geck um ein dummes affektiertes Mädchen mit der Vorsicht rechtet, und voll krassen, pöbelhaften Witzes, oder unverständlicher Galimathias, durchlesen kann und mag – der prüfe selbst. So schreiben heißt Geschmack und gesunde Kritik mit Füßen treten; und darin hat denn der Verfasser diesmal sich selbst übertroffen. Aus einigen Szenen hätte was werden können, aber alles was dieser Verfasser angreift, wird unter seinen Händen zum Schaum und Blase.

Christoph Martin Wieland

Dom[1] Karlos. Infant von Spanien, von Friedrich Schiller. Leipzig 1787.

Die bekannten hervorstechenden Talente des Hrn. Schillers, und der frühe Ruhm, den ihm seine von allen Deutschen Schaubühnen so häufig erschallenden dramatischen Stücke erworben haben, lassen billig erwarten, daß Don Karlos (mit dessen erstem Akte uns Thalia schon bekannt gemacht hat, und den Hr. Göschen nun in dieser schönen Ausgabe verbessert und vollständig liefert), bereits in den Händen der meisten unserer Leser sein werde. Den wenigen, bei denen dies der Fall nicht wäre, zeigen wir diesen dramatischen Roman als eine außerordentliche Erscheinung an unserem literarischen Himmel an, welche die Aufmerksamkeit aller Liebhaber der Dichtkunst und Schaubühne verdient, und außer vielem, was in einzelnen Szenen vortrefflich ist, und einem großen Reichtum an Bildern, Gedanken, Sentiments, Charakterzügen, die sich durch Erhabenheit, Energie, Delikatesse, Schönheit des Ausdrucks u. s. w. auszeichnen, vornehmlich auch dadurch interessant wird, weil sie uns von den Fortschritten des Verfassers und von dem, was sich unsere dramatischen Musen in Zukunft von ihm zu versprechen haben, unterrichtet, und uns, so zu sagen, zu Zuschauern eines langen mutvollen Kampfes seines Genius mit seinem Sujet macht, – wo der Sieg vielleicht um so zweifelhafter scheinen mag, je schwerer ihn der Kämpfer sich selbst vorsetzlich gemacht hat, aber schon das bloße Unternehmen und die Stärke und Geschicklichkeit, die er dabei bewiesen hat, alle mögliche Aufmunterung verdient. Ich habe den

1) Hr. Sch. ist schon ehemals erinnert worden, daß man nicht Dom, sondern Don Carlos sagt.

Don Karlos einen dramatischen Roman genannt: denn daß ein Drama von beinahe 32 Bogen vom Verfasser selbst mehr zum Lesen oder Vorlesen als für wirkliche Vorstellung auf der Bühne bestimmt sei, kann wohl keine Frage sein; aber eben darum kann es ihm zu keinem Vorwurf gereichen, daß es mehr eine Reihe miteinander verknüpfter Dialoge, als ein eigentliches, in Plan und Ausführung regelmäßiges Trauerspiel ist. Hr. Sch. wollte nach einem sich selbst ausgedachten Ideal arbeiten; wollte kein Werk weder nach den Mustern der Griechen, noch der Franzosen aufstellen: aber dies beweiset eben so wenig seine Verachtung dieser Muster, als sein Unvermögen ein echtes Kunstwerk (legitimum poema, wie es Horaz nennt) hervorzubringen. Der lebhafteste Wunsch, den uns die Durchlesung des Don Carlos abgedrungen hat, ist: daß der gute Genius der deutschen Schaubühne Hrn. Schiller endlich einmal den Willen eingebe, seine eigenen den Gesetzen des Aristoteles und Horaz zu unterwerfen, und uns mit einem Schauspiel zu beschenken das jede Probe der Kritik aushalte, und worüber ein gewissenhafter Aristarch nicht ein ganzes Buch schreiben müßte, wofern er der Gefahr entgehen wollte, sowohl durch Lob als Tadel alle Augenblicke entweder an der Kunst oder an dem Künstler eine Ungerechtigkeit zu begehen.

Friedrich Leopold Graf zu Stolberg

Gedanken über Herrn Schillers Gedicht »Die Götter Griechenlandes«

Ich habe von Kindheit an die Poesie mit Leidenschaft geliebt, denn lebhaft Empfinden schien mir immer der süßeste Genuß, dessen ein Mensch sich erfreuen kann. Ich hielt früh den Dichter, welcher lebhafte Empfindungen, die denjenigen, welchem er sie mitteilt, veredlen, in andern erweckt, für ein wohltätiges, für ein geflügeltes, heiliges Wesen, wie Platon sagt. Die Begeistrung ist eine Leidenschaft; aber es schien mir, daß sie sich von andern Leidenschaften durch einige sehr erhabne Vorzüge auszeichnete. Die andern verdunkeln unsern Blick; sie erhellt ihn. Im Schwindel der andern Leidenschaften schwinden die wahren Verhältnisse der Dinge vor unsern Augen dahin; sie entdeckt wahre Verhältnisse der Dinge oft sichrer, allzeit schneller, als selbst die Philosophie. Andre Leidenschaften führen uns fast immer, vielleicht ohne Ausnahme immer, auch wenn sie am meisten scheinen, uns von unserem Selbst zu entäußern, auf dieses zu parteiisch geliebte Selbst zurück; die Begeistrung entreißet, entzückt uns aus diesem Selbst, und was kann edler sein, als diese Entäußerung, diese Entzückung?

Der Hörer, oder Leser, des Dichters hat, ohne daß er diese Gedanken entwickelt, vielleicht eine dunkle Empfindung von diesem Zustande, in welchem der Dichter seines Selbst entäußert wird; und da wir immer gern sehen, daß ein anderer sich vergesse, es desto lieber sehen, je weniger wir uns zu vergessen geneigt sind, so rechnet er vielleicht auch dieses Verdienst dem Dichter an, und diese Anrechnung ist wohl eine der Ursachen, daß von jeher die Poesie als etwas sehr Edles, als etwas Heiliges angesehen worden.

Man hat sich immer befugt gehalten, mit dem Philosophen zu rechten, ehe man sich von ihm durch die Labyrinthe seiner Untersuchungen leiten ließ; auf Flügeln des Dichters uns tragen zu lassen, wohin ihn die Begeistrung auch führe, sind wir leicht geneigt.

Aber ist es genug, daß die Begeistrung den Dichter aus seinem Selbst herausreiße? Ist es nicht wichtig, wohin sie ihn führe? Nicht sehr wichtig, wohin der Vogel seinen Flug nehmen werde, der auf seinen Flügeln so viele, die sich ihm anvertrauen, in unbekannte Regionen führen wird?

Blühende Fiktionen sind süße Morgenträume der Seele, aber die Wahrheit ist ihr wahres Leben.

»Auch Träume kommen vom Zeus ja!« sagt Achilleus beim guten Vater Homer, aber er sagt es, weil er in Träumen die Stimme der verborgnen Wahrheit zu hören hofft.

Auch die Poesie kommt von Gott! dürfen wir kühn sagen; aber nur ihr wahrer Gebrauch heiliget sie. Ihre Bestimmung ist Wahrheit zu zeigen. Bald sie da zu erreichen, wo der Philosoph sie nicht fand, bald sie dem Volk unsichtbare Göttin ins Gewand der Fiktion zu hüllen.

Es schwebt mir vor dem Sinn, als habe irgendein Volk die Natur als ein schönes Weib abgebildet, auf dessen Gewand Tiere und Pflanzen gestickt waren.

So webt der Dichter aus Fiktionen der kühnsten Phantasie der Wahrheit lebenatmendes Gewand, nicht um sie zu verhüllen, sondern um sie, die bald unsichtbar, bald blendend ist, andern zu zeigen.

Poesie, welche nicht der Wahrheit gewidmet ist, schimmert ohne zu wärmen. Betörte laufen dem hüpfenden Irrwische nach; er erlischt und läßt sie im Sumpf.

Poesie, welche die Wahrheit anfeindet, mag als Dichtkunst bewundern wer da will; ich habe immer zu groß von der Poesie gedacht, um sie für Tausendkünstelei zu halten, um zu glauben, daß sie nach einer Bewundrung streben könne, zu welcher sich Verachtung und Abscheu gesellen.

Die Künste sind mit Jahrhunderten gestiegen; der erste Aufflug der noch jungen Poesie erhub sich so hoch, als auf ihren Flügeln der Mensch sich erheben kann.

In Psalmen und Hymnen erhub sich der Geist zu seinem Urheber. Dichter waren der Gegenstand der bewundernden Ehrfurcht, ehe man sich einfallen ließ, daß sie etwas anders, als die Gottheit, besingen könnten.

Höher kann uns kein Gedanke erheben als zu ihr. Nichts kann uns mit reinerer Liebe erfüllen, als sie; und als man fand, daß sie nicht der einzige Gegenstand der Poesie wäre, blieb man darin einer Meinung, daß sie ihr würdigster, erhabenster, eigentlichster Gegenstand wäre.

Nationen, welche keinen Urheber der Dinge, keine Vorsehung kannten[1], Nationen, deren Götter Kinder des Himmels und der Erde, Himmel und Erde die Brut der Notwendigkeit und der Materie waren, Nationen, welche unter dem eisernen Zepter eines blinden Schicksals zitterten, mußten, wenn sie bei dieser trostlosen Lehre nicht verzagen wollten, ihre Zuflucht zu blühenden Fiktionen nehmen. Sie erfüllten die Natur mit Göttern, Göttinnen, mit schalkhaften Nymphen und lüsternen Faunen, mit Tritonen, Najaden, Dryaden, Oreaden etc. Ihre Dichter schmückten diese Geburten der Phantasie aus. Auch mit der reichsten Einbildungskraft nicht vermögend, das traurige System ihrer Schicksalslehre zu erheitern, vermochten sie den Leidenschaften des flüchtigen Lebens zu schmeicheln. Das taten sie denn auch.

Jeder Lasterhafte fand einen Gott oder eine Göttin, gegen welche er unschuldig scheinen, oder mit deren Beispiel er wenigstens seine Frevel beschönigen konnte. So entstand ihre Moral, deren Frucht die Wurzel verriet. Jeder Leser der Alten wird bekennen, daß zur Zeit

Da der Dichtkunst malerische Hülle
Sich noch lieblich um die Wahrheit wand,

wie der Eiferer für die Götter Griechenlandes sagt, eben diese Dichtkunst so oft allen Zauber der Phantasie und des Witzes

1) Dieses war bis auf den Anaxagoras, welcher zu Perikles' Zeiten lebte, der Fall der Griechen. Auch glaubte noch an die Ewigkeit der Materie.

aufbot, um die heilige Wahrheit vom Werte der Tugend und von der Schändlichkeit des Lasters mit reizenden Vorstellungen jeder bösen Leidenschaft zu verdrängen.

Der Verteidiger von den Göttern Griechenlandes müßte die Menschen dieser Nation sehr wenig gekannt haben, wenn er folgendes im Ernste glaubte:

> Sanfter war, da Hymen es noch knüpfte,
> Heiliger der Herzen enges Band.

Wer, dessen Herz sich jemals zum Wonnegefühl der Dankbarkeit gegen den Alliebenden erhoben hat, wird sich nicht bei dieser Stelle empören?

> Höher war der Gabe Wert gestiegen,
> Die der Geber freundlich mit genoß,
> Näher war der Schöpfer dem Vergnügen,
> Das im Busen des Geschöpfes floß.
> Nennt der Meinige sich dem Verstande?
> Birgt ihn etwa der Gewölke Zelt?
> Mühsam späh' ich im Ideenlande,
> Fruchtlos in der Sinnenwelt.

Indessen sind diese Zeilen sehr lehrreich. Sie zeigen das traurige Verhältnis, in welchem der Naturalist mit der Gottheit steht. Aber würde ein ernsthafter Naturalist sich auch folgendes Murren erlauben, wenn er in eine Kirche träte?

> – diese traurige Stille,
> Kündigt sie mir einen Schöpfer an?
> Finster, wie er selbst, ist seine Hülle,
> Mein Entsagen – was ihn feiern kann.

Und paßt folgender Vorwurf nicht vielmehr auf das System, welches der Dichter verteidigt, als auf das unsrige, das er anfeindet?

Aber ohne Wiederkehr verloren
Bleibt, was ich auf dieser Welt verließ,
Jede Wonne hab' ich abgeschworen,
Alle Bande, die ich selig pries.

Er nimmt in der letzten Hälfte dieser Strophe eine künstlich verschlungene Wendung, um – wo möglich – den Trost und die Hoffnung eines ewigen sel'gen Lebens als traurig vorzustellen!

Fremde, nieverstandene Entzücken
Schaudern mich aus jenen Welten an,
Und für Freuden, die mich jetzt beglücken,
Tausch' ich neue, die ich missen kann.

Wer vermutet nach diesen Zeilen die folgenden:

Höh're Preise stärkten da den Ringer
Auf der Tugend arbeitvollen Bahn,
Großer Taten herrliche Vollbringer
Klimmten zu den Seligen hinan.

Vermeßner ist diese Klage:

Alle jene Blüten sind gefallen
Von des Nordes winterlichem Wehn;
Einen zu bereichern, unter allen,
Mußte diese Götterwelt vergehn.

Zur Lästrung gesellt sich die Satire – Satire! Himmel und Erde' gegen wen?

Freundlos, ohne Bruder, ohne Gleichen,
Keiner Göttin, keiner Ird'schen Sohn,
Herrscht ein Andrer in des Äthers Reichen,
Auf Saturnus umgestürztem Thron.
Selig, eh sich Wesen um ihn freuten,
Selig im entvölkerten Gefild,

Sieht er in dem langen Strom der Zeiten
Ewig nur – sein eignes Bild.

Ferner:

Da die Götter menschlicher noch waren,
Waren Menschen göttlicher.

Göttlicher, da sie nichts mit Beziehung auf die Gottheit taten? Da allgemeine Menschenliebe nicht gekannt ward?

Man wird vielleicht sagen, daß ein Spiel der Phantasie nicht so strenge geprüft werden dürfe.

Aber Spiele der Phantasie ohne den belebenden Geist einer ernsten Empfindung sind eines Dichters, wie Schiller ist, nicht würdig. Auch ist dieser Geist nur zu sichtbar. Ein Geist aber, welcher gegen Gott lästert, ist kein guter Geist. Ein Geist, welcher die Tugend verächtlich zu machen sucht, ist kein guter Geist. Ich sehe wohl das poetische Verdienst dieses Gedichtes ein, aber der wahren Poesie letzter Zweck ist nicht sie selbst.

Die Philosophen, welche sich rühmten, daß sie das Schwarze weiß und das Weiße schwarz machen könnten, nannten sich Sophisten. Ihr Name ist ein Schimpfwort geworden. Wie sollten wir Dichter nennen, welche, wie Schiller, des göttlichen Feuers teilhaftig wurden und es so anwenden?

Ein solcher Mißbrauch der Poesie betrübt mich ebensosehr, als mich ihr wahrer Gebrauch entzückt. Bis zu Wonnetränen hat mich Schillers Rundgesang »Die Freude« gerührt.

Bei zwei andern lyrischen Gedichten dieses Mannes empfand ich, was ich bei diesem Lobe der Götter Griechenlandes empfinde.

Hat der Dichter zwo Seelen, wie jener junge Meder beim Xenophon zu haben wähnte?

Bläst er aus einem Munde kalt und warm, wie der Wanderer in der Höhle des ehrlichen Fauns?

Ich möchte lieber der Gegenstand des allgemeinen Hohns sein, als nur ein solches Lied gemacht haben, wenn auch ein solches Lied mir den Ruhm des großen und lieben Homers zu geben vermöchte. Wenn ein unmündiges Publikum mich für das Gift, welches ich ihm im Becher der Musen gereicht hätte, vergötterte, so würde ich mir selber ein mutwilliger Knabe scheinen, welcher seinen Pfeil gegen die Sonne losschnellt, weil sie sich von ihm nicht greifen läßt.

Hier ist die letzte 25. Strophe:

Dessen Strahlen mich darnieder schlagen,
Werk und Schöpfer des Verstandes! Dir
Nachzuringen, gib mir Flügel, Waagen
Dich zu wägen – oder nimm von mir,
Nimm die ernste, strenge Göttin wieder,
Die den Spiegel blendend vor mir hält;
Ihre sanftre Schwester sende nieder,
Spare jener für die andre Welt.

Diese Strophe erinnert an jene Zeile von Blumauer, welche, als besonders freimütig, so übermäßig gepriesen worden:

Nimm mir den Glauben oder den Verstand!

Es tut mir wehe, einen Mann zu sehen, dem sich nur diese schreckliche Alternation zeigt, aber die Äußerung dieses Gedankens kann ich in unserem Jahrzehent so wenig freimütig finden, als die Ausfälle, welche einige Wienerschen Dichter itzt gegen den Papst tun.

Wenn ich auch Schillers Rundgesang auf die Freude nie gelesen hätte, so würde ich doch gewiß sein, daß ein Mann von seiner glühenden Empfindung Momente müsse gehabt haben, sel'ge Momente, in welchen seine Seele dahinschmolz bei der Empfindung des Allgegenwärtigen, Alliebenden.

Die Vorstellungen, welche unsre Religion uns von dem Gott macht, der sich Vater nennt; der seine Liebe zu uns mit der Liebe einer Mutter vergleicht, und mehr als Mutterliebe verheißt; vom Sohne Gottes, welcher unser Bruder wird, sichtbar und brüderlich unter Menschen wandelt, das Wesen der Gottheit, welche sich schon einem Volke seit einigen tausend Jahren offenbart hatte, noch viel mehr enthüllet, für die Menschen lebt und für die Menschen stirbt, uns eine Sittenlehre schenkt, gegen welche alle Sittenlehren nichts sind, weil die Seinige viel heiliger ist, viel menschlicher, und allein sich auf Liebe zu Gott und den Menschen gründet; die Lehre der Unsterblichkeit ans Licht bringt, sie durch seine Auferstehung, welche uns den Zweck seines Lebens und Todes entsiegelt, bestätigt; diese Vorstellungen, sage ich, welche alle die innigsten und erhabensten Beziehungen auf unsre Vervollkommnung und auf unsre Glückseligkeit haben, müßten ihm, auch wenn er das Unglück hätte, nicht daran zu glauben, doch wohl edler und wohltätiger scheinen, als die Spiele der griechischen Phantasie, deren Götterlehre die gröbste Abgötterei mit dem traurigsten Atheismus verband.

Denn Götter, welche nicht Urheber der Dinge, nicht ewig, Götter, welche Sklaven des blinden Schicksals waren und niedriger Leidenschaften, hießen nur durch einen Mißbrauch des Namens Götter.

Jenes Unding, was die Alten Schicksal nannten, trat an die Stelle des Gottes, den wir Vater nennen.

Dieser Kindschaft entsagen zu wollen, um, wenn das möglich wäre, wieder zu glauben, daß Bacchus mit frechen Mänaden schwärmen, und Venus mit Gnade auf den Dienst ihrer unzüchtigen Priesterinnen herabschaue, ist der abenteuerlichste Wunsch, dem sich ein Mensch überlassen kann, ein Wunsch, dessen Äußerung sich nicht vom Begriffe der Lästerung trennen läßt. Die Entschuldigung des Scherzes findet in Absicht auf das Heilige nicht statt, am wenigsten eines solchen Scherzes, welcher nicht etwa bunte Seifenblasen in die Luft bläst, sondern Maulwurfshaufen mit blinder Wut aufwirft, gleich jenen göttlichen Kindern der Erde, welche den Ossa auf den Olymp, auf den Ossa den Pelion türmten, um den Himmel zu stürmen.

Johann Wolfgang von Goethe

Die Piccolomini. Wallensteins erster Teil. Ein Schauspiel in fünf Aufzügen von Schiller. Aufgeführt zum ersten Mal, Weimar am 30. Januar 1799, als am Geburtstage der regierenden Herzogin.

Wenn man diesen Tag, der von allen Weimaranern mit freudiger Verehrung begangen wird, auch von Seiten des Theaters durch eine würdige Vorstellung zu feiern wünscht, so war es diesmal ein glücklicher Umstand, daß der Verfasser die Vollendung des genannten Stückes in den letzten Monaten des vergangenen Jahres beschleunigen und eine Vorstellung desselben möglich machen konnte.

Wir legen dem Publiko zuerst den Plan des Stückes vor, um künftighin, wenn das ganze vollendet sein wird, auf die verschiednen Teile desselben zurückzukehren und die Absichten des Verfassers bei der Organisation desselben zu entwickeln.

Wenn der Dichter in dem Prolog, unsere Aufmerksamkeit zu erregen, sagen läßt:

> Von der Parteien Gunst und Haß verwirrt
> Schwankt sein Charakterbild in der Geschichte.
> Doch euren Augen soll ihn jetzt die Kunst,
> Auch eurem Herzen, menschlich näher bringen.

so gibt er uns dadurch einen Wink, daß wir bei näherer Betrachtung des Stücks hauptsächlich dahin zu sehen haben, von welcher Seite eigentlich er seinen Helden nehme und ihn darstelle. Ja auch ohne eine solche Erinnerung würde dieses, bei einem historischen Stücke, die Pflicht eines ästhetischen Beobachters sein. Denn wenn es eine große Schwierigkeit ist, eine historische Figur in eine poetische zu verwandeln, so verdienen die Mittel, deren sich der Dichter hierzu bedient, vorzüglich unsere Aufmerksamkeit...

Wallensteins Betragen gründet sich auf einen sonderbaren Charakter. Von Natur gewalttätig, unbiegsam und stolz, ist ihm Abhängigkeit unerträglich. Er will des Kaisers General sein, aber auf seine eigene Art und Weise. In seinen wirklichen Schritten ist noch nichts kriminelles, indessen fehlt es nicht an starken Versuchungen. Der Glaube an eine wunderbare glückliche Konstellation, der Blick auf die großen Mittel, die er in Händen hat, und auf die günstigen Zeitumstände, verbunden mit den Aufforderungen, die von außen an ihn ergehen, wecken allerdings ausschweifende Gedanken in ihm, mit denen seine Phantasie sich nicht ungern trägt; doch spielt er mehr mit diesen Hoffnungen, insofern ihm die Möglichkeit schmeichelt, als daß er seine Schritte fest zu einem Ziel hinlenkte.

Aber ob er gleich nicht direkt, nicht entscheidend zum Zwecke handelt, so sorgt er doch, die Ausführung immer möglich und sich die Freiheit zu erhalten, Gebrauch von den bereiteten Mitteln zu machen. Er sondiert den Feind, hört seine Vorschläge an, sucht ihm Vertrauen einzuflößen, attachiert sich die Armee durch alle Mittel und verschafft sich leidenschaftliche Anhänger bei derselben. Kurz, er vernachlässigt nichts, um einen möglichen Abfall vom Kaiser und eine Verführung des Heers von ferne vorzubereiten, wäre es auch nur um seiner Sicherheit willen, um an der Armee eine Stütze gegen den Hof zu haben, wenn er derselben bedürfen sollte.

Die natürliche Folge dieses Betragens ist, daß seine Gesinnungen immer zweideutiger erscheinen und der Verdacht gegen ihn immer neue Nahrung erhält. Denn eben weil er sich noch keiner bestimmt kriminellen Absicht bewußt ist, so hält er sich in seinen Äußerungen nicht vorsichtig genug, er folgt seiner Leidenschaft und geht sehr weit in seinen Reden. Noch weiter als er selbst gehen seine Anhänger, die seinen Entschluß für entschiedner halten, als er ist. Von der andern Seite wächst der Argwohn. Man glaubt am Hofe das schlimmste, man hält es für ausgemacht, daß er auf eine Konjunktion mit dem Feinde denke, und ob es gleich an juridischen Beweisen fehlt, so hat man doch alle moralische dafür. Seine Handlungen, seine geäußerten Gesinnungen erregen Verdacht, und der Verdacht steigert seine Gesinnungen und Handlungen...

In der nämlichen Nacht, wo das Bankett gehalten wird und Octavio Piccolomini seinem Sohn die Augen öffnet, beobachtet Wallenstein mit seinem Astrologen die Sterne und überzeugt sich von der glücklichen Konstellation. Indem er noch mit diesen Gedanken beschäftigt ist, wird ihm die Nachricht gebracht, daß Sesina aufgefangen und mit allen Papieren in den Händen seiner Feinde sei. Nun hat er zwar selbst nichts schriftliches von sich gegeben, alle Negotiationen mit dem Feind sind durch seines Schwagers Hände gegangen, aber es ist wohl vorauszusehen, daß man ihm selbst diese letztern alle zurechnen werde. Auch hat er sich mündlich gegen den Sesina sehr weit herausgelassen, und dieser wird alles gestehen, um seinen Hals zu retten. Wallenstein befindet sich in einer fürchterlichen Bedrängnis, aus der kein Ausweg möglich ist, und er muß seinen Entschluß schnell fassen. Ein schwedischer Oberster ist angelangt, der ihm von Seiten Oxenstirns die letzten Propositionen machen will. Läßt er diese Gelegenheit vorbei, so kann er sein Kommando nicht länger bewahren, und er hat alles von der Rache seiner Feinde zu fürchten.

Eh er den schwedischen Botschafter vorläßt, hält er sich in einem Selbstgespräch gleichsam den Spiegel seiner Gesinnungen und Schicksale vor.

Um diesen wichtigen Teil des Schauspiels recht zu fühlen, zu genießen und zu beurteilen, muß man den Wallenstein, den uns der Dichter schildert, aus dem vorhergehenden gefaßt haben. Der Krieger, der Held, der Befehlshaber, der Tyrann sind an und für sich keine dramatische Personen. Eine Natur, die mit sich ganz einig wäre, die man nur zu befehlen, der man nur gehorchen sähe, würde kein tragisches Interesse hervorbringen; unser Dichter hat daher alles, was Wallensteins physische, politische und moralische Macht andeutet, gleichsam nur in die Umgebung gelegt. Wir sehen seine Stärke nur in der Wirkung auf andere; tritt er aber selbst, besonders mit den Seinigen und hier im Monolog nun gar allein auf, so sehen wir den in sich gekehrten, fühlenden, reflektierenden, planvollen und, wenn man will, planlosen Mann, der das wichtigste seiner Unternehmungen kennt, vorbereitet und doch den Augenblick, der sein Schicksal entscheidet, selbst nicht bestimmen kann und mag.

Wenn der Dichter, um seinem Helden das dramatische Interesse zu geben, schon berechtigt gewesen wäre, diesen Charakter also zu erschaffen, so erhält er ein doppeltes Recht dazu, indem die Geschichte solche Züge vorbereitet.

Bei seiner Verschlossenheit beschäftigt sich der historische Wallenstein nicht bloß mit politischen Kalküln, sein Glaube an Astrologie, der freilich in der damaligen Zeit ziemlich allgemein war, jedoch besonders bei ihm tiefe Wurzeln geschlagen hatte, setzt ein Gemüt voraus, das in sich arbeitet, das von Hoffnung und Furcht bewegt wird, über dem Vergangnen, dem Gegenwärtigen und dem Zukünftigen immer brütet, großer Vorsätze, aber nicht rascher Entschlüsse fähig ist. Wer die Sterne fragt, was er tun soll, ist gewiß nicht klar über das, was zu tun ist.

So sind auch kleine Charakterzüge, die uns die Geschichte überliefert, in diesem Sinne besonders merkwürdig, die uns andeuten, wie reizbar dieser unter dem Geräusch der Waffen lebende Kriegsmann in ruhigen Stunden gewesen, daß er Wachen um seine Paläste gesetzt, die jeden Lärm, jede Bewegung verhindern mußten, daß er einen Abscheu hatte, den Hahn krähen, den Hund bellen zu hören. Sonderbarkeiten, die ihm seine Widersacher noch in einer spöttischen Grabschrift vorwarfen, die uns aber auf eine große Reizbarkeit deutet, welche darzustellen des Dichters Pflicht und Vorteil war.

In diesem Sinne ist der Monolog Wallensteins gleichsam die Achse des Stücks. Man sieht ihn, rückwärts planvoll aber frei, vorwärts planerfüllend aber gebunden. So lange er seiner Pflicht gemäß handelte, reizt ihn der Gedanke, daß er allenfalls mächtig genug sei, sie übertreten zu können; und in dieser Aussicht auf Willkür glaubt er sich eine Art von Freiheit vorzubereiten; jetzt aber, in dem Augenblick, da er die Pflicht übertritt, fühlt er, daß er einen Schritt zur Knechtschaft tue; denn der Feind, an den er sich anschließen muß, wird ihm ein weit gestrengerer Herr, als ihm sonst der rechtmäßige war, ehe er dessen Vertrauen verlor. Erinnert man sich hierbei an jene Züge, die wir von des dramatischen Wallensteins Charakter überhaupt dargestellt, so wird man nicht zweifeln, daß dieser Monolog von großer poetischer und theatralischer Wirkung sein müsse, wie bei uns die Erfahrung gelehrt hat...

Aus dieser kurzen Darlegung der dramatischen Fabel geht klar hervor, daß dieser erste Teil Wallensteins von den beiden Piccolomini seinen Namen nicht mit Unrecht führt. Obgleich der Dichter uns darin nur den Teil eines Ganzen liefert, so ist dieses Ganze doch der Anlage nach schon darin enthalten, und alles ist vorbereitet, was der zweite Teil nur dramatisch ausführen wird. Man sieht den allgemeinen Abfall der Regimenter von ihrem Feldherrn voraus, auch das Mordschwert, wodurch Wallenstein zu Eger umkommt, ist jetzt schon über seinem Haupt aufgehangen. Zwar sehen wir Max Piccolomini, von seiner Leidenschaft zur Prinzessin festgehalten, zur großen Besorgnis seines Vaters, noch in Pilsen zurückbleiben; aber seine Gemütsart kennen wir so genau, der Charakter seiner Liebe und seiner Geliebten ist so gezeichnet, daß über den Entschluß, den er fassen wird, kein Zweifel stattfinden kann. Er wird seiner Dienstpflicht das schmerzhafte Opfer bringen, aber er wird es nicht überleben. Und so sehen wir von fern schon eine Kette von Unfällen aus einer unglücklichen Tat sich entwickeln, und mit dem Einzigen, der alles hielt, alles zusammenstürzen.

Wollte man das Objekt des ganzen Gedichts mit wenig Worten aussprechen, so würde es sein: die Darstellung einer phantastischen Existenz, welche durch ein außerordentliches Individuum und unter Vergünstigung eines außerordentlichen Zeitmoments, unnatürlich und augenblicklich gegründet wird; aber, durch ihren notwendigen Widerspruch, mit der gemeinen Wirklichkeit des Lebens und mit der Rechtlichkeit der menschlichen Natur scheitert und, samt allem, was an ihr befestigt ist, zugrunde geht. Der Dichter hatte also zwei Gegenstände darzustellen, die miteinander im Streit erscheinen. Den phantastischen Geist, der von der einen Seite an das Große und Idealische, von der andern an den Wahnsinn und das Verbrechen grenzt, und das gemeine wirkliche Leben, welches von der einen Seite sich an das Sittliche und Verständige anschließt, von der andern dem Kleinen, dem Niedrigen und Verächtlichen sich nähert. In die Mitte zwischen beiden, als eine ideale, phantastische und zugleich sittliche Erscheinung, stellt er uns die Liebe, und so hat er in seinem Gemälde einen gewissen Kreis der Menschheit vollendet.

August Wilhelm Schlegel

Über »Die Künstler«, ein Gedicht von Schiller

Das Gedicht, das wir näher betrachten wollen, trägt einen ehrwürdigen Namen und lockt schon durch seinen Gegenstand den Freund des Schönen herbei. Was ist geschickter, die Kunst zu verherrlichen, als sie selbst? Von einem echten Dichter darf man erwarten, er werde mit einnehmender Wärme, mit der stillen Würde des Bewußtseins reden über den Wert seiner eigenen und der übrigen Künste.

Der Ursprung und das Wachstum der schönen Künste; die feinern Vergnügungen durch die sie den Menschen seiner ersten Wildheit entrissen; der Unterricht, den sie der kindischen Urwelt in bildlichen Darstellungen gaben; ihr mildernder und verschönender Einfluß auf das ganze Leben; endlich ihre Wiederauflebung in neuern Zeiten, und die Aussicht auf eine höhere Vollendung des Menschengeschlechts durch die letzte Vervollkommnung derselben: dies ist der Stoff, den der Dichter – nicht etwa in einer Hymne des Lobes nur im Fluge berührt – nicht etwan mit didaktischer Umständlichkeit erschöpft – sondern in eine lehrende, aber mit und durch Begeisterung lehrende Rhapsodie zusammengefaßt hat.

... Schiller hat seinen Gegenstand nicht so geschildert, wie er ihn etwan aus historischen Factis und philosophischen Raisonnements kennen konnte, sondern er hat ihn nach seiner Weise idealisiert; er hat das Bild dargestellt, das ein Geist wie der seinige, nach dem Genusse, den ihm die schönen Künste gaben, nach dem Einflusse, den sie auf sein Leben hatten, von dem Ursprunge und Fortgange derselben, und ihren Wirkungen auf das gesamte Menschengeschlecht, sich machen mußte. Es wäre also ein völlig schiefer

Gesichtspunkt, wenn man bei jeder Zeile des Gedichts fragen wollte: ist das auch wirklich so geschehen? Läßt sich das auch durch trockne Argumente dartun? – Die einzelnen Züge sollen dem Ganzen dienen, und sie sind gut, wenn sie zu seiner Einheit und Bestandheit gehören. Das Ganze aber ist nicht willkürlich erfunden: denn es ist das Resultat von den Objekten und der Eigentümlichkeit des erkennenden Geistes; und das sind ja alle unsre Vorstellungen.

Auf der andern Seite ist es dem Dichter damit nicht erlaubt, mystisch und dunkel zu werden, sondern seine Ideen müssen anschauliche Klarheit und anschaulichen Zusammenhang haben. Beides scheint mir Schillers Gedicht, einige Stellen ausgenommen, zu besitzen. Dies Verdienst ist um desto größer, da er nicht an der äußern Schale seines Gegenstandes kleben geblieben, sondern in das Innre gedrungen ist, und zwar tiefer als mancher sich brüstende Philosoph. Denn es bedarf wohl keines Beweises, daß anschauliche Darstellung um so schwerer sei, je geistiger das ist, was dem Dichter vorschwebt.

> Es ist Geist, so rasch beflügelt –
> Welche Macht kann ihn bezähmen?
> Welche Macht durch Ton und Wort
> Fesseln und gefangennehmen!
> Leicht, wie Äther, schlüpft er fort. –

Indessen ist hier gerade der Punkt, wo die Poesie eines so verfeinerten Zeitalters, wie das unsrige, durch eigentümliche Vorzüge glänzen kann. Je zarter und feiner die innre Organisation des Menschen durch beständige Ausbildung, je durchsichtiger und leichter die Atmosphäre der Sinnlichkeit wird, die ihn von der Geisterwelt scheidet; um so mehr verliert die Sprache an Energie in der Darstellung sinnlicher Gegenstände; doch in eben dem Grade erweitert sich der poetische Horizont auf der andern Seite: was sonst nur den betrachtenden Verstand beschäftigen konnte, nimmt nun eine sinnlich-fühlbare, wenngleich ätherische, Bildung an.

Nun zu einzelnen Stellen. Der Dichter erhebt zuvörderst die Vorzüge des jetzigen Menschengeschlechts. Er ermahnt es, die Wohltäterin nicht zu vergessen, die ihn zu dieser Höhe hinaufgeführt. Noch hat er sie nicht genannt, um die Erwartung desto stärker zu spannen, und den größten Nachdruck auf den Schluß dieser ankündigenden Lobrede zu versparen:

Im Fleiß kann dich die Biene meistern,
In der Geschicklichkeit ein Wurm dein Lehrer sein,
Dein Wissen teilest du mit vorgezogenen Geistern:
Die Kunst, o Mensch, hast Du allein!

Die dritte Zeile könnte beim ersten Anblick schwächer scheinen, als die vorhergehende; »dein Wissen ist nichts gegen das Wissen vorgezogener Geister«, dächte man, müßte es heißen. Aber der Gegensatz mit der letzten Zeile erlaubte dies nicht. Und doch ist der Gedanke, den diese enthält, gerade der wichtigste, gerade der, um welchen sich das Gedicht dreht. Die Kunst – ich brauche wohl nicht näher zu bestimmen, in welchem Sinne der Ausdruck hier beständig vorkommt? – ist das eigentümlichste Vorrecht der Menschennatur, weil bei der Hervorbringung und dem Genusse schöner Kunstwerke alle Kräfte derselben in dem schönsten Verhältnisse geübt werden, und weil daher auch die Bildung, die sie gewähren, echt menschlich ist.

Nur durch das Morgentor des Schönen
Drangst du in der Erkenntnis Land.
An höh'ren Glanz sich zu gewöhnen,
Übt sich am Reize der Verstand.
Was bei dem Saitenklang der Musen
Mit süßem Beben dich durchdrang,
Erzog die Kraft in deinem Busen,
Die sich dereinst zum Weltgeist schwang.

In den ersten beiden Zeilen wird man eine kleine Verwirrung gewahr, die sich nicht ganz auflösen läßt. Was heißt ein Morgentor? Ist es ein Tor, wodurch man von Osten her, oder wodurch man am Morgen eingeht? Und warum eins von beiden hier? Wo ich nicht irre, soll es sagen, daß der Sinn für das Schöne im Menschen der Morgenröte gleicht, und eine zukünftige Mittagshelle der Erkenntnis verheißt. Aber diese Anspielung ist zu entfernt und dunkel. Die letzten vier Verse:

Was bei dem Saitenklang der Musen usw.

schwingen sich mit bezaubernder Leichtigkeit dem Gange des heitern Gedankens nach.

Was erst, nachdem Jahrtausende verflossen,
Die älternde Vernunft erfand,
Lag im Symbol des Schönen und des Großen
Voraus geoffenbart dem kindischen Verstand.

Die dritte Zeile wird nicht sogleich deutlich; wenigstens ist es durch die Konstruktion zweifelhaft gelassen, ob das Schöne und Große (Erhabene) noch ein anders Symbol haben, oder selbst Symbol dessen sein soll, »was die älternde Vernunft erfand«, da dann freilich der Zusammenhang für das letzte entscheidet. Und so genommen ist es ein schöner, herrlicher Gedanke. Die Zeichensprache der Natur, gleichsam ihre ewige Offenbarung an den sinnlichen Menschen, ist das Schöne und Erhabene. Der Instinkt für dasselbe leitete ihn, und oft sichrer, auf die rechten Wege, als die weit später entwickelte Vernunft. Dies wird in einigen Beispielen gezeigt, die wir übergehen.

Die, eine Glorie von Orionen
Ums Angesicht, in höhrer Majestät,
Nur angeschaut von reineren Dämonen,
Verzehrend über Sternen geht,
Geflohn auf ihrem Sonnenthrone,
Die furchtbar herrliche Urania,

Mit abgelegter Feuerkrone
Steht sie – als Schönheit vor ihm da.
Der Schönheit Gürtel umgewunden,
Wird sie zum Kind, daß Kinder sie verstehn,
Was wir als Schönheit hier empfunden,
Wird einst als Wahrheit uns entgegengehn.

Der Name Urania kann sowohl die himmlische Liebe, als die himmlische Wahrheit und Vollkommenheit bezeichnen. Alle diese Begriffe sind nahe verwandt: reine Geisterliebe wird erzeugt durch unsinnliche Vollkommenheit; und diese ist Wahrheit, insofern Geister sie erkennen. Die hier gegebne Schilderung entscheidet auch nicht näher, in welcher unter den drei Bedeutungen Urania genommen werden soll; nur von der ersten scheint das Beiwort, die furchtbar herrliche, wegzulenken. Aber größere Bestimmtheit ist auch hier nicht nötig: in dieser überirdischen Höhe können wir unsre Begriffe nicht mehr scheiden und definieren; sie fließen in eine große Einheit zusammen. Immer bleibt die Deutung klar, die Schönheit sei ein himmlisches Wesen, das sich seines ätherischen Glanzes freiwillig entkleide, um uns himmlische Dinge zu lehren.

Noch etwas über die Schilderung. Die reiche Periode, in welcher besonders die erste Zeile mit ihren vollen Vokalen so prächtig hereintönt, tut viele Wirkung. Die meisten Züge: die Glorie von Orionen, der Sonnenthron, die Feuerkrone, drehen sich um die Idee eines allblenden Glanzes. Die gehäufte Fülle dieser Züge wäre anderswo ein Fehler, hier ist sie analog mit dem geschilderten Gegenstande: durch sie wird das Bild selbst blendend. – Der Schönheit Gürtel umgewunden, ist eine für unsre Sprache zu harte Partizipial-Konstruktion.

Als der Erschaffende von seinem Angesichte
Den Menschen in die Sinnlichkeit verwies,
Und eine späte Wiederkehr zum Lichte
Auf schweren Sinnenpfad ihn finden hieß,

Als alle Himmlischen ihr Antlitz von ihm wandten,
Schloß sie, die Menschliche, allein
Mit dem verlassenen Verbannten
Großmütig in die Sterblichkeit sich ein.
Hier schwebt sie mit gesenktem Fluge
Um ihren Liebling, nah am Sinnenland,
Und malt mit lieblichem Betruge
Elysium an seine Kerkerwand.

Schöner, platonischer Mythus! Genuß der Schönheit ist das einzige Überbleibsel von dem bessern Zustande der abtrünnig gewordnen und daher gefallnen Menschheit. Er ist das einzige Pfand der nicht ganz verlornen Huld des Schöpfers und soll uns wieder in die ursprüngliche Heimat hinaufleiten. Von allen Erdgeschöpfen hat nur der Mensch Sinn für Schönheit, und auch nur der Mensch eine höhere Bestimmung.

Als in den weichen Armen dieser Amme
Die zarte Menschheit noch geruht,
Da schürte heil'ge Mordsucht keine Flamme,
Da rauchte kein unschuldig Blut.

Der Dichter scheint hierbei die Griechen und vorzüglich die Religion derselben vor Augen gehabt zu haben, diese Religion, die, indem sie mit dem Volke aufwuchs und es wieder großziehen half, sich allmählich zu einem Gottesdienste der Schönheit erhob. Sie befahl nicht, sie verfolgte nicht, lehrte und schmückte nur, sie führte die Menschen am leichten Gängelbande der Freude. Die folgenden Zeilen reden mehr im allgemeinen vom Einflusse des Schönheitsgefühls auf das sittliche:

Das Herz, das sie an sanften Banden lenket,
Verschmäht der Pflichten knechtisches Geleit;
Ihr Lichtpfad, schöner nur geschlungen, senket
Sich in die Sonnenbahn der Sittlichkeit.

Die ihrem keuschen Dienste leben,
Versucht kein niedrer Trieb, bleicht kein Geschick;
Wie unter heilige Gewalt gegeben,
Empfangen sie das reine Geisterleben,
Der Freiheit süßes Recht, zurück.

Der Dichter scheint nur simpel zu erzählen, und doch beweist er – aber freilich als Dichter: sein Beweis besteht in einem Gleichnis, in einem hingeworfnen Ausdruck. Indem er z.B. den Dienst der Schönheit mit anschaulicher Wahrheit einen keuschen Dienst nennt, ist dadurch das folgende: kein niedrer Trieb versucht sie, schon dichterisch dargetan. Nur das daneben stehende: kein Geschick bleicht sie, scheint mir zu abgerissen. Freilich macht ein verfeinertes Gefühl den Menschen vom Geschick unabhängiger, durch die Hilfsquellen, die es in seinem Innern eröffnet. Es macht ihn eben dadurch auch unfähiger, sich durch leidenschaftliches Streben nach äußern Glücksgaben vom Wege der Sittlichkeit abführen zu lassen. Zusammenhang ist also wohl da, nur muß man ihn zu mühsam suchen. Hier folgt eine Anrede an die Künstler, als die auserwählten Priester der Schönheit, die so schließt:

Freut euch der ehrenvolle Stufe,
Worauf die hohe Ordnung euch gestellt!
In die erhabne Geisterwelt
Seid ihr der Menschheit erste Stufe.

In der schnellen Wiederholung des Wortes Stufe, in verschiedner Verbindung, da die Künstler das erste Mal auf eine Stufe gestellt, das andre Mal die Stufe selbst sind, ist die nötige Einheit zu sehr verfehlt.

Eh ihr das Gleichmaß in die Welt gebracht,
Dem alle Wesen freudig dienen –
Ein unermeßner Bau, im schwarzen Flor der Nacht
Nächst um ihn her mit mattem Strahle nur beschienen,

Ein streitendes Gestaltenheer,
Die seinen Sinn in Sklavenbanden hielten,
Und ungesellig, rauh wie er,
Mit tausend Kräften auf ihn zielten,
So stand die Schöpfung vor dem Wilden.

Der Dichter mußte nach seinem Zweck, den ganzen Wert der Künste zu zeigen, tierische, nackte, angstvolle Wildheit, nicht, nach der poetischen Vorstellungsart, ein Zeitalter seliger Unschuld für den ursprünglichen Zustand der Menschen annehmen. Jenes goldene Zeitalter seliger Unschuld mochte wohl hier und da gefunden werden, aber es war sicher nirgends der ursprüngliche Zustand. Es setzt Entwicklung mannigfaltiger Kräfte voraus, die sonst nur durch die Künste im Menschen geweckt werden, die aber unter glücklichen Klimaten, bei zarterer Organisation vor der Erfindung derselben sich regten. Denn da dichtete gleichsam die Natur selbst durch ihren heitern Anblick dem Menschen ein mildes geselliges Leben vor.

Durch der Begierde Fessel nur
An die Erscheinungen gebunden,
Entflohn ihm, ungenossen, unempfunden,
Die schöne Seele der Natur.
Und wie sie fliehend jetzt vorüberfuhr
Ergriffet ihr die nachbarlichen Schatten
Mit zartem Sinn, mit stiller Hand,
Und lerntet mit harmon'schem Band
Gesellig sie zusammengatten.

Die Schatten der Seele der Natur werfen auf diese sonst schöne Stelle einen Schatten der Undeutlichkeit. Wenn ich den Gedanken des Dichters anders recht fasse, so würden Strahlen oder andre zarte Ausflüsse ihn besser bezeichnet haben. Das Folgende ist um desto lichtvoller:

Leichtschwebend fühlte sich der Blick
Vom schlanken Wuchs der Zeder aufgezogen;
Gefällig strahlte der Kristall der Wogen
Die hüpfende Gestalt zurück.
Wie konntet ihr des schönen Winks verfehlen,
Womit euch die Natur hilfreich entgegenkam?
Die Kunst, den Schatten ihr nachahmend abzustehlen,
Wies euch das Bild, das auf der Woge schwamm.
Von ihrem Wesen abgeschieden,
Ihr eignes liebliches Phantom,
Warf sie sich in den Silberstrom,
Sich ihrem Räuber anzubieten.

Kann der simple Gedanke, der Mensch sei durch den Widerschein der Gegenstände, den eine glatte Fläche zurückwirft, auf die Erfindung geleitet, Körper auf einer Fläche abzubilden, kann er wohl in ein reizenderes Bild gekleidet werden? Die Natur ist hier eine mutwillige Nymphe; die sich halb freiwillig vom Künstler im Bade überraschen läßt. – Die beiden Zeilen:

Von ihrem Wesen abgeschieden,
Ihr eignes liebliches Phantom,

sind sehr sinnreich; vielleicht würden sie allzu sinnreich scheinen, wenn ihre gefällige Anmut sie nicht vor so strenger Prüfung schützte. Das einzige, was bei mir den Eindruck des Ganzen stört, sind die unechten Reime kann, schwamm, geschieden, bieten.

Warum wohl der Dichter beim Ursprunge der Künste die zeichnenden vorangehen läßt, da doch gewiß Poesie und Musik überall früher, man kann sagen, da sie mit dem Menschengeschlechte zugleich entstanden, weil der Mensch nicht nur die Anlage dazu, sondern auch das Organ ihrer Darstellungen in sich trug? Nach meinen oben geäußerten Ideen von poetischer Wahrheit kann man ihm keinen Vorwurf darüber machen, wenn er nur den Übergang von der ersten Wildheit zu diesen Künsten anschaulich gezeigt hat. Und dies ist ihm in den Zeilen: Und wie sie fliehend jetzt vorüberfuhr usw. bis auf die darin befindliche Dunkelheit wirklich gelungen.

Die schöne Bildkraft ward in eurem Busen wach.
Zu edel schon, nicht müßig zu empfangen,
Schuft ihr im Sand – im Ton den holden Schatten nach,
Im Umriß wird sein Dasein aufgefangen,
Lebendig regte sich des Wirkens süße Lust –
Die erste Schöpfung trat aus eurer Brust.

Ich wünschte die dritte Zeile weg. Sie gehört nicht in die Gedankenfolge: denn jener Wink der Natur, von dem eben die Rede war, kann durchaus die Erfindung der plastischen Künste, die allerdings wohl älter war als die der Malerei, nicht erklären helfen; sie enthält aber auch selbst eine Unrichtigkeit: im Sande und Tone wird kein Schatten nachgeschaffen. Ich brauche nicht zu erinnern, daß die übrigen, besonders der zweite Vers vortrefflich sind.

Noch ein paar andere Verse muß ich wegen einer ebensolchen Unterbrechung des Zusammenhanges zu tadeln wagen. Der nächste Absatz schildert das Wachstum der bildenden Künste und schließt so:

Der Obeliske stieg, die Pyramide,
Die Herme stand, die Säule sprang empor;
Des Waldes Melodie floß aus dem Haberrohr,
Und Siegestaten lebten in dem Liede.

In den beiden Schlußzeilen wird man ganz unvermutet zur Musik und Poesie hinverschlagen, deren im vorhergehenden noch mit keiner Silbe Erwähnung geschehen ist. Man wünschte lieber gar nichts von ihrem Ursprunge zu hören, als hier, wo sie einem so plötzlich in den Weg treten. Doch halte ich diesen Ursprung einer nähern psychologischen Entwickelung ebenso wert, als einer poetischen Behandlung fähig. Es ist schade, daß sich der Dichter diesen Stoff hat entgehen lassen. –

Mit dem Fortgange der Künste erweitert sich auch der Umfang ihrer Schöpfungen: was vorhin ein Ganzes ausmachte, schmiegt sich jetzt als Teil unter die Mannigfaltigkeit eines größern Ganzen. Dieser in den zunächst folgenden Versen entwickelte Gedanke wird durch Beispiele erläutert:

Die Säule muß, dem Gleichmaß untertan,
An ihre Schwestern nachbarlich sich schließen,
Der Held im Heldenheer zerfließen,

Bis soweit sehr gut, obgleich der zweite Fall mit dem ersten nicht völlig übereinstimmt, indem das größere epische Gedicht doch immer einen Haupthelden hat.

Allein der Schluß:

Des Mäoniden Harfe stimmt voran

ist abgerissen und befremdend. Man erwartet noch ein ähnliches Beispiel, etwan aus einer andern Kunst, und statt dessen kommt ein spezieller historischer Umstand, der sich bloß an das letzte Beispiel anhängt. Homer war der erste, der das Heldengedicht so vergrößerte. Überdies scheint mir, das stimmt voran grammatisch nicht ganz richtig zu sein. Sollte stimmen intransitiv gebraucht werden können, wie tönen und ähnliche Wörter?

Nun geht der Dichter zu den Wirkungen über, die der erste geistige Genuß auf den ganzen innern und äußern Menschen hatte, und hier zeigt er sich in voller Größe:

Jetzt wand sich von dem Sinnenschlafe
Die freie schöne Seele los,
Durch euch entfesselt, sprang der Sklave
Der Sorge in der Freude Schoß.
Jetzt fiel der Tierheit dumpfe Schranke,
Und Menschheit trat auf die entwölkte Stirn,

Und der erhabne Fremdling, der Gedanke,
Sprang aus dem staunenden Gehirn.

Besonders verraten die beiden letzten Verse den Meister, der mit kühnem und sicherm Gange die Grenze des Erlaubten betritt und uns Erstaunen darüber abnötigt, daß seine Idee in einer so auffallenden, so überraschenden Gestalt noch natürlich erscheint. Die Personifikation des Gedankens erhält zugleich einen noch höhern Reiz durch die Anspielung auf Minervens Geburt aus dem Haupte Jupiters. Mit einer Anspielung erwachen in uns alle an diesen Mythus geknüpften Künstler- und Dichter-Ideen und teilen jenem Bilde ihre göttliche Würde mit.

Jetzt stand der Mensch, und wies den Sternen
Sein königliches Angesicht,
Schon dankte in erhabnen Fernen
Sein sprechend Aug' dem Sonnenlicht.

Die Versetzung der Worte: in erhabnen Fernen, die hinter dem Sonnenlicht stehen sollten, ist eine in unsrer Sprache schwerlich zu verstattende Lizenz. Die folgende Schilderung ist ebenso wahr als reizend:

Das Lächeln blühte auf der Wange,
Der Stimme sellenvolles Spiel
Entfaltete sich zum Gesange,
Im feuchten Auge schwamm Gefühl,
Und Scherz und Huld in anmutsvollem Bunde
Entquollen dem beseelten Munde.

Man kann diesen Einfluß des geistigen Genusses in die Physiognomie des Äußern, die hier auf die ganze Gattung ausgedehnt wird, oft sehr deutlich an einzelnen Individuen wahrnehmen; aber freilich trifft man weit häufiger die entgegengesetzten Züge, womit die Hand der Natur die böotischen Verächter des Schönen wie zur Strafe zeichnet. –

Begraben in des Wurmes Triebe,
Umschlungen von des Sinnes Lust,
Erkanntet ihr in seiner Brust
Den edlen Keim der Geisterliebe.
Daß von des Sinnes niederm Triebe
Der Liebe beßrer Keim sich schied,
Dankt er dem ersten Hirtenlied.
Geadelt zur Gedankenwürde
Floß die verschämtere Begierde
Melodisch aus des Sängers Mund.
Sanft glühten die betauten Wangen,
Das überlebende Verlangen
Verkündigte der Seelen Bund.

Die ersten sechs Zeilen sind durch unnötige Wiederholung gedehnt. Der erste und zweite Vers sagen dasselbige, und dann kommt noch einmal des Sinnes niedrer Trieb, und wiederum der Keim der Geisterliebe, und der Liebe beßrer Keim. Das, was folgt, ist dagegen bezaubernd durch Gedanken und Ausdruck. Es liegt tiefer Sinn darin, und doch, so täuschend ist die leichte Grazie des Vortrags, könnte man fast glauben, der Dichter spiele nur mit Bildern. Dieser sich versteckende Tiefsinn, der dem Leser allen Genuß des Denkens gibt, ohne ihn die Anstrengung dabei ahnden zu lassen, ist überhaupt ein Charakter der Schillerschen Werke. – Bei dem Ausdruck Hirtenlied darf man unsere Idylle denken; hier werden darunter Lieder wirklicher Dichter verstanden. Im Wohlstande des Nomadenlebens war es, wo zuerst ein zarteres Band als das rohe Bedürfnis die beiden Geschlechter verknüpfte. Liebe gab das erste Hirtenlied ein, und Poesie half wiederum dieser Leidenschaft auf den Weg der Veredlung, insofern sie durch ihre Akkorde die einfachen Urtöne der Sympathie, wenn ich so sagen darf, im Menschen hervorrief, und sie in eine unendliche Mannigfaltigkeit von Melodien der Empfindung auflöste; insofern durch sie schöne Seelen ihren Enthusiasmus, ihre zauberischen Liebesphantasien auch minder empfänglichen Gemütern mitteilten. –

Der Weisen Weisesten, der Milden Milde,
Der Starken Kraft, der Edeln Grazie,
Vermähltet ihr in einem Bilde,
Und stelltet es in eine Glorie.
Der Mensch erbebte vor dem Unbekannten
Er liebte seinen Widerschein;
Und herrliche Heroen brannten
Dem großen Wesen gleich zu sein.
Den ersten Klang vom Urbild alles Schönen,
Ihr ließet ihn in der Natur ertönen!

Ich beziehe mich bei dieser Stelle auf das, was ich oben von dichterischer Wahrheit gesagt: denn sonst dürften sich, bei zu bestimmter Anwendung, leicht Einwürfe dagegen machen lassen. So erhaben oft die Volksreligionen in ihren Dichtungen über die physische Vollkommenheit des höchsten Wesens waren, so weit blieben sie gewöhnlich in denen über die moralische zurück, dann noch, wenn das Volk schon auf einer hohen Stufe der sittlichen Kultur stand, weil man nicht weichen wollte von der ehrwürdigen Sage der Väter. In den Worten: der Edeln Grazie, scheinen mir die Begriffe nicht richtig gepaart zu sein. Das Substantiv sollte doch seinem Beiworte, wie die vorhergehenden den ihrigen, genau entsprechen.

Der Leidenschaften wilden Drang,
Des Glückes regellose Spiele,
Der Pflichten und Instinkte Zwang
Stellt ihr mit prüfendem Gefühle,
Mit strengem Richtscheit nach dem Ziele.
Was die Natur auf ihrem großen Gange
In weiten Fernen auseinander zieht,
Wird auf dem Schauplatz, im Gesange
Der Ordnung leicht gefaßtes Glied.
Vom Eumenidenchor geschrecket,
Zieht sich der Mord, auch nie entdecket,
Das Los des Todes aus dem Lied.

Lang eh die Weisen ihren Anspruch wagen,
Löst eine Ilias des Schicksals Rätselfragen
Der jugendlichen Vorwelt auf;
Still wandelte von Thespis' Wagen
Die Vorsicht in den Weltenlauf.

Die pragmatische Dichtkunst ist hier aus dem erhabensten Gesichtspunkte betrachtet: sie soll die Ratschlüsse des Himmels auslegen; sie soll die Menschen lehren, daß ewige Gesetze der Gleichheit und Vergeltung über ihren Schicksalen walten. Das Rad der Begebenheiten rollt auf der Schaubühne, wie auf der Bühne der wirklichen Welt, nur unendlich schneller. Der Dichter beut dem Zuschauer hier den Faden um sich hindurch zu finden, der ihm im Gewirre des Weltlaufs so leicht entschlüpft. Man vergleiche mit den Zeilen:

Vom Eumenidenchor geschrecket,
Zieht sich der Mord, auch nie entdecket,
Das Los des Todes aus dem Lied,

folgende Stelle aus Duschens ›Wissenschaften‹, die einen ähnlichen Gedanken behandelt:

Den Wütrich lehret sie (die Dichtkunst) die eigne Schuld empfinden,
Und straft sein hartes Herz in Strafen andrer Sünden
Wenn sie in Trauerspielen die Toten auferweckt,
Und ihn in fremden Bildern mit seinem eignen schreckt:
Wenn er bei fremdem Fall von Ahndungen ergriffen,
Den Stahl, der Gußmanns trifft, sieht auf sich selbst geschliffen:
Wenn er von jedem Dolche, der Cäsars Brust durchwühlt,
Den Stoß in Todesängsten an seinem Herzen fühlt.

Welche mühsame Genauigkeit, welche Ängstlichkeit des Dichters, der Leser möge ihn nicht verstehen! Man halte die Schillerschen Zeilen dagegen, und man wird die schon öfter gemachte Bemerkung bestätigt finden, daß die Schönheit des Vortrags ebensosehr von dem abhängt, was verschwiegen, als von dem, was gesagt wird. Den Gedankenstoff, der in den ›Künstlern‹ entwickelt oder halb entwickelt liegt, hätte der sonst schätzbare Dusch leicht in ein halb Dutzend Bücher ausgesponnen.

Doch in den großen Weltenlauf
Ward euer Ebenmaß zu früh getragen.
Als des Geschickes dunkle Hand,
Was sie vor eurem Auge schnürte,
Vor eurem Aug' nicht auseinander band,
Das Leben in die Tiefe schwand
Eh es den schönen Kreis vollführte –
Da führtet ihr aus kühner Eigenmacht
Den Boten weiter durch der Zukunft Nacht;
Da stürztet ihr euch ohne Beben
In des Avernus schwarzen Ozean,
Und trafet das entflohne Leben
Jenseits der Urne wieder an:
Da zeigte sich mit umgestürztem Lichte
An Kastor angelehnt, ein blühend Polluxbild;
Der Schatten in des Mondes Angesichte
Eh sich der schöne Silberkreis erfüllt.

Es kann nicht befremden, daß die Entstehung des Glaubens an ein zukünftiges Leben von den Dichtern abgeleitet wird: nach der strengsten Wahrheit muß man sie für eine Wirkung der poetisierenden Kraft im Menschen erkennen. Der Zusammenhang, in dem dieser Glaube hier vorgestellt wird, leuchtet zu mächtig ein, als daß man versucht werden sollte zu grübeln: ob seine Entstehung nicht aus andern Ursachen erklärt werden müsse? ob er nicht zu einer Zeit entstanden, wo die Menschen solcher Raisonnements noch nicht fähig waren? Der Dichter hat vortrefflich idealisiert, und indem er das, was nur Lehre war, in Tat, in heroische Tat verwandelt (da führtet ihr aus kühner Eigenmacht usw.), hat er die Sache ins Große und Wunderbare hinübergespielt. Nur gegen die vier letzten Verse möchte ich Einwendungen machen. Ich begreife wohl, daß die Dioskuren als Sinnbild der Unsterblichkeit gebraucht werden können, wegen ihres abwechselnden Lebens im Olymp und in der Unterwelt. Allein was soll der Zusatz: mit umgestürztem Lichte? Ich entsinne mich nicht, daß die Dioskuren mit diesem Attribut vorkämen. Soll es vielleicht auf die berühmte Gruppe von Statuen gehen, die einige für Kastor und Pollux, andre für ein Paar Genien halten? Die Beziehung wäre doch zu speziell. Die zwei letzten Zeilen scheinen als Apposition oder Erklärung zu den ersten hinzugefügt zu sein, und vielleicht darauf zu deuten, daß man sich nur ein dämmerndes Schattenleben nach dem Tode dachte. Allein in dieser Verbindung sind sie mir gleichfalls dunkel.

Doch höher stets, zu immer höhern Höhen
Schwang sich der schaffende Genie.
Schon sieht man Schöpfungen aus Schöpfungen entstehen,
Aus Harmonien Harmonie.
Was hier allein das trunkne Aug' entzückt,
Dient unterwürfig dort der höhern Schöne;
Der Reiz, der diese Nymphe schmückt,
Schmilzt sanft in eine göttliche Athene;
Die Kraft, die in des Fechters Muskel schwillt
Muß in des Gottes Schönheit lieblich schweigen;
Das Staunen seiner Zeit, das stolze Jovisbild,
Im Tempel zu Olympia sich neigen.

Die Erhöhung der Kunst zum Ideal-Schönen wird hier mit kurzen aber treffenden Zügen geschildert, hauptsächlich von der Seite, daß das Ideal aus der Verschmelzung verschiedner Charaktere von Schönheit zu einem Ganzen entspringt. Statt Fechter wünschte ich, es möchten lieber Ringer oder Kämpfer stehen. Die Kunst hat nie Fechter, Gladiatoren gebildet, obgleich die gemeine Meinung es behauptet. Bei den Griechen gab es ja nicht einmal welche. Durch das Neigen des Jovisbildes hat vermutlich das επ 'οφρυζι νευδε, ausgedrückt werden sollen, welches dem Phidias zum Vorbilde seines Zeus diente. Ob das dadurch ausgedrückt wird? Wenigstens möchte es dem, der diesen Umstand nicht weiß, schwer zu begreifen sein, warum das stolze Jovisbild sich neige.

Ich übergehe ein paar Absätze, die von der Vervollkommnung der Künste als einer Gegenwirkung der durch sie zuerst bewirkten Ausbildung des Menschen, von der Übertragung der menschlichen Begriffe von Schönheit auf das Weltall, und von dem dadurch erhöheten Genusse der ganzen Natur handeln, und setze dagegen die Stelle von dem Einflusse des gebildeten Schönheits-Gefühls auf alle Lagen und Verhältnisse des Lebens vollständig her.

In allem, was ihn jetzt umlebet,
Spricht ihn das holde Gleichmaß an.
Der Schönheit goldner Gürtel webet
Sich mild in seine Lebensbahn;
Die selige Vollendung schwebet
In euren Werken siegend ihm voran.
Wohin die laute Freude eilet,
Wohin der stille Kummer flieht,
Wo die Betrachtung denkend weilet,
Wo er des Elends Tränen sieht,
Wo tausend Schrecken auf ihn zielen,
Folgt ihm ein Harmonienbach,
Sieht er die Huldgöttinnen spielen,
Und ringt in still verfeinerten Gefühlen
Der lieblichen Begleitung nach.
Sanft, wie des Reizes Linien sich winden,
Wie die Erscheinungen um ihn
Im weichen Umriß ineinander schwinden,

Flieht seines Lebens leichter Hauch dahin.
Sein Geist zerrinnt im Harmonienmeere,
Daß seine Sinne wollustreich umfließt,
Und der hinschmelzende Gedanke schließt
Sich still an die allgegenwärtige Zythere.
Mit dem Geschick in hoher Einigkeit,
Gelassen hingestürzt auf Grazien und Musen,
Empfängt er das Geschoß, das ihn bedräut,
Mit freundlich dargebotnem Busen
Vom sanften Bogen der Notwendigkeit.

Hier, wenn irgendwo, gilt alles das, was ich vorhin von der Wahrheit findenden Begeisterung behauptet. Wehe dem Kritiker, der es nicht fühlet, daß der kleine Maßstab seiner kalten Beurteilung nicht bei jedem Zuge eines solchen Gemäldes angebracht werden dürfte! Wie ist besonders die beschließende und vollendete Schilderung so groß gedacht, so rein und zart empfunden, und so ganz im hohen griechischen Stil ausgeführt! Wem fallen bei dem sanften Bogen der Notwendigkeit nicht sogleich die gelinden Geschosse des Apoll und der Diana ein, wodurch Homer einen schnellen und sanften Tod bezeichnet? Das vervollkommnete Schönheitsgefühl zaubert nach der Idee des Dichters das goldne Zeitalter wieder zurück, wo die Menschen, wie Hemsterhuis sagt, weil sie sich der gleichförmigen Fortschritte ihres Daseins bewußt waren, den Tod nicht scheuten und ihn auch nur als eine solche natürliche Entwickelung ihres Wesens betrachteten. –

Der Dichter wendet sich wieder an die Künstler mit einer Anrede des Dankes für alle von ihnen empfangenen Wohltaten. Man findet darin hier und da Wiederholungen schon dagewesener Gedanken; doch meistens werden sie durch die neuen Wendungen des Ausdrucks wieder gehoben.

Aus dem, was von der Wiederauflebung der Künste in Italien, und von der noch bevorstehenden letzten Vollendung des Menschengeschlechts durch dieselben gesagt wird, will ich nur folgendes über das gegenwärtige Verhältnis des Künstlers gegen den Denker ausheben:

Wenn auf des Denkens freigegebnen Bahnen
Der Forscher jetzt mit kühnem Glücke schweift,
Und, trunken von siegrufenden Päanen,
Mit rascher Hand schon nach der Krone greift;
Wenn er mit niederm Söldnerslohne
Den edlen Führer zu entlassen glaubt,
Und neben dem geträumten Throne
Der Kunst den ersten Sklavenplatz erlaubt.
Verzeiht ihm – der Vollendung Krone
Schwebt glänzend über eurem Haupt.
Mit euch, des Frühlings erster Pflanze,
Begann die seelenbildende Natur,
Mit euch, dem freud'gen Erntekranze
Schließt die vollendete Natur.

Ich mag bei diesen Zeilen nichts von der schönen Behandlung sagen; die lautre, gewichtige, in unserm Zeitalter so selten beherzigte Wahrheit, die sie enthalten, fesselt mein ganzes Interesse. Und nun der triumphierende Schluß:

Der Menschheit Würde ist in eure Hand gegeben:
Bewahret sie!
Sie sinkt mit euch! Mit euch wird die Gesunkene
sich heben!
Der Dichtung heilige Magie
Dient einem weisen Weltenplane,
Still lenke sie zum Ozeane
Der großen Harmonie!
Von ihrer Zeit verstoßen, flüchte
Die ernste Wahrheit zum Gedichte,
Und finde Schutz in der Kamönen Chor.
In ihres Glanzes höchster Fülle
Furchtbarer in des Reizes Hülle,
Erstehe sie in dem Gesange,

Und räche sich mit Siegesklange
An des Verfolgers feigem Ohr.
Der freisten Mutter freiste Söhne,
Schwingt euch mit festem Angesicht
Zum Strahlensitz der höchsten Schöne,
Um andre Kronen buhlet nicht.
Die Schwester, die euch hier verschwunden,
Holt ihr im Schoß der Mutter ein;
Was schöne Seelen schön empfunden
Muß trefflich und vollkommen sein.
Erhebet euch mit kühnem Flügel
Hoch über euren Zeitenlauf;
Fern dämmert schon in eurem Spiegel
Das kommende Jahrhundert auf.
Auf tausendfach verschlungnen Wegen
Der reichen Mannigfaltigkeit
Kommt dann umarmend euch entgegen
Am Thron der hohen Einigkeit.
Wie sich in sieben milden Strahlen
Der weiße Schimmer lieblich bricht;
Wie sieben Regenbogenstrahlen
Zerrinnen in das weiße Licht:
So spielt in tausendfacher Klarheit
Bezaubernd um den trunknen Blick,
So fließt in einen Bund der Wahrheit,
In einem Strom des Lichts zurück.

So hoch der Dichter sich auch vorher in einzelnen Stellen geschwungen haben mag; so hat er doch gewußt für den Beschluß noch etwas Höheres aufzusparen. Alles Vorhergesagte diente zur Vorbereitung auf diesen; und alles Vorhergesagte vereinigt sich hier wie in einem Brennpunkte. Dies ist gleichsam das Band, welches die ganze Rhapsodie zusammenhält. Man sieht den Sänger schon nah am Ziele: auf einmal nimmt er einen raschen lyrischen Flug und hat es erreicht. Es tut viel Wirkung, daß er unvermerkt aus der freien Versart in den lyrischen Rhythmus wiederkehrender Strophen übergeht, und darin bis ans Ende aushält. Das Quatrain welches anfängt: Die Schwester, die euch hier verschwunden usw. ist mir in dieser Verbindung dunkel. Hinreißend schön sind die beiden Verse:

Fern dämmert schon in eurem Spiegel
Das kommende Jahrhundert auf.

Mit großer Tiefe und Fülle des Gedankens paart sich in ihnen die heiterste Anmut des Bildes.

Von dem Plane des ganzen Gedichts werde ich nicht nötig haben, noch zu reden. Ich habe schon in meinen Bemerkungen darauf hinzuweisen gesucht. Mich deucht, bei diesem Tone, bei diesem Maße der Begeisterung konnte und durfte die Ordnung nicht strenger sein.

Die Versifikation ist im ganzen vortrefflich. Nur das einzige möchte ich erinnern, daß der Dichter nicht die ganze Mannigfaltigkeit benutzt hat, welche die verschiednen Reimstellungen bei dieser freien jambischen Versart darbieten. Fast immer läßt er die Reime so abwechseln, daß ein weiblicher vorangeht, und ein männlicher folgt. Die umgekehrte Abwechslung, und die schöne Verschlingung, wo zwei nebeneinander stehende Reime, männliche oder weibliche, von zwei andern eingeschlossen werden, hat er weit seltner angebracht. Einzelne harte Verse und unechte Reime sind an einem so schönen Werke nur kleine Flecken.

Die Diktion ist völlig harmonisch mit dem Gegenstande. Überall webt der milde Hauch jenes Kunstgefühles, das der Sänger preist, und zaubert dem Gedanken gemäßigte sanfte Formen an. Überall herrscht ein stiller hoher Geist, der sich seiner Stärke, die Seelen zu erschüttern, freiwillig begab, oder auch, in süßer Vertraulichkeit mit allen Göttern des Schönen, auf eine Zeitlang sie vergaß.

Friedrich Schlegel

(Friedrich Schiller, Die Braut von Messina)

Diejenigen, welche länger mit der Wiener Bühne bekannt sind, erinnern sich oft noch schmerzlich an so manchen Verlust, den dieselbe erlitten, besonders an den letzten, allgemein beklagten einer im tragischen Fache bewunderten großen Schauspielerin. – Indessen blühen auch manche jüngere Talente empor, die viel versprechen, und während Schauspieler von schon lange anerkanntem Ruhm denselben in neuern Rollen behaupten, nehmen andre sichtbar an Ausbildung und Sicherheit zu. – Die tätige Leitung des Hrn. Grafen Ferdinand von Pàlffy erregt die besten Hoffnungen für die Fortschritte des Theaters. Besonders rühmlich ist das Bestreben, immer mehrere gehaltvolle Werke der vorzüglichsten Dichter auf die Bühne zu bringen; um so mehr, da der Aufführung solcher Werke nicht selten Schwierigkeiten entgegenstehen, und dieses unter allen das sicherste Mittel ist, die Bühne in ihrer Würde zu erhalten, die Schauspielkunst immer höher zu vervollkommnen, und den öffentlichen Geschmack dauernd zu befriedigen. Unter manchen theatralischen Erscheinungen, von denen wir die wichtigsten und anziehendsten von Zeit zu Zeit erwähnen werden, war Schillers BRAUT VON MESSINA in diesem Winter eine der merkwürdigsten. Es ist dieses Werk des Dichters unstreitig nicht so reich an Gehalt, wie der WALLENSTEIN, nicht so sorgfältig ausgeführt und vollendet wie MARIA STUART, hat nicht die begeisternde Kraft, die hinreißenden Schönheiten einer JUNGFRAU VON ORLEANS, eines WILHELM TELL. Aber wie alle die spätern Werke des Dichters, so ist auch die BRAUT VON MESSINA reich an hohen poetischen Schönheiten, übertrifft vielleicht an theatralischer Wirksamkeit noch die beiden zuerst genannten. Mit der Aufführung hatte man im ganzen volle Ursache, zufrieden zu sein. Vorzüglich gut wurden Don Cäsar und Don Manuel dargestellt, Isabella und Beatrice mit Anstand und sorgfältiger Deklamation; die Chöre wurden von den Chorführern mit der ausdrucksvollsten Würde und Kraft gesagt, und waren fast durchgehends von großer und erhabner Wirkung. Nicht so war dies immer der Fall bei der Wiederholung der Schlußzeilen durch den gesamten Chor. Doch dies ist eine Schwierigkeit, die in dem Stücke selbst liegt. Der Dichter wollte in diesem Trauerspiele die griechische Idee des Schicksals, wie sie in den alten Darstellungen von dem Verhängnis eines Ödipus, seiner unnatürlichen Ehe, und seiner zum Brudermord bestimmten Söhne herrschend ist, in die moderne Zeit übertragen, sie in eine den Sitten der Ritterzeit angemessene Begebenheit neu einkleiden und gleichsam übersetzen. Sehr begreiflich und natürlich ist es daher, daß ihm zu diesem Endzweck die Einführung des griechischen Chors notwendig und unentbehrlich schien. Für diesen Endzweck, und für dieses eine Werk von ganz eigentümlicher Beschaffenheit mag ihm dies sehr glücklich gelungen sein. Im allgemeinen aber wird ein solcher, fast ganz nach der Weise des Griechischen eingerichteter Chor auf unsrer Bühne immer fremdartig bleiben. Wesentlich von dem Chore ist dem Trauerspiele nur, daß die Betrachtung in ihrer ruhigen Hoheit und Würde als Gegensatz der leidenschaftlichen Bewegung und furchtbaren Ereignisse, um das Ganze der tragischen Darstellung zu tragen, und ihm Haltung zu geben, stark hervorgehoben, und von jenem leidenschaftlichen Bestandteile abgesondert werde. Dies kann aber auch auf andere Art erreicht werden, als gerade durch den griechischen Chor, der in seiner ganzen Beschaffenheit zu individuell griechisch ist, als daß er jemals auf einer andern Bühne ganz einheimisch werden könnte.

Eine der Szenen, welche uns die größte Wirkung auf der Bühne zu machen schien, ist die, wo die Mutter und die Söhne sich ihrer Versöhnung gegenseitig freuen, sie ihnen die Rückkehr der Schwester verkündigt, jeder der Söhne ihr seine Liebe, und die Wahl einer Braut offenbart, während der Zuschauer das unglückliche Geheimnis schon weiß, da sie alle drei von einer und derselben reden, schon am Rande des schrecklichen Abgrunds noch kein Unglück ahndend...

Clemens Brentano

(Friedrich Schiller, Die Braut von Messina)

In keinem seiner Werke hat Schiller so nach Gestalt gerungen als in der »Braut von Messina«; die Chöre stehen wie widerhallende Säulen, die Mutter und die Kinder wie die Gruppe der Niobe zwischen ihnen, das Ganze ist beinah architektonisch und steinern; aber es sind tönende Steinbilder, Memnonsäulen der alten Welt, welche klingen, da ihnen die wunderbare Aurora der modernen romantischen Kunst ihre Strahlen an die Stirne legt und sie zauberisch belebt. Der Schreiber dieses hat diese Tragödie nach Schillers Willen und Ansicht in Weimar zuerst aufführen sehen. Das Ganze war ungemein fremd, aber durch die Einfachheit der Fabel, die schöne Symmetrie der Figuren und die reichste Sprache war man bald versöhnt, wie mit allem Gleichgewicht aller Architektur. Es gibt keine Architektur, die auf ewigen Kunstgesetzen ruhend sich in ihrer Vollkommenheit erhebt, welche nicht auch sich dem Gemüte bald befreunde und es beruhige. Die ganze Vorstellung im Sinne des Dichters war ungemein fest, scharf und ruhig. In keiner Vorstellung der neuen deutschen Kunst ist der bestimmte Stand der Figuren so notwendig, denn hier ist alles architektonisch und plastisch; nur Beatrice hat etwas Musikalisches in ihrem Charakter. Man denke sich eine griechische Säulenhalle von schwarzem Marmor, der Boden weiß, die Decke weiß, und auf einer Tafel dieses Bodens ein blutiges Mal, ein tiefblauer, beinah schwarzer Himmel, eine Myrte von klagenden Lüften bewegt ihren Schatten über das Blutmal hinwehend, eine wehmütige süße Stimme (die Brust der Mademoiselle Adamberger enthält diese Töne), welche singt: »Um mich, um mich! ach wo sind die Tränen, wo ist der Tau, der diese

Schuld verlöschen, ach, es ist der Schatten, der sie deckt! Weh, um mich, um mich!« und dann Totenstille, fernes Donnern, ein blutiger Schein des Sonnenuntergangs, daß die ganze weite Marmorebene errötet, dann Nacht und der Vesuv zu sprühen beginnend, und ein fern beleuchtetes Meer, dann ruhiger Himmel, das Gestirn der Dioskuren niederleuchtend und auf einem leichten Boote ruderlos hinschwimmend die Jungfrau und wieder die Stimme: »Um mich, um mich!« – So ist es gedacht; welche Darstellung leistet dies?

Eine wirklich vollkommene Darstellung dieses Werkes liegt nicht in dem Zustand unsrer deutschen Schaubühne, wie sie jetzt ist. Alle Schauspieler müssen in diesem, dem schönstgedachten Werke des edlen, guten, geliebten Dichters ganz reinen Herzens, nur von schöner Kunstwürde bewegter Seele, ohne irgendeinen Beigeschmack irgendeiner Manier, ganz voll reinem, ungebrauchtem, neuem Kunstadel, voll sittlichem Gefühl des Schicklichen, voll Rhythmus, voll höherem Takt, ja voll einer höheren göttlichen Unschuld sein, frei und schuldlos wie die Töne und doch gefesselt und durch Liebe verschlungen wie die Harmonie (nur in Beatrice ist Melodie), denn hier ist kein Gesetz als ein architektonisches, keine Freiheit als hohe, ernste Sitte, kein Zusammenspiel als der Stil, und doch nur der Stil dieses ganz einsamen Kunstwerks allein. Zu einer vollkommenen Aufführung dieses edelsten Werks gehört die strengste Leitung eines tieffühlenden und reinpoetisch fühlenden Denkens, in dem die Gesetze aller Künste vereinigt sind, gehört weiter frömmster Gehorsam aller Spielenden, ja ich würde, wäre nur ein Gemeiner unter den Schauspielern, die Aufführung in ihrer Vollkommenheit für unmöglich halten, denn in dieser Architektur kann kein Stein irgendeinen Makel tragen, ohne den Einsturz zu verursachen; trägt dies herrliche Schiff nur einen Ungerechten, so muß es das Meer verschlingen. Schiller hat nirgends seine Güte, seine Dichterunschuld, seine Liebe zu der Welt so gezeigt, als da er ihrer Schaubühne dieses Werk anvertraute.

Ich habe viele Darstellungen der »Braut von Messina« gesehen, keine vollkommene, mancherlei Annäherungen, viele beinah lächerliche. Die Fabel ist so einfach und so reich zugleich, daß sie nie ihren Zweck verfehlen wird. Sie wird in jedem Fall einen tragischen Eindruck auf die sogenannte gebildete Menge machen, man mag sie im Stil spielen oder in der Theatermanier. Übrigens ist dies Stück ein rechter Braten für Schauspieler, die gern erhabene schöne Sachen sagen, da hat jeder seine Portion. Die diesmalige Vorstellung war in einigen Momenten nicht die schlechteste, in einigen Momenten ganz gut, die Stellung und Gruppierung in allen größeren Zusammenkünften meist gesetzlos, oft sehr fehlerhaft. Die Chöre sprachen recht gut, der Chorführer Don Manuels (Hr. Reil) meist vortrefflich, der dritte Chorführer Don Cesars (Hr. Stegmayer) die wenigen Worte, die er zu sagen hat, ungemein gut. – Die Mutter (Mad. Weißenthurn) muß in andern Rollen oft eine vortreffliche Schauspielerin sein; dies schadet ihr hier. Dieses Stück erlaubt keine fremde Vortrefflichkeit, es hat eine ganz einzige, die ihm allein gehört. Sie sprach nie falsch, meistens zu wirklich wahr, zu voll Empfindung. Wäre die ganze Fabel in einem andern Schauspiel, in einem adligen, modernen Hause, sie hätte vortrefflich gespielt. Sie hat oft eine rührende Stimme, eine reizende Heftigkeit, doch für dieses Werk zu wenig hohen einfachen tragischen Ernst. Sie hatte zuviel Bewegung, zuviel Rührendes, sie spielte gewissermaßen zu gut eine Mutter, der dies geschehen; aber sie war keine Niobe. Ich bin äußerst begierig, sie in ähnlichen Rollen, aber in andern Schauspielen zu sehen, denn sie hat ungemeine Gaben, ein tiefes Gefühl, große Wahrheit; hier aber ist etwas anderes Höheres, das hier auszusprechen der Raum nicht ist. In der Rolle von Hamlets Mutter, bin ich versichert, könnte sie vortrefflich sein; dort ist mehr Natur, menschlichere Bewegung: alle Personen der »Braut von Messina« aber sind Halbgötter; sie stehen in einem einfachen Tempel zwischen der antiken Welt und der modernen, auf einer unberührten Insel der Phantasie. Selbst ihre edle Gestalt und schöne Fülle, der Reiz und Reichtum ihrer Erscheinung würde in der Rolle von Hamlets Mutter die Liebe des Königs zu ihr besser motivieren als bei manchen Schauspielerinnen, welche ich in dieser herrlichen Rolle meist zu alt, zu unmöglich sah. – Einer einzelnen Stelle erinnere ich mich in der »Braut von Messina«, welche sie, man kann nicht sagen vergriffen, denn in dieser ganzen Tragödie hat es mit allem Greifen ein Ende, welche sie in einer Manier gesprochen, die nach allen Kunstgesetzen falsch ist, aber auf dem Theater und bei den unseligen Deklamatioren leider angenommen ist und ihren Effekt macht (alles tut seinen Effekt, pflegte Goethes verewigte kräftige Mutter zu sagen, selbst usw.); dieses ist die malende Manier, die sogar in der Musik meist ans Lächerliche, an die Parodie grenzt. Als sie den Söhnen ihren Traum erzählte, malte sie mit ihrer Stimme alle Ungeheuer, die sie gesehn, und alle ihre Bewegungen; sie malte sie vortrefflich, aber man malt nicht mit Tönen in der Rede, es sei denn, man sagt dabei, ich will auch dies mit Tönen zu malen suchen. Zumsteeg hat diese Manier bis zum Lächerlichsten in seinen durchkomponierten Bürgerschen Balladen, ja man hört dort die Pfarrerstochter von Taubenhain mit Tonruten peitschen. Ich sage nochmal, diese Künstlerin hat vortrefflich gespielt, aber nicht im Stil. Don Manuel (Hr. Korn) war fast durchgängig, was den Stil betrifft, der annähernd vollkommenste, nebst seinem Chorführer; sie waren in gleichem Maße trefflich. Hätten alle so im Stile gespielt, und wäre die Zusammenstellung der Figuren durchgängig architektonischer gewesen, diese Vorstellung wäre nach der Weimarschen eine der besten gewesen. Don Cesar (Hr. Koberwein) war in einigen Momenten mit der Mutter gleich gut, in vielen viel weniger, alle ihre Fehler hatte er in größerem Maße, ihre Tugenden nicht alle. Seine körperliche Haltung ist nicht edel und fest und ragend genug, er hatte zu wenig Aplomb, etwas Schwankendes in der Haltung der Linie. Ein wenig mehr ernste Koketterie, nicht nach lebendigen schönen Frauen, sondern nach schönen Statuen, nach der Antike hin, würde in dieser Rolle seiner angenehmen Gestalt den Adel und die

Ruhe geben, welche hier erfordert wird. Er scheint zu jenen Schauspielern zu gehören, welche bei dem größten Reichtum des Organs und vieler guter Anlage Glücks- und Schoßkinder ihres Selbstgefühls und des in aller Welt so gütigen Publikum geworden sind. Solche herrlichen Talente werden sorglose, lebenslustige Verschwender; kommen sie aber je vor den ewigen Vater der Kunst, so werden sie erstaunen, daß sie verlorene Söhne geworden. Dieser große Reichtum an allem Handwerkszeug, an Stimme, Gestalt und Manier, erzeugt eine Art in sich selbst glücklicher Gaukler in allen Künsten; bald tönen sie schön und deklamieren falsch, bald manierieren sie im Ton und deklamieren richtig, und immer wird die Menge versöhnt, welche sich keine Rechenschaft geben kann. Oft aber sich in ihrem Reichtum herumwälzend trifft es sich, daß sie ganz vortrefflich sind; das ist dann ihr Gloria, ihre Apotheose. Bei weisem Rat und gar keiner Eitelkeit könnte dieser herrlich begabte Mann ein Künstler werden, der das meiste vermöchte. Eines nur hat er in seiner Tonschwelgerei ganz ins Unleidliche übertrieben, es sind die Diphtonge in der Aussprache. Kein i, das er nicht zum ü, kein ei, das er nicht zum eu, kein eu, das er nicht zum äu verüppichte. Das ist das größte Unglück, welches einem hochdeutschen Heros begegnen kann; dänn ös üst eugentlich um keun Haar bösser, als wönn eun ödler Provünzüaldüalöktspröscher, um hochdäutsch zu röten, statt Not Nat, statt Brot Brat, statt Person Persan sprücht. – Dies ist ein Mißgriff, den sehr viele Künstler und Künstlerinnen, ja selbst viele andere Menschen, die zu guter Bildung sich durch Anstalten zu helfen suchen, sich leicht zu Schulden kommen lassen. Es ist ein Fehler (ein größter), der aus übernatürlicher Bemühung zum Guten entsteht. Man will hochdeutscher sprechen, als es möglich ist, und spricht dadurch kein Deutsch mehr. Ich bin begierig, ob dieser Künstler dies allein im erhabenen Fach tut; tut er dies im gewöhnlichen nicht, so darf er es nur unterlassen wollen, und er hat alles aufgegeben, was allein verwerflich an ihm ist, denn er ist ungemein begabt. – Zuletzt wende ich mich an die liebe, süß flehende, reine, oft ganz zauberisch tönende Beatrice. (Dlle. Adamberger), denn sie ist anders gedacht in diesem Gedicht als alles; die übrigen sind die Säulenhalle, die über dem Schuldlosen, Melodischen, Menschlichen zusammenstürzt, sie darf allein ganz Mensch sein, eine Jungfrau, eine Liebende, eine Braut, das ist die Grenze – da sie Tochter, da sie Schwester wird, bricht das Geschick herein, und sie muß kälter, ruhiger werden; dort tritt sie in den Stil des Gedichts, das Haupt der Meduse versteinert die Blume, die sich in dem Schilde des tragischen Schicksals spiegelt. – Daß mir nichts bleibe als ihr Lob, daß ich von diesen Zeilen ganz freudig scheide, stehe der Tadel zuerst. In deklamierten Stellen ein beinah, sage beinah falsches Steigen des Tons am Schlusse des einzelnen Teils in Perioden; in den Erwartung, Überraschung bezeichnenden Stellen des Monologs im Garten einigemal zu schnell, heftig, laut und kühn, und dadurch unwahr. Das ist das Strengste und alles, was ich tadeln kann, und dies gilt nur in deklamierten Stellen, wo das Herz nicht spricht. Aber wo dieses spricht, welches Herz, welche Sprache, welcher unendlich kindlich, schuldlos, mild und menschlich rein klingende Ton der Stimme; kein Gesetz kann so rühren, und doch spricht sie nur. Das Herzlichste aber ist, wenn ihre Stimme aus dem süßesten Flehen, das je aus einer jungfräulichen Brust hervorgegangen, in einem gewissen leisen, ruhigen Ton der heiligsten Selbstbefriedigung sinkt, die wie der Blick eines Leidenden in sein bescheidenes ruhiges reines Herz wirkt. In diesen Momenten ist sie ganz die eigene Natur, da hört alle Kunst auf, da ist der Mensch reicher als die Kunst. Ich habe nie eine Schauspielerin gesehen von solchen herrlichen Gaben. Unter der Leitung der größten Meister könnte sie die größte werden, Sitte und Natur haben ihr alles gegeben, möge es auch die Kunst, denn ich weiß nicht, ob sie genial ist. Dieses ist unter allen Schauspielerinnen Madame Bethmann vielleicht am meisten. Beatrice soll nie eitel werden, so wird sie den Göttern ewig für die freundlichsten Gaben aus goldenen Händen danken können und auf einer durch Natur und Sitte und

Schönheit geheiligten Stufe ihren Gipfel finden. Sie könnte einen Genius spielen, sie ist der ihrige, und wendet sie sich nie von ihm, so wird ihr vielleicht auch der Genius aller, die Kunst, erscheinen. – Sie verzeihe mir, ich mußte reden, wenngleich von solcher Anmut mit Schweigen mehr gesagt wird; da aber ein klarer Spiegel sich durch jede Rede trübt, so wisse sie, daß dies kein Lob, sondern helle klare Parteilichkeit ist. Lebe wohl, Braut von Messina!

August Wilhelm Schlegel

(Schiller, Wilhelm Tell)

Das letzte von Schillers Werken, Wilhelm Tell, ist meines Erachtens auch das vortrefflichste. Hier ist er ganz zur Poesie der Geschichte zurückgekehrt; die Behandlung ist treu, herzlich und bei Schillers Unbekanntschaft mit der Schweizerischen Natur und Landessitte von bewunderns würdiger örtlicher Wahrheit. Es ist wahr, daß er hierin an des unsterblichen Johannes Müllers sprechenden Gemälden eine herrliche Vorarbeit hatte. Im Angesicht von Tells Kapelle am Ufer des Vierwaldstätter Sees, unter freiem Himmel, die Alpen zum Hintergrunde, hätte diese herzerhebende, altdeutsche Sitte, Frömmigkeit und biedern Heldenmut atmende Darstellung verdient, zur halbtausendjährigen Feier der Gründung schweizerischer Freiheit aufgeführt zu werden.

Johann Wolfgang von Goethe

Alemannische Gedichte. Für Freunde ländlicher Natur und Sitten, von J. P. Hebel, Professor zu Karlsruhe. Zweite Auflage 1804.

Der Verfasser dieser Gedichte, die in einem oberdeutschen Dialekt geschrieben sind, ist im Begriff, sich einen eignen Platz auf dem deutschen Parnaß zu erwerben. Sein Talent neigt sich gegen zwei entgegengesetzte Seiten. An der einen beobachtet er mit frischem, frohem Blick die Gegenstände der Natur, die in einem festen Dasein, Wachstum und Bewegung ihr Leben aussprechen und die wir gewöhnlich leblos zu nennen pflegen, und nähert sich der beschreibenden Poesie; doch weiß er durch glückliche Personifikationen seine Darstellung auf eine höhere Stufe der Kunst heraufzuheben. An der anderen Seite neigt er sich zum Sittlich-Didaktischen und zum Allegorischen; aber auch hier kommt ihm jene Personifikation zu Hülfe, und wie er dort für seine Körper einen Geist fand, so findet er hier für seine Geister einen Körper. Dies gelingt ihm nicht durchaus; aber wo es ihm gelingt, sind seine Arbeiten vortrefflich, und nach unserer Überzeugung verdient der größte Teil dieses Lob.

Wenn antike oder andere durch plastischen Kunstgeschmack gebildete Dichter das sogenannte Leblose durch idealistische Figuren beleben und höhere, göttergleiche Naturen, als Nymphen, Dryaden und Hamadryaden, an die Stelle der Felsen, Quellen, Bäume setzen, so verwandelt der Verfasser diese Naturgegenstände zu Landleuten und verbauert auf die naivste, anmutigste Weise durchaus das Universum; so daß die Landschaft, in der man denn doch den Landmann immer erblickt, mit ihm in unserer erhöhten und erheiterten Phantasie nur eins auszumachen scheint.

Das Lokal ist dem Dichter äußerst günstig. Er hält sich besonders in dem Landwinkel auf, den der bei Basel gegen

Norden sich wendende Rhein macht. Heiterkeit des Himmels, Fruchtbarkeit der Erde, Mannigfaltigkeit der Gegend, Lebendigkeit des Wassers, Behaglichkeit der Menschen, Geschwätzigkeit und Darstellungsgabe, zudringliche Gesprächsformen, neckische Sprachweise, so viel steht ihm zu Gebot, um das, was ihm sein Talent eingibt, auszuführen.

Gleich das erste Gedicht enthält einen sehr artigen Anthropomorphism. Ein kleiner Fluß, »die Wiese« genannt, auf dem Feldberg im Östreichischen entspringend, ist als ein immer fortschreitendes und wachsendes Bauernmädchen vorgestellt, das, nachdem es eine sehr bedeutende Berggegend durchlaufen hat, endlich in die Ebene kommt und sich zuletzt mit dem Rhein vermählt. Das Detail dieser Wanderung ist außerordentlich artig, geistreich und mannigfaltig und mit vollkommener, sich selbst immer erhöhender Stetigkeit ausgeführt.

Wenden wir von der Erde unser Auge an den Himmel, so finden wir die großen leuchtenden Körper auch als gute, wohlmeinende, ehrliche Landleute. Die Sonne ruht hinter ihren Fensterläden; der Mond, ihr Mann, kommt forschend herauf, ob sie wohl schon zur Ruhe sei, daß er noch eins trinken könne; der Sohn, der Morgenstern, steht früher auf als die Mutter, um sein Liebchen aufzusuchen.

Hat unser Dichter auf Erden seine Liebesleute vorzustellen, so weiß er etwas Abenteuerliches drein zu mischen wie im »Hexlein«, etwas Romantisches wie im »Bettler«. Dann sind sie auch wohl einmal recht freudig beisammen wie in »Hans und Verene«.

Sehr gern verweilt er bei Gewerb und häuslicher Beschäftigung. »Der zufriedene Landmann«, »Der Schmelzofen«, »Der Schreinergesell« stellen mehr oder weniger eine derbe Wirklichkeit mit heiterer Laune dar. »Die Marktweiber in der Stadt« sind am wenigsten geglückt, da sie beim Ausgebot ihrer ländlichen Ware den Städtern gar zu ernstlich den Text lesen. Wir ersuchen den Verfasser, diesen Gegenstand nochmals vorzunehmen und einer wahrhaft naiven Poesie zu vindizieren.

Jahres- und Tageszeiten gelingen dem Verfasser besonders. Hier kommt ihm zugute, daß er ein vorzügliches Talent hat, die Eigentümlichkeiten der Zustände zu fassen und zu schildern. Nicht allein das Sichtbare daran, sondern das Hörbare, Riechbare, Greifbare und die aus allen sinnlichen Eindrücken zusammen entspringende Empfindung weiß er sich zuzueignen und wiederzugeben. Dergleichen sind: »Der Winter«, »Der Jänner«, »Der Sommerabend«, vorzüglich aber »Sonntagsfrühe«, ein Gedicht, das zu den besten gehört, die jemals in dieser Art gemacht worden.

Eine gleiche Nähe fühlt der Verfasser zu Pflanzen, zu Tieren. Der Wachstum des Hafers, bei Gelegenheit eines »Habermuses« von einer Mutter ihren Kindern erzählt, ist vortrefflich idyllisch ausgeführt. Den »Storch« wünschten wir vom Verfasser nochmals behandelt und bloß die friedlichen Motive in das Gedicht aufgenommen. »Die Spinne« und »Der Käfer« dagegen sind Stücke, deren schöne Anlage und Ausführung man bewundern muß.

Deutet nun der Verfasser in allen genannten Gedichten immer auf Sittlichkeit hin, ist Fleiß, Tätigkeit, Ordnung, Mäßigkeit, Zufriedenheit überall das Wünschenswerte, was die ganze Natur ausspricht, so gibt es noch andere Gedichte, die zwar direkter, aber doch mit großer Anmut der Erfindung und Ausführung, auf eine heitere Weise vom Unsittlichen ab- und zum Sittlichen hinleiten sollen. Dahin rechnen wir den »Wegweiser«, den »Mann im Mond«, »Die Irrlichter«, das »Gespenst an der Kanderer Straße«, von welchem letzten man besonders auch sagen kann, daß in seiner Art nichts Besseres gedacht noch gemacht worden ist.

Das Verhältnis von Eltern zu Kindern wird auch von dem Dichter öfters benutzt, um zum Guten und Rechten zärtlicher und dringender hinzuleiten. Hierher gehören »Die Mutter am Christabend«, »Eine Frage«, »Noch eine Frage«.

Hat uns nun dergestalt der Dichter mit Heiterkeit durch das Leben geführt, so spricht er nun auch durch die Organe der Bauern und Nachtwächter die höheren Gefühle von Tod, Vergänglichkeit des Irdischen, Dauer des Himmlischen, vom Leben jenseits mit Ernst, ja melancholisch aus. »Auf einem Grabe«, »Wächterruf«, »Der Wächter in der Mitternacht«, »Die Vergänglichkeit« sind Gedichte, in denen der dämmernde, dunkle Zustand glücklich dargestellt wird. Hier scheint die Würde des Gegenstandes den Dichter manchmal aus dem Kreise der Volkspoesie in eine andere Region zu verleiten. Doch sind die Gegenstände, die realen Umgebungen durchaus so schön benutzt, daß man sich immer wieder in den einmal beschriebenen Kreis zurückgezogen fühlt.

Überhaupt hat der Verfasser den Charakter der Volkspoesie darin sehr gut getroffen, daß er durchaus, zarter oder derber, die Nutzanwendung ausspricht. Wenn der höher Gebildete von dem ganzen Kunstwerke die Einwirkung auf sein inneres Ganzes erfahren und so in einem höheren Sinne erbaut sein will, so verlangen Menschen auf einer niederen Stufe der Kulter die Nutzanwendung von jedem Einzelnen, um es auch sogleich zum Hausgebrauch benutzen zu können. Der Verfasser hat nach unserem Gefühl das »fabula docet« meist sehr glücklich und mit viel Geschmack angebracht, so daß, indem der Charakter einer Volkspoesie ausgesprochen wird, der ästhetisch Genießende sich nicht verletzt fühlt.

Die höhere Gottheit bleibt bei ihm im Hintergrund der Sterne, und was positive Religion betrifft, so müssen wir gestehen, daß es uns sehr behaglich war, durch ein erzkatholisches Land zu wandern, ohne der Jungfrau Maria und den blutenden Wunden des Heilands auf jedem Schritte zu begegnen. Von Engeln macht der Dichter einen allerliebsten Gebrauch, indem er sie an Menschengeschick und Naturerscheinungen anschließt.

Hat nun der Dichter in den bisher erwähnten Stücken durchaus einen glücklichen Blick ins Wirkliche bewährt, so hat er, wie man bald bemerkt, die Hauptmotive der Volksgesinnung und Volkssagen sehr wohl aufzufassen verstanden. Diese schätzenswerte Eigenschaft zeigt sich vorzüglich in zwei Volksmärchen, die er idyllenartig behandelt.

Die erste, »Der Karfunkel«, eine gespensterhafte Sage, stellt einen liederlichen, besonders dem Kartenspiel ergebenen Bauernsohn dar, der unaufhaltsam dem Bösen ins Garn läuft, erst die Seinigen, dann sich zugrunde richtet. Die Fabel mit der ganzen Folge der aus ihr entspringenden Motive ist vortrefflich, und ebenso die Behandlung.

Ein Gleiches kann man von der zweiten, »Der Statthalter von Schopfheim«, sagen. Sie beginnt ernst und ahnungsvoll, fast ließe sich ein tragisches Ende vermuten; allein sie zieht sich sehr geschickt einem glücklichen Ausgang zu. Eigentlich ist es die Geschichte von David und Abigail, in moderne Bauertracht nicht parodiert, sondern verkörpert.

Beide Gedichte, idyllenartig behandelt, bringen ihre Geschichte als von Bauern erzählt dem Hörer entgegen und gewinnen dadurch sehr viel, indem die wackern naiven Erzähler, durch lebhafte Prosopopöien und unmittelbaren Anteil als an etwas Gegenwärtigem, die Lebendigkeit des Vorgetragenen zu erhöhen an der Art haben.

Allen diesen innern guten Eigenschaften kommt die behagliche naive Sprache sehr zustatten. Man findet mehrere sinnlich bedeutende und wohlklingende Worte, teils jenen Gegenden selbst angehörig, teils aus dem Französischen und Italienischen herübergenommen, Worte von einem, von zwei Buchstaben, Abbreviationen, Kontraktionen, viele kurze, leichte Silben, neue Reime, welches, mehr als man glaubt, ein Vorteil für den Dichter ist. Diese Elemente werden durch glückliche Konstruktionen und lebhafte Formen zu einem Stil zusammengedrängt, der zu diesem Zwecke vor unserer Büchersprache große Vorzüge hat.

Möge es doch dem Verfasser gefallen, auf diesem Wege fortzufahren, dabei unsere Erinnerungen über das innere Wesen der Dichtung vielleicht zu beherzigen und auch dem äußeren technischen Teil, besonders seinen reimfreien Versen, noch einige Aufmerksamkeit zu schenken, damit sie immer vollkommener und der Nation angenehmer werden mögen! Denn so sehr zu wünschen ist, daß uns der ganze deutsche Sprachschatz durch ein allgemeines Wörterbuch möge vorgelegt werden, so ist doch die praktische Mitteilung durch Gedichte und Schrift sehr viel schneller und lebendig eingreifender.

Vielleicht könnte man sogar dem Verfasser zu bedenken geben, daß, wie es für eine Nation ein Hauptschritt zur Kultur ist, wenn sie fremde Werke in ihre Sprache übersetzt, es ebenso ein Schritt zur Kultur der einzelnen Provinz sein muß, wenn man ihre Werke derselben Nation in ihrem eigenen Dialekt zu lesen gibt. Versuche doch der Verfasser, aus dem sogenannten Hochdeutschen schickliche Gedichte in seinen oberrheinischen Dialekt zu übersetzen. Haben doch die Italiener ihren Tasso in mehrere Dialekte übersetzt.

Nachdem wir nun die Zufriedenheit, die uns diese kleine Sammlung gewährt, nicht verbergen können, so wünschen wir nur auch, daß jenes Hindernis einer für das mittlere und niedere Deutschland seltsamen Sprech- und Schreibart einigermaßen gehoben werden möge, um der ganzen Nation diesen erfreulichen Genuß zu verschaffen. Dazu gibt es verschiedene Mittel, teils durch Vorlesen, teils durch Annäherung an die gewohnte Schreib- und Sprechweise, wenn jemand von Geschmack das, was ihm aus der Sammlung am besten gefällt, für seinen Kreis umzuschreiben unternimmt, eine kleine Mühe, die in jeder Sozietät großen Gewinn bringen wird. Wir fügen ein Musterstück unserer Anzeige bei und empfehlen nochmals angelegentlich dieses Bändchen allen Freunden des Guten und Schönen.

Sonntagsfrühe

Der Samstag het zum Sunntig gseit:
»Jez hani alli schlofe gleit;
sie sin vom Schaffe her und hi
gar sölli müed und schlöfrig gsi,
und's gohtmer schier gar selber so,
i cha fast uf ke Bei meh stoh.«

So seit er, und wo's zwölfi schlacht,
se sinkt er aben in d' Mitternacht.
Der Sunntig seit: »Jez isch's an mir!«
Gar still und heimli beschließt er d' Tür;
er düselet hinter de Sterne no,
und cha schier gar nit obsi cho.

Doch endli ribt er d' Augen us,
er chunnt der Sunn an Tür und Hus;
sie schloft im stille Chämmerli;
er pöpperlet am Lädemli;
er rüeft der Sunne: »d' Zit isch do!«
Sie seit: »I chumm enanderno!« –

Und lisli uf de Zeche goht
und fründli uf de Berge stoht
der Sunntig, und's schloft alles no;
es sieht und hört en niemes goh;
er chunnt ins Dorf mit stillem Tritt
und winkt im Guhl: »Verrot mi nit!«

Und wemmen endli au verwacht
und gschlofe het die ganzi Nacht,
se stoht er do im Sinne ›Schi‹
und luegt eim zu de Fenstren i
mit sinen Auge mild und guet
und mittem Meien uffem Huet.

Drum meint er's treu, und was i sag,
es freut en, wemme schlofe mag
und meint, es seig no dunkel Nacht,
wenn d' Sunn am heitere Himmel lacht;
drum isch er au so lisli cho,
drum stoht er au so liebli do.

Wie glitzeret uf Gras und Laub
vom Morgetau der Silberstaub!

Wie weiht e frische Maieluft
voll Chriesi-Bluest und Schleche-Duft!
Und d' Immli sammle flink und frisch,
sie wüsse nit, aß's Sunntig isch.

Wie pranget nit im Garte-Land
der Chriesi-Baum im Maie-Gwand,
Gel-Veieli und Tulipa
und Sterneblume nebe dra,
und gfüllti Zinkli blau und wüß,
me meint, me lueg ins Paredies!

Und's isch so still und heimli do,
men isch so rüeihig und so froh!
me hört im Dorf kei »Hüst« und »Hott«;
»e Guete Tag!« und »Dank der Gott!«
und »'s git gottlobe e schöne Tag!«
isch alles, was me höre mag.

Und's Vögeli seit: »Frili jo!
Potz tausig, jo, er isch scho do:
Er dringtmer scho im Himmels-Glast
dur Bluest und Laub in Hurst und Nast!«
Und 's Distelzwigli vorne dra
het 's Sunntig-Röckli au scho a.

Sie lüte weger 's Zeiche scho,
der Pfarer, schint's, well zitli cho.
Gang, brechmer eis Aurikli ab,
verwüschet mer der Staub nit drab,
und Chüngeli, leg di weidli a,
de muesch derno ne Meje ha!

Ludwig Börne

(August Friedrich Kotzebue, Verlegenheit und List)

Kotzebue ist ein Wucherer, der ein kleines Kapital durch große Zinsen verhundertfacht; ein guter Wirtschafter, der mit wenigem ausreicht; ein geschickter Frauenschneider, der das nämliche Kleid nach jeder wechselnden Mode umgestaltet. Er macht schneller ein Lustspiel als die Welt den Stoff dazu. Er ist leichter zu übertreffen als zu ersetzen. Was Verlegenheit und List darbietet, genießt man zum tausendsten Male mit ungeschwächter Lust. Eine Gasthausstube mit zwei Flügeltüren – ein Onkel – das Schicksal der Christen: die Polizei – ein Kammerdiener und eine Kammerjungfer – viel Liebe und wenig Geld – eine Heirat. Zwei Dinge sind mir in unsern Komödien unerklärlich. Erstens, daß die Hauptgeschichten in Wirtshäusern vorfallen. Ich bin viel gereist, habe aber in der Heimat immer mehr Abenteuer als im Gasthofe erlebt. Es ist natürlich, der Wechsel in Gasthäusern ist zu groß, als daß sich zwei Fremde mehr als streifen können. Wie gelangt man dort gar zu einer Frau? Zweitens fällt mir auf, daß die bedeutendsten Herzens- und Familiengeheimnisse in Gegenwart der Bedienten besprochen werden. Ich kenne die große Welt wenig, die von liebender Beschaffenheit gar nicht; aber bei uns Bürgerlichen ist es nicht Sitte, daß Liebender und Geliebte im Beisein des Kammerdieners und der Kammerjungfer ihre Herzen ineinandergießen, während jene, gleich den Bildern im Spiegel, die rührendsten Gebärden nachäffen. Im gegenwärtigen Lustspiele geschieht es; ja während der junge Baron seinem Onkel flehentlich zu Füßen liegt und um Vergebung seiner Schuld und Schulden bittet, ist die ganze Hausdienerschaft Zeuge der Rührung. Haben vielleicht die vornehmen Leute weniger Stolz und mehr Menschenliebe als die gemeinen, und behandeln sie ihre Diener wie ihresgleichen, oder sehen sie aus Hochmut die Bedienten als Zimmermöbel, als Gipsfiguren an, die man nicht zu beachten brauche?

Adolph Freiherr von Knigge

Hesperus oder 45 Hundstage. Eine Biographie von Jean Paul. Berlin 1795. Erstes Heftlein, zweites, drittes zusammen.

Dies Werk ist von dem Verfasser des Buchs, das den Titel führt »Die unsichtbare Loge« und wovon man in dem 11. Bande unserer Bibliothek eine Rezension findet. Auf diese müssen wir zuerst die Leser verweisen; denn alles, was von jenem, in allem Betrachte ausgezeichneten Produkte ist gesagt worden, paßt auch auf das vorliegende. Hier wie dort herrscht eine Fülle von echtem Witze und unnachahmlicher Laune, von Welt- und Menschenkenntnis, glühende Phantasie, Wahrheit und Wärme in Schilderung von Naturszenen, Familienszenen, Hofszenen und in Darstellung sehr origineller Charaktere; Innigkeit des Gefühls, Stärke des Ausdrucks, feine Satire, Gelehrsamkeit, Belesenheit – kurz, ein Reichtum, der dem Genie und den Kenntnissen des Verfassers Ehre macht; aber dagegen ist denn auch hier wie dort eine ungeheure Menge von Auswüchsen sichtbar: unwahrscheinliche Auflösungen unter die einfachsten Begebenheiten gemischt; Schwärmerei mit kalter Vernunft; fließende, reine Prosa mit hoher poetischer Diktion mit schwülstigem Bombaste und mit wässeriger Geschwätzigkeit abwechselnd; unwürdige Witzelei und ein Haschen nach Sonderbarkeit und nach Gelegenheit, Kontraste zu finden, wobei oft die Mühe, welche man anwenden muß, die Ideenverbindung zu entdecken und dem Verfasser zu folgen, nicht belohnt wird; endlich Digressionen ohne Zahl. Wir müßten die Grenze einer Rezension überschreiten, wenn wir unser Urteil durch Auszüge aus diesem Werke rechtfertigen wollten, das gewiß, bei allen seinen Mängeln und seiner außerordentlichen Dickleibigkeit, dennoch ganz gelesen zu werden verdient. Und hiermit hätten wir denn auch die siebente Bitte des Verfassers in der Vorrede erfüllt und hoffen zugleich, unsre Rezension werde seinen Groll gegen die Kunstrichter, den er so vielfältig äußert, nicht vermehren.

Ludwig Tieck

(August Wilhelm Schlegel, Zueignung des Trauerspiels Romeo und Julie)

Wir haben in der deutschen Poesie nicht leicht etwas von der Zartheit und Feinheit wie das Gedicht Zueignung des Trauerspiels Romeo und Julie von Schlegel. Wie wohllautend ist jeder Vers, und wie freundlich, wie von selbst schmiegen sich die Gedanken an das Silbenmaß! Viele Dichter scheinen noch gar nicht darauf gekommen zu sein, daß die Versart eines Gedichts nicht bloß vom Zufall oder der Gewohnheit abhängen müsse; sie scheinen es gar nicht zu ahnen, daß der Wechsel der Reime und die Länge der Verse, die Komposition der Strophe von einer leisen Regel regiert werden müsse, damit das Silbenmaß als eine feine Musik das Gedicht begleite. Wir haben hierüber noch zu wenig Beobachtungen angestellt, wir haben noch nie untersucht, was das Wesen der Stanze geben könne, oder wo sie anzuwenden sei. Eben so lieblich und hinreißend ist die Romanze Arion von demselben Dichter; hier scheint mir das Silbenmaß und der Gang der Reime außerordentlich schön gewählt: in der bloßen Melodie des Verses liegt etwas Wunderbares und Heiteres. Welcher Ernst herrscht in dem Gedichte Prometheus! In diesem schweren Silbenmaße zeigt der Dichter seine ganze Kunst im Versbau: er ist in keinem Momente in Verlegenheit, alle Härten sind vermieden, und doch bemerkt man das Ausgearbeitete, die errungene Vollendung nicht, sondern das Ganze scheint sich uns das wunderbare Verschlingen der Strophen durch die Reime schon in eine ferne Zeit versetzen; wie ein ernster Strom rauscht ohne Absatz und Pause das Gedicht uns vorüber. Der Dichter hat hier, soviel ich weiß, den ersten und ohne Zweifel völlig gelungenen Versuch gemacht, uns im Deutschen die Terzinen des Dante zu geben. – Wenn ein Dichter sich in solchem Gesange Schwierigkeiten erschafft und sie auf diese Art überwindet, so ist dies ganz etwas anderes, als was man wohl sonst die überwundenen Schwierigkeiten in der Poesie zu nennen pflegt; denn sie sind hier nicht willkürlich, und also ein zufälliges eigensinniges Spiel, sondern der poetische Instinkt hat sie empfunden und erschaffen; sie sind vom Gedichte unzertrennlich, sie sind beide so verwebt, daß man nicht sagen kann, ob sie aus dem Gedichte hervorgegangen oder das Gedicht aus ihnen hervorgegangen ist; es ist eine herrliche magische Erscheinung, die sich nicht wieder wegzaubern läßt, wo Gedanke und Empfindung in jedem Momente zusammenklingt und ein freundlicher, unsichtbarer Genius über jeden Augenblick wacht und unsern Genuß vermehrt, ohne daß wir sagen können, wie es geschieht. Dies ist der große Zauber der Dichter, die Sprache, Silbenmaß und Reim in ihrer Gewalt haben. – Ich zweifle übrigens, daß der größte Teil der deutschen Leser Sinn für diesen Prometheus haben wird.

Ich bin über den Versbau so weitläufig gewesen, weil wir nur selten auf seinen Einfluß oder die jedesmalige Notwendigkeit des Silbenmaßes aufmerksam gemacht werden. Unsre meisten Dichter schreiben in den Versen, in denen sie Routine haben: wo sie Jamben brauchen, könnten Trochäen dieselben Dienste verrichten; andere lassen ihre Romanzen und Trinklieder, verliebte Oden oder Aussichten in die Zukunft in Amphibrachen umherspringen, oder erfinden willkürlicherweise ein Silbenmaß und nachher ein Gedicht, das sich dann wie der Draht durch die Maschine hindurchwinden muß. Manche meinen viel zu tun, wenn sie Reime häufen und das Lied auf zweien oder dreien Füßen fortlaufen lassen, weil es im Deutschen schwer sein soll, es in dieser Manier aus der Stelle zu bringen, oder meinen ein Sonett zu verfertigen, wenn ihre Reimerei aus vierzehn Versen besteht, wo der Schluß des Gedichts oft schon hinter dem fünften oder sechsten Verse ist: diese letztern sollten Bürgers und Schlegels Sonette studieren, die, einige alte deutsche abgerechnet, vielleicht die einzigen sind, die wir in unserer Sprache besitzen. Es wäre zu wünschen, daß uns ein Kritiker von feinem Ohr und reizbarem Sinn irgend einmal aus Goethes Silbenmaßen, aus manchen spanischen und italienischen Dichtern eine eigene Theorie entwickelte, die sich gewiß aus ihnen entwerfen läßt. Oft ist anscheinende Willkürlichkeit nichts als ein strenger Gehorsam gegen ein innres Gesetz, das bis dahin noch nicht ausgesprochen ist, oder sich auch vielleicht nicht aussprechen läßt; dann würde unsere Poesie vielleicht um so eher anfangen, etwas anderes als eine geschmückte Prosa zu sein; dann würden wir vielleicht um vieles eher zum Begriff des echten lyrischen Gedichtes kommen. Für die bessern Leser haben Goethe und einige andere schon dunkel durch die Ausübung gewirkt, die übrigen lassen sich vielleicht nur durch Abhandlungen gewinnen...

Christian Daniel Friedrich Schubart

(Friedrich Hölderlin, Gedichte im Musenalmanach auf das Jahr 1792)

Unser Stäudlin tritt nach einer langen Pause wieder mit einem Musenalmanach hervor, der sich an der Seite keines vorigen schämen darf. Es haben sich da wieder junge Dichter entfaltet, die schöne Hoffnungen duften. Hölderlins Muse ist eine ernste Muse; sie wählt ernste Gegenstände, nur fast immer in gereimten zehnfüßigen Jamben, wodurch seine Gedichte sehr eintönig werden.

August Wilhelm Schlegel

(Hölderlin, Gedichte im Taschenbuch für Frauenzimmer von Bildung auf das Jahr 1799)

Den sonstigen Inhalt des Almanachs möchten wir fast nur auf die Beiträge von Hölderlin einschränken ... Vor den übrigen zeichnen sich die Kleinigkeiten von Hillmar und Siegmar vorteilhaft aus, so wie die innigen elegischen Zeilen von Reinhard (dem französischen Gesandten) an seine Gattin über den Abschied von Deutschland. Die prosaischen Aufsätze sind ganz unbedeutend. Hölderlins wenige Beiträge aber sind voll Geist und Seele, und wir setzen gern zum Belege ein Paar davon hieher:

An die Deutschen ...
An die Parzen ...

Diese Zeilen lassen schließen, daß der Vf. den Gedanken zu einem Gedicht von größerem Umfange mit sich umherträgt, wozu wir ihm von Herzen jede äußere Begünstigung wünschen, da die bisherigen Proben seiner Dichteranlagen, und selbst das hier ausgesprochene erhebende Gefühl ein schönes Gelingen hoffen lassen.

Gustav Schwab

Gedichte von Friedrich Hölderlin. Stuttgart 1826

Diese Gedichte, von dem Verfasser des »Hyperion«, dessen zweite Auflage wir vor einigen Jahren im »Lit. Conversations-Blatt« angezeigt haben, sind etwa in einem Zeitraume von zehn Jahren (1793 – 1803) entstanden; die ersten wurden von Schiller in den »Horen« bekannt gemacht, andere erschienen in Zeitschriften und Taschenbüchern zerstreut, mehrere sind aus den Papieren des Verfassers, dessen Gemütszustand nicht erlaubte, an der Herausgabe Teil zu nehmen, von Freunden seiner Poesie ausgesucht worden und erscheinen hier zum erstenmal öffentlich. Obgleich, besonders in Norddeutschland, jene einzelnen, schon bekannten Gedichte Hölderlins fortwährend gelesen, von verwandten Gemütern mit Begeisterung gehegt und selbst handschriftlich gesammelt wurden, so erfährt doch das große Publikum in Deutschland sicherlich erst durch diese vollständige, gedruckte Sammlung, welch einen herrlichen Dichter es seit mehr als dreißig Jahren in seiner Mitte besaß. Manchen Lesern wird freilich dieses Buch für immer ein verschlossenes bleiben; das viele Leiern hat unsere Lesewelt an eine gewisse Alltäglichkeit in der Poesie gewöhnt, die sie ungern vermißt, und sie wird es zu unbequem finden, mit dem tiefen Sinne dieser Gedichte zu ringen und zu ihrer Unmittelbarkeit und Ursprünglichkeit durchzudringen, die man allerdings nicht inne werden kann, wenn man zur Auffassung dichterischer Eindrücke nichts mitbringt als die Außenseite seines Gemütes, und einer Poesie, die den ganzen Menschen zu durchdringen im Stande wäre, den Zugang zum Innersten des Geistes nicht öffnet. Dagegen werden tiefere Gemüter den ihnen neuen Sänger um so mehr willkommen heißen, und willig werden unsere größten Dichter den Reihen öffnen und dem Ankömmling die verdiente Stelle an ihrer Seite gönnen.

Friedrich Hölderlins Bildungsgeschichte ist einfach. Im liederreichen Schwabenlande (zu Nürtingen im Württembergischen) ums Jahr 1770 geboren und an den blühenden Ufern des Neckars aufgewachsen, studierte er in den Jahren 1788 bis 1793 im theologischen Seminar zu Tübingen, neben einem Schelling und Hegel, Philosophie und Theologie. Es war damals eine rege Zeit für Poesie in seinem Vaterland. Die Schubartsche Schule, wenn man sie so nennen darf, dauerte fort, und mehrere von Hölderlins talentvollen Jugendfreunden, die auch nicht namenlos geblieben sind, wandelten auf diesem gewohnten Pfade weiter; Schiller, in seiner frühesten Bildungsperiode durchaus von Schubart abhängig, hatte sich seit einigen Jahren losgemacht und eine unabhängige, leuchtende Bahn gebrochen; seinem lyrischen Hymnenschwunge scheint Hölderlin eine Zeitlang nachgestrebt zu haben, bis der eigentümliche Genius in ihm die Schwingen zu schlagen anfing. Es wäre interessant, zu wissen, ob und wie weit der persönliche Umgang mit Hölderlins Altersgenossen Hegel und mit dem zwar jüngern, aber früh reifen Schelling auf die Entwicklung unsers Dichters eingewirkt hat. Schellings frühere Schriften waren wohl zu abstrakt, um einen Einfluß auf Hölderlins poetisches Gemüt auszuüben; aber Hölderlins Naturpoesie zeigt eine so wunderbare Verwandtschaft mit Schellings Naturphilosophie, wie sie sich später ausbildete, daß, wenn sich jene unabhängig von dieser letzten entwickelt hat, Hölderlin gewiß den originellsten und genialsten Geistern beizuzählen ist.

Nach Beendigung seiner Studien bekleidete unser Dichter Hauslehrerstellen zu Frankfurt a. M., in Südfrankreich und wieder in Deutschland. Der Anblick der südlichen Natur scheint seiner Phantasie jene reife Glut verliehen zu haben, die wir in allen seinen spätern Liedern bewundern; die französische Revolution, obgleich sie nirgends historisch in seinen Gedichten erscheint, schimmert doch insofern durch, als gar viele der lebhafte Eindruck eines vor den Augen des Dichters schreitenden und arbeitenden Schicksals beseelt; am meisten aber scheint, von den ersten Jahren seines Lebens im Auslande an, eine reine und glühende Jugendliebe sein Dichtergemüt beherrscht und begeistert, und der Tod der Geliebten, die seine Lieder und sein »Hyperion« unter dem Namen Diotima feiern, scheint sein Herz gebrochen zu haben. Hölderlin lebt schon lange Zeit zu Tübingen, aber seit zweiundzwanzig Jahren wandelt nur noch der Schatten des Dichters auf Erden; sein Geist schlummert einem höhern Erwachen entgegen.

Nach dieser kurzen Notiz, die jedoch vielleicht dem Leser über manches einzelne in jenen Gedichten Aufklärung gibt, schreiten wir zur nähern Beleuchtung der Sammlung selbst.

Sollen wir Hölderlins Poesie unter einen Gesichtspunkt zusammenfassen, so sagen wir, daß sich dieselbe in einem Streben offenbart, die Natur in ihrer ewigen und die Menschheit in ihrer ursprünglichen Herrlichkeit zu schauen und darzustellen. Jede Erscheinung der Natur bezieht er auf dieselbe in ihrer Einheit als göttliches Individuum, wenn wir so sagen dürfen; jede Spur menschlicher Schönheit und Tugend, jedes edlere Gefühl in der eignen und in fremder Brust sucht er in einem Urbilde der Menschheit, das er sich in einem ursprünglichen, glücklichen, naturgemäßern Zustande des Menschengeschlechts als wirklich vorhanden gewesen vorstellt, mit unendlicher Verachtung alles Zufälligen, Unwesentlichen, Gemeinen, das der Menschheit in der Erscheinung des wirklichen Lebens anklebt. Diese Betrachtungsweise hat er im Allgemeinen mit Schiller gemein und ist vielleicht durch ihn auf dieselbe geführt worden; aber sie hat mehr Körper bei Hölderlin gewonnen als in Schillers lyrischen Gedichten. Sein Ideal der Menschheit ist unserm Schiller[1] noch immer zu sehr ein Abstraktum, das er sich

1) Es bedarf wohl kaum einer Erinnerung, daß hier nur von Schiller als lyrischem Dichter die Rede ist. In seinen Dramen hat er sich weit über jene Abstraktionen erhoben.

durch Philosophie errungen hat und das er wohl mit glänzenden Gedanken und Bildern umkleidet, dem es aber doch an unmittelbarem Leben gebricht: ein Schattenbild ohne Blut und daher ohne Kolorit; ja, er vergißt sogar nicht, zu versichern, daß es nicht vorhanden sei und nicht vorhanden sein könne. Selbst Schillers Ideal der Natur wird von ihm entweder ins leere Reich der Möglichkeiten verwiesen (wie in »Ach, aus dieses Tales Gründen« usw.), oder er kann es nicht festhalten, ohne es seinen allerdings herrlichen ethischen Ideen unterzuordnen (wie im »Spaziergang«). Und doch soll die Poesie jedes Ideal als selbständig behandeln, sie soll auch an jedes glauben, als wirklich existierend glauben, und gerade durch das Letztere unterscheidet sie sich von der Philosophie. Hölderlin hat beides getan: die Natur lebt bei ihm und lebt für sich, aber sie liebt es, dem verwandten Menschengeiste sich kund zu geben; sie spricht zu ihm, sie macht sich ihm, wie er ihr, auf alle Weise verständlich. Dieses selige Zweigespräch hat, nach Hölderlins poetischem Glauben, wirklich einmal stattgefunden, es nachzusagen, ist das Tagwerk seiner Muse. Unter dem südlichen Himmel sucht er die Natur in ihrer ursprünglichen Glorie; was seine Heimat, der Norden, Schönes hat, sind ihm nur Reminiszenzen, teure, unschätzbare Fragmente jenes Urlebens der Natur im Süden; und wie er eine wirklich vorhandene Urnatur in der Ferne des Raumes findet, ebenso sucht er die wahre Menschheit wirklich und wahrhaft in der Zeit, aber auch in einer fernen, vergangenen, in der Welt der Griechen. Dort schwelgt seine Sehnsucht im goldenen Zeitalter, wo der Mensch in Unschuld, aber mit Bewußtsein, an Leib und Seele, die Fülle aller Anlagen und Kräfte genoß. Diese herrliche Natur und Zeit weist er aus Anschauung und Geschichte nach, und nirgends lauert in seinen Gedichten die philosophische Antwort des Skeptizismus: »Diese Welt ist doch nur im Reich der Träume vorhanden!«

Übrigens haben die ersten Gedichte der Sammlung, noch in gereimten Versen geschrieben, der Form und zum Teil der Anschauungsweise nach, noch alle Ähnlichkeit mit

Schillers lyrischen Gedichten; namentlich erinnert das Gedicht »Griechenland« (ohne Zweifel an den Dichter Stäudlin gerichtet), das auf das große Publikum den meisten Eindruck machen möchte, lebhaft an »Die Götter Griechenlands«. Auch das erste Lied, »Das Schicksal« betitelt, behandelt so ziemlich eine abstrakte Idee, den Gedanken des dritten Verses: »Der Not ist jede Lust entsprossen!« aber die Ausführung gründet sich doch nicht auf bloße Abstraktion, ja, wir möchten zuversichtlich behaupten, daß die Anschauung einer großen und furchtbaren Gegenwart – wie wir schon oben angedeutet haben – schon in diesem ohne Zweifel frühen Liede mächtig und echt poetisch auf den Dichter gewirkt habe. Man höre ihn singen:

Mit ihrem heil'gen Wetterschlage,
Mit Unerbittlichkeit vollbringt
Die Not an einem großen Tage,
Was kaum Jahrhunderten gelingt;
Und wenn in ihren Ungewittern
Selbst ein Elysium vergeht,
Und Welten ihrem Donner zittern,
Was groß und göttlich ist, besteht.
O du Gespielin der Kolossen,
O weise, zürnende Natur,
Was je ein Riesenherz beschlossen,
Es keimt in deiner Schule nur;
Wohl ist Arkadien entflohen,
Des Lebens bessre Frucht gedeiht
Durch sie, die Mutter der Heroen,
Die eherne Notwendigkeit.

Allmählich werden diese gereimten Gedichte unabhängiger (wenigstens von Schiller; fühlbarer in ihnen sind noch die Tragiker Äschylos und Sophokles); sie werden zur echten Lyrik, die allen rhetorischen Schmuck verschmäht, an welchem Hölderlins zum Teil ältere Freunde, wie z.B. ein Stäudlin, von dem jungen Dichter redlich bewundert, fast alle krankten; dabei offenbart sich in ihnen eine seltene plastische Anschauung des griechischen Altertums. So singt die Hymne, die »Dem Genius der Kühnheit« geweiht ist:

Wie nun im jugendlichen Kriege
Heroenkraft mit der Natur sich maß!
Ach, wie der Geist, vom wunderbaren Siege
Berauscht, der armen Sterblichkeit vergaß!
Die stolzen Jünglinge, die kühnen!
Sie legten froh dem Tiger Fesseln an,
Sie bändigten, von staunenden Delphinen
Umtanzt, den königlichen Ozean.

Oft hör' ich Deine Wehre rauschen,
Du Genius der Kühnen! und die Lust,
Den Wundern Deines Heldenvolks zu lauschen,
Sie stärkt mir oft die lebensmüde Brust;
Doch weilst Du freundlicher um stille Laren,
Wo eine Welt der Künstler kühn belebt,
Wo um die Majestät des Unsichtbaren
Ein edler Geist der Dichtung Schleier webt!

Den Geist des Alls und seine Fülle
Begrüßte Mäons Sohn auf heil'ger Spur,
Sie stand vor ihm, mit abgelegter Hülle,
Voll Ernstes da, die ewige Natur;
Er rief sie kühn vom dunkeln Geisterlande,
Und lächelnd trat in aller Freuden Chor,
Entzückender im menschlichen Gewande,
Die namenlose Königin hervor.

In dieser Hymne herrscht auch schon jene unmittelbare Sprache der Lyrik, die so selten ist; schnell bezeichnende, innige, einfache, in jener Zeit noch frische und unabgenützte, Beiwörter werfen ihr helles Streiflicht auf ganze Perioden. Von dem Genius der Kühnen z. B. heißt es:

Wie seinen Blitz aus hohen Wetternächten
Der Donnerer auf lange Tale streut,
So zeigtest Du entarteten Geschlechten
Der Riesen Sturz, der Völker Sterblichkeit.

Das hohe Lied der Liebe an »Diotima« ist ganz aus jener oben von uns angedeuteten Ansicht hervorgegangen, die alles Große und Schöne der Menschennatur in einem ewigen Urbilde schaut, dessen Abbild die Liebe auf Erden sucht und in Wahrheit findet:

Diotima! edles Leben!
Schwester, heilig mir verwandt!
Eh' ich Dir die Hand gegeben,
Hab' ich ferne Dich gekannt.
Damals schon, da ich in Träumen,
Mir entlockt vom heitern Tag,
Unter meines Gartens Bäumen
Ein zufriedner Knabe lag,
Da in leiser Lust und Schöne
Meiner Seele Mai begann:
Säuselte wie Zephyrstöne,
Göttliche! Dein Hauch mich an.

Aber jene Bewunderung der Geliebten ist nicht die gewöhnliche passive Anbetung des Jünglings, der sich selbst im Lied erniedrigt und zum Nichts macht, um den Gegenstand seiner Liebe zu verherrlichen. Unser Dichter fühlt das Höchste der Menschheit auch in seinem eignen Selbst, und fast widerstrebend unterwirft er sich dem Ideale, das ihm die Liebe vorhält:

Sommerglut und Frühlingsmilde,
Streit und Friede wechselt hier
Vor dem stillen Götterbilde
Wunderbar im Busen mir;
Zürnend unter Huldigungen,
Hab' ich oft beschämt, besiegt,

Sie zu fassen schon gerungen,
Die mein Kühnstes überfliegt;
Unzufrieden im Gewinne,
Hab ich stolz darob geweint,
Daß zu herrlich meinem Sinne
Und zu mächtig sie erscheint.

Mit diesem Liede enden die gereimten Gedichte, und von S. 23 nehmen die reimlosen, in den Silbenmaßen des klassischen Altertums verfertigten ihren Anfang. So sehr wir bedauern müssen, daß Hölderlin dem Reime, den er so scheinbar kunstlos und doch kühn und sicher handhabte, untreu geworden, so können wir uns doch diesen Entschluß wohl erklären. In den Jahren, in welche Hölderlins selbständige poetische Ausbildung fällt, hatte die gereimte Poesie unter Schillers Feder gerade einen neuen und eigentümlichen Aufschwung genommen; unser Dichter hatte mit Begeisterung diese Bahn betreten, als ihn auf einmal eine Furcht angewandelt zu haben scheint, auf diesem Wege zum Nachtreter zu werden und seine Originalität zu verlieren: eine Furcht, die uns nicht ganz ungegründet erscheint, wenn wir mehrere seiner gereimten Lieder mit Schillers moralischen, philosophischen und künstlerischen Triumphliedern vergleichen. So scheu geworden, wandte er sich zu den antiken Metren, in welchen bisher Klopstock sich zwar mit Würde, aber doch nur so bewegt hatte, daß die Poesie allzu oft in den Fesseln der Form erstarrte, und in welchen nach ihm nur rhetorischer Bombast oder nackte Philosophie einhergeschritten war. In dieser Gestalt hoffte Hölderlin, mit seinen naturpoetischen Ergießungen nicht so leicht durch die Form selbst verführt zu werden und ins Gebiet des Alltäglichen hinüber zu geraten, und wirklich erscheint er auch in diesen an und für sich seinen Stoffen vielleicht nicht besonders günstigen Silbenmaßen, doch mit neuer Kraft ausgerüstet, und in einer Eigentümlichkeit, die ihn kein anderer Dichter mehr streitig macht. Silbenmesser werden freilich den Kopf schütteln, denn Prosodie und Metrik sind vielfach verletzt und vernachlässigt[1], aber trotz dieser Unvollkommenheit haben seine Metra innere Melodie, und gewiß, wenn Hölderlin sie vorlas, so schienen sie dem Hörer die Gesetze des Versmaßes nirgends zu beleidigen; jene innere Harmonie, die ausgleichend durch das Ganze tönt, macht alle scheinbaren Mißklänge wieder gut. Überhaupt, so schlecht Stümpern eine solche Nachlässigkeit steht, die nur durch eine gewisse, korrekte Belecktheit ihre Blöße decken können, so gern überhört man Härten und Unregelmäßigkeiten beim wahren Dichter. Noch immer sind die Sprachverletzungen der Schöpfer unserer romantischen Schule nicht nur leidlich und verzeihlich, sie ergötzen sogar fast immer als Kraftanstrengungen des dichterischen Genies, das die Bande einer oft allzu willkürlichen Grammatik zu sprengen droht; ewig aber unerträglich sind ebendieselben an allen geistlosen Nachahmern.

In den reimlosen Poesien Hölderlins ist nicht mehr die Liebe der einzige, selbst nicht, wenigstens nicht als unmittelbares Gefühl, der vorherrschende Stoff; oder vielmehr, diese Liebe ist geschlechtslos, sie ist Liebe zur Natur, zum Universum und dessen vollendeter Projektion in der Schöpfung des Südens und der Entwicklung des Griechenvolkes geworden. Und da ist dem Hölderlin besonders herrlich darin, daß bei seiner Tendenz und seltenen Gabe, das All in seiner Einheit naturpoetisch darzustellen, seine Poesie doch jede Idee auf festem, irdischen Grund und Boden bis in ihre individuellsten Teile verfolgt und entwickelt, ja selbst die speziellsten Lokalitäten nicht verschmäht, und nachdem er in den Sandwüsten Afrikas der Brandstätte des ewig sich erneuernden Phönix Natur nachgespürt, oder in den Paradiesen von Hellas und Kleinasien geschwelgt, er mit zärtlicher und inniger Genügsamkeit an die Ufer des Rheins, des Mains und selbst seines Neckars zurückkehrt. Ein Beweis, statt vieler, mag zu-

1) Und der Setzer hat vollends das Seinige dazu beigetragen, an manchen Stellen eine vollkommene Verwirrung anzurichten.

gleich als Probe seiner Poesie im reimlosen Genre hier stehen.

Der Wanderer

Einsam stand ich und sah in die afrikanischen dürren
Ebnen hinaus, vom Olymp regnete Feuer herab.
Fernhin schlich das hagre Gebirg wie ein wandelnd Gerippe,
Hohl und einsam und kahl blickt' aus der Höhe sein Haupt.
Ach, nicht sprang mit erfrischendem Grün der schattende Wald hier
In die säuselnde Luft üppig und herrlich empor,
Bäche stürzten hier nicht in melodischem Fall vom Gebirge,
Durch das blühende Tal schlingend den silbernen Strom.
Unter dem Strauche saß ein ernster Vogel gesanglos,
Ängstlich und eilend flohn wandernde Störche vorbei.
Nicht um Wasser rief ich dich an, Natur, in der Wüste,
Wassers bewahrte mir traulich das fromme Kamel,
Um der Haine Gesang, um Gestalten und Farben des Lebens
Bat ich, vom lieblichen Glanz heimischer Fluren verwöhnt.
Aber ich bat umsonst; du erschienst mir feurig und herrlich;
Aber ich hatte dich einst göttlicher, schöner gesehn.
Auch den Eispol hab' ich besucht...

Mutter Erde, rief ich, du bist zur Witwe geworden,
Dürstig und kinderlos lebst du in einsamer Zeit.
Nichts zu erzeugen und nichts zu pflegen in sorgender Liebe,
Alternd, im Kinde sich nicht wiederzusehn, ist der Tod.
Aber vielleicht erwarmst du, vielleicht am Strahle des Himmels

Aus dem dürftigen Schlaf schmeichelt sein Odem dich auf;
Und wie ein Samenkorn durchbrichst du die eherne Hülse,
Und die knospende Welt windet sich schüchtern heraus.
Deine gesparte Kraft flammt auf in üppigem Frühling,
Rosen glühen, und Wein sprudelt im kärglichen Nord.
Aber jetzt kehr' ich zurück an den Rhein, in die glückliche Heimat,
Und es wehen wie einst zärtliche Lüfte mich an.
Fröhlich baden im Strome den Fuß die glühenden Berge,
Kränze von Zweigen und Moos kühlen ihr sonniges Haupt.
Und, wie die Kinder hinauf zur Schulter des herrlichen Ahnherrn,
Steigen am dunkeln Gebirg Festen und Hütten hinauf usw.

Wir haben mit Mühe der Versuchung widerstanden, das ganze Gedicht abzuschreiben. In gleichem Geiste sind »Der Neckar«, »Der Main« und die Ode auf »Heidelberg«. Welcher Maler kann ein schöpferischer Bild jener Landschaft entwerfen als unser Sänger in diesen Strophen:

Aber schwer in das Tal hing die gigantische
Schicksalskundige Burg nieder, bis auf den Grund
Von den Wettern gerissen;
Doch die ewige Sonne goß
Ihr verjüngendes Licht über das alternde
Riesenbild, und umher grünte lebendiger
Efeu; freundliche Wälder
Rauschten über die Burg herab.
Sträuche blühten herab, bis wo im heitern Tal,
An den Hügel gelehnt, oder dem Ufer hold,
Deine fröhlichen Gassen
Unter duftenden Gärten ruhn.

Von allen den verklärten Naturbildern in der Galerie dieser Gedichtsammlung ist keines herrlicher als die lange und doch in keinem Vers, in keinem Wort ermüdende Hymne, die dem »Archipelagus« geweiht ist. Griechenlands Natur und Geschichte hat sich dem geistigen Auge des Sängers wie gegenwärtig geoffenbart; dies Gedicht zeigt wie nicht leicht ein anderes, daß die höchste Poesie auch die höchste Wahrheit ist. Wer dasselbe in ein Gemüt aufnimmt, dem der gehörige Hintergrund von eigner Phantasie nicht fehlt, wird sich nach der Lesung desselben sagen müssen: Ja, der Verfasser ist im Geist wirklich und wahrhaftig im Lande der Hellenen gewesen! Auch ist nie das Wesen des klassischen Altertums mit romantischerer Sehnsucht aufgefaßt worden. Der Raum gestattet uns so wenig von diesem als von andern Naturliedern weitere Proben hier zu geben. Überall in der Natur ahnet der Dichter die Weltseele: im gefesselten Strom, im Sonnenuntergang, im Morgen und Abend, im Winter (der zugleich wunderbar als Folie zur Verherrlichung des Menschen dient.) Aber in seinem Naturdienst ist keine Abgötterei sichtbar, er ist vielmehr wahre Frömmigkeit, gemischt mit tiefer Wehmut, daß niemand mehr das Göttliche in der Natur erkennt und ehrt. Dies sprechen Stellen aus wie:

> ... eben ist's,
> Daß ich gelauscht, wie goldner Töne
> Voll, der entzückende Sonnenjüngling
> Sein Abendlied auf himmlischer Leier spielt';
> Es tönten rings die Wälder und Hügel nach,
> Doch fern ist er zu frommen Völkern,
> Die ihn noch ehren, hinabgegangen!

und das kleine Gedicht:

> Die scheinheiligen Dichter.
> Ihr kalten Heuchler, sprecht von den Göttern nicht,

Ihr habt Verstand; Ihr glaubt nicht an Helios,
Noch an den Donnerer und Meergott.
Tod ist die Erde, wer mag ihr danken?
Getrost, Ihr Götter! zieret Ihr doch das Lied.
Wenn schon aus Euren Namen die Seele schwand,
Und ist ein großes Wort vonnöten,
Mutter Natur! so gedenkt man deiner!

Auch die kleinen Spruchgedichte sind voll solcher Empfindungen. Von menschlichen Verhältnissen sind dem Dichter diejenigen die teuersten, die in der Natur wurzeln: die Jugend mit ihrer Kraft und Aufopferungsfähigkeit, die Liebe, nicht nur die Geschlechtsliebe, sondern auch besonders die Verwandtenliebe, der zwei herrliche Gedichte gewidmet sind: »Das Ahnenbild« und »Die Heimat«. Abscheu erregt ihm, als dem echten Dichter, das praktische Leben, im Gegensatze gegen das Naturleben, sobald das letztere von jenem gestört oder gar zerstört wird. Im Fragmente »Der Mensch« heißt es:

Ach, darum treibt ihn, Erde! vom Herzen dir
Sein Übermut, und deine Geschenke sind
Umsonst, die zärtlichen, zu hoch schlägt
Immer und immer der stolze Busen.
Von seines Ufers duftender Wiese muß
Ins blütenlose Wasser hinaus der Mensch,
Und glänzt' auch, wie die Sternennacht, von
Goldenen Früchten sein Hain, doch gräbt er
Sich Höhlen in den Bergen und späht im Schacht,
Von seines Vaters heiligem Strahle fern,
Dem Sonnengott auch ungetreu, der
Knechte nicht liebt und der Sorgen spottet.
Ach, freier atmen Vögel des Walds, wenn schon
Des Menschen Brust sich wilder und stolzer hebt,
Sein Trotz wird Angst, und seines Friedens
Blume, die zärtliche, blüht nicht lange.

Immer verklärter wird des Dichters Liebe zu Diotima, immer klarer spricht sich der Gedanke aus, daß die Liebe als Opfer des Zwists zwischen den Göttern (dem Unendlichen) und den Menschen (dem Endlichen) untergehen muß. Dies ist namentlich der Grundgedanke des herrlichen Liedes »Der Abschied«. Der Tod der Geliebten besiegelt diesen Glauben; aber mit dem Untergang seiner Liebe wird auch das Leben des Dichters selbst aus den Wurzeln gerissen, und in den tiefsinnigen naturphilosophischen Elegien: »Menons Klage um Diotima« finden sich schon bestimmte, mit allem Selbstbewußtsein ausgesprochene Vorahnungen des Schicksals, das den unglücklichen Sänger erwartete:

> Immer kannst du's noch nicht, o meine Seele, noch kannst du's
> Nicht gewohnen und träumst mitten im eisernen Schlaf!

und:

> Darum irr' ich umher und wohl wie die Schatten, so muß ich
> Leben, und sinnlos dünkt lange das Übrige mir.

und besonders:

> Dies ist's, dies mein Gebrechen, ich weiß, es lähmet ein Fluch mir
> Darum die Sehnen und wirft, wo ich beginne, mich hin,
> Daß ich fühllos sitze den Tag und stumm wie die Kinder,
> Nur vom Auge mir kalt öfters die Träne noch schleicht,
> Und die Pflanze des Felds und der Vögel Singen mich trüb macht,

Weil mit Freuden auch sie Boten des Himmlischen sind,
Aber nur in schauernder Brust die beseelende Sonne
Kühl und fruchtlos mir dämmert wie Strahlen der Nacht,
Ach! und nichtig und leer, wie Gefängniswände der Himmel,
Eine beugende Last, über dem Haupte mir hängt.

Auf diesen bewußten Schwanengesang folgen in der Sammlung bald die Beweise, daß die Verzweiflung des Dichters keine hohle und sentimentale war; wirkliche Spuren sichtbarer Geistesverwirrung, an den Wahnwitz streifende Satzfügungen stellen sich mitten unter den erhabensten Gedanken und Bildern in den Gedichten: »Andenken« und »Die Wanderung« ein. Selbst das (bisher ungedruckte) Fragment des Trauerspiels »Der Tod des Empedokles« enthält neben vielem sogleich in seiner Herrlichkeit Verständlichen, sowohl in der Anlage, soweit auf sie geschlossen werden kann, als im Einzelnen, eine Menge Rätsel, die gewiß der Dunkelheit, die man in den Schriften des Helden Empedokles rühmte, Ehre machen müßten.

Die Pepromene (mit diesem Namen der Tragödie bezeichnet unser Dichter am liebsten die Schicksalsgöttin) hat unsern Dichter nur allzu bald beim Wort genommen. Frühe und furchtbareigentümliche Erhörung fand sein Gebet »An die Parzen«, mit welchem diese Anzeige schließen mag:

Nur Einen Sommer gönnt, ihr Gewaltigen,
Und Einen Herbst zum reifen Gesange mir,
Daß williger mein Herz, vom süßen
Spiele gesättigt, dann mir sterbe!
Die Seele, der im Leben ihr göttlich Recht
Nicht ward, sie ruht auch drunten im Orkus nicht;
Doch ist mir einst das Heil'ge, das am
Herzen mir liegt, das Gedicht gelungen:

Willkommen dann, o Stille der Schattenwelt!
Zufrieden bin ich, wenn auch mein Saitenspiel
Mich nicht hinabgeleitet; Einmal
Lebt' ich wie Götter, und mehr bedarf's nicht!

August Wilhelm Schlegel

1. Ritter Blaubart. Ein Ammenmärchen, von Peter Leberecht. Berlin 1797
2. Der gestiefelte Kater, ein Kindermärchen in drei Akten mit Zwischenspielen, einem Prologe und Epiloge, von Peter Leberecht. Aus dem Italienischen. Erste unverbesserte Auflage. Bergamo, auf Kosten des Vfs. bei Onorio Senzacolpa. 1797

Wer von unsern Lesern hat nicht in seiner Kindheit mit unendlichem Behagen und Entsetzen das berühmte Märchen von Barbe-bleue erzählen hören? Hier hat es ein Dichter gewagt, gewiß ein Dichter im eigentlichen Sinne, ein dichtender Dichter, diesen unscheinbaren Stoff zu einer ausführlichen dramatischen Darstellung zu entfalten. Er hat dabei, um dem luftigen Nichts eine örtliche Wohnung und einen Namen zu geben, die Szene nach Deutschland versetzt und das deutsche Ritterkostüm gewählt. Aber wenn man sich etwa nach dieser Angabe das Buch als einen dialogisierten Ritterroman bestens empfohlen sein lassen sollte, so müssen wir der Täuschung vorbeugen. Der Verfasser ist ein wahrer Gegenfüßler unsrer gewappneten ritterlichen Schriftsteller: da diese nur darauf arbeiten, das Gemeinste, Abgedroschenste als höchst abenteuerlich, ja unnatürlich vorzustellen, so hat er sich dagegen bemüht, das Wunderbare so natürlich und schlicht als möglich, gleichsam im Nachtkleide, erscheinen zu lassen. Wie leicht wären hier ein Burgverließ nebst den beweglichsten Ausrufungen, ein geheimer Orden von Blaubärten, Geister u. dgl. m. anzubringen gewesen. Was für verabscheuungswürdige teuflische Dinge hätten sich dem vortrefflichen Bösewicht Blaubart in den Mund legen lassen. Aber nichts von dem allen. Anfangs könnte man den Ritter für nichts weiter als einen rüstigen, heiratslustigen Krieger halten; daß sein Bart blau ist, daß er mit seinen besiegten Feinden übel umspringt, und es eben in der Art hat, seine Weiber aufzuknüpfen, wenn sie neugierig sind, kommt nur so gelegentlich und ohne viel Aufhebens an den Tag. Ja wenn sich die Sitte mit dem Aufhängen rechtfertigen ließe, so würde es dem Blaubart durch die nachdrücklichen Gründe gelingen, womit er zu zeigen sucht, Neugier sei der Keim der ärgsten Laster. Dies ist in der Natur: nur in den schlechten Schauspielen reden die Tugendhaften von ihrer Tugend und die Bösewichter von ihrer Abscheulichkeit. Die übrigen Charaktere geben sich ebenfalls nicht für dieses oder jenes: sie sind wie sie sind, ohne zu wissen, daß es auch anders sein könnte. Die der muntern Agnes, welche Blaubarts Frau wird, zugesellte Schwester ist unaufhörlich mit ihrem abwesenden Geliebten beschäftigt, während jene nichts von der Liebe begreift, und nur immer zu reisen und neue Herrlichkeiten zu sehen wünscht. Eben so artig sind die drei Brüder der Agnes zusammengestellt, der vernünftige und vorsichtige, der leichtsinnige Abenteurer, und der schwermütig grübelnde. Es ist gar drollig, wie der letzte in der Sprache des gemeinen Lebens tiefsinnig philosophiert, und die andern in das Innre seines Gemüts zu führen sucht, die ihn denn immer nicht verstehen. So erwidert er, nachdem er witzig geschildert hat, wie sein wilder Bruder denkt oder vielmehr nicht denkt, auf die Frage der Agnes: aber wie denkst du denn?

SIMON: Ich? – das ist eben die Schwierigkeit und meine Unruhe; – seht, es ist schwer zu denken, auf welche Art man denkt: denn, versteht, das, was gedacht wird, soll denken: ein Casus der einen sonst ganz vernünftigen Menschen wohl toll machen könnte.

AGNES: Wieso?

SIMON: Siehst du, jetzt verstehst du mich gar nicht, weil du auf die Gedanken noch gar nicht gekommen bist. – Siehst du, ich denke, und mit dem Zeuge, womit ich denke, soll ich denken, wie dieses Zeug selbst beschaffen sei. Es ist pur unmöglich. Denn das, was denkt, kann nicht durch sich selbst gedacht werden.

AGNES: Es ist wahr, darüber könnte man wirklich toll werden.

Simon: Nun seht ihr, und doch fragt ihr immer noch, warum ich melancholisch bin?

Dieser Hang ist nicht müßig in dem Gange des Stücks: die Erscheinung der Brüder in dem entscheidenden Augenblicke, wo Agnes umgebracht werden soll, wird dadurch herbeigeführt; Simon hat nämlich traurige Ahnungen von dem Schicksale seiner Schwester gehabt. Alles, was den wesentlichern Teil der Handlung ausmacht, von der Zeit an, wo Blaubart abreist und der Agnes die Schlüssel zurückläßt, mit der Warnung, nicht in das siebente Zimmer zu gehen, bis zu seiner Rückkehr: wie ihre Neugier von der leisesten Anregung allmählich zu einer unwiderstehlichen Gewalt steigt; die Beschreibung ihres Eintritts in die schreckliche Kammer; ihr Zustand der höchsten Angst und erhitzten, zerrütteten Phantasie; wie sie dem Blaubart durch schlaue Wendungen den Schlüssel noch einige Zeit vorenthalten will; alles dies ist mit Meisterhand den echtesten Zügen der Natur nachgezeichnet. Man könnte wünschen, daß die vorhergehenden Szenen rascher zu diesem Ziele eilten, und durch das Wegbleiben einiger fast nur episodischer Personen hätte das Stück wohl nicht viel eingebüßt. Wir meinen dies nicht von dem Narren und dem Ratgeber: sie sind ein Paar Karikaturen, die wir ungern entbehren würden. Der Narr legitimiert sich durch genialische Einfälle, und bezahlt allenfalls mit für den Platz des sehr weisen, aber sehr wenig gescheiten Ratgebers. Von beiden gilt, was der Dichter in dem eben so gefälligen als sinnvollen Prolog sagt:

> Wie Schatten auf- und abwärts schweben, laßt
> Durch Traumgestalten euch ergötzen, stört
> Mit hartem Ernste nicht die gaukelnden;

und auf die zu große Länge des Stücks möchten wir anwenden, was der Narr von seinem Hange zum Plaudern sagt: »es ist doch bald vorbei, wenn man redet, und da lohnt's der Mühe nicht, daß man es so genau nimmt«. In der Tat wird man beim Lesen durch die klare besonnene Darstellung so leicht fortgezogen, wie man auf einem gebahnten Wege fährt, dessen Länge man nicht aus dem häufigen Rütteln abnehmen kann. Hier und da sind artige Liederchen eingeflochten, z. B.:

Beglückt, wer an des Treuen Brust
In voller Liebe ruht!
Kein Kummer naht und stört die Lust,
Nur heller brennt die Glut.

Kein Wechsel, kein Wanken;
Zum ruhigen Glück
Fliehn alle Gedanken
Der Ferne zurück:

Und lieber und bänger
Drückt Mund sich an Mund
So inn'ger, so länger;
Von Stunde zu Stund
Beschränkter und enger
Der liebliche Bund.

und wenn es nicht unerlaubt wäre, von einem Dichter etwas in einer andern Art zu fordern, als er hat leisten wollen, so wünschten wir, der Verfasser hätte seinem Talent von dieser Seite mehr Spielraum gegeben, und auch einen Teil des Dialogs, versteht sich mit aller Freiheit, versifiziert.

Wenn Lesern, welche durch die ohnmächtige Überspannung bloß leidenschaftlicher Darstellungen verwöhnt sind, Ton und Weise hier zu ruhig und gelinde vorkommen sollte, so kann es dem Verfasser ein Beweis sein, daß er seine Umrisse recht rein und einfach gezogen hat. Denn offenbar ist es nicht Mangel, sondern überlegte Mäßigung, wenn er nicht grellere Farben dicker aufträgt.

Überhaupt sind aber Kinder im Fache der Märchen wohl die besten Kenner, und es ist eine mißliche Sache, sie Erwachsenen vorzutragen. Diese haben meistens schon zu vielerlei im Kopfe, um sich einem ganz unbefangenen Spiele der Phantasie hinzugeben. Sie können sich nicht vorstellen, daß es mit dem bloßen Märchen getan sei; sie allegorisieren es, deuten es, weil sie meinen, es müsse durchaus noch etwas dahinter stecken.

Bei dem zweiten, welches Peter Leberecht, vermutlich um sich vor Verantwortung sicher zu stellen, aus dem Italienischen übertragen zu haben vorgibt, steckt nun allerdings noch etwas dahinter. Die komische Laune, womit dies aus eben der Quelle geschöpfte Märchen dramatisiert ist, bleibt nicht in den Schranken des Gegenstandes stehen. Es spielt in der wirklichen Welt, ja mitten unter uns, und was nur bei der Aufführung des Stücks hinter und vor den Kulissen, im Parterre und den Logen Merkwürdiges vorgeht, ist mit auf den Schauplatz gezogen, so daß man das Ganze, wenn es nicht zu tiefsinnig klänge, das Schauspiel eines Schauspiels nennen könnte. Es ist zu befürchten, daß es den Theoretikern viel Not machen wird, die Gattung zu bestimmen, wohin es eigentlich gehört. So viel sieht man ohne tiefe Kennerschaft ein, daß es eine Posse ist, eine kecke, mutwillige Posse, worin der Dichter sich alle Augenblicke selbst zu unterbrechen und sein eignes Werk zu zerstören scheint, um nur desto mehr Spöttereien rechts und links und nach allen Seiten wie leichte Pfeile fliegen zu lassen. Doch geschieht dies mit so viel fröhlicher Gutmütigkeit, daß man es ergötzlich finden müßte, wenn auch unsre eignen Vettern und Basen lächerlich gemacht sein sollten. Wer also etwa durch die Lustspiele, die man auf unsern Theatern gibt, in eine zu ernsthafte Stimmung geraten ist, dem können diese Torheiten als ein gutes Gegenmittel dienen. Der Kater ist für die Hauptrolle anzusehn: er äußert edle Gesinnungen und ist doch dabei weltklug (seltne Vereinigung!), überall beweist er Gewandtheit und Gegenwart des Geistes. Wie rührend wird es geschildert, daß er, um seines Herrn Glück zu machen, sich die gefangnen Kaninchen am Munde abspart, die er alsdann dem Könige als ein Geschenk vom Grafen von

Carabas überreicht! Auch der König beträgt sich mit Würde: man sehe nur den erhabenen Ausdruck seiner Verzweiflung, da das sehnlich verlangte Kaninchen verbrannt ist. Die Prinzessin ist Dilettantin in den schönen Wissenschaften und wird dabei von dem Hofgelehrten unterstützt. Kurz, alle Personen bis auf den Popanz ›Gesetz‹ (den am Ende, da er sich in eine Maus verwandelt hat, der Kater verzehrt und Freiheit und Gleichheit proklamiert), tragen nach Maßgabe ihres Standes und ihrer Fähigkeiten zu dem Eindrucke des Ganzen bei. Ungeachtet aller dieser Schönheiten fällt das Stück doch in dem Stücke selbst durch. Schon ehe die Vorstellung anfängt, erheben sich die Kenner und Kunstrichter im Parterre, sogar die simplen Zuschauer (Yoriks simple travellers) gegen den wunderlichen Anschlag, ein Kindermärchen aufzuführen. Sie wollen ein Familiengemälde, ein Revolutionsstück, oder sonst etwas der Art sehen. Mit Mühe besänftigt man sie, ihre Ungeduld unterbricht das Stück immer von Neuem; nur bei einigen empfindsamen und moralischen Stellen wird geklatscht. Am Ende des zweiten Akts bricht ein großes Ungewitter los: man trommelt und pfeift, der Dichter kommt in Angst hervorgelaufen, und da nichts helfen will, muß der »Besänftiger« mit dem Glockenspiel aus der Zauberflöte erst eine Menge unvernünftiger Tiere auf dem Theater, dann die vernünftigen Zuschauer von demselben bezaubern. Zu Anfange des dritten Akts ist noch alles in großer Verwirrung: der Dichter beratschlagt mit dem Maschinisten, was zu machen sei, und beschwört diesen, das Stück durch eine glänzende Dekoration zu retten; da sie merken, daß der Vorhang schon aufgezogen und dies also vor den Augen aller Zuschauer geschehen ist, laufen sie beschämt davon. Nun soll der König erscheinen, man hört ihn hinter der Szene rufen: »Nein, ich geh nicht vor, durchaus nicht; ich kann es nicht vertragen, wenn ich ausgelacht werde.« Die Sachen werden doch leidlich wieder ins Gleis gebracht, und eine Szene, worin der Hofnarr und Hofgelehrte vor dem Könige förmlich disputieren, ob das Stück gut oder schlecht sei, wird mit Ruhe angehört. Am Ende muß doch die Dekoration mit dem Feuer und Wasser aus der Zauberflöte, nebst der Hölle und dem Himmel aus dem Spiegel von Arkadien, noch das Beste tun. Der Hofgelehrte schließt mit einer gereimten Lobrede auf die Katzen.

Man sieht, es geht ziemlich bunt durcheinander: wenn es den Verfasser nur nicht einmal gereut, sich und andre unterhalten zu haben! Denn – verstehn wir ihn anders recht – so hätte er sich ja gar über das Publikum selbst lustig gemacht. Nun nahm es zwar, wie bekannt, das heilige Volk von Athen sehr geneigt auf, wenn man es von der Bühne herunter zum Besten hatte: aber nicht alle Nationen besitzen in gleichem Grade die Gabe, Spaß zu verstehn, und man will behaupten, es sei nicht der ausgezeichnetste und allgemeinste Vorzug unsrer Landsleute. Dem sei wie ihm wolle: da das Publikum nicht in Person das Empfangene vergelten kann, so mögen es diejenigen tun, mit welchen sich Peter Leberecht besonders in den Stand des Krieges gesetzt hat. Doch sei Schwerz die Waffe, denn mit Ernst ist solch Dämon nicht wegzubannen.

Jean Paul

Vorrede

Diese Vorrede zu dem nachfolgenden Buche, um welche ich ersucht worden, kleid ich vielleicht mit Vorteil in eine Rezension ein, besonders da die eigenen Vorreden der Verfasser ordentlicherweise nichts sind als offene Selberrezensionen. Auch dem Herrn Verfasser dieses Werks wird es gefallen, daß auf diesem Wege die Rezension fast noch früher – vielleicht um neun und mehrere Blätter früher – erscheint als das Buch selber, während andere Autoren Gott und den Literaturzeitungen schon danken, wenn die Rezensionen endlich eintreffen, nachdem die Bücher längst abgegangen, entweder mit Tod oder durch Absatz. Hier ist nun die Rezension selber abzuschreiben.

Jenaische
Allgemeine Literaturzeitung
Dezember 1823
Schöne Wissenschaften
Fantasiestücke in Callots Manier. Mit einer Vorrede von Jean Paul. 8⁰. Bamberg, bei C.F. Kunz, 2 Teile

Wir wollen die Verspätung unserer Anzeige nicht weitläufig entschuldigen, denn wer das Buch gelesen, dem hat sie nichts geschadet, und er bekommt jetzo nur zu seinem Urteile ein fremdes dazu; wer es aber nicht gelesen, kann nun froh sein, daß wir ihn zum Lesen bringen und zwingen. Deutsche Literaturzeitungen und Blätter dürften überhaupt etwas treuer das Gesetz im Auge haben – wie Autoren mit der Herausgabe ihrer Werke –, ebenso mit der Anzeige zurückzuhalten, wenn auch nicht immer horazische neun

Jahre. Was das deutsche Publikum dabei gewinnt, weiß es selber am besten und schlägt die Verzugszinsen an. Gute Schriftsteller, die längst vergessen, lernt es kennen bei solcher Gelegenheit auf der kritischen Poste restante und vergißt sie nicht mehr; denn wenn nach d'Alembert das leichte Behalten der Verse ein Zeichen von deren Güte, so noch mehr das Behalten eines ganzen Buches in dem weniger eisernen als quecksilbernen Gedächtnisse des Publikums. Dieses läßt fast, wie Cicero von Cäsar rühmt, daß er nichts vergesse, außer Beleidigungen, auf eine ähnlich schöne Weise nichts so leicht aus dem Gedächtnis fahren als Bücher; eben als die wahren Beleidigungen, welche so viele hundert Schreiber jährlich zweimal dem Publikum antun. Überhaupt werden wenige Menschen so oft beleidigt als recht viele auf einmal; und ein Volk häufiger und gröber als dessen Fürst.

Um aber das Verspäten der Rezension nicht durch die Rechtfertigung desselben noch länger fortzusetzen, machen wir sogleich über den Titel die Bemerkung, daß er richtiger sein könnte. Bestimmter würde er Kunstnovellen[1] heißen; denn Callots Maler- oder vielmehr Dicht-Manier herrscht weder mit ihren Fehlern noch, einige Stellen ausgenommen, mit ihren Größen im Buche. Der Verfasser hat selber im ersten Aufsatze am schönsten über diesen malenden Gozzi und Farben-Leibgeber gesprochen; und Callot scheint – wie Humor über dem Scherze – so über dem prosaischen Hogarth als poetischer Zerrbildner und romantischer Anagrammatiker der Natur zu stehen.

Unserem Verfasser dürfen wir ein Lob anderer Gattung erteilen. In seiner dunklen Kammer (camera obscura) bewegen sich an den Wänden heftig und farbenecht die koketten Kleister- und Essigaale der Kunst gegeneinander und beschreiben schnalzend ihre Kreise. In rein ironischer und

1) Doch spielt Numero VI »Der Magnetiseur«, in einem andern Gebiete; eine mit kecker Romantik und Anordnung und mit Kraftgestalten fortreißende Erzählung.

launiger Verkleinerung sind die ekeln Kunstliebeleien mit Künsten und Kunstliebhabern zugleich gemalt; der Umriß ist scharf, die Farben sind warm und das Ganze voll Seele und Freiheit. Am dichtesten läßt der Verfasser seinen satirischen Feuerregen auf die musikalische Schöntuerei niederfallen, zumal in der trefflichen Numero III: »Kreisleriana«. Da die Musik eigentlich die allgemeinste Kunst und Volkskunst ist und jeder wenigstens singt, zum Beispiel in der Kirche und als Bettler, die einzige ins Tierreich hinübersteigende – und da man diese Kunst, wenn man seine Kehle oder seine Finger bei sich führt, in jedem Besuchzimmer in jeder Minute auspacken kann, um durch seine Kunstausstellung auf eigene Hand die Preise aller derer zu gewinnen, welche Tee mittrinken; so ist keine Narrheit natürlicher, verzeihlicher und häufiger als die, daß die Gefallsucht, besonders die weibliche, ihre musikalischen Pfauenräder in Modestädten vor jedem schlägt, der Augen hat zu sehen, wie Kunst und Künstlerin zu einer Schönheit verschmelzen. Was den wahren Virtuosen, wie hier den Kapellmeister Kreisler, dabei so ingrimmig auf dieses Stuben-Charivari macht, ist vielleicht weniger die Beleidigung der Kunst als die des Künstlers selber, welchen man in vornehmen Residenzhäusern als Musikdirektor zum Platzkommandanten musikalischer Abc-Schützen anstellt. »Könnte man nicht«, denkt der zum Freudenmeister heruntergesetzte Musikmeister laut genug und schreibt es vielleicht hin, »ohne Kosten meiner Ohren vielen Hohen und Schönen schmeicheln? Und soll«, fährt er noch hitziger fort, »von weiblichen Paradiesvögeln den Männern noch das Kunstparadies entführt oder verspottet werden, und sie stellen sich dann als Engel davor und bewachen es treu? O Teufel und deren Großmutter!« beschließt er dann wild genug. Ein Künstler kann leicht genug – beispielshalber sei es unser Verfasser – aus Kunstliebe in Menschenhaß geraten und die Rosenkränze der Kunst als Dornenkronen und Stachelgürtel zum Züchtigen verbrauchen. Inzwischen bedenk er doch sich und die

Sache! Die durch Kunstliebe einbüßende Menschenliebe rächt sich stark durch Erkältung der Kunst selber; denn Liebe kann wohl der Meßkünstler, Denkkünstler, Wappenkünstler entbehren, aber nicht der Künstler selber, er sei einer, in welchem Schönen er's wolle. Liebe und Kunst leben gegenseitig ineinander wie Gehirn und Herz, beide einander zur Wechselstärkung eingeimpft. Manches jetzige Kunstpantheon ist deshalb ein durchsichtiger, reiner, blinkender Eispalast – mit allen erdenklichen Gerätschaften aus Eis versehen – sogar mit einem Brautbett und Ofen, in welchem letzten gar ein Naphtaflämmchen ohne Schaden der Eiskacheln brennt.

Wir kehren zu unserem Verfasser, den wir mit dem Vorigen nun sattsam geärgert, und zu seinem Zorne über die schreienden Sünden an der Tonkunst zurück und gehen mit ihm zu den stummen der Leibkunst der neueren historischen und mythologischen Gliedermänninnen über, welche ihre Figur zu einem Wachsfigurenkabinett auseinanderzuprägen wissen, um ihre Leiber noch vor der Auferstehung zu verklären. Gegen solche, insofern sie den Zaubershawl nur zu Schminklappen verwenden und die Schöpferin mit dem Geschöpfe anputzen, ist der Herr Verfasser in Numero V gut genug auf- und losgefahren. Sein Feuereifer gegen gemißbrauchte Kunst ist recht; das Schöne und Ewige sei nie Schminke des Unschönen und Zeitlichen, und das Heiligenbild verziere keinen unheiligen Körper. Der Gefallsucht verzeiht man lieber eine schöne Flucherin als eine schöne Beterin, denn mit dem Teufel kann man spaßen, aber nicht mit Gott.

Nicht ohne Vergnügen haben wir auch in diesem Werke wieder wahrgenommen, daß seit einigen Jahrzehnten die deutsche Satire und Ironie und Laune, ja der Humor häufiger den britischen Weg einschlägt und daß Swifts und Sternes herübergetragene Loretto-Häuschen oder Studierzimmer zu Gradierhäusern unsers komischen Salzes geworden. Den jetzigen Salzgeist, auch in den Flug- und Tagblättern, in den Aufsätzen des »Morgenblattes«, der

»Eleganten Zeitung«, der »Heidelberger Jahrbücher«, der Literaturzeitungen etc., würden wir schwerlich gegen die breiten dicken Salzpfannen der Bahrdte mit ihren Ketzeralmanachen, der Kriegsrat Cranze, der Vademekumer, der Wetzel, der allgemeinen deutschen Bibliothekare und so weiter vertauschen wollen. Aber natürlicherweise ist das Lichten des komischen Stils darum noch nicht zugleich Anwuchs des komischen Witzes.

Bei Numero V: »Nachricht von den neuesten Schicksalen des Hundes Berganza«, merkt der Herr Verfasser bloß an, daß er eine Fortsetzung der beiden Hunde Scipio und Berganza in Cervantes' Erzählungen gebe. Er gibt etwas Gutes, und seinen Hund benützt er zum Gespräche mit einem Menschen oft humoristischer als selber Cervantes. Sein Hund fällt, richtig geleitet und angehetzt, tief genug in die verschiedenen Waden der Schauspielherren (Regisseurs), welche den Dichter verstümmeln, um die Spieler (ja die Hörer) zu ergänzen, und die an ihren Gestalten, wie die Türken von den Bildsäulen, die Nasen abschlagen, damit sie nicht lebendig werden. Wer nicht verlängern könnte, sollte nicht zu verkürzen wagen; kaum ein Goethe würde Schillern durch Nehmen zu geben suchen; hingegen die Verschnittenen der Kunst verschneiden keck die Künstler und lassen unverschämt die Bühne zwischen Kanzel und Pranger des Genius wechseln. Wir gestehen, wären wir selber Trauer- oder Lustspielschreiber, ärger als jeden Nachdrucker würden wir theatralische Umdrucker und Sabbatschänder unserer heiligsten Sonntags- und Musenstunden verfolgen und beschimpfen, mit welchen letzten wir so schön und wohltuend auf die Nachwelt in Parterre und Paradies einzugreifen rechnen gedurft.

Höflich wäre es vom Herrn Verfasser gewesen, wenn er die Anspielungen auf Cervantes' Erzählung, wenigstens nur mit einer Note, hätte erklären wollen. Aber Verfasser sind jetzo nicht höflich. Denn weil Goethe zuweilen seine Mitwelt für eine Nachwelt ansieht, um deren künftige Unwissenheit sich ein Unsterblicher nicht zu bekümmern braucht, so wie Horaz sich nicht ad usum Delphini mit notis variorum ans Licht stellte: so wollen ihn die übrigen Goethes (wir dürfen ihre Anzahl rühmen) darin nichts zuvorlassen, sondern tausend Dinge veraussetzen, wie zum Beispiel Tieck die nötigsten Erklärungen in seinem altdeutschen Roman »Frauendienst«. Überhaupt ist man jetzo grob gegen die halbe Welt, wenn anders die Lesewelt so groß ist; Verzeichnisse des Inhalts – (oft der Druckfehler) – Kapitel – erläuternde Noten – Anführungen nach Seitenzahlen – Registerfache ohnehin – auch Vorreden (zum Beispiel diesem Buche) und Absätze (wie hier) fehlen neuerer Zeiten gewöhnlich, und der Leser helfe sich selber, denn sein Autor ist grob.

Da die Grenzen des Instituts jedes ausführlichere Urteil uns verbieten, so tragen wir nur flüchtig das Nötigste nach. Nach dem gewöhnlichen kritischen Herkommen, welchem zufolge der namenlose Rezensent den Namen jedes Autors anzugeben hat, der seinen verschwiegen, berichten wir denn, daß der Herr Verfasser Hoffmann heißt und Musikdirektor in Dresden ist. Kenner und Freunde desselben und die musikalische Kenntnis und Begeisterung im Buche selber versprechen und versichern von ihm die Erscheinung eines hohen Tonkünstlers. Desto besser und desto seltener! Denn bisher warf immer der Sonnengott die Dichtgabe mit der Rechten und die Tongabe mit der Linken zwei so weit auseinanderstehenden Menschen zu, daß wir noch bis diesen Augenblick auf den Mann harren, der eine echte Oper zugleich dichtet und setzt.

Weiter hinzuzutun haben wir schließlich nichts, als daß die Vorrede zum Buche von fremder, indes bekannter Hand gefertigt worden; doch wollen wir über sie aus Rücksichten, welche jeder Zarte von selber errät, nichts sagen als nur dies: Die Manier ihres Verfassers ist bekannt genug.

Frip

Auch ich weiß nichts weiter hinzuzutun, als den Wunsch, daß ich möge eine solche Vorrede geliefert haben wie Frip eine Rezension; und dann kann die Welt zufrieden sein. Ihr und mir wünsch ich noch die versprochene baldige Fortsetzung in Callots kühnster Manier.

Bayreuth, den 24. November 1813

Jean Paul Fried. Richter

Ludwig Börne

Die Serapions-Brüder, gesammelte Erzählungen und Märchen. Herausgegeben von E. T. A. Hoffmann. Erster und zweiter Band. Berlin 1819

Aus dem Meere der deutschen Leihbibliotheken (nur das Salz und die Tiefe unterscheidet jenes von diesen) ragen die Schriften Hoffmanns als tröstende, liebliche Eilande hervor. Jauchzend springen wir ans Ufer, küssen den grünenden Boden, umarmen Baum und Strauch und sind beglückt, uns aus der Wassernot gerettet zu sehen. Aber wie die Gefahr des Lebens zurückgetreten, stellen sich seine Bedürfnisse ein: der Hunger und der Durst; doch da rieselt keine Quelle, und so schöne Früchte uns auch locken, sie sind uns fremd, wir wagen die Giftdrohenden nicht zu berühren. Wir dringen tiefer ins Land, da kommen von allen Seiten mit gräßlichem Geheule die wilden Bewohner mit Pfeilen und Wurfspießen bewaffnet auf uns zu. Überreste verzehrter Menschenopfer erfüllen uns mit Schauer. Wir fliehen entsetzt an den Strand zurück, und vertrauen uns der gräulichen Wasserwüste von neuem an.

Unsere Furcht vor dem nassen Tode wird wohl verziehen, denn sie wird geteilt, und unsere Freude an dem grünen Lande daher mitempfunden. Aber daß wir dieses so schnell verließen, daß wir vor den ungewöhnlichen Tönen der Wilden, die uns vielleicht freundschaftlich begrüßten, erbebten, daß wir die schönen Früchte nicht zu pflücken wagten, die vielleicht wohlschmeckend und nahrhaft waren, daß die Knochenreste, wahrscheinlich natürlich verstorbener Menschen, uns entsetzten – das bedarf einer Rechtfertigung. Sie ist schwer, verdrießlich. Denn, wie es unbequem ist, Menschen, die man nicht liebt, achten zu müssen, und schmerzlich, sie nicht lieben zu können, wenn man sie achtet – so ist es auch mit ihren Werken. Aber, wer ist Preisrichter über diese Werke? Das Herz oder der Kopf? Der Geist erkennt den Preis, das Herz überreicht ihn, oder – hält ihn auch zurück, wenn es mit dem Ausspruche nicht zufrieden ist.

Mag der richtende Verstand diese gesammelten Erzählungen für preiswürdig erklären, die Empfindung schweigt gewiß, wenn sie nicht gar murrt gegen den Ausspruch.

Aus verschiedenen Zeiten und Orten, wo die Erzählungen und Märchen zerstreut und einzeln erschienen, hat sie der Verfasser gesammelt und vereinigt. Daher wird es zum Gegenstande der Beurteilung, nicht bloß wie, sondern auch, daß sie zusammengestellt worden. Denn oft geschieht, daß wir von der flüchtigen Stunde ertragen, was uns unerträglich wird, wenn Stunde an Stunde sich zum Tage reiht; daß ein kindisches oder verwegenes Spiel, eine trübe oder leidenschaftliche Laune, uns reizt und ergötzt, dagegen uns schmerzlich berührt, wenn jenes Spiel, durch häufige Wiederholung, sich als Ernst, und jene Laune, durch ihre Dauer, sich als Gemütsart darstellt.

Einige Freunde verabreden sich, an bestimmten Tagen zusammenzukommen, um sich die Schöpfungen ihres Geistes und wechselseitig ihr Urteil darüber mitzuteilen. Sie nennen sich Serapions-Brüder, nicht darum bloß, weil sie am Kalendertage des Märtyrers Serapion sich zum ersten Male vereinigt hatten, sondern auch, weil sie im Geiste jenes Heiligen dichten und trachten wollten. Der heilige Serapion, hatte, wie die Legende lehrt, unter dem Kaiser Decius den grausamsten Märtyrertod erlitten. Man trennte die Juncturen der Glieder und stürzte ihn dann vom hohen Felsen herab. Das ist aber keineswegs das hohe Ziel, das sich die Berliner Serapionsbrüder vorgesetzt; sie sitzen vielmehr bei Sala Tarone unter den Linden und trinken italienische Weine, auch wohl kalten Punsch, leben also gar nicht wie die Anachoreten. Sie haben nur in dem Sinne jenen Heiligen zum Schutzpatron ihres Clubs und seine Regel zu der ihrigen gemacht, als sie ihre poetische Dichtungen in dem Geiste eines gewissen verrückten Grafen schaffen wollten, der sich für den Märtyrer Serapion hielt, und einsiedlerisch lebte. Mit der Geschichte dieses Wahnsinnigen beginnt das Buch. Einer der Freunde erzählt sie. Auf seinen Reisen hab er von dem Grafen gehört, und ihn in dem Walde wo er sich angesiedelt, aufgesucht. Darauf habe er sich in ein Gespräch mit ihm eingelassen, und ihn nach den Grundsätzen des Pinels und Reils von seiner fixen Idee heilen wollen; sei aber ganz beschämt abgeführt worden. Denn der Graf habe ihm bewiesen, wie er, der psychologische Experimentator, eigentlich verrückt sei, indem er nicht begreifen wolle, daß sie sich in der thebaischen Wüste befänden. Darauf habe ihm der Graf mit hoher Begeisterung einige Gesichte mitgeteilt, die in Erstaunen setzten wegen der plastischen Ründung und des glühenden Lebens mit der sie dargestellt wurden.

Nachdem diese Erzählung geendet, läßt sich einer der versammelten Serapionsbrüder wie folgt vernehmen: »Ich verehre Serapions Wahnsinn deshalb, weil nur der Geist des vortrefflichsten oder vielmehr des wahren Dichters von ihm ergriffen werden kann. Woher kommt es, daß so manches Dichterwerk wirkungslos bleibt als daher, daß der Dichter nicht das wirklich schaute, wovon er spricht? Vergebens ist das Mühen des Dichters, uns dahin zu bringen, daß wir daran glauben sollen, woran er selbst nicht glaubt, nicht glauben kann, weil er es nicht erschaute. Der Einsiedler war ein wahrhafter Dichter, er hatte das wirklich geschaut was er verkündete, und deshalb ergriff seine Rede Herz und Gemüt.« »Dessen wollen wir eingedenk sein, so oft wir bei unseren Zusammenkünften, einer dem andern nach alter Weise manches poetische Produktlein, das wir unter dem Herzen getragen, mitteilen werden. Jeder prüfe wohl, ob er auch wirklich das geschaut, was er zu verkünden unternommen, ehe er es wagt, laut damit zu werden. Der Einsiedler Serapion sei unser Schutzpatron, er lasse seine Sehergabe über uns walten, seiner Regel wollen wir folgen als getreue Serapions-Brüder.«

So durch und durch, so ganz, nicht bloß nach Innen, sondern auch an seinen Oberflächen wertlos, so ohne die geringste Beimischung von Wahrheit, ist jener Lehrsatz, der von der Natur des Dichters gegeben wird, daß Täuschung und Verwechslung unmöglich ist und es nur weniger Worte bedarf, um zu zeigen, worin die Falschheit bestehe. Wie die Anbetung den Gott, so schafft erst die Bewunderung das Kunstwerk, es sei ein Gedicht, eine Bildnerei oder ein Anderes. Ist es in jedem Kunstwerk die Vollkommenheit irgend eines Wesens, was jene Bewunderung erregt, so muß, daß diese erregt werden könne, jenes Wesen faßlich sein – faßlich für den Verstand, für den Glauben oder die Phantasie. Wie aber kann ein Kunstwerk faßlich werden, wenn es der Künstler nicht freigibt, wie kann es in unsere Sinne, in unseren Geist einziehen, wenn es die Werkstätte mit den Blumen seiner Wartung, die er in den Boden unserer Phantasie verpflanzt, auch die Blumenerde versetzen, aus der jene hervorgesprossen, will er durch seine eigene Phantasie die des Lesers verdrängen, dann weisen wir seine Gaben zurück, weil wir nur für das Geschenk nicht aber für den Geber Raum haben. Nie wird der Dichter glaublich machen, was er selbst glaubt, nie anschaulich, wenn er das, was er uns zeigt, selbst gesehen. Dann wird die Dichtung zur Wahrheit, das Märchen zur Geschichte, die den Verstand befriedigt, sättigt, und alle Lust der Einbildungskraft zerstört. Dann wird das Bild zum Konterfei, mit aller Beschränkung worin jede Wirklichkeit gefangen ist; dann wird das Kunstwerk zum Spiegelbilde des Künstlers, ein Schatten, wenn wir vorwärts, ein nüchternes Dasein aus Fleisch und Bein, wenn wir es rückwärts schauen. Es ist falsch, daß der wahre Dichter ein Seher sei. Ein Seher ist ein verzückter oder ein verrückter Geist, ein Gott, zu dem wir nicht hinaufreichen, oder ein kranker Mensch, zu dem wir nicht hinabsteigen können. Der Dichter aber muß menschlich fühlen, um Menschen zu bewegen.

Daß er dieses muß, daß er nicht glauben dürfe, was er glauben, nicht sehen, was er anschaulich machen möchte, das hat der Verfasser der Serapions-Brüder unwiderleglicher, als es ein anderer vermöchte, an seinem Werke gesehen, darum sind es aber auch keine Dichtungen, die er uns gibt; sie sind nicht etwa mehr, nicht etwa weniger, sie sind ein Anderes. Er gibt uns eine werdende, noch im Gären begriffene, oder eine untergehende Welt. Sonne, Mond und Sterne, Tag und Nacht, Wasser, Feuer, Erde, und alle Elemente, die Tiere des Waldes und die Fische des Meeres und die Vögel in den Lüften, alles bewegt sich in tollem Taumel und streitet um die Herrschaft; nur der Mensch ist abwesend. Aber es ist nicht etwa der heitere Mutwille, der mit Freiheit und Ergötzen alles untereinanderwirft, es ist der vom Hexentrank berauschte Blocksberg-Reiter, der treibt, weil er wird getrieben, und so findet der Leser an der Besonnenheit des Dichters keine Brustwehr, die ihn vor dem Herabstürzen sichert, wenn ihn beim Anblicken der tollen Welt unter seinen Füßen der Schwindel überfällt.

In allen diesen gesammelten Erzählungen und Märchen herrscht eine abwärts gekehrte Romantik, eine Sehnsucht nach einem tieferen, nach einem unterirdischen Leben, die den Leser anfröstelt und verdrießlich macht. Es ist Phantasie darin, aber ohne den regelnden Verstand. Es ist Phantasie darin, aber nicht die hellaufflammende, schaffende, sondern eine rotglühende, zersetzende Phantasie. Wer auf Marionettenbühnen jene tanzenden Figuren gesehen hat, die Hände und Arme, dann Füße und Schenkel, endlich den Kopf wegschleudern, bis sie zuletzt als gräuliche Rümpfe umherspringen, der hat die Gestalten der Hoffmannschen Erzählungen gesehen, nur daß diese von allen Gliedern den Kopf zuerst verlieren. Man hört nicht die Aussprüche eines verzückten, begeisterten, man vernimmt nur die erzwungenen Geständnisse eines auf die Folter gespannten Gemüts. Es ist kein Tagesstrahl in den Gemälden, alles Licht kommt nur von Irrwischen, Blitzen und Feuersbrünsten. Man hört in dieser öden, herbstlichen, welken Natur keinen Ton eines frischen, gesunden, lebenskräftigen Wesens, man hört nur das Gewinsel der Kranken und Sterbenden, und das Geschrei der Eulen, die um Äser schwirren. Selbst die Musik, die in allen Werken des Verfassers widerklingt, sie dient nicht dazu, den Himmel, dessen Dolmetscherin sie ist, auf die Erde herabzuziehen und ihr verständlich zu machen, sie wird nur gebraucht, um höhnend den unermeßlichen Abstand zwischen Himmel und Erde zu beweisen, zu zeigen, daß jene Höhe von sehnsuchtsvollen Menschen nie erreicht werden könne, und ihnen »das Mißverhältnis des innern Gemüts mit dem äußern Leben« genau vorzurechnen, damit sie ja nicht der Verzweiflung entgehen.

In den Worten, die der Verfasser einem der Serapions-Brüder sagen läßt: »Ich tadle, o Cyprian, Deinen närrischen Hang zur Narrheit, Deine wahnsinnige Lust am Wahnsinn. Es liegt etwas überspanntes darin, das Dir selbst mit der Zeit wohl lästig werden wird« hat der Verfasser das Urteil gegen sich selbst gesprochen, und noch ein schonendes, denn beharrlich hat er durch alle seine Werke gezeigt, daß ihm jener Hang noch immer nicht lästig geworden ist. Eine Reihe heiterer Gemälde mag hier und dort, von einem schauerlichen Nachtstücke unterbrochen, noch genußbringender werden. Nur dürfen nicht alle Wände damit behängt sein, nur muß ein Sternenschein die Nacht sichtbar machen, daß sie nicht zum unergründlichen dunkeln Nichts werde. Der Schrekken muß in der getäuschten Einbildungskraft, nicht in der Sache selbst sein, und Maß überall. Die Ägypter würzten ihre Freudengelage durch den Anblick des Todes; der Anblick des Sterbens hätte alle Lust zernichtet.

Ich sagte früher: die Erzählungen, die uns der Verfasser gibt, sind keine Dichtungen, sie sind ein Anderes, und hier ist das kurze freundliche Abendrot des langen mürrischen Urteils. Es wird gefragt, welchen Zweck hatten diese Erzählungen? Dieses ist zwar eine sehr philistermäßige Frage, wie die Serapions-Brüder mit Recht spotten können. Denn ein Buch will nichts, es zeigt sich, es ist da. Aber fordert auch ein Buch nichts, so gewährt ihm doch der Leser etwas, und er gewährt ihm, was er glaubt, das ihm gebühre.

Den Wert eines poetischen Werkes habe ich gewagt ihm abzusprechen, aber den eines wissenschaftlichen gebe ich ihm willig. Es ist ein Lehrbuch mit den schönsten Bildnissen geziert, es ist der elegante Pinel, es ist die Epopöe des Wahnsinns. Ein lobenswertes Unternehmen, wenn es lobenswert ist, den menschlichen Geist, der nachtwandelnd an allen Gefahren unbeschädigt vorübergeht, aufzuwecken, um ihn vor dem Abgrunde zu warnen, der zu seinen Füßen droht.

Friedrich Schlegel

(Heinrich von Kleist, Das Käthchen von Heilbronn)

Einen auffallenden Beweis von der Macht der Schauspielkunst gewährte das KÄTHCHEN VON HEILBRONN; ein Stück ohne innre Kraft und Einheit ward durch die vortreffliche Darstellung des Helden und der Heldin (die andern Rollen gehören alle zu den undankbaren) so gehoben, daß es wenigstens stellenweise eine dramatische Wirkung hervorbrachte und die Betrachtung erregte, was nicht aus der dramatischen Kunst und der deutschen Schaubühne werden könnte, wenn so vieles Vorhandene nur zweckmäßig benutzt und mit Kraft auf ein Ziel gelenkt würde. Ein Held, schwankend zwischen der Magie der wahren Liebe, der Unschuld eines scheinbar geringen Mädchens, und dem falschen Gaukelspiel einer Lasterhaften, könnte schon ein glücklicher dramatischer Stoff sein, und gern wollten wir dem Dichter Donnerwetter und Feuersbrünste, Engel und Femrichter, Zweikampf und Nacht, Gift und Hochzeit nebst allem übrigen ritterlichen Zubehör gestatten; wenn er diese poetischen Freiheiten nur als Dichter gebrauchte, jenen dramatischen Stoff auch dramatisch mit Kunst, mit Verstand im Gebiete der Fantasie ausgeführt hätte. – Daß dies nicht geschehen, konnte auch die meisterhafte Darstellung des Grafen Wetters von Strahl, und die täuschende Natürlichkeit des Käthchens nicht im Ganzen, nur stellenweise vergessen machen; und daß sie das vermochten, ist schon Lob genug für ihre Kunst.

Ludwig Börne

Das Käthchen von Heilbronn

Fürwahr, es ist Mark darin und Geist und Schönheit. Von der dunklen Tiefe des Gemüts bis hinaus zu jener heitern Höhe, auf welcher die Schöpfungskraft frei und besonnen waltet, führt uns ein lockender Weg, mit abwechselndem Reize, bald zwischen lieblichen Winden, blumigen Auen und besonnten Feldern, bald zwischen stürzenden Wetterbächen, erhabenen Wildnissen und Wäldern voll Sturm und Brausen. Gleich anmutig ist Wanderung und Ziel. Warum haben die tückischen Parzen dieses blühende Dichterhaupt so früh in das Grab gebeugt?

Welch ein Unternehmen, so kühn als unbesonnen, den Schleier der Isis wegzuheben, hinter welchem der Tod lauscht! Nur Priestern frommt ein solcher Anblick, nicht der Menge, welcher mit der letzten Täuschung auch das letzte Glück entschwindet. Das wäre die so gepriesene Liebe, von Kindern angelallt, von Greisen angestottert, und das wäre ihr Band? Hätten wir's nie erfahren!

Graf Wetter von Strahl, reich, im Lande angesehen, edelstolz, voll des Mutes und der Kraft seines jugendlichen Alters und jener alten Zeit, ein an Seele wie an Leib geharnischter Ritter – und Käthchen, Tochter eines Bürgers von Heilbronn, ein süßes wunderschönes Mädchen, werden, sie, die sich nie gesehen, von einer geheimnisvollen Macht einander im Traume angetraut. Dem todkrank darniederliegenden Grafen erscheint im Wahnsinne des Fiebers ein glänzender Cherub, führt ihn weit weg in die Kammer eines schönen Kindes und zeigt es ihm als die für ihn bestimmte Braut, sagend, es sei die Tochter des Kaisers. Dieselbe Nacht sieht Käthchen im gesunden Traume (das gesunde Weib erhebt sich zum kranken Manne wie das wache zum schlafenden) einen schimmernden Ritter eintreten, der sie als seine Braut begrüßt. So sich angelobt, bringt später ein Zufall den Grafen in Käthchens Vaterhaus. Diese, ihn erblickend, erkennt allsogleich die Traumgestalt. Da stürzt plötzlich ihres Körpers und ihrer Seele Bau und eigene Haltung zusammen, sie fliegt ihrem Pole zu und bleibt ohne Willen und Bewegung an ihm hangen. Vergebens wird sie vom Ritter weggerissen, von diesem selbst mit Füßen zurückgestoßen, wie ein Tier, wie eine Sache behandelt, sie ist immer wieder da und folget ihm auf allen seinen Zügen. Wohl lernt er das Bürgermädchen lieben, aber werter bleibt ihm sein Ritteradel. Endlich bis in den Grund des Herzens gerührt, forscht er Käthchens Innere aus, da sie einst im magnetischen Schlummer sich befand, wo die Seele, zwischen der Nacht der Erde und dem Tage des Himmels in der dämmernden Mitte schwebend, mit einem Blicke beide umfaßt, und da ward ihm kund, was er im Geräusche eines tatenvollen Lebens nicht früher erhören konnte, daß sie die Verheißene sei, die ihm im Traume gezeigt worden. Später tritt auch der Kaiser auf, gibt sich als Käthchens natürlicher Vater zu erkennen und diese, nachdem er sie zur Fürstin erhoben, dem Grafen zum Weibe.

Dieses Schauspiel ist ein Edelstein, nicht unwert, an der Krone des britischen Dichterkönigs zu glänzen. Man braucht nur den herrlichen Monolog des Grafen, womit der zweite Akt beginnt, gelesen zu haben, um Lob gerecht zu finden. Um so deutlicher fallen zwei Flecken in das Auge. Die wirkliche Erscheinung des Cherubs beim Sinken des brennenden Schlosses Thurneck konnte nicht unzeitiger geschehen. Die Seele, die so tief geneigt war, sich dem Anwehen einer verborgenen Geisterwelt, die im Traume sich offenbarte, gläubig hinzugeben, wird durch das sinnliche Wunder, das sich im Wachen ergibt, enttäuscht und wendet sich, nüchtern gemacht, vom Unbegreiflichen kalt hinweg. Zweitens spielt das Fräulein Kunigunde, ohne Willen des Dichters, die Rolle der Närrin in diesem ernsten Schauspiele. Gibt es eine tollere Erfindung als dieses Fräulein, welches durch Schönheit und Liebreiz allen Rittern des Landes den Kopf verrückt und am Ende sich als eine garstige Hexe kundgibt, die mit falschen Zähnen, aufgelegter Schminke und einem schlankmachenden Blechhemde die Göttin Venus vorzulügen verstand?

Aber wie haben sie dieses Stück wieder zugerichtet, damit es in ihrem Raum, ihre Zeit und ihre Umstände sich füge! Das ist ein ganz eignes Kapitel des Jammers. Wie wehe gar muß es dem Künstler selbst tun, der die schönsten Teile seines Gemäldes wegschneiden sieht, damit es nur in den engen Rahmen passe. Zuvörderst ist in der Femgerichtsszene vieles ganz unbedachtsam ausgelassen worden. Es ist wahr, daß einige Reden darin etwas lang sind, allein es durft dennoch kein Wort fehlen, damit es klar und verständlich werde, wie durch einen arbeitsamen Trieb der Natur sich Faden an Faden gereiht, um das sympathetische Netz zu flechten, das zwei Herzen unzertrennlich machte. Zweitens hatte man unerklärt gelassen, auf welche Weise der Kaiser Käthchens Vater geworden sei. Das war wieder einmal aus jener entnervten Sittsamkeit geschehen, welche der Verführung heuchlerische, vermaledeite Kupplerin ist...

Ludwig Tieck

Über die bevorstehende Aufführung des »Prinzen von Homburg« von Heinrich von Kleist auf der Dresdener Bühne

Dieses Schauspiel Heinrichs von Kleist ist schon in Wien, Breslau und Frankfurt am Main gegeben worden. Da die Dresdener Bühne es in diesen Tagen ebenfalls darstellen wird, so ist es vielleicht nicht überflüssig, die Leser dieser Blätter auf einiges aufmerksam zu machen, damit ihr Vergnügen und ihre Teilnahme ungestört sein möge, und sich nicht voreilig von dem trefflichen Werke abwende.

Die kunstreiche Form des Schauspiels, indem es eine Handlung unmittelbar vor unsern Augen entwickelt und durchführt, uns die Motive zeigt, die Charaktere und Gesinnungen malt, zwingt den Dichter, manches nur anzudeuten oder völlig zu verschweigen und die Enträtselung dem Scharfsinn oder erweckten Gefühl des Zuschauers zu überlassen. Ja, dieses Verschweigen ist zugleich ein Vorrecht des Dichters, welches er nicht aufgeben wird, wenn ihn auch die Form des Schauspiels nicht dazu zwänge, denn er kann hierin seine Weisheit nicht minder als in dem, was er ausspricht, zeigen, und der gebildete Zuschauer wird auch nur das Werk anziehend finden, in welchem, wenn einmal seine Teilnahme gewonnen ist, der Dichter ihn gleichsam auffordert, tätig mit einzugehen und durch Witz und Poesie die Teile zu ergänzen, die sich dem Auge entziehen müssen. Nicht anders glauben wir vor Gemälden Verkürzungen oder verdeckte Figuren ganz zu sehen, wenn anders der Maler sein Handwerk verstand und unser Auge geübt ist, Bilder anzuschauen. Wir würden es im Gegenteil dem Künstler keinen Dank wissen, der uns, statt der Gruppierung, alle seine Gestalten in gerader Linie vorführte, um nur klar zu bleiben und die Verwicklung zu vermeiden.

Wie sich die zeichnende Kunst schon früh von dieser zu treuherzigen Anordnung entfernte, so mußten die Theaterdichter auch schon seit langem den chronikartigen Stil und die zu steife Symmetrie vermeiden, und Vor-, Mittel- und Hintergrund anlegen, um ein vieldeutiges, mannigfaltiges Kunstgebilde zu erzeugen. Jedes Zeitalter, jede Schule und jeder einzelne Meister wird wieder durch das charakterisiert, was ihm Neben- und Hauptsache ist, was er mit Vorliebe ausmalt oder andeutet und verschweigt; ja es gibt treffliche Künstler genug, die geradezu die Hauptsache zur Nebensache machen, weil sie der Zier mehr als dem Ausdruck gewachsen sind, weil die Nachahmung der Natur ihnen wohl, aber nicht die Erhebung derselben zu Gebote steht.

Lessings Scharfsinn spielt in seinen Dramen mit dem Zuschauer, und was dieser erraten muß, ist zuweilen das beste, ja notwendigste. Große Dichter wie Goethe bedürften keiner Erklärung, wenn alles zu sagen erlaubt und möglich wäre; es gäbe dann nicht die oft komischen Mißverständnisse, die sich jetzt, nach mehr als vierzig Jahren, wieder zu erneuern scheinen. Woher der Streit bei Shakespeares Meisterwerken, vorzüglich bei seinem wundersamsten, dem Hamlet, wenn dieser witzigste wie tiefsinnigste aller Dichter nicht so oft, eben so gutmütig als großmütig, vorausgesetzt hätte, daß seine Leser und Zuschauer neben ihm ständen, und also den richtigen Augenpunkt seiner Gemälde gefaßt hätten? Wenn Calderon und die Spanier weniger verschweigen, so übten sie dagegen den Zuhörer im Auffassen von allegorischen Beziehungen, im Festhalten reicher Verwickelungen, im Aufmerken auf Kleinigkeiten, die bedeutsam werden und wichtig und erklärend wiederkehren; und die deutsche neuere Schule, wenn man sie so nennen darf, hat das Publikum gewöhnt, Dinge zu verbinden und zu betrachten, die demselben wohl früher als eine zu große Anstrengung erschienen wären.

Diese Versuche haben wenigstens wieder die Aufmerksamkeit und Kombinationsgabe in Anspruch genommen, die bei den sogenannten Familiengemälden, in denen oft kaum etwas vorfiel, fast schlummern durften. Wären diese Bilderwerke nur dem Stil der niederländischen Kunst treu geblieben, so durften sie, trotz ihres geringen Inhalts, immer noch auf Meisterschaft Anspruch machen, hätten nicht die meisten die Anmaßung, in diesem engen Raume das Größte in das Kleinste herabzuziehen und darüber die Beiwerke, das Natürliche, zu vernachlässigen, welche diesen Schöpfungen nur durch Wahrheit einen gewissen Zauber verleihen können.

Durch die letztgenannten Versuche ist es aber hauptsächlich dahin gekommen (obgleich die Gewohnheit oder Verwöhnung selbst schon ziemlich alt ist), daß gewisse Tugenden und Gesinnungen der Aufopferung, Großmut, Freigiebigkeit, Mutter- und Kindesliebe usw. an und für sich, ohne weitere Veranlassung, als notwendig und unerläßlich bei den sogenannten Helden eines theatralischen Werkes angesehen werden. Diese höchsten Empfindungen, ja man möchte sagen, die heiligsten der Natur, werden bei den geringsten und unbedeutendsten Veranlassungen willkürlich angeschlagen, und die Mehrzahl der Zuschauer, daran gewöhnt, folgt dann, ohne weiter darüber zu denken, der Rührung, ja verschmäht in einer gewissen Erhebung alle Kritik, die ihr diese Tränen verdächtig machen möchte. – Vor allen aber ist es die Liebe und Verachtung der Gefahr und des Lebens, welche die jungen Helden charakterisiert, für die wir uns interessieren sollen. Ob es immer der Natur gemäß sei, so zu empfinden, ob ein aufrichtiges Bewußtsein, ob die Erfahrung diesen einmal angenommenen Rausch der Großmut in allen Lagen des Lebens bestätige, darnach fragt man nicht mehr, denn er scheint eben so unerläßlich, wie die Jugend des Liebenden und die Schönheit der Geliebten, und mit Romeos früherer Leidenschaft, bevor er Julien kennt, sowie mit Hamlets Zaghaftigkeit und Härte gegen Ophelien, will sich die Menge noch immer nicht versöhnen, wenn auch diese Seltsamkeiten notwendig zum Kunstwerke gehören.

Schlimmer noch und besorglicher steht es um den Prinzen Kleists, denn der junge Dichter hat es gewagt, die Sache noch auffallender zu machen. Als den Helden des Stücks ein Kriegsgericht nach einem Siege wegen Mangel an Subordination zum Tode verdammt hat, bittet er, zerstört und vernichtet, um sein Leben, gibt, von den Schauern des Todes schon umfangen, Ruhm und Taten, ja selbst seine Liebe auf, die noch vor kurzem als das Licht seines Lebens erschien. Diese auffallende Szene ist der Mittelpunkt des Schauspiels; der Prinz sammelt sich wieder, er kehrt zum Bewußtsein seiner Würde zurück und wird nun nach überstandener Erschütterung, eben so in entschlossener Festigkeit Held, wie er es vorher nur im Taumel, im Traum und in der Leidenschaft war. Möchte diese hier dargestellte Seelenstimmung auch nicht unnatürlich zu nennen sein, so wäre sie doch weder dem Schauspiel angemessen, noch an sich interessant, wenn nicht durch die leidenschaftliche Aufregung, durch das traumähnliche Leben des Prinzen diese Sonderbarkeit, diese Todesfurcht begründet und gerechtfertigt würde. Er ist ein Nachtwandler; in seine verschlossenen Sinne dringt ein Teil der Wirklichkeit wie eine Vision, diese erhöhet seine stürmende Liebe, und durch diese begeistert stürzt er, halb rasend, die Warnung der Freunde nicht achtend, in das Getümmel der Schlacht und hilft einen glänzenden Sieg erfechten. Nur wenig wird sein Rausch durch die Nachricht abgekühlt, daß sein verehrter Freund und Fürst gefallen sei. Er erhebt sich im Gegenteil noch mehr und will Land, Witwe und Geliebte beschützen. In dieser höchsten Sicherheit seines Herzens sieht er sich plötzlich gefangen genommen, vor ein Gericht gestellt, er muß endlich glauben, der angedrohte Tod sei Ernst: und Leben, Sicherheit, Freund, Ruhm, Vaterland und Geliebte verschwinden, die Erde bricht unter ihm, dieser bittern Erfahrung ist sein junges und verwöhntes Herz nicht gewachsen, und er stürzt nun eben so tief, als er sich zu hoch im Schwindel erhob. Auf irgend einem Lebenspunkt muß jeder Held und Weise die Todesfurcht besiegen, um das Leben zu finden, und dieser junge, übermütige Krieger wird hier durch Selbstvernichtung und Verachtung seinem bessern Geiste zugeführt. Er fühlt nun erst, daß er Tod und Leben noch nicht kannte; nach dieser furchtbaren Schule sieht er sein früheres Leben wie Traum und Nebel vor sich liegen, und alles, was ihn in diesem verwirrten Zustande begeisterte, kann nun erst echte Kraft und Wahrheit gewinnen; nach seinem auf kurze Zeit gebrochenen Herzen wird ihm Liebe und Glück, Ruhm und Mut erst Wirklichkeit und Leben.

So vorbereitet wird den Zuschauer die grelle Szene des dritten Aktes zwar immer noch überraschen und erschrekken, aber sie wird kein störendes Mißfallen hervorbringen, um ihm den Genuß eines der vorzüglichsten Werke zu verkümmern, welche die neuere Zeit hervorgebracht hat. Den Freunden des verstorbenen Dichters und den Liebhabern des Schauspiels muß es erfreulich sein, daß ein Theater wie das Dresdener, das so vieles Treffliche und Schwierige befriedigend darstellt, sich auch diese nicht leichte Aufgabe vorgesetzt hat. Auch hier, von gebildeten Künstlern dargestellt und von Zuschauern beurteilt, die des Guten gewohnt sind, wird dieses Gedicht erfreuen, und nach seinem Tode wird ein ausgezeichneter Schriftsteller immer mehr gewürdigt werden, der, so lange er lebte, verkannt und selbst in seinem Vaterlande nicht so beachtet wurde, wie er es verdiente.

Karl Leberecht Immermann

»Landhausleben« Erzählungen von Ludwig Achim von Arnim »Reisebilder« von H. Heine

Wir zeigen hier die Werke zweier Dichter zusammen an, die auf den ersten Anblick wenig Verwandtschaft miteinander offenbaren; die Beurteilung selbst mag uns darüber rechtfertigen und uns von dem Vorwurfe willkürlicher Kombination freisprechen.

Der Verfasser des »Landhauslebens« gibt uns darin vier Erzählungen und ein Drama. Er hat diese Stücke ohne weitere Verknüpfung, als welche die Schlußrede allgemein andeutet, hingestellt; die Fortsetzung des Werkes muß näher zeigen, in welchen Rahmen der Dichter seine Gemälde faßte. Was uns bis jetzt davon sichtbar geworden ist, spannt genugsam, um den Wunsch nach einer genauen Bekanntschaft mit dem Landhause und der Gesellschaft, von welcher die Mitteilungen ausgehn, rege zu machen.

Herr von Arnim gehört zu denjenigen Dichtern, über welche die Kritik am schwersten ein genügendes Urteil zu finden weiß. Nicht leicht wird sie ganz irregehn, wenn es gilt, die Verdienste des Meisters, der dem Ersten wie dem Letzten im Volke gehört, darzulegen, und rasch ist das treffende Wort für das Mittelmäßige, das Schlechte, die Modearbeit gefunden. Allein es hat zu allen Zeiten Talente gegeben, die, zwischen jenem Gipfel und dieser Fläche der Poesie sich bewegend, dem Auge des stillen Betrachters große Schönheiten offenbarten, jedoch von so eigensinniger Natur, so überspielend und an Fehler grenzend, daß eine gewisse Selbstentäußerung dazu gehört, sie zu genießen. Der Betrachtung solcher Dichter arbeitet das Gefühl der Völker nicht vor, sie wurzeln nicht in denselben, denn das Volk wird immer nur von dem Höchstvortrefflichen, Vollendeten, erregt, von dem Schlechten verführt. Wir möchten solche Naturen die Sonderlinge in der Literatur nennen, sie stehn, wie diese, einsam da, den Grund der Absonderung werden wir nie bloß in der Umgebung, vielmehr immer auch in der Beschaffenheit des geistigen Vermögens zu suchen haben.

Das Gesagte auf unsern Dichter anwendend, haben wir ihn mit einer Reihe von Werken auftreten sehn, deren Gedanke in der Regel richtig, deren Ausführung oft überraschend schön zu nennen ist und welche gleichwohl nur den vertrauteren Freunden der Literatur bekannt geworden und im allgemeinen doch ohne die entsprechende Wirkung geblieben sind. Der Dichter zeigt uns Reichtum der Anschauung, Verstand in der Betrachtung und in der Darstellung eine große Deutlichkeit und sehr entschiedne Färbung. So rollt er in der »Gräfin Dolores«, in den »Kronenwächtern«, in »Halle« und »Jerusalem« große, lebenvolle Gemälde auf, jede Figur hat ein scharfes Gepräge. – Treten wir aber näher hinzu, so stören uns grelle Übergänge aus dem Nächsten in die entlegenste Ferne, dicht an die treuste Naturwahrheit schiebt der Poet die wunderlichsten Märchen, Träume, ohne unsrer Empfindung die Brücke zu schlagen, er verläßt jeden Augenblick den festen Grund und Boden, um auf Wolken dämmernden Schatten nachzueilen, und mutet uns an, aus der oft trockenen und prosaischen Komposition hinaus, jähe Sprünge in das Reich vollendeter Willkür mit ihm zu machen. Dergleichen Widersprüche scheinen fast unvereinbar zu sein, und doch läßt sich vielleicht die gemeinsame Quelle nachweisen.

Im ganzen scheint der Dichter mehr Geist als Phantasie zu haben, und in dieser möchte wieder der empfangende Bestandteil mit seiner Treue, Schärfe und Innigkeit vorwalten. Daher der nie fehlende interessante Gedanke der Kompositionen, welcher nur wieder oft zu sehr außerhalb der Dichtung erscheint; daher die Richtigkeit, Präzision und Anschaulichkeit der Szenen und Gestalten, welche mitunter herbe zu nennen ist. Irren wir nicht, so sehn wir in dem

Dichter die entschiedensten Anlagen zur sogenannten beschreibenden Poesie; wir denken uns aber dabei eine höhere, geistigere Art, als wie sie bis jetzt von den Engländern ausgebildet worden ist. Ob die Dispositionen für epische und dramatische Arbeiten hervorstechend sei, müssen wir bezweifeln, wenn wir nämlich den Dichter, wie dem Stande seines Talentes gebührt, mit den höchsten Beispielen zusammenhalten. Denn es zeigt sich in dem Verknüpfen und Fortbilden seiner Fabeln, in dem oben gerügten Vermischen zweier Sphären, in dem Verlassen selbstgezogner Grenzen ein gewisses Mißverhältnis des zeugenden Bestandteils der Phantasie, ein gewisser Mangel an Energie in dem poetischen Bildungstriebe, der sich nun durch Anomalien und Mißgestalten äußert, während die höchste Kraft immer den Stoff der Wirklichkeit sucht und diesen so ganz durchdringt, daß das Gebilde nur die höchste Regel und die vollkommene Gesetzmäßigkeit darstellt. Gerade jene Kraft der schaffenden Phantasie ist aber dem Epiker und Dramatiker vorzüglich notwendig. Wir sind keineswegs der Meinung, daß sie unserm Dichter fehle – ohne sie ist ja überhaupt eine poetische Schöpfung nicht möglich –, aber ein Minus zeigt sich hier doch, gegen die übrigen Vermögen seiner Natur gehalten.

Herrn v. Arnim erstes Auftreten fiel in die Zeit, wo wenigstens die Erschütterungen von derjenigen Bewegung in Poesie und Literatur, welche meistens nur die Gegner die neue Schule genannt haben, noch fortdauerten; an diese Bewegung schloß er sich an, den Sinn und Geist derselben nahm er in sich auf, dieses Element scheint er zur Ergänzung seiner Natur sich angeeignet zu haben. Wir müssen, da es zum Verständnis unsres Gegenstandes gehört, unsre Überzeugung von dem Wesen jener Periode aussprechen. Wenn man sie die der neuen Schule nennt, so wird dieser Ausdruck sehr uneigentlich gebraucht, denn es fehlte dem gleichzeitigen Bestreben der Männer, die in ihr hervorstachen, gerade das Hauptkennzeichen der Schule, nämlich das Festhalten am Traditionellen und die Übereinstimmung in einem gemeinschaftlichen Begriffe. Die eigentlichen nationalen Richtungen deutscher Poesie und Kritik waren durch Goethe, Schiller, Klopstock, Herder und Lessing angegeben. Von Lessing wurde nun zwar geredet und Goethe sehr verehrt, doch blieb den kritischen Schriften die reine, strenge ästhetische Deduktion der erstern fremd, und die Verehrung des letztern war doch auch mehr ein Parteizeichen, indem die Dichtungen von seinen Hauptverdiensten kaum etwas in sich offenbarten, die übrigen Obengenannten wurden bekanntlich beinahe ignoriert. Wenn wir daher den Charakter jener Bestrebungen eigentlich angeben sollen, so können wir nur sagen, daß sich darin das Verlangen zeigte, das Individuelle jedes einzelnen schrankenlos zu produzieren. Jeder wollte sich, ohne Anschließen an eine in der Entwicklung begriffene oder schon entwickelte Form der deutschen Poesie, geltend machen, das Gefühl, daß alle Kunst etwas Historisches ist, schien fast verlorengegangen. Offenbar war das Talent der meisten bedeutend, die Richtung aber nicht von der Art, um etwas Dauerndes und Selbständiges zu erzeugen. Und so haben wir den Irrtum und das Übermaß sich hier, wie überall, selber aufheben und zerstören sehn. Gleich anfangs zeigte sich der Kontrast, daß diejenigen, welche die Fessel naheliegender und natürlicher Formen nicht tragen zu können schienen, zu längstverschollenen Formen zurücksprangen oder sich in den Weisen entlegner Länder mühsam bewegten. Dann hat die zuerst so frei und philosophisch scheinende ästhetische Betrachtung bei manchen einer trocknen Buchstabengelehrsamkeit Platz gemacht, und endlich sind uns Dichter erschienen, die im Beginn ihrer Laufbahn von allen Beziehungen und Stoffen der Gegenwart, des Lebens, wie es uns wirklich umgibt, stolz zurücktretend, späterhin mit Vorliebe zu diesen so verachteten Elementen sich wandten und dieselben auf eine Weise zu verarbeiten anfingen, wie sie wohl sonst von ihrem geflügelten Spott ereilt wurde.

Diese kranken Seiten nun der sogenannten neuen Schule, das Aneignen gewisser beschränkten, vergessenen Formen und Anschauungsarten, und dann wieder das Hinaustreten in eine zügellose Willkür müssen unserm Dichter als etwas Positives, Wahres und Schönes erschienen sein, sie treten häufig genug hervor und führen zu dem Zwiespalt in seinen Produktionen, den wir oben zu schildern versuchten. Mitten in der Begeisterung vom wahren Leben, in der kräftigsten poetischen Anschauung, ergreift ihn oft plötzlich die Vorstellungsweise einer alten Chronik, ein Lied auf einem fliegenden Blatte, eine alte Kirchenweise, oder ihn überkommt ein unbestimmtes Schwärmen ohne Inhalt, und das schön angehobene Gemälde bleibt unvollendet.

In dem gegenwärtigen Werke sehen wir fast alle Fehler und alle Verdienste des Autors wieder. Wir gehn zur Betrachtung des einzelnen über. Die »Metamorphosen der Gesellschaft« behandeln eine höchst anziehende Situation. Wie die hervorstechenden Figuren der alten guten Gesellschaft sich in der Gegenwart nach deren Anforderungen verwandelt zeigen, wird uns in einer Reihe sehr fein und geistreich angelegter Szenen dargestellt. Die Metamorphosen sind indessen nur scheinbar, die Alten stehn am Ende, trotz aller Frömmigkeit, Begeisterung für Ideen und Staatsweisheit, auf dem Punkte der Eitelkeit und Güte wie vor dreißig Jahren, der Adept aus dem vorigen und Heilige im gegenwärtigen Jahrhundert, ist nichts gewesen und geworden als ein Scharlatan, der zuletzt der Gesellschaft indische Gaukeleien vormacht. Auch die jüngern Figuren, der fromme, auf Renten spekulierende Arthur, der feurige Vernunftschwärmer Eduard, der unter Bolivar und bei den Griechen stritt, und die in die Idee des neuen Jerusalems versunkne Georgine zeigen in ihrer Art nur, wie ihre Väter Torheiten trieben. Die Ironie, mit welcher der Dichter seine Personen behandelt hat, ist vortrefflich, alle sind mit sich in Widerspruch, die Konfusion der Meinungen und Verhältnisse ist groß, dennoch erscheinen sie als wirkliche organische Menschen, die Saft und Blut haben.

Bei so richtiger Anlage stören dann die grellen Sprünge, wie die Erhebung des Rittmeisters zum Minister der Geistlichkeit und der ganze abenteuerliche Vorfall mit den Gütern Zehenburg und Tiefenbach, die der fromme Arthur auf dem Balle bei dem neuen Minister verwettet, um so mehr. Hier mutet uns der Dichter wieder etwas ganz Unwahrscheinliches und Seltsames zu, mitten in der ruhigen Entfaltung natürlicher Ereignisse, und sein Verlangen erscheint daher unmotiviert. Zuweilen wiegt die Reflexion störend vor, wie in dem langen Sonntagsgespräche beim Rittmeister und auf dem Balle, so auch in der Schilderung der frommen, bei Miranden versammelten Gesellschaft.

Die Darstellung des frommen Schwindels unsrer Zeit ist mit Tiefe behandelt, dem Dichter erschien die Krankheit nicht, wie sie hin und wieder in neuern Erzeugnissen geschildert worden ist, als bewußte Heuchelei auf der Oberfläche, er hat sie von der Wurzel aus begriffen und sie im Zusammenhange mit so manchem Edlen und Guten gesehn. Übrigens ist dies nur ein Ton in dem Konzert; dem Verf. scheint die Anschauung unsers ganzen verwickelten Gesellschaftszustandes vorgeschwebt zu haben. Daher zeigt sich etwas Überladenes in der Dichtung, der Stoff ist für den engen Raum zu mächtig, es wäre zu wünschen gewesen, daß der Dichter statt zur Novelle ihn zum Roman verbraucht hätte. Wir aber müssen freilich mit dem zufrieden sein, was er uns gab, und haben kein Recht, Schöneres zu verlangen, weil er uns Schönes geboten hat.

»Holländische Liebhabereien« heißt die zweite Erzählung. War in den Metamorphosen der Gedanke und die Anlage größer, so ist dagegen in diesem Stücke die Ausführung vollendeter; wir halten es deshalb für das beste in der ganzen Sammlung. Zwischen den grammatischen Streitigkeiten und der grimmigen Feindschaft der beiden Leidner Gelehrten Hemkengriper und Zahnebreker, dem sehnsüchtigen Streben des Tulpenliebhabers Bilderdik nach dem Admiral von Enkhuysen; zwischen allen diesen holländischen Pedantereien und Liebhabereien sproßt die zarte frische Idylle von Jans und Primulas Liebe. Der Verf. hat hier alles aus eigner Farbe gehalten, alles in Handlung gesetzt; das Ganze erregt die Empfindung eines warm und treu ausgeführten Niederländers. Sehr schön ist Primula gezeichnet, hier ist wirkliche Naivetät und Natur, an solchen Aufgaben scheitert der falsche, bewährt sich der wahre Künstler. Leiden mit seinen Gelehrten und Bürgermeistern, mit aller Steifheit und Fröhlichkeit des niederländischen Treibens, lebt vor unsern Augen, die Szenen auf der Dule sind kleine Meisterstücke epischer Handlung. Hätte der Dichter doch mit der Vereinigung der beiden Liebenden durch Hemkengriper geschlossen! Die Geschichte ist damit aus, das Nachherige von Jans Theaterschicksalen und der Pest in Leiden steigert den Eindruck nicht.

»Rembrandts Versteigerung.« Die bekannte Anekdote aus des Malers Leben, der die Stunde seines Todes verbreiten und dann seine Sachen verkaufen ließ, in Versen. Der Dichter hat die Sache so gefaßt, als habe der Künstler seines Namens Unsterblichkeit gegen einen antikisierenden Don Raphael durch diesen Kunstgriff beweisen wollen. Die Sache ist, wenn sie geschehn, aus Gewinnsucht geschehn, die Umbildung in jenes Motiv ist nicht glücklich, ein Maler, der, im eigentlichen Sinne des Worts, die reellen Früchte von den Nachkommen bei lebendigem Leibe einzuernten, sich tot stellt, wäre ein noch dankbarerer Gegenstand für die Laune gewesen. Die Darstellung ist herzlich und wahr, das Ganze scheint uns aber für den Inhalt zu weit ausgesponnen zu sein, das Gedicht hat einige Längen.

»Wunder über Wunder. Indisches Märchen.« Die Personen der »Lehr- und Wanderjahre Wilhelm Meisters« treten darin auf. Ein indischer Raja hat eine große Erziehungsanstalt gegründet und sie unter die Aufsicht der Landgeistlichen gestellt. In derselben wird auf alle mögliche Weise pädagogisch und ökonomisch experimentiert, die liebe Natur stört aber beständig die Normalerziehung, und die fälligen Wechsel Jarnos, der das Handelshaus Montan et Comp. gegründet, werfen die Ökonomie über den Haufen, worauf dann bei dem Zertrümmern der Anstalt die in der pädagogischen Schauspielerei herangebildete Jugend ins Freie geführt wird, um draußen eine wirkliche Theaterschule zusammenzusetzen. Der letztere Moment ist zu breit ausgeführt, es tritt eine gewisse didaktische Absicht zu deutlich hervor. Sonst wirkt das Ganze durch anmutigen Leichtsinn und zarte Grazie wie ein Märchen, obgleich nichts Wunderbares darin geschieht, als daß trotz der wunderbarsten Anstalten und Verheißungen die Dinge ihren gewöhnlichen Lauf gehn. Der Dichter hat sich sehr bestimmt im Vorworte und in der Schlußrede gegen die Absicht, Goethen parodieren zu wollen, verwahrt. Unsres Erachtens war dies nicht nötig, die Unbefangnen würden ohne diese Erklärung sein Märchen rein genossen haben, und bei den Befangnen werden ihm seine Worte kaum etwas helfen.

»Marino Caboga«, ein Drama, beschließt die Sammlung. Der Held, von dem das Stück den Namen führt, gehört zu den edlen Ragusanischen Geschlechtern. Von Intrigen umgeben, die ihn zur höchsten Herrschaft führen wollen, durch eine leidenschaftliche Tat dem Gesetze verfallen, stürzt er, begünstigt durch ein Erdbeben, mit reinem Freiheitssinne die Oligarchie und erneut den Staat von Ragusa. Der Gedanke des Stücks ist gut, die Ausführung an einzelnen Punkten wahrhaft schön und poetisch, dennoch möchten wir das Stück das schwächste in der ganzen Sammlung nennen. Die Exposition ist mitunter unklar und verworren, die Not des Volkes, welche doch allein die Notwendigkeit und Größe der Handlung uns anschaulich machen könnte, ist nicht energisch genug gezeichnet, der Held tritt zu wenig hervor, und was das schlimmste ist, die Katastrophe erfolgt durch einen Zufall – das Erdbeben. Deshalb läßt die Dichtung im Ganzen kalt; sie trägt zu wenig den dramatischen Charakter an sich. Nun hat zwar der Dichter, wie es scheint, hierauf selbst verzichten wollen, indem er das Stück »dramatische Erzählung in drei Handlungen« nannte. Allein wir können der gewählten Form halber ihn von den Anforderungen an diese nicht lossprechen. Es ist überhaupt schon ein schlimmes Zeichen, wenn der Poet die Grenzen, welche die Natur des schaffenden Geistes unabänderlich zog, nicht anerkennt und sich in dramatisierten Märchen, Heldenspielen, in soundso viel Abenteuren und dergleichen mehr versucht; es deutet dies auf eine Verwildung des ästhetischen Gefühls und kündigt eine Aufhebung der Poesie überhaupt an. Denn diese besteht nur in und mit der vollendeten Erscheinung, letztre wird nur sichtbar durch die scharf und streng bewahrte Form. Zerbricht man die Winkel der Kristalle, stumpft man deren Spitzen, so wird sich bald nichts zeigen als ein zerfließendes Wasser oder ein toter Staub, und etwas Ähnliches kann man von den Kristallisationen des Geistes sagen.

Heinrich Heine, dessen neuestes Werk wir hier zugleich anzeigen, gab vor einigen Jahren ein Bändchen Gedichte heraus, dann folgten zwei Tragödien, »Almansor« und »Ratcliff«, nebst einem »lyrischen Intermezzo«, und jetzt erscheint er mit »Reisebildern«. In diesen teilt er achtundachtzig Gedichte unter der Überschrift »Die Heimkehr« mit, dann folgt ein Gedicht (denn so müssen wir es nennen) meistens in Prosa: »Die Harzreise«, und zwölf Gedichte, die den Eindrücken des Meers ihr Entstehn zu danken haben, beschließen die Sammlung. Dieser Dichter hat die widersprechendsten Beurteilungen erfahren. Manchen schien er nur die oft gehörten lyrischen Klänge zu wiederholen, andern kam er wie ein Musterbild der Roheit und Verzerrung vor; es gab aber auch deren, die in ihm den Dichter sahen, vieles von dem Geleisteten bewunderten und eine reiche Zukunft von ihm hofften. Seine neuste Arbeit soll ihn bei mehreren Beurteilern zum Humoristen gemacht haben. Wir hören dieses Urteil nicht gern, es bezeichnet in der Regel das, was man wohl Gegenteil aller poetischen Form nennen kann, und es trifft unsres Erachtens in diesem Sinne Heinen am wenigsten, der sich in den meisten seiner Erzeugnisse grade sehr geformt zeigt.

Das meiste, was der Dichter bisher geliefert hat, sind lyrische Poesien, auch in der gegenwärtigen Sammlung ist die poetische Beschreibung der Harzreise, ihrem Charakter nach, rein lyrisch; das Naturgefühl des Dichters auszusprechen, ist Zweck der Darstellung, die äußern Gegenstände, an welchen er sich ausspricht, sind nur die Typen von des Dichters Innre. Erwägen wir nun, in welcher Art sich dieser Lyriker bisher entfaltet hat, so zeigt sich zuvörderst in der Wahl des Gegenstandes etwas, was von den meisten Erscheinungen in dieser Art der Poesie abweicht. Der Inhalt seiner Lieder ist kein fröhliches, sanftes, er ist ein düstres, schreckliches Thema. Nicht um rosenbekränzte Becher schwärmt seine Phantasie, sie führt ihn nicht zu den Festen glücklicher Menschen, sie feiert weder die erwartende noch die beglückte Liebe, sondern sie klagt und zürnt über die Untreue der Geliebten, die, des Dichters Andacht verschmähend, dem Unwürdigen sich ergab, das Götterbild ist versunken, dem Dichter schien alles Schöne und Herrliche der Erde in den Abgrund nachzustürzen.

Dieser heiße Liebeszorn und Schmerz durchzieht mit wenigen Ausnahmen alle Gedichte Heines; auch in den Naturgemälden, in den Nachbildungen alter Romanzen und Sagen, die hin und wieder vorkommen, läßt er sich in perspektivischer Form erblicken, er ist als der bisher klargewordne Mittelpunkt von des Dichters Gefühl zu betrachten. Hier ist also ein möglichst kleiner Kreis gezogen, und dies müssen wir zuvörderst als unbewußte Weisheit des Dichters anerkennen. Der Lyriker kann nicht genug sich beschränken, je enger, desto intensiver ist sein Gefühl, je intensiver dieses, desto näher liegt die Möglichkeit großer Erfolge. Wie beschränkt ist der Kreis, in welchem sich Klopstock als wahrhaft großer Lyriker zeigt! In den Oden der Liebe, der Jugendfreundschaft ist er es gewiß; in den Gedichten, wo das Vaterland oder die Religion ihn zu begeistern schienen, kann sein Beruf uns schon zweifelhaft bedünken, so große Bewunderung ihm grade diese Poesien einst zuwege brachten, und ganz gewiß wird er da, wo er die Französische Revolution, Freiheit, Gleichheit oder andre Begriffe singt, sterblich sein. Goethe hat lyrisch kaum etwas behandelt als das Behagen einer freien Seele, mag er nach der Geliebten verlangen, mit ihr scherzen oder von ihr scheiden, mag er dem Sturm des Lebens stehn oder mit fröhlichen Gesellen schwärmen, es ist immer nur das Gefühl einer mit den Erscheinungen der Welt spielenden Kraft, was er ausdrückt. Deshalb ist es grade vorteilhaft, wenn Heine einen anscheinend so bald erschöpften Gegenstand immer und immer wieder vornimmt.

Nur scherzhaft kann man ihn deshalb tadeln, wie er es selbst tut in dem Gedichte:

> Teurer Freund! Was soll es nützen,
> Stets das alte Lied zu leiern?

Daran nur, wie der Lyriker das Thema zu modulieren und zu variieren versteht, läßt sich der Dichter erkennen. Und hier muß man den unsrigen wahrhaft bewundern. In dem kleinsten Kreise offenbart er die größte Mannigfaltigkeit, von dem rührenden Tone leister Klage bis zu dem Schelten des verzehrenden Hohnes und des zerschmetternden Grimms bildet seine bewegliche Phantasie alle Laute aus, von der nächsten Umgebung, seinem Kleide, seiner Stube, bis zu fernen Küsten und Gebirgen, zieht sie alles in den Kreis ihres Vermögens; es ist nicht zu viel gesagt, wenn wir behaupten, daß die Poesie des Schmerzes kaum in vernehmlicheren Ausdrucksweisen früher schon einmal gehört worden sei.

Sehr schön zeigt sich auch bereits die innre Beschlossenheit, ohne welche ein echter Dichter nicht bestehn kann, welche freilich nur die Folge und die Äußerung ist von der wahren tiefen Anregung des Poeten und seinem energischen Talente. Wir haben hier kein Mosaik sich widersprechender und gegenseitig aufhebender Gefühle und Anschauungen, sondern es herrscht innre Einheit, die Steigerungen sind richtig, die Töne und Farben übereinstimmend. Von Längen, von müßigen Ausspinnungen, von leeren Wiederholungen weiß unser Dichter so wenig, daß seine Verbindungen eher an das Herbe grenzen, seine Schlüsse fast immer schlagend, mitunter selbst zu epigrammatisch sind. Wortspiele, Parallelismen stehn dem Dichter zu Gebote, wie sich denn überhaupt ein treffender Witz neben dem bisher Gerühmten hervortut. Die Sprache ist unmittelbar, sinnlich, derb und frisch; sie hat hauptsächlich den Gegnern herhalten müssen; wer aber Einsicht in poetische Dinge hat, kann sich nur darüber freuen, daß dergleichen ungefälschte Natur noch möglich ist.

In Hinsicht des Metrums hat der Dichter früher mehr Abwechslung gezeigt als in der gegenwärtigen Sammlung. Meistens herrscht die vierzeilige Strophe, und in dieser der Daktylus und Trochäus. Nur geringe Variationen bringt er durch Umstellung der Füße, durch Aus- und Abweichungen vom Systeme hervor. Dabei entsteht noch eine gewisse Monotonie aus der angenommenen Manier, nur zwei Verse in der Strophe aufeinander zu reimen. Die Seegedichte sind jedoch in freien Metris gedichtet und, wie es uns scheint, sehr glücklich rhythmisch und harmonisch.

Um das Urteil über die Vortrefflichkeit der Heineschen Poesie durch einige Beispiele zu belegen, greifen wir aus dem reichen Vorrate, der vor uns liegt, zuerst das 70ste Lied der »Heimkehr«. Der Dichter schildert uns die Entzückungen einer schönen romantischen Rheinfahrt. Durch ein glückliches Bild stimmt er uns zum Empfangen sanfter, träumerischer Eindrücke und gibt zugleich selbst den elegischen Grundton seines Gefühls an:

Wie der Mond sich leuchtend dränget,
Durch den dunkeln Wolkenflor;
Also taucht aus dunkeln Zeiten
Mir ein lichtes Bild hervor.

Die Situation wird angegeben, aber ruhend, auf der untersten Stufe:

Saßen all auf dem Verdecke,
Fuhren stolz hinab den Rhein,
Und die sommergrünen Ufer
Glühn im Abendsonnenschein.

Die Situation wird individueller umzogen:

Sinnend saß ich zu den Füßen,
einer Dame, schön und hold;

die Anknüpfung an die Landschaft, an die Umgebung geschieht:

In ihr liebes, bleiches Antlitz
Spielt' das rote Sonnengold.

Das kleine Gemälde ist in der Ruhe vollendet; die schöne Rheingegend, die schöne Dame, von demselben Sonnenlichte beglänzt wie sie, der Dichter zu ihren Füßen, ein anmutiges Bild, wehmütig froh durch das bleiche Antlitz der Dame, in schönem Parallelismus mit dem Bilde vom Monde im Anfang des Gedichtes, noch aber fehlt die Bewegung.

Diese geschieht:

Lauten klangen, Buben sangen,
Wunderbare Fröhlichkeit!
Und der Himmel wurde blauer,
Und die Seele wurde weit.
Märchenhaft vorüberzogen
Berg und Burgen, Wald und Au. –

Alle Bestandteile des Gemäldes sind nun in mächtiger Regung, der Dichter scheint sich weit von dem Individuellen, Gemütlichen entfernt zu haben. Mit einem Schlage aber versetzt er uns wieder in diesen Mittelpunkt, und doch ohne Sprung, ohne Gewaltsamkeit:

Und das alles sah ich glänzen
In dem Aug der schönen Frau.

Verklärt, vergeistigt zeigen sich im Schlusse alle Anschauungen des Gedichts, dieses wird hier zu seinem eigenen

Spiegel, auf dem Gipfel der Schöpfung, in dem Auge der Schönheit, sieht der Poet den geistigen und leiblichen Widerschein von den Herrlichkeiten der Welt.

Ein andres Gedicht, das 28ste, behandelt die Aufgabe, eine innerlich zerstörte Familie darzustellen, der Mond beleuchtet wieder die Szene, aber wie verschieden:

> Der bleiche herbstliche Halbmond
> Lugt aus den Wolken heraus;
> Ganz einsam liegt auf dem Kirchhof
> Das stille Pfarrerhaus.

Die Familie ist in der Stube. Die Mutter liest in der Bibel, der Sohn starrt ins Licht, die ältre Tochter ist schlaftrunken, die jüngre beklagt sich über Langeweile in dem öden Hause. Jene will zum verliebten Grafen gehn, der Sohn von den drei Jägern Gold machen lernen.

> Die Mutter wirft ihm die Bibel
> Ins magre Gesicht hinein:
> So willst Du, Gottverfluchter,
> Ein Straßenräuber sein!
> Sie hören pochen ans Fenster,
> Und sehn eine winkende Hand:
> Der tote Vater steht draußen
> Im schwarzen Pred'gergewand.

Hiermit schließt das Stück. An ihm ist besonders der Lapidarstil merkwürdig, mit welchem der Dichter das Schreckliche behandelt hat. Wie würden andre den Stoff ausgesponnen haben, der so viele Fäden darbot! Heine hat eine ganze Familientragödie in wenige Verse zusammengedrängt, und doch lebt jede Gestalt, doch ist jede deutlich. Das Talent, glücklich zu schließen, zeigt sich hier einmal recht glänzend, der tote Vater draußen wirkt wie ein tragischer Chor. Schade, daß der vierte Vers vom Dichter nicht klarer gehalten worden ist, in seiner jetzigen Undeutlichkeit stört er den Effekt.

Wenn wir nun bis jetzt an unserm Autor fast alles gelobt haben, so müssen wir, um unser Urteil in der rechten Begrenzung erscheinen zu lassen, hinzufügen, daß sich das Lob auf den Totaleindruck, den seine Poesie hinterläßt, auf die Mehrzahl seiner Gedichte bezieht, daß wir aber dasselbe von jedem einzelnen Erzeugnisse auszusprechen keineswegs verantworten könnten. Das Haupthindernis, weshalb die poetische Gestalt nicht immer sich zeigt, liegt darin, daß der Dichter oft nicht ruhig genug gewesen ist, um dichten zu können. Jeder Gegenstand, jedes Gefühl kann Stoff eines Poems werden, mag jener so geringfügig, dieses so heftig sein als möglich. Allein der Dichter selbst muß nicht mehr vom Stoffe beherrscht, nicht von der Leidenschaft weggeführt werden, das besondre Ereignis muß ihm schon aufgegangen sein in das allgemeine Leben des Geistes, er muß mit seinen Leiden und Freuden nur noch durch die freigestaltende Phantasie zusammenhangen. Dadurch unterscheidet sich ja eben das Gedicht von dem dumpfen Schrei des Schmerzes und dem Rufe des Zornes und Hohns, daß jenes in seiner endlichen Begrenzung zum Symbole des Allgemeinen und Ewigen wird. Wer aber, wie Heine nicht selten tut, noch vom Gegenstande befangen,

Um seine Angst zu bannen
Singen will ein lautes Lied,

der unternimmt Unmögliches. Dem Vergänglichen, Zeitlichen – so wie es da liegt – ist ein dauerndes Leben nicht zu sichern, und in dem unnatürlichen Bestreben kommt der Poet nur zum Schein und zur Manier. So wird Heines Spott und Ironie, in den bessern Sachen so kräftig und tief, dann kleinlich und skurril, die Darstellung plump und übertrieben, er umkleidet dann das Nichtige mit glänzenden Flittern, die die innre Armut doch nicht zu verhüllen vermögen. Mit Freuden muß man anerkennen, daß er in der vorliegenden Sammlung sich freier von jenen bösen Fehlern zeigt, doch kommen sie noch immer häufig genug vor. Das Gedicht 25 ist dessen nicht würdig, dessen Ironie so wahre Töne zu finden weiß wie in dem Liede vom sterbenden Fechter, und wer so zierlich und gebildet scherzen kann wie in 64 und im 1sten und 4ten der Seegedichte, sollte den nicht feinen Spaß in 32 weggelassen haben. Die längeren Gedichte »Ratcliff« und »Götterdämmrung« leiden sehr an herben falschen Tönen und an jener Stelzenpoesie, von der wir oben redeten. Hierbei ist es merkwürdig, daß Heine in der Regel den poetischen Gedanken, den er später in einem längeren Gedichte ausspinnt, früher schon einmal viel glücklicher in einem kurzen Liedchen behandelt hat. Denn so ist z. B. der Gedanke des »Ratcliff« viel schöner in dem kurzen Gedichte 41 der »Heimkehr« dargestellt. Auch die Romanzen »Donna Clara« und »Almansor«, obgleich kunstreich gebildet durch wohlangelegte Assonanzen, sind Mißtöne wegen ihres einseitigen Hasses; die Protestation des Dichters Seite 110 kommt ihm gegen unser Gefühl nicht zustatten. So müssen wir auch das Gedicht »Frieden«, welches die Seegedichte beschließt, ganz verwerfen; der bittre Spott des zweiten Teils paßt gar nicht zum ersten, das Ganze fällt auseinander.

In der »Harzreise« haben besonders die Rückblicke auf Göttingen Anstoß erregt. Den Gedanken derselben tadeln wir nicht, vielmehr ist es richtig gefühlt, daß der Dichter seinem Naturgemälde durch den Kontrast mit der Lehranstalt, die ihm zum Sinnbilde trocknen, abgestorbnen Wissens geworden ist, Glanz zu geben gesucht hat. Die grünen Wälder, die sonnigen Berge sollten sich von diesem braunen Hintergrunde heben; seine Farbe sollte zwischen den muntern bunten Gestalten hervorblicken. Allein der Dichter hat sich selbst hier wieder um den Effekt betrogen, sein Unmut hat ihn verführt, recht breit und ausführlich zu malen. Hier war Maß und Grazie vor allem notwendig, und man vermißt sie ungern in den Scherzen. Reiner gehalten, würde das Mittel vortrefflich gewirkt haben. So wie es jetzt dasteht, schwächt und tötet es meistens die bessern Partien. Überhaupt findet sich in der »Harzreise« zu viel nüchterne Reflexion, die Darstellung wird zwar an einzelnen Punkten zur runden, poetischen Gestalt, jene Punkte stehen aber zu isoliert da, und so wohl sich auch der Mittelpunkt dieses Gedichts erkennen läßt, so hat der Dichter es dennoch nicht vermocht, den geistigen Verband in allen Teilen durchschimmern zu lassen. Zuweilen finden sich Anklänge von Jean Paul, ja selbst vom verstorbenen Hoffmann, welche beide wohl nicht Muster der Darstellung werden sollten.

Man hat Heinen beim Beginn seiner dichterischen Laufbahn mit Byron vergleichen wollen. Diese Vergleichung scheint nicht zu passen, der Brite bringt mit ungeheuern Mitteln nur mäßige poetische Effekte hervor, während Heine eine entschiedene Anlage zeigt, sich künstlerisch zu begrenzen und den Stoff gänzlich in die Form zu absorbieren. Der erstaunliche Beifall, den der Lord gefunden, hat wohl hauptsächlich in Dingen seinen Grund, die von dem ästhetischen Gesichtspunkte ziemlich fern liegen, seine verzweifelnde Selbstsucht schmeichelt dem Grundübel so vieler – die Zeit wird über seine Poesie richten und auch diese Erscheinung, wie alles, an ihren rechten Ort stellen. Soll einmal verglichen sein, so möchten wir eher sagen, daß uns bei Heine Gedanken aufgegangen sind, die uns an Petrarca erinnerten. Freilich treten diese Dichter unter so ganz verschiedenen Umständen in das Reich des Lebendigen, daß die äußerlichen Verschiedenheiten ihrer Erzeugnisse kaum größer sein könnten. Dürfen wir doch kaum hoffen, daß jemand uns die Spuren innrer geistiger Verwandtschaft nachzuempfinden Belieben tragen wird. Sollte aber etwas Wahres in der Bemerkung gefunden werden, so möge man nicht vergessen, daß, wenn es unserm Dichter nicht gelingt, den

> ersten jugendlichen Irrtum

und

> die eiteln Hoffnungen und den eiteln Schmerz
> (Petrarcas erstes Sonett)

so liebenswürdig und kunstreich auszubilden wie jenes Haupt des Minnegesanges, darañ auch die Macht der Um-

stände mit schuld sein wird, welche der freien poetischen Entwicklung jetzt mancherlei Hindernisse in den Weg legt.
Und hier ist endlich der Ort, uns über unsre Zusammenstellung zu rechtfertigen. Wir sehn hier zwei Dichter von hervorstechendem Talent, beide gehemmt in ihrem poetischen Wesen durch etwas Fremdes, den einen in der Mitte seiner Laufbahn und festgeworden in einer gewissen Manier, den andern im Beginn und in Gefahr, Manierist zu werden. Die Kritik, soll sie mehr sein als ein bloßes Tagesgespräch, soll sie den Namen einer wissenschaftlichen verdienen, wird immer dahin streben, die einzelnen Erscheinungen im Zusammenhange mit ihrer Zeit begreifen zu lehren und die besonderen Strömungen des Talentes aus der allgemeinen Richtung des Geistes erklärbar zu machen. Diesen Zweck kann sie aber nur durch Zusammenstellung und Vergleichung mehrerer erringen. Für unsere Aufgabe wird es nun noch darauf ankommen, zu versuchen, ob sich nicht für jene äußeren Berührungspunkte ein innrer gemeinsamer Grund finden läßt, der denselben als mehr denn zufällig darstellt.

Betrachten wir frühere Perioden der Poesie, die uns wichtig erscheinen müssen, so sehen wir, daß die Dichter sich mehr unter gewisse allgemeine äußre Schranken stellten als jetzt. Diese Schranken zeigten sich teils als erprobter Kunstbegriff – als Schule im eigentlichen Sinne – wie bei den Franzosen, bei den Minnesingern und (wiewohl in geringerem Grade) in der guten Weimarischen Zeit, oder sie kamen unter der Form der Protektion durch Große und Fürsten vor, wie besonders bei den Engländern und den südlichen Nationen, oder endlich die Achtung vor dem Publikum, vor dem Volke, war die Schranke, die der Dichter respektieren mußte. Überall war er an äußre Bedingungen geknüpft, mochte er anscheinend noch so isoliert stehen, dem Geiste nach war er gezwungen, gesellig zu sein, und deshalb zeigen die Hervorbringungen aller jener Perioden einen gewissen festen Charakter, eine innere Notwendigkeit und, mit einem Worte, einen Kunststil. Denn das Gesetz der Geselligkeit ist Regel, Launen und Willkürlichkeiten werden nicht geduldet.

Jetzt steht dies ganz anders. Eine Schule haben wir nicht, man zieht es vor nachzuäffen, anstatt in würdigem und edlem Sinne nachzuahmen, einen Fürsten gibt es kaum, um dessen Gunst und Schutz der Dichter sich bewerben darf und dem er daher zu Danke singen müßte – die Neigungen der Großen sind der Poesie nicht zugewandt. Die heilige Scheu aber vor einem richtig führenden und urteilenden Volke hat dieses zum Teil selbst verscherzt, teils haben die Talente das, was ihnen in dieser Beziehung zu achten übrig blieb, als nicht der Rede wert sich weggesprochen, es ist nichts seltner als eine gewisse nationale Gesinnung. So steht nun der Dichter frei, aber in einem leeren Raume, und in seiner Einsamkeit darf er alles unternehmen, freilich auch das Ungehörige. Aus der Freiheit entspringt die Mannigfaltigkeit, aber auch die Willkür, die Einsamkeit kann fast nichts andres hervorbringen, als daß der Dichter sich in jedem seltsamen Gelüste gehen läßt. Zwischen der Welt und ihrem zwar beschränkenden, aber auch wieder kräftigenden Einflusse und dem Poeten besteht kein Rapport, und nach einem ganz natürlichen Gesetze muß daher, wenn der Geist in dieser Richtung fortgeht, die Poesie bald aus der Reihe der Erscheinungen verschwinden. Man vergleiche nur Sterne mit unserm Jean Paul, wenn man den Unterschied sehen will zwischen bizarren Talenten, von denen das eine noch gewisse Rücksichten auf die Mitwelt zu nehmen hatte und das andre sich ganz fessellos fühlte. Etwas Weitres über die Sache zu sagen, scheint überflüssig zu sein; uns genügte es, den Stand der Dinge im allgemeinen anzugeben, der auch unsrer beiden Dichter Gestalt, so im Guten wie im Schlimmen, zur Entwicklung bringen mußte.

Gedichte von Ludwig Uhland. Fünfte, vermehrte Auflage. Stuttgart 1831

Zum ersten Male seit 1820, wo die zweite Ausgabe der Uhlandschen Gedichte mit den vaterländischen und einigen andern vermehrt erschien, erhält mit dieser fünften Auflage der Kritiker Gelegenheit, über neue willkommene Gaben des Dichters zu sprechen, in welchem die Nation nicht nur einen ihrer ersten Sänger, sondern auch einen der edelsten Deutschen verehrt. Die allgemeine Anerkennung, die seine Poesie gefunden hat, überhebt uns der Mühe, auf eine umfassende Zergliederung derselben zurückzugehen, und wir dürfen wohl ohne vorläufige allgemeine Einleitung sogleich auf die neu hinzugekommenen Schätze hinweisen.

Der lyrische Teil der Sammlung ist, außer einigen schönen Spruchgedichten, nur durch ein einziges Lied: »Der Mohn« vermehrt worden, in welchem der Dichter auf eine sinnvolle Weise ausspricht, daß die Poesie für ihn das einzig wahre Leben, daß das Bild der Welt, das sie ihm vorhalte, für ihn das wahrhaft Lebendige sei. Die Ausführung dieses Gedankens ist originell. Der Dichter zaubert uns ein blühendes Mohnfeld vor die Augen. Er erwähnt der Sage (sie ist, wenn wir uns recht erinnern, aus der »Seherin von Prevorst«, seines Freundes Kerner geschöpft), daß, wer im Mohne schlief, in schwere Träume hinuntergetragen werde, und daß ein solcher, selbst erwacht, die Nächsten und Liebsten nicht mehr erkenne. Auch ihm ist Ähnliches, aber Freundlicheres widerfahren:

In meiner Tage Morgen,
Da lag auch ich einmal
Von Blumen ganz verborgen
In einem schönen Tal,

Sie dufteten so milde!
Da ward, ich fühlt' es kaum,
Das Leben mir zum Bilde,
Das Wirkliche zum Traum.

Seitdem lebt er sein innerstes Leben in der Poesie:

Die Schatten, die ich sehe,
Sie sind wie Sterne klar.
O Mohn der Dichtung, wehe
Ums Haupt mir wunderbar!

Die Sage erzählt mehrfältig von alten Dichtern, die in ihrer Kindheit, zum Vorzeichen ihrer Bestimmung, schlummernd gefunden wurden, mit honigsaugenden Bienen auf den Lippen, oder mit Lorbeern und Myrthenzweigen überdeckt. Ludwig Uhland, als goldgelockter Knabe in einem blühenden Mohnfelde schlummernd, Dichterträume hinter dem geschlossenen Auge, ist ein Bild, das sich würdig an jene antiken Sagenbilder anreiht. Doch wird die Geschichte dereinst nicht vergessen, dieses schöne Lied zu glossieren, indem sie mit geziemendem Ruhme berichtet, daß derselbe Mann, der sein tiefstes Sein im Dichtertraume empfand, dem wirklichen Leben nichts weniger als entfremdet war; daß er nicht bloß mit Liedern der Freiheit huldigte, sondern an der erneuten Verfassung seines engern Vaterlandes nicht unwesentlichen Anteil hatte und, so oft es galt, für die bürgerlichen Freiheiten zu streiten, seinen Dichterschlummer vom Seherauge streifend, mit hellem, wachem Blicke und kampfrüstigem Arme in die Reihen der Volksvertreter eintrat.

Wir kehren uns nun zu den Balladen und Romanzen des Dichters, wo uns reichliche Zusätze erwarten. Das erste Neue, was uns hier begegnet, ist »Bertram de Born«. Die Behandlung dieser auch dem Stoffe nach wohl wenigen Lesern bekannten Sage ist ein Beweis, wie unerschöpft die echte Dichterkraft, die Erfindungskraft unseres Sängers ist, und wie der Quell der Dichtung, wenn er ihn lange nicht sprudeln ließ, nicht versiegt, sondern nur absichtlich und willkürlich von ihm zurückgedrängt war. Diese Romanze beweist auch augenscheinlich, wie Unrecht diejenigen haben, welche glauben, ein von der Myrthe oder Geschichte gegebener Stoff beschränke die Schöpfungskraft des Dichters, und welche die letztere in haltloser Phantasterei suchen. Was mag der von der Volkssage gegebene Keim der vorliegenden Dichtung sein? Höchstens etwa dieser: Bertram de Born, Burgherr von Autafort, der sich rühmte, daß er nie mehr als der Hälfte seines Geistes bedürfe, hatte sich gegen seinen König empört, die Liebe seiner Tochter, einer Herzogsbraut, ersungen, den Sohn gegen des Vaters Willen zum Kampfe verführt, in welchem derselbe fiel. Der König zerstörte Bertrams Burg und nahm ihn gefangen. Die Trauer des Gefangenen über den Tod seines Freundes, des Königssohnes, jedoch, und der Gruß, den er dem Vater aus dem Munde des Gefallenen bringt, versöhnt diesen und er verzeiht ihm. Dies ungefähr der tote Stoff, welchen die Poesie auf verschiedene Weise beleben konnte, und welcher unstreitig mancherlei Behandlungen zuließ. Uhland aber hat gezeigt, was die Phantasie und das Gemüt eines Meisters daraus machen kann: Autafort raucht vor uns auf dem schroffen Steine, der Burgherr steht gefesselt vor dem König, der ihm seine freche Prahlerei vorwirft und ihn höhnend auffordert, den ganzen Geist herbeizurufen, da der halbe ihn nicht gerettet, und seine Ketten zu zerbrechen. Stolz entgegnet ihm der Gefangene, daß Bertram de Born vor ihm stehe, der des Königs Land aufgeregt, des Königs Kinder seinem Zorne trotzen gelehrt; sein Bote hat vor der Herzogsbraut das Sehnsuchtslied ihres Dichters gesungen, bis ihr leuchtendes Brautgeschmeide mit Tränen betaut war; des Königs bester Sohn fuhr, von Bertrams Schlachtgesängen bestürmt, aus dem Schlummerschatten des Ölbaums empor und fiel, vom Todespfeil getroffen, vor Montforts Tore.

Blutend lag er mir im Arme,
Nicht der scharfe, kalte Stahl –
Daß er sterb' in deinem Fluche,
Das war seines Sterbens Qual.
Strecken wollt' er Dir die Rechte
Über Meer, Gebirg und Tal,
Als er Deine nicht erreichet,
Drückt er meine noch einmal.

Da, wie Autafort dort oben
Ward gebrochen meine Kraft;
Nicht die ganze, nicht die halbe
Blieb mir, Saite nicht, noch Schaft.
Leicht hast Du den Arm gebunden,
Seit der Geist mir liegt in Haft;
Nur zu einem Trauerliede
Hatt' er sich noch aufgerafft.

Und der König senkt die Stirne:
Meinen Sohn hast Du verführt,
Hast der Tochter Herz verzaubert,
Hast auch meines nun gerührt.
Nimm die Hand, du Freund des Toten!
Die, verzeihend, ihm gebührt.
Weg die Fesseln! Deines Geistes
Hab' ich einen Hauch verspürt.

So rettet den gefesselten Minnesänger und Helden denn doch der ganze Geist, der mit der Gewalt des Rittertums, des Liedes, der Freundschaft und der Liebe das harte Herz des Königs bezwingt. Lag dieser tiefe Sinn in dem spröden Stoffe? Freilich war er darin verborgen, aber wie das Feuer im Kiesel oder die Göttergestalt im Marmorblocke! Wer nicht Feuer schlagen kann, wird vergebens mit dem Stahl anklopfen, und wer kein Schöpfer ist, wird nur eine dürftige Gestalt aus dem Gesteine herausmeißeln! Der müßte eine gefühllose Seele sein, in dessen Innern, nachdem er dieses

Lied durchlesen und durchdacht, nicht auch in Beziehung auf den Dichter das Echo nachhallte:

... Deines Geistes
Hab' ich einen Hauch verspürt.

Unmittelbar an diese Romanze reiht sich eine andere, gleichfalls neue: »Der Waller«, die in das gleiche, eigentümliche Silbenmaß gekleidet ist, das den Mangel durchgehender Reime durch den einen vierfach wiederkehrenden männlichen Reim jeder zweiten Zeile ersetzt, nach Goethes Vorgang mit weiblichen Reimen in seinem klangreichen »Tischliede«. Diese Romanze ist nicht so dramatisch behandelt als die vorangehenden, aber der Dichter hat gerade darin seine große Kunst bewährt, daß er auch, bloß der natürlichen Zeitfolge getreu eine Begebenheit erzählend, dennoch die Aufmerksamkeit in steter Spannung zu halten und mit der Entwickelung zu überraschen weiß. Es wird uns eine Marienkirche, ein Wallfahrtsort an der galizischen Küste gezeigt:

Rührt sich dort die Abendglocke,
Hallt es weit die Gegend nach;
In den Städten, in den Klöstern
Werden alle Glocken wach.
Und es schweigt die Meereswoge,
Die noch kaum sich tosend brach,
Und der Schiffer kniet am Ruder,
Bis er leis sein Ave sprach.

An ihrem Himmelfahrtstage erweist sich die Mutter Gottes hier besonders wirksam; da nahen sich bewimpelter Schiffe viel dem Strande; doch den heitern Pilgern folgen andere barfaß bestäubt in härenen Hemden. Es sind Exkommunizierte, die nur an der Schwelle des Tempels knien dürfen:

Und nach Allen keuchet Einer,
Dessen Auge trostlos irrt,
Den die Haare wild umflattern,
Dem ein langer Bart sich wirrt;
Einen Reif von rot'gem Eisen
Trägt er um den Leib geschirrt,
Ketten auch um Arm und Beine,
Daß ihm jeder Tritt erklirrt.

Jener Ring ist aus dem Schwerte geschmiedet, mit dem der Büßende im Zorn seinen Bruder erschlagen. Seitdem rastet er nicht mehr, bis ein Gnadenwunder seine Ketten sprengt:

Trüg' er Sohlen auch von Eisen,
Wie er wallet ohne Schuh,
Lange hätt' er sie zertreten,
Und noch ward ihm nirgend Ruh.

Dieser Unglückselige ersteigt den Fels und neigt sich an der Pforte beim Abendläuten, als schon der letzte Sonnenstrahl das Bild der heiligen Jungfrau vergoldet:

Welche Glut ist ausgegossen
Über Wolken Meer und Flur!
Blieb der goldne Himmel offen,
Als empor die Heil'ge fuhr?
Blüht noch auf den Rosenwolken
Ihres Fußes lichte Spur?
Schaut die Reine selbst hernieder
Aus dem glänzenden Azur?

Alle Pilger geh'n getröstet,
Nur der Eine rührt sich nicht,
Liegt noch immer an der Schwelle
Mit dem bleichen Angesicht.
Fest noch schlingt um Leib und Glieder
Sich der Fesseln schwer Gewicht;
Aber frei ist schon die Seele,
Schwebet in dem Meer von Licht.

Die überraschende Lösung, die Befreiung des Geängsteten durch den Tod könnte vielleicht durch ein einziges Wort deutlicher bezeichnet werden; denn wie der Schluß jetzt lautet, ließe er vielleicht auch eine andere, mattere Deutung zu. Im Übrigen ist in diesem Gedicht eine Glorie der Phantasie herrschend wie in wenigen andern unsers sonst mehr stillgemütlichen Sängers, und die Sprache ist mit der seltensten Vollendung gehandhabt.

Willkommen heißen wir das köstliche Gedicht (mehr Lied, als Ballade), das »Münstersage« überschrieben ist. Wie viele Augen haben schon seit 1774 auf Goethes Namen gehaftet, der auf der Plattform des Münsters zu Straßburg (jedoch nicht, wie eine Note des Dichters fälschlich berichtet, von seinen akademischen Jahren her) eingehauen steht, ohne daß auf den Dichternamen ein solcher Blick gefallen, vor welchem sich der ganze Turm in wunderbarem Leben zu regen begann. Denn so erzählt uns der Dichter: Viel Namen stehen auf dem grauen Münsterturm eingehauen; der Stein erträgt es geduldig; doch

Einst klomm die luft'gen Schnecken
Ein Musensohn heran,
Sah aus nach allen Ecken,
Hub dann zu meißeln an.

Von seinem Schlage knittern
Die hellen Funken auf;
Den Turm durchfährt ein Zittern
Vom Grundstein bis zum Knauf.

Da zuckt in seiner Grube
Erwins des Meisters Staub,
Da hallt die Glockenstube,
Da rauscht manch steinern Laub.

Im großen Blau ein Gären,
Als wollt er wunderbar
Aus seinem Stamm gebären,
Was unvollendet war.

Was Wunders? denn der so meißelte, war der
Dem nun ein halb Jahrhundert
Die Welt des Schönen tönt.

Es tut nichts zur Sache, daß der Name – wie Referent sich durch den Augenschein überzeugt hat – wohl schwerlich von Goethes eigner Hand, sondern wie die andern fast alle auf Bestellung vom Türmer oder einem Steinmetz eingehauen worden. Uhland hat seinem Meister ein- für allemal durch dieses Lied den Meißel in die Hand gegeben und der Turm hat geklungen.

S. 348 ist »Merlin der Wilde« eingereiht, ein Gedicht, das eine hübsche Anekdote von diesem Zauberer, der die Sprache des Waldes versteht und einem Könige das Liebesabenteuer seiner Tochter aus einem ihr im Haupte hängenden Lindenblatt verrät, durch die naturpoetische Behandlung zu wahrer Poesie erhebt, besonders mittels der eigentümlichen Einfassung, welche der Romanze durch ihre Dedizierung an einen befreundeten Dichter (der Schilderung nach Karl Mayer) verliehen ist:

Du sendest, Freund, mir Lieder
Voll frischer Waldesluft,
Du regtest gerne wieder
Auch mir die Dichterbrust.
Da zeigst an schatt'ger Halde
Mir den beschifften See,
Du lockest aus dem Walde
Zum Bad ein scheues Reh.

Ob einem alten Buche
Bring ich die Stunden hin;
Doch fürchte nicht; ich suche
Mir trockne Blüten drin!
Durch seine Zeilen windet
Ein grüner Pfad sich weit
Ins Feld hinaus und schwindet
In Waldes Einsamkeit.

Da sitzt Merlin der Wilde usw.

Nachdem dieser seinen Spruch getan und auf einem zahmen Hirsche wieder waldein gerannt ist, schließt der Dichter so:

Versunken lag im Moose
Merlin, doch tönte lang
Aus einer Waldkluft Schoße
Noch seiner Stimme Klang.
Auch dort ist längst schon Friede;
Ich aber zweifle nicht,
Daß, Freund, aus deinem Liede
Merlin der Wilde spricht.

In der Ballade »Der Graf von Greyers« offenbart sich, wie in frühern Dichtungen Uhlands, sein lebendiger Sinn für die naturgemäßesten Verhältnisse in der menschlichen Gesellschaft, ein Sinn, der nicht nur seine Poesie, bei aller mittelalterlichen Tendenz einzelner Gedichte, vor jeder Manier bewahrt hat, sondern den Dichter auch zum Verfechter einer vernünftigen bürgerlichen Freiheit im praktischen Leben so tüchtig macht. Mit wahrer Lust singt uns hier sein Lied in einer Melodie, aus der ein schweizerischer Tanzreigen herauszutönen scheint, von dem jungen Grafen, den ein Blick auf die von der Morgensonne verklärten Felsenhörner und in das grünste Alpental dazwischen sehnsüchtig macht, die Wonne des Hirtenlebens zu genießen. Senner und Sennerinnen werden von ihm auf seinen Schloßrasen zum Tanze geladen; die jüngste Tänzerin zieht den Grafen selbst in den Kreis und der Reigen rafft ihn von hinnen durch Dörfer, Matten und Wald. Der Graf ist verschollen bis in den dritten Tag. Da erscheint er in einem Gewitter aus einem angeschwollenen Bach ans Ufer sich rettend:

Da bin ich! weggerissen aus eurer Berge Schoß,
Im Tanzen und im Schwingen ergriff mich Sturmgetos;
Ihr Alle sied geborgen in Hütt' und Felsenspalt,
Nur mich hat fortgeschwemmet des Wolkenbruchs
Gewalt.

Leb wohl, du grüne Alpe, mit deiner frohen Schar!
Lebt wohl, drei sel'ge Tage, da ich ein Hirte war!
O! nicht bin ich geboren zu solchem Paradies,
Aus dem mit Blitzesflamme des Himmels Zorn mich riß.

Du frische Alpenrose, rühr' nimmer meine Hand!
Ich fühl's, die kalte Woge, sie löscht nicht diesen Brand
Du zauberischer Reigen, lock nimmer mich hinaus!
Nimm mich in deine Mauern, du ödes Grafenhaus!

Derselbe Freiheitsgeist des Dichters, nur in anderer Gestalt, zeigt sich auch in »Tells Tod«, in welchem einer schlichten Volkssage, der zufolge Tell als Greis in einem Liebeswerke, während er einen Knaben aus dem angeschwollenen Bergstrom des Schächen rettete, gestorben ist, ein tiefer Sinn untergelegt wird. Es ist nicht ganz begreiflich, wie dieses höchst glückliche Streben des Dichters, auch in der Sage nach Ideen zu forschen, von einer tadelnden Stimme als die Uhland eigentümliche einseitige Gleichnisromanzenweise bezeichnet worden ist. Allerdings wird in der vorliegenden Romanze »des Eises Bruch vom Föhn mit dem Kampfe der Freiheit« verglichen, und nachdem der Überschwemmung des Schächen einige brausende Verse gewidmet worden sind, wandelt sich der Dichter in einen kecken Fergen auf Uris grünem See, der, das Haupt des ausgestoßenen Toten im Arme, sein Klagelied spricht, und dieses Lied vergleicht wieder Tells letzte, bescheidene Tat mit der frühern großen, welthistorischen und es ist freilich diesem Lied um die Lehre zu tun, die einer Zeit, welche so gern die Größe der Handlungen nach dem Effekte beurteilt, besonders Not tut, um die Lehre, daß die Kraft derselben Liebe, mit welcher der Tell den Zwingherrn geschlagen, sich auch in seiner letzten, glanzlosern Heldentat geoffenbart habe:

Wärst du noch jung gewesen,
Als du den Knaben fingst,
Und wärst du dann genesen,
Wie du nun untergingst:

Wir hätten draus geschlossen
Auf künft'ger Taten Ruhm;
Doch schön ist nach dem großen
Das schlichte Heldentum.

Sollte denn aber all dieses und namentlich das pindarische Epiphonema in der angeführten Strophe darum nicht echte Poesie sein, weil hinter der Schönheit eine von ihr unabhängige Wahrheit verborgen ist? Wenn diesem Gedichte ja ein Vorwurf gemacht werden soll, so wäre es, nach unserer Ansicht, eher der, daß die Gedanken in der Rede des Fährmanns keine rechte Steigerung beobachten, und der Schluß des neunten Verses:

Der ist ein Held der Freien,
Der, wann der Sieg ihn kränzt,
Noch glüht, sich dem zu weihen,
Was frommet und nicht glänzt.

einem so tiefen Gemütseindruck macht, daß die Fortsetzung der Romanze durch drei an sich selbst sehr schöne Verse gewissermaßen unerwartet kommt, weil der Leser gern in jenen Worten als einem voll und tief tönenden Schlusse des Ganzen ausgeruht hätte.

Noch härtern Tadel aus demselben Munde hat bei seinem ersten Erscheinen im Wentschen »Musenalmanache« das »Ver sacrum« getroffen. Es soll dieses Gedicht »eine Geschichte des Livius erzählen, ohne daß der Gedanke, der dabei zu Grunde liegt, klar genug hervorträte, eine Manier, in der G. Schwab hauptsächlich sein Nachahmer ist, und die überhaupt bei unsern jüngern Poeten so vielen Beifall gefunden, weil sie so leicht ist. Ist es denn so schwierig, zu begreifen, daß eine Geschichte, eine Sage, eine Anekdote usw., und wenn sie noch so interessant und pikant ist, dadurch noch nicht zur Poesie wird, daß man sie in Versen, wenn auch schönen, erzählt?«

Da dieses Urteil in diesen Blättern selbst vor einigen Jahren ausgesprochen worden ist, so wird eben hier am ehesten eine Berücksichtigung desselben nicht verargt werden können. Vor allen Dingen muß Referent bemerken, daß im ganzen Livius, welchem doch der Dichter nacherzählt haben soll, keine Erzählung der Art anzutreffen ist. Livius erwähnt in der Geschichte späterer Jahrhunderte zweimal das ver sacrum, aber ohne dabei der Menschenopfer, um welche sich doch in der Uhlandschen Romanze der ganze Sinn des Gedichts dreht, zu gedenken; und in der Tat war von diesen in jener spätern Zeit auch gar nicht mehr die Rede. Nur der Grammatiker Festus hat eine Notiz, daß bei den Samniten ehemals in das Opfer des sogenannten heiligen Frühlings auch die Erstlinge der Menschenjugend eingeschlossen worden seien, und Justinus sagt einmal bildlich von den Galliern oder Gallogräkern, sie haben, um neue Sitze aufzusuchen, 300000 Menschen gleichsam als heiligen Frühling auf die Wanderung ausgeschickt. Zwischen diesen beiden trockenen Notizen aber und der Uhlandschen Dichtung, welche Kluft! Doch wenn der Dichter auch aus irgend einer andern Quelle seine historischen Data für ein aus Lavinium ausgeschicktes ver sacrum geschöpft haben sollte, so könnte man doch auch so dem Gedichte Erfindung und tiefe Bedeutung gewiß nicht absprechen, und es wäre in hohem Grade ungerecht, dasselbe als eine schön versifizierte Anekdote zu charakterisieren. Woher auch jene Sage stammen mag, ihr zufolge verdankt jener genialen Umdeutung einer gräßlichen Sitte das größte Weltreich seine Entstehung und jener Weihefrühling von Jungfrauen und Jünglingen, welche, statt als Todesopfer dem Mars zu fallen, ihm als Kriegerkolonie geweiht nach Alba Longa zogen, sie wurden die Stammeltern der Stadt Rom, wie dieser Gedanke denn im Gedichte selbst wahrhaftig »klar genug hervortritt«:

Aus der Lateiner alten Mauern soll
Dem Kriegsgott eine neue Pflanzung gehn,
Aus diesem Lenz, innkräft'ger Keime voll,
Wird eine große Zukunft ihm erstehn.

und wieder:

Das rasche Füllen spring' an eurer Hand,
Für künft'ge Schlachten ein gesunder Stamm!

Denn Schlacht und Sturm ist euch vorausgezeigt,
Das ist ja dieses starken Gottes Recht,
Der selbst in eure Mitte niedersteigt,
Zu zeugen eurer Könige Geschlecht.

In euerm Tempel haften wird sein Speer,
Da schlagen ihn die Feldherrn schütternd an,
Wann sie ausfahren über Land und Meer
Und um den Erdkreis ziehn die Siegesbahn.

Man sieht wohl, einen weltgeschichtlichen Stoff, und keine Anekdote behandelt diese Romanze. Was von jenem Tadel noch übrig bleibt, kann sich also nur noch auf die Ausführung beziehen; und wenn wir denselben recht verstehen, so träfe er hauptsächlich die schlicht erzählende, undramatische Form, die der Dichter diesmal, wie in einigen andern Romanzen und Balladen zur Darstellung gewählt hat. Sollte denn aber diese Form, die übrigens bei Uhland die lyrische und dramatische keineswegs überwiegt, von der Romanzenpoesie ganz ausgeschlossen werden müssen und gibt es nicht Stoffe, die reich an poetischem Gehalte sind, und dennoch keine andere Behandlung, als die des schlichten Erzählens zulassen, wobei doch, wie die vorliegende Romanze beweist, dem Sinn und der Phantasie noch ein genügender Spielraum gelassen wird. So mögen denn Uhlands Schüler, welche immerhin die referierende Form zu oft und bequem gebraucht haben mögen, jenen Tadel für sich hinnehmen, und G. Schwab, des Referenten recht guter Freund, hat ohne Zweifel seine Lehre daraus für sich gezogen; auf ihren Meister können sie solchen ungegründeten Vorwurf nicht kommen lassen. Auch muß jener Tadel für das deutsche Publikum wirklich »schwierig zu begreifen« sein; denn wenn ein großer Teil der Uhlandschen Poesie so sehr an Kleinlichkeit des Stoffes und Einseitigkeit der Behandlung krankte, so würde es schwerlich innerhalb 16 Jahren nach den fünf Auflagen dieses Lyrikers so gierig gegriffen haben, daß wir sogar diese Anzeige der noch nicht vor Jahresfrist erschienenen fünften Auflage zu schließen und abzusenden und beeilen müssen, wenn sie noch vor Erscheinen der sechsten abgedruckt werden soll.

Karl Gutzkow

(Joseph von Eichendorff, Dichter und ihre Gesellen)

Der Kreis von Anschauungen, in denen sich von Eichendorff bewegt, ist klein aber reizend. Es gibt einige Situationen der Natur, welche niemand so warm empfunden hat, als dieser Dichter, welcher nahe an der Schneelinie in Königsberg in Preußen wohnt. In diesem Manne lebt nur Wanderlust, die Natur nicht in ihren Schauern, sondern in ihrer trauten Heimlichkeit; in seinen Gedanken blitzt alles von Morgentau und Sonnenschein. Es scheint, als könne man nur so in Deutschland empfinden, in einem Lande, das in seinen Harzgründen, in seinen Oderbrüchen, in seinen Nachtigallenhainen an den Elbufern, in seinen Rheingauen, und den lachenden Neckartälern mit hellen Klosterglocken und einer immer wachen historischen Erinnerung so ungemein viel sanfte, bescheidene und wehmütige Poesie verbirgt. Eichendorff jubelt, wenn man ihm eine einfache Szene vorführt, wie ihr sie alle erlebt habt. Ihr wandert durch einen Wiesenplan, die Lerche steigt, ein fernes Glöcklein ruft, Ihr tretet in einen Busch, der Specht hackt in der Nähe, da kommt der Jäger aus dem Laub, der hat einen grünen Strauß am Hut – Eichendorff schwelgt! Oder es ist Herbst, der Regen klatscht an die hohen Fenster eines Schlosses, das Euch beherbergt, die Kastanien in der Allee platzen, weit im Walde schallen sanfte Waldhornklänge, der Jäger bläst dem Sommer Abschied. Am Morgen tretet ihr hinaus in den Schloßgarten, es ist alles frisch, die Sonne meint es gut, sie denkt noch sommerlich, aber das Laub verdünnt sich schon, und in der Weite sieht man melancholische Statuen durch die offenen Bäume glänzen. Da ist wieder Eichendorff. Oder macht es so wie ich und besucht Heidelberg, den Kaiserstuhl deutscher Romantik, des Nachts: da schwimmt die dämmernde Stadt in dem murmelnden Neckar, tausend Lichter spiegeln sich im Flusse, ein Anblick, nicht so erhaben wie Venedig, aber geisterhaft und geheimnisvoll, hier der Gesang eines lauten Chores, dort tiefe Stille, nur ein gemütlicher Student spielt die Zither, alles ernst, selig und übermannend, alles Poesie. Ich habe diesen Traum zweimal erlebt und dabei immer an Eichendorff gedacht.

Eichendorff spricht und singt oft von der »guten alten Zeit«. Nehmt das nicht so genau! Es ist nicht bös gemeint. Die gute alte Zeit ist hier nichts als ein Ton, der klingend durch den Wald rauscht, als eine Fee, die man im Traum an einer Quelle sieht, als ein flüchtiges Reh, das mit muntern Blicken aus dem Grün einer Waldesecke grüßt. Die gute alte Zeit ist hier nur ein trauter Abend, unter Freunden genossen; ein reizender Spaziergang, den ihr vom Schloß zu Heidelberg herunter nach dem Wolfsbrunnen machtet; nichts als Erinnerung, Ahnung, eine Zeit, die vielleicht noch gar nicht geboren ist, oder jene geheimnisvolle Vergangenheit, wo wir noch im Schoße des Weltgeistes, in einer verklungenen Offenbarung lebten. Von allen alten guten Zeiten, die die Leute im Munde führen, ist Eichendorffs vielleicht die unschuldigste.

Es ist wahr, daß freilich unter diesem lyrischen Zerfluß die poetische Komposition leidet. Eichendorff ist formlos, nur Anhauch, Leben nur in so weit, als er selbst mit voller Seele bei seiner Darstellung zugegen ist. Hier tritt nichts scharf hervor, nichts schneidet sich von der Folie ab, seine Dichter und ihre Gesellen schlüpfen nur geisterhaft an uns vorüber und lassen artige Lieder und Anklänge zurück. Eichendorff gibt von dem, was er sagen will, nur immer die eine Seite; die andre klingt in dir nach, und du bist gezwungen, seine ganze Darstellung wie eine Kupferplatte noch einmal aufzustechen, und das auszuführen, was er nur andeutete. Dies ist ein Mißstand für die Gattung, für den Roman; allein man vergibt ihn hier, wo die Andeutungen so frisch, hell und naturwahr sind, und dem empfänglichen

Gemüt die innerliche Ausführung und Ausmalung so viel Vergnügen verschafft.

Eine Formlosigkeit, wie die Eichendorffs, ist immer ein Fortschritt für die Stufe in der Darstellungskunst, welche unsere Literatur noch erreichen muß. In dem Prinzip der romantischen Schule liegt an und für sich keine Degeneration jener Kunst, sondern nur in ihren Konsequenzen, in ihrer Vertrivialisierung. Diese matten, totgebornen Gestalten der meisten Romane, mit welchen wir noch täglich überflutet werden; diese Schattenfiguren, welche an der Hinterwand Walter Scottscher Draperien sich wie Menschen bewegen, da sie doch nur Ombres chinoises sind; diese Hautreliefs sind allerdings die klägliche Folge der Romantik, und haben diese heruntergebracht zur Poesie des Nichts; allein das lyrische Element, so ausgeprägt wie bei Eichendorff, so verwebt in die Wahrheit der Natur, wenn auch nur der einseitigsten, in die Wahrheit der Landschaft, dies Element, so aufgegangen in dem Dichter, der in seinem Roman wenigstens die einzige haltbare und begreifliche Person ist, muß unsere Darstellungskunst fördern; denn wer wollte damit was anderes ausdrücken, als daß wir ein so klares, beruhigtes Resultat in unserer Poesie erreichen müssen wie Goethe? Goethes spiegelglatte, wie man zu sagen pflegt, ionischhelle Darstellung ist nur die erste Stufe des Romans, die epische; jene Stufe, wo der Dichter einen Gegenstand sich »vom Leibe« hielt, wo er wie ein Cherub des Friedens über ihn hinfährt, wo man den Künstler sieht, der aus dem rohen Marmorblock eine göttliche Gestalt, aber eine Gestalt mit trauernd hohlen Augen meißelt. Hier blieb Goethe stehen. Die romantische Schule drang in der Tat auf Vergeistigung, sie wollte aus dem Ich die Welt schaffen und bereicherte die Kunst mit einem neuen Gedanken, den die Narren christlich, mittelaltrig, was weiß ich, genannt haben, der aber kein andrer ist, als die Subjektivität, in der sich die Welt spiegelt. Man begann, lyrisch zu komponieren, die gespenstischen, die humoristischen Darstellungen kamen auf, es war gleichsam eine Selbstbefruchtung; denn niemand hat in der Tat etwas anderes damals hervorgebracht als sich selbst. Für die Misere kam dies Prinzip wie gerufen: die Romantik der Restauration wucherte daraus hervor, wie Unkraut und Pilze. Für die dritte Stufe der Darstellungskunst, für die dramatische, für die lebenschaffende, welche den subjektiven Prozeß überstanden hat, für eine Kunst, welche erst im Anzuge ist, geschah wenig, wenn man Arnim, Brentano, vielleicht Tieck und Eichendorff ausnimmt. Eichendorff hat nur den Fehler, daß er zu spät kommt; er verbessert ihn vielleicht dadurch, daß er das Prinzip recht klar macht, die Tradition lebendig erhält und uns Jüngern recht lebhaft zeigt, wie man die Weise seiner Schule mit Goethes Klassizität verbinden muß. Unsere Romane sollen von der Leidenschaft geboren sein oder einer hohen Idee; wir sollen alles, was in uns Leben schafft, aussprühen lassen, als elektrische Funken zur Belebung der Personen, welche die Träger unseres Gedichts sind, und nichts objektiv darstellen, was wir nicht subjektiv aus uns selbst geboren haben. Nur so kann neues kommen, neues, das hie und da dem Alten ähnlich sieht, aber einen gewissen unerklärlichen Ursprung verrät, ein unheimliches, wirres Auge, das noch nicht alle verstehen, das jetzt noch sonderbar, auffallend, selbst peinlich ist für einen Betrachter, der in die alte Sauce noch gern eingetunkt ist; aber allmählich muß das Verständnis eintreten und das Sonderbare wird uns so gewohnt werden, daß wir es lieben lernen. Diese ganze Deduktion ist keine Sophistik, sondern ein tiefes Gesetz, welches aus der Verwirrung der gegenwärtigen Literatur sich deutlich herausscheidet.

Friedrich de la Motte-Fouqué

Über den Dichter Freimund Raimar und das deutsche Sonett

Wer irgend einen Zweig der heiligen Kunst aus echtem Herzen liebt und übt, kennt wohl nicht leicht eine größere Freude, als wenn er einen jugendlichen Genossen antrifft, von dem er sich und Andern mit voller Überzeugung sagen kann: hier hat der liebe Gott einen Gärtner berufen, uns frische, in ihrer Eigentümlichkeit bis jetzt noch ganz unbekannte Blumen aus seinem Geistesgarten aufzuziehn.

Diese Freude wird mir jetzt durch den obengenannten jungen Dichter zu Teil, und zugleich ist es mir vergönnt, den Lesern dieser Zeitschrift einige seiner jüngsten Blüten vorzuzeigen.

Somit wäre nun eigentlich genug gesagt für Menschen, die meine Stimme gern und vertrauend hören, und was andre Leute betrifft, – wer hat den Mut, oder die Kälte, oder die Härte, besonnenerweise über etwas mit Entfremdeten reden zu wollen, das ihm heilig und lieb ist? – Aber einige Bemerkungen für die Erstern möchte ich hinzufügen, über den Unterschied des italischen und des eigentlich deutschen Sonetts, dessen ganz nationelle Weise mir erst aus Freimund Raimars deutschen Gedichten – (ein kleiner inhaltreicher Band ohne Benennung des Druckortes) – klar aufgegangen ist.

Jeder der sich überhaupt für das Sonett und seine Schicksale interessiert, weiß ohne meine Belehrung, wie es durch Opitz und Flemming in alexandrinischer Gestalt Eingang gewann, durch Bürger in sogenannten fünffüßigen Trochäen neubelebt ward, und endlich durch kunstgerechtere Meister in seine angeborne und ihm allerdings wesentlich notwendige Form wieder zurücktrat. Nun ergab man sich seit A. W. Schlegel, der Nachbildung des italischen Sonetts auf eine so ausschließende Weise, daß man auch das Weiche, Verhallende, ich möchte sagen Undulierende des Inhaltes mit zu uns herüber führen versuchte, welches zum Teil auch sehr wohl gelang. Dawider indessen lehnte sich in unsrem eigentümlichen Wesen eine gewisse Neigung auf, das Sonett, und vorzüglich dessen Schluß, auf eine Art von epigrammatischer Spitze zu treiben. Ich berufe mich nicht allein auf das Gefühl von allen, die, gleich mir, in ihrer Schülerzeit und auch späterhin mit dieser edlen Form gerungen haben, ich berufe mich sogar auf die ersten äußerlich regelrechten Sonette A. W. Schlegels selbst. Vorzüglich nenne ich das auf Maria Magdalena im Athenäum, wo auch das geistreiche Gespräch, dem es einverleibt ist, dieselbe Richtung mit einigen ironisch lächelnden Widerstreben anerkennt.

Jetzt frägt es sich aber: ist eine Richtung absolut zu verwerfen, die uns beinah unwillkürlich in einer viel geübten und gern gehegten Dichtungsart immer wieder entgegentritt? Oder ist sie vielmehr als eine den Sieg heischende und erzwingende Volkstümlichkeit anzuerkennen? Bevor ich Freimund Raimars Sonette las, wäre ich vielleicht über die Antwort in großer Verlegenheit gewesen; jetzt scheint mir das Rätsel vollkommen befriedigend gelöst.

Geharnischt nennt der Dichter seine Sonette; ohne Zweifel nur in Beziehung auf deren kriegerisch anregenden Inhalt, mir erscheinen sie aber auch insofern dieser Benennung würdig, als sie selbst in ihrer Form die echt deutsche Stahltracht des Harnisches tragen, und, was zu jeder vollständigen Rüstung notwendig mitgehört, Speer und Schwert. Sie treffen, sie verwunden mit jeglicher Zeile den Haufen, welcher nach ewigen Rechten getroffen und verwundet werden soll, und was uns früher als epigrammatische Spitze vorkam, erscheint uns hier – nicht nur am Schluß, sondern vielmehr fast Reim an Reim – als Tod und Leben bringende Waffe eines heiligen Gottesurteils. Da haben wir es denn, was wir eigentlich vom deutschen Sonett ahnend begehrten, schlagende, witzige Kraft, großmächtige Gediegenheit zusammengedrängter Bilder und Gedanken, ja ein beinahe dramatisch entzündetes Leben. Das Nichterforschen der mehrsten dieser Eigenschaften machte freilich bisher den unberufenen Nachzüglern ihr Sonetthandwerk ungemein leicht, aber es verleitete auch viele ehrwürdige Heroen unsrer Dichterwelt, die gesamte Gattung als weichlich und undeutsch zu verwerfen und ihr dadurch ein großes Unrecht anzutun.

Nun soll zwar hiermit nicht behauptet sein, es müsse ferner keine Sonette im italischen Stil unter uns deutschen Sängern geben, eben so wenig auch, es habe niemals italische Sonette im deutschen Stil gegeben. Es ist nur von dem die Rede, was dem Charakter einer Sprache hauptsächlich angehört. Niemand kann von der vielfachen, überschwänglich reichen Bildsamkeit unsrer hohen Sprache für alle mögliche Formen überzeugter sein als ich; aber ich meine, durch Freimund Raimar gelernt zu haben, was der Bau des eigentümlich deutschen Sonetts begehre, und hoffe dieselbe Lehre – früher halb unbewußt, späterhin mit voller Klarheit – auf den Bau der Oktaven meines Rittergedichtes, Corona, angewandt zu haben. Denn auch die Oktave kann, aus ihrem ursprünglichen ausomischen Blumengarten zu uns herübergebracht, in deutscher Farbe und Gestaltung höchst eigentümlich erblühen.

Bis jetzt hat uns Freimund Raimar das Sonett in voller Schlachtrüstung vorgeführt, aber auch im leichten Turnierharnisch wird es sich bei Tanz und Fest liebeflehend und preisend, ja scherzend bewegen können. Nur ohne Harnisch, ohne Stahl in Sinn und Form, besteht in seiner Nationaleigentümlichkeit nun und nimmer das deutsche Sonett und eben so wenig ohne eine gewisse dramatische Lebendigkeit, wie sie vorzüglich in der früher genannten Sammlung aus dem furchtbar mahnendem Gedichte Nr. 3 vorströmt, beginnend

Was schmiedst du Schmied? – »Wir schmieden
Ketten, Ketten!« – usw.

Die Anschauung dieses erhabenen Aufrufs wird hoffentlich in begabten Gemütern klar machen, was ich wohl nur sehr dunkel und unvollständig vorgetragen habe. Vielleicht vergönnt es mir auch Gott, einmal in ähnlichen Gedichten dasjenige kund zu tun, wofür die Prosa mir ihren Griffel nur mit halbem Widerstreben reicht.

Von unsres jungen Sängers Liedern hebe ich noch das einer gebornen Preußin mit besondrer Liebe heraus, sowohl um seines innern Wertes willen, als weil es auf höchst originelle Weise einen unsrer edelsten Preußenhelden besingt, einen General, unter dessen unmittelbaren Befehlen ich die Ehre hatte, den größten Teil des erhabenen Jahres dreizehn durchzufechten.

Ludwig Börne

»Sappho«
Trauerspiel von Grillparzer

Vor etwa zwei Jahren wurde uns diese Tragödie mit dem Spiele der Frau Schröder als Sappho gleichzeitig bekannt. So empfingen wir eine köstliche Frucht in goldener Schale mit Dank und Freude aus den Händen der großen Künstlerin. Später wurde sie uns wiederholt, aber auf flacher Hand, und heute auf irdenem Teller dargereicht. Der Reiz zum Genusse der Frucht ward schwächer, wenn auch nicht das Gefühl der Annehmlichkeit, indem man sie genoß. Nicht etwa, als hätte das Spiel jener Künstlerin Mängel des Dichtwerks versteckt oder ersetzt, die nun, ihrer Hülle oder Entschädigung verlustig, nackt und unverzeihlich erschienen – so nicht. Aber oft geschieht, daß uns eine Wirklichkeit anzieht, die uns als ein Gedachtes abstößt, daß wir an der Gegenwart preisen, was wir als ein Entferntes tadeln, und an der Wahrheit, was uns an der Dichtung nicht erfreut. Die Sinne und das Herz prüfen nicht; die Sinne neigen sich zum Schönen, das Herz liebt und haßt. Aber der Geist urteilt und unterscheidet, was liebenswürdig und was hassenswürdig sei. Die Strafe des Verbrechens, der verschuldete Schmerz, die törichte Klage können unser Mitleid nicht erregen; aber um den Verbrecher auf dem Blutgerüste, um den Duldenden aus Leichtsinn, um den verzweiflungsvollen Toren weinen wir gewiß; die Schwachheit tadeln, den Schwachen bemitleiden wir. Und so würde behauptet, daß wir der Sappho der Dichtung nicht ganz bewilligen können, was wir der Sappho der Bühne zugestanden.

Ich mache mit den Philologen nicht gemeinschaftliche Sache, deren einer, da er zu Berlin die »Sappho« darstellen sah, ausrief: »Das ist dummes Zeug!« Ich rede keinem Konrektor nach, den es verdrießt, daß seine »Sappho«, von der man »leider« nur noch einige Fragmente hat, so verkleinert worden, indem sie der Dichter sich mit Lappalien beschäftigen ließ. Ich kenne die lesbische Sappho gar nicht; ich weiß nichts von der grausamen Geliebten des Alcäus, nichts von der Ehefrau des Kerkolas; ich kenne nur die gekrönte Dichterin und das liebende Weib und will betrachten, wie der Dichter Liebe und Ruhm feindlich sich gegenüberstellt und wie traurig der Kampf geendet, da der Sieg ohne Entscheidung geblieben und ein gemeinschaftliches Grab beide Kämpfenden verschlang. Freilich spottet die Natur der Befehle wie der Verweise eines Dramaturgen; aber darf auch die Kunst nichts darstellen, als wozu ihr die Natur ein Vorbild reicht, so darf sie doch nicht jede Erscheinung der Natur zum Vorbilde nehmen. Die Natur schafft, indem sie zerstört, und sie zerstört das Einzelne, um die Gesamtheit zu erhalten. Doch die Kunst stellt nur das Einzelne dar, und zernichtet sie ein Besonderes, um nur ein anderes Besondere zu erhalten, erkauft sie das Leben des einen mit dem Tode des andern, so ist dieses eine frevelhafte launische Wahl, durch keinen Zweck entschädigt, durch keine Weisheit geleitet. –

Erhabene, heil'ge Götter!
Ihr habt mit reichem Segen mich geschmückt!
In meine Hand gabt ihr des Sanges Bogen,
Der Dichtung vollen Köcher gabt ihr mir,
Ein Herz zu fühlen, einen Geist zu denken
Und Kraft zu bilden, was ich mir gedacht.
Ihr habt mit reichem Segen mich geschmückt,
Ich dank euch!
Ihr habt mit Sieg das schwache Haupt gekrönt
Und ausgesät in weitentfernte Lande
Der Dichterin Ruhm, Saat für die Ewigkeit!
Es tönt mein goldnes Lied von fremden Zungen,
Und mit der Erde nur wird Sappho untergehn.
Ich dank euch!

So spricht Sappho,

> Die Könige zu ihren Füßen sah
> Und, spielend mit der dargebotnen Krone,
> Die Stolzen sah und hörte und – entließ,

und dieses Weib, so hoch gestellt von Menschen und von Göttern, so in der Fülle des Wertes und dieses Wertes froh und sich bewußt: sie kehrt zurück, aus der Mitte der versammelten Griechen, die Herrlichste unter den Herrlichen, die Gepriesenste unter den Gepriesenen, die Glücklichste unter den Glücklichen, siegestrunken, lobberauscht; auf ihrem Haupte den frischesten jüngsten Lorbeer; sie kehrt zurück, mit Jauchzen entlassen, mit Jauchzen empfangen; sie kehrt zurück und – steht dem Sklaven, der ihren Siegeswagen sollte ziehen, als Sklavin zur Seite! Das ist nicht Sinken mehr der Größe, das ist schon ihr Fall. Das Grab ist geöffnet, der Sarg ist aufgeschlagen, die Würmer nagen an der Leiche. Wozu unser Bangen, da die Gefahr schon erreicht, wozu unsere Tränen, da die Verwesung schon eingetreten, was fürchten, da nichts mehr zu hoffen ist? Sie kehrt zurück, und, noch ehe sie herannaht, ist sie schon verurteilt, durch einen niedrigen Diener verurteilt, durch Rhamnes, der mit den Worten:

> Der Mann mag das Geliebte laut begrüßen,
> Geschäftig für sein Wohl liebt still das Weib!

die der Herrin entgegenjubelnden Mädchen in das Haus zurückweist.

Aber Sappho verkündigt dem versammelten Volke laut und gebieterisch ihre Liebe und ihre Schande. Als ruhmvolle Herrin dürfte sie nicht lieben, als liebendes Weib seine Liebe nicht verkündigen. Wir wissen nicht, was wir empfinden sollen, und die Einheit der Empfindung, die in dramatischen Dichtungen nicht minder sorgfältig als die Einheit der Handlung gehütet werden muß, wird getrennt. Wir müssen der Sappho vergessen, sollen wir dem Weibe seine Liebe verzeihen, aber wenn wir der Sappho vergessen, welche

Teilnahme kann noch ferner eine alltägliche Schwäche bei uns finden? Eine Königin im Krankenbette mit der Krone auf dem Haupte; oder eine Königin auf dem Throne von Fieberschauern gerüttelt – so oder so erscheint uns Sappho, und durch diese Nachbarschaft von Größe und Schwäche wird Ehrfurcht wie Mitleid von uns abgewehrt.

Wenn die Liebe Geist und Arm des Mannes unterwirft und als Gebieterin des Ruhmes erscheint, dann mögen wir seinen Fall beweinen oder auch verzeihen; denn nur einfach ist die Schwäche und die Schuld. Doch wenn das Weib, das sein stilles Haus verließ, von seiner Höhe herabstürzt, wird es nur Schadenfreude finden; denn zwiefach ist die Schuld – daß es gesunken und daß es gestiegen. Die Flügel des weiblichen Geistes sind immer aus Wachs, doch nur den Fall, nicht den Ruhm der kühnen Tat teilen sie mit Ikarus.

Wenn behauptet wird, die Liebe Sapphos müsse mit Spott und Unwillen erfüllen, ist es etwa die Verstimmung unseres Gemüts, ist es etwa mein irrender Murrsinn, der dieses ungerechte Urteil fällt? Ist es nicht Sappho selbst, die ihre eigene Liebe geringschätzt und fast verhöhnt – ja geringschätzt, so sehr sie sich auch abmüdet, sich vor sich selber zu verstecken. Sie denkt über ihre Liebe, und die wahre Liebe denkt nicht. Sie will auf ihrem Herzen spielen wie auf ihrer Leier; aber bei der wahren Liebe ist eins Finger und Saite. Sie lauscht dem Urteile der Welt, um es zu verschmähen; aber die wahre Liebe vergißt die Welt und hört nicht, was sie spricht. Ihre Liebe ist ihr nur das Höchste, aber die wahre Liebe hat auch nichts unter sich, noch zur Seite, sie ist alles und füllt alle Räume aus.

Sappho kehrt von den olympischen Spielen in den Kreis einer sie anbetenden Menge zurück. Sie steigt mit Phaon von ihrem Siegeswagen und ihrem Ruhme herab. Die Ihrigen jauchzen. Da fühlt sie alsobald, daß sie diesen ehrfurchtsvollen Empfang nicht mehr verdiene. Sie sucht die Vorwürfe ihres Innern zu beschwichtigen, und da sie es nicht vermag, trotzt sie ihnen mit Ingrimm, schuldbewußt.

Mögt ihr's immer wissen!
Ich liebe ihn!

ruft sie dem versammelten Volke zu. Kann die wahre Liebe fürchten, daß man ihre Wahl nicht achten werde? Sie duldet zwar nicht, daß man verletze, was ihr heilig; aber ehe man das Heilige verletzt, ahnet sie nicht, daß man wagen könne, es zu verletzen. Aber Sappho zittert der Mißbilligung entgegen. Darum lauert sie auf jede Miene, horcht auf jedes Wort der sie Umgebenden und wiegt ängstlich und empfindlich jeden Laut ab. Sie stellt ihren Sklaven, den Geliebten, mit den Worten vor: »Hier sehet euern Herrn!« Rhamnes (verwundert, halblaut): »Herrn?« Sappho: »Wer spricht hier? (gespannt) was willst du sagen?« Rhamnes (zurücktretend): »Nichts!« Sappho: »So sprich auch nicht!«

Doch wie! Darf ein Weib, weil es den Lorbeer sich gewonnen, nicht auch die Myrte durch ihre Locken flechten? Darf es nicht bewundern, weil es bewundert, nicht lieben, weil es angebetet wird? Sappho – ihre Eltern sanken früh ins Grab – ward am Mutterherzen der Musen gewartet. Des Gesanges und der Dichtung Gaben schnell entfaltend, sie fortgetragen durch heitere blaue Lüfte, von dem offenen Ohr der Griechen bald vernommen, bald angestaunt, ihr Ruhm von Tempel zu Tempel eilend – so im raschen Fluge bis hinauf zum Sitze der Götter, erreichte sie den Gipfel ihres Ruhms glücklich und gesättigt. Da fiel das blitzende Auge Phaons in ihr Herz und erhellte seine Leere. Sappho kannte die Liebe nicht, und... doch nein, ihr war Liebe nicht fremd:

Der Freundschaft und der – Liebe Täuschungen
Hab ich in diesem Busen schon empfunden!

sie bekennt es und damit ihre Schuld. Nicht überrascht, nicht überwältigt wurde die Unerfahrne von der Leidenschaft. Sie gab sich ihr willig, unbedacht hin, und wäre Phaons Treue nur um einen Tag älter geworden, dann hätte Sappho selbst von dem Felsen am Meere in die Wellen hinabgejammert und ihren Verrat zu spät bereut – wir dürfen es denken.

Aber tritt die Kraft nicht am herrlichsten hervor, wenn Schwäche sie umschattet? Macht nicht das Tal den Berg? Göttlich ist der große Mensch, aber ohne Fehl wäre er Gott und unsrer Liebe wie unsrer Bewunderung entrückt. Steht Sappho nicht größer da als zuvor, nachdem sie sich aufgerafft und, ihre Liebe als ein Spielwerk, mit dem sie zu ernst gespielt, weit von sich werfend, ihrer Lust, der Erde entflieht, um zu den Sternen emporzusteigen? Da sie spricht:

> Ich will mit Sapphos Schwäche euch versöhnen,
> Gebeugt erst zeigt der Bogen seine Kraft.

Hat sie nicht den schönsten der Siegeskränze sich erkämpft?... Nein, das tat sie nicht. Kleiner noch als im Leben zeigt sich Sappho sterbend. Sie versöhnt mit ihrer Schwäche nicht, sie entzieht sie nur dem Vorwurfe. Der Bogen zeigt nicht seine Kraft; er bricht und zeigt seine Gebrechlichkeit. Sie liebt und haßt, und ohnmächtig, ihr Herz zu entleeren der Liebe und des Hasses, zerschlägt sie das Gefäß, damit die Empfindung von selbst entströmte. Ihr Tod war nicht das Werk freier Entschließung. Er ward im Wahnsinn beschlossen und im Wahnsinn vollführt, und nur das Meer, nicht die Reue, bedeckte ihre Schuld.

Doch schon zu lange habe ich in diese Sonne gesehen, um ihre Flecken zu ergründen; geblendet senke ich den Blick, mich ferner nur ihrer Wärme und ihres Lichtes zu erfreuen. Sapphos Ruhm und Tag sahen wir traurig, blutrot untergehen; aber um so süßer und freundlicher steigt ihre Nacht herauf, mit dem milden Mondlichte der Weiblichkeit und den Liebestönen der klagenden Nachtigall. Welche tiefe, doch nicht einschneidende, verwundende, nur vordringende Blicke hat der Dichter in das weibliche Herz geworfen! Von dem Dornenritze jener Rose, der Sapphos Herz blutig anstreifte, bis zum Dolchstoße der Entführung Melittens, der es durchbohrte – wie wahr, schön und naturgetreu ist das alles vorgebildet! Vergebens sucht die männerkundige Sappho die Gefahr, die ihrer Liebe droht, herabzudeuteln, vergebens bittet sie ihren Ruhm um Entschädigung für ihren Schmerz, ihren Stolz um Beistand gegen ihn, sie entrinnt dem Verderben nicht. Wie das Vöglein, wenn es der Blick der Klapperschlange traf, von ihrem giftigen Anhauche umnebelt, festgehalten, nicht zu entfliehen vermag und, immer weiter gezogen, endlich in den offenen Rachen stürzt – so auch Sappho, da die Eifersucht ihr Schlangenhaupt gegen sie reckt; gelähmt sind die Flügel ihres Geistes, und besinnungslos sucht sie selbst den Untergang. Wenn mir auch das Gebot der Dramaturgen, eine dramatische Handlung dürfe eine gewisse Bühnenlänge nicht überschreiten, sonderbar erscheint, da ich erwäge, daß doch dem Maler verstattet ist, eine meilenweite Landschaft in einen fußengen Rahmen zu sperren, wenn nur Licht und Schatten, Größenverhältnis und Fernsicht beobachtet sind – so bleibt doch rühmlich, daß der Dichter Sapphos jene Forderung so völlig zu gewähren verstand. Innerhalb eines Tages und einer Nacht sieht man den Keim, das Wachsen, die Blüte, die Frucht, das Hinwelken der Liebe; die Natur selbst hätte keine längere Zeit bedurft.

Phaon, wie klein und niedrig erscheint er neben Sappho, wie, er selbst dunkel, Schatten werfend in ihren Glanz! Wir stimmen ihm bei, wenn er ausruft:

> Wer glaubte auch, daß Hellas' erste Frau
> Auf Hellas' letzten Jüngling würde schauen?

– und so sehr bei, daß wenig sein bescheidner Sinn uns rührt. Sappho sucht ihn aufzurichten, nicht um ihn, um sich selbst zu erheben:

> Dem Schicksal tust du unrecht und dir selbst!
> Verachte nicht der Götter goldne Gaben!

So spricht sie und rechnet diese Gaben vor. Allein,

> Der kühne Mut, der Weltgebieter Stärke –

ist er Phaon eigen, glaubt ihn Sappho in dessen Besitz? Warum so ängstlich besorgt, wie eine Mutter um ihr krankes Kind besorgt, zeigt sie sich um ihn? Wie sie der Weltgebieter einen, den Sklaven ihres Hauses, vorstellt!

Ihr seht hier euern Herrn. Was er begehrt,
Ist euch Befehl, nicht minder als mein eigner.
Weh dem, der ungehorsam sich erzeigt,
Den eine Wolke nur auf dieser Stirn
Als Übertreter des Gebots verklagt
Vergehen gegen mich kann ich vergessen,
Wer ihn beleidigt, wecket meinen Zorn.
Und nun, mein Freund, vertrau dich ihrer Sorgfalt...

Wie undankbar, wie verächtlich erscheint Phaon! Daß er Sappho, die er hoch verehrte, nicht zu lieben vermochte, das ist nicht sein Vergehen; er vermochte es nicht, weil er sie hoch verehrte. Daß er aber den Mut gewann, sich gegen ihre Größe aufzulehnen, zeigt sein kleines Gemüt; er hätte jenen Mut nicht gefunden, hätte er ihre Größe zu umfassen verstanden.

Doch eben in der Bildung eines solchen Phaons hat der Dichter seine Meisterschaft gezeigt. Ein Geringerer als er hätte den Geliebten Sapphos mit allen Gaben des Geistes und Gemüts ausgestattet, um ihn der Anbetung einer solchen Liebenden würdig zu machen. Wie versäumt wäre alsdann geworden, was am meisten not tut! Denn wo anders könnte Sappho Nachsicht finden für ihre Verblendung als in der Größe dieser Verblendung? Wo anders Mitleid für ihre Niederlage als in der Unscheinbarkeit des Feindes, der sie besiegte, weil er ungefürchtet nahekommen durfte? Wenn zeigt sich die Liebe allmächtiger, als indem sie alles gibt und nichts dafür nimmt? Wäre Phaon Sapphos würdiger gewesen, dann erst hätte man ihr vorrechnen können, wie töricht sie getauscht und wie sie, wenn sie auch viel empfing, doch für das, was sie hingegeben, nicht genug empfangen. Die wahre Liebe würdigt ihren Gegenstand, aber das ist die wahre Liebe nicht, die nur das Würdige liebt.

In Melitta sehen wir den Sieg der Weiblichkeit über mannartigen Hochsinn; den Sieg des Herzens über Geisteskraft und den der Anmut über Schönheit. Verschwiegen, verschlossen, träumend wie eine Blume, erwartend die liebende Hand, die sie brechen wird, sich ihr nicht entgegenstreckend, fromm ergeben, still gehorchend – so steht sie dem Undanke und der Rauheit Phaons, wie der Rachsucht und Heftigkeit Sapphos gegenüber, und so überlebt die bescheidene Lampe der Sklavin die verzehrende Sonne der Gebieterin.

Soll ich noch sprechen von dem holden Zauber in allen Reden unseres Dichters? Von dieser bald milden, bald glühenden Farbenpracht, von der Schönheit und Wahrheit seiner Bilder, von der Tiefe und Wärme seiner Empfindungen? Dieser wundervolle paradiesische Garten ist genug gepriesen, wenn ich ihm den Fruchtmarkt anderer neuen Dichter gegenüberstelle. Dort findet sich des Willkommnen gar viel für Küche und Magen, nur nichts für Herz und Phantasie. Zierliche Weltweisen sind sie mit Lob zu nennen, welche Bücherschränke voll guten Verstandes mit Blumengirlanden umhängen oder wohl auch einer saftigen Frucht ein abgerissenes grünes Blatt unterlegen oder eßliche Kuchen mit Dragee bestecken – aber Dichter sind sie nicht. Grillparzer ist ein Dichter.

Theodor Fontane

(Franz Grillparzer, Des Meeres und der Liebe Wellen)

Die Tugenden dieses Stückes, das die Hero- und Leandersage behandelt, sind sehr groß, die Mängel sehr gering. Hätte es dem Dichter beliebt, die 2. Szene des 4. Aktes (die Hütte des Leander, in die dieser nach seiner ersten Schwimmfahrt zurückkehrt) zu streichen oder doch zu modeln und die beiden Hälften des 5. Aktes in ein kurzes Ganzes zusammenzuziehen, so würden wir die Arbeit als etwas absolut Vollendetes ansehen, dem innerhalb unserer dramatischen Literatur nur sehr wenige Hervorbringungen zu vergleichen sind. Überlegen für meine Empfindung ist ihm nur die »Iphigenie«. »Tasso« ist undramatisch und hat keinen Schluß; die »Braut von Messina«, bei allem, was sie an gestaltender Kraft voraushaben mag, entbehrt jener lyrischen Vertiefung, die den unaussprechlichen Zauber dieser Grillparzerschen Dichtung bildet. Man hat freilich gerade aus dieser Vertiefung einen Vorwurf herleiten oder doch den Stoff als zu lyrisch verurteilen wollen, ohne Ahnung davon, daß das Lyrische auch innerhalb des Dramas immer der Wundervogel bleibt, der uns die goldenen Eier schenkt. Denn in der Tat: wenn es etwas gibt, was in einem allerhöchsten Sinne noch dramatischer wirkt als das schlechtweg Dramatische, so ist es jene Lyrik, die ein Dichtergenius oft durch eine scheinbar kleinste Zutat in das Dramatische zu erheben versteht. Und das tat Grillparzer hier. Den eigentlich tragischen Konflikt, an dem es dem Stoffe bis dahin fehlte, durch die von ihm ersonnene Priesterinnenschaft Heros in geschickter Weise vorbereitend, wandelte er das bis dahin lyrische Motiv in ein dramatisches um. Das Ei des Kolumbus hier wie allerorten. Die Verdienste des Dichters sind aber durch dieses Kennzeichen des Genies, den glücklichen Einfall, von dem nachher jeder vorgibt, daß er ihn auch gehabt haben würde, nicht erschöpft. Was Grillparzer fähig machte, diesen Stoff so zu formen, wie er es tat, ist, daß ihm die Gestalt der Hero aus einer stillen Seele erblühte, aus einer stillen Seele, die die Reinheit zur Voraussetzung hat. Denn unbeschreiblich schön und wahr zugleich heißt es in der Dichtung selbst:

»Der Quell im Innern,
Ach, nur bewegt, ist er auch schon getrübt.«

Das Zeichen, in dem dieses Stück siegt, ist seine Lauterkeit; und ihr Modernen, die ihr den »Zug des Herzens« als ein neues Evangelium predigt, lernt hier, daß es, um das wirklich Richtige zu treffen, auf das Herz ankommt, das die Berechtigung des Natürlichen auf Kosten des Gesetzes proklamiert. Wer das Gesetz, ohne es anzuzweifeln und zu verhöhnen, einfach durchbricht und die Konsequenzen seines »Ich tat nur, was ich mußte« willfährig auf sich nimmt, dem jubeln immer die Herzen zu. Und von Rechts wegen. Denn beide Teile, das Ewige und das Menschliche, gehen siegreich aus dem Kampfe hervor...

Friedrich de la Motte-Fouqué

Leier und Schwert. Von Theodor Körner. Berlin 1814

Einem Volke, das wie das unsre von Gottes Gnaden durch den reinen Willen seines Königs und durch die eigne treuverbündete Kraft frei geworden ist, – einem solchen Volke dürfte man eigentlich bei einer Erscheinung wie die oben genannte nichts weiter sagen, als daß sie eben da sei, überzeugt, daß alle Blicke sich schon ganz mit Liebe und Begeisterung dahin richten würden. Ob das bereits geschehen, oder doch ob es nach Verdienst allgemein und innig geschehen ist, weiß ich nicht. Es gibt bisweilen seltsam störende Zufälligkeiten, die sich der Anerkennung und Verbreitung des Erhabenen wie mit geflissentlicher Tücke des blöden Erdgeistes widersetzten. Daran trägt der hohe, gereinigte Sinn eines edlen Volkes keine Schuld, aber es möge auch nicht für Anmaßung des einzelnen gelten, wenn er ausruft: tretet herzu, lieben Brüder, und übersehet nicht, was Euch wieder einmal Schönes und Herzerhebendes bereitet ist!

Das will ich denn hiermit getan haben. Theodor Körner hat für uns gefochten, lieben Landsleute, gesiegt und sein junges Leben ausgehaucht. Er war einer der ersten Ausländer, die in unsre freiwilligen Jünglingsscharen eintraten, und einer der vielen und höchsten Preise für unsre Freiheit und Ehre war sein tapferes Blut. Daß mittelmäßige Gedichte durch keine Lobenswürdigkeit ihres Verfassers gut werden können, weiß ich wohl, aber auch eben so wohl, daß, wer das Schwert ergriff wie ein Held, keine andre als begeisterte Lieder in seiner Leier singen kann. Und an diesem herrlichen Quell mögen sich denn recht viele der edlen Geister, die wir mit Stolz zu den unsern zählen, erquicken. Der einzelnen Gedichte ließen sich viele nennen und preisen, aber das will mir so wenig gelingen als die sogenannten schönen Stellen eines großen poetischen Werkes hervorheben. Hier sind die lyrischen Gesänge aus dem rührenden Trauerspiele unsres Waffenbruders Theodor Körner Leben und Tod, und da darf auch das scheinbar Kleinste und Unbedeutendste nicht hinter dem Größten und Vollendetsten zurückstehen.

Wilhelm Müller

Lyrische Blätter. Von August Graf von Platen Hallermünde. No. 1. Leipzig 1821

Der junge Dichter, den wir aus diesen lyrischen Blättern kennenlernen, gehört nicht zu der großen Zahl derjenigen, die in hergebrachter, poetischer Phraseologie, die jetzt sehr wohlfeil zu kaufen ist, über die anmutigen und gemütlichen Seiten des Lebens ein leicht hinfließendes Liedchen absingen. Er nimmt es strenger und höher mit der Poesie, und je höher er sich das Ziel steckt, desto kühner ist seine Zuversicht, es zu erfliegen, die er auch nach alter Sängerweise unbefangen stolz ausspricht, z. B. in folgenden Sonetten:

Aufruf

Entled'ge dich von jenen Ketten allen,
Die gutgemutet du bisher getragen,
Und wolle nicht, mit kindischem Verzagen,
Der schnöden Mittelmäßigkeit gefallen.

Und mag die Bosheit auch die Fäuste ballen,
Noch atmen Seelen, welche keck es wagen,
Lebendig wie die deinige zu schlagen,
Drum laß die frischen Lieder nur erschallen!

Den kleinen Krittlern gönne du die Kleinheit,
Bald dies und das zu tadeln und zu loben,
Und nie zu fassen eines Werkes Einheit.

Ihr neid'scher Groll wird allgemach vertoben,
Und nie berühren kann dich die Gemeinheit:
In deinen Träumen schwebst du selig oben.

Beruf

In alle Räume braust die stolze Welle,
Die ich im dichterischen Übermute
Entspringen lasse aus dem eignen Blute,
Daß sie zum Strome mir, zum Meere schwelle.

Den Afterwitz verschlinge sie, die schnelle,
Daß er sein Liedchen nicht mehr länger tute;
Doch weichmelodisch und gelind umflute
Der blum'ge Schaum des Glaubens heil'ge Schwelle.

Die Fluten, welche die Natur erfrischen,
Gebaren sie nicht alles ird'sche Leben?
Entwand sogar sich nicht dem Schaum Urania.

So möcht' ich Perlen aus der Tiefe fischen,
Der unerschöpflichen, und dann sie weben
Zum Diadem der heiligen Germania.

Unsere Kritik ist weit entfernt, durch diesen stolzen poetischen Trotz, durch dieses vielverheißende Selbstgefühl, durch diese herausfordernde Sicherheit zu einer Opposition gereizt zu werden. Wir freuen uns daran, einen jugendlichen Geist in seinen Träumen selig oben schweben zu sehen, obschon die zu erschwingende Höhe in der Tat noch zu fern von seinen Bestrebungen liegt. Aber wir fürchten nicht, daß er beim Erwachen den Mut verlieren wird, die herrliche Höhe zu erfliegen, auf der er sich in seinen Träumen schon selig fühlte. Wir fürchten dies nicht, weil wir in den Gedichten des Herrn Grafen von Platen eine reiche Fülle kräftigen Lebens, selbständigen Bestrebens, jugendlicher Kampflust finden, die uns Gewähr leisten, daß die Täuschung, welche Sehnen und Erreichen verwechselt, ihn nicht in träge Manier wird versinken lassen. Wer sich ein hohes Ziel steckt, erhebt sich schon dann über das Gewöhnliche, wenn er noch unter demselben einhergeht; denn dieses ist auf dem niedrigen Platze in gemächlicher Ruhe, jener strebt empor, und mag er sich auch höher träumen, als er wirklich ist, so wird der Traum dem Erwachten die Schwingen beflügeln, nicht niederschlagen.

Bis alle Kämpfe durchgekämpft die Liebe,
Muß sie bewegen sich und tief erwägen
Des Lebens vielgestaltige Getriebe:
Selbst großer Irrtum ist ein großer Segen,
Und die des Glaubens ewge Quelle schlürfen,
Sie haben tief im Pfuhl des Wahns gelegen.
Ein Ungeheures will der Mensch bedürfen,
Dem unablässig er entgegenwalle,
In aufeinander drängenden Entwürfen.

So sagt unser Dichter in seinem Prologe. Möge er die letzten drei Verse nie vergessen!

Das kleine Buch besteht aus Sonetten, Liedern, Balladen oder Romanzen und morgenländischen bunten Ghaselen. Von den Sonetten haben wir ein Paar der gewichtigsten mitgeteilt. Das Vorwort stellt, ohne tiefe Charakterauffassung, drei Helden dieser Dichtungsart Petrarca, Camoens und Rückert zusammen – warum nur diese? – und schließt bescheiden:

Weil nun die drei sich also groß erwiesen,
So stimm' ich scheu für solch ein Lied die Zither,
Denn nicht als vierter wag ich mich zu diesen.

Das wäre allerdings auch zu viel gewagt, und es möchten in jedem Falle Dante, Tasso, Shakespeare, Flemming, Neuere ganz zu verschweigen, unserm Neuling den Vortritt streitig machen, wenn seine Sonette auch noch viel besser würden, als das eben getadelte. Von den beiden an Rosalien geben wir dem zweiten den Preis. Im ersten stört die seltsame Sprachweise:

Erkenn' ich deines Werts Erkennung –
Und fühle tiefer das Gefühl –

Außer einigen Gelegenheitsgedichten finden wir in den Sonetten noch eine Zusammenstellung Shakespeares, Calderons, Gozzis und Tiecks, als der Heroen des romantischen Dramas, ebenfalls mit oberflächlicher Charakteristik. Von Shakespeare sagt der Dichter nicht mehr als:

> Ich sehe, Shakespeare, deiner Geister viele,
> Seh' Puck und Ariel im Tanze schweben.

In den Liedern rauscht manche aus den Tiefen des Herzens klar und frisch emporströmende Quelle – aber leider finden wir auch manchen kargen, an der Oberfläche klebenden Tropfen. So sehr wir uns aller Krittelei enthalten, so gern wir, dem Wunsche des Dichters gemäß, des Werkes Einheit auffassen möchten, so wissen wir doch in der Tat nicht, wo wir für das Lied ›An einen Freund‹ eine Stelle in der poetischen Höhe, nach welcher der Verfasser strebt, ja in welcher er in seinen Träumen schon schwebt, finden sollen. Es heißt:

> Einsam und von Schmerz durchdrungen
> Sitzt der delph'sche Gott und sinnt,
> Er beweint den schönen Jungen,
> Den geliebten Hyazinth.
>
> Könnt' ihm doch dein Bild erscheinen,
> Das dir jedes Herz gewinnt,
> Traun, er würde nicht mehr weinen
> Um den schönen Hyazinth.

Kann etwas unbedeutender, oberflächlicher, sinnärmer sein als diese Verse? Nicht viel höher stehen die Gedichte Nr. 13, 14, 17, 20 (Trinklied) 21, (Winzerlied) 27, 28, 29. In einigen andern können wir uns nicht enthalten, teilweise zu loben und zu rügen, und wagen es auf die Gefahr, daß der Dichter uns als kleinen Krittlern unsre Kleinheit gönne. So z. B. stört uns der gelehrt vornehme Vers:

Und wo der Mensch den Menschen rief
In rhythmisch lockenden Tönen –

in einem übrigen recht frischen und natürlichen Liede an die Vögel, in welchem uns besonders der Schluß zusagt:

Bleibt hier in eurem Laubgewind,
Es trag' euch nie ein falscher Wind
In unsre Menschenenge,
Wo statt der Bäume Kerker sind
Und Worte statt der Gesänge.

So hebt sich auch im folgenden Liede der Schluß aus dem Ganzen so glänzend hervor, daß der Totaleindruck gerade dadurch verloren geht. Es heißt:

Was sind die Blumen? Feine
Schattierungen auf Särgen –
Denn Erde ward zum Schreine
Gewölbt für Totenbeine –
Wird meine bald sie bergen?

Im 26. Liede ist eine arge Härte:

Warum so ferne, was wir lieben?
Warum so nahe, was mißfällt?

Zu den trefflichsten Stücken der Sammlung zählen wir Nr. 1, 2, 4, 5, 7, 8, von denen wir einige Proben geben müssen, da wir vorher das Schwächste mitgeteilt haben.

4.

Ein Hochzeitbitter zog der Lenz
Den Wald entlang und See,
Zog hin mit Sang und Klange,
Mir aber ward so bange,
Mir aber ward so weh!

Und Gäste lud zu sich der Lenz,
Mich aber lud er nicht;
Er sah mich, ach, gefangen,
Ich hing an jenen Wangen,
An jenem Angesicht.

Nun leb' ich frei, nun kommt der Lenz,
Nun erst genieß ich ganz,
Wenn ruh'ger auch, wenn stiller,
Der Bäche grünen Schiller,
Der Rosen roten Glanz.

8. Parzenlied

Wenn des Leichtsinns Rotte
Die Natur entstellt,
Huld'ge du dem Gotte
Durch die ganze Welt.

Hin zur Blume trete,
Doch zerknick sie nie,
Schau sie an und bete:
Wär ich schön wie sie!

In kristallne Quellen
Schleudre keinen Stein,
Bete zu den Wellen:
Wär auch ich so rein!

Überall dir günstig
Weht ein Gott dir zu,
Darum liebebrünstig
Handle, wandle du.

Von den Ghaselen sagt der Dichter in der Vorrede: Wir legen weniger Wert auf die übrigen Gedichte als auf die zweite Sammlung von Ghaselen, weil diese vom glühenden, formenreichen Oriente die Hülle borgten für die Fülle des Occidents. Und in dem Sonette an Schelling:

– Auf den Blüten eines fernen Landes
Schweb' ich nur flüchtig gleich dem Schmetterlinge,
Vielleicht genießend eines eitlen Tandes.

Wir können die Vorliebe des Dichters für diese Ghaselen nicht teilen; denn so gern wir es auch der deutschen Muse vergönnen, sich in die endlosen und verschiedenartigsten Formen des Südens und des Nordens, des Occidents und Orients einzuschmiegen, so gern wir sie namentlich auch in dem bunten, glänzenden Gewande des Orients sehen, so können wir dergleichen Versuche doch nur als anmutige, geistreiche Spiele gelten lassen, in denen man daher auch nur die heitere Außenseite des Lebens in Lust und Liebe, mit freundlich strafender Moral untermischt, berühren sollte, wie in Goethes Divan geschehen ist. Denn als etwas Fremdartiges kann es uns nie mit der Gewalt der Wahrheit in den innersten Tiefen der Seele ergreifen, und was aus diesen emporströmt, müssen wir in der Sprache unsers Landes aussprechen, wenn es als wahr rühren und erleuchten soll. Am unpassendsten aber ist es wohl, die Mysterien des Christentums in den Pomp des Orients einzuhüllen, wie hier geschieht. Wer sein Christentum nicht in der einfachsten Sprache des Kindes zu bekennen und ihm zu huldigen vermag, der wird es in glänzenden, farbenschillernden Bildern nun und nimmermehr sich und seinen Hörern eindringlich und einleuchtend machen, und erschöpfte er auch alle Fundgruben des Orients. Wir geben einige Proben.

2.

Wann einst der Fisch vom Bade springt,
Wann ewig die Kaskade springt,
Wann einst die Gemse, wie der Stern,
Dieselben hohen Pfade springt,
Wann auf des Äthers reiner Flur
Die singende Zikade springt,
Wann, öffnend ihren treuen Schatz,

Des Sarges morsche Lade springt:
Wo ist der Busen, ruf ich dann,
Aus dem die Milch der Gnade springt?

8.

Ich bin wie Leib dem Geist, wie Geist dem Leibe dir,
Ich bin wie Weib dem Mann, wie Mann dem Weibe dir;
Wen darfst du lieben sonst, da von der Lippe weg
Mit ew'gen Küssen ich den Tod vertreibe dir?
Ich bin dir Rosenduft, dir Nachtigallgesang,
Ich bin der Sonne Pfeil, des Mondes Scheibe dir;
Was willst du noch? Was blickt die Sehnsucht noch umher?
Wirf alles, alles hin: du weißt, ich bleibe dir!

Erbaue sich daran, wer kann. Wir können uns höchstens an einigen treffenden, lebendig aufgefaßten und kräftig dargestellten Bildern erfreuen, die aber im Ganzen ihre Wirkung auf uns verfehlen, wenn wir nach dem innern Sinn forschen. Auch läuft mancherlei schiefes, unklares und gezwungenes mit unter, z.B. im 11. Stück. Sprachwidrig ist der Schluß vom 13. Stück:

Wann sollen wir die Wahrsagung gewahren,
Und wachen, was wir schlummern in Gedichten?

Neu ist der Pluralis von Gegenwart am Schluß von Nr. 16:

Wenn ich Vergangenheiten überdenke,
Wer schützt indes mir meine Gegenwarten?

Die Hinkjamben des zwanzigsten Stücks machen auf uns einen widrigen Eindruck:

Das Morgenrot beschämt die Nacht endlich;
Die lange Müh' vergilt der Schacht endlich;
Die Wolken bargen stets den Mond wieder,
Doch er gewann die schöne Schlacht endlich etc.

Und zum Schlusse:

Wir waren lange schnöder Welt Beute,
Bis des Erlösers wir gedacht endlich.

Wenn wir einige aus den Ghaselen als gelungen in der Form auszeichnen sollen, so sind es besonders Nr. 14, 15, 17, 21, 22, 28. Eine unwürdige Spielerei ist der Schluß von Nr. 23:

Sieh, deine Locke schlängelt sich als L,
Das Wörtchen Liebe draus zu fügen, Freund!

Unter den Romanzen finden wir mehr Ansprechendes für uns, obschon der echte Romanzenton nicht überall getroffen und gehalten ist. Den Preis geben wir dem Pilgrim vor Sanct Just und dem Grabe im Busento. Das erste können wir uns nicht enthalten, ganz auszuschreiben.

Die Nacht durchsaust der Sturmwind für und für,
Hispan'sche Mönche, schließt mir auf die Tür!
Laßt hier mich ruhn, bis Glockenton mich weckt,
Der zum Gebet euch in die Kirche schreckt.
Macht eilig auf und weigert mir nicht karg
Den grauen Rock und dann den schwarzen Sarg.
Gönnt mir die kleine Zelle, weiht mich ein,
Mehr als die Hälfte dieser Welt war mein.
Das Haupt, das eurer Schere sich bequemt,
Ward mehr als einmal stolz bediademt.
Die Schulter, die der Kutte nun sich bückt,
Hat kaiserlich der Hermelin geschmückt.
Nun will ich hier, daß beider Schicksal gleich,
In Trümmer fallen wie das alte Reich.

Hätte der Hr. Graf v. Platen auch nur diese wenigen Verse geschrieben, wir würden nicht anstehen, ihn einen Dichter zu nennen; so großartig, tief und erschütternd ist dieser romantische Moment aufgefaßt.

Die Nachahmungen aus dem Spanischen und Dänischen sind gänzlich mißlungen und hätten füglich aus dieser Sammlung wegbleiben sollen.

Ein Epilog an die Freunde schließt das Buch, dem wir Teilnahme – und Kritiker wünschen, welche die vielen Herausforderungen und Ausfälle des Dichters gegen uns so kaltblütig ertragen wie wir.

Levin Schücking

Gedichte von Annette Elisabeth von D... H... Münster 1838

Wer hat nicht manchmal von irgendeiner stillen Fensterecke aus sein Auge zu einem hohen gotischen Münsterturme aufgeschlagen und es, daran wie festgezaubert, gefühlt, wenn eine dunkle Gewitterluft die Ecken des grauen Gemäuers scharf hervortreten ließ auf dem schwarz verhängten Hintergrunde, wenn der Bau unserm Auge geisterhaft nahegerückt mit dem gelben Scheine sich bekleidete, der, aus dem erschlossenen Wolkentore des abendlichen Himmels dringend, es vergoldete? Viel gotische Zacken und abenteuerlich verschlungenes Blätterwerk schmücken die hohe Wand mit den wunderbaren Drachen- und Greifengestalten an den Gesimsecken, die aus gähnendem Rachen den Regen hinunterspeien; aber der Zierat, an dem das Auge haften bleibt, das ist irgendeine Heiligengestalt dort oben unter dem schützenden reichgeschmückten Laubdach, eine heilige Elisabeth mit den zu Rosen verwandelten Almosen in der Schürze – die seit Jahrhunderten von ihrer Höhe aus ihre Blicke in die Glut der Abendsonne getaucht hat, hinausschauend weit über die Lande und über die Wälder der fernen blauen Gebirgshöhen, fernhin in das Unendliche. Sie ist aus Stein gehauen und fühlt nicht den Pygmäenschmerz unseres Jahrhunderts, der an seinen Sängern sich auf den hohlen, fieberglühenden Wangen malt und aus den geröteten Sternen der blauumkreis'ten Augen blickt, ihr Herz ist nicht zerrissen, ja es scheint gar, sie habe keines; und dennoch lebt sie da oben beneidenswerte Poesie; hoch über dem Bereiche aller Zither- und Harfen- und Mandolinenklänge braucht sie nur das anzuhören, was sie tief und innerlich bewegt, was sie erschüttert; denn ihr Harfner ist der Sturm, und die

Windsbraut schlägt ihr das gellende Tamburin, die Glocken dröhnen ihr Morgen- und Abendgrüße zu, als wollten sie die Mottos hallen zu den einzelnen Gesängen des Epos, das sie lebt. Wenn ein solches Gebilde seine Dichtungen aufgeschrieben in der Sprache, worin jene Heiligengestalten in alten verwitterten Kapellen sich ihre Grüße in der Christnacht zurufen mögen, ins Deutsche übersetzen ließ – sie müßten lauten wie diese Gedichte aus dem Münsterlande, die man ungläubig öffnen wird mit dem pharisäischen »kann aus Nazareth was Gutes kommen« – wie »Die Schlacht im Loenerbruch«, wie »Das Hospiz auf dem Sankt Bernhard«; ernst, kompakt, plastisch im hohen Grade und doch auch den Charakter des Romantischen, das anziehendere Pittoreske nicht verleugnend – dann auch hier und da die Übersetzung nicht verkennen lassend.

Den Hauptinhalt der Sammlung bilden drei erzählende Gedichte. »Der Sankt Bernhard« in zwei Gesängen gibt uns ein Bild von jenem Heroismus der Humanität, wie er nur dem Christentume angehören kann. Die Mühen der Mönche des Hospizes jener hohen Region um die Rettung armer Verirrter, der Schauplatz ihrer heldenmütigen Anstrengungen, die Gletscher und Schneekuppen, die Schluchten und Abgründe, die ganze gewaltige Alpennatur wird uns vorgeführt, als hätte die Dichterin uns auf den Gipfel eines Alpenfürsten gehoben, um von dort aus das ganze Stück des ungeheuren Knochenbaus der Erde zu überschauen; denn deutlich, schreckenerregend wie je eine frühere Dichtung sie uns vorzuzaubern vermocht hat, sehen wir die Riesendenkmale der Schöpfungskraft vor uns. Die Erzählung selbst ist einfach: Ein alter Mann ist in einer Winternacht mit seinem Enkel in den Pässen des Sankt Bernhard verirrt; er erliegt der Kälte und dem Mühsal seiner Wanderung; das Kind wird von einem jener trefflichen Hunde, welches das Hospiz zur Entdeckung der Verirrten nährt, aufgefunden und gerettet. Obwohl nun die Erzählung im hohen Grade spannend ist, liegt doch der Hauptreiz in jener meisterhaften Schilderung der Natur und des Hospizes mit seinen Märtyrern der Selbstverleugnung. Das zweite Gedicht, »Des Arztes Vermächtnis«, erinnert an Lord Byrons Schöpfungen; dieselbe Poesie, dieselbe unübertreffliche Wahrheit in den Darstellungen der Seelenzustände eines durch die nächtlichen Schrecken, deren gezwungener Zeuge er gewesen ist, tief erschütterten und im Geiste verwirrten Mannes; aber nirgends jene Zerissenheit und die manchmal in Prosa sich verflachenden Stellen, – dagegen aber eine rätselhafte, nicht zu entschuldigende Undeutlichkeit im Gange der Geschichte. »Die Schlacht im Loener Bruch« endlich feiert in zwei Gesängen eine der interessantesten vaterländischen Erinnerungen, die Vernichtung der Macht des tollen Herzogs Christian von Braunschweig durch die Scharen Tillys, mit historischer Treue und überraschend lebendiger Malerei. Doch ist hier eine Störung in der Harmonie des Ganzen gegen das Ende hin auffallend; die Schilderung der Schlacht selbst ist im Verhältnis zu den übrigen Teilen der ausführlichen Erzählung zu kurz abgebrochen, die Niederlage Christians nicht genügsam motiviert, und wenn er der Übermacht erliegt, so hätte uns dieses Unterliegen nicht allein gesagt, sondern gezeigt werden müssen. Der weiblich fühlende Genius der Dichterin scheint sich gescheut zu haben, ein wie männliches Gepräge er auch in seiner Kraft und Originalität trägt, tiefer in die Metzelei eines so blutigen Kampfes einzudringen. Die angehängten »geistlichen Lieder« verdienten, als Kirchengesänge eingeführt zu werden.

Mangel an Feile kann man den Gedichten gewiß nicht vorwerfen; doch wären Verse wie die folgenden aus »Des Arztes Vermächtnis«

O, daß man mich an diesen Ort geführt,
Von übler Vorbedeutung schien mir's gleich!
Denn wie man die Umgebung so vergaß!
Nachlässig war es, über alles Maß.

als zu matt in der Beschreibung einer Räuberhöhle besser weggeblieben.

Mit einmal hör ich's an die Klippen schlagen
Und einen Schrei noch aus der Tiefe ragen,

ist falsch in demselben Gedichte, und der Anfang desselben

So mild die Landschaft und so kühn,
Aus Felsenritzen Ranken blühn,

bildet einen unverantwortlichen Sprung vom großen Bilde zum kleinsten, zu dem wohl der Reim verführt hat; oder soll der zweite Vers den Kontrast im ersten rechtfertigen? –

Unsere Literatur ist arm an poetischen Erzählungen; die frühesten Jahrgänge der Urania haben, trotz ihrer Preisaussetzungen und der mißlungenen Nachahmungen Wielands und Ernst Schulzes, welche sie weckten, uns nicht von dem Vorwurfe befreien können, daß wir in dieser Beziehung weit von den Briten überflügelt sind, und doch sollte der deutsche poetische Reichtum sich von keiner andern Pracht überglänzen lassen. Desto willkommener muß uns deshalb der vorliegende Versuch zur Wiedergewinnung unsrer sonst unbestrittenen oder vielmehr unbestreitbaren Hegemonie sein; wenn dazu noch eine klare erfaßbare Malerei, einfach und wahr überall, ohne Haschen nach unnatürlichen Bildern, ohne Blumen und Flitterstaat, der blendet und verbleicht, es ist, welche die Aufmerksamkeit und Gunst einer Zeit verlangt, die jeder schönen Erscheinung edler Natur sich zuwenden muß, weil es ihr Beruf ist, der Natur und dem Verstande seine Rechte zu vindizieren. Lang genug haben um die einfachen Grundlinien dieser letzten eine Reihe von Jahrhunderten wuchernde Gewinde von Unkraut geschlungen und, mag sein, von Blumen auch, aber so, daß die dünnen Fäden darunter verschwanden oder gar abrissen. Das achtzehnte Jahrhundert hat mit der Unmenschlichkeit gekämpft und zum größten Teile sie vertilgt; des neunzehnten Aufgabe ist es, mit der Unnatur zu kämpfen, welche unter der groben ersten Feile, die das vergangene an die Schöpfungen seiner Vorgänger legte, zurückgeblieben ist, und dessen möchte noch genug sein, um ein solches Revisionswerk zu einer schweren verdrießlichen Arbeit zu machen. Was davon in dem politischen Zustande der europäischen Sozietäten haften geblieben ist, gehört nicht hierher; die Kunst ist freilich schon mehr emanzipiert; aber es möchte noch lange nicht genug sein, daß Jupiter als Amphitryo nicht mehr in der Alongenperücke und Berenice nicht mehr im Reifrock mit Puder und Schönpflästerchen erscheinen und sich die Stelzen des Alexandriners abgeschnallt haben, daß nicht mehr die Götter des Olymps spuken, welche die Bücher unsrer ältern Dichter nicht recht geheuer machten: sehen wir nicht noch die Namen verehren, statt der Sachen, und erbauen uns an Schriften, denen wir es ansehen, daß sie eine manschettengeschmückte, in Eau de Cologne gebadete Hand geschrieben hat, während Mord und Blutschande das Sujet bildet, woran die Lesewelt sich erquickt wie ein römischer Plebs an Gladiatorenkämpfen, für welche, scheint es danach, nur unsre Nerven zu schwach geworden sind, wie unsre Arme für die Schwerter der Römer?

Hoffentlich wird unser Jahrhundert in dem Kampfe, den wir als seine Lebensaufgabe bezeichneten, siegreich sein; des Lebens goldner Baum treibt immer grünere, gesundere Zweige und leuchtet in unsre Praxis hinein wie durch die gotischen Mauerzinnen einer alten Stadt und in die freien lärmenden Plätze die grünen Waldgehege der sie umschließenden Berge. Frankreich scheint wieder in dieser Beziehung den andern Völkern den Rang ablaufen zu wollen; seine Tagesliteratur, was ist sie anders als die letzte krampfhafte Lebensanstrengung, welche die schon in der Agonie liegende Unnatur macht, das letzte helle Auflodern des Lichtes vor dem völligen Verlöschen? Aber wird man sich nach dem Siege mit einem so harmlosen Triumphe begnügen, wie ihn z. B. jetzt die klassischen reinen Formen griechischer Architektur über des Ritters Bernini Schnörkeleien feiern, und das Extrem vermeidend, nicht das Kind mit dem Bade verschütten? Wird man nicht, wenn man das gleißende blendende Flittergold von den Hallen der Poesie abgerissen hat, sie am Ende ganz zerstören und an ihrer Stelle Krämerbuden aufführen? Die letzte Hälfte unsers Jahrhunderts mag die Ragnaröck für die Poesie werden; die Dämmerung zieht schon jetzt herein in der allgemeinen Gleichgültigkeit gegen ihre Schöpfungen und wird immer kälter, neblichter um uns. Das Publikum ist aus einem sanguinischen poetischen Jüngling ein cholerischer Mann geworden und schlägt das Blatt in seinem Lebensbuche, wo es Verse findet, rasch und verdrießlich um. – Fürs erste mag nun seine schwindende Teilnahme durch Gedichte wie die eben besprochenen wieder belebt und erwärmt werden, und wenn jene Götterdämmerung hereinbricht, haben wir zum Troste die Verheißungen der Mythe, daß aus den Fluten der Zerstörung sich frisch grünende Inseln erheben werden, schön wie die Auen der Seligen und daß ein verjüngtes herrlicheres Göttergeschlecht sie bewohnen werde.

Gottfried Keller

(Jeremias Gotthelf, Uli der Knecht und Uli der Pächter)

Die Verlobten gingen miteinander über die Wiese, da raufte Reinhard jene Pflanzen aus und zeigte Lorle den wundersam zierlichen Bau des Zittergrases und die feinen Verhältnisse der Glockenblume. »Das gehört zu dem Schönsten, was man sehen kann«, schloß er seine lange Erklärung. »Das ist eben Gras« erwiderte Lorle, und Reinhard schrie sie heftig an: »Wie du nur so was Dummes sagen kannst, nachdem ich schon eine Viertelstunde in dich hineinrede.«

Diese gute Stelle kommt vor in Auerbachs Frau Professorin. Sie machte mich augenblicklich stutzen. Wie, dachte ich, sollte diese Stelle am Ende bezeichnend sein für die ganze Dorfgeschichten-Literatur? »Das ist eben Gras!« Sollte das Volk vielleicht den Schilderungen seines eigenen alltäglichen Lebens einen ähnlichen Titel geben, nachdem wir Gebildeten und Studierten schon eine Viertelstunde und länger in dasselbe hineingeredet haben? Wenigstens haben wir keinen Beweis vom Gegenteil; denn wir haben überhaupt noch gar keinen Bericht, ob unsere Volksschriftsteller in den Hütten des Landvolks ebenso bekannt seien wie in den Literaturblättern und allenfalls bei den Bürgerklassen der Städte, und wenn sie es sind, welche Wirkung sie gemacht haben. Nur von Hebel weiß man, daß er in den alemannischen Gauen populär geworden ist. Es kann auch nicht anders sein. Die wohlfeilste Ausgabe von Pestalozzis Lienhard und Gertrud, dem unübertroffenen Muster, kostet, trotzdem daß das Buch vor einem halben Jahrhundert geschrieben wurde, heute noch über einen Gulden; Auerbachs verschiedene Auflagen sind bis jetzt noch sämtlich von dem gewöhnlichen belletristischen Publikum konsumiert worden, gleich wie Geßners Idyllen nicht von Schafhirten, sondern von Marquisen und Patriziern gelesen wurden, ohne daß ich übrigens eine weitere Vergleichung hier beabsichtigte. Die angeführten zwei Bücher von Gotthelf: Uli der Knecht und Uli der Pächter kosten zusammen beinahe vier Gulden. Wie lange es geht, bis ein Bauer für ein Buch, das nicht gerade die Bibel ist, vier Gulden disponibel hat, weiß jeder selbst, der mehr in einem Bauernhaus verweilt hat, als bloß um an einem heißen Sommertage eine frische Milch darin zu essen. Und vollends ein armer Bauer oder gar ein Knecht! Und wenn sich endlich ein solcher Sonderling und Verschwender findet, gewiß eine Vogelscheuche für das ganze Dorf: wie soll das Buch zu ihm gelangen oder er zu dem Buche? Er bekommt keine Bücherpakete »zur gefälligen Einsicht«, und ebensowenig hat er Muße und Gelegenheit, sich in den Buchläden herumzutreiben und nach »Novitäten« zu fragen; und auf den Büchertischen am Jahrmarkt, wo der Eulenspiegel und der Gehörnte Siegfried, der Trenck und das Kochbuch liegen, sind obige Volksschriften leider nicht zu finden. Ich übertreibe zwar: ich weiß wohl, daß hier und da ein Schullehrer, ein aufgeklärter Pfarrer oder sonst ein ordentlicher Mann sich dergleichen hält und diesem oder jenem strebsamen Jüngling oder Mädchen in die Hände gibt; aber das ist erst ein schwacher Anfang, der auf eine fernere Zukunft deutet.

Auf obige Stelle nun, das »Gras« betreffend, hat Auerbach selbst in ›Schrift und Volk‹ sehr gut geantwortet: Das Volk liebt es nicht, sich seine eigenen Zustände wieder vorgeführt zu sehen; seine Neugierde ist nach Fremdem, Fernem gerichtet, wie sich das auch in andern Bildungskreisen zeigt. Erst wenn sich die Überzeugung auftut, daß man in sich selbst neue Bekanntschaften genug machen kann, wenn höhere Beziehungen in dem alltäglich Gewohnten aufgeschlossen werden, lernt man das Alte und Heimische neu lieben.

Es handelt sich eben darum, daß das »Volk« so gut zu sich selbst zurückgeführt werde wie überhaupt alle Menschheit und auch bei ihm der Geschmack am Fremden und Sonderbaren vertrieben werde. Denn vieles, was man für ursprünglich Volkstümliches hält, die Lust an allerlei gepfeffertem Abenteuer- und Sagenspuk, ist ebenfalls nur ein Hinzugekommenes und in den tiefen Grundschichten und Spalten länger Hängengebliebenes. Es ist sehr natürlich, daß der Görres des neunzehnten Jahrhunderts dasjenige für urvolksmäßig und ewig erkläre, was ein Görres des zehnten Jahrhunderts ausgestreut hat; aber nicht so natürlich ist es, daß wir andern Leute darauf schwören. Und was vor tausend Jahren da oder dort volkstümlich gewesen sein mag, es ist es jetzt nicht mehr. Das Volk streift zeitweise alte geborstene Rinden von sich ab, und man wird vergebens diese Bruchstücke trocknen, zu Pulver stoßen und ihm wieder unter die Nahrung mischen wollen; sie werden entweder sogleich ausgespien, oder die gute Natur hilft sich durch Geschwüre und Ausschläge.

Ewig sich gleich bleibt nur das, was rein menschlich ist, und dies zur Geltung zu bringen, ist bekanntlich die Aufgabe aller Poesie, also auch der Volkspoesie, und derjenige Volksdichter, der ein gemachtes Prinzip braucht, um arbeiten zu können, tut daher am besten, die Würde der Menschheit im Volke aufzusuchen und sie demselben in seinem eigenen Tun und Lassen nachzuweisen. Gelingt ihm dies, so erreicht er zugleich einen weitern Zweck und deckt eine Blöße im Getriebe der Kultur. Es ist nämlich die laute Klage der Retrograden und wirklich eine häufige Erscheinung, daß durch die sogenannte Aufklärung, d.h. durch die Verbesserung und Ausbreitung der Volksschule, ein unnatürlicher Ehrgeiz, allerlei windiges Wesen und Unzufriedenheit mit seinem Stande geweckt werden. Mancher Bauer, dessen Sohn einen guten Brief schreiben, eine Wiese ausmessen gelernt oder in Erfahrung gebracht hat, daß die Gewächse sich auch geschlechtsweise fortpflanzen, oder der über 1812 und 1798 hinauf noch einige historische Jahreszahlen mehr kennt, der sagt; »Potz Blitz! Mein Bub muß ein Gerichtsschreiber oder gar ein Advokat, ein Ingenieur, ein Doktor, ein Lehrer werden.« Und statt eines tüchtigen, kundigen Bürgers, der mit Rat und Tat bei der Hand und eine Zierde seiner Gemeinde ist, erzieht er mit seinem sauer erworbenen Gelde dem Staate ein mißlungenes Subjekt, einen Winkeladvokaten und käuflichen Geschäftsmacher, einen versoffenen Geometer, welcher nichts zu tun hat, weil er über das Ausmessen der Wiese hinaus zu nichts Weiterm das Zeug und Kopf hatte, einen Quacksalber und einen aufgeblasenen Schulmeister, der sich auf alles versteht, nur nicht auf die Kinder.

An dieser Kalamität ist aber nicht die Aufklärung schuld, sondern die menschliche Schwachheit, und die Abhilfe liegt in der Bildung selbst: einesteils dadurch, daß dieser falsche Ehrgeiz eben einfach ein erstes Stadium ist, welches durch den steten Fortschritt von selbst überwunden wird, anderenteils durch die Volkspoesie, von der wir sprechen. Wenn die Bewohner der Bauernhütten erfahren, daß ihr Herz gerade auf die gleiche Weise schlägt wie das der feinen Leute, wenn sie sehen, daß ihre Liebe und ihr Haß, ihre Lust und ihr Leid so bedeutungsvoll ist wie die Leidenschaften der Prinzen und Grafen, wenn der kräftige Bauernbursche fühlt, daß seine Faust ihr bestimmtes Gewicht und Ansehen hat und daß seine frischen Augen im Lande so guten Schein geben als irgend andere Augen, wenn die einsame graue Großmutter weiß, daß ein Dorfkirchhof so gut eine adelige Burg der Trauer und des geheimnisvollen Schicksals ist wie der Kreuzgang einer alten Abtei, wenn das ländliche Dirnchen merkt, daß sein Kränzlein grüner ist und höher im Werte steht als manches andere: – dann wird endlich jene Sucht nach Karriere und Vornehmheit wie ein trüber Nebel verschwinden, und für jeden Kopf, welcher dennoch, mit Berechtigung, aus seinem Stande sich herausarbeitet, wird alsdann ein anderer aus andern Ständen sich einfinden. Aus manchem vornehmen Feldverderber und Branntweinbrenner, der jetzt nicht Fisch und nicht Vogel, nicht Herr und nicht Bauer ist, wird dann ein tüchtiger Ackersmann werden, wenn die Vorurteile verschwunden sind und er nicht mehr gemeiner zu werden braucht, indem er endlich den Zwillichrock anzieht und die Hand wirklich an den ersehnten Pflug legt. Dann wird es hoffentlich auch dahin kommen, daß es nur noch eine Poesie gibt.

Man wende nicht ein, daß der fleißige Bauer und sonstige Arbeiter mit einer veredelten Anschauungs- und Empfindungsweise, mit einem solchen poetischen Bewußtsein ein schlechter Arbeiter und Geschäftsmann sein werde. Die religiösen Sekten verschiedener Art haben bewiesen, daß man sogar durch unnatürliche fanatische Schwärmerei die Arbeitstüchtigkeit nicht verliert, und gerade die Pietisten mit ihrer krankhaften Empfindelei und näselnden Religiösität sind es nicht, welche sich ökonomisch am übelsten zu stehen pflegen. Waren Cromwells Rundköpfe weniger gute Soldaten, weil sie vor der Schlacht geistliche Seufzer ausstießen und nach der Schlacht predigten? Und warum sollte ich auch die Kraft verlieren, eine Eiche zu fällen, weil ich weiß, daß der grüne Wald schöner ist als der Salon eines Bankiers? Warum die Besonnenheit, ein Schifflein zu lenken, weil ich mit klarem Blick in die Tiefe des Wassers zu dringen vermag? Warum die Fähigkeit, einen Pflug zu führen, weil ich mich auf dem weiten Acker unter dem blauen Himmel so recht glücklich und andächtig fühle? Warum mit minderm Eifer ein Hufeisen schmieden, weil ich weiß, daß ein wohlgeschwungener Hammer dem Schmied gut ansteht? Und sollte ich das Geld, welches ich aus zehn Scheffel Weizen gelöst habe, wohl nicht so gut zählen und zusammenhalten können als mancher Schriftsteller das Honorar für seine empfindsamen Romane? Es gibt Leute, welche in der Ästhetik drin stecken wie ein Wurm im Mehle und aus lauter ästhetischen Gedanken große Häuser bauen und ihr Pult mit Eisenbahnaktien anfüllen: – und ein Landmann sollte nicht mit einigem menschlichen Anstand seinen Beruf erfüllen können?

Wenn man gegenwärtig von Volksschriftenstellern spricht, so stehen Berthold Auerbach und Jeremias Gotthelf (Pfarrer Bitzius zu Lützelflüh im Kanton Bern) obenan. Auerbach ist von der Höhe der jetzigen Bildung aus zu der Volksschrift gelangt. Er hatte einen philosophischen Roman geschrieben, ehe er an seine »Dorfgeschichten« geriet, und auch von diesen vermag ich nicht zu berichten, ob ihn ein bewußter Beruf, für das Volk zu schreiben, dazu trieb oder ob es mehr ein glücklicher Wurf des Künstlers war, welchen Lust und Talent auf dies Gebiet führten, wie etwa ein frischer Morgenwind eine heitere Wolke am Himmel dahintreibt. Sei dem wie ihm wolle, die »Dorfgeschichten« sind, mit Ausnahme des miserabeln Reinhard in der »Frau Professorin«, alle frisch und gesund und ein festtägliches Weißbrot für das Volk. Sie sind schön gerundet und gearbeitet; der Stoff wird darin veredelt, ohne unwahr zu werden, wie in einem guten Genrebilde, etwa von Leopold Robert; und wenn sie auch ein wenig lyrisch, oder wie ich es nennen soll, gehalten sind, so tut das meines Erachtens der Sache keinen Eintrag. Nicht so verhält es sich mit Gotthelf. Dieser besitzt die gleiche Intensität des Talents, den Sinn für Haushalt und Leben des Volks, für die Durchdringung besonders ländlicher Zustände; er vermag vielleicht noch tiefer herabzusteigen in die Technik und Taktik des Bauernlebens, gibt dasselbe mit allem Schmutze des Kostüms und der Sprache mit der größten Treue wieder und gleicht hierin einem Niederländer. Aber er ist dabei ohne ästhetische Zucht geblieben, und wenn er als Pfarrer über seinem Publikum steht, so steckt er wieder als Schriftsteller wie ein Naturdichter mitten unter demselben und scheint ohne Nachdenken und Mäßigung zu arbeiten. Wie Auerbach sich im heimatlich schwäbischen Schwarzwalde bewegt, so nimmt Gotthelf Stoff und Szene seiner Erzählungen aus dem Kanton Bern, und sie bekommen dadurch ebenfalls die lokale Färbung und Wahrheit, welche in guten Volksschriften von je gefunden worden und, kann man hinzusetzen, überhaupt eine Lebensbedingung der ursprünglichen klassischen Dichtungen fast aller Zeiten und Völker sind. Denn es ist ein bedeutsamer Wink, daß alles, was einem gesunden Volksbuch zugute kommt, bei Licht besehen jedem poetischen

Produkt, da wo ein reiner Geschmack herrscht, zum Vorzug gereicht.

Wenn aber bei Auerbach Herz und Gemüt die erste Rolle spielen und daher seine Geschichten durch den Konflikt, in welche jene auch im Dorfe geraten, zu artigen Romanen, lieblichen Dichtungen werden, so sucht Gotthelf seinen Beruf darin, daß er einen der Charaktere, welche im Volksleben sich am stärksten auszubilden pflegen, herausgreift und dann in einem etwas eintönigem Verlaufe, ohne künstliche Verwicklungen, zeigt, wie dieser Charakter zum Guten oder Bösen gedeihen könne. Dabei sind indessen alle andern Personen, welche sich an denselben anschließen, alle Sitten und Gebräuche so wahr und schlagend gezeichnet, daß auch der alltäglichste Lebenslauf und trockenste Haushalt dadurch interessant und mannigfaltig wird. Gotthelf hat zwar auch »Schweizerische Sagen und Bilder« geschrieben, worin immer mit der Dorfgeschichte eine alte Zwingherren- und Gespenstergeschichte verflochten ist. Diese letztern sind aber in einem so übertriebenen, ungeschickten Breughel-Stil geschrieben, er hält sich so gewaltsam an einen verdorbenen Volksgeschmack, daß sie keine Bedeutung haben können. Sein eigentliches Element dagegen ist z. B. sein »Hans Joggeli, der Erbvetter« und »Harzer Hans, auch ein Erbvetter«. Im erstern schildert er einen alten reichen Bauer, ein kluges, feines Männlein, welches, umlagert von Erbschleichern aller Art und beiderlei Geschlechts, durch ihre Zudringlichkeiten und Intrigen schlau hindurchsteuert, ohne sich verwirren zu lassen, ihre eigennützigen Geschenke und Dienstleistungen sich wohlweislich schmecken läßt und am Ende ein armes Pärlein, welches als Knecht und Magd getreu ihm diente, unbeachtet und ohne Ansprüche, mit Haus und Hof und dem ganzen reichen Erbe beglückt, während er jenen Erbschleichern in seinem Testamente, jedem durch ein anzügliches Legat, noch einen Possen spielt. Im »Harzer Hans« schildert er einen andern reichen Bauer, der aber ein gräßlicher Geizals ist, welcher sich in der abnormsten Schinderei herumwälzt, seine Frau durch seinen gottlosen Geiz wahnsinnig macht, und nach dessen Tod die hohnlachenden Erben die aufgespeicherten Reichtümer auseinanderzerren. Oder er schildert in »Käthi, die Großmutter« eine Frau, welche in weiser Sorge und Liebe für ihr Haus ergraut ist. Alle diese Sachen gründen sich, und darin liegt allerdings eine tiefe Kenntnis des Bauers und dessen, was ihm mangelt, auf seine materiellen Interessen, auf seine Gewinn- und Ränkesucht, und Gotthelf sucht das Volk von diesem trübseligen und sterilen Boden ab zu einem erhöhten Bewußtsein zu bringen. Ob er es auf die beste Weise tut, werden wir weiter sehen.

Schon vor mehreren Jahren schrieb Gotthelf »Uli der Knecht«, welcher vielen Beifall fand, und nun hat er eine Fortsetzung des Buches herausgegeben: »Uli der Pächter«. Es sind zwei ziemlich starke Bände und können gewissermaßen Gotthelfs Hauptwerk genannt werden. Es ist ein großes Verdienst dieses Volksbuchs, daß die Fortsetzung nicht etwa ein abgeschwächter zweiter Teil zum »Faust« oder zum »Meister« oder eine mißlungene Fortsetzung des »Geisterseher« usw., sondern in ihrem vollen Rechte eine wahre nützliche Fortsetzung ist. In diesem Uli ist das Schicksal eines Bauern dargestellt, welcher sich vom armen hoffnungslosen Knechte heraus zu einem tüchtigen Pächter und zuletzt zum großen Bauer und Eigentümer hinaufschwingt. Es handelte sich hier nicht darum, einen brillanten Charakter zu wählen, welcher im Kampfe mit finstern Dämonen und feindlichen Mächten Heldentugenden im großen Maßstabe entfaltet und mit einem Effekt von der Bühne tritt; sondern mit meisterhafter Hand hat Gotthelf einen ganz gewöhnlichen Menschen genommen, gesund und kräftig an Leib und Seele, aber eher etwas beschränkt als geistreich, wenigstens allen Einflüssen offen, und für das Gute und das Böse fast gleich empfänglich. Nicht große geniale Taten können eine solche Natur auf einen grünen Zweig bringen, sondern Fleiß, Gewissenhaftigkeit und die unbedingteste Ehrlichkeit; ohne diese wird er ein Stümper in seinem Berufe, ein kümmerlicher Geselle, welcher den

Fleiß durch Spekulationen, Sachkenntnis durch grundsatzloses Experimentieren, Gewissenhaftigkeit durch erbärmliche Kniffe und Schlauheiten ersetzen will und daher zugrunde geht. Hat der Schriftsteller einen solchen Charakter zu einem guten Ziele geführt, so kann jeder Leser ihm folgen und hat die gerechte Hoffnung, ebendahin zu gelangen. Uli ist ein junges blutarmes Knechtlein, welches, in der Überzeugung, daß es sein Leben lang ein solches bleiben müsse, arbeitet, so schlecht und recht es eben muß, seinen spärlichen Lohn durchbringt, spielt, trinkt und sich darein ergeben hat, dies immer so zu machen. Sein Meister, ein reicher, kluger und wohlgesinnter Bauer, welcher den Grundsatz befolgt, einen Dienstboten womöglich bessern zu wollen, ehe er ihn fortjagt, nimmt ihn in die Schule.

Uli wehrt sich hartnäckig. »Was soll ich«, meint er, »meinen Lohn zur Seite legen und sparen? Aus nichts wird nichts! Was soll ich mir Mühe geben, ein einsichtsvoller und gewandter Landwirt zu werden, da ich keinen Menschen auf der Welt habe und niemals zu einem eigenen Stück Land komme?« Der wackere Meister gibt aber nicht so bald nach, und es gelingt ihm endlich, dem Burschen die schöne Wahrheit beizubringen, daß ein gewissenhafter und tüchtiger Bauernknecht zu sein, keinem Menschen mehr zugute komme als ihm selbst und daß, wer sich Arbeitsliebe und Arbeitskenntnis erworben habe und dadurch in seiner Art berühmt sei, schon in diesem guten Namen ein Kapital besitze, welches unschätzbar sei, und er werde, wenn er seinem Rate folge, dieses schon noch erfahren. Und so wird denn Uli wirklich ein Knecht, welchem man alles anvertrauen darf, zu des Bauern großer Freude; und für sich selbst hat er mit seinem Lohne, welcher mit seinen Leistungen gern vergrößert wurde, eine schöne Summe beiseite gelegt, der erste Grund zu einstiger Selbständigkeit. Aber der Bauer beweist auch, daß er nicht nur auf eigenen Nutzen bedacht ist. Als ein alter Vetter zu ihm kommt, welcher ebenfalls einen großen Hof besitzt, der aber aus Mangel an Leitung und durch angehäuftes Gesindel von schlechten Dienstboten zu zerfallen droht, als ihn dieser nach einem zuverlässigen, erfahrenen Meisterknechte fragt, dem er alles übergeben könne: da denkt der brave Mann an seinen Zögling und daß jetzt der Zeitpunkt gekommen sein möchte, denselben in einen weitern Wirkungskreis zu versetzen und eine Stufe höherzuheben. So ungern er den liebgewonnenen Knecht vermißt, so schlägt er ihn doch dem alten Vetter vor, und so wird Uli als Meisterknecht, der allem andern Gesinde zu befehlen hat, auf jenem Hofe installiert. Hier hat er nun volle Gelegenheit zu zeigen, daß er etwas geworden ist. Ein umfangreiches Bauernwesen, aber in der größten Unordnung, böswillige, neidische Dienstboten, welche ihm alle Hindernisse in den Weg legen, und endlich Bosheiten und Ränke aller Art von Seite des neuen Herrn selbst, welcher, mißtrauisch und launisch, in seiner eigenen Unfähigkeit Uli seine Tüchtigkeit nicht gönnen mag und zum eigenen Schaden die bösen Knechte gegen den guten aufhetzt. Trotz alledem bringt aber Uli den Hof in Aufnahme, und es wird auf demselben geschafft und gewirkt, daß es eine Art hat. Uli bekommt ein Ansehen und wird berühmt. Da der Bauer selbst mißratene Kinder hat und ihm die Oberaufsicht immer schwerer wird, so entschließt man sich endlich, sich ganz zurückzuziehen und Uli das Ganze in Pacht zu geben. Man gibt ihm zugleich ein schönes braves Weibchen zur Frau, welches als Pflegetochter im Hause erzogen und als eine Art Magd gehalten wurde. Da diese Person den Haushalt seit Jahren geführt hat und alles kennt, was eine rechte Bäuerin wissen muß, so ist die Geschichte nun abgerundet, und der arme, hoffnungslose Knecht ist ein Mann geworden, dem man viele Tausende anvertraut, der zu befehlen, zu regieren, selbständig zu handeln und zu entschließen hat, und eine hübsche junge Frau ist seine Gefährtin. Das ist aber nicht romantisch schnell gegangen, sondern er ist darüber bedächtlich dreißig Jahre alt geworden, kennt den ganzen Umfang seiner Aufgabe und ist durchaus nicht sorglos. Indessen steht sein früherer Meister noch immer mit Aufmunterung und Rat, selbst mit Bürgschaft zur Seite.

Damit schließt Uli der Knecht und, sollte man denken, überhaupt dieser Stoff. Denn daß Uli nun imstande ist, ein guter Pächter zu sein, wissen wir schon und verlangen keinen neuen Beweis in Form eines Buchs darüber. Nun schließt aber Gotthelf mit ebenso unerwarteter als trefflicher Wendung eine neue Bahn auf. Das Menschenleben ist eine fortgehende Schule. Der Staatsmann wie der Bauer muß jeden Morgen die Erfahrungen von gestern sammeln, das Verbrauchte umwenden und erneuern; unsere Seele muß, wenn sie nicht verkommen will, jeden Tag ihre Wäsche wechseln. Der moralische Mensch hat so gut seine Respiration wie der physische, und nur durch dieselbe bleiben wir lebendig. Wir bleiben nicht gut, wenn wir nicht immer besser zu werden trachten, und zu diesem Zwecke bedarf es nicht einmal des Gedankens der Unsterblichkeit; schon für diese sechzig oder siebenzig Jahre müssen wir immerwährend wach sein, wenn wir für die Dauer derselben glücklich, d.h. gut bleiben wollen. Diejenigen, welche dieses leugnen, erfahren es doch täglich an sich selbst am besten, seien sie Nihilisten par excellence oder seien sie religiöse Heuchler. Uli ist nun ein blühender Dreißiger geworden. Kinder umgeben ihn. Arbeits- und Ordnungsliebe sind ihm zur andern Natur geworden, und er weiß mit fester Hand ein Haus zu führen. Ist er nun fertig? Nein! Jetzt kommt er erst in die Jahre, wo der Mensch Gefahr läuft, in die gröbste Selbstsucht und Engherzigkeit zu versinken, über Arbeit und Sorge alle höhere Bedeutung seines Wesens zu vergessen, mit einem Wort: zum Philister zu werden. Uli, von Natur aus ängstlich und kurzsichtig, verliert sich in die ärgste Klauberei, und die Sucht, reich zu werden, quält ihn unaufhörlich. Obgleich er weiß, daß gute, obgleich teuere Knechte nützlicher sind als schlechte und wohlfeile, so hat er doch keine Ruhe, da es nun auf seine eigene Rechnung geht, bis er sein vertrautes solides Gesinde, welches er sich selbst mit großer Mühe herangezogen, verdrängt und wohlfeiles fahrendes Gesindel angestellt hat, in der Hoffnung, dasselbe bald für wenig Lohn ebensowohl ausnutzen zu können wie jene guten Knechte. Er verwickelt sich in jenes ungerechte schmutzige Prozeßführen, welches, da es leider keine Schande ist, die Bauern leidenschaftlich betreiben, solange sie triumphieren können. Seine liebsten Freunde sind Schwätzer und Ränkeschmiede, welche ihn aussaugen, während er glaubt, bei ihnen ein grundgescheiter Kerl zu werden. Daher geht es überall schief; er wird mürrisch und unzufrieden und ist gar nicht imstande, sich seiner Errungenschaften zu freuen. Seine liebenswürdige und grundtüchtige Frau redet ihm vergeblich zu, von diesem eiteln Treiben abzulassen: es entsteht ehelicher Kummer, obgleich von der edlern und feinern Art; denn die gute Gesellschaft, welche bis unter einen gewissen Punkt nie herabsinkt, verbreitet sich durch alle Stände und ist in den niedern Regionen ebensooft zu finden als in den hohen. Auch versteht Gotthelf trefflich, ihre feinen Sitten zu schildern. Man lese nur, hier nebenbei gesagt, jene Stellen, wo er den diplomatischen Anstand eines rechten Berner Bauers beschreibt. Ein solcher, so ungehalten er auch ist, wird nie einen Knecht öffentlich anfahren und beschämen; sondern er macht nur im Vorbeigehen, ohne daß es jemand weiter hört, eine ruhige Bemerkung, wie zufällig; und wenn das nicht hilft, so nimmt er ihn nach Feierabend oder sogar erst gelegentlich ins Nebenstübchen und sagt ihm daselbst ohne grobe zornige Worte, aber entschieden seine Meinung. Noch unerhörter wäre es, daß die Familie unter sich öffentlich zanken würde. Ebensowenig wird ein solcher Mann in fremden Händeln seinen Rat aufdrängen wollen oder nach Verhältnissen fragen, die ihn nichts angehen. Diese edle Sitte haben freilich die Bauern vor den Diplomaten voraus.

Uli gerät immer tiefer in sein untröstliches Wesen hinein, bis das Unglück ihn aufrüttelt. Ein Hagelwetter zerschlägt seine Jahreshoffnungen, er kann seine Pacht nicht bezahlen und steht auf dem Punkte, da endlich auch der Hof verkauft werden soll, gänzlich auf die Straße gesetzt und wieder zum ärmsten Knecht degradiert zu werden, nur mit dem Unterschied, daß er jetzt Frau und Kinder hat. Durch dies Unglück wird er dem Einfluß seiner Frau wieder empfänglich gemacht, er bessert sich, lebt wieder auf und wird ein vernünftiger Mensch, und alles geht gut, da noch ein deus ex machina hinzukommt, der ihn zum reichen Eigentümer des Hofs macht.

Fragen wir nun nach dem Prinzip, zu welchem hinauf und durch welches Gotthelf seinen Uli gerettet hat, so finden wir ein strenges positives Christentum. Darüber ist nicht mit ihm zu rechten. Etwas ist besser als gar nichts, und mit einem Menschen, welcher den gekreuzigten Gottmenschen verehrt, ist immer noch mehr anzufangen als mit einem, der weder an die Menschen noch an die Götter glaubt. Wo reine Humanität fehlt, da muß die Religiosität das Fehlende ersetzen; wenn sie nur erwärmt und erhebt. Aber die Art und Weise, wie Gotthelf seinen Zweck verfolgt, ist zu verwerfen, nicht nur, weil sie pfäffisch und bösartig ist, sondern auch weil sie seine Schriften verdirbt.

Bitzius sagt in einer Vorrede: man werde ihm wenigstens nicht ein gedankenloses und feiles Segeln mit herrschenden Winden vorwerfen können. Das ist allerdings sehr wahr; er verfällt aber in das andere Extrem und sucht mit dem größten Eigensinn gegen den Strom zu schwimmen, und das ist für einen Volksschriftsteller auch nicht klug und weise. Ein solcher hat dem Volke ebensoviel zu lernen, als es von ihm lernen soll, und es ist seine Pflicht, auch ein wenig zu merken, was die Stunde geschlagen hat, wenn er segensreich wirken will.

Von welcher Art die Religiosität ist, welche Gotthelf zu seiner Verbündeten macht, mag man am besten aus folgender Geschichte ersehen, welche er in seinem »Pächter« erzählt. Ein Bauer hat zur Zeit der Ernte seine ganze Jahresfrucht geschnitten auf dem Felde liegen. Es ist Sonntag und ein Gewitter im Anzug. Da macht der Bauer Anstalt, die Ernte zu retten und heimzuführen, ehe es zu spät ist. Eine uralte Großmutter beschwört ihn, nichts zu tun, denn solches sei auf diesem Hofe noch nie vorgekommen; solange er bestehe, sei am Sonntag nichts gearbeitet worden. Der

Mann mochte aber etwas von dem Esel, welcher in eine Grube gefallen, und von der Jünger Ährenrupfen gelesen haben: er läßt sich durch die Lamentationen der Alten nicht einschüchtern und bringt glücklich sein Korn unter Dach. Kaum ist aber das letzte Fuder in die Scheune gefahren, so kommt ein Blitzstrahl und verzehrt Haus und Habe, und der Bauer, ein trauriges Exempel des göttlichen Zorns, wird blödsinnig. Diese Geschichte schmeckt mehr nach dem Judentum als nach dem Christentum. Gotthelf führt die Worte Sünde und sündlich fortwährend im Munde; fühlt er wohl nicht, daß es ebenfalls sündlich sein dürfte, dem christlichen Gott solch krasse Erfindung unterzuschieben? Ebenso spielen der Teufel und seine Hölle eine große Rolle in Gotthelfs Schriften. Folgende Stelle nimmt sich z. B. sehr trübselig aus im Munde eines reformierten Geistlichen:

»Es ist schrecklich, im Feuer zu erwachen; wer es erlebt hat, zittert, sooft er dessen gedenkt. Wie muß es den Sündern erst sein, wenn sie erwachen in der Hölle: Feuer ringsum und nirgend eine Tür zum Entrinnen, gefesselt auf ewig mit feurigen Ketten im ewigen Brand!«

Und die gleiche Erzählung, wo diese Süßigkeit vorkommt (»Harzer Hans«), schließt mit der erbaulichen Versicherung, daß der Teufel eine Seele geholt habe.

Möchte sich Gotthelf doch ein wenig an seinem berühmten und braven Vorgänger spiegeln, an Hebel, welcher ebenfalls Geistlicher war. Wie verschieden behandelt dieser sowohl als Künstler wie als Moralist den Teufel in seinem »Karfunkel«! Diese pietistische Tendenz tut den Volksbüchern großen Eintrag: auf jeder Seite wird gepoltert und gepredigt, und oft im abenteuerlichsten Stil.

Aus allem diesem geht nun natürlich hervor, daß Gotthelf auch gegen Volksschule und Aufklärung eifert. Und er tut dies bis zum Überdruß. Auf jeder Seite eifert er über Lehrer, Professoren, Seminardirektoren usw. Besonders führt er immerfort das Wort Professor auf verächtliche Weise in der Feder. Wenn es nach ihm ginge, so würden heute noch sämtliche Professoren und Doktoren aller Fakultäten, ausgenommen der theologischen, beseitigt; sie sind ihm ein Dorn im Auge, und das mit Recht; denn wenn diese abscheulichen Bücherwürmer nicht wären, so gäbe es auch keine Volkslehrer mit ihren verhaßten Naturgeschichten, Landkarten, populären Physikbüchern, astronomischen Leitfaden u. dgl. m. Man sieht, der gute Jeremias hält sich an die Quelle; er ist hierin kein gewöhnlicher Aristokrat.

Wenn Gotthelf in Sachen der Kultur überall Opposition gegen die Zeit macht, so wird er in politischen Dingen häufig geradezu zum Wühler. Er gehört der konservativen Partei des Kantons Bern an, welche schon seit mehreren Jahren gründlich in Ruhestand versetzt ist. Daher wimmeln seine Schriften von Invektiven gegen die jetzigen Regenten und alles, was von ihnen ausgeht. Alles Unheil, alles Schlechte, alles Ärgste vindiziert er ihnen. Wenn die Gerichtshöfe nach den neuern mildern Grundsätzen verfahren und nicht mehr jeden Dieb hängen, der eines Strickes Wert gestohlen hat, so kommt es daher, daß die Regierenden selbst Diebe und Halunken sind und alle Missetäter aus purer Sympathie verschonen, und – drückt Gotthelf sich ziemlich aufmunternd aus – es wird nicht besser werden, bis diese Erzhalunken selbst an den Galgen gebracht resp. zum Teufel gejagt sind. Man rechnet es dem Aristophanes nicht hoch an, daß er in ähnlicher Weise die Leute durchhechelte, welche er nicht leiden konnte; die Athenienser selbst lachten ihm zu, krönten seine Stücke und – ließen ihren Kleon am Staatsruder. Aristophanes schrieb aber seine Komödien absichtlich und allein zu diesem Zwecke, und wenn sie gut sein sollten, so mußte er die Realität verhöhnen. Wenn Gotthelf ein satirisches Buch schreiben würde, in welchem er alle seine Parteiansichten niederlegt, so würde man nichts dawider haben; daß er aber seine Malice durch alle seine Schriften gleichmäßig zerstreut, auf der einen Seite das Pathos von Treu und Glauben hervorkehrt und hintenherum den negativen Hohn und die parteiliche Verdrehung hervorschiebt, das ist keine Art und schadet ihm selbst am meisten.

Der einzige permanente Zorn, welcher an Gotthelf zu billigen, ist seine Antipathie gegen die Juristen. Der Kanton Bern ist nämlich seit einer Reihe von Jahren durch eine Unmasse von Advokaten, Rechtsagenten, Schreibern u. dgl. überschwemmt worden, welche, angelockt durch die neuerrichtete Universität und einen echt demagogischen Professor, von der Dorfschule weg einige Semester in Bern herumrutschten und dann als halbgebackene Juristen und Sykophanten großen Unfug im bernischen Volk anrichteten. Diese Erscheinung ist nun zwar eine vorübergehende, indem der radikale Große Rat, das Volk im weitesten Umfange vertretend, selbst den Anfang zur Abhilfe gemacht und kürzlich durch einen Beschluß sämtliche Rechtsagenten aufgehoben hat. Er bewies damit, daß die wahre Volksaufklärung sich selbst von ihren Krankheiten heilen kann ohne reaktionäre Beihilfe. Indessen hat das Übel einmal seine Wirkung getan, und Pfarrer Bitzius, welcher einen unversöhnlichen Haß auf die ganze Juristerei geworfen, mag sich, wenn er an einem Orte sich beklagt, daß die Juristen von den Geistlichen immer nur per Pfaffen sprechen, erklären, wie es kommt, daß man einen ganzen Stand mit einer solchen Antipathie ansehen kann.

Durch diese Tendenzen Gotthelfs haben nun seine Schriften das schöne Ebenmaß verloren; die ruhige, klare Diktion wird unterbrochen durch verbittertes, versauertes Wesen; er überschriftstellert sich oft und gefällt sich darin, überflüssige Seiten zu schreiben, indem er seine eigene Manier sozusagen nachahmt und damit kokettiert. Man erhält nicht ein gereinigtes Kunstwerk, durch die Weisheit und Ökonomie des geschulten Genies zusammengefügt, man erhält auch nicht das frische, naive Gewächs eines Naturdichters, denn Gotthelf ist ein studierter und belesener Mann; sondern man erhält ein gemischtes literarisches Produkt, das sich nur durch das vortreffliche Talent Bahn bricht, welches sich darin zeigt.

Von den Unebenheiten des Stils nur einige Beispiele. Während der Verfasser sich bestrebt, die drastische Sprache des Volks zu führen, und seine Frauen im Scherze mit »Unflat« titulieren läßt und fortwährend eine höhere Erziehung und Bildung verhöhnt, gebraucht er selbst, um psychologische Zustände zu bezeichnen, Bilder vom Brechen der Lichtstrahlen auf verschiedenen Körpern, von elektrischen Schlägen u. dgl. Wie kann er von dem Volke, das er haben will, das Verständnis solcher eleganten Metaphern verlangen? Er beschreibt ferner sehr gut renommistische Schlemmer, aufgedunsene Hasenfüße:

»Johannes hatte eine von den brüllhaften Naturen, welche die ganze Welt vollhimmeldonnern, daß man glauben sollte, in ihnen sei die Macht aller wahren und falschen Gottheiten, von Saturn bis auf Hegel, welche bekanntlich darin große Ähnlichkeit haben, daß sie ihre eigenen Kinder auffressen, konzentriert. Betrachtet man diese Naturen in der Nähe, so sind sie zumeist ohne alle innere Kraft und Macht, ihr ganzes Vermögen geht eben in ihrer Brüllhaftigkeit auf. Man sieht zuweilen Menschen in Kaffeehäusern bei Spiel und Champagner die bedeutendsten Rollen spielen, daß man meinen sollte, sie wohnten in Palästen, schliefen auf Schwanenfedern unter seidenen Decken, und es sind die ärmsten Schlucker von der Welt, wohnen zur Miete oder wohnen auch gar nicht, und wenn sie Kinder haben, so haben diese oft gar nichts, um die Nase zu wischen, als was sie auf die Welt gebracht. Hört man sie, so glaubt man, Gott habe einmal statt Frösche, wie er zuweilen tut, Helden regnen lassen, hageldick, die halbe Welt voll; prüft man sie, so sind es lauter Windbüchsen; bläst man nichts hinten rein, kömmt nichts vornen raus, sind ohnmächtige Wesen, untertan jeglichem Winde, der über sie hinfährt, haben aber große Fähigkeit, den Wind zu fassen, große Fähigkeit, ihr verfluchtes Ding wieder von sich zu geben; wäre aber kein Wind, so wären sie auch nichts. Es sind moderne Naturen oder, etwas vulgär gesagt, die Schweinsblasen des Zeitgeistes oder jedes andern Geistes, der sein Maul an ihr Röhrchen wagt. Derlei Naturen stolpern zu Tausenden in der Welt umher, vom Himmel geregnete Frösche, brüllen die Welt voll, daß man in Versuchung gerät, sich zu ducken, als wäre eine Herde von zehntausend Büffeln im Anzug.«

Hier liegt nun die Nachlässigkeit des »Stils«, sage ich absichtlich, darin, daß er dergleichen Kerle dem Jahrhundert in den Schuh schiebt; hätte er ein wenig nachdenken mögen, so würde er sich ohne Zweifel an Falstaff erinnert und noch weiter hinauf bis in die Bibel genug solche Bursche gefunden haben, wie z.B. den wackern Goliath, welche just nicht moderne Naturen sind. Gotthelfs Stil mit seinem kecken Gepolter ist selbst ein solcher Schreckteufel, welcher einem bange machen könnte, wenn man ihm nicht auf den Leib ginge. In »Uli der Knecht« handelt der Verfasser, nachdem er von Arbeit und Mühe gesprochen hat, von den Freuden, welche allerdings auch ein Dienstbote haben müsse als Erholung nach der Arbeit, und er verweist sie – wieder auf die Arbeit! Darin nämlich müsse ein rechter Dienstbote seine Erholung finden, daß er sich am Gedeihen und Florieren der Angelegenheiten seines Meisters freue und daß er sein Vergnügen an einem wohlbestellten Acker, an einem gutverpflegten schönen Stück Vieh finde. Wenn man dies näher besieht, so heißt es nichts weiter, als man müsse eben gern und freudig arbeiten, und für die Erholung von der Arbeit, welche er versprach, ist nicht gesorgt. Ich bin überzeugt, daß Bitzius auch noch andere Erholungen braucht, als daß er etwa seine Predigt wieder liest, wenn er aus der Kirche kommt, oder daß er sich, nachdem er den ganzen Tag geschrieben hat, durch die Lektüre seiner eigenen Schriften erfrischt. Und doch hätte der Verfasser nur einige Seiten weiter einen prächtigen Ausweg gefunden. Er beschreibt dort ein gymnastisches Spiel der jungen Bauernburschen und sagt selbst, es sei eins der schönsten nationalen Spiele, welche an Sonntagen hin und wieder aufgeführt werden. Auch stammt es aus der belobten alten Zeit und hat in dieser Beziehung also seinen gültigen Stammbrief. Wenn irgendwie eine ehrbare Erholung aufzutreiben gewesen, so war es hier. Was tut aber Jeremias? Er läßt seinen Uli von dem Besuche dieses Volksfestes Schaden und Verdruß nehmen und rät hierdurch seinen jungen Lesern ernstlich ab, dergleichen Ergötzlichkeiten mitzumachen. Es wäre die Aufgabe des Dichters gewesen, allfällige eingeschlichene Roheiten und Mißbräuche im poetischen Spiegelbild abzuschaffen und dem Volk eine gereinigte und veredelte Freude wiederzugeben, da es sich einmal darum handelt, in der gemeinen Wirklichkeit eine schönere Welt wiederherzustellen durch die Schrift. Gotthelfs Scheu vor den Volksspielen mag es auch erklären, warum man in seinen sonst so ausführlichen Erzählungen nirgend eine Spur vom Volksliede findet. Auerbach hat dies Element reichlich ausgebeutet, und die leichten schwäbischen Liedlein klingen lustig durch Wald und Flur; auf der einsamen Feldhöhe sind sie der Ausdruck für Wohl und Weh. Gotthelf hätte uns mit wahren Kabinettstückchen aufwarten können; denn im Bernervolk sind uralte Lieder mit den prächtigsten Mollmelodien gang und gäbe, Lieder, welche die Zierde des »Wunderhorn« und von Uhlands Sammlung sind, zum Teil auch noch nicht einmal darin stehen. In diesem Punkt ist aber das tausendjährige Volk dem konservativen Literaten von heute wahrscheinlich zu modern und zu weltlich.

Wenn ein tüchtiges Gewitter im Anzug ist, so sieht man in den weiten bernischen Matten wunderliche Gestalten herumhantieren; es sind die Wasserbauern, welche, in uralte Röcke und Hüte gekleidet, dem zu erwartenden reichlichen Wassersegen Weg und Bahn durch ihre Wiesen bereiten. Gotthelf sagt:

»Das hat wohl auch zu der Sage Anlaß gegeben, daß, wer ein Fronfastenkind sei, vor dem Ausbruch der heftigsten Gewitter alte, längst verstorbene Wasserbauern, welche sich gegenseitig ums Wasser betrogen, in den Wiesen wässern sehe. Graben auftun, Bretter einschlagen, dann stehen hinter diesem oder jenem Strauch oder Baum, Feuer schlagend und ihr Pfeifchen rauchend. Man denkt dabei nicht an die Sitte der rechten Wasserbauern, die alten hundertjährigen währschaften Röcke ihrer Großväter anzuziehen und uralte Hüte aufzusetzen, da modernes Zeug ins Wasser hinaus nichts taugt. So sieht man von ferne allerdings ein uralt, längst zu Grabe gegangenes Geschlecht in den Wiesen hantieren, und manche Gestalt mag sich vor der andern fürchten, hinter einen Dornstrauch sich bergen. Ginge man den Gestalten zu Leibe, würde man ganz bekannte Gesichter sehen, deren Beine noch auf Erden wandeln, aber in den Schuhen der Väter, gehüllt in ihre Röcke, übend ihre Sitten.«

Die Sache ist einfach die, daß die Bauern alte, verdorbene Kleider anziehen zu diesem nassen Geschäft, um die neuen zu schonen. Die Besitzer jener alten Gewänder haben zu ihrer Zeit zu dem nämlichen Geschäfte noch ältere Kleider angezogen, als diese noch neu waren. Der Stoff, welchen heute die Bauern zu ihren Kleidern verwenden, ist noch immer selbstgesponnen und dauerhaft. Wenn man aber so einfache Geschichten fortwährend verdreht und benutzt, um Hiebe auf die Gegenwart anzubringen, so nenne ich das einen schlechten Stil führen. Auch einen unbesonnenen Stil; denn Gotthelf scheint bei dieser Anpreisung der vergangenen Zeit schon nicht mehr daran zu denken, wie er soeben erzählt hat, daß die alten Wasserbauern, die soliden Besitzer jener »uralten Hüte«, die »Väter«, einander ums Wasser betrogen haben und daher in den Augen des Volks noch spuken müssen.

Man verzeihe mir, daß ich an diesen Kleinigkeiten so weitläufig herumklaube. Ich halte es aber von der größten Wichtigkeit, daß gerade ein Volksbuch durch und durch wahr und klar, in allem Detail ohne Verwirrung und Sophistik gehalten sei. Das Volk hat ohnehin einen Hang, alles zu mißverstehen, zu verspotten, was ihm nicht geläufig ist, sich selbst und seine Ungezogenheiten zu hätscheln und alles nach Belieben zu verdrehen, so oder so zu deuten. Das darf nicht noch genährt werden.

Doch verlassen wir endlich dies unerquickliche Gebiet und kommen wir auf Gotthelfs Vorzüge zurück. Diese sind die Hauptsache, sonst wäre ich gar nicht im Fall, diese Rezension zu schreiben. Daß Gotthelf ein vortrefflicher Maler des Volkslebens, der Bauerndiplomatik, der Dorfintrigen, des Familienglücks und Familienleids ist, daß er Feld und Stall, Stube und Küche und Speicher genau kennt, ist schon gesagt und versteht sich eigentlich bei vorliegendem Stoffe von selbst. Aber, wenn wir doch noch von einer abgeschlossenen Volkspoesie sprechen müssen: er hat Vorzüge darüber hinaus, welche in jeder Gattung, auch der höchsten, wenn es eine gibt, nur dem bevorzugten Talente eigen sind. Er hat gar keine charakterlosen, schwankenden Figuren. Jeder ist bei ihm an seinem Platz und gut durchgeführt, und er hat sich einer großen Mannigfaltigkeit zu rühmen, und ganz feine Nuancen kommen vor. Er weiß einen Unterschied zu machen zwischen zwei schlauen, verschmitzten Bauern, und durch die zartesten Linien getrennt, neigt sich der eine auf liebenswürdige Weise zum Guten, der andere zum Bösen. Hauptsächlich auch auf die Frauen versteht er sich sehr gut. Was für vortreffliche alte, dicke Bäuerinnen schildert er, die Zuflucht der ganzen Gegend, wohlwollend und klug! Wie lustig wissen die behaglichen und doch fein organisierten Frauen ihre störrischen Männer zu ihrem eigenen Besten an der Nase herumzuführen, daß einem das Herz lacht und man sich selbst unter ihre Fürsorge versetzt wünscht! Und wie schön sind die jungen Mädchen und Weiber gezeichnet! Der beste Beweis ist, daß man sich immer selbst mit verliebt oder wenigstens, um in Gotthelfs Sprache zu reden, sich »sauwohl« bei ihnen befindet. Die Liebesverhältnisse sind überaus fein und meisterhaft angelegt. Sie entwickeln sich vor unsern Augen, ohne daß ein Wort davon geplaudert wird, und auf einmal – wir wußten es schon lange, daß es so kommen müsse, ersahen aber den Augenblick nicht – ist das Glück da. In wenigen treffenden Zügen wird es abgemacht.

An epischen, lyrischen und dramatischen Momenten der schönsten Art fehlt es auch nicht. Ulis junge Frau ist, obgleich sie Pferd und Wagen zur Verfügung hatte, in ländlicher Bescheidenheit und Rüstigkeit mehrere Stunden weit zu Fuß gegangen, um einer Jugendfreundin ein Kind aus der Taufe zu heben. Sie hat dieselbe im größten Elend angetroffen, hat gemildert und getröstet, wo sie konnte, und ist nun, gedankenvoll und aufgeregt, auf dem Heimwege. Ihre Kräfte erschöpfen sich aber doch, und die ungewohnten engen Sonntagsschuhe machen ihr viel Beschwerde; so schleppt sie sich mühsam auf der einsamen Straße dahin, auf den Boden schauend und seufzend: da weckt sie eine liebe Stimme, sie schaut auf, und ihr kräftiger, schmucker Mann sitzt, das stattliche Pferd zügelnd, auf dem bekannten leichten Fuhrwerke vor ihr. Er ist aus eigenem Drange ihr entgegengeeilt. Die einfache, wahrhaft antike Schönheit dieses Mannes fühlt sich übrigens nur, wenn man das Ganze selbst liest. Vom allerbesten Korn ist ferner die Stelle, wo die jungen Pachtleute zum erstenmal ein Erntefest geben müssen. An diesem Tage ist es Sitte, daß nicht nur alle möglichen Arbeiter und wer in irgendeiner Berührung zum Hause steht verschiedene reichliche Mahlzeiten erhalten, sondern alle Bettler, welche sich melden und welche um die Erntezeit eigentlich darauf reisen, müssen mit Kuchen abgespeist werden. Vreneli hat schon verschiedene Sträuße mit ihrem knauserigen Manne bestanden und ihm endlich das Nötigste, was der Anstand erfordert, abgerungen, und sie glaubt so ziemlich gut zu bestehen. Aber »als das Sieden und Braten anging, die Feuer prasselten, die Butter brodelte und zischte, die Bettler kamen, als schneie es sie vom Himmel herunter, die Pfannen zu alles verschlingenden Ungeheuern wurden, – Vreneli, so viel es auch hineinwarf, immer frisch wieder angähnten mit weitem, ödem, schwarzem Schlund: da kam die Angst über ihns; aber sie half ihm halt nichts; wie die Sperlinge den Kirschbaum wittern, welcher frische Kirschen trägt, weit hergezogen kommen mit ihren raschen Schnäbeln und nimmersatten Bäuchlein, so kamen die Bettler daher, vom Duft der brodelnden Butter gezogen, schrien heißhungerig von weitem schon: »Ein Almosen, de tusig Gotts Wille«, und trippelten ungeduldig an der Tür herum, weil sie vor süßer Erwartung die Beine nicht stille halten konnten. Vreneli begann Schnittchen zu backen, daß es sich fast schämte, so klein und so dünn die Kruste, und alles half nichts; es war, als ob sie Beine kriegten und selbst zuliefen einem Schreihals vor der Tür. Es ward ihm immer himmelängster, für die eigenen Leute könne es gar nicht sorgen. In der größten Not erschien die Base unter der Küchentür, wahrhaftig wie ein Engel, und zwar einer von den schweren, denn sie wog wenig unter zwei Zentnern. Sie stellte einen bedeutenden Butterkübel, den sie hinter Joggelis Rücken aus ihrem Keller stibitzt hatte, dem besten Schmuggler zum Trotz, auf den Küchentisch«.

Schön ist auch Ulis Hochzeitsfahrt beschrieben. Allein mit seiner Braut fährt er auf einem leichten Wägelchen in den dämmernden Morgen hinaus. Ihr Gesichtchen blüht in der Morgenfrische wie eine Rose, und die zarten schwarzen Spitzen ihrer Haube sind mit noch zarterm silbernem Reif besetzt.

Welche elegische Stimmung weht durch die Szene, wo der alte Erbvetter Hans Joggeli begraben wird! Die Leiche ist auf dem Wege nach dem weit entfernten Kirchhof, und der ganze Troß der Vettern und Basen, erblüstern, ist gefolgt, Rührung heuchelnd. Nur das treue Gesinde ist allein im Hause geblieben und hält aufrichtig trauernd Wache, obgleich sie nichts zu erben hoffen.

»Wenn aus Ost oder Südost der Wind geht, so hört man im Nidleboden das Geläute von der Kirche her, hört das Mittagsgeläute, hört die Schläge der Totenglocke. Von dort her kam am selben Tage der Wind ums Haus in den Baumgarten hinaus. Jedes für sich, damit keins das andere störe im Horchen und Sinnen, standen die Zurückgebliebenen, lauschten auf die Töne vom Kirchlein her, sahen einander fragend an, schüttelten verneinend die Köpfe. Das Läuten beginnt, wenn der Sarg dem Kirchhof sich naht. Sie wollen im Geist bei seinem Grabe sein, wollten beten ins Grab hinein, wollten mischen ihr Gebet mit der über ihm zusammenrollenden Erde, den andern gleich, die am Grabe standen. Da hob das Mädchen, welches als äußerster Vorposten auf einem großen Erdhaufen stand, die Hand empor und rief: »Hört, hört!« Da klang es wirklich durch die Lüfte, leise, wie Geisterwehen; lauter schwebten dann einzelne Glockentöne heran, Geisterstimmen, welche die Kunde brachten, jetzt nahe der selige Kirchmeier seinem Grabe, jetzt werde der müde Leib in die Erde gesenkt, um wieder zur Erde zu werden, aus welcher er genommen worden.«

Dadurch, daß Gotthelf so sehr an der Vergangenheit hängt, gewinnen seine Darstellungen einen Reiz, welchen Auerbachs Geschichten nicht haben. Er gleicht hierin vielmehr Immermann, welcher in seiner westfälischen Idylle das Volk mit seinem ehrwürdigen historischen Roste vorführt. Das Leben auf den alten großen bernerischen Bauerngehöften hatte etwas ungemein Ehrwürdiges, und Gotthelf schildert mit schöner Wehmut die alte Art und Weise. Aber alle Formen wechseln auf Erden, und eben dieser Wechsel ist es, welches das Vergangene mit einem verklärendem Lichte bestrahlt. Es würde vor unsern Augen vergehen und verdunkeln, wenn unsere Sehnsucht erfüllt würde und wir wirklich zurückkehren könnten. Hin ist hin!

Friedrich Hebbel

Buch der Lieder von Heinrich Heine
Vierte Auflage. Hamburg 1841

Heines Buch der Lieder wird dem Publikum in der vierten Auflage vorgelegt. Ein Erfolg, von dem es scheinen möchte, daß er alle weitere kritische Besprechung überflüssig mache. Dieses wäre auch allerdings der Fall, wenn man ihn einzig und allein der Poesie dieser Lieder zuschreiben dürfte. Aber wenn es dem Dichter überhaupt oft genug begegnet, daß er seine nächsten und lautesten Wirkungen Elementen verdankt, die ihm seine ganze Zelebrität verleiden könnten, so hat Heine dieses vielleicht noch öfter erfahren als ein anderer. Ist es etwa die Grazie seiner scheinbar so nachlässigen Verse, die so viele unselbständige Geister zur Nachahmung reizt? Gewiß nicht, denn wer Grazie zu erkennen vermag, der erkennt auch, daß sie unnachahmlich ist. Es ist vielmehr die anscheinende Emanzipation von der Metrik, die sie verführt, es ist die Hoffnung, daß der Vers ohne Füße gehen müßte, da er mit Füßen nicht gehen will. Bewundert man den freien Geist der Stoffe, welche die Kunst bisher verschmähen zu müssen glaubte, in ihren Dienst zu ziehen verstand, ohne sich und sie zu beschmutzen? Ich wollte, es wäre so, aber ich fürchte eine gewisse rohe Freude, eben diese Stoffe, an denen der Priester sich sonst vornehm die Füße abwischte, bevor er den Tempel betrat, jetzt im Tempel selbst als Teppich über den Altar ausgebreitet zu sehen, hat einigen Anteil an dem Behagen, womit die Masse Beifall klatscht. Der Verfasser der Reisebilder ist viel gelobt und viel getadelt worden. Aber ich müßte mich in ihm irren, wenn ihn als Dichter nicht manches Lob empfindlicher berührt hätte als mancher Tadel. Denn wegen des Besten, was man gegeben hat, von beschränkten Geistern begeifert zu werden, was will es heißen? Poesie zu genießen ist so gut ein Talent, als Poesie zu bringen. Aber sich von dem Lumpensammler freundbrüderlich die Hand drücken lassen zu müssen, weil man sich zuweilen, wie jener, in den Staub niederbückte, freilich nur um einen Diamanten aufzuheben, das muß fatal sein. Die Lyrik ist noch weit mehr als Drama und Epos Nationalausdruck eines Volkes, und ein Dichter, der nicht harmonisch in dieser allgemeinen Volkspoesie aufgeht, hat geringen Wert, er mag so viel Ideen- und Phantasieschätze aufhäufen und so viel momentanen Enthusiasmus erregen, als er immer will. Die deutsche Lyrik hat zwei Faktoren: Gefühl und Reflexion, und am rationellsten, mithin am vollkommensten entwickelt sie sich, wo alle beide gleichmäßig und unzertrennt tätig sind, wo der Stoff aus der Tiefe des Gemütes als ein eigentümliches Gefühl aufsteigt und die Reflexion die einrahmende Form erzeugt. Man muß freilich den Begriff der letzteren nicht so eng nehmen, daß man nur den analysierenden oder den widerspiegelnden Gedanken dafür gelten läßt; die Reflexion ist gleich mit dem Bewußtsein da, und eben das erwachende Bewußtsein grenzt als Allgemeines jedes Besondere ab und gibt ihm, indem es ihm nicht verstattet, sich unverhältnismäßig auszudehnen, die Form. Diesem Grundtypus der deutschen Lyrik entspricht Heines Poesie durchaus, und darum ist er ein echter deutscher Dichter. Aus dem Innern des Gemüts quellen seine Lieder hervor, und wenn, seinem Naturell gemäß, bei ihm die Reflexion auch meistens die Gestalt des Witzes annimmt, so ist sein Witz doch nur das launige Veto, das dem Herzen gegenüber der Geist einlegt, niemals aber, oder selten, das kahle Zentrum des Gedichtes. Heine ist Humorist. Was ist Humor, was ist, da wir es hier nur mit dem Liederdichter zu tun haben, zunächst lyrischer Humor? Was man gewöhnlich so nennt, ist ein leeres Produkt der Ohnmacht und der Lüge. Wer seine verworrenen Geistes- oder Gemütszustände nicht klären oder den hierzu notwendigen inneren Prozeß nicht mit Resignation und Ruhe abwarten kann, der wirft wohl den Fackelbrand des

Witzes in das Chaos hinein und sucht, während vielleicht nur ein Kartenhaus in Flammen aufgeht, uns glauben zu machen, es sei eine werdende Welt. Der Humor ist empfundener Dualismus; nicht die Karikatur des Ideals soll er zeichnen, oder seinen Schatten, sondern das Ideal selbst in seinem vergeblichen Ringen nach Gestaltung. Allein, wenn die positive Kunst den Abgrund, der das Wirkliche von dem Möglichen scheidet, zu überfliegen sucht, so stürzt der Humor, als die negative, sich in diesen Abgrund hinunter, und hierin liegt so viel Verzweiflung, aber nicht so viel Trost, wie in der erschütterndsten Tragik, wenn er, was allerdings sehr selten ist, rein und rund zur Erscheinung kommt. Das ist bei Heine z. B. in dem schönen Gedicht: Mein Herz, mein Herz ist traurig usw. der Fall.

Man hat der Heineschen Poesie vielfältig die innere Wahrheit abgesprochen. Wohl nur, weil man ihr Individuelles nicht immer aufzufassen verstand. Es gibt aber in ästhetischen Dingen eine doppelte Wahrheit, wonach man zu fragen hat: die Wahrheit des Stoffes und die Wahrheit der Form, und die letztere hängt mit dem Ethischen noch enger zusammen als die erstere. Es ist nicht genug, daß unser Gedachtes und Empfundenes wahr sei; damit kann ja auch kaum geheuchelt und betrogen werden, denn woher eigentümliche Empfindungen und Gedanken nehmen, wenn man sie nicht hat? Auch der Darstellungsprozeß, worin die Form gewonnen wird, soll wahr sein; er soll aus dem Drange des Überflusses hervorgehen und Götter in die Welt setzen, nicht Lemuren. Dieses ist der wichtigste Punkt, denn von der Gestalt, worin eine Idee zur Erscheinung gelangt, hängt es ab, ob sie wie ein Jupiter verehrt, oder wie ein Vitzliputzli verspottet werden soll, doch eben um diesen Punkt wird der plumpe Ästhetiker sich nie bekümmern. Er rechnet dafür die Gedanken und Bilder zusammen, und vergißt, daß man dies alles bei jedem der Berücksichtigung irgend würdigen Gegenstand voraussetzen muß, und daß Achill und Thersites sich in allem, nur nicht im Fleisch und Blut, voneinander unterscheiden. Bei Heine ist die Darstellung ein Quellen, kein Pumpen, wie gewiß ein jeder empfindet, der das Buch der Lieder auch nur durchblättert: bei der Wahrheit der Form ist aber die Unwahrheit des Stoffes undenkbar. Übrigens wird sich der Humorist den Vorwurf der Unwahrheit weit öfter gefallen lassen müssen als der ernste Dichter. Einen erkünstelten Hymnus verzeihen wir gern um Gottes willen, an den er gerichtet ist, aber einen verunglückten Witz nimmermehr. Viele, die Heine und alles Neuere tadeln, haben es jedoch gar nicht mit Stoff und Form seiner Poesie, sondern nur mit dem Materiellen und Elementarischen derselben, worin sie freilich schon den Stoff sehen, zu tun. Nicht die Gedanken und Empfindungen selbst fechten sie an, sondern die Gegenstände und Gesichtspunkte, aus welchen sie entspringen. Unfähig, zu erkennen, daß die fortgeschrittene Entwicklung alle Darstellung mehr und mehr aus den reinen, ruhigen, allgemeinen Verhältnissen in die verworrenen und, wenn man will, verfänglichen individuellen mit unausweichbarer Notwendigkeit hinabdrückt, daß uns keine Wahl bleibt, als, ob wir das Schwerste und Undenkbarste versuchen, oder auf alle Tätigkeit, allen Gebrauch der Geisteskräfte Verzicht leisten wollen, nennen sie jede Lebensäußerung, die von der ihrigen abweicht, Krankheit, und rechten nun sogar mit dem, den sie für krank halten, ob er an einem Fieber, das in der Familie nicht herkömmlich ist, wirklich leiden und sterben darf, ja, rufen statt des Arztes den Kriminalisten und den Henker herbei. Hier wäre im Rückblick auf die nächste Vergangenheit Schlimmes und Schlimmstes zu sagen: doch werde einstweilen nur noch in bezug auf Heine ausdrücklich bemerkt, daß es völlig so ungerecht sein möchte, ihn deswegen, weil er seinen tiefen, schönen Wald- und Meerliedern kecke, scharfe Zeichnungen fauler sozialer Zustände gegenüberstellte, zu schelten, als es, wie ich schon im Eingang andeutete, abgeschmackt ist, ihm für die an diese toten Dinge verschwendeten neckischen Galvanisierungsversuche zu danken, statt für die dadurch in Geist und Gemüt des Dichters hervorgerufenen frischen, lebendigen Gegensätze.

Bei diesen allgemeinen Bemerkungen möchte ich es bewenden lassen. Dem Auge kann man zu Hilfe kommen, der Zunge nicht. Wer es nicht fühlt, daß Lieder, wie das Fischermädchen, die Wallfahrt nach Kevlaar, die Meerlilie (die übrigens nicht im Buch der Lieder steht) und andere – ganze Bände Lehrgedichte und ähnliches in die Lüfte schnellen, dem wird es keiner begreiflich machen. Ich wollte, vom freien und unparteiischen Standpunkte aus, über einen Dichter, der, je nachdem der Kritiker sich mit seiner Persönlichkeit befreundet oder verfeindet hat, bald bis in die Wolken erhoben und bald noch ungebührlicher in den Staub getreten wird, ein gründliches, ruhiges Wort sagen. Ich glaubte, ihn nicht besser ehren zu können, als wenn ich, statt mich bei dem einzelnen aufzuhalten, meinen Gegenstand, wie er es verdient, mit den höchsten Prinzipien der Kunst in Beziehung brachte und Wert und Wahrheit dieser Gedichte durch Veranschaulichung des individuellen Lebensprozesses, woraus sie hervorgingen, darzutun suchte.

Karl Gutzkow

(Christian Dietrich Grabbe, Hannibal)

Erst in der Tragödie Hannibal sehen wir den früheren Grabbe wieder. Da sind die Situationen malerisch schön, die Charakteristik ist rapid und bis aufs Äußerste pointiert, der Dialog ist ein Muster von Kürze und schlagender Gedrängtheit. Hier stürmen Sprache und Phantasie, die Alpen erfrieren jedoch oben, wie dies Grabbe'n immer charakterisiert hat, zu einer eisigen Kristallisation. Es sind die alten großartigen Bilder, von denen zwei Drittel immer so originell sind, und das letzte Drittel immer so steif, irdisch und ungelenk.

Hannibal steht vor den Toren Roms, wir sehen ihn in Capua, zwischen den Bergen, in Afrika, bei Zama, zuletzt bei Prusias, einem Könige, den Grabbe mit zu vieler Ironie zeichnet, da er die Erequien und die poetische Gerechtigkeit des fünften Aktes zu verwalten hat. Zwischendurch Karthago mit seinen Parteien, Rom mit dem schwankenden Senat, Spanien mit Rumantias rauchenden Trümmern. An klassischen Details fehlt es hier nirgends, sei es nun, daß Grabbe den Krämergeist Karthago's zeichnet, oder die innere Hohlheit des Cato Censorinus, oder die gutmütige Eitelkeit eines Terenz, des Begleiters der Scipionen, oder die kleinliche Größe des Fabius Cunctator. Hier ist Grabbe immer originell und überraschend und erhält uns den Glauben an eine Muse, welche ein olympisches Recht zu zürnen hat, wenn sich ihr nicht das öffentliche Interesse mit alle Teilnahme hingäbe.

Doch woher kommt es wohl, daß Grabbes Dramen in Rücksicht auf seine Persönlichkeit uns so wohl tun, objektiv aber niemals die Billigung des Kunstrichters erhalten haben? Auch wenn man Hannibal als ein Ganzes läßt und zugleich an das Einzelne einen ästhetischen Maßstab legt, so mißbehagt auch dieses Trauerspiel. Es ist nur eine Veranschaulichmachung und Dramatisierung der Historie. Es findet sich kein Steigen und Anschwellen des Stoffes; die Begebenheiten selbst stehen über dem Haupte des Dichters und bleiben immer noch groß genug, um sein Werk auf ein Verdienst als eine Skizze zu verweisen. Grabbes Werk ist fest in den Knochen; die Muskeln, Flechsen und Arterien winden sich um das starre Gerippe herum; aber der Rest fehlt, das Fleisch, die schöne Bekleidung der Haut, die blühende Farbe der Natur, des Lebens und der Wahrheit. Man wird uns zutrauen, daß wir nicht nach Schiller'schen Jamben und Reflexionen fragen: aber die Malerei der Motive, von der wir oben sprachen, dürfen wir nicht aufgeben. Die Menschen sind nicht so, wie sie Grabbe schildert, selbst in den verzweifeltsten, äußersten Lagen sind sie anders, sie sind immer noch etwas neben und außer der Tat. Dieser ganze Bereich fehlt bei Grabbe und wird ihm überall im Wege stehen, wenn es sich darum handelt, sein Studium den Massen zu empfehlen. Während man kaum zeigte, wie kühn er im Sattel des Pegasus sitzt, wird man rufen, daß ihn das Roß schon wieder abgeworfen. Grabbe hat Immermann dafür gedankt, daß er ihm Muße zum Dichten verschafft habe; vielleicht ist es möglich, daß Immermann ihm auch seine Ruhe einflößt.

Gustav Schwab

Gedichte von Nicolaus Lenau. Stuttgart 1832

Einer unserer Mitrezensenten klagte kürzlich, auf Veranlassung seiner Relation über 56 Dichter aus neuester Zeit, über die Mittelmäßigkeit, an welcher die lyrische Poesie der Deutschen seit geraumer Zeit laboriere. Er findet überall nur Nachtreter der vorzüglichsten Persönlichkeiten der Zeit, nirgends einen heilsam revolutionierenden Genius, und blickt mit Bedauern auf den breit und seicht gewordenen Strom der germanischen Poesie herab, der an vielen Stellen gänzlich zu stagnieren scheint. Je mehr er Recht hat, mit desto größerem Vergnügen lenken wir seinen und allen der Poesie noch nicht entfremdeten Leser Blicke auf diese sehr mäßige Gedichtsammlung, ohne von ihm und ihnen den Vorwurf zu befürchten, daß wir durch Lobhudelei getäuscht und einem Unwürdigen kritischen Weihrauch gestreut haben. Der Strom der Dichtung (um in dem Bilde des Rezensenten zu bleiben) stürzt sich zwar auch in diesen Liedern nicht in kühnen Wasserfällen hinab, um sich durch Felsen einen neuen Durchgang zu erzwingen, aber er lenkt doch aus der breiten Ebene wieder den Gebirgstälern zu; er schlängelt sich im schmalern Bette, ernst und gedrungen, durch kaum geahnte Engen, und der aus der Tiefe widerscheinende Himmel malt sich dunkelblauer in der Flut, die nirgends einen seichten Grund durchblicken läßt.

Man hat in unserer neuesten Zeit der leeren Form mit Recht den Krieg erklärt, und die jüngste Muse scheint an so vielen beliebten Liedern der nächstvergangenen Jahrzehnte einen ordentlichen Ekel gefaßt zu haben; aus Furcht, über der technischen Ausbildung den Ruhm der Erfindungskraft einzubüßen, glaubt sie ihre Anschauungen so unmittelbar als möglich zurückstrahlen zu müssen, ihre Gefühle nicht unverarbeitet genug geben zu können; wenig bekümmert um Reim und Silbenmaß, möchte sie den Geist gern im gleichgültigsten Gewande bewundern lassen, und fährt, wenn wir so sagen dürfen, mit ihrer Idee in den nächsten besten Liederleib, der sich ihr darbietet. So haben unsere großen frühern Dichter nicht gestaltet; sehen wir doch aus ihren Briefwechseln, daß sie über die Anlage eines kleinen Gedichtes, über einzelne Strophen, ja über Ausdrücke und Worte Wochen lang debatieren konnten: so wesentlich verbunden schien ihnen Form und Geist zu sein! Damals hätte ein besonderer Mut dazu gehört, sich von den Fesseln des Kunstzwanges zu befreien und mit seinen genialen Einfällen in so sorglosen Strophen einherzutraben wie unsere gefeiertsten Dichter, von ganzen Anhängerscharen begleitet, dermalen tun. In jetzigen Tagen aber gehört umgekehrt wenigstens ebenso viel Mut und Bewußtsein innerer Kraft dazu, auch nur einigermaßen wieder zur strengen Form zurückzukehren und durch die Tat den Beweis zu versuchen, daß aus der Form herausschaffen dem Geiste keinen Eintrag tut, ja daß der echte Genius dann am glücklichsten gebildet zu haben sich rühmen darf, wenn die äußere Gestaltung der Idee denselben Stempel der poetischen Notwendigkeit an sich trägt, wie der Gedanke selbst, der die Gestalt des Gedichtes beseelt.

Unser Dichter nun zeigt Mut und Kraft zu diesem alten Glauben; seine Lieder sind großenteils organische Gebilde, und so voll und schnell sich ihre Blumenkrone vor uns erschließt, so merkt man es ihnen doch an, daß ihr Keim sich lange vorher im Stillen ausgebildet. Nicht selten mag eine lange Zeit gelegen sein zwischen der Geburt eines Liedes und seiner Empfängnis, welche der Sänger in folgendem kleinen Gedichte, das wir als erste Probe des Gesagten gleich für den Leser hersetzen wollen, so anschaulich zu machen weiß:

Abendheimkehr

Sein Bündel Holz am Rücken bringt
Der Arme heimgetragen;
Der frohe Knecht die Geißel schwingt
Am erntevollen Wagen.

Die milchbeladne Herde wiegt
Sich in die trauten Ställe;
Mit Scherz und Kuß zur Dirne fliegt
Der lustige Geselle.

Von Feld und Walde pfeift nach Haus
Der Jäger dort, der rasche,
Und Has' und Wachtel guckt heraus,
Zu prahlen aus der Tasche.

Den Dichter sieht man aus der Nacht
Der Eichen selig schwanken;
Er taumelt heim mit seiner Tracht
Unsterblicher Gedanken.

Welche harmonische Mannigfaltigkeit der Bilder in diesem kleinen Liede, und wie werden am Ende doch alle vorangehenden nur der Rahmen, nur die Girlandeneinfassung zu dem Gemälde des vom Empfangen wonnetrunken heimwandelnden Dichters! Gewählt und doch natürlich die Reime; nichts Überzähliges, Müßiges in der Diktion; glatt und faltenlos ist das Ganze, wie die Haut über Fleisch und Bein eines wohlgestalteten Gliedes. Auch gibt dies Gedicht schon einen Vorgeschmack von der süßen Musik, welche in den Liedern unsers Verfassers schlummert und welche ein tüchtiger Komponist gewiß dereinst aus dem Schlaf erweckt.

Inzwischen läßt das angeführte Lied noch nicht den persönlichen Charakter der Poesie des Verfassers erraten, es ist nur geeignet, seine höhere Kunstfertigkeit als Dichter im allgemeinen zu bekunden. Jener Charakter offenbart sich in der Gesamtheit seiner Dichtungen – und auch dadurch bewährt sich bei der dermaligen Tendenz der lyrischen Dichtkunst eine gewisse Selbständigkeit – durchaus nicht als ein ironischer, vielmehr als rein sentimental, aber mit so viel Kraft des Gefühls und Lebendigkeit der Anschauung, daß Niemand, der diese Gedichte genießt, glauben wird, daß wir damit den Vorwurf der Weichlichkeit verbinden wollen. Ja, obgleich das vorherrschende Gefühl in allen eigentlich subjektiven Liedern des Dichters die Schwermut ist, so entbehrt doch keines derselben jenes Ausdrucks der Männlichkeit, deren Mangel allein dieses Gefühl in der Poesie verdächtig gemacht hat. Doch wir wollen die Sammlung selbst näher betrachten, wo es uns alsdann nicht schwer werden wird, einzelne Belege für unser Urteil auszusuchen.

Der erste Abschnitt hat die Aufschrift: »Bilder aus dem Leben«. Der Verfasser hat hier nicht auf den Effekt gedacht, der beim bloßen Blättern in einer Liedersammlung, wie dies lyrischen Gedichten so häufig statt des Lesens zuteil wird, gewöhnlich von der Beschaffenheit der ersten Stücke abhängt; er hat die kühlern, didaktischern Gedichte, die weniger das Werk der Eingebung sind, vorangestellt. Um so überraschender ist der Eindruck, welchen nach dem beschreibenden Terzinengedicht: »Der Gefangene«, einigen fragmentarischen Oktaven und einer Übersetzung aus dem Polnischen, das Lied: »In der Schenke, am Jahrestag der unglücklichen Polenrevolution«, hervorbringt. Es beginnt als Genregemälde aus der Studentenwelt:

Unsre Gläser klingen hell
Freudig singen unsre Lieder;
Draußen schlägt der Nachtgesell
Sturm sein brausendes Gefieder,
Draußen hat die rauhe Zeit
Unsrer Schenke Tür verschneit.

Aber plötzlich, schon mit dem zweiten Verse, erweitert sich der Schauplatz:

Haut die Gläser an den Tisch!
Brüder, mit den rauhen Sohlen
Tanzt nun auch der Winter frisch
Auf den Gräbern edler Polen,
Wo verscharrt in Eis und Frost
Liegt der Menschheit letzter Trost.

Dort rauft sich der Schnee um die Heldenleichen mit den Raben, bis der Lenz auch vom eingescharrten Fluche das Leichentuch abreißt:

Rasch aus Schnee und Eis hervor
Werden dann die Gräber tauchen,
Aus den Gräbern wird empor
Himmelwärts die Schande rauchen,
Und dem schwarzen Rauch der Schmach
Sprüht der Rache Flamme nach.

Aber kommt die Rache nicht,
Mag der Vogel mit dem Halme,
Was da lebt im weiten Licht,
Sterben in des Fluches Qualme,
Und die Sonn' ersticke drin,
Daß die Erde scheide hin!

Der Schluß ist mit etwas Byronschen Farben aufgetragen, sonst ist dies tiefmelancholische Lied von der wahrsten Empfindung eingegeben und zugleich mit seltener Kraft gehalten. Noch trefflicher und origineller, aus einer wohl den meisten deutschen Lesern fremden, dem Verfasser aber, wie es scheint sehr vertrauten Umgebung ist das erzählende Gedicht: »Die Werbung«, das uns bald darauf begegnet, und von welchem wir leider nur Umrisse mitteilen können:

Rings im Kreise lauscht die Menge
Bärt'ger Magyaren froh;
Aus dem Kreise rauschen Klänge,
Was ergreifen die mich so? –

Tiefgebräunt vom Sonnenbrande,
Rotgeglüht von Weinesglut,
Spielt da die Zigeunerbande
Und empört das Heldenblut.

In der Mitte steht, mit klirrenden Sporen den Takt schlagend, der Werber, seine Augen und seine Säbelnarben glühen, das Schwert schlägt Funken, der Federbusch taumelt ihm auf dem Tschako. Er sieht einen starken, hohen Jüngling aus der Menge ragen:

»Wärest du ein Reiter doch!«
Ruft er aus mit lichtern Augen;
»Solcher Wuchs und solche Kraft
Würden dem Husaren taugen;
Komm und trinke Brüderschaft!«

Doch der Jüngling zögert,

In die Schatten der Gedanken,
Die ihn bang und süß umranken,
Still sein schönes Antlitz senkend.

Durch Musik und Werberswort hört er im Geiste die Klagen der fernen Mutter und Braut:

Pochst du lauter nach den Bahnen
Kühner Taten, junges Herz?
Oder zieht das süße Mahnen
Dich der Liebe heimatwärts?

Er sieht Rekruten unter Trompetenschall ins Feld ziehen; dringender wird der Zuspruch des Werbers; des Jünglings Auge flammt.

Plötzlich zeigt sich mir im Kreise
Eine finstere Gestalt,
Tiefen Ernstes, schreitet leise,
Und beim Werber macht sie Halt.

Und sie flüstert ihm so dringend
Ein geheimes Wort ins Ohr,
Daß er, hoch den Säbel schwingend,
Wie begeistert loht empor.
Und der Dämon schwebt zur Bande,
Facht den Eifer der Musik
Mächtig an zum stärksten Brande
Mit Geraun' und Geisterblick.
Aus des Basses Sturmgewittern
Mit unendlich süßem Sehnen,
Mit der Stimmen weichem Zittern,
Singen Geigen, Grabsirenen.
Und der Finstre schwebt enteilend
Durch der Lauscher dichte Reihe,
Nur am Jüngling noch verweilend,
Wie mit einem Blick der Weihe.

Jetzt ist's um ihn geschehen; des Todes Stricke sind über ihn geworfen; ein höhnendes Wort des Werbers überwältigt ihn, er schlägt ein; aber:

Wie beim Sonnenuntergange
Hier und dort vom Saatgefild
Still waldeinwärts schleicht das Wild;
Also von der Ungarn Wange
Flüchtet in den Bart hinab
Still die scheue Männerzähre.
Ahnen sie des Jünglings Ehre?
Ahnen sie sein frühes Grab?

Wie uns dieses vortreffliche Gedicht, in welchem die Sentimentalität des Verfassers durchaus der lebendigsten Anschauung untergeordnet ist und nur gegen den Schluß es wagt, sich einigermaßen in einem modernen Seufzer Luft zu machen, ein anderes geselliges Leben als unser gewohntes zeigt, aus dem die Phantasie des Dichters ganz eigentümliche Lebensbilder geschöpft hat, so erscheint uns in seinem

Gegenstücke, dem vierten der »Heidebilder«, »Die Heideschenke«, nicht nur gleichfalls eine neue Menschenwelt in jenen ungarischen Räubern, die wir hier wieder an der Seite musizierender Zigeuner erblicken, sondern auch eine fremdartige Natur, in welcher sich selbst die gewöhnlichen, von allen Dichtern vielgefeierten Erscheinungen, z. B. das Gewitter, ganz eigentümlich ausnehmen. Diese ebenfalls ausgezeichnete Dichtung ist unsern Lesern wohl schon aus dem »Morgenblatt« bekannt, wo sie mit den übrigen nicht minder originellen »Heidebildern« zuerst erschienen ist, und wir enthalten uns daher, jedoch nur ungern, auch ihren Inhalt in Umrissen zu geben. Da aber hier einmal von den objektiven Gedichten des sonst vorzugsweise lyrischen Verfassers die Rede ist, so zeichnen wir sofort noch den »Schifferknecht«, der so rührend an den Ufern der Donau träumt, »Die Wanderung im Gebirge«, »Die Waldkapelle« und den »Raubschütz« aus, Dichtungen des verschiedenartigsten Inhalts, in welchen allen aber eine großartige Natur ihren Zauber in die Einbildungskraft und das Gefühl des Dichters übergetragen und eine neue Bildersprache, einen neuen Ausdruck für die Empfindungen, bis auf Periodenwendung und Beiwörter hinab geschaffen hat.

Dieselbe Neuheit der Sprache und Farbengebung waltet übrigens auch in den strenglyrischen Gedichten, den eigentlichen Liedern des Verfassers, die überall höchst kräftig und anziehend sind, wo auch sie sich auf Naturanschauungen stützen oder von der Natur Vergleichungen und Allegorien entlehnen. Man höre nur folgende Verse aus der »Winternacht«:

Vor Kälte ist die Luft erstarrt,
Es kracht der Schnee von meinen Tritten,
Es dampft mein Hauch, es klirrt mein Bart,
Nur fort, nur immer fort geschritten!

Wie feierlich die Gegend schweigt!
Der Mond bescheint die alten Fichten,

Die, sehnsuchtsvoll zum Tod geneigt,
Den Zweig zurück zur Erde richten.

Und im zweiten Liede derselben Überschrift:

Dort heult im tiefen Waldesraum
Ein Wolf; – wie's Kind aufweckt die Mutter,
Schreit er die Nacht aus ihrem Traum
Und heischt von ihr sein blutig Futter.

Es ist schade, daß diese beiden Gedichte, die so charakteristisch beginnen, in eine allgemeine verschwimmende Klage enden, in welcher der Dichter eine unbestimmte ungeheure Herzensqual zur Schau trägt, die wir nicht mitempfinden können, weil er sie uns nicht näher bezeichnet. Seine Melancholie rührt uns jedesmal, wenn er sie mit der Natur in Verbindung setzt, wenn er die Wetternacht sein Schätzel nennt (wie er denn überhaupt der Sänger des Gewitters genannt zu werden verdient, das noch keinen solchen Maler im Liede gefunden hat); oder wenn er dem über den Tod der Braut trostlosen Jüngling (in dem Liede: »Nächtliche Wanderung«) den brausenden, wilden Bach voll reichen, frischen Todes zusingen läßt: »Komm, komm, und trinke Tod!« Aber wenn nur so im allgemeinen Lied um Lied endet: Meine Braut ist die Qual! oder: Wacht auf, ihr Horden meiner Qual! oder: Umarme mich, du stiller Todesmut! so wird uns unheimlich und vielleicht sogar unpoetisch zu Mute. Doch sind unter den »Liedern der Sehnsucht« und »der Vergangenheit« sehr viele, welche diesen Vorwurf nicht verdienen. Köstlich ist unter jenen: »An meine Rose«, wo es von dem geliebten rosigen Mädchen am Schlusse heißt:

Doch hat, du holde Wunderblume,
Mein Herz voll süßen Bebens,
Dich mir gemalt zum Eigentume
Ins Tiefste meines Lebens,

Wohin der Tod, der Ruhebringer,
Sich scheuen wird zu greifen,
Wenn endlich seine sanften Finger
Mein Welkes niederstreifen.

Höchst lieblich, ein Lied von Hölty oder Salis, aber in Verklärung, ist: »Reiseempfindung«:

Ich sah in bleicher Silbertracht
Die Birkenstämme prangen,
Als wäre dran aus heller Nacht
Das Mondlicht blieben hangen;

Und in dem zarten Birkenhain
Sah ich ein Häuslein blinken,
Das hob gleich an zu sich hinein
Holdfreundlich mich zu winken.

Der Dichter malt sich diesen Wohnsitz der Unschuld und Liebe weiter aus; er träumt sich sein Mädchen in die Hütte, um hier im süßen Waldesfrieden mit ihr die Nachtigallen im Lenz schlagen zu hören, an sie sich »umrauscht vom schmerzlichen Vergehen« im welken Herbste fest anzuschmiegen, ihr Lied in rauher Winterzeit zu hören:

Ich wagt' es mich zu regen kaum
In meinem stillen Sinnen,
Besorgt' das Häuschen möcht', ein Traum,
Vor meinem Blick zerrinnen.

Doch sieh', da öffnet sich die Tür,
Der Zauber war geschwunden,
Es trat ein Jägersmann herfür
Mit nachgesprengten Hunden.

Es grüßte mich mit raschem Blick
Und streift' waldein gar heiter,
Ich gab ihm seinen Gruß zurück,
Und traurig ging ich weiter.

Ein anderes Lied der Sehnsucht: »Das Mondlicht«, darf sich mit Zuversicht in seiner Eigentümlichkeit neben Goethes leuchtendes Mondlied stellen. Das »Posthorn« endet erschütternd:

Mahnend ruft die Mitternacht
Mir herab vom Turme;
Ferne! denket mein! die Zeit
Eilt dahin im Sturme!

Unsre Gräber, denket mein!
Sind schon ungeduldig! –
Daß wir nicht beisammen sind,
Bin ich selber schuldig.

Auch die »Schilflieder« sind reich an zur Empfindung gewordener Naturanschauung. In den »Liedern der Vergangenheit« schlagen »Einst und jetzt«, »Die Felsenplatte«, »An meine Guitarre« und in den »Vermischten Gedichten«, »Die Tränen«, »An die Hoffnung« denselben Schmerzenston der Wehmut und Sehnsucht, innige Mitempfindung erweckend an; unerwartet heiter, selbst jauchzend lauten »Trias harmonica«, »Der Lenz« und »Im Frühling«. Zu den originellsten und tiefst empfundenen aber gehören »Der Greis«, »Zuflucht«, und besonders »Leichte Trübung«, das letztere Lied ganz aus der Gebirgsanschauung, die der Dichter zum eigentümlichsten Symbole braucht, geschöpft. Der Dichter läßt sich von einem Freunde fragen, warum sein Angesicht, das erst noch so froh gestrahlt, jetzt plötzlich von Wolken bedeckt erscheine. »Siehst du«, erwiderte er, »jenen blauen Berg mit seinen Felsen, an welchen Gemse und Jäger beben?«

Von seinem Gipfel schleudre du
Ein Steinchen spielend in die Tiefen:
Du störst der Lüfte schwanke Ruh,
Und Nebel steigen, die dort schliefen.

So warfst du, seine Kraft nicht ahnend,
Ein Wörtchen mir in meine Brust,
Ein Wörtchen, leise, aber mahnend,
Und sieh', nun stieg der trübe Wust
Von Nebelbildern alter Kränkung
Aus ihrer stillen Nachtversenkung.

Ein seltenes Motiv stellt sich uns auch in dem vortrefflich ausgeführten Liede »Einem Knaben«, dar, das wir gar zu gern ganz hersetzen möchten:

Was trauerst du, mein schöner Junge?
Du Armer, sprich, was weinst du so?
Daß treulos dir in raschem Schwunge
Dein liebes Vögelein entfloh?

...

Du legst so schlaff die kleinen Hände
An deines Lieblings ödes Haus;
Und prüfest rings die Sprossenwände,
Und fragst: »Wie kam er nur hinaus?«

Drüben auf dem Baume hört er ihn singen. Aber gib acht, o Knabe, daß du nicht einst so um die beste Habe des Menschenlebens bitter weinst:

Daß du die Hand in wildem Krampfe
Nicht drückst in deinen Busen ein,
Aus dem die Unschuld dir im Kampfe
Entflohn, das scheue Vögelein.

Dann hörst du flüstern ihre leisen
Gesänge aus der Ferne her;
Neigst hin dich nach den süßen Weisen;
Das Vöglein aber kehrt nicht mehr!

Dies Gedicht wird gewiß dereinst das seltene Glück haben, in Beispielsammlungen voll gereimter Moral für die Jugend und in rein ästhetischen Anthologien zugleich an einem der ersten Plätze zu stehen.

Aus den »Vermischten Gedichten« heben wir besonders noch den »Maskenball« hervor, ein schilderndes Gedicht, das, wenn auch minder ungezwungen als die meisten der es umgebenden, doch einen hohen Grad von Eigentümlichkeiten besitzt. Der Dichter beschreibt eine Maskerade, auf der ihm ein süß neckendes Geheimnis, eine holde Maske, begegnet:

> Ach, wer bist du? sage wer? –
> Lind und weich von heller Seide
> Ist dein schlanker Leib umfangen,
> Und vom amarantnen Kleide
> Leicht und duftig überhangen,
> Und du strahlst im Glanz des Goldes,
> Polenmädchen, wunderholdes!
> Schalkhaft kühn dein Käppchen sitzt,
> Trotzend auf so schöne Stelle;
> Wie der Demantstern dir blitzt
> Aus der Nacht der Lockenwelle!
> Wie die Perlen dich umschmiegen,
> Die dir froh am Halse liegen!
> Deine Reize still zu ehren,
> Haben sie sich dort vereinet.
> Hat ein Gott dir Freudezähren
> An den schönen Hals geweinet?

Doch nein! Alles das sind nur Symbole der Trauer über das Los der Polen! Abgewendet, wie Polonias Herrlichkeit, schwindet die Maske, andere kommen: Ritter und Dame, Pilger mit Sandal' und Muschelhut, Matrosen. Seid ihr willkommen, ruft der Dichter den Letzten zu; nehmt mich mit nach den Paradiesen der Freiheit, in die neue Welt,

Wo die Schauer Gottes wallen,
Wo in wunderbarer Pracht
Himmelwärts die Bäume dringen,
Brausend um die keusche Nacht
Ihre Riesenarme schlingen …

Dort will er in der Wälder tiefem Grauen das Schicksal um die Kunde befragen, warum Polen sterben mußte:

Und der Antwort will ich lauschen
In der Vögel Melodeien,
In des Raubtiers wildem Schreien
Und im Niagara-Rauschen.

Diese Worte sind nicht bloß poetische Lizenz; der Verfasser wird den Niagara rauschen hören: dem Vernehmen nach unternimmt er eine Reise in die nordamerikanischen Freistaaten und wird wohl diese Beurteilung seiner Lieder vorerst nicht zu Gesichte bekommen.

Aus den Phantasien und »Heidebildern« ist das Wichtigste schon oben berührt worden. Die Oden in antiken Silbenmaßen scheinen frühere Versuche zu sein; sie erinnern stark an Hölty, selten an Hölderlin, manchmal an Platen, ohne daß die Kunstform darin mit gleicher Meisterschaft gehandhabt wäre. Aber einen würdigen Beschluß des ganzen Buches macht: »Klara Hebert, ein Romanzenkranz«. Der Stoff ist die rührende Liebesgeschichte Joh. Casimirs von Polen, während seiner vom Kardinal Richelieu, der sich von ihm verächtlich behandelt glaubte, veranlaßten Gefangenschaft in Frankreich, eine Geschichte, die auch schon zu einem Roman verarbeitet worden ist. Die erste Romanze führt uns aus den wonnigen Provenzetalen, wo des Donners Stimme voller tönt, die Sterne heller blinken, die Frucht rascher blüht und reift und die Liebe schneller zündet, an die Gestade der Durance, zu grausenhaften Felsenschlünden, wo das Städtchen Cisteron sich furchtsam an den Berg schmiegt, auf dem zwischen Felsen, die eine Herberge der

Wolken sind, ein alter Heidentempel, jetzt ein Gefängnis steht. Auf diese öde Höhe wird in der zweiten Romanze Joh. Casimir als Staatsgefangener geschleppt, und in dieser Einsamkeit hängt er der Liebe zu der unschuldigen Klara Hebert, der engelschönen Wirtstocher von Martigues, mit der er bei seiner Landung in Frankreich einen Seelenbund geschlossen, träumend nach (dritte Romanze). Mit jedem Morgen findet Johannes frische Blumen und süße Früchte in seinem Kerker, das konnte nur die Liebe tun. Klara, in einen Pagen verkleidet, war, dem Prinzen unbewußt, auf die Veste gekommen:

– es deckt die Rosenwangen
Gelbe angetünchte Farbe,
Und es flüchtet ihre Stirne
Unter die gemalte Narbe.

Hier dient sie ihm in frommer Unschuld (Vierte Romanze). In einer Nacht sitzt Johannes mit seinem treubewährten Freunde, dem Grafen Konozacki, unter tröstenden Gesprächen im Kerker. Draußen lärmen die Waffenknechte bei Pokal und Würfelspiel in der Halle, Klärchen und ihr Vetter Heinrich, als schützende Engel, unter ihnen. Von Westen zieht ein Gewitter auf, »des Todes Jagdhund, Sturm, zieht in wilder Eile bergan und sucht seinen Herrn, dessen Weidruf in Gebirg und Tal erschallt, mit Geheul in den Felsen«.

Immer lauter schreit der Donner
Durch die grausen Finsternisse,
Aus gebrochnen Wolken stürzen
Rauschend sich die Regengüsse.

Hart am Kerker Blitze zucken
Sehn die Beiden mit Entsetzen,
An den Felsen scheint der Tod hier
Seinen Flammenpfeil zu wetzen.

In solcher Stunde klettern Richelieus Schergen, Chantereine, der Schloßhauptmann, und ein Knecht, zum Gefängnis hinauf. Die Wache liegt eingezecht; sie wollen den Kerker in Brand stecken, daß der Fürst im Qualm ersticke. Morgen heißt es, der Donner hat in den Kerker eingeschlagen.

Ja dem Himmel aufgebürdet
Sei die Mordtat unsrer Hände,
Und der wütet heut so närrisch
Daß er's selber glaubt am Ende.

Aber Klara, die treue Page, folgt den Angekommenen Schritt für Schritt, weckt den Vetter, von ihm erschossen, stürzt Chantereine mit der Brandfackel in den bodenlosen Abgrund, der Knecht zückt den Dolch auf den Pagen, auch er taumelt, von Heinrichs Schwert getroffen, hinab vom Berge (fünfte Romanze). Mit der leblosen, jetzt erkannten Klara sind die Gefangenen und des Prinzen greiser Arzt beschäftigt:

Abgewaschen ihrem Antlitz
Ist die jungfräuliche Lüge,
Und in bleicher Todesschönheit
Zeigen sich die holden Züge.

Sie erwacht, sie wird vom Tode gerettet (Sechste Romanze). Bald kommt auch dem Gefangenen frohe Botschaft aus Polen, sein Bruder, der König Wladislaw, und der Schwedenkönig haben sich drohend für ihn verwendet. Er wird frei; feierlich wird er im Königsschlosse zu Paris verabschiedet, die Begleiter umrauschen ihn, aber in die tiefste Ecke der Treppe hat sich ein Mädchen geschmiegt, um auf den Zug hervorzublicken. Johannes erkennt sie und gibt sie in die Obhut des Grafen Angoulême (siebente und achte Romanze). Lange harrt die Verlassene in Sehnsucht vergebens des Geliebten (neunte Romanze). Plötzlich erscheint er; in dem Wirtsgarten, wo sie zuerst ihre Liebe sich gestanden hatten, wandeln sie wieder, sie besuchen die Felsenveste; dort in dem verhängnisvollen Zimmer wird Klara als Braut dem Fürsten vermählt.

Dieser Auszug macht mit dem Werte des Romanzenzyklus, der das Buch beschließt, vielleicht besser bekannt, als eine bloß beurteilende Kritik; man mag aus ihm auch ahnen, daß die zweite Hälfte der Dichtung der Erfindung noch ärmer ist als die erste, und nicht ganz dasselbe Interesse gewährt; die Poesie ist in ihr zur Begebenheit herabgesunken, und der Schluß paßte zu einer gewöhnlichen Novelle. Die blühende Ausführung kann diese Mängel nicht verdecken. Dagegen gehört die erste Hälfte zu dem Schönsten im Buche und kann nur zur Bestätigung unseres Urteils dienen, daß mit dieser Sammlung ein echter lyrischer Dichter vor unsere Nation tritt, der er wohl gar nicht einmal unmittelbar angehört.

Willibald Alexis

(Wilhelm Hauff, Phantasien im Bremer Ratskeller)

Da einmal hier das Berliner »Conversationsblatt« genannt worden, mache ich Sie auf eine Novelle in demselben (Maimonat) aufmerksam, »Phantasien im Bremer Ratskeller«, von Wilhelm Hauff, welche wohl in dem neuen Blatte sowohl unter allen Arbeiten des Dichters die vorzüglichste sein möchte. Eine Frische, Wärme und Innigkeit durchhaucht diese Phantasien, welches von der neuen Richtung dieses satirischen Dichters sehr viel erwarten läßt. Dazu kommt eine Präzision und Korrektheit des Ausdrucks, welche man bei den Produkten des süddeutschen Dichters bisweilen vermißt. Er zeigt sich hier zuerst ganz eigentümlich und als ein echter deutscher Dichter, d.h. der, voll inniger Achtung für sein Vaterland, dessen lebendige Momente der geheiligten Erinnerungen vorführt.

Gustav Schwab

Maler Nolten. Novelle von Eduard Mörike. Stuttgart 1832

Wir sind unschlüssig, ob wir zuerst mit den Fehlern oder mit den großen Vorzügen dieses Novellenromans unsere Beurteilung anfangen sollen. Tun wir jenes, so erweisen wir dem Verfasser, der Vertrauen bei den Lesern verdient, und dem Verleger, der zu ermuntern ist, weil er sich entschlossen hat, ein junges und noch namenloses Talent in die Welt einzuführen, einen schlechten Dienst; fangen wir aber mit den Vorzügen an, so geraten wir bei einem an den vollkommenern Organismus erfahrener Novellenmeister gewohnten Leser, dem die Unbeholfenheit der vorliegenden Dichtung ohne Zweifel eher in die Augen fallen werden als ihre Tugenden, in den Verdacht der Parteilichkeit. Am geratensten ist, Referent begibt sich mit seiner Anzeige sogleich in mediam rem und entwirft, bevor er urteilt, einen Grundriß der Erzählung. Und somit ans Werk!...

Die Leser dieses Blattes sind durch unsern Auszug überzeugt worden, daß sie in diesem Buch etwas Eigentümliches und Vorzügliches zu erwarten haben. Um so unbedenklicher äußern wir uns daher jetzt auch über die Fehler der Anlage und Ausführung. Diese entspringen zum größten Teile viel mehr aus dem Reichtum als aus der Armut eines dichtenden Geistes, der noch nicht zu wissen scheint, daß es auch in der Poesie eine erschöpfende und verderbliche Verschwendung geben kann, welche fortgesetzt freilich am Ende zur Armut führen müßte. Schon bei der Grundidee der Novelle, welche wie bei jedem wahren Gedichte das geistige Substrat seiner Erscheinung bilden muß, stoßen wir auf eine verschwenderische Duplizität. Die Dichtung des Verfassers wird nämlich nicht bloß von einem, sondern von zwei und zwar ziemlich heterogenen Gedanken beherrscht und geleitet, von einer psychologischen Wahrheit und einem Mythus der Phantasie. Jenes ist offenbar der Gedanke: daß es einem Menschen bei dem besten Willen nur mißlingen kann, wenn er das Schicksalspielen und den Zufall einer-, den Betrug andererseits zum Diener seiner Vorsehungsgedanken machen will; die ganze Weltregierung des Pygmäen wird, je nachdem Betrug und Zufall wirken, entweder zur lächerlichen Komödie (und dies wäre die würdige Aufgabe für einen komischen Roman) oder zur schrecklichen Tragödie, wie sie in Mörikes Novelle durch den so fürchterlich mißlungenen Versuch des Schauspielers Larkens, die Vorsehung seines Freundes Nolten zu werden, vortrefflich dargestellt worden ist. Aber der Verfasser begnügte sich damit nicht; es sollte noch ein anderes phantastischeres Geschick durch sein Buch schreiten: Noltens Oheim und die verhängnisvolle Zigeunerin sollen den Gedanken anschaulich machen, »daß oft eine unbekannte höhere Macht in wunderlichen Bahnen den Gang des Menschen planvoll zu leiten scheint. Der meist unergründliche, verhüllte, innere Schicksalskern, aus welchem sich ein ganzes Menschenleben herauswickelt, das geheime Band, das sich durch eine Reihe von Wahlverwandtschaften hindurchschlingt, jene eigensinnigen Kreise, worin sich gewisse Erscheinungen wiederholen, die auffallenden Ähnlichkeiten, welche sich aus einer genauen Vergleichung zwischen frühern und spätern Familiengliedern in ihren Charakteren, Erlebnissen, Physiognomien hier und da ergeben (sowie man zuweilen unvermutet eine und dieselbe Melodie nur in veränderter Tonart, in demselben Stücke wiederklingen hört), sodann das seltsame Verhängnis, daß oft ein Nachkomme die unvollendete Rolle eines längst modernden Vorfahren ausspielen muß: dies alles springt uns offener, überraschender als bei hundert anderen Individuen hier am Beispiele unseres Freundes in das Auge. Dennoch wird man bei diesen Verhältnissen nichts Unbegreifliches, Grobfatalistisches, vielmehr nur die natürlichste Entfaltung des Notwendigen entdecken.«

Diese tiefe, hier so geistvoll ausgedrücke Idee hätte in einem eignen Roman durch das Talent des Verfassers, das allerdings einer solchen Aufgabe gewachsen war, ausgeprägt werden sollen. Aber parallel mit jenem andern Grundgedanken durchs ganze Buch hinlaufend, schadet sie offenbar seiner Entwickelung und wird wieder durch ihn in ihrer eignen gestört. Dieses neue Fatum führt nämlich eine Unzahl von Vorzeichen und (in Sachen und Personen bestehenden) Schicksalsboten herbei, eine Menge Verwickelungen, historische Erklärungen, Rückblicke usw., welche der Einheit der Erzählung und dem Interesse der einfachen Verhältnisse zwischen Larkens, Nolten, Agnes und Konstanze offenbaren Eintrag tun. Die Letztere muß viel zu bald für die Teilnahme, die ihr Wesen und Schicksal eingeflößt hat, von der Szene abtreten; der Hokuspokus mit der Zigeunerin während der Maskerade auf dem Stadtturm nimmt einen ungebührlichen Raum weg und macht offenbar, daß der Dichter nicht Platz genug findet, das Kunststück von Larkens mit der falschen Korrespondenz auf eine die Wahrscheinlichkeit, welche sich der moderne Roman durchaus zur Pflicht machen muß, nicht allzu grob verletzende Weise einzuleiten. Nimmt er sich doch nicht einmal Zeit, uns zu sagen, wie es der Schauspieler angreift, um die Handschrift seines Freundes mit einer so unbegreiflich täuschenden Kunst nachzuahmen. Hätte der Verfasser nicht so viel mit seinen Zigeunereien zu tun gehabt, so würden wir vielleicht auch mehr von dem Inhalt der Briefe erfahren haben, welche die liebliche Agnes schreibt, und im zweiten Teile hätte es ihm alsdann vielleicht gefallen, die geheime Liebe, die durch dieselbe Korrespondenz in des Schauspielers Herz wie eine grünende Saat um den Krater eines ausgebrannten Vulkans zu keinem beginnt, nicht bloß mit der steifen Kanzleisprache eines Chronikenschreibers anzudeuten. Aber wie die psychologischen Wunder durch diese phantastischen leiden, so wird die Entwickelung der Mythe durch die Entfaltung der Vernunftidee geschmälert; dem Leser wird es fast unmöglich, in dem sehr seitwärts gehaltenen, wunderlichen Hofrat (der überhaupt eine etwas verbrauchte Romanfigur ist) bei der letzten Katastrophe den alten Oheim Nolten, den Semizigeuner, zu erkennen. Auch Theobald, der Held der Novelle, wäre schwerlich so ganz dazu verdammt gewesen, einen neuen Beitrag zu den vor lauter Dulden zu keiner Entwickelung eines kräftigen Charakters kommenden Romanhelden zu liefern, wenn er nicht mit einem gedoppelten Fatum, dem gemachten seines Freundes und dem angeborenen der Familie Nolten, zu kämpfen gehabt hätte. Er wäre dann wohl auch nicht so gar bald als Maler verschollen, um bloß als unglücklich Liebender fortzuleben, wodurch der Titel »Maler Nolten« fast zur Unwahrheit wird. Die seltsame Liebe der Zigeunerin zu Nolten verwickelt den tragischen Ausgang der Geschichte und trübt den schönen und rührenden Wahnsinn Agnesens vollends so, daß dem Leser der Trost eines klaren Schmerzes, der zur Versöhnung des Gefühls durchaus notwendig war, dadurch gänzlich geraubt wird.

So viel vom Verschwenderischen in der Grundanlage. Noch viel auffallender zeigt sich der Reichtum eines wahren Dichtergeistes, der aber sein Selbst noch nicht ganz mächtig ist, in der Menge von Episoden und der Überzahl von Personen und Charakteren. Die Episoden sind größtenteils an und für sich so schön, daß es Referent einige Überwindung kostet, sie zu tadeln. Aber der steten Entwickelung der Hauptideen wird doch durch die allzu häufige Unterbrechung Einhalt getan. Die wiederholten Wispeliaden, worunter die zweite überdies, trotz ihrer komischen Kraft, doch wieder alle Grenzen der Wahrscheinlichkeit überschreitet, die Legende vom Geiger, die Geschichte von Alexis und Belsore sind sehr hoffnungsvolle Novellenembryone; aber unsere umfangreiche Geschichte sollte nicht mit ihnen schwanger gehen. Nur das Zwischenspiel: »Der letzte König von O.«, mit seiner Thereile und wunderbarem Silpelitt, sowie sämtliche gar köstliche Lieder der

Sammlung, auch das Handwerkerkollegium Lörmers im Bierhause möchten wir keinesfalls vermissen, denn diese Episoden sind wirklich mit unsichtbaren Fäden an die Hauptgeschichte selbst geknüpft.

In den Charakteren offenbart sich eine herrliche Kenntnis des menschlichen Herzens, die an dem ohne Zweifel jungen Verfasser so bewunderungswürdig ist wie an dem vierundzwanzigjährigen Goethe in »Werthers Leiden«. Der lieblichen Agnes hat schon Wolfgang Menzel im »Literaturblatt« ihr volles Recht angetan, und wir unterschreiben alles dort über sie Gesagte; nur einen Zweifel erlauben wir uns: ist so viel Gesundheit des Leibes und Geistes mit der frühen Prädisposition zum Wahnsinn vereinbar? Der Charakter von Larkens ist ein Meisterstück; ja, es gibt solche edle, aber halb verlorene Naturen, die, was sie mit Unterlassungs- und Begehungssünden an ihrem eignen Ich verbrochen haben, durch die aufopferndste Fürsorge für ein zweites Ich wieder gutzumachen suchen. Daß es ihnen nicht gelingt, daß sie darüber verzweifeln und zu Grunde gehen, ist ein Akt der göttlichen Strafgerechtigkeit. Die Durchführung dieses Charakters erfüllt mit Achtung gegen den jungen Schriftsteller, dessen Feder ihn gezeichnet hat. Die Zigeunerin wäre uns in einem neuen Roman sehr willkommen; hier ist sie nicht bloß der böse störende Genius der Geschichte, sondern auch des Kunstwerks und dürfte schon als zweite Wahnsinnige etwas überzählig sein. Sehr viel Wert haben als Charakterzeichnungen auch Konstanze, Adelheid, Nanette, der Förster, Amandus, das schöne Mohrengesicht Margot, in welcher Mörike die gelehrten Frauen, wenn sie es mit Vernunft sind, sehr schön verteidigt hat; dann Noltens wunderlicher Vater, Wispel, Lörmer, welche Karikaturen, aber gewiß Karikaturen nach dem Leben sind, wie denn überhaupt an dieser Novelle es so anziehend ist, daß sie fühlbar fast lauter Erlebtes, nicht aus der bloßen Idee Herausgesponnenes oder andern Büchern Abgeborgtes enthält. Der Fehler ist nur der, daß der Verfasser zu viel Erlebtes, namentlich in Charakteren, anbringen will. Wozu zwei oder drei Barone und ein Präsident obendrein, da für die Geschichte eine Person der Art genügt hätte; wozu ein Leopold, und ein für die Begebenheiten ganz gleichgültiger Raimund, der mit seiner Henriette doch so ausführlich behandelt ist; wozu andere Personen die Menge? Henni, der Blinde, eine ganz Jean Paul'sche Figur, ist höchst anziehend, aber in der klaren Atmosphäre des Buches nimmt er sich noch ängstlicher aus, als selbst Elisabeth, und im Wundereifer läßt der Dichter den Blinden nicht bloß eine Vision (die herrlich ist), sondern den leibhaftigen Leichnam des Malers selbst sehen. Wären nicht so viele Charaktere und Episoden gehäuft, so würden wir auch das ahnungsvolle Gemälde Noltens, das den Grundton des Ganzen zum Voraus angibt, besser im Gedächtnisse behalten. Von den zahlreichen Verstößen gegen den Ton der Gesellschaft, welche der Verfasser begeht, wo er die große Welt, die er nicht kennt, zu schildern unternimmt, wollen wir nicht weitläufig sprechen, obwohl der Leser, der längst des Dichters Freund geworden ist, diesen anstoßen und noch zu rechter Zeit warnen zu müssen glaubt, wenn er lesen soll, daß Konstanze, die Gräfin, von der Gesellschaft aufsteht, um – nach dem Tee zu sehen; oder wie sie in Gedanken mit einem Wischlumpen die Meubles abputzt, oder morgens bei 25 Grad Kälte in den Garten geht. Doch, stille von diesen kleinen Unbeholfenheiten!

> – ingenium ingens
> Inculto latet hoc sub corpore. –

Mit dieser Überzeugung nehmen wir von dem Erstlingsprodukt eines seltenen Talents Abschied und hegen den innigen Wunsch, daß es einem Ludwig Tieck gefallen möchte, den »Maler Nolten« zu lesen und den Verfasser, der sich zu seinem Schüler bekennen muß, eines aufmerksamen Blickes zu würdigen.

Levin Schücking

(Adalbert Stifter, Studien)

Auf einer gleich hohen Stufe, nur ärmer in der Form, nur mehr noch Dilettant, aber reicher durch kindliche Innigkeit des Gemüts als Sternberg, steht ein Schriftsteller, dessen Namen hier – ich bin überzeugt – vor vielen Ohren zum erstenmal ausgesprochen wird, und der dennoch verdient, laut genannt zu werden, wo man die besten Dichter der Gegenwart nennt. Ich meine Adalbert Stifter, von dessen Novellen bis jetzt zwei Bände in Pest unter dem Titel »Studien« erschienen sind, zwei andere noch erscheinen werden. Wie Sternberg die Gesellschaft und ihre Sitten in der Gegenwart und in der Vergangenheit zu schildern weiß, so Stifter die Natur und ihr Leben und Wesen und den vollen Zauberklang, der die Natur zu Resonanzboden hat, das tiefe Gemüt des Menschen. Stifter ist Österreicher; er hat seine Seele in diese stillen Kreise geflüchtet, und in ihnen ist er glücklich. Sein eigentlicher Lebensberuf ist die Malerei; doch zweifeln wir, daß er in ihr größere Erfolge erringt als sie dem Schriftsteller werden; wir zweifeln, ob er mit solcher Meisterschaft, wie in seinen Erzählungen, auf seine Leinwand zu malen versteht den sommerlichen Duft der Alpenmatten und die weißen Gebirgshäupter im Sonnenstrahl, den goldig heitern Himmel und die Sennen, deren Lieder wie fröhliche Schmetterlinge gaukeln durch blaue glänzende Lüfte, und darunter all das herrliche Gottesleben der Blüten, der Halme, der hellkehligen Vögel und der frohen Menschen. Es ist ein Verständnis für die Stimmen der Natur und für die geheimen Offenbarungen ihres Webens und Schaffens in diesem Manne, welches ans Wunderbare grenzt. Er hat diese Weisheit nicht aus Büchern gelesen, sondern sein Ohr unmittelbar an die mütterliche Brust der Erde gelegt, um dort zu lauschen, wie das Herz der Schöpfung in ihrem Innersten pocht. Man denkt sich Stifter als Hirtenbuben auf der Alm umherschlendern, als Jäger durch die Waldungen streifend: wie könnte er sonst in jedem Kraut und in jedem Strauch so alte liebe Bekannte begrüßen? Um eine Stadt schildern zu können, wie sie eigentlich ist, »muß man Gassenbube in ihr gewesen sein«; um die Natur malen zu können, muß man sich trotz Käfer und Ameisen im Sande der Heide gewälzt, Nester ausgenommen und wenigstens einige Male das Vergnügen gehabt haben, in einen Wiesengraben zu fallen. Wir trauen Stifter in dieser Beziehung alles Mögliche zu: möge er in diesen angenehmen Erinnerungen schwelgen ; möge er sich hüten vor den Büchern! Vor den widerlichen Golems unter den Novellen Tiecks, deren Figuren halb Marionetten, halb Tollhäusler sind, an welche der Verfasser das Gold und die Perlen seiner Gedanken vergeudet. Ferner vor Hoffmanns kapriziösen Ungeheuerlichkeiten und Fratzen, am meisten aber vor der verschwimmenden Weichheit Jean Pauls, die jeden plastisch festen Umriß einer Gestalt mit dem Tränentuche verwischt und unsauber macht. – Stifter, scheint es, hat viel in diesem Autor gelesen; wir wollen ihm keinen Vorwurf daraus machen, denn noch ist ein sichtbarer Einfluß derselben auf ihn nicht entschieden nachweisbar, aber jedenfalls muß ihm der Rat gegeben werden, diese musikalisch zerflossenen Schriftsteller nicht zu hoch zu stellen, sondern sich an die plastischen, an Scott, an Dickens, an die älteren Engländer zu wenden. Stifter mag freilich eine gewisse Abneigung dagegen haben, dem wirklichen Leben und allen seinen Kruditäten näher zu treten. Denn seine Seele ist empfindsam wie eine Sensitive und keusch wie eine eben erblühte Wasserlilie; seine Natur hat etwas Blumenhaftes; aber dies verleitet ihn, die andern Menschen auch zu sehr als Blumen zu betrachten. Er kennt, wenn er Charaktere zeichnet, nur helles Licht und Schlagschatten, und weil er diese Schatten noch versteckt durch den unendlich liebenswürdigen Drang nach

Versöhnung, nach Vermittlung aller herben Gegensätze, nach Auflösung jedes schroffen Mißklangs zu einer religiösen Harmonie, so läßt er uns zwar jede seiner Erzählungen mit befriedigtem Gefühl aus der Hand legen, aber als Künstler würde er höher stehen, wenn er seine Lichter und Schatten so zu nuancieren wüßte, daß seine Menschen so klar und wahr, so fester Hand und scharfen Blicks gezeichnet vor uns träten, wie seine Landschaften und seine Blumen es tun. Er hat das Talent dazu, und er übt es auch oft, aber nicht immer; sein Wirt Erasmus zur Fichtau in der Erzählung »Die Narrenburg« ist ganz eine Gestalt, wie wir ihrer mehr bei Stifter zu finden wünschten. Dagegen ist der wahnwitzige Kastellan in derselben Erzählung eine Figur ohne Leben und Wahrheit, wie sie Hoffmann malte, nicht wie sie in der Wirklichkeit uns begegnen können. In der Erzählung »Der Hochwald« gemahnen Gregor und die beiden Mädchen auch an solche aus der Bücherwelt entlehnte Gestalten. Nur vor allem nicht, wo man ein klares, tüchtiges und kernhaftes Mannsgemüt darstellen will, wie den Gregor, ihm mit sentimentalen und idealen Phrasen die Aaronsmütze eines Priestertums der Weisheit und Erhabenheit aufstülpen! Und will man eine liebliche junge Gestalt zeichnen, so ist man ihrer Frische und Munterkeit immer sicherer, wenn man sie am Schöpfbrunnen sich waschen läßt, als wenn sie die irdische Brust in Morgenrot badet. Nur keine Überschwenglichkeit!

Adalbert Stifter ist zu wenig noch bekannt und besprochen, als daß ich nicht näher auf seine Dichtungen eingehen sollte. Um zu zeigen, wie originell seine Erfindungen und Motive sind, mag die erste und die letzte der in seinen beiden vorliegenden Bänden »Studien« mitgeteilten Erzählungen angeführt werden. Die erste heißt »Der Kondor«. Dies ist nichts anderes als ein Ballon, in dem eine schöne und vornehme Dame einen Engländer und seinen gelehrten Begleiter, der ein altes gebrechliches Männchen ist, auf einer Fahrt durch die Lüfte begleitet. Sie ist ein hochherziges und stolzes Mädchen, das sich von den Schranken des Frauentums gedrückt und beengt fühlt und über sie hinaus auf den Bahnen des männlichen Geistes wandeln möchte. Ein junger Maler liebt sie, doch auch von der Liebe will ihr Stolz sich nicht unterjochen lassen; aber es reizt ihren hochfliegenden Mut, allen Abmahnungen zum Trotz, in unsäglichem Wagnis die Lüfte zu durchsegeln und den Sternen nahe zu fliegen. Der Ballon wird gelöst, er flattert, er steigt, steigt bis zur Höhe des Montblanc – noch höher, immer höher, bis wo die Sterne am Tag sichtbar werden, aber der blaue Himmel schwindet zu einem schwarzen Nichts. Hier, dem unausstaunbaren Gedanken der Ewigkeit gegenüber, hier im Angesicht des Unendlichen schwindet der kühnen Seglerin der Mut; die Kraft über das Ich geht verloren, und während das schwache gebrechliche alte Männchen in seiner mathematischen Seelenruhe mit überraschend starker Stimme ausruft: »Ich habe es gesagt, das Weib erträgt den Himmel nicht!« sinkt sie zusammen, die wissenschaftlichen Beobachtungen der beiden Männer müssen abgebrochen werden, man lüftet die Klappe und wie eine Riesenfalke stößt der Kondor hundert Klafter senkrecht nieder in die Luft und sucht die Erde wieder. Von diesem Augenblick an ist der Stolz des herben jungfräulichen Wesens gebrochen; es ist eine Krisis eingetreten, in welcher der Gedanke der Unendlichkeit die Weiblichkeit in ihr hat zur Blüte gezeitigt; sie fühlt, daß sie an die Kraft des Mannes als eine Ergänzung ihres Wesens gewiesen ist, und sie ergibt sich in Liebe. Seltsamerweise hat nun Stifter, statt hier zu enden, noch ein Langes und Breites von weiteren Schicksalen der beiden Helden erzählt, wobei es weder ihm recht Ernst mit der Erzählung ist, noch dem Leser mit der Teilnahme sein kann. Dieser Zopf an der Geschichte ist ihr Fehler; ihr höchster Reiz aber ist die Schilderung der Luftfahrt. Wir fliegen mit empor, wir staunen, wir fühlen uns erschüttert, überwältigt – ja es schwindelt uns wirklich, und wir wagen nicht neben uns nieder auf den Boden zu blicken, von der fabelhaften Höhe aus, in die uns der Dichter getragen hat. Eine solche Macht der Schilderung, eine solche Lebendigkeit in der Darstellung einer Szene, welche der Verfasser selbst wahrscheinlich nie sah und von der wir andern weniger mit Phantasie und Intuition begabten Menschen kaum mehr zu sagen wüßten, als daß man nichts mehr sieht – findet schwerlich irgendwo ihres Gleichen.

Die andere der Erzählungen, von der wir reden wollten, heißt »Die Narrenburg«. Die Meisterschaft der Darstellung, welche wir eben bewunderten, als sie sich in den unendlichen Regionen der höchsten Ätherschichten heimisch zeigte, bewährt sich hier in dem vollendeten Landschaftsbilde, das nichts als ein stilles Alpental, die »Fichtau«, und ihre Bewohner darstellt. Ungern folgt der Leser aus dieser sonntagheitern Mailandschaft über heiße Sandpfade und unter ausgedörrten Kieferalleen dem Autor zur »Narrenburg« hinauf, den verlassenen Schloßgebäuden weiland Hans von Scharnasts, eines reichen Edelmanns, welcher die Bestimmung getroffen hat, daß jeder Besitzer des Schlosses nach ihm schwören solle, sein Leben genau und wahrheitsgetreu aufzuschreiben und zugleich alle Lebensbeschreibungen seiner Vorfahren zu durchlesen. Er hatte dabei die doppelte Absicht, seine Enkel durch diese Pflicht, alles einst haarklein beichten zu müssen, von Verirrungen abzuhalten und den späteren Nachkommen warnende Beispiele in den Biographien ihrer Väter zu hinterlassen. Leider erreichte er diese Zwecke nicht; denn die Scharnasts schienen sich im Gegenteil ein Beispiel zu nehmen an den unklugen Taten, die sie in den Biographien aufgeschrieben fanden, und machten so viel tolle Streiche, wie nur immer in eine Lebensbeschreibung hineingehen. In diese Wunderlichkeiten und Verirrungen der Nachkommen des alten Scharnasts läßt uns der Erzähler nun einige Blicke werfen; er webt aus düstern und schreienden Farben allerhand phantasmagorische Bilder zusammen; eine glühende Einbildungskraft wühlt in einer Reihe von lieblichen und schrecklichen Situationen herum: sie verirrt sich in eine düstere schwüle Nacht, in der Wetterleuchten schwirrt, blutige Sterne auf- und niedertauchen, Purpurlichter glühen und erblassen, und haarflatternde Gedanken wie verirrte Seelen durch die bange Öde schweben. Gewiß ist es ein reiches Talent, das so in Schätzen schwelgen kann, welche seine Phantasie ihm unermüdlich zuträgt; aber ein solches Schwelgen ist nicht poetisch. Es fehlt die Klarheit, das künstlerische Bewußtsein und die Idee in dieser wirren Traumwelt.

Noch eine Erzählung, die vor allem andern lieblich ist, können wir nicht übergehen: sie heißt »Das Heidedorf« und ihr ganzer Inhalt besteht in der Schilderung eines Hirtenbuben, seiner Heide, seiner erwachenden Sehnsucht und seines Wegziehens in die Ferne, endlich seiner Rückkehr zu den Seinigen. Wie das Herz des Kindes und die Natur, die ärmliche farblose Natur der Heide, hier in Wechselwirkung tretend sich ineinander leben, wie jenes sich mehr und mehr erweitert, je weiter sein Horizont auf der stillen Ebene ihm erscheint, diese, die Natur, sich reicher und reicher spiegelt in jenem, je größer und umfassender es wird – das ist mit einer wunderbaren Anmut und Tiefe geschildert. Stifter zeigt sich hier wieder als wahrer Dichter; was seine Hand berührt, und wäre es auch das Ärmlichste und Verspottetste, es glüht und blüht plötzlich in den schönsten Farben und Gestalten aus, es schmückt sich und prunkt mit Schätzen, die keines Menschen Auge je da gesucht hätte. So hier die Heide. Die Schilderung derselben erinnert uns an die »Heidebilder« in den jüngst erschienen Gedichten von Anette v. Droste und fordert zu einer Vergleichung beider Darstellungen heraus; beide sind von gleich treffender Wahrheit, beide beweisen ein gleich tiefes und inniges Verständnis der Natur; aber seltsamerweise zeigt sich die Dichterin in ihrer Auffassung großartiger, dämonischer, kühner, der Mann sinniger, stiller, lieblicher. – Wir werden vielleicht auf die zwei folgenden Bände der Stifterschen Studien zurückkommen, da sie wohl den »Abdias«, die Erzählung, welche man als die beste rühmt, bringen werden.

Friedrich Hebbel

Das Komma im Frack

Demjenigen, welcher der Literatur und der Kunst eine mehr als oberflächliche Aufmerksamkeit zuwendet, kann es nicht entgangen sein, daß jetzt in allen Gebieten der Genre eine ganz unverhältnismäßige Rolle spielt. Er wird nicht allein an sich in seinen sämtlichen zahllosen Spielarten auf das sorgfältigste gehegt und gepflegt, er greift auch mehr und mehr aus dem ihm angewiesenen Kreise in die höheren Sphären hinüber, indem die idealen Formen in seinem Sinne behandelt und dadurch zerstört, wenigstens verrückt und verunstaltet werden. Es wimmelt z.B. auf unseren Gemälde-Ausstellungen nicht bloß an allen Ecken und Enden von spielenden Kindern und säugenden Müttern, sondern auch das historische Bild nimmt Zwitter-Elemente in sich auf, die es scheinbar dem Gemüt näherführen, es in demselben Grade aber auch dem Geist entfremden und es im Grund vernichten.

Die Erscheinung ist an und für sich keineswegs unnatürlich oder unerklärbar. Die Kunst drängt nach ihrem ewigen Entwicklungs-Prinzip zunächst unaufhaltsam zur Spitze und verweilt auf den untergeordneten Stufen nicht länger, als sie durchaus muß, um ihre Kräfte zu erproben und auszubilden. Wenn sie aber auf der Höhe angelangt ist, steht sie ebensowenig still, um nun fort und fort Universal-Schöpfungen zu produzieren oder, wie Gott der Herr nach der Hervorbringung des Menschen, zu feiern, sondern sie mißt den ganzen Weg zurück und vertieft sich, in treuem Ernst nachholend, was sie in der ersten Begeisterung übersprang, bei jedem Schritt inniger ins Detail. So entspringt der Genre und mit ihm die einzige Quelle ästhetischen Genusses für alle diejenigen, die nicht imstande sind, ein Ganzes aufzufassen und in sich aufzunehmen, wohl aber, sich am Einzelnen zu erfreuen.

Das ist nun kein Unglück, im Gegenteil, es wird auf diese Weise wirklich eine neue Seite der Welt erschlossen, in die sich auch der noch mit Vergnügen einlebt, der über dem Moos, trotz seiner Zierlichkeit, den Eichbaum nicht vergißt, auf dem es wächst, und über dem Eichbaum nicht den Wald, zu dem er gehört. Schlimm ist nur, daß die Grenze leicht überschritten und das Maß verrückt wird, und das geschieht immer, früher oder später. Weil das Moos sich viel ansehnlicher ausnimmt, wenn der Maler sich um den Baum nicht bekümmert, und der Baum ganz anders hervortritt, wenn der Wald verschwindet, so entsteht ein allgemeiner Jubel, und Kräfte, die eben für das Kleinleben der Natur ausreichen und sich auch instinktiv die Aufgabe nicht höher stellen, werden weit über andere erhoben, die den Mückentanz schon darum nicht schildern, weil er neben dem Planetentanz gar nicht sichtbar ist. Da fängt das »Nebenbei« überall an zu florieren; der Kot auf Napoleons Stiefeln wird, wenn es sich um den großen Abdikationsmoment des Helden handelt, ebenso ängstlich treu gemalt wie der Seelenkampf auf seinem Gesicht; dem Jambus der Tragödie wird es als eine positive Tat angerechnet, wenn er den Hiatus zu vermeiden weiß, und die Wucht des Gedankens wird ihm dafür erlassen; die Statue buhlt mit der Nips-Figur um ihre Reize und unterscheidet sich zuletzt nur noch durch die Dimensionen von ihr usw. Kurz, das Komma zieht den Frack an und lächelt stolz und selbstgefällig auf den Satz herab, dem es doch allein seine Existenz verdankt.

Es ist vollkommen hinreichend, die Erscheinung zu markieren, und darum überflüssig, sie in allen Kreisen der Kunst im einzelnen nachzuweisen; wir wollen sie daher nur in einer Branche der Literatur verfolgen, in der sie am schlagendsten hervortritt, und hier den Moment aufzeigen, wo sie sich vermöge der sich mit unausweichbarer Notwendigkeit ergebenden letzten Konsequenzen selbst wieder aufhebt. Daß sie vorhanden ist, wird niemand leugnen, der sich an den Dorfgeschichten-Schwindel unserer Tage erinnert und sich dabei vergegenwärtigt, welch eine bescheidene Rolle die eigentlichen Schöpfer dieses Genre, Jung-Stilling, Pestalozzi und Ulrich Hegner, deren Leistungen ihre Zeitgenossen doch auch zu würdigen wußten, gespielt haben. Unterstützt wird sie durch eine Theorie, die das Ideal und das Abstrakte miteinander verwechselt und dem stumpfen Realismus, der die Warze ebenso wichtig nimmt wie die Nase, auf der sie sitzt, eifrig das Wort redet, weil sie nicht ahnt, daß jedes Bild ohne Ausnahme ein hieroglyphisches Element in sich aufnehmen muß, welches nach allen Seiten die Grenzen zieht. Dem Maler, der die perspektivischen Gesetze beobachtet und Vordergrund und Hintergrund durch Zeichnung und Kolorit gehörig auseinanderhält, wird nicht vorgeworfen, daß ihm bei den Figuren, die nicht in greller Beleuchtung dastehen, die Linien mißraten und die Farben ausgegangen seien; aber der Dichter, der nicht im Genre steckenbleibt, muß diesen Vorwurf alle Tage hören. Darum stürzen sich auch alle mittleren Talente Hals über Kopf in den Genre hinein, und die großen müssen ihren mühevollen Weg einsam fortsetzen und werden um die rasche Wirkung gebracht. Als Immermann die Dorfgeschichte, um endlich auf diese zurückzukommen, durch seinen »Hofschulzen« wieder ins Leben rief, fand er noch nötig, seinem markigen westphälischen Idyll ein allgemeines Weltgemälde gegenüberzustellen, das freilich in den forcierten komischen Partien nicht besonders gelungen war, das aber doch den Blick ins Weite und Freie offenließ. Seine nächsten und bedeutendsten Nachfolger schlossen die Fenster schon zu und waren auf den erstickenden Brodem, der sich bei dem Mangel an Luftzufuhr nun in ihren Bauernstuben entwickeln mußte, nicht wenig stolz. Sie hielten aber doch wenigstens noch den Menschen fest, wenn auch nur auf höchst untergeordneter Stufe, und der hervorragendste von ihnen, Jeremias Gotthelf, knüpfte immer, wenn auch nicht an Ideen, so doch an didaktische Gesichtspunkte an, um der Stagnation vorzubeugen. Erst dem Mann der ewigen Studien, dem behäbigen Adalbert Stifter, war es vorbehalten, den Menschen ganz aus dem Auge zu verlieren, und in diesem vollzog sich denn auch die Selbstaufhebung der ganzen Richtung, die in seinem »Nachsommer« entschieden den letzten denkbaren Schritt getan hat. Denn dies Produkt ist schon bei Ersch und Gruber oder bei Junkers »Handbuch gemeinnütziger Kenntnisse« angelangt, und selbst derjenige, der dem Verfasser noch durch das Gebiet der Botanik mit Ruhe und Geduld gefolgt ist, muß einsehen, daß die ästhetische Tat aufhört, wo die Rezepte anfangen. Es ist aber durchaus kein Zufall, daß ein Stifter kam und daß dieser Stifter einen »Nachsommer« schrieb, bei dem er offenbar Adam und Eva als Leser voraussetzte, weil nur diese mit den Dingen unbekannt sein können, die er breit und weitläufig beschreibt. Darin liegt Folgerichtigkeit nach beiden Seiten. Der ausartende Genre reißt sich mehr und mehr vom alles bedingenden, aber auch alles zusammenhaltenden Zentrum los und zerfällt in demselben Moment in sich selbst, wo er sich ganz befreit zu haben glaubt. Und das überschätzte Diminutiv-Talent kommt ebenso natürlich vom Aufdröseln der Form zum Zerbröckeln und Zerkrümeln der Materie, schließt damit aber auch den ganzen Kreis vollständig ab.

Adalbert von Chamisso

Gedichte von Ferdinand Freiligrath
Stuttgart und Tübingen 1838

Diese im Jahre 1836 veranstaltete Sammlung ist jetzt erst erschienen, und während sie uns die Verlagshandlung vorenthalten hat, haben die in Taschenbüchern und Tagesblättern zerstreuten Gedichte Freiligraths so allgemeine Anerkennung gefunden, daß eine bloße Anzeige des Buches die Beurteilung und Anpreisung desselben überflüssig macht.

Es ist erfreulich, daß in unserer Zeit, wo, wie im politischen Leben der Völker, so auch in Wissenschaft und Kunst, die Massen Teil an der allgemeinen Bewegung nehmen, die zu leiten sonst einzelnen Hochgestellten vorbehalten war, sich doch der gottbegabte Dichter Bahn bricht, und von seiner Nation gewürdigt wird.

Allerdings habent sua fata libeli; allerdings können die Umstände den Dichter begünstigen. Auf die Frau von Staël und auf Byron zogen schon ihr Name und ihre Stellung die Augen der Welt; aber nicht minder als ihnen ist dem Sohne seiner Lieder, Béranger, ein europäischer Ruf zu Teil geworden, und die Schriften von Lucian und Joseph Bonaparte sind unbeachtet untergegangen. Parteien und Coterieen mühen sich vergebens, ihre gekürten Günstlinge mit falchem Purpur zu bekleiden, wird auch diesen Afterfürsten die Aufmerksamkeit eines Tages zugewendet, rächt sich doch bald an ihnen der Hohn, und die Nacht der Vergessenheit schließt sich über ihnen zu.

Die Kunst, die Blüte des Volkslebens, muß in ihm lebendige Wurzeln haben und sich darüber erheben, um wiederum auf dasselbe einzuwirken. Seiner Volkstümlichkeit verdankt Béranger die Dichterkrone. Horace Vernet ist der Béranger der Malerei. Beiden vergleichbar, bei entschiedener Verschiedenartigkeit der Volkstümlichkeit und Eigentümlichkeit, hat sich unter unsern jüngeren Dichtern Anastasius Grün die Vorliebe Deutschlands erworben. Sein Gesang hallt in alle geselligen Fragen, die die Zeit anregt, und den, der seiner Zeit genug getan, wird die Nachwelt nicht vergessen. Lenau hat mit kräftiger Individualität sich bald bemerkbar gemacht. Freiligrath, an Eigentümlichkeit, Ursprünglichkeit, Kraft und Fülle der Poesie keinem nachstehend, hat ohne Fürsprache durch die bloße Macht seines Gesanges die Aufmerksamkeit, die er verdient, erzwungen.

Wenn unter den neueren Dichterwerken »Wieland der Schmied« von Simrock die allgemeine Teilnahme nicht erweckt hat, die er mir zu verdienen scheint, so ist es wohl dem Umstand zuzuschreiben, daß diese Dichtung, sich dem Sagenkreis der Nibelungen anreihend, in die Gegenwart nicht eingreift, und die geschäftige Zeit an einem Kunstwerk größeren Umfangs vorübereilt, das sie der Gelehrsamkeit überweisen zu können glaubt. Wenn unter älteren Dichtern Trinius unbeachtet geblieben ist und seine »Wilhelms-Schlucht« nicht genannt wird, so rührt es daher, daß dieses Dichterwerk zwar gedruckt (»Dramatische Ausstellungen von K. E. Trinius«. Berlin, bei Reimer. 1820) aber nicht angezeigt worden ist: man hat es nicht mißachtet, aber dessen Dasein wirklich nicht erfahren.

Wie zu Schillers Zeit die kräftige Eigentümlichkeit dieses Dichters vielen Nacheiferern zum Vorbild diente; wie in unsern Tagen Heines Sangesweise vielfachen Widerhall geweckt hat, also beginnt auch Freiligraths Einwirkung in der deutschen Lyrik bemerkbar zu werden. Nachahmer suchen sich die Vorteile seiner Technik anzueignen und studieren sich in seine Manier ein, während andere von seinem Geiste befruchtet werden. Ich werde selbst an manchem meiner neueren Lieder diese Einwirkung gewahr.

Die hier besprochene Sammlung ist »den Dichtern Adelbert von Chamisso und Gustav Schwab gewidmet«. Es hat bereits ein Gedicht, in welchem Freiligrath meinen Namen genannt hat, zu der Bemerkung verleitet: er suche auf diese

Weise sich beliebt zu machen. Ich glaube, diese Beschuldigung, zu welcher ich die Veranlassung gewesen bin, zurückweisen zu dürfen. Allerdings hat sich Freiligrath bei mir beliebt gemacht; zuerst, wie bei allen Freunden der Poesie, durch den Reichtum und die Fülle seiner Ader, durch die Ursprünglichkeit und Gewalt seines Gesanges. Also nahm ich (1835) in den deutschen Musen-Almanach, der hauptsächlich dazu bestimmt sein soll, solchen Dichtern Eingang zu verschaffen, die ersten Gedichte, die ich von Freiligrath sah, mit einer Freude auf, die mir selten in gleichem Maße zu Teil geworden ist. Ich habe in der Folge aus seinen Liedern auch den Sänger persönlich schätzen und lieben gelernt, den liebwerten, bescheidenen, fremdem Verdienst begeistert huldigenden Sänger, der nicht sich nur vergöttern will, nicht sich nur in der Dichtung liebt, sondern unbedingt unbefangen Flammen fängt, so bald ihm der Funke der Poesie entgegensprüht.

Ich überlasse es anderen, Freiligrath mit Platen von Hallermünde, dem er nach dessen Tod einen Lorbeerkranz geflochten hat, zu vergleichen. – Man schlage in der Sammlung die Gedichte nach: »ΟΔΥΣΣΕΥΣ«, »Der ausgewanderte Dichter«, »Bei Grabbes Tod« u. a. m.

Was aber Freiligrath vermocht hat, die Zuneigung, die er mir eingeflößt, zu erwidern, will ich aufdecken. Ich habe mich veranlaßt gefunden, in vertrauter Mitteilung den jungen Dichter auf Abwege aufmerksam zu machen, welche einzuschlagen er verleitet werden könnte, und habe gegen ihn über Gedichte, die er später unterdrückt hat, den schärfsten Tadel, den je die Kritik hätte ergießen können, schonungslos ausgesprochen.

Daher die gerügte mir schmeichelhafte Stelle jenes Gedichts, daher mein Name vor der Sammlung seiner Lieder.

Friedrich Hebbel

Das Urbild des Tartüffe
Ein Lustspiel in fünf Aufzügen von Karl Gutzkow

Die Direktion des Hofburgtheaters bringt uns jetzt statt des Gutzkowschen »Uriel Acosta« sein »Urbild des Tartüffe«. Das Publikum hat alle Ursache, mit diesem Tausch zufrieden zu sein.

Es gibt einen Standpunkt, auf dem das Willkürliche, welches für den gewöhnlichen Blick an den Erscheinungen der Geisterwelt zu haften pflegt, verschwindet, weil sich auf ihm eine jede in das organische Produkt eines bestimmten elementarischen Mischungsverhältnisses der Kräfte auflöst. Von diesem Standpunkte aus wird dereinst das letzte und wichtigste Kapitel der Naturgeschichte geschrieben werden, und dies Kapitel wird unter anderem zeigen, daß im ästhetischen Kreise nicht bloß nach Gesetzen hervorgebracht und geschaffen, sondern auch nach Gesetzen gepfuscht und gestümpert wird. Wer diesen Standpunkt erklommen hat, der wird begreifen, daß das Kleine und Häßliche mit einem ebenso großen Haß gegen das Erhabene und Schöne erfüllt sein muß, wie das Laster gegen die Tugend, und daß derjenige, der die Welt mit Affen- oder Fischaugen betrachtet, das Bild der Welt, wie es ein Mensch, und gar ein Michelangelo oder ein Raffael wiedergibt, selbst bei dem besten Willen nicht gelten lassen kann. Auf diesem Standpunkt allein ist eine Kritik möglich, die alle bedingenden Momente zugleich umfaßt, die nicht bloß den verknüpfenden Faden zwischen einem speziellen Erzeugnis und seinem Erzeuger, sondern auch den tiefer liegenden zwischen einem Erzeuger und der Natur aufzudecken weiß, und die uns so in jedem Fall auf die ewige und unantastbare Notwendigkeit selbst zurückführt. – Diesen Standpunkt sollte man immer festzuhalten suchen.

Es gibt Geister, die Spitzen und Ausgänge eines Naturprozesses sind; es gibt andere, die nur Stadien und Übergänge desselben darstellen. Von jenem gehen stets reine, entschiedene Eindrücke aus; von diesen verworrene und unbestimmte. Jene haben darum mit Notwendigkeit infolge des sich überall betätigenden Gesetzes der Wahlverwandtschaft nur Freunde und Anhänger oder Feinde und Verfolger; diesen erwächst, je nachdem im konkreten Fall das eine oder das andere Element ihres Wesens herrschend hervortritt, zuweilen aus dem Freund ein Gegner und ebenso oft aus dem Gegner ein Freund. Die einen deuten rückwärts, und dem mit Tiefblick begabten Historiker ist es nicht selten möglich, eine ganze Stufenleiter von vorbereitenden Individuen aufzuzeigen, die ihnen vorherging. Die anderen deuten vorwärts und finden oft erst nach Jahrhunderten ihre Ergänzung.

Gutzkow gehört zu den Geistern der letzterwähnten Art. Er hat gewiß keinen Gegner, wenigstens keinen ehrenhaften, der die elementarische Mannigfaltigkeit seiner Natur verkannte. Er hat wohl ebensowenig einen Freund, der die Formen, in denen diese Mannigfaltigkeit sich zu manifestieren sucht, gesättigte und abschließende zu nennen wagte. Wie oft hat die höhere Kritik ihm zurufen müssen, wenn er einen neuen Weg einschlug: »Kehre um, der führt dich zu keinem Ziel!« Wie selten ist er ihr gefolgt, weil er wußte, daß er wenigstens Blumen mit zu Hause bringen würde! Wer wagt zu bestimmen, ob er recht oder unrecht tat! Ist es doch wahrscheinlich, daß die Steigerung und weitere Entwicklung eines so beschaffenen Geistes an Prozesse geknüpft ist, deren Resultate nicht mehr in den Gesichtskreis eines fremden und irdischen Abschätzers fallen, weil sie eben rein innerliche sind, weil sie Knoten für Schößlinge bilden, die erst in einer neuen Lebenssphäre sprossen sollen.

Auch ich mußte mich schon mehr als einmal gegen Gutzkow erklären, und ich müßte es wieder tun, wenn ich heute seinen »Uriel Acosta« zu beurteilen hätte. Man mißverstehe mich nicht. Wenn ich dasjenige Trauerspiel Gutzkows, was seine Freunde einstimmig sein vorzüglichstes nennen, nicht in ihrem Sinne anerkennen kann, so schließt dies eine Anerkennung in meinem Sinne keineswegs aus. Ich weiß sehr wohl, daß es ebenso weit über die nüchternen Aftergeburten unserer ordinären Jambenschmiede hinausragt, als es hinter einer lebendigen Schöpfung zurückbleibt, und daß die Direktion des Hofburgtheaters überhaupt mit vollem Rechte lieber das Schlechteste von einem Manne wie Gutzkow zur Aufführung bringt, als das Beste von einem dieser Puppenspielfabrikanten, für die auf den Brettern, die die Welt und nicht die Bettlerherberge bedeuten, nach dem großen Umschwung der Dinge nicht einmal in einem Schaltjahr noch ein Abend übrig sein sollte. Aber »Uriel Acosta« und alles, was Gutkow im Tragischen geleistet hat, reicht so wenig an eine untergeordnete als an die höchste Aufgabe der echten Tragödie, während sein »Urbild des Tartüffe« den Ansprüchen, die unsere Zeit an das Lustspiel macht, in hohem Grade genügt. Deshalb kann das Publikum sich freuen, daß ihm das eine Stück, statt des anderen, vorgeführt wird, und auch der Kritiker, der sich nicht im absoluten Negieren gefällt, wird die Gelegenheit gern ergreifen, einem so bedeutenden Repräsentanten der modernen Literatur durch liebevolles Eingehen auf sein gelungenstes Werk den Beweis zu liefern, daß er lieber lobt als tadelt.

Zwar beruht Platos Ausspruch, daß es die Sache eines und desselben Mannes sei, Tragödien und Komödien zu erzeugen, auf der tiefsten Erkenntnis der Kunst, und darum hat alles, was ich vor Jahren, an dieses alte Wort anküpfend, in dem Prolog zu meinem Diamant über die Komödiendichtung sagte, seinen guten Grund, wenn es auch nur auf die höchste Gattung Anwendung findet. – Lustspiele, die von großen Tragödien herrühren, werden das, was anders begabte Talente in der gleichen Sphäre hervorbringen, immer überragen, ja, sie werden sich spezifisch davon unterscheiden; schon deswegen, weil jenen alle Elemente der Welt zu

Gebote stehen, auch diejenigen, die den ganzen Reichtum der letzteren ausmachen, während diese mit Notwendigkeit auf einige wenige beschränkt sein müssen. Genau besehen reduziert sich auch hier der Unterschied darauf, daß nur die einen wahrhaft darstellen, die anderen aber statt dessen Reflexionen unterschieben, daß die einen mit schöpferischer Kraft die komischen Urbildungen der Natur heraufbeschwören und die anderen mit der Vitriolsäure des Witzes die geschminkten Zerrbilder der Gesellschaft bespritzen, daß die einen ursprüngliches Leben bieten, die anderen dialogisierte Satire. Doch wenn die Stufen, die zur echten Tragödie hinaufführen, fast alle bedeutungslos sind, so hat umgekehrt jede Sprosse der Leiter, auf der man zur Komödie emporsteigt, noch ihren Wert und ihr Verdienst. Der Tragödie ist die freie Übersicht des Weltwesens durchaus unentbehrlich, und die ist nur auf dem höchsten Standpunkte möglich; der Komödie genügt schon eine bestimmte Ansicht desselben, und die ist auch auf einem minder hohen zu erlangen.

Dialogisierte, und wenn man lieber will, personifizierte Satire ist es denn auch, was Gutzkow im »Urbild des Tartüffe« gibt. – Nicht Menschen mit Fleisch und Blut treten vor uns hin, sondern Typen. Allein das ist auch bei seinen Vorgängern, zum Beispiel bei dem doch gewiß äußerst respektabeln Dänen Holberg, hin und wieder selbst bei Molière der Fall. Und diese Typen stellen sich zu einem Wort zusammen, mit dem der Verfasser den ganzen gesellschaftlichen Zustand entzaubert, wenigstens so weit, daß er sich zu der Heuchelei, auf der er größtenteils beruht, notgedrungen bekennen muß. Ich kann mir die umständliche Reproduktion des Stücks ersparen, da es längst gedruckt vorliegt. Aber ich muß der hohen Rundung und Geschlossenheit desselben in Erfindung und Ausführung meine Hochachtung bezeigen. Gerade diese Eigenschaften waren es, die ich gewöhnlich in Gutzkows Produktionen vermißte, und deren Mangel sie einem nur halb ausgeschmiedeten Ring immer so ähnlich machte. Mit um so größerer Freude habe ich sie hier endlich angetroffen. Der Grund liegt wohl darin, daß er diesmal mit glücklichem Takt nur diejenigen Elemente in seinen Kreis zog, die er wirklich beherrscht, und daß er deshalb keine Forderungen erregte, als solche, die er befriedigen konnte. Diesen Takt sollte er immer beweisen, und zum Beispiel in seinen dramatischen Gemälden das Tragische, dem er nun einmal nicht gewachsen ist, stets nur so schattenhaft im fernen Hintergrund aufdämmern lassen wie hier das düstere Familienereignis, aus dem sich die Handlung hervorspinnt.

Darum dem Dichter für seine Leistung und der Direktion für die Vorführung derselben ein aufrichtiger Dank. Das Publikum trug ihn durch warme Aufnahme des Gebotenen augenblicklich ab. Die Darstellung war teilweise vortrefflich. La Roche stellte im Präsidenten Lamoignon ein bis in die kleinsten Züge vollendetes Bild hin, und Fichtner stand ihm als Molière würdig zur Seite. Auch Heyfeld und Hörtel gaben höchst charakteristische Figuren.

Zum Schluß will ich einen schon einmal bei Gelegenheit einer Beurteilung von »Wallensteins Lager« ausgesprochenen Wunsch wiederholen. Unsere Literatur besitzt in dem »Zerbrochenen Krug« von Heinrich Kleist ein unvergleichliches Meisterstück der komischen Muse, das anderwärts, zum Beispiel in Hamburg, schon seit vielen Jahren entzückt. Wann werden wir es einmal auf der Bühne erblicken? Besetzt könnte es bei uns werden, wie in keiner anderen Stadt; welch ein Dorfrichter Adam wäre La Roche! Daß das Publikum sich auch für Lustspiele, die sich über die beziehungsreiche Standesregion erheben, den Sinn bewahrt hat, zeigt die Teilnahme, die es den »Lustigen Weibern von Windsor« zuwendet. Wäre es nicht angemessen, gleich nach dem »Urbild des Tartüffe« damit hervorzutreten? Dem deutschen Witz ist jetzt sein Recht geworden; warum dem deutschen Humor sein noch größeres länger versagen?

Theodor Fontane

(Friedrich Hebbel, Herodes und Mariamne)

Bis diesen Tag noch, wenn wir in einem Roman lesen, daß Lord Killingshot, der ein Mädchen aus dem Volke liebt, in sieben Duellen drei ihn verspottende Horse-Guards-Kameraden getötet und vier tödlich verwundet hat –, bis diesen Tag noch, wenn Gestalten an uns herantreten, die in Liebe wie Haß über das Alltägliche hinauswachsen, mischt sich in unser Entzücken über die Leistungsfähigkeit höher potenzierter Naturen zugleich ein Schmerz über die eigene Ohnmacht. Es klingt dann wohl, in Variation des schönen Liedes von Mörike, über unsere Lippen:

»O daß ich doch Lord Killingshot wär!
Sieben Gegner erschießen lieb ich so sehr. –
Schweig stille, mein Herze.«

Aber zehn Stunden Schlaf ändern die Situation, und am nächsten Morgen sind wir doch im wesentlichen sehr glücklich darüber, statt des Pistols die »Vossische Zeitung« in die Hand nehmen und sieben unserer Mitmenschen ruhig weiterleben lassen zu können. Es überkommt uns ein starkes Gefühl davon, daß alles Leben, das eigene wie das anderer, unter Innehaltung der landesüblichen zehn Gebote am besten gedeiht und daß, um abermals einen bekannten Satz zu zitieren, das Verfahren unseres mehrgenannten Lords im günstigsten Falle dahin definiert werden kann: »Assassination mildered by point of honour.«

Herodes und Mariamne, beide stehen auf einer Leidenschaftshöhe, die uns flüchtig wohl ein Staunen, nachhaltig aber doch nur tiefste Abneigung einflößen kann, um nicht in schuldiger Rücksicht gegen die außerordentliche Begabung des Dichters ein noch stärkeres Wort zu wählen. Das Kulturhistorische als solches, wenn es mehr als Hintergrund sein, mehr als Lokaltöne geben will, ist für das Drama ganz unverwendbar. Es gehört in den Roman. Im Drama soll uns das, was geschieht, zu menschlichherzlicher Teilnahme stimmen. Wir müssen, damit dies möglich wird, der Empfindungsweise derer folgen können, die uns zur Teilnahme an ihrem Geschick einladen. Das vermochte ich diesen beiden Gestalten gegenüber nicht! Ich hätte mich dazu nach der geringen Bedeutung, die ich, wie ich nur wiederholen kann, dem kulturhistorischen Element für das Drama beilege, mutmaßlich auch dann noch außerstande gesehen, wenn die entsprechende Aufgabe: ein Verfall- und Schreckensbild aus der Wendezeit der heidnischen und christlichen Welt zu geben, wirklich und glücklich gelöst worden wäre; aber diese Aufgabe wurde nicht gelöst, sehr wahrscheinlich nicht einmal gestellt und damit gebar sich von Anfang an das Unheil dieses Stückes: die Empfindungszwiespältigkeit. Was uns hier als Herodes und Mariamne entgegentritt, ist nicht Herodes und Mariamne, es sind vielmehr Träger der Anschauungen, die Hebbel von zwei Formen der Liebe, von der unechten, egoistisch-tyrannischen und von der echten, selbstsuchtslos-heroischen, hatte, denen er zwei Königskleider umhing und ihnen die Zettel anheftete: Herodes und Mariamne. So sehen wir vier Stunden lang ein Liebespaar sich und andere quälen, das weder modern ist noch antik, sondern nur geschaffen wurde, um der Welt zu zeigen, wie Hebbel sich die Liebe denkt.

»Zwei Menschen, die sich lieben, wie sie sollen,
Können einander gar nicht überleben.
Und wenn ich selbst auf fernem Schlachtfeld fiele,
Man brauchte dir's durch Boten nicht zu melden,
Du fühltest es sogleich, wie es geschehn,
Und stürbest ohne Wunde mit an meiner.
Verlach mich nicht! So ist's, so ist's!
Allein die Menschen lieben sich nicht so.«

So läßt Hebbel den Herodes sprechen. Wundervoll, aber doch zugleich auch modern-gefühlvoll, und so charakterisiert denn diese vielleicht glänzendste Stelle des Stückes auch zugleich seine schwache Seite. Es springt hin und her; jetzt treffen Klänge unser Ohr, die etwa der Empfindungsweise Lenaus entsprechen, bis dann wieder ein Dutzend abgeschlagener Köpfe uns daran erinnert, daß wir im Königspalast zu Jerusalem und nicht im Justinus-Kernerschen Äolsharfentum zu Weinsberg sind. Es ist ein Mischstück: Hebbel tragiert im Kleide des Herodes umher. Diese Verkleidung verdrießt um so mehr, als dieser »falsche Herodes« gerade des einen entbehrt, das mit dem echten einigermaßen aussöhnen konnte: der wirklichen, auf Kraft und Gesundheit ruhenden Leidenschaft.

Ich habe bis hierher den Grundmangel des Stückes zu charakterisieren gesucht; es hat aber neben diesem ersten, aus der Natur des Dichters hervorgegangenen und deshalb als unvermeidlich anzusehenden Fehler noch einen zweiten, der lediglich nach der formellen Seite hin liegt und deshalb sehr wohl hinwegzukorrigieren gewesen wäre. Der Aufbau, der sonst so klar und kunstvoll ist und in mehr als einer Beziehung als meisterhaft bezeichnet werden darf, hat es nach meinem Gefühl doch in einem wichtigen Punkte versehen: die Exposition greift nicht weit genug zurück. Das Stück wirkt wie der zweite oder dritte Teil einer Trilogie; der erste fehlt. Dieser ist aber, wie hier die Dinge liegen, unerläßlich. Wir müßten, sei es in einem vorausgehenden Stück oder doch mindestens in einem breit ausgeführten 1. Akt, Herodes und Mariamne im Vollbesitz einer leidenschaftlichen, glücklichen und in ihrem Glück menschlichschön motivierten Liebe gesehen haben, um in dem, was kommt, den eben diese Liebe zur Voraussetzung habenden Kampf zu verstehen, der sich in dem Herzen Mariamnes vollzieht. Haben wir auch eine einzige Szene nur miterlebt, die uns am eigenen Herzen fühlbar machte: »Sie muß ihn lieben«, so begreifen wir, daß sie den Mord ihres Bruders ignorieren, das tückisch gegen sie selbst gezückte Schwert verzeihen und in

Erinnerung unendlichen Glückes seine Wiederkehr immer neu erhoffen kann; aber dies Glück müssen wir vorher mit Augen gesehen haben, wir müssen dessen Zeuge gewesen sein. Dies fehlt. Das Stück setzt gleich mit Abstoßendem ein, und auch Mariamne läßt keine Empfindung in unserem Herzen für sich aufkommen, weil sie sich ziemlich von Anfang an zu einer hochgemuten und opferbereiten Liebe bekennt, für die wir kein Motiv ausfindig machen können. Einen Mörder lieben, der vorher ein Gott war, kann selber göttlich sein; aber einen Mörder pur et simple als solchen lieben ist widerwärtig. Bis zur Mitte des 2. Aktes hat sich Herodes (übrigens darin fortfahrend) lediglich als ein Puppenspiel- und Jahrmarktsscheusal vor unsern Augen präsentiert, und diesem Oger zuliebe hören wir die von ihm selbst »unter das Schwert gestellte« Mariamne den Schwur leisten, daß sie sich töten werde, sobald die Nachricht seines Todes bei ihr einträfe. Dies könnte, wenn wir unter dem Eindruck eines voraufgegangenen Liebesglückes wären, großartig wirken; hier aber wirkt es nur degoutant oder mindestens unverständlich. Im 5. Akt erfahren wir aus einer Art von testamentarischer Beichte, daß ein solches Glück allerdings vorhanden gewesen sei, erfahren es aus dem Munde derjenigen, die es am besten wissen muß, aus dem Munde Mariamnes selbst – aber es ist zu spät. Diese Confessions können keine rückwirkende Kraft mehr üben, und in dem Momente, da der Vorhang fällt, haben wir das Gefühl, einen an Bildern und Sentenzen reichen, zu den mannigfachsten Betrachtungen anreizenden, aber im ganzen doch unerquicklichen, aus fünf Märtyrerstationen bestehenden Abend hinter uns zu haben. Das Talent des Dichters, der nahezu ein Genie war, verleugnet sich nirgends; es ist nichts Kleines daran; man erkennt die superiore Natur. Dazu jener Fleiß und jene Liebe, ohne die auch der Beste nichts vermag. Es war nicht nur ein Recht der Königlichen Bühne, mit diesem Stücke vorzugehen, es war ihre Pflicht. Das Publikum muß erfahren, was von Neuem da ist, wäre es auch nur, um sich seiner alten Besitztümer doppelt zu freuen. »Herodes und Mariamne« wird sich nicht halten; dennoch beglückwünschen wir uns, daß dieses Drama erschien. Man lernt auch da und festigt sich in seinen Grundsätzen, wo man mehr ablehnen als zustimmen muß. Nur muß der Gegenstand bedeutend sein. Das ist er hier. Das Ganze: eine Schönheit, die kränkelt und, mal leiser, mal deutlicher, den Zug der Verzerrung trägt.

Karl Gutzkow

(Georg Büchner, Dantons Tod)

Ich freue mich aber, noch eine andere ausgezeichnete Hoffnung für das Theater erwähnen zu dürfen, die in mir durch Dantons Tod von Georg Büchner angeregt worden ist.

Dies treffliche Drama entwickelt von unsern Augen eine tragische Katastrophe der französischen Revolution. Die Autorität Robespierres ist im Steigen, und die zweite Reaktion gegen die Revolution beginnt. Die erste Reaktion war der Sturz der Gironde, die zweite ist der Sturz des Moderantismus. Wie Saturn verschlingt die Revolution ihre eigenen Söhne. –

Aber schon unterscheiden sich die verschiedenen Klassen dieser Rückwirkung. Die Girondisten waren Männer, welche nicht durch Absichten und Pläne in die Revolution hineingerissen wurden, sondern durch Sympathien, Prinzipien, und durch den erhabenen Enthusiasmus, welcher in jenen sturmvollen Zeiten alle Gemüter ergriffen und sich endemisch wie ein Fieber forgepflanzt hatte. Die Girondisten starben mit ihren blumenreichen Reden, mit dem nobeln Ernste und der vornehmen Geringschätzung, welche einmal die Doktrine in der Theorie und oft sogar das Juste-Milieu in der Praxis zu begleiten pflegt; sie starben, weil sie die Revolution ohne die Massen wollten. Die Dantonisten dagegen hatten an den Händen schon Blut, das Blut des Septembers, das nicht vergossen wurde, um zu strafen, sondern um zu schrecken. Als die Dantonisten, durch die Aristokraten in der Stadt, die Könige vor den Toren, in eine fast chirurgische Entzückung versetzt waren, daß sie mit lächelnder Miene ein faules Glied am Staate grausam amputierten, da hatten sie der Revolution in der Tat mehr sich selbst zum

Opfer gebracht, ihr Gefühl, ihre Humanität, ihre durch ein ruhiges Gewissen geweihten Nächte. Sie hatten so Ungeheures getan, ihrer angebornen Herzensgüte zum Trotz, daß sie nicht glauben konnten, die Revolution verlange noch neue Opfer. –

Allein Robespierre reichte zwei Anklagen gegen sie ein, auf übertriebene Mäßigung die eine, auf Unsittlichkeit die andere. Die Dantonisten waren den Girondisten durch Kopf und Herz verwandt, jene waren die Römer der Revolution, diese ihre Griechen; hatte man früher die Charaktere guillotiniert, so wollte man jetzt die Genialität guillotinieren; denn Danton war Alkibiades, und Camille Desmoulins lebte nur in Athen. Alle seine Anschauungen gingen vom Illisus aus; das Palais royale war ihm Ceramikus; er wollte eine Republik, worin man patriotisch wäre, wie Demosthenes, weise wie Sokrates, und in den Sitten genial, wie jene Kreise, die sich um Aspasia sammelten. Diese zweite Phase der Revolution kämpfte mit der dritten, wo die Revolution ein Kultus geworden war, und ihre Altäre, ihre Dogmen und Zeremonien hatte, wo dem Blut-Messias, wie Camille Robespierre nannte, St. Just zur Seite stand, die Apokalypse neben dem Evangelium.

Nichts bezeichnet die drei blutigen Epochen der französischen Revolution besser, als die Begriffe, die zu verschiedenen Zeiten über die Revolution herrschten. Die Gironde hielt die Revolution für etwas, das man ersetzen könne, Danton für etwas, das man abschließen könne, Robespierre für eine Offenbarung, welche ganz außer dem Bereiche des menschlichen Willens liege, also für die Vorsehung und die Gottheit selbst. Aber alle sahen die Revolution als etwas Fertiges, Abgegrenztes über ihrem Haupte: die ersten als eine Last, die zweiten als ein Hindernis, die dritten als eine Idee, wie die Messiasidee, in welche sie sich hineinschoben, wie auch Christus nicht anders tat, als eine Vorstellung seiner Nation adoptieren und sich selbst zum Substrat und Subjekt einer äußeren Tatsache machen. Eine Idee despotisierte hier die Menschen, die Menschen waren nur die Beamten eines Begriffes. Alle beriefen sich auf die Revolution wie auf eine unsichtbare Gottheit. Dies war entsetzlich; denn sie hatten doch wahrlich die Revolution in Händen und konnten aus ihr machen, was sie wollten. –

Georg Büchners Auffassung der französischen Revolution verrät eine tiefe Kenntnis derselben. Seine Charakteristiken der Tendenzen und der Personen sind meisterhaft. Seine Gemälde sind skizzenartig hingeworfen; aber die Umrisse der Kohle sind so scharf, daß unsere Einbildungskraft sich von selbst eine Welt vorzaubert. Danton, Robespierre, St. Just, Camille Desmoulin sind vortrefflich gezeichnet – so wie in allen Nebenpartien, in den Volksszenen und dem Gespräche der untersten Klassen sich die Vertrautheit mit seinem Gegenstande zu erkennen gibt. Warum sollte dies auch nicht? Unsere Jugend studiert die Revolution, weil sie die Freiheit liebt, und doch die Verbrechen vermeiden möchte, welche man in ihrem Dienste begangen hat.

Man darf sagen, daß in Büchners Drama mehr Leben als Handlung herrscht. Die Handlung selbst ist, als der Vorhang aufgeht, schon abgeschlossen und vorhanden; der Stoff ist so undramatisch wie Maria Stuart. Auch Schiller wollte eine Tragödie geben, und gab die Dramatisierung eines Prozesses; Büchner gibt statt eines Dramas, statt einer Handlung, die sich entwickelt, die anschwillt und fällt, das letzte Zucken und Röcheln, welches dem Tode vorausgeht. Diesen Mangel der Handlung jedoch, den Mangel eines Gedankens, der wie eine Intrige aussieht, läßt die Fülle von Leben, die sich hier vor unsern Augen noch zusammendrängt, weniger schmerzlich entbehren. Wir werden hingerissen von diesem Inhalte, welcher mehr aus Begebenheiten als aus Taten besteht, und erstaunen über die Wirkung, welche eine Aufführung dieser Art auf dem Theater machen müßte, eine Aufführung, die bei jetzigen Umständen unmöglich ist, weil man Haydns Schöpfung nicht auf der Drehorgel ableiern kann.

Wenn wir uns dem besonderen künstlerischen Verdienste dieser Produktion nähern, so müssen wir gestehen, daß sie uns die Auffassung des Stoffes noch bei weitem zu übertreffen scheint. In Bildern und Antithesen zucken hier Blitze von Geist und Eleganz. Keine verrenkten Gedanken strekken ihre langen Gestalten gen Himmel und schlottern wie gespenstische Vogelscheuchen am Winde hin und her, keine ungebornen Embryonen umstehen uns in Spiritusgläsern, und beleidigen durch ihre Unschönheit das Auge, sie mögen auf noch so tiefe Entdeckungen zu deuten scheinen. Es ist alles ganz, fertig, abgerundet, Staub und Schutt, das Atelier des Geistes sieht man nicht, und ich wüßte nicht, worin anders das Kennzeichen eines literarischen Genies bestünde. Als ein solches muß man Georg Büchner mit seiner Ideenfülle, mit seiner erhabenen Auffassung, mit seinem Witz und Humor begrüßen.

Peter Rosegger

Der grüne Heinrich. Roman von Gottfried Keller

Der Dichter nennt seinen Helden den »Grünen Heinrich«, weil dieser stets ein grünes Kleid getragen habe. Der Leser hat's aber bald weg, was hinter diesem grünen Kleide steckt, nämlich ein grüner, unreifer, blöder, ungeschickter, oft nahezu unbegreiflicher Junge. Es ist einer, der hernach seine Lebensgeschichte erzählt, eine Lebensgeschichte, die wunderlich genug ist. Ein tief angelegter, strebsamer Mensch, der vaterlos eine verfehlte Erziehung genoß, ohne materiellen und moralischen Halt träumend in der Welt herumtaumelt und – untergehen muß. Der Bursche ist aber bei alldem so echt und liebenswürdig, daß man seinen Untergang nicht mitansehen mag, so hat der Dichter Erbarmen gehabt und in dieser neuen Ausgabe des Romans seinen Heinrich gerettet.

Nun stellt sich die Frage: Ist es dem Dichter erlaubt, sich zu widerrufen in einem Werke, das nicht mehr ihm, sondern der Nation gehört? Gestern erzählte er von seinem Helden, er habe sich erschossen, heute sagt er, nein, er habe sich nicht erschossen, sondern schließlich ein schönes Weib genommen! Darf er das? Muß ein episches Kunstwerk nicht von vorhinein so angelegt sein, daß das Endziel organisch aus demselben herauswächst und eine Naturnotwendigkeit ist? Verneint sich der Poet durch den Widerruf, durch eine vollständige Umarbeitung seines Werkes nicht selbst? Ist er nicht schuldig, dem Leser im vorhinein die Wahrheit – und wäre es auch nur die poetische – zu sagen? Steht er nach der modifizierten Aussage nicht da wie ein Schuljunge, der auf einer Lüge ertappt worden ist?

Diese Fragen scheinen berechtigt zu sein, sind es aber

nicht. Man kann allerlei logisches für sie und wider sie sagen, schließlich bestimmend bleibt aber das eine, daß jeder Meister das Recht hat, sein Werk zu verbessern, zu vervollkommnen, ja, daß, wenn er die Mängel und Fehler des Werkes einsieht und sie schlichten kann – er die Pflicht hat, es zu tun.

Gottfried Keller hat also mit Recht seinen »Grünen Heinrich« neu bearbeitet, ob er es auch mit Glück getan hat, ist eine andere Frage.

Heinrich Lee, eines Kleinbürgers Sohn in einer schweizerischen Stadt, velor frühzeitig seinen Vater; und die Mutter, eine einfache, ganz unerfahrene Frau übernahm die Erziehung des aufgeweckten, phantasievollen Jungen. Er besuchte verschiedene Lehranstalten, kam mit allerlei Menschen und zweifelhaften Charakteren in Berührung, schwankte von einem Freunde zum andern, von einem Liebchen zum andern, schwankte in der Berufswahl, bis er sich endlich der Malerei zuwandte. Als Kunstjünger hatte er allerlei Lehrer, versuchte allerlei Methoden, ging in die große Stadt, schlug sich unter Malern, Bildhändlern, Trödlern, Weibern und verschiedenem Volke herum und brachte es glücklich bis zum Hungerleiden. Durch all das begleitete ihn der Leichtsinn, er mischte sich in allerlei Verhältnisse, ästhetische und philosophische Fragen und machte überall Fiasko. Nachdem man mit dem grünen Heinrich über dessen erste Jugendjahre hinaus ist und man sieht, daß sich sein wankelmütiges, unbehilfliches Dasein nicht zum Besseren wendet, daß sich sein gemütvolles, idealistisches Wesen immer mehr vertieft, ohne sich zu klären, daß sein inneres Unbefriedigtsein mit der äußeren Notlage wächst, sagt man sich: wenn über diesen Menschen nicht etwas außerordentliches kommt, das ihn im Innersten umkehrt, so geht er zu Grunde.

Es kommt aber nichts außerordentliches, es kommen günstige Zufälle und Heinrich geht nicht unter, er wird schließlich ein kleiner Staatsbeamter. Im Grunde aber – wer weiß, ob der Dichter hiermit seinen weichherzigen Lesern, die nur keine tragische Katastrophe sehen wollen, nicht eine kleine äußerliche Konzession machen wollte, während in Wahrheit doch ein moralischer Untergang vorliegt. Heinrich sieht das Unzulängliche seines Wesens und Könnens ein, er entsagt der Kunst, der er seine Jugendjahre geopfert hat; von den Mädchen, in die er zeitweilig eingebildet oder wirklich verliebt war, kann er keines haben, eine Witwe bleibt ihm, mit der schließt er eine notdürftige Freundschaft, bis sie stirbt. Er lebt allein und in sich verschlossen weiter, ohne von seinen Idealen auch nur ein einziges zu erreichen.

Wir dürfen also sagen, die Geschichte geht nicht gut aus – und so muß es hier sein.

Es wird einem in der Verfolgung dieses Charakters mitunter ganz unheimlich, und sollte sich's treffen, daß der Leser des »Grünen Heinrich« selbst ein grüner Heinrich ist – wie deren ziemlich viele unter der Sonne umherirren – so meinen wir, müßte diese wunderbar treue Verkörperung seines eigenen Wesens auf ihn von tiefer und wohltätiger Wirkung sein. Der Roman ist ein eminent didaktisches Werk. Die religiösen, philosophischen, politischen, ethischen wie ästhetischen Fragen werden mit einer Klarheit und Tiefe behandelt, die uns an »Wilhelm Meister« erinnert. Und mitten in den gedankenschweren Ergehungen schlägt wieder plötzlich das silberne Stäbchen höchster Poesie an unser Herz, daß es klingt und zittert.

Heinrich, der Held dieses Romanes, bleibt stets der leidende Teil, aber die zahlreichen Nebenpersonen existieren, arbeiten, streben, lieben und hassen um ihn herum und schnappen ihm die Lebenslust vom Munde weg. Es sind zumeist zweifelhafte Gestalten, Sonderlinge, – sie sind mit unübertrefflicher Meisterschaft geschildert. Sie kommen und streifen den schwankenden Lebensgang Heinrichs, sie werden ein Gegenbild seiner Schwächen und Fehler, sie tun ihm Gutes, sie führen ihn in Versuchungen, sie ziehen wieder vorüber.

Unter den überaus lebensvollen Mädchengestalten nennen wir Hulda, das Nähermädchen, dessen ganzes Dasein in der Arbeit und in der Liebe aufgeht, und Dortchen Schönfund, die freigeistige Grafentochter, die nicht an Unsterblichkeit glaubt, doch aber an Gott, denn »bei Gott ist Alles möglich, auch daß er existiert.« (Als ein Pröbchen von der Eigenart der in diesem Romane spielenden Kindergestalten möge uns gestattet sein, die Episode vom »Meretlein, das nicht beten wollte«, in diesen Blättern wiederzugeben. Es sind die Aufzeichnungen des »Erziehers«, dem das Kind von seinen Eltern zur »Correction« übergeben wurde.)

Die edelsten Gestalten sind der Schulmeister, ein Verwandter Heinrichs, Judith, die junge Bäuerin, und Heinrichs Mutter. In dem Schulmeister hat der Dichter einen Schatz von wahrer Weisheit niedergelegt, ein Gemüt voll des wärmsten Wohlwollens gezeichnet. Judith ist das lebenstreue Bild eines warmblütigen, begehrenden, aber von sittlicher Kraft aufrecht erhaltenen Weibes – eine Gestalt, wie sie die deutsche Literatur ein zweitesmal nicht wieder aufweist. Die gute, alte, in Sorge für ihr Kind nimmermüde Mutter wird uns für Heinrich der Gegenstand schwerer Anklage. Er scheint ihrer zu vergessen und läßt sie allein in Angst und Schmerz um ihn vergehen. Aber nicht etwa aus Mangel an Liebe, sondern wieder nur aus Seelenträgheit und Unentschlossenheit, wie er mit diesen Eigenschaften ja auch sein Liebesglück versäumt hat. Der Leser dieser Geschichte hat mitunter Augenblicke, wo das Gefühl der Verachtung für Heinrich erwacht, wo er sich kopfschüttelnd fragt: Warum hat Gottfried Keller, der Meister, eine so armselige Kreatur zum Mittelpunkte seiner Dichtung gemacht? Bald jedoch wird uns die Absicht wieder klar, er wollte ein wahres Bild aufstellen vom »Grünen Heinrich«, der in zahllosen Exemplaren vorhanden ist. Darum auch ist ein trauriges, wenn nicht tragisches Endziel allein folgerichtig.

Nun aber noch Eins. Der »Grüne Heinrich«, sagt man, sei eine Selbstbiographie des Dichters. In diesem Falle wäre ja bewiesen, daß aus einem grünen, bis in sein Mannesalter ganz und gar haltlosen Jungen doch was Rechtes werden könne. Gottfried Keller ist heute zwar nur bescheidener Stadtschreiber in Zürich, aber als Dichter ist er einer unserer Allerersten. Er zeigt es, wie er endlich zur vollen Klarheit gegenüber der Welt und zum ganzen Zielbewußtsein gegenüber sich selbst durchgedrungen ist. Er muß nun, da er die Bedeutung und Wirkung seiner erzählenden Werke sehen kann, doch von jener ganzen edlen Befriedigung durchdrungen sein, die man an seinem träumerisch taumelnden Heinrich niemals für möglich gehalten hätte. Das ist nun wohl eine seltene Ausnahme. Unsere Meinung geht dahin: der »Grüne Heinrich« als Type müsse ein trauriges Ende nehmen; aber dem grünen Heinrich als biographische Gestalt, als Ausnahme, als einem, der sich selbst erkannt und die innere Kraft zu seiner Umkehr und Aufrichtung gefunden hat, ihm gestehen wir das Recht auf ein glückliches Ziel zu.

Zum Schlusse müssen wir noch hinweisen auf die Allgewalt der Kellerschen Darstellungsweise. Dieser Dichter beschreibt mit den einfachsten Worten Gefühle und Stimmungen derart, daß sie mit jener Klarheit und Kraft ins Herz des Lesers fallen, mit der sie aus dem Herzen des Poeten aufgestiegen sind.

Der Roman – welcher in der Göschen'schen Verlagsbuchhandlung in Stuttgart erschienen ist – hat vier ziemlich umfangreiche Bände. Wir gestehen, daß wir uns mit einiger Säumnis an ein so voluminöses, noch dazu lehrhaftes Buch machten, taten es nur mit dem Vorbehalte, es frühzeitig wieder aus der Hand zu legen, wenn es uns nicht behage. Es ist bis zur letzten Zeile gelesen worden, und zum Schlusse war uns, als sollten wir mit solcher Lektüre von neuem beginnen.

Karl Gutzkow

Die Leute von Seldwyla

Unter diesem Titel hat Gottfried Keller (Braunschweig, Vieweg, 1856) einige Erzählungen herausgegeben, die schon durch den Namen des Verfassers mehr beanspruchen dürfen als nur die einfache Würdigung des fesselnden oder langweilenden Inhalts derselben.

Gottfried Keller ist ein Schweizer und gibt sich schon seit geraumer Zeit in unserer Literatur mit einer gewissen Sondertümlichkeit. Er gehört zu den neuern Autoren, die von der fast ausschließlichen Wendung unserer Literatur zur Erzählung und zum provinzialen Kolorit derselben den Vorteil gezogen haben, daß sie nur im Tone ihrer Heimat zu reden und ihre Jugendeindrücke auszubeuten brauchten, um sogleich am Parnaß eine zuvorkommende Begrüßung zu erleben. Auch er besitzt ein reichgefülltes Gedächtnis mit allerhand Schnurren und Schnacken und Schwänken, von seltsamen Abenteuern und Menschen und Erlebnissen aus seiner Gegend her. Er sieht sein heimatliches Wesen mit einer Klarheit vor sich wie ein Maler und hat z. B. in den Kommodenschubladen eines sentimentalen Dienstmädchens mit einem solchen Scharfblick gestöbert, daß man seine innigste Freude haben muß an den Prachtstücken von gemalten Stilleben dieser Sphäre, wie sie kein Wilhelm Kalf, kein Melchior Hondekoeter naturtreuer geschildert haben. Sowie aber der Autor seine Sphäre, d. h. die Erinnerung, verläßt, wandelt ihn denn doch ein auffallendes Ungeschick an, daß man sagen möchte, er gibt Opferschalen in der Gestalt von Butterbüchsen und läßt Menschen vor uns wandeln, denen die ledernen Hosen am Halse zugeknöpft sind. So erzählt in der ersten Geschichte ein schweizerischer

Oberst Dinge, die er in Indien erlebt haben will und die ebenso gut in einem Puppenspiel sich ereignet haben könnten. Der vernünftige Mann, der in Frankreich ein Regiment kommandiert, erzählt sie zwei schlafenden Personen, ja in der Manier des Verfassers hätte er sie ebenso gut seinem Stiefelknecht können erzählen lassen.

Die Geschichten von der Mutter Regula und den feindlichen Montechi und Capuletti auf dem Dorfe sind ganz vortrefflich. Sie werden denjenigen doppelt erfreuen, der die Phantasie und Lokalkenntnis besitzt, sich in all die kleinen schweizerischen Situationen zu versetzen, denen diese Vorgänge entnommen sind. Auch ist der malerische und poetische Blick des Autors in solchen Geschichten sehr bedeutsam. Er macht nicht viel Worte z.B. von den plastischen und dramatischen Effekten, die in dem von ihm einfach geschilderten Tatsachen liegen; er läßt den Leser ergänzen und auf das selbst aufhorchen, was zu seiner erzählenden ersten Violine sozusagen der Baß des Schicksals brummt.

Und doch zeigen wieder die beiden letzten Erzählungen des Buchs, wie man zurückhaltend und behutsam sein muß in solchen Zugeständnissen an den Autor. Nicht, daß auch einmal seine Erzählungen weniger anziehend sind, darauf kommt an sich wenig an. Mißlich nur ist an dem Verfasser, daß er in seiner Eigenart auffallend breitspurig und behaglich und an seinen zuweilen recht schwachen Witzen, wie in den »Kammachern«, so gar gefallsüchtig sein kann. Gewiß, Gottfried Keller beobachtet sehr scharf; er hat viele Dinge (und Menschen ohnehin) im Nachtkleide, ungekämmt und ungewaschen gesehen; er enthüllt viel Allgewußtes und Dochnochnichtgesagtes mit Schärfe – könnten wir sagen mit grausamer Schärfe! Dann wäre in ihm wenigstens ein Wille, eine Überzeugung vorhanden, ein Aufschwung und eine wallende Regung des Herzens; Phlegma jedoch und Apathie lassen bei ihm selbst die Satire nicht recht aufkommen. Und so schlendert der Autor in einer gewissen menschenfeindlichen Selbstzufriedenheit hin, die uns um die Wirkungen eines großen Talents bringen wird.

Peter Rosegger

Die Leute von Seldwyla. Erzählungen von Gottfried Keller. Dritte Auflage in zwei Bänden. Stuttgart

Eine breite Treppe führt heutzutage auf den Parnaß. Männiglich wandelt sie. Die wenigsten darunter aber lassen sich ihr eigenes geistiges Schaffen genügen; fast jeder, der drei Stufen zu klettern vermag, setzt sich auf der vierten zu Gerichte – öffentlich zu Gericht über die Schöpfungen seiner Genossen, die etwa weit über ihm thronen. Und wer sind seine Gerichtsräte? Nicht immer das Wissen und die Gewissenhaftigkeit, häufiger die Eigenliebe, das Vorurteil, die persönliche Stimmung oder gar die Bosheit. Darum ist der einzelne Richter nicht maßgebend, darum wäre auch in der Literatur das Schwurgerichtsverfahren der öffentlichen Meinung als bestimmend anzuerkennen.

Zufällig aber bin ich heute in der Lage, von meiner vierten Stufe aus auf einen Dichter hinweisen zu können, mit dem die öffentliche Meinung längst schon im reinen ist.

Wissen auch unsere Literaturgeschichten und literarischen Lexika vorläufig noch wenig von ihm zu erzählen, die Lesewelt kennt ihren Gottfried Keller.

Ich habe nun von dem Verfasser des »Grünen Heinrich« und der »Sieben Legenden« »Die Leute von Seldwyla« gelesen.

Seldwyla bedeutet nach Angabe des Verfassers einen wonnigen und sonnigen Ort, der in der Schweiz oder auch sonst irgendwo liegen soll. Die Bürger dieser Stadt sind lauter Leutchen, die es einsehen, daß man sich nicht durch Gewerbe, oder Handwerke ernährt, sondern lediglich nur durch Essen und Trinken. Sie lebten stets in Lust und Gemütlichkeit, lernen nichts, denken wenig und politisieren viel, trauen einer dem andern nicht und sind arme Teufel samt und sonders.

Von den Verhältnissen und Sondergestalten, die sich aus einem solchen Zustande entfalten, erzählt uns nun Keller ein Dutzend Geschichten, wovon eine ergötzlicher und packender als die andere ist.

Allerdings ragt eine dieser Erzählungen über alle anderen empor, und das ist die Novelle »Romeo und Julia auf dem Dorfe«. Es ist eine alte Geschichte, die nicht erst Shakespeare, sondern unendlich früher schon der Menschen Leidenschaft erfunden hat. Die Väter bekämpfen sich, die Kinder lieben sich; die Väter verderben in Haß, die Kinder in Liebe. Auch Keller erzählt die Geschichte wieder, aber in welcher Weise und Eigenart! Fürs erste merkt man, Keller hat das Dorfleben nicht studiert, er hat es gelebt und gibt es wahr und absichtslos, und man merkt seine Freude daran, und nicht den Geistreichen und nicht den Lehrmeister mag er spielen, er ist Schöpfer ganz und gar. Der Trotz der beiden feindlichen Bauern in »Romeo und Julie« ist packend dargestellt; der Reiz des Liebespaares ist berückend. Die Schwüle des einzigen ungestörten Liebestages und die Vorahnung, die ihn durchhaucht, ist unübertrefflich geschildert; das harmlose heitere Versinken der beiden jungen Leute Arm in Arm in den Liebesabgrund und in den Tod erfaßt mit dämonischer Gewalt.

Ein interessantes Seelenbild ist ferner »Pankraz der Schmoller«, in welchem ein junger Trotzkopf, der den Seinen entflieht, in der Fremde durch ein Weib und ein wildes Tier von der Unart des Schmollens geheilt wird.

In der einfachen Geschichte »Frau Regel Amrain und ihr Jüngster«, wird ein schönes Erziehungswerk geschildert, wie es mitten in dem liederlichen Neste Seldwyla von einem verlassenen Weibe an ihrem Sohne geschaffen worden.

Ergötzlich ist der Schwank »Kleider machen Leute«, in welchem ein Schneiderlein, wohlgemerkt ohne seine Absicht, bloß durch seine feingehaltene, manierliche Bekleidung in einem Gasthofe für einen polnischen Grafen gehalten wird und dadurch tausend Freunde und eine Braut findet.

In der Humoreske »Die drei gerechten Kammacher« sind die einzelnen Charaktere ebenfalls ganz prächtig gezeichnet, auch die Aneinanderfügung derselben verrät den Meister, bis gegen Ende hin, wo die Sache etwas ins Unwahrscheinliche verläuft.

Ein boshaftes Ding ist die Erzählung »Der Schmied seines Glückes«. Da ist ein reicher, kinderloser Sonderling, der einen armen, hübschen Burschen adoptiert. Natürlich erkennt dieser den reichen Sonderling gerne als seinen Vater, nicht so unumwunden aber dessen junge Gattin als seine Mutter. Die Folge dieses letzteren Umstandes ist, daß der Sonderling eines Tages seinem Angenommenen die erfreuliche Mitteilung machen kann, daß er nun endlich ein leiblich Söhnlein bekommen habe und die Adoptiovurkunde sofort außer Gültigkeit gesetzt sei.

In den »Mißbrauchten Liebesbriefen« wird mit scharfer Satire die Halbwelt im Schriftstellertum gegeißelt.

Und ähnlich zieht es sich durch vier Bände hin. Oft unbedeutend oder zuweilen unwahrscheinlich ist der Stoff, allein die prächtige Ausführung und der anmutige Stil schmeicheln dem Leser Treue und Glauben ab bis zum letzten Striche. Und die Dinge sind bei all' ihrer Harmlosigkeit pikant. Sentimental ist Keller nicht ein bißchen, hingegen ist die Gefühlsschwärmerei nicht selten der Zielpunkt seiner übermütigen Laune. Keller baut seine Gestalten aus Fleisch und Blut und die Taten seiner Helden sind echte Kinder desselben. Da geht es denn nicht immer glatt ab, und wenn der Bauernbursche sein Mädchen rücklings ins hochgeschossene Kornfeld taucht und sich über dasselbe niederläßt, um ihm die Zähne zu zählen, so ist das in Sachen der Zutraulichkeit noch nicht die kräftigste Darstellungsweise der Keller'schen Muse.

Indes, die Seldwyler Herren und Frauen lieben eine solche Darstellungsweise. Und der Verfasser des Buches vertraut uns schließlich nur noch, daß sich sieben Städte des Landes darum stritten, welche unter ihnen mit der Schlaraffenstadt Seldwyla gemeint sei; und jede dieser Städte trüge dem Verfasser das Ehrenbürgerrecht an, wenn er sich für sie erkläre. Und Keller knüpft daran die Bemerkung: der Mensch gelte im allgemeinen lieber für schlimm und kurzweilig, als für brav und einfältig.

Friedrich Hebbel

Die Chronik der Sperlingsgasse. Von Jacob Corvinus. Zweite Auflage. Berlin

Eine vortreffliche Ouvertüre, aber wo bleibt die Oper? Wir haben gar nichts dagegen, daß auch die Töne Jean Pauls und Hoffmanns einmal wieder angeschlagen werden, aber es muß nicht bei Gefühlsergüssen und Phantasmagorien bleiben, es muß auch zu Gestalten kommen, wenn auch nur zu solchen, wie sie der Traum erzeugt.

Theodor Fontane

(Wilhelm Raabe, Fabian und Sebastian)

W. Raabe, dessen »Horn von Wanza« vor etwa Jahresfrist an eben dieser Stille besprochen und empfohlen wurde, bietet uns in »Fabian und Sebastian« eine Erzählung von ähnlichen Vorzügen. Namentlich der Grundton ist ein verwandter, aber es wurde doch mehr Zink in die Glocke miteingeschmolzen, und so hat sie denn einen minder hellen Klang.

Der Stoff ist vorzüglich gewählt. Die Brüder Fabian und Sebastian, beide Junggesellen, sind die Chefs einer unter dem Namen Pelzmann & Comp. geführten großen Schokoladenfabrik, in deren Getriebe wir einen interessanten Einblick gewinnen. Sebastian, der jüngere Bruder, aber auch schon ein Fünfziger, eigentlicher geschäftlicher Leiter der Firma, zugleich »Lebemann«, der dies und das auf der Seele hat, ist eine Figur, die jeder Erzähler von Durchschnittstalent erdacht haben könnte. Fabian, der ältere Bruder, dagegen, dem wegen seiner geschäftlichen Unfähigkeit nur obliegt, immer neue Moden in Zucker und Dragée, namentlich aber neue Attrappenscherze für das Weihnachtsgeschäft auszudenken (weshalb er denn auch spottweise der »Attrappenonkel« genannt wird), dieser ältere Bruder Fabian ist eine jener Figuren, wie sie nur Raabe schafft. Eigenartig und ganz Poet hat er eine souveräne Macht über unser Herz, das er nach Belieben zu Rührung und herzlicher Heiterkeit hinzureißen weiß. Er steht unter dem Einfluß Jean Pauls, den R. aber in kräftiger Schilderung der Wirklichkeiten vielfach übertrifft, und gehört jener realistisch-romantischen Dichtergruppe zu, der wir in unserer Literatur wenn nicht das Höchste, so doch das Fesselndste, das uns am sympatischsten berührende verdanken.

Und dies uns sympathisch berührende haben wir auch hier, in »Fabian und Sebastian«, und nur zwei Dinge find' ich zu tadeln. Erst das: der Dichter sitzt meinem Erachten nach nicht gerecht genug zu Gericht und rechnet dem Bruder Sebastian eine lang zurückliegende Schuld mehr zum Schlimmen und dem Bruder Fabian eine durchs ganze Leben geschleppte Junggesellensentimentalität mehr zum Guten an, als es vielleicht geschehen sollte. Wie nun mal der Weltenlauf ist, ist das, was auf Sebastian lastet, mehr ein »Malhör« als ein Crimen, während mir andrerseits die milcherne Gefühlsehrlichkeit des Attrappenonkels als ein so zweifelhafter Vorzug erscheint, daß ich, offen gestanden, um vieles lieber mit dem angefleckten Sebastian als mit dem fleckenlosen Fabian verkehrt haben würde. Das Raabe solche Figuren mit Vorliebe darstellt, ist nicht bloß sein gutes Recht, sondern speziell auch eine Guttat gegen uns, deren wir uns zu freuen und für die wir ihm zu danken haben. Daß er aber, weit darüber hinausgehend, in dieser und ähnlichen Figuren anzudeuten liebt, »es sei dies das Normale, so sollten wir alle sein, dann wäre die Welt anders und besser«, dies Parteinehmen stört. Er überträgt seine bildnerische Vorliebe für derartige Personen aus der ästhetischen auch in die moralische Sphäre. Und das find' ich zuviel.

Über all diese Punkte mag sich indessen streiten lassen. Worüber sich aber, meiner Meinung nach, nicht streiten läßt, das ist die Raabesche Vortragsart, also mit andern Worten und im weitesten Sinne sein Stil. Diesen Stil soll Raabe nicht abtun, sonst wär' er eben nicht Raabe mehr, nein, er soll ihn behalten, ihn künstlerisch weiterbilden und pflegen, aber – Pardon für den Ausdruck: er soll ihn nicht päppeln und mästen. Das ist hier aber geschehn. Ich bin der letzte, der Exkurse beseitigen will, ich finde vielmehr umgekehrt, daß lebensweisheitliche Betrachtungen, Ausspinnungen und Wiederholungen in den Roman hineingehören und stehe jedem feindlich gegenüber, der in der Vermeidung aller Kurven und in einem jetzt modischen unmittelbaren Drauflosgehen aufs Ziel eine höchste Kunstform erkennen will. Die grade Straße bietet selten das Schönste; was neben dem Wege liegt, ist meist hübscher als der direkte Weg. Ich huldige mithin ganz und gar dem Raabeschen Prinzip und will in Inhalt, Richtung und Wesen nichts andres, als was er will; ich will nur einfach weniger. Eine gute Weile lang findet man ein unbedingtes Gefallen an ihm und seiner Vortragsweise; von dem Augenblick an aber, wo wir an dem, was uns anfänglich zusagte, das Zuviel und eine so hochgradig ausgebildete Manier erkannt haben, daß nicht mehr der Dichter den Stil, sondern der Stil den Dichter in Händen hält, von diesem Augenblick an ist das Interesse hin oder doch wenigstens gefährdet. Und was das Schlimmste dabei: der einmal erkannte Fehler gewinnt eine rückwirkende Kraft und ernüchtert uns auch in bezug auf das, was uns ehdem erfreute.

Der Aufbau von »Fabian und Sebastian« ist wieder sehr kunstvoll, wie meist bei Raabe. Auch hier wieder ein völliges Abweichen von dem, wie's die Dutzendleute machen. In einer gewissen genialen Kühnheit, mit der er seinen Stoff anzufassen und allem Konventionellen zum Trotz in der Regel sicher und siegreich zu gestalten weiß, erinnert er an Keller und beinah mehr noch an Sterne.

Daß das Buch außerdem reich ist an einer Fülle glänzender Einzelheiten, braucht nicht erst gesagt zu werden. Wie hübsch beispielsweise die Stelle, wo das Nichtchen aus Sumatra zuerst Schneeflocken sieht, und von welcher erschütternden Kraft die Szene, wo Baas Thomas und die kleine Konstanze Pelzmann auf der Steinbank vor dem unheimlichen Korrektionshause sitzen und die Glocke klar und nüchtern herüberklingt. Dabei welch Geschick im Abbrechen und welche glänzende Gabe, durch ein rechtzeitiges Heraufbeschwören humoristischer Intermezzos die tragische Wirkung abzutönen und doch zugleich auch wieder zu steigern.

Ein gutes Buch, an dem nur zu bedauern bleibt, daß nicht ein eigener oder befreundeter Blaustift das wegstrich, was das wachgerufene Interesse wieder in Frage stellt.

Berlin. Adolf Hermes.

Theodor Fontane

(Gerhart Hauptmann, Vor Sonnenaufgang)

Es ist (so wenigstens stehe ich zu der Sache) nie ganz leicht, zu kritisieren, und mitunter ist es schwer. Ein solcher Fall war gestern gegeben. Nur wer den Mut hat, frisch, fromm, fröhlich und frei rundweg zu verabscheuen oder rundweg in den Himmel zu heben, dem wird auch dies Hauptmannsche soziale Drama kein großes Kopfzerbrechen machen; wer diesen Mut aber nicht hat, vielmehr sich mit jeder neuen Szene vor immer neue Fragen gestellt sieht, der wird einen schweren Schreibetag haben.

Es sind keine zwei Monate, daß mir das Stück zu Händen kam. »Gerhart Hauptmann«. Wer war er? Und dann weiter: »Vor Sonnenaufgang. Soziales Drama«. Mit dem Mut einer eben überstandenen Sommerfrische beschloß ich, ans Werk zu gehn. Das Büchelchen verkroch sich aber eine Woche lang unter den Papieren, bis es wieder in die Höhe kam, und nun las ich es, las es von Anfang bis Ende in einem Zuge durch.

Eine sonderbare, eine gruselige Geschichte. Überall im Lande haben wir jetzt Gegenden, wo Bauern und mitunter bloße Kätner über Nacht reich geworden sind, und in eine solche Gegend führt uns das Stück. Es ist ein schlesisches Dorf in der Nähe von Jauer, und das Haus, in das wir eintreten, ist nicht nur städtisch tapeziert und mit Bildern ausgestattet, es hat auch elektrische Klingeln und Telefon. Durchs Telefon wird sogar gesprochen. Ja, Klingeln und Telefon sind da, Pferd' und Wagen auch, sogar ein »Eduard«, Livreediener aus Berlin; in Wahrheit aber ist dies auf den Vornehmheitsschein gestellte Haus ein furchtbares Haus, ein Haus mit einem Gespenst in jedem Winkel.

Der alte Bauer Krause lebt als hochgradiger Säufer eigentlich nur noch in der Schenke; die viel jüngere Frau zweiter Ehe, eine Kuhmagd von vordem oder doch nicht viel was andres, spielt sich, wenn's ihr paßt, auf die »gnädige Frau« hin aus, die mit dem Ingenieur Hoffmann verheiratete ältere Tochter aus erster Ehe hat vom Vater her das Fuselbedürfnis geerbt, und ihr Gatte, Hoffmann, der Dirigent des Hauses, ist Phraseur und rücksichtsloser Genußmensch, der nur sich kennt und seinem Vergnügen alles unterordnet. Ehe sich uns diese Schnaps- und Sündensippe vollzählig vorstellt, machen wir die Bekanntschaft Alfred Loths, eines ehemaligen Schul- und Studiengenossen Ingenieur Hoffmanns. Alfred Loth kam hierher, um die Arbeiterfrage, besonders die der Kohlengrubenarbeiter, an Ort und Stelle studieren zu können. Er ist idealer, sozialdemokratisch angeflogener Politiker und lebt von Artikel- und Bücherschreiben, ein anständiger Kerl, etwas verrannt, starker Doktrinär und Prinzipienreiter, aber durchaus ehrlich und zuverlässig. Unter seinen Prinzipien steht Bekämpfung des Alkoholismus sobenan. Er gehört zu denen, die kraft ihrer Kraft wieder eine tüchtigere Menschensorte herstellen wollen, um dann von der verbesserten Rasse zur Menschenbeglückung fortzuschreiten. Gesundheit natürlich erste Bedingung, Grundlage. Dieser mit Menschheit-Erhebungsgedanken gesättigte Alfred Loth, den man kurz als einen Abstinenzfanatiker charakterisieren kann, steckt nun also in einer Schnapshöhle. Scharfe Beobachtung scheint nicht seine Spezialität; er merkt nichts. Vielleicht deshalb nicht, weil er sich, wie so oft die Doktrinäre, sofort für die jüngere Tochter Helene zu interessieren beginnt. Und sie für ihn. Mit dieser Helene steht es übrigens anders als mit den andern Mitgliedern des Hauses. Ein letzter Wille ihrer verstorbenen Mutter hatte sie vor etlichen Jahren erziehungshalber nach Herrnhut geführt, und das Eintreten Alfred Loths in ihres Vaters Haus ist ihr gleichbedeutend mit einer Wiederanknüpfung an Zeiten, da sie noch Menschen sah und Menschen hörte. Mit einer von Augenblick zu Augenblick wachsenden Macht drängt sich ihr die Überzeugung auf, daß ihre Rettung aus dem Sumpf, in dem sie steckt, nur durch diesen wie durch eine göttliche Fügung in ihr Haus gekommenen einfachen Mann bewirkt werden kann, der nicht blendet und besticht, der aber ehrlich ist und Grundsätze hat. Und was das beste ist: der sie liebt. Es kommt zu keiner feierlichen Verlobung, aber sie sind verlobt, und Helene zählt die Stunden, die sie freimachen und in andere Verhältnisse hinüberführen sollen. Wenn nötig durch Flucht. Da führt das Schicksal zu Heil oder Unheil den Arzt des Dorfes ins Haus, den Dr. Schimmelpfennig, in dem Alfred Loth, wie tags zuvor in Hoffmann, abermals einen Genossen aus alten Verbindungszeiten wiedererkennt, einen Genossen, der aber den Grundsätzen von damals treugeblieben ist. In einer wundervollen Szene, der dramatisch bedeutendsten des Stücks, entrollt der pessimistische, zugleich wie Loth von Idealen getragene Schimmelpfennig ein Bild des Krausischen Hauses und Familienlebens vor dem entsetzt aufhorchenden Freunde, der sich nun vor die Wahl gestellt sieht, entweder mit seinen Prinzipien oder mit seinem Liebesversprechen zu brechen. Er wählt das letztere, schreibt ein Abschiedswort und verläßt das Haus. Als Helene wenige Minuten später, von furchtbaren Ahnungen erfaßt, nach ihm sucht und nichts findet als das Abschiedswort, reißt sie verzweifelnd und rasch entschlossen einen Hirschfänger von der Wand und stürzt auf die Nebenstube zu. Gleich danach kommt eine Magd, um Helenen eine Bestellung zu machen, und als sie, sie suchend, zuletzt in das angrenzende Zimmer getreten ist, stürzt sie mit einem Schrei des Entsetzens wieder hinaus, und durch das öde Haus hin klingt die Kunde von dem blutig Geschehenen. Die Szene bleibt leer, während der Vorhang niedergeht.

Dies ist der Inhalt des Stücks, den ich in dieser Skizze seinem Kern und Wesen nach glaube richtig wiedergegeben zu haben. Aber was ich nicht richtig wiedergegeben habe, weil es sich nicht wiedergeben läßt, das ist der Ton, in dem das Ganze gehalten ist. Und deshalb ist jede Wiedergabe derart immer unvollkommen und meist auch schädigend. Der Ton ist bei Arbeiten wie diesen, die viel von der Ballade haben, nahezu alles, denn er ist gleichbedeutend mit der Frage von Wahrheit oder Nicht-Wahrheit. Ergreift er mich, ist er so mächtig, daß er mich über Schwächen und Unvollkommenheiten, ja selbst über Ridikülismen hinwegsehen läßt, so hat ein Dichter zu mir gesprochen, ein wirklicher, der ohne Reinheit der Anschauung nicht bestehen kann und diese dadurch am besten bekundet, daß er den Wirklichkeiten ihr Recht und zugleich auch ihren rechten Namen gibt. Bleibt diese Wirkung aus, übt der Ton nicht seine heiligende, seine rettende Macht, verklärt er nicht das Häßliche, so hat der Dichter verspielt, entweder weil seine Gründe doch nicht rein genug waren und ihm die Lüge oder zum mindesten die Phrase im Herzen saß oder weil ihn die Kraft im Stich ließ und ihn sein Werk in einem unglücklichen Momente beginnen ließ. Ist das letztere der Fall, so wird er's beim nächsten Male besser machen, ist es das erstere, so tut er gut, sich »andren Sphären reiner Tätigkeit« zuzuwenden. Gerhart Hauptmann darf aber aushalten auf dem Felde, das er gewählt hat, und er wird aushalten, denn er hat nicht bloß den rechten Ton, er hat auch den rechten Mut und zu dem rechten Mute die rechte Kunst. Es ist töricht, in naturalistischen Derbheiten immer Kunstlosigkeit zu vermuten. Im Gegenteil, richtig angewandt (worüber dann freilich zu streiten bleibt) sind sie ein Beweis höchster Kunst.

Das ungefähr waren meine Betrachtungen, als ich das Stück Gerhart Hauptmanns gelesen hatte. Er erschien mir einfach als die Erfüllung Ibsens. Alles, was ich an Ibsen seit Jahr und Tag bewundert hatte – das »Greift nur hinein ins volle Menschenleben«, die Neuheit und Kühnheit der Probleme, die kunstvolle Schlichtheit der Sprache, die Gabe der Charakterisierung, dabei konsequenteste Durchführung der Handlung und Ausscheidung des nicht zur Sache Gehörigen –, alles das fand ich bei Hauptmann wieder; und alles das, was ich seit Jahr und Tag an Ibsen bekämpft hatte – die Spintisiererei, das Mückenseigen, das Bestreben, das Zugespitzte noch immer spitzer zu machen, bis dann die Spitze zuletzt abbricht, dazu das Verlaufen ins Unbestimmte, das Orakeln und Rätselstellen, Rätsel, die zu lösen niemand trachtet, weil sie vorher schon langweilig geworden sind –, alle diese Fehler fand ich bei Gerhart Hauptmann nicht. Kein von philosophisch-romantischen Marotten gelegentlich angekränkelter Realist, sondern ein stilvoller Realist, d. h. von Anfang bis Ende derselbe.

So stand ich zu dem jungen Dichter und seinem Stück und so gewappnet und gefeit (wie ich glaubte) trat ich ins Theater. Und ich bin auch in meinen Grundanschauungen unerschüttert geblieben, kann aber anderseits nicht in Abrede stellen, daß die Wirkung der Aufführung von der der Lektüre sehr verschieden war. Sie war nicht geringer, sie war nur ganz anders. Szenen, wie beispielsweise die, wo Loth seinem Freunde Hoffmann und der Tochter des Hauses sein politisches Programm entwickelt, die Liebesszene zwischen Loth und Helene, die Streitszene zwischen Loth und Hoffmann und endlich die große, den halben vierten Akt füllende Szene zwischen Loth und Dr. Schimmelpfennig, alle diese vergleichsweise herkömmlichen Szenen – herkömmlich in dem Sinne, daß in ihnen nichts geschieht oder gesagt wird, was nicht in jedem anderen guten Stück auch hätte getan oder gesagt werden können –, alle diese Szenen waren von großer und von niemanden im Publikum beanstandeter Wirkung, während alle die Vorkommnisse, die dem Drama wohl oder übel seine bestimmte Physiognomie geben und so recht eigentlich das waren, wovon ich mir eine mächtige, sozusagen eine kunstrevolutionäre Wirkung versprochen hatte, ziemlich spurlos vorübergingen. Im Publikum wurden dabei je nach der Parteistellung mehr oder weniger heftige Beifalls- oder Mißfallenszeichen laut, ein zustimmendes oder verhöhnendes Lachen, auch wohl eines jener kritischen Impromptus, darin die Berliner exzellieren; von einer großen Wirkung war aber nichts wahrzunehmen, weder bei Freund noch Feind. Und befrage ich mich, welchen Eindruck ich persönlich von den Szenen empfing, auf die ich, wenn ich Sportsman wäre, gewettet hätte, so war es vorwiegend der der Langenweile. Zumeist zeigt sich das im zweiten Akt, den ich nach der Lektüre für den besten und genialsten des ganzen Stückes erklärt hatte. Jetzt bei der Aufführung schuf er mir eine große Enttäuschung, und der Grusel, der hier durch eine Häufung von Entsetzlichkeiten hervorgebracht werden soll und auf den das Werk und sein tragischer Ausgang zu gutem Teile gestellt ist, blieb aus. Man sah einen schwer Betrunkenen und einige Imbéciles. Durch stärkeres Betonen der Brutalitätselemente, die der Dichter in vollem künstlerischem Bewußtsein hier vorgeschrieben hat, wäre diese Nichtwirkung freilich leicht in eine starke Wirkung umzusetzen gewesen, aber es ist mir nachträglich doch ganz sicher, daß das dem Grusel auch nicht aufgeholfen, sondern nur einfach das Widerliche (mit vielleicht sehr bedenklichen Folgen für den Ausgang des Stücks) an die Stelle des prosaisch Indifferenten gesetzt hätte. Und so hatten denn Oberleitung und Regie von zwei Übeln das kleinere gewählt. Das aber nahm ich als Resultat dieser Aufführung für mich persönlich mit heim, daß der Realismus, auch der künstlerischste, wenn er aus dem Buch auf die Bretter tritt, doch gewissen Bühnengesetzen unterworfen bleibt und daß Züge lebendigen Lebens, die dem realistischen Roman, auch wenn sie häßlich sind, zur Zierde gereichen, auf der Bühne prosaisch wirken, wenn man ihnen die Locken ihrer Kraft nimmt, oder abstoßend, wenn man ihnen ihre Echtheit beläßt...

Über Hauptmanns Drama wird noch viel gestritten und manche vieljährige Freundschaft ernster oder leichter gefährdet werden, aber über eines wird nicht gestritten werden können, über den Dichter selbst und über den Eindruck, den sein Erscheinen machte. Statt eines bärtigen, gebräunten, breitschultrigen Mannes mit Schlapphut und Jägerschem Klapprock erschien ein schlank aufgeschossener junger blonder Herr von untadligstem Rockschnitt und untadligsten Manieren und verbeugte sich mit einer graziösen Anspruchslosigkeit, der wohl auch die meisten seiner Gegner nicht widerstanden haben. Einige freilich werden aus dieser Erscheinung, indem sie sie für höllische Täuschung ausgeben, neue Waffen gegen ihn entnehmen und sich gern entsinnen, daß der verstorbene Geheime Medizinalrat Casper ein berühmtes Buch über seine Physikats- und gerichtsärztliche Erfahrungen mit den Worten anfing: »Meine Mörder sahen alle aus wie junge Mädchen.«

Theodor Fontane

(Gerhart Hauptmann, Die Weber)

Es ist ein Drama der Volksauflehnung, das sich dann wieder, in seinem Ausgange, gegen diese Auflehnung auflehnt, etwa nach dem altberlinischen Satz: »Das kommt davon.« Was Gerhart Hauptmann für seinen Stoff begeisterte, das war zunächst wohl das Revolutionäre darin; aber nicht ein berechnender Politiker schrieb das Stück, sondern ein echter Dichter, den einzig das Elementare, das Bild von Druck und Gegendruck reizte.

Die »Weber« wurden als Revolutionsdrama gefühlt, gedacht, und es wäre schöner und wohl auch von unmittelbar noch mächtigerer Wirkung gewesen, wenn es sich ermöglicht hätte, das Stück in dieser seiner Einheitlichkeit durchzuführen. Es ermöglichte sich aber nicht, und Gerhart Hauptmann sah sich, und zwar durch sich selbst, in die Notwendigkeit versetzt, das, was ursprünglich ein Revolutionsstück sein sollte, schließlich als Antirevolutionsstück ausklingen zu lassen. Es ließ sich nicht anders tun, nicht bloß von Staats und Obrigkeit wegen. Todessühne, Zugrundegehen eines Schuldigen, das ist ein Tragödienschluß; Radau mit Spiegelzertrümmerung nicht. Das ist einerseits zu klein, andererseits die reine Negation. Wir wollen das Unrecht unterliegen, aber zugleich auch das Recht (das kein absolutistisches zu sein braucht) triumphieren, sich als rocher de bronce stabilisieren sehen. Was triumphiert, muß des Triumphes würdig sein. Hier aber, am Schluß des 4. Aktes, hätte der abschließende revolutionäre Sieg nichts bedeutet als – was eben zu wenig ist – den Sieg der Rache. Das Einsehen davon schuf den 5. Akt. Auch in ihm – wiewohl er nicht bloß ein Verstandes-, sondern ein Widerspruchsobjekt ist

– bewährt sich noch Hauptmanns großes dichterisches Talent, aber doch mit der Einschränkung, die sich aus dem alten »Gebt ihr euch einmal als Poeten, so kommandiert die Poesie« wie von selbst ergibt.

Der 5. Akt ist ein Notbehelf, ein Zwang, aber doch, was uns trösten muß, ein Zwang, der nicht bloß in Klugheitserwägungen oder wohl gar in von außen kommenden Einflüssen, sondern viel, viel mehr in der eigenen Einsicht von der Unvermeidlichkeit solcher Zutat wurzelt.

Daß dadurch etwas entstand, was revolutionär und antirevolutionär zugleich ist, müssen wir hinnehmen und trotz des Gefühls einer darin liegenden Abschwächung doch schließlich auch gutheißen. Es ist am besten so. Denn dies Stück erhält durch dies Doppelgesicht auch eine doppelte Mahnung, eine, die sich nach oben, und eine andere, die sich nach unten wendet und beiden Parteien ins Gewissen spricht.

In einer gewissen Balancierkunst des 5. Aktes gegen die vier voraufgegangenen erinnert das Stück an Schillers »Tell«.

Theodor Fontane

(Arno Holz und Johannes Schlaf, Die Familie Selicke)

Hier haben wir eigentlichstes Neuland. Hier scheiden sich die Wege, hier trennt sich alt und neu. Die beiden am härtesten angefochtenen Dramen, die die »Freie Bühne« bisher brachte, Gerhart Hauptmanns »Vor Sonnenaufgang« und Leo Tolstois »Macht der Finsternis«, sind, auf ihre Kunstart, Richtung und Technik hin angesehen, keine neuen Stücke; die Stücke oder ihre Verfasser haben nur den Mut gehabt, in diesem und jenem über die bis dahin traditionell innegehaltenen Grenzlinien hinauszugehen; sie haben eine Fehde mit Anstands- und Zulässigkeitsanschauungen aufgenommen und haben auf dem Gebiete dieser kunstbezüglichen, im Publikum gang und gäben Anschauungen zu reformieren getrachtet, aber nicht auf dem Gebiet der Kunst selbst. Ein bißchen mehr, ein bißchen weniger, das war alles. Die Frage: wie soll ein Stück sein? oder: sind nicht Stücke denkbar, die von dem bisher Üblichen vollkommen abweichen?, diese Frage wurde durch die Schnapskomödie des einen und die Knackkomödie des andern kaum berührt. Ich darf diese Worte wählen, weil ich durch mein Eingenommensein für beide vor dem Verdacht des Übelwollens geschützt bin.

»Die Familie Selicke!« Ja, wie steht es damit? Soll man ihr wünschen, daß sie fortlebt und sprießt und gedeiht, oder soll man ihr wünschen, daß sie wie Lieschen Selicke, das liebe, süße, Kind, frühzeitig an Schwindsucht hinstirbt? Die Beantwortung dieser Frage ist nicht leicht, aber über einzelne Punkte, freilich vergleichsweise Nebenpunkte, bin ich doch zu einem bestimmten Ja oder Nein gekommen. Das Stück beobachtet das Berliner Leben und trifft den Berliner Ton in einer Weise, daß auch das Beste, was wir auf diesem Gebiete haben, daneben verschwindet. Und in einem nahen Zusammenhange damit steht die glänzende Charakterzeichnung der auftretenden Figuren, aller ohne Ausnahme. Figuren gezeichnet zu haben wie den alten Kopelke, dem alles Mumpitz ist und dem ich mich auch sonst verwandt fühle, könnte jeden Dichter, der mit seiner Kunst im modernen Leben steht, mit Stolz erfüllen.

Aber freilich diesen zwei sicheren Vorzügen scheinen mir zwei gleich sichere Bedenken gegenüberzustehen. Eins davon ist nicht groß und berührt keine prinzipielle Frage. Das Stück leidet an Wiederholungen, und weil es meist Szenen und Momente sind, die an und für sich schon auf der Wippe stehen, wirken sie doppelt peinlich. In Wirklichkeit geht es zwar so her, und wem die fotografische Treue alles bedeutet, der wird auch diese richtige Beobachtung des Lebens bewundern müssen; die Bühne aber hat ihre eigenen bestimmten Gesetze, von denen vorläufig nicht wohl abzusehen ist. Wichtiger ist das Bedenken, das sich gegen die Stoffwahl überhaupt richtet und mir das Geständnis abzwingt: einmal geht das, einmal laß ich mir das gefallen, sogar unter wärmster und bewundernder Anerkennung gefallen. Und wenn der Ostermontag wieder mal, wie dies Jahr, auf den 7. April fällt, dann mag es auch mal wieder gehen, aber doch immer nur in Abständen, in Etappen. Um Himmels willen keine »Kontinuation«! Ein Punkt, der nicht genug betont werden kann! Denn allerdings scheint der moderne Realismus eine traurige Tendenz nach dem Traurigen hin zu haben, und mit dieser Tendenz muß er brechen, wenn er sich seiner Widersacher erwehren, wenn er leben will.

Auf diese Dinge war nach der Seite von Lob und Tadel hin Antwort zu geben; aber schwierigere Fragen, die gerade das betreffen, was »Neuland« an diesem Drama ist, bleiben freilich in der Schwebe. Solche realistischen Jammerstücke, so viel steht mir fest, können allerdings nicht das geistige tägliche Brot der Nation werden, aber wenn nun der Jammer fortfällt, wenn der alte Selicke seine Bummelbrüderschaft abstreift, wenn Frau Selicke das Reißen in ihrem Bein verliert und das Gnauen und Stöhnen endgültig aufgibt, wenn Toni ihren Kandidaten kriegt und als Pastorsfrau nach Malchow oder Marienfelde kommt und wenn, nicht zu vergessen, das arme kleine Lieschen, das immer so rührend »Mamachen« ruft, nicht an der Schwindsucht stirbt, sondern nach Görbersdorf geht und auskuriert wird und schließlich, weil die Kränklichen immer was Feines haben, einen Geheimen Hofrat oder gar (vom Mutter-Selicke-Standpunkt aus kaum auszudenken) einen Bankier heiratet – wie steht es dann mit einem solchen realistischen Stück, wie steht es dann mit der ganzen Gruppe von Stücken, die nach alter Anschauung eigentlich keine Stücke sind? Wie steht es dann mit diesen »Ausschnitten« aus dem Leben, mit diesen Momentbildern, die das, was wir auf der Hintertreppe gratis sehen können, uns gegen Entree noch einmal zeigen? Ich habe keine bestimmte Antwort darauf; man muß abwarten, wie so vieles andere. Darf ich aber eine Vermutung aussprechen, so wird diesen Stücken, »die keine Stücke sind«, doch die Zukunft gehören; zum mindesten werden sie Bürgerrecht haben und von meinem Gefühlsstandpunkt aus auch mit Recht. Denn es bleibt nun mal ein gewaltiger Unterschied zwischen dem Bilde, das das Leben stellt, und dem Bilde, das die Kunst stellt; der Durchgangsprozeß, der sich vollzieht, schafft doch eine rätselvolle Modelung, und an dieser Modelung haftet die künstlerische Wirkung, die Wirkung überhaupt. Wenn ich das kleine Lieschen Selicke bei Nachbarsleuten im Hinterhause hätte sterben sehen, so ist es mir zweifelhaft, ob ich geweint hätte; dem kleinen Lieschen, das gestern auf der Bühne starb, bin ich unter Tränen gefolgt. Kunst ist ein ganz besondrer Saft.

Detlev von Liliencron

»Buch der Zeit«. Lieder eines Modernen von Arno Holz (1885)

»Das Buch der Zeit. Lieder eines Modernen.« Die letzten drei Worte hatte ich nicht gelesen. Ich hielt das Werk für einen Wegweiser nach Kamerun, für ein Maschinenbuch oder für etwas diesen Ähnliches. Ich schlug es auf: Gedichte. Ach, Gedichte. Ich legte das Papiermesser, das ich in die Hand genommen, wieder fort.

Das Buch, eh ich's ganz bei Seite schob, klappte durch Zufall auf:

An Friedrich Rückert

Du warst im Leben Untertan und Christ
Und mehr als einmal auch ein Erzphilister;
Drum trauern, daß du schon gestorben bist,
Noch heute alle Unterrichtsminister.

Donnerwetter, das Papiermesser her... und ich habe das ganze Buch gelesen.

Vorweg: Ein Reim, wie er seit Platen nicht so rein geschrieben ist, und eine unendliche Fülle von neuen Reimen. Nie sieht der Reim gesucht aus; und mag auch noch soviel an ihm gearbeitet sein, man merkt's nicht, und das ist die Hauptsache; nie ist er gezwungen. Endlich darin ein Schüler Platens, des »kalten, marmornen«. Auf den Knieen sollten die jungen Dichter dem großen Toten der Villa Landolina danken.

Und gleichfalls vorweg: Arno Holz lieb »e« t, steh»e«t, geh»e«t, tanz»e«t nicht, sondern (mit zwei Ausnahmen) er liebt, steht, geht, tanzt usw. Wir müssen endlich einmal das verdammte »e« in der dritten Person der Einheit und in der zweiten der Mehrheit (natürlich nur da, wo es der Wortstamm erlaubt) fortlassen.

Aber das ist ja alles Nebensache; was hat denn Arno Holz gedichtet, nicht wie! – Nein, das ist keine Nebensache. Die Lodderlichkeit muß endlich aufhören.

In der Abteilung »Berliner Schnitzel« wird mancher seine Freude haben an den vielen vortrefflichen kleinen Bosheiten, aber auch seine Freude haben an einzelnen Würdigungen. Zum Beispiel:

An Adolf Friedrich Graf von Schack.

Die letzte Strophe lautet:

Seit mir die Muse lächelnd zugenickt,
Hab' ich mit Staunen zu dir aufgeblickt
Und winde dir nun in dein Kranzgeflecht:
»Ich danke dir!«
Das kommende Geschlecht.

Endlich! Bravo! –

Das mir, alltäglich zu sprechen, am besten gefallende Gedicht – das ist ja aber völlig Ansichtssache – ist: Phantasus.

Phantasus besteht aus einer kleinen, soll ich sagen, Vorrede mit dreizehn sich anschließenden Liedern. In diesen wird nun abwechselnd der allmählich verhungernde Dichter (im fünften Stockwerk einer Mietskaserne, nicht im gewöhnlichen vierten) geschildert und seine ganze schreckliche Umgebung; dann folgt immer als Nummer Zwei ein Lied dieses Dichters. Und diese Lieder sind von triefender Schönheit:

An seiner Kettenkugel schleppe,
Wen nie sein Sklaventum verdroß;
Doch mich trägt wiehernd durch die Steppe
Arabiens weißgestirntes Roß.

Ein grüner Turban schmückt das Haupt mir,
Von Seide knittert mein Gewand,
Und jeder Muselmensch hier glaubt mir,
Ich wär der Fürst von Samarkand.

In den vier Strophen dieses Liedes wiederholen sich die vier letzten Verse immer wieder. Und ich verstehe den Dichter: Er ist selbst, und mit tiefem Recht, in seine Schöpfung verliebt. Immer wieder muß er das Prachtfarbenbild sich wiederholt sagen. Das taten berühmte Männer, das taten Beethoven, Mozart, Schumann. Und ich fühls ihnen nach.

Es würde viel zu weit führen, ich darf kein anderes Gedicht aus Phantasus mehr bringen an dieser Stelle. Wenn wir (mein Gott, wie oft!) das ewige Gesäure des im vierten Stock vor Hunger sterbenden Dichters hören oder lesen, so läßt uns das nachgerade gleichgültig. Aber wo es so göttlich gedichtet ist, mit so tiefst dunkelroten Herzblutfarben, erschüttert es uns, daß uns die Haarwurzeln schmerzen. Das hat ein echter Dichter geschrieben.

Viel dunkelwaldiges (nicht in »romantischer« Hinsicht), viel dunkeles aus dem Leben, »Nachtstücke«, gibt uns Arno Holz. Alles wundervoll!

Seine Anmerkung aber zu »Ein Heroldsruf« hat mir bitter wehe getan. Auch andern Lesern wird's so gehen. Diese Anmerkung hätte erspart werden können.

Da ich ein Deutscher bin, so muß ich nörgeln. Wie wäre denn das auch möglich, daß wir einmal nur in die laute, rücksichtslose Bewunderungstrompete stießen und dann riefen, wenn die Leute auf den Straßen aufmerksam geworden wären: Seht her, welch ein Kerlchen, hier habt ihr einmal einen Dichter!

Also als Deutscher nörgle ich los: Arno Holz hätte uns mit den häufig gesperrt gedruckten Versen und Worten verschonen können. Das sieht so aus, als wollte er als Despot seinen Lesern zurufen: Hierher, ihr Lumpen, merkt euch das! So denke ich, und so sollt ihr denken! Das ist meine Ansicht, und meine Ansicht ist die allein richtige. Punktum!

Oder, gelinder gesagt: Er nimmt uns beim Schopf und stößt uns mit der Nase auf die betreffenden Verse: der Lehrer die Schüler. Es ist, mit einem Wort, eine kleine Unart. Das Gesperrtgedruckte nützt den paar wirklichen Gedichtverstehern nichts; die merken schon von selbst, ob sie nach den drei ersten Versen das Buch auf den Düngerhaufen werfen oder ob sie's ans Herz drücken sollen. Und der Millionendeutsche: Nun, beim Jupiter, mögen einzelne Buchstaben groß wie Fabrikschornsteine gedruckt sein, er liest, ob Exzellenz oder Tagelöhner, mit derselben Verständnislosigkeit darüber hin; ihm ists gleichviel, ob's ein Goethesches Sonnengedicht, ob es ein Gartenlaubenreim, ob es Dante schrieb oder der Leibdichter irgend eines unserer überzahlreichen Nähmamsellschundschandquarkzeitschriften.

Was soll aber der edle, stille, fromme, deutsche Emanuel Geibel im »Buch der Zeit«. Was würde der für ein Gesicht machen, läse er das Gedicht: »Den Franzosenfressern«.

Einige schöne Worte fand ich: »Das Goldlicht der Lampe«, »Taifundunkel«. Das letzte ist sehr gewagt, aber es paßt prächtig.

Ein Dichter schrieb: »Das Buch der Zeit«. Damit ist Alles gesagt.

Ich schließe mit Arno Holz:

Abfertigung.

Wohl machst du mir für mein Talent
Ein ungeheures Kompliment;
Doch schone, Freundchen, deine Lunge,
Denn wo das Herz spricht, schweigt die Zunge.

Aber nicht die Feder, Herr Holz.

Es flutet und braust seit Anfang unseres Jahrzehnts: Eine neue Dichtergeneration stürmt mit fliegenden Fahnen vorwärts. Keine Epigonen sind's. Das ist unverkennbar. Schütteln sich die jungen Dichter durch ihren Hochmut glücklich durch, sind sie gerettet – und die Gründer in der Tat (ich weiß mich nicht anders auszudrücken) eines neuen Dichterstamms. Sonst lauert auch auf sie die Krankheit unserer Zeit: der Größenwahn.

Nachbemerkung

Friedrich Schlegel schrieb 1797, die Deutschen seien »ein rezensierendes Volk; und in den sämtlichen Werken eines deutschen Gelehrten wird man eine Sammlung von Rezensionen ... zuversichtlich suchen.« Wir können hinzufügen: in den sämtlichen Werken eines deutschen Dichters auch, wenigstens bis zur Wende vom 19. zum 20. Jahrhundert und mit Ausnahmen.

In der zweiten Hälfte des 18. Jahrhunderts wurden die wichtigsten deutschsprachigen literarischen Zeitschriften von Dichtern geleitet: der »Deutsche Merkur« von Wieland, die »Iris« von Johann Georg Jacobi, die »Thalia« von Schiller, die »Horen« von Goethe und Schiller gemeinsam. Auch Zeitungen, die sich nicht auf Kultur und Literatur beschränkten, waren in den Händen von Literaten, so die »Deutsche Chronik« (Christian Daniel Friedrich Schubart) und der »Wandsbecker Bote« (Matthias Claudius). Noch waren die Literaten Dichter, Publizisten, Kritiker und Herausgeber in einer Person; die Aufspaltung der literarischen Produktion hatte erst ansatzweise begonnen. Auch die bedeutendsten Kritiker belletristischer Neuerscheinungen für die »Allgemeine Literatur-Zeitung« in Jena, die von dem Professor für Poesie und Beredsamkeit, Christian Wilhelm Schütz, herausgegeben wurde, waren Dichter. Eine letzte, auch theoretische, Befestigung erfuhr diese Personalunion von Dichter und Kritiker durch Friedrich Schlegel, der im 117. Lyzeumsfragment erklärte, kraft ihrer Gestaltung werde die Kritik zur Kunst.

Unter den veränderten Bedingungen entstehender Massenzeitschriften und -zeitungen leiteten Dichter und Schriftsteller häufig die Feuilletonredaktionen (z. B. Uhland, Alexis, Gutzkow) oder lieferten regelmäßig Besprechungen von Theateraufführungen und neuen Büchern (Hebbel, Fontane). Vieles, besonders in Sammelrezensionen, blieb mehr Anzeige, Inhaltsangabe und apodiktisches Urteil als gründliche Untersuchung, als vorurteilsloses Sich-Stellen einer neuen Kunstauffassung.

Oft haben die Dichter mit den Werken ihrer schreibenden Zeitgenossen eigene ästhetische Auffassungen zu belegen versucht (Schiller über Bürger, Goethe über Voß). Und in den besten dieser Besprechungen gelang, was Jean Paul 1812 schrieb: »In jeder guten Rezension verbirgt oder entdeckt sich eine gute Ästhetik und noch dazu eine angewandte und freie und kürzeste und durch die Beispiele helleste.«

Die besten Rezensionen besitzen auch »außer ihrer Aufrichtigkeit und dem Ernste, in dem sie wurzeln, einige Selbständigkeit ..., Selbständigkeit in dem Sinne, daß sie einen nicht bloß relativen, sondern einen von den beurteilten Schriften unabhängigen Wert besitzen.«

Unter diesem von Hebbel 1839 formulierten Anspruch haben wir die hier vorgelegten Literaturkritiken ausgewählt: zu allererst soll ihre Lektüre ästhetisches Vergnügen bereiten, sie sollen gute Literatur sein. Respräsentanz wurde durchaus angestrebt. So haben wir versucht, die wichtigsten von Dichtern und Schriftstellern geschriebenen Besprechungen aufzunehmen, wobei uns die Entscheidung, welche Aufsätze weggelassen werden mußten, die größte Mühe bereitet hat.

Prinzipiell wurden nur Besprechungen von Autoren aufgenommen, die zu Lebzeiten der behandelten Dichter gelebt haben, die also in einem engen Sinne Zeitgenossen waren. Angeordnet wurden die Beiträge chronologisch nach den Geburtsjahren der behandelten Dichter. Wir sind uns bewußt, daß auch diese Reihenfolge unvollkommen ist (so steht z. B. die Kritik von Nicolais »Werther«-Parodie vor den eigentlichen »Werther«-Besprechungen). Im Mittelpunkt der Beiträge steht die Auseinandersetzung mit jeweils einem einzigen literarischen Werk, nicht mit einem gesamten Lebenswerk. Freilich nähern sich Besprechungen von Sammelbänden solchen Würdigungen (wie z.B. die Beiträge über den Maler Müller, über Voß, Hölderlin und Uhland).

Zugrundegelegt wurden im günstigsten Fall die Originalausgaben, ansonsten gesicherte Neuausgaben. Rechtschreibung und Zeichensetzung haben wir behutsam modernisiert und die Namen in den alten Formen belassen. In den Anmerkungen jedoch erscheinen sie mit der heute üblichen Schreibweise. Auf die Angabe von Seitenzahlen wurde verzichtet, wenn dadurch die Satzkonstruktion nicht verändert werden mußte. Auslassungen haben wir mit ... gekennzeichnet. Wo die Autoren selbst schon ... verwendet hatten, haben wir es übernommen, ohne es gegen unsere Auslassungszeichen abzusetzen.

Versucht haben wir, alle auftauchenden Namen und wenig geläufigen Begriffe zu erklären, dabei blieben – mit wenigen begründeten Ausnahmen – diejenigen Namen ohne Erklärung, die im vorliegenden Band als Autoren oder als Verfasser besprochener Werke erscheinen. Weggelassen wurden in den Überschriften stets die Verlagsangaben, selbst wenn sie im Original standen, da sie oft von Auflage zu Auflage wechselten.

Anders als beim ersten Band der Literaturbetrachtungen, der von Opitz bis Lessing reichte, konnte ich mich bei diesem abschließenden zweiten auf viele Vorarbeiten stützen, die ich dankbar benutzt habe. Ich nenne die Namen derjenigen Forscher, denen ich besonders wertvolle Hinweise, Anregungen und Belehrung verdanke: Alfred Bergmann, Hans Christoph Buch, Elisabeth Eckl, Lothar Ehrlich, Moriz Enzinger, Oscar Fambach, O. Fischer, Franz Götting, Pierre Grappin, Klaus Günzel, Karl Kanzog, Hans-Joachim Kruse, Rätus Luck, Karl Robert Mandelkow, Joachim Müller, Peter Müller, Norbert Oellers, Karl Raab, Hans-Heinrich Reuter, Rosemarie Schillemeit, Kurt Schreinert und Gero v. Wilpert. Ausdrücklich danken möchte ich meinen

Leipziger Freunden Dr. Silvia Morawetz und Roland Erb für ihre ständige Hilfsbereitschaft, wenn ich sie um Auskünfte aus den englischsprachigen und romanischen Literaturen bat. Danken möchte ich wiederum den Mitarbeitern der Deutschen Bücherei und der Universitätsbibliothek Leipzig, die mir geduldig und freundlich die benötigte Literatur zur Verfügung stellten.

Seit den ersten Überlegungen zu dieser zweibändigen Sammlung von Literaturbetrachtungen deutschsprachiger Dichter bis zu ihrer Fertigstellung sind fast acht Jahre vergangen. Ich danke dem Cheflektor des Hinstorff-Verlags, Dr. Horst Simon, für die Anregung zu dieser Ausgabe; ich danke ihm für seine Geduld, sein Verständnis und seine Unterstützung, womit er die Arbeit begleitet hat. Für alle Hilfe danke ich meinem Lektor Dr. Andreas Zecher, der als erster Leser der ausgewählten Aufsätze mich ständig ermutigt hat.

Februar 1988 — Jürgen Israel

Anmerkungen

Matthias Claudius
(Lessing, Minna von Barnhelm)

Als Matthias Claudius 1768 nach Hamburg ging und in die Redaktion der neu gegründeten Handelszeitung »Adreß-Comptoir-Nachrichten« eintrat, war dies – nach einer kurzen Tätigkeit als Sekretär eines Grafen Holstein in Kopenhagen – seine erste Anstellung. Bereits hier entwickelte er seinen originellen, sehr persönlichen Stil. Bald wurde er Redakteur der Zeitung und verlieh ihr mit den Anzeigen belletristischer Bücher und den Besprechungen wichtiger Theateraufführungen neben den Schiffs- und Handelsnachrichten, die ja den eigentlichen Inhalt der »Nachrichten« bildeten, ein eigenes Gesicht.

Noch im Herbst 1768 lernte er Lessing kennen, den er zeitlebens schätzte, und der ihm gleichermaßen Achtung und Wohlwollen entgegenbrachte.

Am 8. November 1769 – das Projekt eines Nationaltheaters war bereits gescheitert – führte die Ackermannsche Truppe in Hamburg »Minna von Barnhelm« auf. Am 11. und 18. November erschien in den »Adreß-Comptoir-Nachrichten« der fingierte Briefwechsel zwischen Fritz, seinem Vater und seiner Tante, den wir hier abdrucken (den abschließenden Brief Fritzens an den Vater, erschienen am 7. Dezember, haben wir nicht aufgenommen).

Die Fiktion, ein naiver, wenig gebildeter (d.h. auch: unverbildeter) und aufnahmefähiger junger Mann erzähle dem Vater sein Theatererlebnis, ermöglichte es Claudius, die charakterbildende Wirkung des Theaters, und der »Minna von Barnhelm« im besonderen, darzustellen. Mit den kauzigen Briefen setzte er sich vorbehaltlos für Lessings Stück ein; sie vermitteln darüber hinaus eine klare Vorstellung davon, was Claudius von der Kunst erwartete und welche Wirkungsmöglichkeiten er ihr zugestand: Für Claudius hatte die Kunst stets der Erziehung des Menschen zu dienen, sie war ihm nicht Selbstzweck, »höchstens ein Weg und nicht das Ziel«. Daß er der »Minna von Barnhelm« bescheinigte, sie bekräftige in Fritz den Wunsch, »selbst rechtschaffen und großmütig zu werden«, war für Claudius höchstes Lob. So sagt die Besprechung der »Minna«, Claudius' umfangreichster Beitrag für die »Adreß-Comptoir-Nachrichten« überhaupt, mehr über ihren Verfasser als über Lessing aus.

Sie ist aber noch in einer anderen Hinsicht wichtig für Claudius: hier wird ein Kunstgriff zum ersten Mal vollkommen angewandt, dessen sich der Dichter später immer wieder bedienen wird: der Spaltung des Chronisten, des Lehrers in zwei Personen, in den ungelehrten, einfachen Mann und dessen klugen, erfahrenen Vetter und Freund, die in späteren Werken Asmus und Andres heißen.

Außer der »Minna von Barnhelm« und der »Emilia Galotti« hat Claudius noch Lessings Abhandlung »Zur Geschichte und Literatur«, 1773, besprochen.

9 *Gasthaus* – hier in der alten Bedeutung von Kranken- oder Armenhaus verwendet

Karl Wilhelm Ramler
(Lessing, Emilia Galotti)

Über Ramlers Besprechung der »Emilia Galotti« in der Berlinischen Privilegierten Zeitung vom 28. März 1772 war Lessing enttäuscht. Er hatte sich gerade von Ramler, mit dem er seit 1754 befreundet war und der den Zeitgenossen als Autorität in stilistischen Fragen galt, eine gründlichere, auch kritischere Auseinandersetzung erhofft. Zwar schrieb er dem Freund am 21. April 1772: »Wie sehr ich Ihnen für Ihren Beifall und Ihre freundschaftliche Bemühung, meiner ›Emilie‹ eine gute Aufnahme zu verschaffen, verbunden zu sein Ursache habe, das können Sie nur selbst am besten erachten.« Aber er fuhr dann fort: »Aber nun auch die bessere Art des Beifalls, die wir einander unter uns geben können: Ihre Kritik! Sie haben mir sie versprochen, und ich erwarte sie so gewiß als bald. Kritik, will ich Ihnen nur vertrauen, ist das einzige Mittel, mich zu mehrerem aufzufrischen oder vielmehr aufzuhetzen. Denn da ich die Kritik nicht zu dem kritisierten Stücke anzuwenden imstande bin, da ich zum Verbessern überhaupt ganz verdorben bin und das Verbessern eines dramtischen Stücks insbesondere fast für unmöglich halte, wenn es einmal zu einem gewissen Grade der Vollendung gebracht ist und die Verbesserung mehr als Kleinigkeiten betreffen soll, so nutze ich die Kritik zuverlässig zu etwas Neuem. – Also, liebster Freund, wenn auch Sie es wollen, daß ich wieder einmal etwas Neues in dieser Art machen soll, so sehen Sie, worauf es dabei mit ankömmt: mich durch Tadel zu reizen, nicht dieses nämliche besser zu machen, sondern überhaupt etwas Besseres zu machen. Und wenn auch dieses Bessere sodann notwendig noch seine Mängel haben muß, so ist dieses allein der Ring durch die Nase, an dem man mich in immerwährendem Tanze erhalten kann.«

Und seinem Bruder Karl schrieb er einen Tag später: »Unsers guten Ramlers Rezension ist freilich ein wenig schielend, und es könnte mich fast verdrießen, daß er mich ohne allen Streit für ebenso gut hält als die Beaumarchais und Falbaires. Doch ich kenne überhaupt seine Art zu urteilen, bei der er sich überall Hintertüren offen lassen muß. Besonders weißt Du wohl, muß er seinem Batteaux die Stange halten und kann also nicht so schlechterdings billigen, wo die Ausführung den Regeln desselben widerspricht.

Allerdings hätte ich lieber ein Urteil von unserm Moses gehabt. Seine Anmerkung über den Charakter des Prinzen ist nicht so ganz ohne; denn ich erinnere mich sehr wohl, daß ich ihn, so wie er jetzt in dem ersten Akte ist, zu einer Zeit angelegt habe, als ich noch nicht ganz gewiß bei mir war, wieviel Anteil ich ihn an dem Ausgange würde können nehmen lassen.«

Karl hatte dem Bruder von einem Gespräch mit Mendelssohn geschrieben, in dem dieser die »Emilia Galotti« »im ganzen vortrefflich« gefunden hatte. »Wir disputierten eine Weile über die Emilia, und endlich fragte ich ihn, ob er denn gar nichts gefunden, das er besser oder anders wünschte. Und was dächtest Du wohl, was es war? Der Prinz; der scheint ihm im Anfange tätiger und tugendhaft, und am Ende ein untätiger Wollüstling.«

10 *»Romeo«* – Ramler meint Christian Felix Weißes Trauerspiel »Romeo und Julie« von 1767.

»Beverley« – Beverley heißt die Hauptgestalt in Edward Moores Tragödie »The Gamester«, die 1753 mit dem berühmten Schauspieler Garrick als Beverley in London uraufgeführt wurde. 1754 erlebte sie unter dem Titel »Der Spieler« in Breslau die deutschsprachige Uraufführung, der innerhalb von zwei Jahren Aufführungen in ganz Deutschland folgten. Diderot versuchte 1760 das Erfolgsstück umzuarbeiten, seine Arbeit blieb allerdings Fragment.

11 *Et nunc reges . . .* – (lat.) Nun denn, ihr Könige, kommt zur Einsicht, laßt euch warnen, ihr Gebieter der Erde! (Psalm 2,10)

Beaumarchais – Pierre-Augustin Baron de Beaumarchais (1732–1799), französischer, die Ideale der Aufklärung weiterführender Dramatiker.

Falbaire – Charles-Georges Fenouillot de Falbaire (1727–1800), französischer Dramatiker, dessen Werke seinerzeit auch in Deutschland gespielt wurden.

Mercier – Louis-Sébastian Mercier (1740–1814), französischer Schriftsteller und während der Revolutionszeit Politiker, setzte sich für Shakespeare und Calderon ein. Seine Dramen wurden mit zeitweiligem Erfolg auch in Deutschland gespielt.

de la Harpe – Jean-Francois de la Harpe (1739–1803), französischer Schriftsteller und Literaturkritiker; seine bekanntesten Dramen waren »Warwick«, 1763, und »Mélanie«, 1770.

Sedaine – Michel-Jean Sedaine (1719–1795), französischer Lustspiel- und Operndichter. Seine erfolgreichste Komödie, »Le Philosophe sans le savoir«, 1765, wurde im 18. Jahrhundert mehrfach ins Deutsche übersetzt (unter den Titeln »Der Philosoph ohne es zu wissen« und »Der Weise in der Tat«.).

Matthias Claudius

»Emilia Galotti«. Ein Trauerspiel von Gotthold Ephraim Lessing

Am 1. Januar 1771 erschien die erste Nummer der Zeitschrift »Der Wandsbecker Bote«. Ihr Redakteur war der von Hamburg in das nahe gelegene Wandsbeck gezogene Matthias Claudius, ihr Verleger und Drucker Johann Joachim Bode in Hamburg. Die neue Zeitschrift war ein Dorfblättchen, sie erschien viermal wöchentlich und hatte in ihren besten Zeiten 400 Abonnenten.

Es hatte schon vorher, seit 1745, Wandsbecker Zeitungen gegeben, die aber wegen ihrer moralischen Kritik am Leben des Hamburger Bürgertums mehrmals Namen und Herausgeber hatten wechseln müssen. Wandsbeck war seinerzeit dänischer Besitz, und deshalb konnte der Senat die Zeitung nicht einfach verbieten, sondern mußte sich mit dem dortigen Gutsherrn, dem aufgeklärten Freiherrn v. Schimmelmann, ins Einvernehmen setzen. Unter Schimmelmanns Herrschaft blühte das kleine Dorf – es bestand aus vielleicht hundert Häusern – auf, die Juden besaßen Glaubensfreiheit und Stimmrecht; die Hamburger Bürger liebten es als Ausflugsziel. Dabei waren die Wandsbecker Zeitungen keine gesellschaftskritischen Journale im Sinne der Aufklärung, sie stellten weder literarische noch philosophisch hohe Ansprüche, sie waren vielmehr Skandalchroniken und trafen die auf ihr Ansehen bedachten Bürger durch die Bloßstellung ihrer moralischen Schwächen.

Schimmelmann entzog sich dem Druck des Hamburger Senats dadurch, daß er 1770 den Wandsbecker Pfarrer Hohn beauftragte, eine neue Zeitung zu gründen. Und diese neue Zeitung wurde der »Wandsbecker Bote« von Claudius und Bode. Waren die früheren Wandsbecker Zeitungen wirklich vom einfachen Volk gelesen worden, so wurde der »Bote« unter Claudius zu einer in ganz Deutschland geschätzten gelehrten Zeitschrift. Freilich veröffentlichte der dreißigjährige Redakteur keine Angriffe gegen die gesellschaftlichen und moralischen Zustände in Hamburg mehr, freilich riet er in gewisser Weise zu Unterordnung und Mäßigung, aber er bewahrte die Zeitschrift vor hausbackener Biederkeit: er veröffentlichte Beiträge fast aller bedeutenden zeitgenössischen Dichter; neben ihm selbst kamen u.a. Goethe, Lessing, Herder, Klopstock, Voß, Hölty, die Brüder Stolberg, Bürger und Gerstenberg zu Wort, aber auch Dichter wie Gleim und Ramler, die von den Stürmern und Drängern des Göttinger Hainbundes verspottet und verachtet wurden. Claudius besprach wichtige literarische Neuerscheinungen, dabei stets eindeutig und furchtlos Partei ergreifend. Seine Kritiken bestanden oft nur in herzlicher Zustimmung oder in erbitterter Ablehnung. Er hat stets subjektiv geurteilt, um ästhetische Maßstäbe und objektive Analysen hat er sich wenig geschert. Er hat mit den dargestellten Personen gelebt, er hat ihr Verhalten und die Stellung des Autors moralisch beurteilt. An Herders und Lessings Kritiken gemessen, die sich gerade um Objektivität und ästhetische Verallgemeinerung bemühten, wirken Claudius' Beiträge geradezu intim. Er hat aber mit dieser Form, darin vielleicht nur Schubart vergleichbar, das Lebensgefühl der neuen Dichter getroffen, denen es auf Unmittelbarkeit des Erlebens ankam, die sich zu ihren Gefühlen bekannten.

»Der Wandsbecker Bote« hat knapp fünf Jahre bestanden. Obwohl die besten Literaten darin veröffentlichten, obwohl sich z.B. Herder in Bückeburg, Nicolai in Berlin, Hamann in Königsberg und Gerstenberg sogar in Kopenhagen für die Zeitschrift verwandten, Abonnenten warben und Bekannte darauf hinwiesen, ist sie schließlich doch an mangelnder Leserzahl eingegangen. Sie hat aber doch durch Claudius' Eintreten für die junge deutsche Literatur und durch den von ihm geprägten »Boten-Stil« Bedeutung für die geistige Entwicklung in ganz Deutschland besessen. Wenn man noch in Betracht zieht, daß Claudius neben den Artikeln über Handel, neben den politischen und allgemein interessierenden Beiträgen für die

»Gelehrten Sachen« (wie er die ihn eigentlich interssierende Abteilung nannte; zuweilen gab er ihr auch den Titel »Poetischer Winkel«) nur wenig Raum zur Verfügung stand, ist seine Leistung noch höher einzuschätzen. Weil der Platz in den einzelnen Nummern oft nicht ausreichte, hat Claudius viele Aufsätze in Fortsetzungen erscheinen lassen.

Die Besprechung von Lessings »Emilia Galotti« erschien am 10., 14. und 15. April 1772 in den Nummern 58, 60 und 61 des »Wandsbecker Boten«. Wir drucken die überarbeitete und gekürzte Fassung ab, wie sie Claudius in den »1. und 2. Teil des Asmus omnia sua secum portans, oder Sämtliche Werke des Wandsbecker Boten«, 1775, aufgenommen hat.

14 *surpreniert* – (frz.) überrascht
Nickel – als Kose- und Schimpfname verwendete Abkürzung für Nikolaus
mit Geheimden Räten – Anspielung auf Lessings Streit mit dem Hallenser Philosophie- und Rhetorikprofessor Christian Adolf Klotz (1738 BIS 1771), der als Philologe weithin berühmt war, Herausgeber der Zeitschriften »Acta litteraria«, »Neue Hallische Gelehrte Zeitungen« und »Deutsche Bibliothek der schönen Wissenschaften«.

Johann Gottfried Herder
Theokrit und Geßner

1756 erschien in Zürich eine erste Sammlung von Salomon Geßners Idyllen. Das Bändchen enthielt 24 Stücke und machte den 26jährigen Autor in ganz Europa, vor allem in Frankreich, berühmt. 1772 kam, ebenfalls in Zürich, ein Band »Neue Idyllen« heraus (auf den bezieht sich Goethes Kritik).

Geßners Idyllen wurden in 21 Sprachen übersetzt; sie waren neben Goethes »Werther« die meistgelesene Lektüre der Zeit, und die bedeutendsten zeitgenössischen deutschen Dichter – Lessing, Herder, Goethe, Schiller – haben sich zu ihnen geäußert. Ewald v. Kleist, Bodmer, Wieland, Ramler und Voß gehörten zu ihren Verehrern.

Die Idyllen, antiken Mustern nachgebildete Schäfergedichte, spielen in einem geschichtslosen, geographisch nicht festlegbaren Raum. Zeitthemen, außer einer allgemeinen, seit Rousseau üblich gewordenen Zivilisationskritik, kommen nicht zur Sprache. Freilich begründet Geßner in der Vorrede von 1756 die Wahl eines »entfernten Weltalters« damit, daß die Hirtengedichte »für unsere Zeiten nicht passen, wo der Landmann mit saurer Arbeit untertänig seinem Fürsten und den Städten den Überfluß liefern muß und Unterdrückung und Armut ihn ungesittet und schlau und niederträchtig gemacht haben«, aber als Heilmittel gegen »die unglückliche Entfernung von der Natur« erscheinen ihm zuerst Mitleid, Bescheidenheit und Bedürfnislosigkeit außerhalb der Stadt.

»Was soll ich in der Stadt?« entgegnet der junge Hirt Menalkas dem in der Stadt lebenden Äschines (in der Idylle »Menalkas und Äschines der Jäger«). »Ich wohne sicher in meiner niedern Hütte, sie schützt mich vor Regen und rauhen Winden, und stehen nicht Säulen umher, so stehen doch fruchtbare Bäume und Reben umher, dann hol' ich aus der nahen Quelle klares Wasser im irdenen Krug, auch hab' ich süßen Most, und dann eß' ich, was mir die Bäume und meine Herde geben, und hab ich nicht Silber und Gold, so streu ich wohlriechende Blumen auf den Tisch.«

Die Widersprüche dieser idyllischen Welt, eines von Geßner so bezeichneten »Goldenen Zeitalters«, an dessen Existenz am Beginn der Menschheitsgeschichte er vermutlich geglaubt hat, scheinen bei gutem Willen aller Menschen lösbar. Geßner entwirft das Wunschbild einer klassenlosen Gesellschaft, Unterdrückung und Unfreiheit gibt es nicht: darin liegt zwar eine gesellschaftskritische Tendenz; zugleich aber bezeugen diese Bilder Geßners Unverständnis der geschichtlichen Entwicklung gegenüber.

Geßner nennt den griechischen Dichter Theokrit sein Vorbild. »Ich habe den Theokrit immer für das beste Muster in dieser Art Gedichte gehalten,« schreibt er. »Bei ihm findet man die Einfalt der Sitten und der Empfindungen am besten ausgedrückt und das Ländliche und die schönste Einfalt der Natur; er ist mit dieser bis auf die kleinsten Umstände bekannt gewesen; wir sehen in seinen Idyllen mehr als Rosen und Lilien; seine Gemälde kommen nicht aus einer Einbildungskraft, die nur die bekanntesten und auch den Unachtsamen in die Augen fallenden Gegenstände häuft; sie haben die angenehme Einfalt der Natur, nach der sie allemal gezeichnet zu sein scheinen. Seinen Hirten hat er den größten Grad der Naivität gegeben, sie reden Empfindungen, so wie sie ihnen ihr unverdorbenes Herz in den Mund legt, und aller Schmuck der Poesie ist aus ihren Geschäften und aus der ungekünstelten Natur hergenommen.« Doch den realistischen Gehalt seines Werkes hat er nicht erkannt. Was bei Theokrit noch wirkliche Hirten waren, wurde bei Geßner zu einer tändelnden, sich den Freuden der Liebe, des Weins und des Gesangs hingebenden Gesellschaft von Jünglingen und Mädchen, deren Arbeit sich gleichsam von selbst erledigte, die in einer harmonischen Welt lebten.

An realistischem Gehalt erreichten erst Johann Heinrich Voß' Idyllen das Vorbild Theokrits. Voß kannte das Leben der mecklenburgischen Landarbeiter nicht nur aus der Literatur und der Kunst, er selbst entstammte einer Kleinbauernfamilie und hat seine plebejisch-republikanischen Ideale nicht verloren. Er ist der eigentliche »deutsche Theokrit«, wenn ein solcher Vergleich überhaupt gezogen werden soll. Er hat, im Unterschied zu Geßner, Theokrit, Bion und Moschus im griechischen Original gelesen und gelehrte Anmerkungen zu ihren Idyllen verfaßt.

In Ramlers Übersetzung von Charles Batteux' »Einleitungen in die schönen Wissenschaften« waren 1756 zum ersten Mal einige Gedichte Theokrits auf deutsch erschienen. Noch 1751 hatte Johann Adolf Schlegel in den Anmerkungen zu seiner unvollständigen Übersetzung desselben Werkes von Batteux behauptet, zwischen der Idylle und dem wirklichen Leben auf dem Lande bestehe kein notwendiger Zusammenhang; auf Theokrit war er gar nicht eingegangen.

In dem Teil, der von Schlegel nicht mit übersetzt worden war, hatte Batteux aber ausdrücklich auf Theokrit hingewiesen. Er stellte dessen »einfältig schöne« Natur über die bereits verfälschte, d. h. unrealistisch wiedergegebene seiner Nachahmer Bion und Moschus.

Bereits ein Jahr später, 1757, erschien in Berlin eine erste vollständige Übersetzung der Gedichte Theokrits von Lieberkühn, »Die Idyllen Theocrits, Moschus und Bions aus dem Griechischem übersetzt.

Neben Theokrit war der griechische Hirtenroman »Daphnis und Chloe« von Longos, der um das Jahr 200 entstanden ist, von großem Einfluß auf Geßner.

Herders Vergleich fällt eindeutig zugunsten Theokrits aus. Er lobt dessen realistische, volksnahe Darstellungsweise im Unterschied zu Geßners idealisierendem, »artigem« Stil. Der Aufsatz steht in der »Zwoten Sammlung von Fragmenten. Eine Beilage zu den Briefen, die neueste Literatur betreffend«, Riga 1767, innerhalb des Kapitels »Von der griechischen Literatur in Deutschland«.

15 *Fontenelle* – Bernard le Bovier de Fontenelle (1657–1757), französischer Schriftsteller, Neffe Corneilles, wurde weniger mit seinen frühen Hirtengedichten, den »Poesies pastorales«, 1688, wirksam als mit den »Gesprächen im Elysium« und seinen aufklärerischen Schriften.
Pope – Alexander Pope (1688–1744), englischer klassizistischer aufklärerischer Dichter, dessen 1709 veröffentlichten Hirtengedichte seinen literarischen Ruhm begründeten.
des Kunstrichters – Herder bezieht sich auf eine Folge der »Briefe die neueste Literatur betreffend« (Teil 5, Brief Nr. 85–87), in denen sich der mit »D.« unterzeichnende Moses Mendelssohn mit den Theorien Batteux' und J. A. Schlegels auseinandergesetzt hat. Da Herder die Seitenzahlen seiner Zitate aus den Literaturbriefen oft falsch angibt, lassen wir sie weg.
Eklogen – (griech.) Hirtengedichte
Idylle Virgils – Virgils erstes größeres Werk, die »Bucolica«, 42–39 v. u. Z., ist ein Zyklus von 10 Hirtengedichten, die er als »Eklogen« bezeichnete.

16 *Schlegel* – Johann Adolf Schlegel (1721–1793), Bruder von Joh. Elias Schlegel und Vater der Romantiker Aug. Wilh. und Friedr. Schlegel. Eine 2. Auflage seiner Abhandlung »Vom Natürlichen in Schäfergedichten« erschien unter dem Verfassernamen Nisus 1746 in Zürich.
Moschus – Moschos, griechischer Dichter um 150 v. u. Z., wurde vor allem wegen seiner Hirtengedichte bekannt.
Bion – griechischer Dichter im 2. Jh. v. u. Z., schrieb Hirtengedichte, gilt als Theokrits Lehrmeister.

17 *aus der homerischen Iliade* – der römische Dichter Vergil (70–19 v. u. Z.) nahm die Ilias Homers zum Vorbild für den zweiten Teil seines Heldengedichts »Aeneis«.
ειδος – (griech.) hier: Ode, Gesang
Pindar – (um 518–nach 446 v. u. Z.), bedeutendster altgriechischer Lyriker, Herder übersetzte einige seiner Lieder.
Horaz – Quintus Horatius Flaccus (65–8. v. u. Z.), römischer Dichter. Seine in 4 Büchern gesammelten Oden begründeten seinen Ruhm als ein den Griechen ebenbürtiger Lyriker.
μελος – (griech.) lyrisches Gedicht, das mit Instrumentalbegleitung gesungen wurde; auch einfach: Lied, Ode, Gesang.
Anakreon und Catull – der griechische Dichter Anakreon (6. Jh. v. u. Z.) und der römische Catull (ca. 84–54 v. u. Z.) besangen ein sinnenfrohes, leidenschaftliches Leben. In der wertenden Gegenüberstellung be-

zeugt sich Herders Vorliebe für die ihm ursprünglicher erscheinende griechische Literatur.

17 *Elysium* – (griech.) Land der Seligen

18 *Figment* – (engl.) Erdichtung, Fiktion

von der Bühne und aus der Epopöe – Herder bezieht sich hier auf Mendelssohns Aufsätze in den Literaturbriefen (Nr. 123/24 und 145) über Wielands Drama »Clementina von Poretta« und über Alexander Pope.

Epopöe – (griech.) hier: Epos

Arkadien – (griech.) ursprünglich ein von Hirten bewohntes Gebirgsland, wurde später allgemein zur Bezeichnung einer Gegend, in der die Menschen nach Art der Hirten friedlich, glücklich und schlicht leben.

Daphnis und sein Mädchen – in dem Gedicht »Liebesgespräch« überredet der Rinderhirt Daphnis eine Ziegenhirtin, sich ihm hinzugeben.

die Liebe der Zauberin – in dem Gedicht »Die Zauberinnen« versucht Simaitha, durch Zauberei zu erzwingen, daß der untreu gewordene Delphis »in Liebesgluten rasend« zu ihr zurückkehrt.

19 *Qui metus omnes ...* – (lat.) der jegliche Furcht und das unerbittliche Schicksal besiegt hat. Vergil, Lied vom Landbau II, 491/92.

20 *Amyntas* – in Geßners Idylle »Amyntas« umgibt »der arme Amyntas« einen jungen Eichenbaum, dessen Wurzeln durch einen wilden Bach »von der Erd' entblößet« waren, mit einem Damm und bedeckt die Wurzeln mit Erde.

Ramlers Batteux – Ramler hatte 1756/58 in Leipzig die von ihm erstmals vollständig übersetzte vierbändige »Einleitung in die Schönen Wissenschaften« des Franzosen Charles Batteux mit eigenen »Zusätzen vermehret« herausgegeben. In dem Abschnitt über Geßners Idylle »Amyntas« heißt es: »Wie gutartig müssen nicht die Einwohner dieses glückseligen Winkels der Erde sein, wenn sie der Umsturz eines wilden Baumes so sehr rührt? Was wird nicht, so schließt man, das Leben eines unschuldigen Tieres, was wird nicht das Unglück eines Menschen tun?«

21 *illudieren* – spielerisch täuschen

Korybanten – (griech.) dämonische Wesen, Diener der Mutter- und Fruchtbarkeitsgöttin Kybele, deren Kult als besonders ausschweifend galt.

Battus, Polyphem, der arme Fischer – Gestalten aus Theokrits Gedichten

22 *Breitenbauchs jüdische Schäfergedichte* – Georg August v. Breitenbauch (1731–1817), mit Lessing und Mendelssohn befreundeter produktiver, vielseitiger Schriftsteller, begann mit Schäfergedichten, »Bukolische Erzählungen und vermischte Gedichte«, 1763. Der Band »Jüdische Schäfergedichte« erschien 1765 in Leipzig.

ob ich mit Ramler sagen kann – Ramler, der mit Geßner befreundet war, und »auserlesene Idyllen« von ihm »in Verse gebracht« hat, leitete das Kapitel »Schäfergedichte der Deutschen« in seiner Batteux-Übersetzung mit einem umfangreichen, lobenden Abschnitt über Geßner ein.

Naivete – Ramler lobte die Naivität der Geßnerschen Hirten, die ihm durchaus echt erschien. Über Menalkas aus der Idylle »Menalkas und Äschines der Jäger« schrieb er: »Wie naiv sind alle Reden dieses jungen Hirten, der zuletzt nichts von dem Stadtmanne annimmt, als was schäfermäßig ist!« In der Idylle »Phyllis und Chloe« sah Ramler »die größeste Naivetät« Geßners verwirklicht.

23 *pierischer Quell der Musen* – die Landschaft Pierien am Olymp galt als Heimat der Musen
wo er sie schildern muß – Herder bezieht sich auf Geßners Epos »Der Tod Abels«, 1758, auf den Hirtenroman »Daphnis«, 1754, und auf die Schauspiele »Evander und Alcimna« und »Erast«, 1762.
Hebe – Tochter des Zeus und der Hera, Göttin der jugendlichen Schönheit, Mundschenkin der Götter (s. Homer, Ilias IV, 213)

24 *peior progenies* – (lat.) schlechtere Nachkommenschaft
Zeuxis – griechischer Maler im 5./4. Jahrhundert v. u. Z., dem für ein Bild der Helena fünf Mädchen Modell gestanden haben sollen.
dorisch – der dorische Dialekt wurde in Griechenland als besonders ursprünglich und unbeholfen angesehen.
ich habe mich nie fremder Musen bedienet – Schlußzeile eines dem Theokrit zugeschriebenen Epigramms, das aber wahrscheinlich nicht von ihm stammt.

Johann Wolfgang Goethe
»Idyllen« von Geßner

Mit dem Beginn des Jahres 1772 übernahm der 31jährige Johann Heinrich Merck die Redaktion der »Frankfurter gelehrten Anzeigen«. Die wichtigsten Mitarbeiter der bereits seit 1736 bestehenden Zeitschrift (bis 1771 hatte sie »Frankfurter gelehrte Zeitungen« geheißen und war im Besitz eines anderen Verlegers gewesen) wurden der 22jährige Goethe, der 27jährige Herder und der 32jährige Johann Georg Schlosser, der spätere Mann von Goethes Schwester Cornelia.

Die erste Nummer vom 3. Januar 1772 brachte folgende »Nachricht an das Publikum«: »Um allen unbilligen Beurteilungen und Forderungen zuvorzukommen, tut man hiermit die nähere Erklärung an das Publikum, daß diese Gelehrte Anzeigen nicht eigentlich ein Repertorium aller in den höhern Wissenschaften neu herausgekommenen Büchern vorstellen werden. Man wird sich vielmehr bemühen, nur die gemeinnützigen Artikel in der Theologie, Jurisprudenz und Medizin zu beurteilen und anzuzeigen, hingegen das Feld der Philosophie, der Geschichte, der schönen Wissenschaften und Künste in seinem ganzen Umfange zu umfassen. Besonders wird man für den Liebhaber der englischen Literatur dahin sorgen, daß ihm kein einziger Artikel, der seiner Aufmerksamkeit würdig ist, entgehe, um die Preise der englischen Bücher womöglich allzeit bemerken.«

In diesem Programm wird deutlich, daß sich die »Frankfurter gelehrten Anzeigen« vorrangig nicht an ein rein wissenschaftlich interessiertes Publikum wenden, sondern daß sie vielmehr allen interessierten Gebildeten ein Weltbild vermitteln wollten. Unter diesem Gesichtspunkt wurden die zu besprechenden wissenschaftlichen Werke ausgewählt. Da es weniger um Wissensvermittlung ging als um die Vermittlung von Einsichten, die freilich einem aufgeklärten Bewußtsein standhalten mußten, kam der Besprechung von philosophischen, ästhetischen, historischen und belletristischen

Werken besondere Bedeutung zu. Wissenschaft und Kunst wurden ganz bewußt zur Herausbildung eines bürgerlich-freiheitlichen Bewußtseins eingesetzt.

Daneben fällt die eindeutige Bevorzugung der englischen Literatur gegenüber der französischen auf – mit einer Ausnahme: Rousseau. Er wurde neben Shakespeare und Lawrence Sterne zum ideologischen und ästhetischen Vorbild der jungen deutschen Dichter. Wie bereits Lessing, Bodmer und Breitinger wandten sie sich wiederum gegen die überfeinerte, im Klassizismus erstarrte französische Literatur. Die deutschen Dichter des Sturm und Drang wollten mit der an höfischen Formen orientierten französischen Literatur nichts mehr zu tun haben. Natur, Genie, Gefühl waren die neuen Schlagworte, die zugleich Programm und Ästhetik der jungen Dichtergeneration enthielten.

Viele Kritiken der »Frankfurter gelehrten Anzeigen« entstanden in gemeinsamer Arbeit, und ihre Verfasser sind oft nicht mehr zu ermitteln. Goethe schrieb in »Dichtung und Wahrheit« rückblickend über die Art und Weise, wie die Besprechungen entstanden: »Jener literarische Verein ward überdies durch eine lebhafte Korrespondenz und, bei der Nähe der Ortschaften, durch öftere persönliche Unterhandlungen begünstigt. Wer das Buch zuerst gelesen hatte, der referierte, manchmal fand sich ein Korreferent; die Angelegenheit ward besprochen, an verwandte angeknüpft, und hatte sich zuletzt ein gewisses Resultat ergeben, so übernahm einer die Redaktion. Dadurch sind mehrere Rezensionen so tüchtig als lebhaft, so angenehm als befriedigend.«

Diese Arbeitsweise setzte eine große Übereinstimmung der ideologisch-ästhetischen Anschauungen voraus, aber auch vertrauensvolle Beziehungen zwischen den einzelnen Mitarbeitern und gegenseitige Anerkennung der Fähigkeiten jedes einzelnen.

Bereits die ersten Rezensionen theologischer Werke riefen konservative Geistliche auf den Plan; in einem Gerichtsprozeß erwirkten sie sogar, daß in den »Frankfurter gelehrten Anzeigen« theologische Bücher nicht mehr besprochen werden durften. Dies und andere Querelen veranlaßten Merck und seine Freunde, die Leitung der Zeitschrift zum Jahresende niederzulegen. So kommt lediglich dem Jahrgang 1772 der »Frankfurter gelehrten Anzeigen« herausragende Bedeutung zu. Goethes Besprechung der Geßnerschen Idyllensammlung von 1772 erschien am 25. August 1772 in der Nummer 68.

Goethe ließ Geßner durchaus Gerechtigkeit widerfahren, in »Dichtung und Wahrheit« wird er später gar von »Geßners liebliche(n) Idyllen« schreiben, aber er gehörte bereits einer anderen Dichtergeneration an. Sinnfällig wird das bei einem Vergleich seiner eigenen, ebenfalls 1772 entstandenen Idylle »Der Wanderer« mit Geßners »Daphnis und Micon« (aus dem Band von 1772), dem Goethes Gedicht im Aufbau ähnelt: Goethe bleibt formal durchaus im seit der Antike vorgegebenen Rahmen; er gibt eine Wechselrede wieder, er beschreibt die Landschaft, aber im Unterschied zu Geßners fast hausbackener Moral, die keine Entwicklung kennt, die im Sich-Bescheiden und im Tun des Guten Erfüllung findet, erscheint dem Wanderer in Goethes Gedicht der Mensch, der »in Götterselbstgefühl jedes Tages genießen« kann, als Ziel menschheitlicher Bildung. Lernen bei Geßner die

Hirten von den Schafen, die anstatt Rosmarin, Thymian und Quendel zu fressen, zum Sumpf gehen und »die weiße Wolle« beflecken, selbst nicht »beim Guten vorüber« zu gehen und nicht zu »wählen, was uns schädlich ist«, so preist Goethes Wanderer die Schöpfungen des menschlichen Genius und vertraut dessen weiterwirkenden Kräften; die immer neues Leben gebärende Natur soll den Menschen leiten. Kein Wort von Bescheidenheit und Einschränkung. Eine kraftvolle Dichtergeneration meldete ihre Ansprüche an.

Goethe hat nicht viele Idyllen geschrieben. Außer dem »Wanderer« verdient noch die 1796 in Jena entstandene »Alexis und Dora« Erwähnung. Deren Verfasser war nicht mehr der Stürmer und Dränger, sondern der bereits zu nationalliterarischer Repräsentanz gelangte klassische Dichter.

Bei seinen Aufenthalten in Zürich hatte Goethe den Idyllendichter Geßner 1775 und 1779 besucht. Der dichtende Diakon Johannes Tobler schrieb über Goethes Zürich-Visite 1775 in einem Gedicht: »Wie wunderbar die Herren Genien sind! / Herr Goethe kam nach Zürich, / Spricht ein bei seinem Lavater, / Findt Buch und Tisch beim Waldreis wohl bestellt, / Geht paar mal aus, sieht mit dem Adlerblick, / Der auf den ersten Augenblick / Charakter, Kopf und Herz aufs Härchen kennt, / Die Zürcher Herrn Gelehrten; / Verreist alsdann und spricht zu sich: / Ich kenn sie jetzt, / Ei, ei, die Herren Geßner, Bodmer, Breitinger, / Steinbrüchel, Compagnie, / Das Völkchen Zürcher, ha, / Ist das so ganz was herrliches? / Die kenn ich mehr als gnug! / – Und war verreist. // Und ist er wirklich wieder weg? / So fragten die gelehrten Herrn in Zürich. / Was das auch heißt! / das heiß ich auch gereist! / Dem war bei uns gar niemand gut genug. / Auch steht der Übermut ihm an der Stirn geschrieben! ...‹«

Es waren wohl mehr Anstandsbesuche, wie sie jeder halbwegs Gebildete absolvierte, der durch Zürich kam und sich nicht entgehen lassen wollte, den berühmten Mann zu sehen.

25 *Brief an Füßlin* – Salomon Geßners »Brief über die Landschaftsmalerei an Herrn Füßlin«, 1770.
pis aller – (frz.) unglücklicher Zufall, Mißgeschick
mit Lessingen – Goethe bezieht sich hier auf Lessings Ablehnung der beschreibenden Poesie im »Laokoon« (1766).
26 *Schwähervater* – Heinrich Heidegger
27 *mißt* – vermißt
in der ersten – die erste Idylle in der Ausgabe von 1772, »Daphnis. Chloe«, beginnt mit dem Satz: »Sieh, schon steigt der Mond hinter dem schwarzen Berg herauf, schon glänzt er durch die obersten Bäume.«
Lausanne – Voltaire lebte in Ferney, nicht in Lausanne.
vice versa – (lat.) umgekehrt
»Das hölzerne Bein« – der letzte Text des Bandes, »Das hölzerne Bein«, trägt den Untertitel »Eine Schweizer-Idylle«.
ekel – empfindlich, heikel

Johann Heinrich Merck
(Sophie von La Roche, Geschichte des Fräuleins von Sternheim)

1771 erschien in Leipzig anonym die zweibändige »Geschichte des Fräuleins von Sternheim. Von einer Fräundin desselben aus Originalpapieren und andern zuverlässigen Quellen gezogen. Herausgegeben von C. M. Wieland«. Damit lag der erste bürgerliche Roman einer deutschen Schriftstellerin vor. Er wurde begeistert aufgenommen. Wieland, der frühere Verlobte und treue Freund der Autorin, den viele für den Verfasser des Buches hielten, hatte bereits in der Vorrede geschrieben, »daß unsre Nation noch weit entfernt ist, an Originalwerken dieser Art, welche zugleich unterhaltend und geschickt sind, die Liebe der Tugend zu befördern, Überfluß zu haben.«

Herder äußerte sich nach der Lektüre des ersten Bandes seiner späteren Frau gegenüber: »Das schönste Stück, und was auf mich den meisten Eindruck gemacht, ist ›Fräulein Sternheim‹, von Wieland herausgegeben. Vielleicht können Sie mir historische Nachrichten geben, wer dies Stück geschrieben hat, ob wirklich seine Freundin, wie ich fast glaube, oder er... Aber sei Verfasser, wer wolle; für mich hat das durchgehende Dämmernde, Dunkle und Moralischrührende eine Würde, eine Hoheit, die ich lange nicht gefunden... Lesen Sie, wenn Sie ihn noch nicht gelesen haben, den kleinen Roman. Welche Einfalt, Moral, Wahrheit in den kleinsten Zügen, und alle werden interessant!«

In einem Brief an Sophie von La Roche bekannte Lenz 1775 überschwänglich, die »Sternheim« sei ihm ein »Engel des Himmels, der auf Rosengewölken herabsank, das menschliche Geschlecht verliebt in die Tugend zu machen«. Und einen Monat später: »Die Erscheinung einer Dame von Ihrem Range auf dem Parnaß ... mußte jedermann aufmerksam machen.«

In Johann Heinrich Mercks am 14. Februar 1772 in den »Frankfurter gelehrten Anzeigen« veröffentlichter Besprechung schließlich gab sich nicht nur seine private Meinung kund, sondern die des gesamten um die Zeitschrift versammelten Kreises, zu dem als einer der führendsten Köpfe auch Goethe gehörte. Dieser schrieb im November 1772 an Sophie v. La Roche, ein halbes Jahr, nachdem er sie persönlich kennengelernt hatte: »Glauben Sie Ihren Freunden, wie überwohl der Austeiler des Ganzen es mit Ihnen gemeint hat.«

Der Roman über das Fräulein von Sternheim drückte das Lebensgefühl der aufgeklärten, auf Besserung der wirtschaftlichen, gesellschaftlichen und moralischen Verhältnisse hoffenden Bürger aus, es ist ganz durchdrungen von der Zuversicht, daß es möglich sei, durch Bildung des Verstands und des Gefühls, durch eine Anhebung der Lebenskultur in den unteren Volksschichten, vor allem der Bauern, sowie durch eine moralische Läuterung des Adels das Leben aller Menschen auf eine würdige und gesicherte Stufe zu heben. Die Verbesserung praktischer Methoden in der Landwirtschaft sollte diesem Ziel ebenso dienen wie auf das tägliche Leben gerichtete Predigten eines undogmatischen, volksnahen Pfarrers. Als Ziel stand der Autorin und ihren enthusiastischen Bewunderern ein Menschentyp vor

Augen, der in sich »den Edelmut und die Menschenliebe mit einem aufgeklärten Geist« vereinte. Eine Gemeinschaft solcher Menschen wäre zu Freundschaft und sinnvoller, auf das Gemeinwohl gerichteter Arbeit fähig. Sie wäre in der Lage, die starren, vom Adel überkommenen Formen des gesellschaftlichen Lebens mit der Kraft ihres Gefühls zu überwinden. Gefühl und Herz erlangten große Bedeutung, weshalb auch ihre Erkenntnis, ihre Erziehung und Kultivierung so überaus ernst genommen wurden.

Die Besserung des Menschen und damit der Gesellschaft schienen in erreichbare Nähe gerückt.

Johann Heinrich Merck schrieb am 27. 6. 1771 einen Brief an Sophie von La Roche, der zum größten Teil aus einer Abschrift von Herders lobenden Worten über die »Sternheim« besteht: »Ich weiß, daß Sie mit Herdern, einem meiner ersten Freunde, sympathisieren, und also kann Ihnen sein Urteil, das ohne alle Absicht, an die Freundin seines Herzens geschrieben war, ohnmöglich gleichgültig sein.« Schnell entwickelte sich ein freundschaftlicher Briefwechsel, und noch im Frühjahr 1772 kam es zu einer Begegnung zwischen Sophie von La Roche und Merck. Die Dichterin besuchte Merck in Darmstadt und schrieb am 7. 5. 1772 an Wieland: »Merck ist ein vortrefflicher Mann, in allem Betracht.« Allerdings blieb die so schnell entflammte Freundschaft nicht lang ungetrübt, persönliche Gründe führten immer wieder zu Verstimmungen, und nach Mercks Selbstmord vom 27. Juni 1791, den sie wie jeden Selbstmord verurteilte, schrieb Sophie von La Roche: »Der elende Ausritt, welchen der Kriegsrat Merck aus der Welt nahm, hat mir unangenehme Arbeit zugezogen... Ist es nicht ein elender Ertrag von fünfzig Jahren des Lebens, von einer so großen Summe Geist, Kenntnis, Erfahrung und edlen Freunden, in der Verlegenheit des Ehrgeizes mit einem Pistolenschuß zu enden, zwei unmündige Söhne, eine hochschwangere Tochter und die Frau mit allen Bekannten so zu verlassen?«

Sophie von La Roche hat nach dem »Fräulein von Sternheim« noch weitere Romane und Novellen geschrieben; sie alle aber haben die Bedeutung des genialen Erstlingswerks nicht erreicht.

28 *Sottise du coeur* – (frz.) Dummheit des Herzens
der Schönkünstler, der Kritiker, der Eiferer – Merck bezieht sich hier auf bereits vorliegende Besprechungen.
Clarissa – Samuel Richardsons mehrbändiger Briefroman erschien 1748–51 unter dem Titel »Die Geschichte der Clarissa, eines vornehmen Frauenzimmers« in deutscher Übersetzung. Clarissa war der Inbegriff einer tugendhaften bürgerlichen Heldin.
Solözismen – (griech.) grammatische und stilistische Fehler
Caliban – Figur aus Shakespeares »Sturm«, halb Mensch, halb Tier
Zelot – (griech.) Gesetzes- und Glaubenseiferer

29 *Lovelace* – männliche Hauptgestalt in Richardsons Roman »Clarissa«

Christian Daniel Friedrich Schubart
(Friedrich Nicolai, Freuden des jungen Werthers)

1774 erschien Goethes »Werther« und übertraf an Verbreitung und Wirkung alle bisher erschienenen deutschsprachigen Romane. Ein wahres »Werther-Fieber« setzte ein. Das Buch fand aber nicht nur Zustimmung, sondern – was nicht verwunderlich war – auch Ablehnung. Bereits im Januar 1775 erschien in Friedrich Nicolais Berliner Verlag anonym eine 60 Seiten starke »Fortsetzung« des Werther: »Freuden des jungen Werthers. Leiden und Freuden Werthers des Mannes.« Der Verfasser war Friedrich Nicolai selbst, der bekannte Aufklärer, Freund Lessings und Mendelssohns. Er verurteilte Werthers Selbstmord und setzte mit seinem Büchlein kurz vor der Stelle ein, da Albert die geladenen Pistolen herausgibt. Bei Nicolai sind sie aber mit Blutblasen geladen, so daß Werther am Leben bleibt; Albert entsagt, Lotte und Werther heiraten, und »ihre ganzen Tage waren Liebe, warm und heiter wie die Frühlingstage, in denen sie lebten.« Nach dem Tod des erstgeborenen Kindes und einem Streit zwischen den Eheleuten, an denen Werthers frühere »hohe überschweifende Empfindung« schuld trug, »genossen sie in reichem Maße die Vergnügungen des häuslichen Lebens, die sich so tief empfinden und so wenig beschreiben lassen... Er wartete seine Geschäfte ab, sie erzog ihre Kinder, und so floß ihr Leben wie ein stiller Bach dahin, – ein nicht so poetisches Bild als reißende Ströme, aber deshalb Glücklichen nicht weniger angemessen.«

Gestört wird das häusliche Glück nur noch ein einziges Mal durch den Spleen eines bezeichnenderweise lang durch England gereisten Mannes, der mit seinen sinnlosen Erfindungen Werthers Grundstück vernichtet. Werther kommentiert das Unglück mit den Sätzen: »Der Kerl is traun 'n Genie, aber ich merk's wohl, ein Genie ist ein schlechter Nachbar. Wenn's einem selbst auch wohltut, als ein Genie sprechen, so tut's andern oft schier übel, wenn man als ein Genie handelt.«

Aber der Mann ist reich und großzügig genug, um Lotte und Werther so entschädigen zu können, daß sie sich ein größeres Landgütchen kaufen können. Hier setzen sie das ruhige Leben fort, und von Werther heißt es gegen Ende des Buchs: »Erfahrung und kalte gelassne Überlegung hat ihn gelehrt, ferner nicht das bißchen Übel, das das Schicksal ihm vorlegte, zu wiederkäuen, dagegen aber die Wonne, die Gott über ihn ausgoß, mit ganzem, innig dankbarem Herzen aufzunehmen. Nachdenken über die Wege der Vorsehung, die kein blindes Schicksal, sondern Güte und Gerechtigkeit sind, hat seine ausgetrockneten Sinne wieder heiter gemacht, die überspannten Nerven abgespannt, ihm die Fülle des Herzens zurückgegeben, die er vormals genoß. Er kann wieder im hohen Grase am fallenden Bache liegen und näher an der Erde, zwischen Halmen und tausend manigfaltigen Gräschen die unzähligen unergründlichen Gestalten all der Würmer, der Mückchen näher an seinem Herzen fühlen, fühlen die Gegenwart des Allmächtigen, der uns all nach seinem Bilde schuf, das Wehen des Alliebenden, der uns in ewiger Wonne schwebend trägt und erhält. Und was noch mehr, er geht nicht darüber zugrunde, erliegt nicht unter der Herrlichkeit dieser Erscheinungen; denn Lotte und seine acht Kinder, die besten Gaben, die ihm Gott gegeben hat, liegen neben ihm und fühlen gesellig, was er fühlt.«

Nicolais Werk bezeugt neben seinem völligen Unverständnis für Goethes Roman auch seine gründliche Beschäftigung damit. Er ahmt Goethes Stil nach und übertreibt ihn. Die gesamte Erzählung ist mit Fußnoten geradezu übersät, womit Nicolai auf diejenigen Stellen im »Werther« verweist, auf die er sich jeweils bezieht. Er kritisiert besonders Werthers Leidenschaftlichkeit und seine Isolierung von der Gesellschaft; er lehnt Goethes Geniebegriff ab und zieht ihn ins lächerliche. Er will alles auf ein vernünftiges, (spieß)bürgerliches Mittelmaß reduzieren. »Lieben ist menschlich, nur müßt ihr menschlich lieben, berechnet euer Vermögen zu lieben und haltet die güldne Mittelstraße.«

Mit Nicolai und Goethe stehen sich nicht nur zwei Generationen gegenüber, sondern zwei Lebenshaltungen. Hier der starr gewordene Rationalismus einer zur bürgerlichen Selbstgerechtigkeit herabgesunkenen Aufklärungsideologie und dort der kraftvolle, den eigenen Untergang in Kauf nehmende Anspruch auf ein durch Liebe und sinnvolle Arbeit erfülltes Leben.

Goethe hat auf Nicolais Erzählung mit folgendem Gedicht reagiert:
»Als Nicolai die Freuden des jungen Werthers geschrieben hatte«

Ein junger Mensch, ich weiß nicht wie,
Verstarb an der Hypochondrie
Und ward dann auch begraben.
Da kam ein schöner Geist herbei,
Der hatte seinen Stuhlgang frei,
Wie ihn so Leute haben.
Der setzt sich nieder auf das Grab
Und legt sein reinlich Häuflein ab,
Schaut mit Behagen seinen Dreck,
Geht wohl eratmend wieder weg
Und spricht zu sich bedächtiglich:
»Der arme Mensch, er dauert mich,
Wie hat er sich verdorben!
Hätt' er geschissen so wie ich,
Er wäre nicht gestorben!«

Boie, dem Goethe es 1775 für den »Göttinger Musen-Almanach« anbot, druckte es nicht ab. –

Nicolai hat durch seinen »Werther« viel Sympathie eingebüßt. Auch Christian Daniel Friedrich Schubart hatte den Berliner Aufklärer hochgeschätzt. 1763 nannte er ihn ein außerordentliches Genie und fünf Jahre später einen witzigen Kopf. Den 1773 erschienenen ersten Band von Friedrich Nicolais viel beachteten Roman »Das Leben und die Meinungen des Herrn Magister Sebaldus Nothanker« hatte er als den »besten deutschen Roman« bezeichnet. Dennoch war er unvoreingenommen genug, die Borniertheit von Nicolais Haltung und die künstlerische Wertlosigkeit der Werther-Parodie zu erkennen. Seine kurze Besprechung erschien in der von ihm herausgegebenen »Deutschen Chronik auf das Jahr 1775«, Nr. 22 vom 16. März 1775, in Ulm.

30 *à la Vestris* – Gaetano Apollino Baldasare (1729–1808) und Anna Friederike (1752–1808), italienisches Tänzerehepaar; vor allem die Kunst des Mannes wurde wegen seiner Eleganz viel gerühmt.
Scopas – Skopas von Paros (4. Jh. v. u. Z.), griechischer Bildhauer, der vor allem wegen der Darstellung menschlicher Leidenschaften berühmt wurde. Die bekannte Laokoon-Gruppe stammt nicht von ihm. Schubart verwendet seinen Namen hier verallgemeinernd in der Bedeutung von »Bildhauer«.

Heinrich Wilhelm von Gerstenberg

Geschichte des Agathon. Zwei Teile.
Frankfurt und Leipzig. 1766–1767

1766/67 erschien in dem renommierten Zürcher Verlag Orell, Geßner und Comp. Wielands »Geschichte des Agathon«, der erste moderne deutsche Entwicklungsroman. Lessing nannte ihn sogleich den »ersten und einzigen Roman für den denkenden Kopf von klassischem Geschmacke«. Moses Mendelssohn lobte das Buch, und auch andere aufgeklärte Zeitgenossen erkannten seine große Bedeutung. Insgesamt aber war Wieland mit dem Echo nicht zufrieden. Am 4. Februar 1768 schrieb er an seinen Erfurter Freund Friedrich Justus Riedel: »Sie sagen mir ohne Zweifel zu viel Gutes von dem Agathon; ... indeß gestehe ich Ihnen doch, ... daß ich selbst etwas auf dieses Buch halte, und daß die deutschen Kunstrichter und Leser zusammengenommen durch ihre mehr als phlegmatische Gleichgültigkeit über ein Werk von dieser Art meine Erwartung übertroffen haben. Seltsame Nation, wer würde für dich arbeiten wollen, wenn der Reiz der Musen nicht mächtiger wäre als deine Indolenz!«

Ein halbes Jahr später schrieb er: »Die Art, wie Agathon aufgenommen worden ist, hat mich radicaliter von dem Einfall geheilt, mir Verdienste um die Köpfe und Herzen meiner Zeitgenossen machen zu wollen. Es ist wahr, man lobt ihn aus vollem Halse, aber was für ein Lob! – Urteilen Sie, da einer von meinen guten Freunden, und was noch lustiger ist, ein Kunstrichter, mich im Vertrauen ersuchte, ich möchte ihm doch sub rosà sagen, was eigentlich meine wahre Absicht unter diesem Buche sei.«

Und im Januar 1769, kurz vor seiner Übersiedlung nach Erfurt, teilte er Riedel mit: »In der Tat ist meine Absicht, den Agathon selbst zu rezensieren; ich habe vieles zu sagen, das sonst niemand sagen würde.«

Auch Gerstenbergs kluge Besprechung hat ihn mit den zeitgenössischen »Kunstrichtern« nicht aussöhnen können. Ihm war die gesamte sogenannte Bardendichtung zuwider, die in Gerstenbergs »Gedicht eines Skalden«, 1766, einen ersten, stark auf die Nachfolger wirkenden Höhepunkt erreicht hatte. Reichlich zwei Monate, bevor Gerstenbergs Rezension erschien, schrieb Wieland an den bereits erwähnten Riedel: »... aber Gerstenberg? ... Der Mann hat einen Schuß; die schleswigschen Briefe sind ein originales Produkt eines literarischen Hasenfußes, den seine vermeinte große Weisheit rasen macht. Ich kann Ihnen nicht sagen, wie sehr mir vor solchen Leuten und ihrer dithyrambischen Schwärmerei ekelt.«

Gerstenberg hatte Wielands Shakespeare-Übersetzungen, die von 1762 bis 1766 in acht Bänden erschienen waren, und besonders die Anmerkungen dazu heftig getadelt. Im 14. »Schleswigschen Literaturbrief«, 1766, warf er ihnen vor, sie glätteten, d.h. verfälschten, die Originalwerke. Daß erst durch Wielands Prosa-Übersetzungen den deutschen Lesern und Theatern die Bekanntschaft mit Shakespeare ermöglicht wurde, sahen Gerstenberg und die Stürmer und Dränger nicht.

Gerstenberg war also nicht nur mit seinen eigenen Dichtungen, sondern auch mit seinen literaturkritischen Arbeiten ein Vorläufer des Sturm und Drang. In den sogenannten »Schleswigschen Literaturbriefen«, 1766–70, und in den Besprechungen für die »Hamburgische Neue Zeitung«, 1767 BIS 71, sprach sich die Kunst- und Lebensauffassung einer Generation aus, die sich nicht mehr an den Mustern der Antike, sondern an Shakespeare und der nationalen Volksdichtung orientierte. An die Stelle der klassizistischen Ästhetik mit ihren überschaubaren und erlernbaren Regeln traten Originalität, Genie und Leidenschaftlichkeit als Maßstäbe. Dabei zeichnen sich gerade Gerstenbergs Kritiken dadurch aus, daß sie nicht plump vereinfachen; ausgestattet mit einer gründlichen und vielseitigen Bildung gelang es ihm, sich in die von ihm behandelten Schriftsteller einzufühlen und das originale Werk auch dort zu erkennen und zu achten, wo er nicht mit ihm übereinstimmte. Die Besprechung von Wielands »Agathon« ist ein gutes Beispiel dafür.

Sie erschien am 18. April 1768 in der »Hamburgischen neuen Zeitung«, zu der Gerstenberg von Kopenhagen aus die Verbindung hielt. Die Zeitung war 1766 gegründet worden; vom 1. Januar 1767 an erschien sie viermal pro Woche, und Gerstenberg, dessen Kritiken anonym erschienen, war einer ihrer Hauptmitarbeiter und bestimmte die literarische Richtung. 1771 brach er den Kontakt zur »Hamburgischen Neuen Zeitung« ab.

31 *»Messias« und »Tod Adams«* – 1763 waren in London Übersetzungen von Klopstocks Werken »Der Messias« (übersetzt von Joseph Collyer) und »Der Tod Adams« (von Robert Lloyd) erschienen.
to recommend those ... – (engl.) jene schweren deutschen Mistkarren zu empfehlen, die diese Metropole täglich parfümieren.
Fielding – Henry Fielding (1707–1754), englischer Schriftsteller, wurde vor allem durch realistische bürgerliche Romane bekannt, in denen er u.a. S. Richardsons sentimentalen Stil parodierte (besonders in »Joseph Andrews Abenteuer«, 1742).
Richardson – Samuel Richardson (1689–1761), englischer Schriftsteller, schrieb vor allem empfindsame bürgerliche Romane, die die europäische Literatur des 18. Jh. stark beeinflußten (s. auch Anm. zu S. 28).
Grubstreet – die jetzige Milton Street in London, in der damals schlechte Literaten, Schreiberlinge, wohnten.
And stares tremendous ... – (engl.) und mit drohendem Blick wie ein grausamer Tyrann in alter Tapisserie schrecklich starrt. (Übersetzung S. Morawetz)

32 *Romanist* – Romanschreiber
attische Beredsamkeit – der Attizismus war eine Stilrichtung der antiken Rhetorik, die sich gegen den Schwulst des sogenannten Asianismus richtete und sich die Redner Lysias und Demosthenes zum Vorbild nahm.

32 *Nachahmer von Rousseau und Cervantes* – In einer Rezension vom 2. Mai 1770 verstärkte Gerstenberg seinen Vorwurf der Nachahmung und erweiterte ihn noch: »Überhaupt können wir nicht genug bedauern, daß ein Mann wie Hr. Wieland, der so treffliche Talente hat, denen er sich nur überlassen dürfte, um ein ungemeiner Skribent zu sein, so gar sehr an der Nachahmung klebt, daß er auch nicht einmal seinen eignen Ton hat. Schon oft ist ihm dieser sonderbare Hang zur Nachahmung vorgeworfen worden... Was ist Herr Wieland nicht alles gewesen! Bald Shaftesbury, bald Plato, bald Milton, Young, Rowe, Richardson; nun Crebillon, dann Hamilton, ein andermal Fielding, Cervantes, Helvetius, Yorik, beiläufig auch wohl so etwas von Rousseau, Montagne, Voltaire; und es fehlt nicht viel, so wird er auch Rabelais.«

beredte Abhandlung des Hippias – Nachdem Agathon von Seeräubern überfallen wurde, gerät er in die Sklaverei. Sein Herr, Hippias, vertritt eine »Kunst der Glückseligkeit«, wonach nur derjenige glücklich sei, der »sich von den Übeln, die nur in der Einbildung bestehen«, gänzlich freizumachen verstehe: »Befriedige deine Bedürfnisse, vergnüge alle deine Sinne und erspare dir soviel du kannst alle schmerzhaften Empfindungen.«

33 *wie Cervantes seinen arabischen* ... – im »Don Quichote«

epikureische Philosophie – die nach ihrem Begründer Epikur (341–270 v. u. Z.) benannte Philosophie erstrebt vor allem individuelles Glück.

34 *Sophisten* – (griech.) eigentlich »Weisheitslehrer«; im 4. und 5. Jh. v. u. Z. lehrten die Sophisten in Griechenland alle für ein erfolgreiches öffentliches Leben nötigen Kenntnisse. Sie schulten logisches Denken und Argumentieren. Später verkümmerte ihre Tätigkeit zu rein rhetorischen Übungen.

Johann Christoph Gottsched

Der Einsiedler, ein Trauerspiel in Versen, von einem Aufzuge.
Karlsruhe 1761.

Neben Lessing und Lichtwer, Schubart und Herder gehört Gottlieb Konrad Pfeffel (1736–1809) zu den bedeutendsten deutschen Fabeldichtern des 18. Jahrhunderts. Er wurde nach der Sprache, in der er schrieb, deutscher Phädrus und nach Colmar, der Stadt, in der er geboren wurde, die meiste Zeit seines Lebens zubrachte und schließlich auch starb, elsässischer Gellert genannt. Jung-Stilling und Voß, Goethes Schwager Schlosser und Heinrich Christian Boie, Friedrich Nicolai und Sophie von La Roche, Lavater und Pestalozzi zählten zu seinen Briefpartnern. Und das sogenannte »Fremdenbuch« der 1773 bis 1793 von ihm geleiteten Militärschule, eine Art Gästebuch, verzeichnet viele bekannte und einflußreiche Namen jener Zeit. Sein 1783 im »Göttinger Musenalmanach« veröffentlichtes Gedicht »Die Tabakspfeife« hielt sich bis zum Anfang unseres Jahrhunderts in den Schullesebüchern.

Pfeffel hatte mit 15 Jahren begonnen, in Halle Staatsrecht zu studieren. Zugleich hörte er bei Christian Wolff naturwissenschaftliche, mathematische und philosophische Vorlesungen. Bereits zwei Jahre später mußte er die Universität wegen einer Augenkrankheit wieder verlassen, die 1758 zur völligen Erblindung führte. Seither lebte er in Colmar.

Seit 1754 schrieb er Gedichte, vorläufig im Rokokostil; er war damit so erfolgreich, daß er bereits 1761 eine erste dreibändige Ausgabe »Poetische Versuche« erscheinen lassen konnte.

Ebenfalls 1761 erschien bei Michael Maklot in Karlsruhe Pfeffels in Alexandrinern geschriebenes Trauerspiel »Der Einsiedler«.

Anläßlich der Aufführung von Pfeffels Schäferspiel »Der Schatz«, das Gellert gewidmet ist, schrieb Lessing 1767 in der Hamburgischen Dramaturgie: »Dieser Dichter hat sich, außer diesem kleinen Stücke, noch durch ein anders, ›Der Eremit‹, nicht unrühmlich bekannt gemacht. In den ›Schatz‹ hat er mehr Interesse zu legen gesucht, als gemeiniglich unsere Schäferspiele zu haben pflegen, deren ganzer Inhalt tändelnde Liebe ist. Sein Ausdruck ist nur öfters ein wenig zu gesucht und kostbar, wodurch die ohnedem schon allzu verfeinerten Empfindungen ein höchst studiertes Ansehen bekommen, und zu nichts als frostigen Spielwerken des Witzes werden. Dieses gilt besonders von seinem ›Eremiten‹, welches ein kleines Trauerspiel sein soll, das man, anstatt der allzulustigen Nachspiele, auf rührende Stücke könnte folgen lassen. Die Absicht ist recht gut; aber wir wollen vom Weinen doch noch lieber zum Lachen als zum Gähnen übergehen.«

Gottscheds Urteil fiel günstiger aus. Zwar sah auch er die Schwächen des Stücks, aber er hoffte, den jungen, unbekannten Dichter als Mitstreiter für seine durch das französische klassizistische Theater geprägten Theorien zu gewinnen. Pfeffel schien ihm geeignet, durch seine dramatische Produktion den immer stärker werdenden Einfluß Shakespeares auf das deutsche Theater zu begrenzen und die, wie ihm schien, Regellosigkeit des Engländers zu überwinden. Außerdem wohnte Pfeffel im Elsaß, an der deutsch-französischen Grenze, und kannte sich in der französischen Sprache und Literatur gründlich aus. Er übersetzte und bearbeitete nicht nur französische Stücke (»Theatralische Belustigungen«, 1765–1774), sondern übertrug auch Lichtwers Fabeln ins Französische. Aber er hat nach »Dem Einsiedler« und »Dem Schatz« kaum noch Dramen geschrieben (»Philemon und Baucis«, 1763, und »Dramatische Kinderspiele«, 1769), sondern sich fast ausschließlich den literarischen Formen zugewandt, in denen er am meisten leisten konnte, der Fabel und der Prosaerzählung. Darin war Gellert sein großes Vorbild, den er 1754 in Leipzig besucht hatte. Allmählich löste er sich vom Rokoko und nahm zu gesellschaftlichen Problemen seiner Zeit Stellung. So verurteilte er in den Fabeln den Despotismus; an seiner Militärschule versuchte er, Rousseaus und Basedows pädagogische Ideale zu verwirklichen. Anfangs begrüßte er auch die Französische Revolution, verurteilte aber später, wie viele Deutsche, die Hinrichtung Ludwigs XIV. und die Jakobinerherrschaft.

»Der Einsiedler« hat noch mehrere Auflagen erlebt. 1763 erschien eine zweite und 1771 eine dritte Auflage bei Maklot in Karlsruhe; 1773 wurde er in Band 13 der Sammlung »Theater der Deutschen«, Königsberg und Leipzig, wieder abgedruckt.

Gottscheds Kritik erschien in der »Wintermond«-Nummer, das heißt in Nummer 1, 1762 der von ihm herausgegebenen Zeitschrift »Das Neueste aus der anmutigen Gelehrsamkeit«.

37 *Moria* – Auf dem Berg Moria sollte Abraham auf Gottes Geheiß seinen einzigen Sohn Isaak opfern. Im letzten Augenblick gebot Gott Einhalt; ihm hatte der Gehorsam genügt (1. Mose 22, 2ff).

40 *Mallet* – David Mallet, auch Malloch (1705?–1765), englischer Dichter, wurde vor allem durch Balladen im Stil des Chavy-Chase-Song bekannt (s. auch Anm. zu S. 42).

Heinrich Wilhelm von Gerstenberg
Schweizerlieder von J. C. Lavater. Dritte Auflage. Bern

1762 wurde in Schinznach die Helvetische Gesellschaft gegründet, deren Ziel es war, das Nationalbewußtsein zu stärken und die Ideale der Aufklärung zu verbreiten. Zu den 15 Gründungsmitgliedern gehörten unter anderen Salomon Hirzel, Salomon Geßner und der Basler Ratsherr, Philosoph und Dichter Isaak Iselin. 1763 zählte die Gesellschaft schon 30 Mitglieder, und bald fehlte keiner der bekannten Zeitgenossen. Zutiefst war die Mehrzahl der gebildeten Schweizer von der Notwendigkeit überzeugt, daß die gesellschaftlichen, juristischen und kulturellen Verhältnisse ihres Vaterlands geändert werden müßten. Dabei erstrebten die meisten Mitglieder keinen politischen Umsturz, sie wollten lediglich innerhalb der vorgefundenen Gesellschaft die allzu sichtbaren Mißstände beseitigen: das Zusammengehörigkeitsgefühl der Eidgenossen sollte gestärkt werden, wozu die Zersplitterung in viele relativ selbständige Kantone nicht aufgehoben, wohl aber gemildert werden sollte; dem sogenannten »Kantönligeist« wurde die Besinnung auf die gemeinsame ruhmvolle Schweizer Geschichte gegenübergestellt; die Gegensätze zwischen der katholischen und der reformierten Konfession sollten nicht verschwinden, sondern ihre Härte verlieren. Toleranz zwischen den Ständen, den Kantonen und Konfessionen war das große Ziel der Gesellschaft.

Pestalozzi, der ebenfalls Mitglied der Helvetischen Gesellschaft war, erstrebte eine Schulreform; durch eine Militärreform sollte die Zahl der in ausländischen Armeen dienenden Schweizer verringert werden (1789 waren es ca. 38.000).

Ganz in den Dienst dieser Bemühungen stellte der junge reformierte Pfarrer Johann Kaspar Lavater aus Zürich seine Gedichte, die 1767 im Berner Verlag von Beat Ludwig Walthard erschienen. Auf dem Titelblatt stand: »Schweizerlieder. Von einem Mitgliede der helvetischen Gesellschaft zu Schinznach«. Wenn Lavater einen am Ende des Buches abgedruckten Brief« an die Helvetische Gesellschaft zu Schinznach« auch mit »L.« unterschreibt, sich also zu den Gedichten bekennt, so drückt die Angabe auf dem Titelblatt doch aus, daß sich hier weniger eine einzelne Dichterpersönlichkeit als vielmehr eine ganze Gruppe ausspreche, wenigstens aber, daß eine Gemeinschaft Gleichgesinnter hinter dem Dichter stehe.

So war es auch. Der Pädagoge Martin Planta hatte Lavater angeregt, die wichtigsten Ereignisse der Schweizer Geschichte in Gedichten darzustellen und dabei die reinen Sitten, das Einfache in der Lebensführung, Vaterlands- und Nächstenliebe, Heldenmut und Einigkeit der Vorfahren zu rühmen. In dem bereits erwähnten Brief gedenkt Lavater Plantas ausdrücklich als des »ersten Aufforderers zu dieser Arbeit«.

Die »Schweizerlieder« sind in zwei Bücher eingeteilt. Das erste enthält mit den »Historischen Liedern« balladenähnliche Gedichte und schildert Höhepunkte der Schweizer Geschichte wie den Rütlischwur oder die Schlachten bei Morgarten und Sempach. Aus allen diesen Gedichten spricht die Überzeugung, daß Gott den Schweizern stets geholfen hat, deren Kriegsziele gerecht und edel waren und die sich auch als Sieger großmütig erwiesen (»Nein! Unmensch kann der Held nicht sein; / Sonst ist er Held nicht mehr.« heißt es in »Die Schlacht bei Lampen im Jahr 1339«).

Im zweiten Buch, den sogenannten »Patriotischen Liedern«, werden christliche und patriotische Tugenden beschworen, die die Schweizer, »Lieblingssöhne der Natur«, musterhaft in sich vereinen.

Lavater schrieb selbst: »Für mich war es keine Nebensache, immer auf den moralischen und politischen Zweck zu arbeiten, den die ganze helvetische Gesellschaft im Sinne hatte, als sie dergleichen Lieder wünschte. Diesem Zwecke sollte ich also das Mindernotwendige alles nur unterordnen, Reinigkeit des Stils und der Mundart; denn die Dichtkunst ist doch um Wahrheit, Tugend und des Patriotismus willen da, und nicht diese letztern um der Dichtkunst willen.«

Als literarisches Vorbild gab er unumwunden Gleims »Grenadierlieder«, 1758, an. Er eröffnete seine Gedichtsammlung mit folgendem Vierzeiler: An den Leser

Wenn Leser! dir mein Reim gefällt,
Danks dem Tyrtäus Gleim!
Der sang von Helden wie ein Held
Und dessen ist mein Reim.

Noch ein anderes Vorbild ist unverkennbar, Klopstock, dessen religiöse und nationale Inbrunst stark auf Lavaters eigene Dichtung gewirkt hat. 1764 hatte er beide Dichter besucht, Klopstock in Quedlinburg und Gleim in Halberstadt.

Die »Schweizerlieder« fanden schnell Verbreitung. Ihre schlichte, volksliedhafte Form und die Vertonung vieler Gedichte zu Liedern trugen wesentlich dazu bei. Eine ganze Reihe von nationalen Schweizer Dichtungen folgte, aber sie alle reichten weder an Lavaters Leistung noch an seine Popularität heran, wie freilich auch Lavater selbst hinter seinem Vorbild Gleim zurückblieb.

Gerstenbergs Besprechung erschien im 30. November und 1. Dezember 1769 in der Hamburgischen Neuen Zeitung, Nr. 189 und 190.

41 *Klotz* – Der Hallenser Professor Christian Adolf Klotz, dessen Name vor allem durch den Streit mit Lessing bekannt geblieben ist (s. auch Anm. zu S. 23), hatte 1768 in der von ihm herausgegebenen Zeitschrift »Deutsche Bibliothek der schönen Wissenschaften« die »Schweizerlieder« besprochen. In der Vorrede zur dritten Auflage antwortete Lavater auf Klotz' Kritik: »Sogar alle Urteile, die nicht genau aus der unverrückten Bemerkung des individuellen Zweckes eines jeden Liedes fließen, können nur durch einen wunderähnlichen Zufall

nicht schülerhaft ausfallen, wenn sie auch von Männern herrühren, deren Einsichten überhaupt und deren Geschmack in Beurteilung der Poetischen Schönheiten oder Mängel des Details ich äußerst verehre, und, wie sie finden werden, genutzt habe.«

41 *cum risu* – (lat.) mit einem Lachen, lachend

davon nächstens... – Lessing hatte in seiner Untersuchung »Wie die Alten den Tod gebildet«, 1769, Ungenauigkeiten und Fehler in Klotz' Werken nachgewiesen. Gerstenberg besprach Lessings Schrift am 5. Januar 1770 und ergriff dabei Lessings Partei gegen Klotz.

»Wer beim ersten Aufschlagen...« – aus Lavaters Vorrede

42 *Gleim* – Johann Wilhelm Ludwig Gleim (1719–1803), deutscher Dichter der Aufklärungszeit. Seine »Preußischen Kriegslieder in den Feldzügen von 1756 und 1757 von einem Grenadier« hatten nicht nur Lavater, sondern auch Gerstenberg selbst beeinflußt. Er hatte 1762 »Kriegslieder eines königlichen dänischen Grenadiers« veröffentlicht. So bedeutet seine wohlwollende Besprechung von Lavaters »Schweizerliedern« zugleich auch eine Verteidigung seiner eigenen Gedichte.

Chevy-chase-song – bekannte englische Ballade, deren älteste Version aus dem 15. Jahrhundert stammt. Joseph Addison behandelte sie in den Nummern 70 und 74 (21. und 25. Mai 1711) des »Spectator« ausführlich und nannte sie »das beliebteste Tanzlied des Volks in England«. Seine an klassizistischen ästhetischen Vorstellungen orientierte Betrachtungsweise (er verglich die Ballade mit Vergils Aeneis) fand nicht nur Zustimmung, sondern forderte den Widerspruch vieler Zeitgenossen heraus.

Stanze – aus dem Italienischen stammende Strophenform, hat im Deutschen acht Zeilen aus fünfhebigen Jamben.

»So viel ist... – aus Lavaters Vorrede

43 *Tyrtäus* – In Lavaters Vorrede heißt es: »Aber auch muß er (der Dichter, Is.) nicht unbedingt fragen: schreibe ich besser oder schlechter als Gleim oder Tyrtäus?« Der griechische Dichter Tyrtaios aus dem 7. Jh. v. u. Z. soll die kämpfenden Spartaner während eines Krieges durch seine Lieder derart angefeuert haben, daß sie siegten.

44 *(nicht bloß dem Lande...* – von Gerstenberg eingeschoben

Füsli – Johann Heinrich Füßli (1741–1825), Schweizer Maler und Zeichner, Jugendfreund Lavaters, besuchte 1764 mit ihm Klopstock und Gleim.

Gesner – der bekannte Idyllendichter Salomon Geßner widmete sich von 1762 bis 1772 und von 1774 bis zu seinem Tod fast ausschließlich der Malerei.

Grim – Samuel Hieronymus Grimm (1733 getauft–1794), Schweizer Dichter und Maler, illustrierte mehrere bei Lavaters Verleger Walthard erschienene Werke, ging 1765 nach England.

Tscharners Geschichte der Eidgenossen – Vincent Bernhard v. Tscharners (1728–1778) »Historie der Eidgenossen« war 1768 in Zürich erschienen.

45 *pränumeriert* – (lat.) vorausbezahlt

47 *kurrent* – (lat.) hier: umlaufenden

Dorset – Thomas Sackville, Earl of Dorset (1536–1608), schrieb gemeinsam mit Thomas Norton die erste englische Tragödie, »The Tragedy of Gorbodue, or Ferrex and Perrex«.

47 *Dryden* – John Dryden (1631–1700), folgenreicher englischer Dichter, der als Lyriker, Dramatiker und Kritiker Bedeutendes leistete.

Addison – Joseph Addison (1672–1719), englischer Dichter und Journalist, gab gemeinsam mit seinem Freund Richard Steele mehrere moralische Zeitschriften heraus, u. a. 1711/12 und 1714 den »Spectator«, der 1721–1725 in deutscher Übersetzung in Frankfurt und Leipzig erschien (1739–1743 kam in Leipzig eine Übersetzung von Gottscheds Frau heraus).

Friedrich Schiller

Göttingen. Gedichte von G. A. Bürger. Mit Kupfern 1789.

Im Frühjahr 1789 erschien in Göttingen eine zweibändige Ausgabe von Gottfried August Bürgers Gedichten. Bürger schickte sie dem fast 12 Jahre jüngeren Schiller mit den Worten: »Die Beilage biete ich Schillern, dem Manne, der meiner Seele neue Flügel und einen kühnen Taumel schafft, zum Zeichen meines Dankes und meiner unbegrenzten Hoffnungen von Ihm mit der wärmsten Hochachtung an.«

Kurz zuvor, am 30. April, hatte Schiller an Charlotte von Lengefeld und deren Schwester geschrieben: »Bürger war vor einigen Tagen hier, und ich habe die wenige Zeit, die er da war, in seiner Gesellschaft zugebracht. Er hat gar nichts auszeichnendes in seinem Äußern und in seinem Umgang – aber ein gerader, guter Mensch scheint er zu sein. Der Charakter von Popularität, der in seinen Gedichten herrscht, verleugnet sich auch nicht in seinem persönlichen Umgang, und hier wie dort verliert er sich zuweilen in das Platte. Das Feuer der Begeisterung scheint in ihm zu einer ruhigen Arbeitslampe herabgekommen zu sein. Der Frühling seines Geists ist vorüber, und es ist leider bekannt genug, daß Dichter am frühesten verblühen.«

Schärfer formulierte er in einem Brief vom gleichen Tage an Christian Gottfried Körner: »Sein Äußerliches verspricht wenig, es ist plan und fast gemein, *dieser* Charakter seiner Schriften ist in seinem Wesen angegeben. Aber ein gerader, ehrlicher Kerl scheint er zu sein, mit dem sich allenfalls leben ließe.«

Bürger war auf einer Reise von Göttingen in die Nähe von Weißenfels, wo seine Schwester Friederike Philippine wohnte, durch Weimar und Jena gekommen. Goethe hatte ihn kühl empfangen; Schiller hatte mit ihm vereinbart, daß beide in einer Art Wettstreit das gleiche Stück aus Vergils »Aeneis« in verschiedenen Metren übersetzen sollten.

Bürger und Schiller haben sich nur dieses eine Mal gesehen. Nachdem am 15. und 17. Januar 1791 (Nr. 13 und 14) Schillers Kritik in der Jenaer »Allgemeinen Literaturzeitung« erschienen war, bestand auch keine Möglichkeit mehr für eine Annäherung der beiden Dichter. Schiller hat in seiner grundsätzlichen, auf hohem theoretischen und stilistischen Niveau stehenden Besprechung nicht nur Bürgers Werk abgelehnt, sondern sich unausgesprochen auch von Teilen seines eigenen Jugendwerks distanziert. Für Bürger war »Popularität« nicht nur eine Frage der Verständlichkeit und der

Wirksamkeit von Kunst auch unter den wenig gebildeten Volksschichten, sondern ihm ging es auch um »populäre« Inhalte und Tendenzen. Seiner plebejisch-demokratischen Grundhaltung, wie sie sich vielleicht am deutlichsten in dem Gedicht »Der Bauer. An seinen durchlauchtigen Tyrannen« (1773) ausspricht, stand Schillers, aber auch Herders und Goethes Auffassung von populärer Dichtung entgegen, wonach sie das Volk erziehen und zur Stärkung der Nation beitragen soll. Schiller tadelte, daß sich Bürger mit dem Volk vermischte, »zu dem er sich nur herablassen sollte«.

»Alle Poesie soll volksmäßig sein, denn das ist das Siegel ihrer Vollkommenheit«, schrieb Bürger in der Vorrede zu den Gedichten. Und er fuhr fort: »Wer diesen Satz sowohl in der Theorie als Ausübung verleugnet, der mißleitet das ganze Geschäft der Poesie und arbeitet ihrem wahren Endzweck entgegen. Er zieht diese so allgemein menschliche *Kunst* aus dem ihr bestimmten Wirkungskreise, von dem Markte des Lebens hinweg und verbannt sie in enge Zellen.« Die Poesie sei eine Kunst, »die zwar *von* Gelehrten, aber nicht *für* Gelehrte als *solche*, sondern für *das Volk* ausgeübt werden muß.«

Bürgers leidenschaftlicher Unmittelbarkeit stellte Schiller die Forderung gegenüber, »sich selbst fremd zu werden, den Gegenstand seiner Begeisterung von seiner Individualität loszuwickeln, seine Leidenschaft aus einer mildernden Ferne anzuschauen«. Mit »idealisierender Kraft« solle die Lyrik die Weisheit der Zeit läutern und »ein Muster für das Jahrhundert schaffen«.

Schiller hat die ästhetischen Ziele der Stürmer und Dränger wie Leidenschaftlichkeit, Nachbildung der Natur, Popularität u.ä. von idealistisch-klassizistischen Positionen aus beurteilt und konnte ihnen damit nicht mehr gerecht werden. Der an Geschichte interessierte Rezensent hat bei der Beurteilung der Bürgeschen Gedichte außer Acht gelassen, daß sich Kunst entwickeln muß und daß Bürgers Werk eine notwendige Voraussetzung für sein eigenes und für Goethes Schaffen darstellt. Daß er darüber hinaus einen Höhepunkt in der deutschen Literatur des 18. Jahrhunderts bedeutet, erkannte er nicht. Er ist weder Bürger noch seinem Werk gerecht geworden. Als Zeugnis für die Herausbildung der klassischen deutschen Ästhetik und als Versuch, das Wesen von Volkstümlichkeit zu ergründen und sie zu definieren, besitzt Schillers Aufsatz heute noch Bedeutung.

Die anonym erschienene Kritik erregte sofort Aufsehen. Am 3. März schrieb Schiller an Körner: »In Weimar habe ich durch die Bürgerische Rezension viel Redens von mir gemacht; in allen Zirkeln las man sie vor, und es war ein guter Ton, sie vortrefflich zu finden, nachdem Goethe öffentlich erklärt hatte, er wünschte Verfasser davon zu sein. Das Komische dabei ist, daß von soviel Weisen keiner erriet, von wem sie war.«

Auch Bürger wußte nicht, »von wem sie war«. Er schrieb eine »Vorläufige Antikritik und Anzeige«, die er an Christian Gottfried Schütz, den Herausgeber der »Allgemeinen Literaturzeitung«, schickte. Darin versuchte er weniger, sich mit Schillers Ansichten auseinanderzusetzen, als sie lächerlich zu machen. Er erkannte nicht, daß sich der Rezensent wirklich um die Klärung eines Problems bemüht hatte, das ihm selbst wichtig war. Er erkannte nicht, daß er es mit einem Dichter und nicht mit einem unerfahrenen Dichtungstheoretiker zu tun hatte. »Er ist kein Künstler, er ist ein Metaphysikus«, schrieb er und forderte den Rezensenten auf, seinen Namen zu nennen.

Schütz gab Bürgers »Antikritik« an Schiller weiter und veröffentlichte sie am 6. April neben Schillers überlegener »Verteidigung des Rezensenten gegen obige Antikritik« im »Intelligenzblatt der Allgemeinen Literaturzeitung«. Auch hier nannte Schiller seinen Namen nicht. Erst allmählich wurde bekannt, wer der Verfasser war. Bürger hat sich lang gegen die Erkenntnis gewehrt, daß es Schiller gewesen sein könnte. So hatte er im Begleitbrief zu seiner »Antikritik« geschrieben: »Verschiedene wollen aus unumstößlichen Gründen behaupten, kein anderer als Herr Schiller sei der Verfasser. Ich habe dem noch immer widersprochen. Denn wie kann man so von Gott und sich selbst verlassen werden, allen seinen eignen sowohl geborenen als ungeborenen Kindern Rattenpulver zu legen? Was für Lumpengesindel wollte ich nicht mit einer solchen Theorie aus allen Dichtern aller Nationen machen!« Und er hat sich in der »Antikritik« selbst zweimal auf Schillers Gedichte berufen, die am »Gift« dieser Kritik ebenfalls »bis zum Tode« erkranken müßten.

Als er sich der Wahrheit nicht länger verschließen konnte, traf sie ihn hart und stürzte ihn, dessen dritte Ehe völlig zerrüttet war, in eine tiefe Krise. Bürger zweifelte an seiner dichterischen Kraft überhaupt.

In den »Musenalmanach«, den Bürger von 1779 bis 1794 herausgab, hat er unter dem Pseudonym »Menschenschreck« polemische Gedichte gegen Schiller aufgenommen, woraufhin dieser am 15. Oktober 1792 in einem Brief an Körner schrieb: »In dem neuen Göttinger Musenalmanach hat Bürger seine Galle an mir und an der Literaturzeitung recht ausgelassen. Die Platitüden dieses Menschen, seine Anmaßungen und seine völlige Unbekanntschaft mit dem, was ihm in meiner Rezension gesagt worden ist, wird Dich in Verwunderung setzen.«

Öffentlich aber hat sich Schiller nicht mehr zu Bürgers Angriffen geäußert. Bürger plante eine Art Kritik seiner eigenen Gedichte, die er unter dem Titel »Über mich und meine Werke. Materialien zu einem künftigen Gebäude« in der »Akademie der schönen Redekünste« veröffentlichen wollte. Als er 1794 starb, lagen nur Teile des bis dahin ungedruckten Aufsatzes vor. Darin heißt es: »Im 14. und 15. Stücke der Allgemeinen Literaturzeitung von 1791 geschah über mich und meine Werke ein Ausspruch, der mir freilich nicht auf die richtigsten Grundsätze gebauet und sowohl in Lob als Tadel ziemlich überschwänglich schien. Dennoch hätte ich kraft meines alten Glaubens, daß nur das Werk selbst seinen Meister lobe oder tadle, und nach einer daraus gezogenen, bisher immer beobachteten Handlungsweise, dazu schweigen sollen. Ich ließ mich aber von der Lebhaftigkeit derer, die es gern oder ungern sehen mochten, daß mein poetischer Lorbeer ein wenig entblättert würde, aus meiner auf so guten Grundsätzen beruhenden Apathie aufregen und kündigte im 46. Stücke des Intelligenzblattes der Allgemeinen Literaturzeitung jenem Urteile einen Prozeß an. Es kommt mir nun vor, als habe ich nicht wohl gehandelt. Denn in jener Apathie liegt, däucht mir, eine Würde, deren Gefühl süßer ist als alle Siege über den Gegner, auch in der gerechtesten Fehde. Diese Würde habe ich nunmehr verloren, und der Verlust geht mir nahe wie der reinen Unschuld der erste Flecken in ihrem weißen Gewande. Denn wenn auch gleich, wie ich mir schmeichle, jene Ankündigung keine gröbere Entweihung der moralischen und ästhetischen Würde aufstellt, so ist sie doch in einem zu gereizten Ton abgefaßt, als daß ich es meinem Gegner allein und nicht mir mit vorwerfen dürfte, die Saiten in seiner Verteidigung bis zu einigen Mißtönen überspannt zu haben, die den Göttinnen der Anmut schwerlich gefallen werden...

Meine Übereilung, geantwortet, und vollends in einem Tone geantwortet zu haben, der den Rezensenten reizen mußte, das Unrecht, welches er mir nach meiner jetzigen Überzeugung zugefügt hat, nicht nur nicht zu mildern, sondern vielmehr zu verstärken, kann ich nicht besser wieder gut machen, als wenn ich alles, was der Rezensent im Namen der Kunst wider mich und meine Werke zu haben vorgibt, etwas umständlicher und auf eine solide Art erwäge, wie es sich vor den Altären der Weisheit, der Musen und der Grazien geziemet. Das Ziel, welches ich mir dabei vorsetze, ist nicht eben Sieg über meinen Gegner; denn ich gestehe gern, daß ich es mit einem Stärkeren zu tun habe, als ich bin.«

Schillers Kritik hat Bürgers Ansehen sehr geschadet. August Wilhelm Schlegel schrieb am 4. Juni 1795 an Schiller: »Das Gewicht Ihres Ansehens hat vielleicht manchen Lesern diesen Dichter verleidet, deren eignes Gefühl so weit entfernt war, ihn zu verwerfen, daß es vielmehr aus ihm noch vieles zu seiner Veredlung gewinnen konnte.«

49 *Hebe* – Der Name ihres Vaters Zeus heißt im Lateinischen Jupiter, wovon Jovis der Genitiv Singular ist.
Horaz – Quintus Horatius Flaccus (69–8 v. u. Z.), neben Vergil bedeutendster römischer Dichter, führte die lateinische Lyrik zu klassischer Vollendung.

54 *Nachtfeier* – In der Vorrede schreibt Bürger, daß in diesem »und einigen andern« Gedichten »freilich etwas alte Mythologie« sich rege, »die aber auch fast populär ist oder sich doch mit wenigen Worten selbst einem Kinde erklären läßt«.

58 *Pallas* – Beiname Athenes, der Göttin der Weisheit
Juno – lateinischer Name Heras, der Frau des Jupiter; oberste Göttin, als ehrwürdige, schöne Frau dargestellt
Terpsichore – Muse des Tanzes
Euterpe – Muse des Flötenspiels
Aglaia – (griech.) Glanz; eine der drei Grazien (griechisch: Chariten), Göttinnen der Anmut.
Melpomene – Muse der Tragödie

60 *Heautontimorumenos des Terenz* – Publius Terentius Afer (ca. 190–159 v. u. Z.), lateinischer Komödiendichter. Der »Heautontimorumenos« (»Der Selbstquäler«) entstand 163 v. u. Z.

61 *andre Kunstrichter* – August Wilhelm Schlegel hatte Bürgers Gedichte 1789 in den »Göttinger Anzeigen für gelehrte Sachen« und 1790 im »Deutschen Museum« besprochen. Ebenfalls 1790 war in der von Friedrich Nicolai herausgegebenen »Allgemeinen deutschen Bibliothek« eine Rezension der Gedichte erschienen.

62 *sublimi feriam sidera ...* – (lat.) letzte Zeile der ersten Ode im ersten Buch der Oden des Horaz: »Wenn ... auch du/mich den Dichtern, du mich

lyrischen Dichtern, du / zugesellest: ich schweb' unter den Sternen dann.« (Übersetzung von J. G. Herder)

62 *Schlegel* – Bürger hatte August Wilhelm Schlegels Sonette in der »Vorrede« seiner Gedichtausgabe sehr gelobt und Schlegels Sonett »Das Lieblichste« sogar darin abgedruckt. Er nannte ihn seinen jungen vortrefflichen Freund und »Lieblingsjünger«. Schiller und Schlegel kannten sich im Dezember 1791, als die Kritik entstand, noch nicht persönlich. In dem schon zitierten Brief vom 4. 6. 1795 an Schiller schrieb Schlegel über die Auseinandersetzung: »Es hat mir leid getan, daß Ihre Rezension über Bürger keine freie Untersuchung über Volkspoesie, Lyrik, ihre Beziehung auf das jetzige Zeitalter und andre Gegenstände, die sie auf eine so anziehende Weise berührte, zuwege gebracht hat, weil Bürgers Antwort die Lust für ihn, oder wenigstens gegen Ihre Lehre zu sprechen, notwendig dämpfen mußte.«

des pythischen Gottes – gemeint ist Apollon, der Gott und Herr der Künste.

Friedrich Schlegel
(Über Maler Müllers Werke)

1801 sollte in Königsberg der erste Band der »Charakteristiken und Kritiken«, einer Aufsatzsammlung von August Wilhelm und Friedrich Schlegel erscheinen. Für diese Buchausgabe schrieb Friedrich Schlegel im November 1800 seinen unvollendet gebliebenen Lessing-Aufsatz von 1797 zu ende. In diesem abschließenden Teil sagte er seinen Lesern »ein kritisches Lebewohl«. »Nicht daß ich gesonnen wäre«, fuhr er fort, »die rühmlich geführten Waffen der Ironie im Tempel der Polemik aufzuhängen und den Kampfplatz andern zu überlassen. Nein, ich werde es mir nicht versagen, mit den Werken der poetischen und der philosophischen Kunst wie bisher so auch ferner für mich und für die Wissenschaft zu experimentieren. Aber ich werde diese Beschäftigung ... von nun an auf die beiden Zwecke einer *Geschichte der Dichtkunst* und einer *Kritik der Philosophie* durchaus beschränken... Die Resignation wird vorzüglich nur darin bestehen, daß ich es der *neuen Zeit* und allem, was ihr angehört, von nun an überlassen werde, sich selbst zu kritisieren.«

Schlegel war immer mehr zu der Einsicht gelangt, daß das einzelne Kunstwerk nicht isoliert betrachtet und beurteilt werden dürfe. Er schrieb: »Daß man im Kunstwerk nicht bloß die schönen Stellen empfinden, sondern den Eindruck des Ganzen fassen müsse, dieser Satz wird nun bald trivial sein und unter die Glaubensartikel gehören ... und ich denke, wenn ihr es wirklich erkannt habt, daß man das Werk nur im System aller Werke des Künstlers ganz verstehe, so werdet ihr es über kurz oder lang auch wohl anerkennen müssen, daß nur der den Geist des Künstlers kennt, der diejenigen gefunden hat, auf die er sich, äußerlich vielleicht durch Nationen und Jahrhunderte getrennt, unsichtbar dennoch bezieht, mit denen er ein Ganzes bildet, von dem er selbst nur ein Glied ist, werdet es anerkennen müssen, daß dieser organische Zusammenhang aller das Genie von dem bloßen Talent unterscheidet, welches eben dadurch, daß es isoliert ist, sich als falsche

Tendenz der Kunst und der Menschheit verrät. So muß auch das Einzelne der Kunst, wenn es gründlich genommen wird, zum unermeßlichen Ganzen führen!«

Diesem Ganzen, dieser »Enzyklopädie«, wie er es nannte, wollte er sich nun widmen. Er war den Möglichkeiten der Einzelkritik gegenüber mißtrauisch geworden. Seiner Meinung nach müsse sie ihren Ausgangspunkt in dieser Enzyklopädie nehmen, müsse von der Kenntnis des »Organismus aller Künste und Wissenschaften« ausgehen (womit Schlegel den Enzyklopädie-Begriff umschreibt). Da sich »wahre Kritik« nur für die Dichter und Werke interessiere, die etwas »beitragen zur Entwicklung der Kunst und der Wissenschaft«, die zu jenem »Organismus der Bildung und des Genies« in Beziehung stehen, wird für Schlegel nur »positive Kritik« wichtig. »Von dem, was fürs Ganze und im Ganzen eigentlich gar nicht existiert«, will er hinfort keine Kenntnis mehr nehmen.

Er ist diesem Vorsatz auch treu geblieben. 1802 war das erste Jahr, seit er in die Literatur eingetreten war, in dem er keine einzige kritische Arbeit veröffentlicht hat. Er ist auch später nur gelegentlich zur Literaturkritik zurückgekehrt. Seine Rezensionen galten von nun an fast ausschließlich dem Theater oder Schriftstellern, denen er persönlich verbunden war. Aber selbst da hielt er sich zurück. Auch der von uns abgedruckte Aufsatz über Maler Müllers Werke aus dem »Deutschen Museum« war von Schlegel nicht als gründliche Kritik angelegt, sondern vielmehr als Einleitung, als Geleitwort zu dem darauf folgenden ausführlichen Beitrag Ecksteins, der mehr als doppelt so lang ist wie derjenige Schlegels.

Auf Müller war Schlegel durch Tieck aufmerksam geworden. Tieck hatte den Dichter, der als Antiquar und Fremdenführer ein ärmliches Leben fristete, in Rom besucht und sich für ihn und die Verbreitung seines Werkes eingesetzt.

Friedrich Schlegel hatte sich, noch bevor das erste Heft seiner neuen Zeitschrift »Deutsches Museum« im Januar 1812 in Wien erschienen war, unter anderem auch an den Maler Müller gewandt und ihn um Mitarbeit gebeten. Müller hat während der zwei Jahre, die das »Deutsche Museum« erschien, insgesamt fünf Beiträge darin veröffentlicht, alle unter dem Titel »Kunstnachrichten aus Rom«. Ende 1813 mußte Schlegel die Zeitschrift wegen der Erschwernisse, die der Krieg mit sich brachte, aufgeben. Im letzten Heft schrieb er: »Seit dem Ende des Jahres 1812 aber und im Laufe des ewig denkwürdigen Jahres 1813 ward die allgemeine Aufmerksamkeit auf ganz andere Gegenstände gerichtet, als diejenigen, welchen das Museum zunächst gewidmet war. Es lag dieser Zeitschrift der Gedanke und das Bestreben zum Grunde, die Geschichte und Philosophie, die Kunst und Literatur in einem vaterländischen und durchaus deutschen Geiste zu betrachten und weiter zu fördern. Eine eigentlich politische Zeitschrift sollte und konnte das Museum auf keine Weise sein.«

Der Aufsatz über Maler Müllers Werke erschien 1813 im neunten Heft des vierten Bandes vom »Deutschen Museum« in Wien.

66 *so viel wir wissen* – Müller war 1778 nach Rom gegangen, wo er auch starb und beerdigt wurde.
in den HOREN – Müller hatte 1797 im 3. Jahrgang der »Horen« (Heft

3 und 4) ein »Schreiben ... über die Ankündigung des Herrn Fernow von der Ausstellung des Herrn Professor Carstens in Rom« veröffentlicht.

66 *die nachstehende Anzeige* – Auf Schlegels Beitrag, der keine Überschrift hatte, folgte der mit »E.« gezeichnete Aufsatz »Über Maler Müllers Werke«. Verfasser war der 1807 in Rom zum Katholizismus übergetretene Schriftsteller Ferdinand v. Eckstein (1790–1861), ein ehemaliger Lützowscher Jäger. Eckstein hat außer dem Müller-Aufsatz nur noch ein einziges Mal im »Deutschen Museum« veröffentlicht, in Heft 6 des 3. Bandes, »Über eine bevorstehende Herausgabe der sämtlichen Werke Gerstenbergs«, hier aber mit Nennung seines vollen Namens. *eine vollständige Sammlung* – Unter dem Titel »Maler Müllers Werke« war sie von Friedrich Batt, Johann Philipp Le Pique und Ludwig Tieck herausgegeben worden.

67 *Macphersons Ossian* – Der schottische Lehrer James Macpherson (1736 BIS 1796) gab den von ihm verfaßten »Ossian«, 1765, als von ihm lediglich aus dem Gälischen übersetzte alte Volkspoesie aus und wirkte damit über England hinaus besonders auf Herder, Goethe und die Dichter des Sturm und Drang. In Heft 2 des »Deutschen Museum« hatte Schlegel einen Aufsatz »Über nordische Dichtkunst« veröffentlicht, in dem er auch den »Ossian« behandelte.

68 *Tiecks gelungenstem Meisterwerke* – das Trauerspiel »Leben und Tod der heiligen Genovefa« von 1800. Eckstein vergleicht in seinem Beitrag Müllers und Tiecks Genovefa-Dramen und kommt zu dem Schluß: »Man kann nicht anders, als Tieck die Palme zuerkennen, obgleich man im Müller Elemente gewahrt, die vielleicht größer und bedeutender sind als die im Tieck.«

Jakob Michael Reinhold Lenz
Über »Götz von Berlichingen«

Am 28. November 1771 schrieb Goethe aus Frankfurt, wohin er im August aus Straßburg zurückgekehrt war, an den Juristen Johann Daniel Salzmann: »Ich dramatisiere die Geschichte eines der edelsten Deutschen, rette das Andenken eines braven Mannes; und die viele Arbeit, die mich's kostet, macht mir einen wahren Zeitvertreib.« Auf Drängen der Schwester Cornelia verfaßte er zu Hause innerhalb von sechs Wochen die erste Fassung des »Götz«, die »Geschichte Gottfriedens von Berlichingen mit der eisernen Hand, dramatisiert« (diese Fassung wurde erst nach seinem Tod veröffentlicht). 1773 erschien dann im Selbstverlag das Schauspiel »Götz von Berlichingen mit der eisernen Hand«. Am 12. April 1774 wurde es in Berlin uraufgeführt, und Goethe war mit einem Schlag bekannt geworden.

Salzmann war in Straßburg Goethes Tischgenosse gewesen und Haupt eines philosophisch-literarischen Kreises, der Société de philosophie et des belles-lettres. In diesem Kreis hat Jakob Michael Reinhold Lenz mehrere Vorträge gehalten, den von uns abgedruckten über »Götz von Berlichingen« vermutlich bereits 1773. Er hat dort auch Teile seiner »Anmerkungen übers Theater« vorgetragen, in denen die Ansichten des Sturm und Drang über Dramatik am deutlichsten ausgesprochen wurden. Der Abschnitt über die drei Einheiten des Dramas, wie sie von den Theoretikern des Dramas mit Berufung auf Aristoteles gefordert wurden, war bereits vor Erscheinen des Büchleins »Von deutscher Art und Kunst« (1773) und des »Götz« fertiggestellt. Lenz schrieb darin: »Was heißen denn nun drei Einheiten...? Ist es nicht die *eine*, die wir bei allen Gegenständen der Erkenntnis suchen, die eine, die uns den Gesichtspunkt gibt, aus dem wir das Ganze umfangen und überschauen können? ... Was heißen die drei Einheiten? Hundert Einheiten will ich euch angeben, die alle immer noch die *eine* bleiben. Einheit der Sprache, Einheit der Religion, Einheit der Sitten – ja was wird's denn nun? Immer dasselbe, immer und ewig dasselbe.«

Lenz unterschied die Komödie von der Tragödie dadurch, daß in der Komödie die Handlung die Hauptsache sei, in der Tragödie aber die Charaktere, die »Kerls«.

Im Drama sahen die Dichter des Sturm und Drang diejenige literarische Form, in der die sozialen und moralischen Zustände am eindringlichsten als veränderungsbedürftig dargestellt werden und mit der sie am stärksten wirken könnten. Shakespeare war ihr großes Vorbild. –

Lenz und Goethe hatten sich im Juni 1771 in Straßburg kennengelernt. Der anderthalb Jahre jüngere Lenz kam als Hofmeister nach Straßburg und lernte dort neben Goethe auch Herder und Jung-Stilling kennen. Gemeinsam mit Klinger, Leopold Wagner, dem Maler Müller und Goethe gehörte er zur älteren Gruppe des Sturm und Drang, die in Frankfurt und Straßburg ihre Zentren hatte.

Die Bekanntschaft mit Goethe war für Lenz, auch persönlich, folgenreich. Nicht nur, daß der »Götz von Berlichingen« ihn stark beeinflußte und in seinen eigenen Bestrebungen stärkte, sondern er bemühte sich auch um die Liebe Friederike Brions, nachdem Goethe sie verlassen hatte, freilich erfolglos. Von 1774 bis 1776 arbeitete er an der von Johann Georg Jacobi herausgegebenen Frauenzeitschrift »Iris« mit, unter anderen neben Goethe, Heinse und Gleim. Gemeinsam mit Goethe besuchte er im Frühsommer 1775 dessen Schwester Cornelia im badischen Emmendingen; auf der Rückreise aus der Schweiz traf sich Goethe im Juli 1775 mit Lenz in Straßburg. Und als Goethe schließlich nach Weimar gezogen war, besuchte ihn Lenz am 3. April 1776 und blieb bis zum 1. Dezember. In diese lange Zeit fiel der Aufenthalt Maximilian Klingers in Weimar. Lenz hätte gern bleiben wollen, aber der Herzog verwies den Unbotmäßigen des Landes. Danach haben sich Goethe und Lenz nicht mehr gesehen.

Cornelia und ihr Mann, Johann Georg Schlosser, allerdings haben die Verbindung aufrechterhalten. Zu ihnen ging Lenz, als er Weimar verlassen mußte; Schlosser – Cornelia war inzwischen gestorben – nahm den Geisteskranken auch im Februar 1778 wieder auf und kümmerte sich aufopferungsvoll um ihn, bis er nach Riga zu seinen Eltern weiterreisen konnte.

71 *Konsistenz* – (lat.) Festigkeit, Bestand
72 *cui bono* – (lat.) wem nützt es?
von englischem Visierstab – vom Visierstab der Engel
74 *als ich ein Kind* – Zitat aus dem 1. Brief des Apostels Paulus an die Korinther (13,11)

74 *Eleusinis* – die eleusinischen Mysterien waren die ersten Götterfeste in Griechenland. Sie wurden in der Stadt Eleusis zu Ehren der Göttinnen Demeter und Persephone veranstaltet.
Tantum – (lat.) Genug!

Christian Daniel Friedrich Schubart
(Goethe, Götz von Berlichingen)

Die Herausgabe der Zeitschrift »Deutsche Chronik« stellt – neben einigen schon zu Lebzeiten des Dichters viel beachteten volksliedhaften und politischen Gedichten – die überragende literarische Leistung Christian Daniel Friedrich Schubarts dar. Von der Mitte des 18. Jahrhunderts an wurden die wichtigsten literarischen Zeitschriften in Deutschland von den Literaten selbst herausgegeben. Auch eine Zeitschrift wie die »Allgemeine deutsche Bibliothek« (Beginn 1766), die sich nicht auf die Literatur beschränkte, wurde von einem Schriftsteller, von Friedrich Nicolai, gegründet und geleitet. Den »Briefen, die neueste Literatur betreffend« von Lessing, Nicolai, Mendelssohn und anderen (bis 1765) folgten, um nur die wichtigsten zu nennen, Gerstenbergs Schleswigsche Literaturbriefe (1766–70), Matthias Claudius' »Wandsbecker Bote« (1770–75, durchaus keine reine Literaturzeitung), Wielands »Deutscher Merkur« (1773–89), Johann Georg Jacobis »Iris« (1774–77), Schillers verschiedene Zeitschriften (»Thalia«, »Rheinische Thalia« und die gemeinsam mit Goethe begründeten »Horen«) und eben Schubarts »Chronik«. In dem Maße, wie diese Journale an Einfluß gewannen, verloren die bisherigen, akademisch ausgerichteten Aufklärungszeitschriften ihre Bedeutung für die zeitgenössische schöne Literatur. Gottscheds Kritiken stellten den Höhepunkt einer Betrachtungsweise dar, die das literarische Kunstwerk danach beurteilt, wie es die von der Antike überkommenen und zeitgenössisch modifizierten Regeln einhält oder nicht. Jetzt wurde der subjektive Geschmack des Rezensenten in sein Recht eingesetzt, wobei es freilich nicht lang dauerte, bis Herder mehr als nur Geschmacksurteile forderte; später folgten ihm darin vor allem Schiller und Goethe.

Schubarts »Deutsche Chronik« widmete sich neben der Literatur vor allem der Politik. Seit dem 31. März 1774 erschien sie zweimal wöchentlich im Verlag des Buchhändlers Stage in Augsburg. Wegen ihrer offen antifeudalen Tendenz durfte sie bald nicht mehr in Augsburg, wo die Jesuiten großen Einfluß besaßen, gedruckt werden; bereits ab Mai kam sie in Ulm heraus, dorthin siedelte Schubart zu Beginn des Jahres 1775 über. Die glücklichste Zeit seines Lebens begann. Schubart war äußerst produktiv, in dem Dichter Johann Martin Miller fand er einen vertrauten Freund. Von seiner Zeitschrift konnte er sagen, daß einzelne Nummern bis »nach London, Paris, Amsterdam und Petersburg« gelangten. In ihr wurden die literarischen, ästhetischen und politischen Ansichten des Sturm und Drang beispielhaft zur Sprache gebracht. Schubart schrieb gegen den Menschenhandel deutscher Fürsten; er riet den in die englische Armee gepreßten Soldaten, zu den amerikanischen Unabhängigkeitsheeren überzulaufen. Er verherrlichte den amerikanischen Freiheitskampf und kritisierte tapfer Willkürherrschaft und Despotismus. Zugleich lobte er die Fürsten, die sich zu Reformen entschlossen. Bei aller Aufgeschlossenheit außerdeutschen Ereignissen gegenüber fühlte sich Schubart als nationaler Patriot. Dies war auch ein Grund, weshalb er Goethes »Götz« so überschwänglich begrüßte und noch »mehr patronymische Stücke« forderte.

Im Januar 1777 wurde Schubart gefangengenommen und in Gegenwart des Herzogs von Württemberg, Karl Eugen, und dessen Frau auf der Festung Hohenasperg bei Stuttgart eingesperrt. »Der Herzog selbst war zugegen und bezeichnete den Kerker, in dem man mich verwahren sollte.«

Über zehn Jahre mußte er bei teilweise härtesten Bedingungen dort verbringen. 1781 besuchte ihn der junge Schiller unter falschem Namen; erst im Juli 1785 durfte er seine Frau und die Kinder sehen. Obwohl sich viele, auch hochgestellte Zeitgenossen für Schubarts Freilassung aussprachen, auch Goethe war darunter, blieb Karl Eugen unerbittlich. Zu scharf und kompromißlos hatte Schubart die Feudalgesellschaft kritisiert. Erst am 18. Mai 1787 konnte er den Hohenasperg verlassen. Überglücklich schrieb er am 11. Mai, als ihm das Ende der Haft verkündet worden war, an den Historiker Ernst Ludwig Posselt nach Karlsruhe: »Ich bin frei! O herrlicher Mann, voll Hoch- und Tiefgefühl, mit welch trunknem Entzücken erteil ich Ihnen diese Nachricht!« ... schreien möcht ich vor Freude, mich wälzen unter freiem Himmel im Frühlingsgrase oder klettern mit der Gemse auf den höchsten Zackenfels, die gefalteten Hände in die Wolke strecken und dem großen Geber der Freiheit laut weinend danken. Ich bin nun mit einem ansehnlichen Gehalt Direktor des Theaters und der Musik in Stuttgart, für den Rest meines Lebens ganz nach Hang und Wunsch versorgt.«

In Stuttgart wurde dem 48jährigen ein triumphaler Empfang bereitet. Bereits im Juli ließ Schubart seine Zeitschrift als »Vaterländische Chronik« wieder erscheinen. Wenngleich er körperlich und seelisch schwer gelitten hatte, beseelte ihn dennoch der alte patriotische Geist. 1788/89 hieß die Zeitschrift »Vaterlandschronik«; da mit dem Ausbruch der Französischen Revolution Schubarts Interesse besonders dem Nachbarland galt, nannte er sie von 1790 an nur noch »Chronik«. Unter diesem Titel ist sie bis zu seinem Tod 1791 erschienen. Sein Sohn Ludwig Schubart und der Schriftsteller Gotthold Stäudlin führten sie bis zum 19. 4. 1793 in Schubarts Sinne weiter.

Die große Zeit der »Chronik« lag vor Schubarts Verhaftung. Die späteren Jahrgänge erreichten nicht mehr die stilistische Höhe und die weltanschauliche Klarheit, damit büßten sie auch an Wirksamkeit ein.

Die kurze Besprechung des »Götz« erschien im 10. Stück der »Deutschen Chronik« am 2. Mai 1774 in Augsburg. Den Verfasser des »Götz« lernte Schubart in Ulm kennen. Am 17. 11. 1775 schrieb er an seinen Bruder Conrad: »Goethe war auch hier – ein Genie, groß und schrecklich wie's Riesengebürg; Klinger war bei ihm – unser Shakespeare.« Und er resümierte über den Aufenthalt der Dichter, zu denen auch »die vortrefflichen Grafen von Stolberg« gehörten: »Die Kerls haben mich alle liebgewonnen.« Wirklich nähergekommen aber sind sich Goethe und Schubart nicht; nach Schubarts Gefangenschaft tauchte Goethes Name nur noch selten in der »Chronik« auf.

75 *Klopstock* – Friedrich Gottlieb Klopstock (1724–1803) steht mit seinem Epos »Der Messias«, 1748–1773, am Beginn der klassischen deutschen Literatur und bezeichnet zugleich ihren ersten Höhepunkt. Sein

Drama »Hermanns Schlacht« erschien 1769. Schubarts Klopstockverehrung reicht bis in die Kindheit zurück, als er im Aalener Vaterhaus von einem preußischen Werbeoffizier aus dem »Messias« hatte vorlesen hören. Während seiner Augsburger Zeit hatte er selbst Teile daraus öffentlich vorgetragen. Seine eigene Odendichtung ist stark von Klopstock beeinflußt; 1771 gab er »kleine poetische und prosaische Werke« des verehrten Dichters heraus.

75 *patronymische Stücke* – (griech.) Stücke, deren Titel aus dem Namen eines Vorfahren gebildet werden. Schubart meint hier allgemeiner Stücke mit nationalen, der deutschen Geschichte entlehnten Inhalten.
Minna – Lessings »Minna von Barnhelm« erschien 1767.
Graf Schm. – Waldemar Friedrich Graf von Schmettau (1749–1794), Schriftsteller und Diplomat, lebte lange in Paris und verfaßte dort die Vorrede zur 1777 erschienenen französischen Übersetzung von »Werthers Leiden«.

Christoph Martin Wieland

Über das Schauspiel Götz von Berlichingen mit der eisernen Hand

Im Januar 1773 erschien in Weimar das erste Heft einer neuen, von Wieland herausgegebenen Monatsschrift, »Der Deutsche Merkur«. Darin gelang Wieland zum ersten Mal in Deutschland eine Verbindung von literarischer Unterhaltung, Kritik und kultureller Information. Im Programm und mit dem Namen lehnte er sich an das französische Vorbild des »Mercure de France« an, ohne es freilich nachahmen zu wollen. Die gesellschaftlichen und kulturellen Verhältnisse beider Länder seien zu unterschiedlich, bekannte Wieland, als daß der deutsche Merkur »völlig nach dem Französischen gemodelt« werden könnte. 1774 hatte die Zeitschrift bereits um 2000 Abonnenten, und seit 1775 zählten zu ihren Mitarbeitern Herder, Goethe, Heinse, Fr. H. Jacobi und seit 1776 vor allem J. H. Merck. Den größten Teil der Beiträge lieferte, ganz im Stile der Zeit, Wieland selbst. Er veröffentlichte fast alle seine belletristischen Werke zuerst im »Merkur« und hatte damit wesentlichen Anteil am hohen Niveau der Zeitschrift. Nach 1780 verlor sie allmählich an Bedeutung; während der Französischen Revolution erlangte sie noch einmal größeres Interesse (ab 1790 hieß sie »Neuer Deutscher Merkur«), fristete aber von der Mitte der neunziger Jahre an nur noch ein Schattendasein; 1796 übernahm Karl August Böttiger die Redaktion. 1801 schrieb Wieland seinen letzten Beitrag für den »Merkur«, und Ende 1810 hörte er auf zu erscheinen. –

Im Septemberheft 1773 hatte Christian Heinrich Schmidt eine mit »M.« gezeichnete Besprechung des »Götz« veröffentlicht. Darin bezeichnete er das Stück als »das schönste interessanteste Monstrum, gegen welches wir hundert von unsern komisch-weinerlichen Schauspielen austauschen möchten«. Darin, daß »der unbekannte Verfasser« ihn »in einer so fortdauernden Täuschung und in einem so ununterbrochenen Genusse erhalten hatte, die« ihm »nicht erlaubten, an Urteil und Vergleichung zu denken,« sah Schmidt »das sicherste Kriterium des Genies«. Er hielt das Stück aber wegen »der Beleidigungen gewisser für unabänderlich erkannten Regeln«

für unspielbar. Er warf ihm einen »Überfluß von Materien« vor, d.h. es war ihm zu überladen mit Handlung. Auch sei der Verfasser in »Zeichnung und Erhaltung« der Charaktere »nicht außerordentlich glücklich gewesen«. »Aber alle diese kleinen Mängel« würden durch die großen Vorzüge »unmerklich gemacht«.

Wieland ließ unter den umfangreichen Aufsatz folgende Anmerkung drucken: »Der Urheber der gegenwärtigen Rezension denkt, wie der Augenschein lehrt, über einige Grundsätze der poetischen Kunst und ihre Anwendung ganz anders als der Herausgeber (d.i. als Wieland, Is.). Besonders scheint ihm beinahe alles, was derselbe an Götzen von Berlichingen tadelt, ohne genugsamen Grund getadelt worden zu sein. Den Beweis muß er aus Mangel des Raums auf eine andere Gelegenheit versparen.«

Auf dieses »Versprechen« bezog er sich am Beginn seines Beitrages über den »Götz«, der im Juniheft 1774 des »Merkur« erschien und den wir hier abdrucken. Inzwischen war im März 1774 Goethes Satire »Götter, Helden und Wieland« erschienen, eine Verspottung Wielands, die ihn härter traf, als er öffentlich, unter anderem auch in der vorliegenden Kritik, zugab. Aber er war klug und unvoreingenommen genug, Goethes Bedeutung zu erkennen und auch anzuerkennen.

76 *Brokardicum* – Sammlung von meist in kurzer, sprichwörtlicher Form abgefaßten Kirchengesetzen, nach dem 1025 gestorbenen Bischof Burkart (oder Brocard) von Worms benannt, der sie zusammengestellt und abgefaßt hat.

Duns – (engl.) Dummkopf, aufgeblasener Gelehrter. Gottsched und seine Anhänger wurden von ihren Gegnern, auch vom jungen Wieland, of als Dunse bezeichnet.

77 *ut iniquae mentis . . .* – (lat.) wie ein verdroßner kleiner Esel (Horaz, Satiren I. 9,20)

Bucephalus oder Brigliador – die Schlachtrosse Alexander des Großen und Orlandos (in Ariosts italienischem Epos »Orlando furioso«, 1516)

Praecipitandus est liber . . . – (lat.) der ungezügelte Geist muß abwirtschaften.

78 *Polischinellen* – Polichinelle ist eine Charaktermaske aus der italienischen Komödie; hier ist im übertragenen Sinne ein schlechter Spaßmacher gemeint.

Hinnulus – (lat.) Maulesel

Emilia Galotti – Lessings Trauerspiel war 1772 in Berlin erschienen. In einem vermutlich von Wieland stammenden Aufsatz von 1773 aus dem »Deutschen Merkur« wird es mit einem Horaz-Zitat als »opus novem caelatum musis« (von den neun Musen ausgeschmücktes Werk) bezeichnet, und in einem Brief vom 19. Mai 1774 schreibt Wieland von »der göttlichen Emilia unsers Lessings«.

ut Magus – (lat.) wie ein Magier

79 *aus Götzens von ihm selbst beschriebener Geschichte* – Die »Lebensbeschreibung des Herrn Gözens von Berlichingen, zugenannt mit der Eisernen Hand« war 1731 in Nürnberg erschienen.

Konvinienz – (lat.) Übereinkunft

Garrick – David Garrick (1716–1779), englischer Schauspieler und

Dramatiker, der vor allem durch Bearbeitung und Aufführung Shakespearescher Dramen bekannt wurde.

82 *Diderots Vorschrift* – Anspielung auf Diderots im Anhang zu seinem Drama »Der Hausvater« erschienenen »Discours de la poésie dramatique« (1758), in dem er die Ansicht vertrat, der Dramatiker müsse nach einem Plan arbeiten.

Ariost – Ariosto, Ludovico (1474–1533), ital. Dichter

83 *gleich dem ... Weibe Salomons* – In den »Sprüchen Salomons«, 31, 10–31, des Alten Testaments wird das Bild einer fleißigen, umsichtigen und geachteten Hausfrau dargestellt.

84 *Alcesten* – Alkestis, Gestalt aus der griechischen Sage, die freiwillig anstelle ihres Gatten Admetos stirbt. Wieland selbst hatte 1773 eine »Alceste« veröffentlicht, die ihm im Zusammenhang mit seinen »Briefen an einen Freund über das deutsche Singspiel Alceste« Goethes Spott eintrug.

Pantheen – Panthea ist eine Gestalt aus Xenophons »Kyropädie« aus der 1. Hälfte des 4. Jh. v. u. Z.

Porcien – Portia ist die Frau von Cäsars Mörder Brutus.

Arrien – Arria, Frau des Caecina Paetus, der an einer Erhebung gegen den römischen Kaiser Claudius teilnahm und deshalb zum Tode verurteilt wurde. Arria starb vor ihrem Mann durch Selbstmord. Alle diese vier Frauen galten als musterhafte Beispiele von ehelicher Liebe und Treue bis in den Tod.

Aristarch – Aristarch von Samothrake (um 216–144 v. u. Z.), berühmter Grammatiker und Philologe in Alexandria; hier ist der Name verallgemeinernd als »Kunstrichter« verwendet.

die Homere – Anspielung auf eine Stelle in Horaz' »Buch von der Dichtkunst«, Vers 359, wo es um den Unterschied zwischen dem »guten Homer« und einem auch »gut« genannten Dichterling geht: bei dem Dichterling staunt und lächelt man, wenn er zwei- bis dreimal etwas gut macht, während man sich ärgert, wenn Homer einmal schläft, »aber bei einer großen Arbeit ist es kein Verbrechen, wenn ihn ein Schläfchen überrascht«.

85 *Zeiten Maximilian I., Joseph II.* – Der deutsche Kaiser Maximilian I. regierte von 1493–1519, der österreichische Kaiser Joseph II. von 1765 bis 1790.

Christoph Martin Wieland

Götter, Helden und Wieland. Eine Farce. Leipzig 1774

Wieland hatte 1773 in der seit Jahresbeginn von ihm in Weimar herausgegebenen Zeitschrift »Der deutsche Merkur« den Text eines fünfaktigen Singspiels »Alceste« und gleichsam als Kommentar dazu fünf ausführliche »Briefe an einen Freund über das deutsche Singspiel Alceste« veröffentlicht. Als Vorbild hatte ihm das »Alkestis«-Drama des Euripides gedient. In den »Briefen« setzte Wieland Euripides' Leistung herab und strich seine eigene heraus. Dieser selbstgefällige, überhebliche Ton rief mehr noch als das Stück selbst den Zorn der jungen Dichter des Sturm und Drang hervor.

Im Unterschied zum griechischen Original stellte Wieland die Liebe zwischen den Ehegatten Admetos und Alkestis inniger und zärtlicher dar, worauf es in Goethes Stück »Götter, Helden und Wieland« heißt: »Nur sagt mir: Was war Alcestens Tat, wenn ihr Mann sie mehr liebte als sein Leben? Der Mensch, der sein ganzes Glück in seiner Gattin genösse, wie Euer Admet, würde durch ihre Tat in den doppelt bittern Tod gestürzt werden.« Aus dem Polterer und Trunkenbold Herkules wird ein tugendhafter, mitleidiger Freund. Goethe läßt ihn sich gegen Wielands Verfeinerung mit folgenden Worten wehren: »Hast du die Tugend gesehn, Wieland? Ich bin doch auch in der Welt herumgekommen, und ist mir nichts so begegnet... Tugend! Ich hab das Wort erst hier unten (in der Unterwelt, Is.) von ein paar albernen Kerls gehört, die keine Rechenschaft davon zu geben wußten.«

Und auf Wielands Frage, wer unter den Halbgöttern und Helden »brave Kerls« genannt worden wäre, antwortet Herkules: »Einen, der mitteilt, was er hat. Und der reichste ist der bravste. Hatte einer Überfluß an Kräften, so prügelte er die andern aus. Und versteht sich, ein rechter Mann gibt sich nie mit Geringern ab, nur mit seinesgleichen, auch Größern wohl. Hatte einer denn Überfluß an Säften, machte er den Weibern so viel Kinder, als sie begehrten, auch wohl ungebeten. Wie ich denn selbst in einer Nacht fünfzig Buben ausgearbeitet habe. Fehlt es einem denn an beiden, und der Himmel hatte ihm, oder auch wohl dazu, Erb und Hab vor Tausenden gegeben, eröffnete er seine Türen und hieß Tausende willkommen, mit ihm zu genießen.«

Auf diese Kraftmeierei läßt Goethe den in die Unterwelt geholten Wieland lediglich entgegnen: »Das meiste davon wird zu unsern Zeiten für Laster gerechnet.« Das aber ist nur ein neues Stichwort für Herkules: »Laster, das ist wieder ein schönes Wort. Dadurch wird eben alles so halb bei euch, daß ihr euch Tugend und Laster als zwei Extrema vorstellt.«

Goethe und seine Freunde hatten Wielands Anliegen nicht verstanden: in einer Zeit, da die italienische Oper vorherrschte, schrieb Wieland ein deutsches Opernlibretto. In der Vertonung von Anton Schweitzer wurde es 1777 in Mannheim uraufgeführt. Mozart hatte die Oper gesehen und darüber an seinen Vater geschrieben: »Die Alceste hat sehr gefallen und ist doch halb nicht so schön wie die Rosamunde. Freilich hat das viel beigetragen, weil es das erste deutsche Singspiel war.«

In Mannheim hat Mozart auch »Herrn Wieland, der die Poesie gemacht hat«, kennengelernt; nachdem er ihm zweimal vorgespielt hatte, war Wieland »ganz bezaubert« und nannte es »ein rechtes Glück«, ihn »angetroffen« zu haben.

Diese musikalischen Bestrebungen haben die Dichter des Sturm und Drang wenig interessiert. Für sie war Wieland ein Franzosenfreund und Sittenverderber. Bei einer Geburtstagsfeier für Klopstock verbrannten Mitglieder des Göttinger Hainbunds sogar ein Bild von ihm und zündeten sich mit Fidibussen aus seinem neuesten Buch ihre Pfeifen an. Ihre Götter, auf die sie tranken, waren Hermann der Cherusker, Luther, Klopstock und Goethe.

Goethe hat nach eigenen Worten im Herbst 1773 »eines Sonntags Nachmittags ... bei einer Flasche guten Burgunders« seine Satire »Götter, Helden und Wieland« geschrieben. Darin wird nicht nur Euripides gegen Wieland in Schutz genommen, sondern auch Shakespeare: »Begib dich zur Gelassenheit, Euripides! Die Stellen, an denen er deiner spottet, sind so viel Flecken, mit denen er sein eigen Gewand beschmutzt. War er klug und er könnte sie und die Noten zu Shakespeare mit Blut abkaufen, er würde es tun. So stellt er sich dar und bekennt: Da hab ich nichts gefühlt.«

Goethe schien völlig vergessen zu haben, daß Shakespeare erst in Wielands Übersetzung, 1762/66, breiteren Leserkreisen in Deutschland bekannt geworden war. Stattdessen verspottete er lediglich Wielands Anmerkungen, in denen er Shakespeare vom Standpunkt der regelgerechten klassizistischen Tragödie aus Unregelmäßigkeiten vorgeworfen hatte.

Wieland war nicht Goethes einziges Opfer des Jahres 1773. In den kleinen Stücken »Das Jahrmarktsfest zu Plundersweilern« und »Fastnachtsspiel vom Pater Brey« nahm er den Prinzenerzieher Franz Michael Leuchsenring aufs Korn, ein Mitglied des schwärmerischen Kreises der Empfindsamen in Darmstadt, zu dem u. a. auch Herders Braut Karoline Flachsland gehörte. Lange Zeit hat man in Herder die Zielscheibe des dritten satirischen Stücks aus dem Jahr 1773 gesehen, des »Satyros oder der vergötterte Waldteufel«. Ob es Goethe dabei wirklich um Herder oder Hamann oder um einen gänzlich anderen ging (einem Bekannten der Wetzlarer Zeit vielleicht), ist letztlich unwichtig. Interessant ist in unserem Zusammenhang Goethes innere Verfassung, sein Bewußtsein, im Vollbesitz aller Kräfte, das heißt: ein Genie zu sein. Und das Genie, der sich als neuer Weltschöpfer, als neuer Prometheus fühlende Dichter läßt sich durch Vorschriften der Konvention, des Anstands keine Grenzen setzen.

Goethe hatte Wieland durchaus als Erzähler geschätzt. 1770 hatte er erklärt, neben Shakespeare und dem Maler Oeser sei »Wieland noch der einzige, den ich für meinen echten Lehrer erkennen kann«. Der »Deutsche Merkur« interessierte ihn, und er erwog, über Sophie von La Roche Verbindung mit ihm aufzunehmen. Aber bereits im Januarheft erschien der erste »Brief an einen Freund über das deutsche Singspiel Alceste«. Und je mehr Goethe sich mit Wielands Stück und den »Briefen« beschäftigte, um so weiter rückte er von Wieland ab; das Stück »Götter, Helden und Wieland« stellt den Höhepunkt der Gegnerschaft dar. Wie in den anderen Satiren ist auch hier Mercks Einfluß unübersehbar, der an Spöttereien dieser Art Gefallen fand.

Im März 1774 erschien das kleine Werk auf Lenz' Veranlassung, aber mit Goethes Zustimmung, in Leipzig. Wieland war tiefer verletzt, als er sich in der Besprechung des »Götz« und in dem vorliegenden kleinen Artikel anmerken ließ.

Die Besprechung von »Götter, Helden und Wieland« steht im »Merkur« innerhalb einer »Raisonnierendes Verzeichnis neuer Bücher« genannten Übersicht von Neuerscheinungen. Als einziger Artikel der Abteilung »Dichtkunst und Schöne Literatur« ist sie mit »W.« gekennzeichnet. Wieland wollte also auf jeden Fall als Verfasser erkannt werden.

Die Beiträge über den »Götz« und über »Götter, Helden und Wieland« erschienen in ein und demselben Heft des »Deutschen Merkur«, dem Juniheft 1774 (6. Band, 3. Stück). Durch sein Lob für den »Götz« und sein großzügiges Urteil über die Farce hat Wieland menschliche Größe bewiesen und wohl auch mit deren Wirkung auf die Leser gerechnet. Goethe hat das sehr genau gespürt. Noch am 1. Juni 1774 hatte er an den Konsul Gottlob Friedrich Ernst Schönborn geschrieben: »Auf Wielanden habe ich ein schändlich Ding drucken lassen unterm Titel Götter, Helden und Wieland, eine Farce. Ich turlupiniere ihn auf eine garstige Weise über seine moderne Mattherzigkeit in Darstellung jener Riesengestalten der markigen Fabelwelt.« Nachdem er aber Wielands kurze Besprechung gelesen hatte, soll er nach einem Bericht seiner vertrauten Freundin Johanna Fahlmer eingestanden haben: »Besser hätt er es nicht machen können. Sehr gut! Ich sag's ja, nun muß ich ihn auf immer gehen lassen. Wieland gewinnt viel bei dem Publikum dadurch, und ich verliere. Ich bin eben prostituiert.«

Das Wort »prostituieren«, damals in der Bedeutung von »an den Pranger stellen« gebraucht, kommt übrigens in »Götter, Helden und Wieland« auch vor. Admet beklagt sich, »ein gewisser Wieland« habe ihn und seiner Frau Alceste »die Ehre angetan, dem Volke unsre Masken zu prostituieren.« Nun fühlte sich Goethe selbst prostituiert.

Die großzügige Reaktion Wielands ermöglichte es jedoch, daß sich die beiden Dichter kennenlernen und aussöhnen konnten.

Wieland wurde der erste Kritiker, der öffentlich von einer Entwicklung in Goethes Schaffen sprach. Den Anlaß dazu gab der Wiener Burgtheaterdichter Cornelius Hermann von Ayrenhoff (1733–1819). Nur nebenbei sei erwähnt, daß auch Ayrenhoff seinerzeit eine Satire auf Wielands »Alceste« geschrieben hatte. 1783 erschien sein Trauerspiel »Cleopatra und Antonius«; in der Vorrede dazu wandte er sich gegen Shakespeare und die Shakespeare-Begeisterung der Stürmer und Dränger. Wieland nun machte sich 1784 im dritten seiner »Briefe an einen jungen Dichter« zum Fürsprecher Shakespeares und seiner Jünger in Deutschland. Gegen Ayrenhoffs Bestrebungen, das klassizistische Drama wieder aufleben zu lassen, wies er nach, daß mit dem an Shakespeare orientierten »Götz« dem deutschen Drama neue, belebende Möglichkeiten eröffnet worden waren. In Goethes Werk sah er (vor allem nachdem er die »Iphigenie« kennengelernt hatte) eine Entwicklung von Shakespeare zu einer Verbindung von Shakespeare mit Sophokles vollzogen, die wir als Entwicklung vom Sturm und Drang zur Frühklassik bezeichnen können. Wieland nannte dies die »Verbindung der Natur, welche die Seele von Shakespeares Werken ist, mit der schönen Einfalt der Griechen, und mit der Kunst und dem Geschmacke, worauf die Franzosen sich so viel zugute tun.«

In Goethes Gedenkrede auf Wieland vom 18. Februar 1813 findet sich noch einmal ein Hinweis auf die alten Auseinandersetzungen: »Schon früher hatte unser Freund wegen größerer und kleinerer Schriften gar manche Anfechtung leiden müssen, um so weniger konnte es ihm als Herausgeber einer Zeitschrift an literarischen Fehden ermangeln. Aber auch hier beweist er sich als immer derselbe. Ein solcher Federkrieg darf ihm niemals lange dauern, und wie sich's einigermaßen in die Länge ziehen will, so läßt er dem Gegner das letzte Wort und geht seines gewohnten Pfades.«

1817, im 7. Buch von »Dichtung und Wahrheit«, dann stellte Goethe Wieland vollends neben Lessing. Beide seien »durch Reflexion dazu geführt worden«, sich »aus der wässerigen, weitschweifigen und nullen Epoche« der deutschen Literatur »herauszuretten«. Damit bekannte sich Goethe noch einmal zu Wielands Bedeutung und ließ dem einst heftig Geschmähten Gerechtigkeit widerfahren.

87 *Pasquinade* – (frz.) anonyme Schmähschrift. Die Bezeichnung geht auf einen »Pasquino« genannten antiken Torso in Rom zurück, an den seit dem 16. Jahrhundert Epigramme und Spottverse über Ereignisse im Kirchenstaat angeheftet wurden.
Aristophanes – (ca. 445–ca. 386 v. u. Z.) bedeutendster altgriechischer Komödiendichter. In seinem erfolgreichsten Stück, den »Fröschen«, 405 v. u. Z., verspottete er den Tragödiendichter Euripides. Mit »Wrekekekex koax koax« wird das Quaken der Frösche wiedergegeben.

Christian Daniel Friedrich Schubart
(Götter, Helden und Wieland)

Bereits die erste Nummer der von Christian Daniel Friedrich Schubart in Augsburg herausgegebenen Zeitschrift »Deutsche Chronik« vom 31. März 1774 enthielt neben den politischen Beiträgen auch eine mit »Literatur« überschriebene Abteilung. Darin heißt es: »Wir können diesen Artikel (gemeint ist der literarische Teil, Is.) auf keine interessantere Art anfangen, als wenn wir dem Publikum ein neues Produkt unsers vortrefflichen Landsmannes Wieland bekannt machen.« Daraus spricht Schubarts große Verehrung für Wieland, mit dem er schon zehn Jahre lang Briefe wechselte. Daß es sich in Wahrheit um ein Buch Wezels handelte, dem Schubart die erste Literaturkritik in der »Deutschen Chronik« widmete, sei als Kuriosum nur am Rande vermerkt.

Freilich war die Verehrung für Wieland nicht uneingeschränkt. 1767 hatte Schubart schon Bedenken wegen dessen »Irreligiosität« angemeldet. Dazu trat später immer stärker, wie auch bei den anderen Dichtern des Sturm und Drang, die Ablehnung von Wielands vermeintlicher Nachahmung französischer Kunst und der Verbreitung französischer Moralauffassungen. Diese Vorbehalte haben Schubart aber nicht daran gehindert, das Unangemessene an Goethes spöttischem Stück zu sehen und auch öffentlich zu tadeln. Schubart erweist sich hier ebenso als unvoreingenommener Rezensent wie im Falle Friedrich Nicolais, wo ihm das Lob für dessen »Sebaldus Nothanker« in dem bereits zitierten ersten Heft der »Chronik« nicht daran hinderte, die »Werther«-Parodie fast genau ein Jahr später leidenschaftlich abzulehnen. Auch in dieser Bereitschaft, jedes neue Kunstwerk für sich zu nehmen und unvoreingenommen zu beurteilen, zeigen sich Schubarts große geistige Freiheit und Beweglichkeit, seine Offenheit und Wachheit, die ihn zum bedeutendsten deutschen Publizisten der Sturm-und-Drang-Epoche werden ließen.

Die Besprechung von »Götter, Helden und Wieland« erschien am 2. Juni 1774 in Nr. 19 der »Deutschen Chronik« in Augsburg. Gedruckt mußte die Zeitschrift damals bereits in Ulm werden, weil Schubart in Augsburg, wo er noch wohnte und wo die »Chronik« in Conrad Heinrich Stages Verlag erschien, wegen seiner scharfen Gesellschaftskritik und aus ökonomischen Gründen großen Schwierigkeiten ausgesetzt war.

88 *Dorat* – Claude-Joseph Dorat (1734–1780), französischer Dichter, Verehrer der deutschen Literatur, der er als einer der ersten Franzosen eine breitere Untersuchung widmete, »Réflexions sur la poésie allemande«, 1768.

Bodmer – Johann Jacob Bodmer (1698–1783), Schweizer Dichter und mit J.J. Breitinger bedeutendster Literaturtheoretiker der Aufklärungszeit, setzte sich entschieden für Klopstock ein. Diese Klopstockbegeisterung trug ihm den Spott des Gottschedkreises ein; Lessing und Nicolai tadelten seine Epen und Dramen als langweilige, erstarrte Klopstocknachahmungen.

Klopstock – »Die deutsche Gelehrtenrepublik« erschien im gleichen Jahr wie »Götter, Helden und Wieland«, »Die Leiden des jungen Werthers« und »Clavigo«, 1774. Klopstock wendet sich darin gegen das starre Befolgen alter Regeln, gegen reine Belehrung und Beschreibung in der Dichtung.

Liliputier und Brobdingrags – Zwerge und Riesen in Jonathan Swifts Roman »Gullivers Reisen«, der bereits 1727, ein Jahr nach der englischen Originalausgabe, in deutscher Übersetzung erschien.

Matthias Claudius

Die Leiden des jungen Werthers. Erster und zweiter Teil. Leipzig 1774

Wieland hatte mit dem »Agathon«, 1766/67, mit dem »Originalroman«, einen neuen Romantypus für Deutschland geschaffen. Er hatte im Gewand der griechischen Antike Probleme der Aufklärungszeit behandelt und war dabei bestrebt, die gegenseitige Bezogenheit von Individuum und Gesellschaft ebenso zu erfassen wie den Zusammenhang der Gegenwart mit der Geschichte. Sprach Lessing 1767 seine »äußerste Befremdung« über das »tiefe Stillschweigen« aus, das »unsere Kunstrichter darüber beobachten, oder in welchem kalten und gleichgültigen Tone sie davon sprechen«, so änderte sich das nach dem Erscheinen von Goethes »Werther«-Roman 1774 grundsätzlich: die Kritiker waren überwältigt. Vor allem Claudius und Schubart gaben sich ganz dem Gefühl hin, das sich im »Werther« aussprach und das die Lektüre in ihnen auslöste. Die Distanz zwischen dem Gegenstand der Kritik und dem Kritiker war aufgehoben. Dichtung und Kritik, die sich im Falle »Werther« kaum unterschieden, hatten das Gefühl, die Empfindung entdeckt und fühlten sich dadurch stark, frei und zusammengehörig.

Nie wieder ist Goethe so populär gewesen, nie wieder wurden seine Werke von Lesern so unterschiedlicher Bildung und Klassenzugehörigkeit aufgenommen wie nach dem Erscheinen von »Götz« und »Werther«. –

Matthias Claudius' kurze Besprechung des »Werther« erschien am 22. Oktober 1774 in seiner Zeitung »Der Deutsche, sonst Wandsbecker Bote«. Seit 1773 hatte die Zeitung das »Deutsch« im Titel; der Verleger Bode hatte es der allgemeinen Mode folgend eingefügt, gegen den Willen des Redakteurs, der dafür sorgte, daß es nur klein, der alte Name aber groß gedruckt wurde. Eine Absatzsteigerung, die sich Bode erhofft hatte, brachte die Neuerung nicht ein.

Bereits am 13. März 1773 hatte Claudius »Zwo wichtige, bisher unerörterte biblische Fragen« und »Brief des Pastors zu *** an den neuen Pastor zu ***« und am 3. Juli 1773 den »Götz« lobend besprochen. Er wußte noch nicht, wer der Verfasser der anonym erschienenen Werke war. »Wer hat den Götz von Berlichingen geschrieben? Mir sagt man, ein Advokat in Frankfurt«, schrieb er im Sommer 1773 an Herder.

Ästhetische Fragen, »ob's 'n Geschicht oder 'n Gedicht ist«, interessierten Claudius am »Werther« nicht. Er nahm die Geschichte und damit Werthers Schicksal als Lebenszeugnis ernst. So wollte er der Liebe, die »durch Leib und Leben geht und in jeder Ader zuckt und stört und mit'm Kopf und der Vernunft kurzweilt«, die »Tugend« als Heilmittel gegenüberstellen, die ebenso »durch Leib und Leben geht«, aber in allen Wechselfällen des Lebens und selbst noch im Sterben helfen könnte. Mit »Tugend« ist hier nicht Prüderie gemeint, sondern der fromme Claudius dachte wohl eher an die christlichen Tugenden Glaube, Liebe und Hoffnung, die allein vor Verzweiflung und Selbstmord zu bewahren vermöchten – nach christlicher Auffassung war beides Sünde.

So gerät Claudius' Einschätzung ganz in die Nähe von Nicolais überheblicher Ablehnung des »Werther«-Romans. Seine Bewegtheit, sein Lob (»ganz natürlich geht's her«) und sein Mitleid für den armen Werther lassen diese Position schwerer erkennen als Nicolais Rationalismus.

Absichtsvoll stellte Claudius unmittelbar hinter seine »Werther«-Besprechung folgende Strophe: »Fritze: Nun mag ich auch nicht länger leben,/Verhaßt ist mir des Tages Licht;/Denn sie hat Franze Kuchen gegeben,/Mir aber nicht.«

Goethe war über die Besprechung und die spöttischen Verse verärgert.

Anfang 1775 erschien in Frankfurt (als Druckorte waren Göttingen, Hamburg, Düsseldorf, Weimar, Berlin und Leipzig angegeben) eine spöttische Abrechnung mit den »Werther«-Kritikern, »Prometheus, Deukalion und seine Rezensenten«. Darin wurde Claudius ebenso angegriffen wie die völlig verständnislosen Kritiker. Jedermann hielt Goethe selbst für den Verfasser, aber nicht einmal der wußte, wer da – seinen Stil vollkommen nachahmend – für ihn in die Bresche gesprungen war. Als der Urheber endlich bekannt wurde, ließ Goethe in verschiedenen Zeitschriften folgende Erklärung abdrucken: »Nicht ich, sondern Heinrich Leopold Wagner hat den Prometheus gemacht und drucken lassen ohne mein Zutun, ohne mein Wissen. Mir war's wie meinen Freunden und dem Publiko ein Rätsel, wer meine Manier, in der ich manchmal Scherz zu treiben pflege, so nachahmen und von gewissen Anekdoten unterrichtet sein konnte, ehe sich mir der Verfasser vor wenigen Tagen entdeckte. Ich glaube, diese Erklärung denen schuldig zu sein, die mich lieben und mir aufs Wort trauen. Übrigens war mir's ganz recht, bei dieser Gelegenheit verschiedne Personen aus ihrem Betragen gegen mich in der Stille näher kennenzulernen. Frankfurt, am 9. April 1775

Goethe.«

Erleichtert veröffentlichte daraufhin Claudius eine »Zwote Anzeige«: »Ein gewisser Rezensent (damit meinte er sich selbst, Is.) war der Meinung, daß nur Einer sei, der den Prometheus geschrieben haben könnte, und weil er diesen Einen für sich auf dem Kämmerlein zu der Klasse von Leuten rechnete, die ihn näher angehen, so ward ihm bei Lesung des Prometheus zu Mut, wie ihm immer zu Mut wird, wenn er jemand aus der Klasse verliert, und wie ihm nicht würde zu Mut geworden sein, wenn er gleich gewußt hätte, was er nun, der gedruckten Anzeige zufolge, glaubt, daß nämlich der Eine den Prometheus nicht geschrieben hat.«

Johann Jakob Wilhelm Heinse

Die Leiden des jungen Werthers. Leipzig 1774

1774, im gleichen Jahr wie der »Werther«, erschien in Lemgo Wilhelm Heinses Erstlingswerk, »Laidion oder die eleusinischen Geheimnisse«. Goethe war von dem Roman, der Wielands tändelnde Antikendichtung weiterführte und in gewisser Weise radikalisierte, begeistert. An Johanna Fahlmer schrieb er: »Das ist ein Mann! Er hat Hunderten das Wort vom Maule weggenommen. Eine solche Fülle hat sich mir so leicht nicht dargestellt. Ich halte dafür, daß sich nichts über ihn sagen läßt. Man muß ihn bewundern oder mit ihm wetteifern. Wer etwas anderes tut oder sagt so! und so!, ist eine Kanaille.« Und an Heinse selbst schrieb er: »Kurz, ich darf nichts darüber sagen, es ist so vieles darin, das nicht anders ist, als ob ich's selbst geschrieben hätte.«

Wieland konnte nicht so begeistert zustimmen. Zwar schrieb auch er, in einem Brief vom 28. 5. 1774, »von dem schönen, abenteuerlichen Ungeheuer« und fuhr fort, »ich lese es nun schon zum zweiten Male und finde, unter uns gesagt, sehr schöne Kapitelchen darin. Im Grunde kann ich mich nicht entbrechen, dem wilden Knaben gut zu sein«, aber das Buch war ihm doch zu schwärmerisch. Zu unverhüllt wurde der volle Genuß von Sexualität, Wollust und Leidenschaft bejaht. Heinse ging ihm einfach zu weit.

Im August 1774 trafen sich Goethe und Heinse für zwei Tage in Düsseldorf, wohin der drei Jahre ältere Heinse im Frühjahr gezogen war. Johann Georg Jacobi hatte ihn als Mitarbeiter seiner eben gegründeten Damenzeitschrift »Iris« gewonnen, deren erstes Heft im Oktober 1774 herauskam. Zuvor war Heinse, durch Gleim vermittelt, Hauslehrer in Quedlinburg und Halberstadt gewesen. Über Goethes Besuch schrieb er am 13. September an Gleim und Klamer Schmidt: »Goethe war bei uns, ein schöner Junge von 25 Jahren, der vom Wirbel bis zur Zehe Genie und Kraft und Stärke ist. Ein Herz voll Gefühl, ein Geist voll Feuer und Adlerflügeln.«

Einen Monat später schrieb er an Gleim: »Von Goethen soll und muß nunmehr schon ein Roman die Presse verlassen haben: Die Leiden des jungen Werthers, welcher nach dem, was ich davon gehört habe, ein Meisterstück ist.« Wenige Tage darauf, am 19. September, las ihm Fritz Jacobi, der Bruder des »Iris«-Herausgebers, den Roman vor. Heinse war begeistert. Er nannte den »Werther« Goethes größtes Werk und Goethe den größten Mann, »den die Welt hervorgebracht; kein altes, kein neues Volk habe ein solches Wunder aufzuweisen als Werthers Leiden.« Schon am nächsten Morgen schickte Heinse eine überschwängliche Besprechung des »Werther« für die »Iris«. Fritz Jacobi ließ sie nicht veröffentlichen, schickte aber eine Abschrift davon an Goethe und erklärte: »Gedruckt soll das alberne Ding nicht werden; aber *du* mußtest es doch sehen!« In der Dezembernummer der »Iris« erschien dann die Besprechung, die wir in die vorliegende Sammlung aufgenommen haben. Heinse war in diesem Dezemberheft mit drei Artikeln vertreten: einem längeren Aufsatz »Frauenzimmer-Bibliothek« (darüber hatte er am 13. Oktober an Klamer Schmidt geschrieben: »Die Frauenzimmerbibliothek hab' ich ganz allein über mich genommen, das ist eine Sammlung der besten Bücher, die für die Weibchen geschrieben worden sind.«) und zwei Kritiken (die über den »Werther« und eine über ein französisches »Journal de lecture«).

Selbst in der vorliegenden, schon abgemilderten Form wurde Heinses »Werther«-Kritik von Heinrich Leopold Wagner in seiner Satire »Prometheus, Deukalion und seine Rezensenten« als zu enthusiastisch parodiert.

Nach dem Erscheinen von Heinses Hauptwerk, dem Roman »Ardinghello«, 1787, in dem die spießige Bürgermoral angegriffen wurde und der in der Gründung eines demokratisch verfaßten Seeräuberstaats auf den griechischen Inseln gipfelte, kühlte sich das Verhältnis zwischen Goethe und Heinse ab. Goethe hatte die Ideale des Sturm und Drang hinter sich gelassen; Heinses Buch war ihm zu sinnenhaft und zu sinnlich, es war ihm politisch zu radikal und in den Kunstanschauungen, um Schillers bekannten Begriff zu gebrauchen, zu wenig sentimentalisch.

90 *Petrarca* – Francesco Petrarca (1304–1374), italienischer Lyriker, vor allem wegen seiner Sonette berühmt, in denen er seine Liebe zu der früh verstorbenen Laura besang.

91 *S. Preux* – Held von Rousseaus Briefroman »Julie ou La nouvelle Héloise«, 1761

Ossian – Minona, Ullin und Armin sind Gestalten aus den Ossian-Epen.

Christoph Martin Wieland
Die Leiden des jungen Werthers

Wie bereits in der Besprechung des »Götz von Berlichingen« nahm Wieland auch in der des »Werther« eine zwischen Aufklärung und Sturm und Drang vermittelnde Stellung ein. Zwar gefiel ihm die Schreibweise der jungen Genies nicht, und am 9. Dezember 1774 schrieb er an Friedrich Heinrich Jacobi: »Diese Affektation allenthalben, wo es nur möglich sein will, dem Stande der Wildheit und Barbarei Würde, Größe, Schönheit und sogar Grazie zu geben, auch diese – wiewohl nun Modeton – ist gar zu ungereimt... Was hilft unser ewiges Pochen auf Natur, Natur, wenn wir die Natur nicht kennen? Mit dieser Mode, immer..., über die gesunde Natur und die gelassene Untersuchung als ein paar gefrorne alte Weiber zu spötteln, nichts für wahr gelten lassen wollen, als was den Sinnen und einer erhitzten Imagination so vorkommt, wird in kurzer Zeit allen Menschenverstand aus Deutschland wegdichten und wegschwärmen.«

Bereits drei Monate zuvor hatte er Jacobis eigenen »emphatischen Ton« gerügt, »der jetzt epidemisch zu werden anfängt, und der mir oft, in der

Frankfurter Zeitung sonderlich, beinahe Grimmen und Magenkrampf macht. Auf meinen Knieen, liebster Bruder Fritz, möcht' ich Sie oft bitten, wenn bitten etwas hälfe, so lange und viel im Don Quixote und im Don Quixote allein zu lesen, bis Sie sich diesen gigantischen Stil, in den Sie fast allemal, wenn Sie warm sind, verfallen, völlig abgewöhnt hätten.«

Aber er erklärte auch: »Allen den frommen, schwärmerisch brausenden, unerfahrenen, sich selbst, den Menschen und die Welt nicht kennenden, aber ehrlich wohlmeinenden Jungen, die sich an mir ärgern und wider mich eifern, soll beileibe nichts Leides geschehen.« (Brief vom 8. 11. 1774 an Fr. H. Jacobi)

Und daß sie »wohlmeinend« waren, gestand ihnen Wieland zu. In Friedrich Heinrich Jacobi, dem Bruder des »Iris«-Herausgebers, hatte Goethe einen begeisterten Fürsprecher bei Wieland. Neben Knebel ist es großenteils ihm zu danken, daß sich die beiden bekannten Dichter trotz aller Gegensätze und aller Fehden überhaupt kennen- und gegenseitig schätzen lernten. Gelegentlich hat Jacobi auch versucht, Goethes und der anderen Stürmer und Dränger Ausfälle gegen Wieland zu erklären, zu entschuldigen und zu verharmlosen. Er hat sich sogar bemüht, Goethe, der bereits für die »Iris« schrieb, zur Mitarbeit an Wielands »Deutschem Merkur« zu gewinnen.

Am 27. August 1774 (einem Tag vor Goethes 25. Geburtstag übrigens) schrieb er aus Düsseldorf an Wieland: »Je mehr ich's überdenke, je lebhafter empfinde ich die Unmöglichkeit, dem, der Göthe nicht gesehen noch gehört hat, etwas Begreifliches über dieses außerordentliche Geschöpf Gottes zu schreiben. Göthe ist, nach Heinses Ausdruck, Genie vom Scheitel bis zur Fußsohle, ein Besessener, füge ich hinzu, dem fast in keinem Falle gestattet ist, willkürlich zu handeln. Man braucht nur eine Stunde bei ihm zu sein, um es im höchsten Grade lächerlich zu finden, von ihm zu begehren, daß er anders denken und handeln soll, als er wirklich denkt und handelt. Hiermit will ich nicht andeuten, daß keine Veränderung zum Schöneren und Besseren in ihm möglich sei, aber nicht anders ist sie in ihm möglich als so, wie die Blume sich entfaltet, wie die Saat reift, wie der Baum in die Höhe wächst und sich krönt.«

Wielands »Werther«-Rezension erschien in der Dezembernummer 1774 des »Deutschen Merkur« in Weimar.

93 *Gresset* – Jean Baptiste Louis de Gresset (1709–77), französischer Dichter, vor allem bekannt durch das Gedicht vom Papageien »Vert-Vert« und das Lustspiel »Der Boshafte«, 1747. Wieland bezieht sich hier auf das Drama »Sidney« von 1745.

Emilia Galotti – Hauptfigur des gleichnamigen Stückes von Lessing

Pygmalions Bildsäule – Der römische Dichter Ovid (43 v. u. Z.–18 u. Z.) erzählt in seinen »Metamorphosen« (10,243 ff.) die Geschichte des Bildhauers Pygmalion, der sich in eine von ihm selbst geschaffene Elfenbeinstatue verliebt. Von seinen Bitten gerührt haucht ihr die Göttin Aphrodite Leben ein.

Apologie – (griech.) – Verteidigung, Rechtfertigung

94 *misanthropisch* – (griech.) menschenfeindlich

Christian Friedrich Daniel Schubart
(Goethe, Die Leiden des jungen Werthers)

Christian Friedrich Daniel Schubarts literarisches »Urerlebnis« war Klopstocks »Messias«, von dem er bereits als Kind Ausschnitte gehört hatte. Sein Leben lang hat er sich für Klopstock eingesetzt.

Ähnlich beeindruckt hat ihn später nur noch Goethes »Götz von Berlichingen«. Diese beiden Werke haben seine Auffassung von Literatur entscheidend geprägt; sie wurden ihm, wenn nicht zu Maßstäben, so wenigstens zu Mustern großer zeitgenössischer Literatur.

Daß er sich in der Besprechung des »Werther« auf den »Messias« bezog, scheint naheliegend: in beiden Werken bekannten sich die Dichter, Originalgenies beide, zur Empfindung als einer lebensgestaltenden, gesellschaftlich wirksamen Kraft, und sie drückten diese Überzeugung in empfindsamer, das heißt dem Gegenstand angemessener Sprache aus. Was Klopstock als erster für die deutschsprachige Literatur geleistet hatte, gelangte mit Goethes Roman an eine bei Strafe der Trivialität und des Kitsches nicht zu überschreitende Grenze.

Ähnlich begeistert wie für Klopstock, wie für »Götz« und »Werther« trat Schubart auch für Lenz' »Hofmeister« und für Bürgers Balladen ein. Seine »Werther«-Kritik erschien am 5. Dezember 1774 in der von ihm selbst herausgegebenen »Deutschen Chronik« in Augsburg (72. Stück).

95 *Rahel* – 1768 erschien der 11. bis 15. Gesang von Klopstocks »Messias«; Vers 369ff. des 11. Gesangs wird Rahels Auferstehung vom Tode erzählt. Dabei heißt es u.a.: »Ihr daucht' es, als ob sie in Tränen zerflösse,/ Sanft in Freudentränen; hinab in schattende Tale/Quölle; sich über ein wehendes blumenvolles Gestade/Leicht erhübe« (Vers 385–88).

96 *Thomsons Pinsel* – James Thomson (1700–1748), englischer Dichter. Sein großes in Blankversen geschriebenes Naturgedicht, »Die Jahreszeiten«, 1726–30, fand auch in Deutschland weite Verbreitung.

Friedrich Schiller
Über »Egmont«, Trauerspiel von Goethe

Als Goethe am 7. November 1775 nach Weimar kam, brachte er zwei unvollendete Dramen mit, die schon weit gediehen waren, den später sogenannten »Urfaust« und den »Egmont«. Am »Egmont« arbeitete er zwar gelegentlich, aber er kam nicht recht voran damit. Vor seiner zweiten Schweizreise im Herbst 1779 übergab er alles, was er davon fertiggestellt hatte, an Charlotte von Stein. Ihr schrieb er auch am 20. März 1782 aus Buttstädt: »Zum ›Egmont‹ habe ich Hoffnung, doch wird's langsamer gehen, als ich dachte. Es ist ein wunderbares Stück. Wenn ich's noch zu schreiben hätte, schrieb ich es anders, und vielleicht gar nicht. Da es nun aber dasteht, so mag es stehen, ich will nur das Allzuaufgeknöpfte, Studentenhafte und Manier zu tilgen suchen, das der Würde des Gegenstands widerspricht.«

Aber erst in Italien wurde der »Egmont« vollendet. Am 11. August 1787 schrieb Goethe an Karl August: »›Egmont‹ ist fertig«, und Anfang September ging die Abschrift nach Weimar ab. Bereits am 17. November konnte Goethe melden: »›Egmont‹ ist in Weimar. Ich habe große Freude an der Art, wie ihn die Freunde aufgenommen haben.«

Allerdings, so begeistert, wie es von Rom aus scheinen mochte, war die Aufnahme des »Egmont« selbst im engsten Freundeskreise nicht. Der Herzog Karl August mäkelte an der politischen Tendenz (Goethe: »Bemerkungen wie die, welche Sie mir schreiben, sind zwar für den *Autor* nicht sehr tröstlich, bleiben aber doch dem Menschen äußerst wichtig.«); Charlotte von Stein war Klärchen zu sinnenhaft (Goethe: »Was Du von Klärchen sagst, verstehe ich nicht ganz und erwarte Deinen nächsten Brief. Ich sehe wohl, daß Dir eine Nuance zwischen der Dirne und der Göttin zu fehlen scheint.«), und Schillers Besprechung meldete ebenfalls Vorbehalte an.

Ostern 1788 erschien bei Göschen in Leipzig der fünfte Band von »Goethes Schriften«. Er enthielt »die zwei schon längst bekannten Singspiele ›Claudine von Villa Bella‹ und ›Erwin und Elmire‹, beide nunmehr in Jamben und durchaus sehr verändert«, (Schiller) und als wichtigstes, neues Stück den »Egmont«.

Schiller erhielt den Band am 7. Mai, um ihn für die Jenaer »Allgemeine Literatur-Zeitung« zu besprechen, zu deren Mitarbeitern er seit dem Herbst des vorangegangenen Jahres gehörte. Eine Woche darauf schrieb er seinem Freund Christian Gottfried Körner: »Ich freue mich, auf die Rezension des Egmont; jetzt habe ich nur einen Blick hineinwerfen können und viel Vortreffliches entdeckt.« Am 27. Mai heißt es – wiederum in einem Brief an Körner –: »Ich bin sehr neugierig auf ihn, auf Goethe, im Grunde bin ich ihm gut, und es gibt wenige, deren Geist ich so verehre.«

Am 18. Juni traf Goethe nach fast zweijähriger Abwesenheit wieder in Weimar ein. Seine Rückkehr ankündigend hatte er dem Herzog bereits geschrieben: »Ich habe mich in dieser anderthalbjährigen Einsamkeit selbst wiedergefunden; aber als was? – Als Künstler!« Im gleichen Brief hatte er um Entlassung aus den Staatsdiensten gebeten.

Noch waren sich Goethe und Schiller seit Goethes Besuch in der Karlsschule 1779 nicht wieder begegnet. Erst am 7. September trafen sie sich im Haus der Familie von Lengefeld in Rudolstadt. In der Gesellschaft, zu der u. a. Herders Frau, Charlotte und Fritz von Stein gehörten, ergab sich keine Möglichkeit zu einem intensiveren persönlichen Gespräch. Zudem war Goethe voller Vorbehalte Schiller gegenüber, dessen »Räuber« ihn geradezu unangenehm an die eigene, in Italien endgültig überwundene Sturm-und-Drang-Phase erinnerten. Ähnlich unangenehm hat ihn nach der Rückkehr aus dem Süden wohl nur noch Wilhelm Heinses Roman »Ardinghello« berührt: der war ihm erotisch zu frei.

Wenn ihm auch an einem engeren Kontakt mit dem Dichter der »Räuber« nicht viel gelegen war, so interessierte ihn doch dessen großes Gedicht »Die Götter Griechenlands«, das im Märzheft von Wielands »Deutschem Merkur« abgedruckt war. Goethe lieh sich die Zeitschrift aus und nahm sie am Abend mit nach Großkochberg.

Zwei Wochen nach diesem ersten Zusammentreffen der beiden Dichter, am 20. September 1788, erschien Schillers »Egmont«-Kritik in der Jenaer »Allgemeinen Literatur-Zeitung« (Nummer 227).

Schiller ging in seinem Aufsatz von der ursprünglichen Idee des Dramas aus, die den In-tyrannos-Stücken des Sturm und Drang verwandt war, von der Gestaltung eines Freiheitskampfes gegen Tyrannei und Glaubensverfolgung. In Goethes ersten Entwürfen stand Egmont dem Götz nahe; er war als Repräsentant des Freiheitskampfes gegen Spanien angelegt. In der langen Entstehungszeit des »Egmont« hatten sich nicht nur Goethes ästhetische Ansichten, sondern vor allem auch seine politisch-ideologischen geändert. Er hatte Erfahrungen als hoher Staatsbeamter gemacht, und die sind nicht spurlos geblieben.

Wenn ihm Schiller vorwarf, er habe die dramatischen Motive nicht genutzt, die sich aus der alten Konzeption ergaben, wenn er die Anlage von Egmonts Charakter als zu heiter, zu menschlich (zu allgemein-menschlich, müßte es genauer heißen) tadelte, so wurde er Goethes neuem, in Italien gewonnenem Standpunkt nicht mehr gerecht.

Schiller hat aber nicht nur über Goethes Stück geschrieben, sondern auch über sich selbst. Es wird klar, daß er selbst einen Egmont, der in der realen Geschichte sowenig wie in Goethes Drama ein »großer Charakter« war, nicht zum Helden eines eigenen Stückes gewählt hätte. Und ihm ist bang, ob er selbst je die künstlerische Höhe Goethes werde erreichen können: »So etwas läßt sich nicht wollen, nicht erzwingen durch Kunst.« Wenn er Goethes Darstellung des Volkes und des Volkscharakters lobt, weist er damit – natürlich unbewußt – auf ein eigenes späteres Werk hin, auf den »Tell«. »Wir sehen hier nicht bloß den gemeinen Haufen, der sich überall gleich ist, wir erkennen darin den Niederländer, und zwar den Niederländer dieses und keines andern Jahrhunderts.« Schiller erscheint das Volk im »Egmont« als mithandelnd dargestellt, wenn schon nicht als Träger, so doch wenigstens als Mitgestalter der Geschichte. –

Da die Besprechungen anonym erschienen, wußte Goethe nicht, wer der Verfasser war. Am 1. Oktober 1788 schrieb er an den Herzog Karl August: »In der Literaturzeitung steht eine Rezension meines Egmonts, welche den sittlichen Teil des Stückes gar gut zergliedert. Was den poetischen Teil betrifft, möchte Rezensent andern noch etwas zurückgelassen haben.«

Schiller selbst war mit dem Echo auf seinen Artikel zufrieden. Er schrieb am 20. Oktober an Körner: »Meine Rezension von Egmont hat viel Lärm in Jena und Weimar gemacht, und von der Expedition der A. L. Z. (d. i. der »Allgemeinen Literatur-Zeitung«, Is.) sind sehr schöne Anerbietungen an mich darauf erfolgt. Goethe hat mit sehr viel Achtung und Zufriedenheit davon gesprochen.«

Aber noch war das Eis zwischen Schiller und Goethe nicht gebrochen. Erst 1794 schrieb Schiller seinen ersten Brief an Goethe, und von da an begann die Freundschaft zwischen ihnen.

Schiller hat sich auch später noch mit dem »Egmont« beschäftigt. Für ein Gastspiel Ifflands in Weimar am 25. April 1796 bearbeitete er das Stück. Er betonte den politischen Charakter und ließ die Traumerscheinung lediglich pantomimisch darstellen und danach als Traum erzählen. Schillers Bearbeitung, der unter anderem auch Klärchens Lieder zum Opfer fielen, stellt den

Beginn der hochklassischen Zeit am Weimarer Theater dar. Nach Schillers Tod wurde die Traumerscheinung wieder gespielt. –

Wir veröffentlichen die Besprechung vollständig, lassen lediglich den einleitenden Abschnitt weg, in dem Schiller die anderen im 5. Band enthaltenen Stücke nennt, deren »Beurteilung« er aufschiebt, »bis die ganze Ausgabe vollendet sein wird.«

97 *im »Mohren von Venedig«* – Als Schiller die »Egmont«-Rezension schrieb, lagen bereits zwei große deutsche Shakespeare-Übersetzungen vor, eine achtbändige von Wieland, 1762–66, und eine 13bändige von Johann Joachim Eschenburg, 1775–82, beide unter dem Titel »Theatralische Werke« in Zürich bei Orell herausgekommen.

Macbeth – Der »Macbeth« war außerdem von zwei bedeutenden Dichtern des Sturm und Drang übersetzt worden, von Heinrich Leopold Wagner (1779 Frankfurt/M) und von G. A. Bürger (1784 Göttingen). Eine eigene Übersetzung Schillers erschien 1801 bei Cotta in Tübingen.

98 *mit dem letzten Zwecke* – Mit Aristoteles und Lessing hielt es Schiller für den »letzten Zweck der Tragödie, Furcht und Mitleid zu erregen«.

100 *Heinrich IV. von Frankreich* – (1553–1610, seit 1569 König von Frankreich) Schiller hat ihn sehr verehrt; eine Zeit lang trug er sich mit dem Gedanken, ihn zum Helden eines Dramas zu machen.

Gabriele – Gabriele d'Estrées (1570–99), Geliebte Heinrichs IV.

103 *Julius Cäsar* – Als erstes Stück Shakespeares wurde der »Julius Cäsar« vollständig ins Deutsche übersetzt. Unter dem Titel »Versuch einer gebundenen Übersetzung des Trauerspiels von dem Tode des Julius Cäsar. Aus dem englischen Werke des Shakespeare« erschien er 1741 in Berlin. Übersetzer war Caspar Wilhelm von Borck (1704–1747).

Aggregat – (lat.) Anhäufung, Vereinigung

in zwei andern Stücken – Gemeint sind »Götz von Berlichingen«, 1773, und »Iphigenie auf Tauris«, 1787.

104 *das Beste* – den ersten Preis

Präjudiz – (lat.) vorgreifende Entscheidung

105 *Ignatius von Loyola* – (1491 oder 95–1556) aus dem spanischen Hochadel stammender Begründer des Jesuitenordens, der für seine strenge Disziplin und die bedingungslose Unterstützung des Papstes bei der Bekämpfung der Reformation bekannt war.

Friedrich Schlegel
Über Goethes »Meister«

1797 erschien in Neustrelitz Friedrich Schlegels Buch »Die Griechen und Römer. Historische und kritische Versuche über das klassische Altertum«. Darin war der bereits 1795 entstandene Aufsatz »Über das Studium der griechischen Poesie« enthalten. Zwischen Niederschrift und Erscheinen von Schlegels Aufsatz war Schillers grundlegende Abhandlung »Über naive und sentimentalische Dichtung« in den »Horen« abgedruckt worden. Ausdrücklich bekannte sich Schlegel in der Vorrede von 1797 zu Schillers

Auffassungen: »Schillers Abhandlung über die sentimentalen Dichter hat außer, daß sie meine Einsicht in den Charakter der interessanten Poesie erweiterte, mir selbst über die Grenzen des Gebiets der klassischen Poesie ein neues Licht gegeben. Hätte ich sie eher gelesen, als diese Schrift dem Druck übergeben war, so würde besonders der Abschnitt von dem Ursprunge und der ursprünglichen Künstlichkeit der modernen Poesie ungleich weniger unvollkommen geworden sein.«

Zu Beginn des Aufsatzes »Über das Studium der griechischen Poesie« kennzeichnete Schlegel die Situation der zeitgenössischen deutschen Literatur, »der modernen Dichtkunst«, wie er es nannte, mit folgendem Satz: »Charakterlosigkeit scheint der einzige Charakter der modernen Poesie, Verwirrung das Gemeinsame ihrer Masse, Gesetzlosigkeit der Geist ihrer Geschichte und Skeptizismus das Resultat ihrer Theorie.« Schlegel beklagte das Übergewicht des Individuellen und Manierierten. Er sah die literarischen Bestrebungen der Dichter in zwei Richtungen gehen, einmal ins epigonale Nachahmen (vor allem Shakespeares und der alten griechischen Dichter) und zum anderen ins Streben nach Originalität um jeden Preis. Einen Ausweg sah Schlegel in einer Poesie, die »der kräftigste, reinste, bestimmteste, einfachste und vollständigste Abdruck der allgemeinen Menschennatur« wäre. Das heißt, die Dichtung sollte zu einer von den griechischen Dichtern erlebbaren Objektivität zurückfinden und das Manierierte sowie das übersteigert Individualistische überwinden. Die Nähe zu Schillers Auffassungen von einer Kunst, in welcher die mehr von den Sinnen bestimmte Kunst (die »naive«) mit der mehr vom Geistigen ausgehenden (der »sentimentalischen«) vereinigt sei, ist deutlich sichtbar. Wie Schiller am Ende seines Aufsatzes – ohne es ausdrücklich zu nennen – an Goethes Werk dachte, das zu dieser Synthese fähig sei, so wies auch Schlegel – er aber mit Nennung des Namens – auf Goethe hin. »Goethens Poesie ist die Morgenröte echter Kunst und reiner Schönheit... Er steht in der Mitte zwischen dem Interessanten und dem Schönen, zwischen dem Manierierten und dem Objektiven... Wo er ganz frei von Manier ist, da ist seine Darstellung wie die ruhige und heitre Ansicht eines höhern Geistes, der keine Schwäche teilt und durch kein Leiden gestört wird, sondern die reine Kraft allein ergreift und für die Ewigkeit hinstellt. Wo er ganz er selbst ist, da ist der Geist seiner reizenden Dichtung liebliche Fülle und hinreißende Anmut.«

Goethes Werk erscheint hier als »eine unwiderlegliche Beglaubigung, daß das Objektive möglich und die Hoffnung des Schönen kein leerer Wahn der Vernunft« sei. Damit scheint für Schlegel festzustehen, wie der Weg aus den chaotischen und zerrissenen Zuständen der gegenwärtigen Literatur aussehen müsse und wer ihn gebahnt habe.

Am 26. Juni 1796 notierte Goethe ins Tagebuch: »Roman fertig«; und an Schiller schrieb er: »Hier schicke ich endlich das große Werk und kann mich kaum freuen, daß es so weit ist, denn von einem so langen Wege kommt man immer ermüdet an.«

Der Weg war freilich lang gewesen, Goethe hatte fast 20 Jahre an »Wilhelm Meisters Lehrjahren« gearbeitet. 1795 war der erste Teil, die Bände 1–3, erschienen, im Oktober 1796 folgte mit Band 4 der abschließende Teil.

Im Sommer 1797 faßte Friedrich Schlegel den Plan, über Goethes Roman zu schreiben. Ursprünglich dachte er an eine Folge von Briefen, die sich

»durch viele Stücke« der von Friedrich mit seinem Bruder August Wilhelm Schlegel herausgegebenen Zeitschrift »Athenäum« ziehen sollte. Diese Absicht hat er aufgegeben und die Rezension in der vorliegenden Form verfaßt. Sie erschien um den 1. Juni 1798 im 2. Stück des 1. Bandes des »Athenäus« in Berlin. Hinter dem letzten Satz stand die Anmerkung »Die Fortsetzung folgt«. Sie ist aber nie erschienen, auch später nicht, als Schlegel den »Meister«-Aufsatz in Sammlungen seiner Werke aufnahm.

Goethe hat sich über Schlegels Besprechung gefreut. In einem Brief vom 14. Oktober 1798 schrieb Caroline an Friedrich Schlegel, Goethe sei »sehr wohl zu sprechen gewesen, in der besten Laune über das Athenäum und ganz in der gehörigen über Ihren ›Wilhelm Meister‹; denn er hat nicht bloß den Ernst, er hat auch die belobte Ironie darin gefaßt und ist doch sehr damit zufrieden.« Auch habe er »warm die Weise gebilligt, wie Sie es behandelt, daß Sie immer auf den Bau des Ganzen gegangen sind und sich nicht bei pathologischer Zergliederung der einzelnen Charaktere aufgehalten; dann hat er gezeigt, daß er es tüchtig gelesen, indem er viele Ausdrücke wiederholt und besonders eben die ironischen.«

In Goethes »Wilhelm Meister« sah Schlegel die Einzelteile zum Ganzen verbunden, ohne daß dadurch die Einzelteile ihren eigenen Wert verloren hätten. Erstaunlich wenig ging Schlegel auf den Gehalt des Werkes ein, er untersuchte vielmehr sensibel dessen Strukturen und innere Beziehungen. Zum Ganzen wurde ihm der Roman durch Goethes Lehre von der Lebenskunst, deren Kennzeichen die ständige Bildungsmöglichkeit und der Bildungstrieb des Menschen seien.

So begeistert Schlegels »Meister«-Kritik war, so einschränkend hat er sich in privaten Aufzeichnungen und Briefen geäußert. In seinem literarischen Notizbuch notierte er 1797: »Ein vollkommener Roman müßte auch weit mehr romantisches Kunstwerk sein als Wilhelm Meister; moderner und antiker, philosophischer und ethischer und poetischer, politischer, liberaler, universeller, gesellschaftlicher.« Und wenig später: »Von der romantischen Ganzheit hatte Goethe keine Idee.« Oder: »Meister schon deshalb unvollkommen, weil er nicht ganz mystisch ist.« Und: »Don Quixote noch immer der einzige durchaus romantische Roman. – Die Engländer. – Goethe in Wilhelm Meister – haben zuerst die Idee von einer Romanpoesie in Prosa restauriert.« 1799 bemerkte er: »In Goethes Meister ist nur die Form der Bedeutsamkeit, aber keine wirkliche poetische Bedeutung.«

Aber als Schlegel 1808 die 1806 bei Cotta erschienene Ausgabe von Goethes Werken besprach, schrieb er wieder, der »Wilhelm Meister« sei nun »als eines der reichhaltigsten und geistvollsten Werke« der deutschen Literatur »allgemein anerkannt und verehrt.« Er »habe auf das Ganze der deutschen Literatur sichtbar wie wenige andere gewirkt und recht eigentlich Epoche gemacht, indem er dieselbe mit der Bildung und dem Geist der höheren Gesellschaft in Berührung setzte und die Sprache nach einer ganz neuen Seite hin mehr bereicherte, als es vielleicht in irgendeiner Gattung durch ein einzelnes Werk auf einmal gesehen ist.«

Wie passen die öffentlichen Äußerungen und die Bemerkungen des Notizbuchs zusammen?

Die Brüder Schlegel hatten sich vorgenommen, im »Athenäum« nichts zu veröffentlichen, was Goethes Ärger hervorrufen könnte. Bei allen Vorbehalten verehrte Friedrich Schlegel Goethe dennoch, und er erkannte vor allem dessen Bedeutung! Und da das zeitgenössische Lesepublikum weniger Goethe als Wieland las, da leichte Unterhaltungsliteratur gefragt war, wollte Schlegel öffentlich für den »Wilhelm Meister« eintreten.

Bereits 1800 hatte Friedrich Schlegel im »Athenäum« einen »Versuch über den verschiedenen Stil in Goethes früheren und späteren Werken« veröffentlicht. Darin teilte er Goethes Entwicklung in drei Epochen ein, die er jeweils mit einem einzelnen Werk zu charakterisieren versuchte: mit »Götz«, »Tasso« und »Hermann und Dorothea«. Der »Wilhelm Meister« und das Faustfragment aber standen ihm für den ganzen Goethe, sie bezeugten nicht eine einzelne Entwicklungsstufe. Den »Meister«-Roman stellte er noch über den »Faust«, wie es das bekannte »Athenäum«-Fragment 216 belegt: »Die Französische Revolution, Fichtes Wissenschaftslehre und Goethes Meister sind die größten Tendenzen des Zeitalters.« In der ursprünglichen Fassung hatte es einschränkend geheißen: »Aber alle drei sind doch nur Tendenzen, ohne gründliche Ausführung.« Daß Schlegel diesen Nachsatz nicht mit veröffentlichte, belegt einerseits, daß er Goethe damals öffentlich nicht kritisieren wollte, es zeigt aber andererseits auch, daß er seine Vorbehalte Goethe gegenüber nie ganz aufgegeben hat. Insgesamt hat Friedrich Schlegel viel zum positiven Goethebild der Romantiker beigetragen.

116 *Metrum* – (griech.) Versmaß
122 *Tautologien* – (griech.) (meist überflüssige) Doppelbezeichnungen durch gleichbedeutende Wörter für einen Begriff
124 *retardierend* – (lat.) verzögernd und damit meist die Spannung erhöhend
125 *Mänade* – (griech.) rasende Frau aus dem Gefolge des griechischen Gottes Dionysos (lateinisch Bacchus, daher auch der lateinische Name Bacchantin)
130 *Nemesis* – (griech.) strafende Gerechtigkeit, in der griechischen Mythologie gelegentlich als Göttin personifiziert
131 *Pilaster* – (frz.) viereckiger Pfeiler oder Träger
Exequien – (lat.) Begräbnis-, Trauerfeierlichkeiten

Karl August Varnhagen van Ense

Aus meinem Leben. Dichtung und Wahrheit. Von Goethe. Dritter Teil. Tübingen 1814

1807 lernte Karl August Varnhagen van Ense die fast 14 Jahre ältere Berliner Kaufmannstochter Rahel Levin kennen. Rahel war eine begeisterte Goethe-Verehrerin, und Varnhagen schrieb später: »Die Liebe und Verehrung für Goethe war durch Rahel im Kreise ihrer Freunde längst zu einer Art von Kultus gediehen, nach allen Seiten sein leuchtendes, kräftigendes Wort eingeschlagen, sein Name zur höchsten Beglaubigung geweiht, ehe die beiden Schlegel und ihre Anhänger, schon berührt und ergriffen von jenem Kultus, diese Richtung in der Literatur festzustellen unternahmen.«

Wenn Varnhagen Rahels Bedeutung für das geistige Berlin auch überschätzte, so war ihr Salon doch ein Zentrum der Beschäftigung mit Goethes

Werk. Rahel selbst stand mit dem Dichter in Briefwechsel, und im November 1811 fragte Varnhagen brieflich von Prag aus bei Goethe an, ob er eine auszugsweise Veröffentlichung dieses Briefwechsels erlaube. Goethe erlaubte. An den Verleger Cotta, in dessen Verlag die Auswahl erscheinen sollte, schrieb er: »Bedenke ich aber dagegen, daß seit so vielen Jahren gar manches für und gegen mich publiziert worden, und daß ich niemanden je gehindert habe, Übels von mir zu sagen, so sehe ich nicht ein, warum ich mich widersetzen sollte, wenn jemand das Gute, was er von mir denkt, öffentlich bekennen will, und hier um so weniger, da doch auch in diesen Heften manches an mir und meinen Arbeiten für problematisch, ja für tadelnswert gehalten wird.«

Unter dem Titel »Über Goethe. Bruchstücke aus Briefen, herausgegeben von K. A. Varnhagen von Ense« erschienen die Briefausschnitte dann auch 1812 im »Morgenblatt für gebildete Stände«.

In der Schlacht bei Wagram 1809 war Varnhagen schwer verwundet worden; als Adjutant eines russischen Generals nahm er an den Befreiungskriegen gegen Napoleon teil, und 1814 war er, nun in preußischen Diensten, auf dem Wiener Kongreß. 1814 heiratete er Rahel Levin, im gleichen Jahr erschien auch seine Besprechung des dritten Teils von »Dichtung und Wahrheit« in der Berliner Zeitschrift »Die Musen« (Drittes Stück), die wir ungekürzt abdrucken. Es handelt sich dabei weniger um eine Besprechung als um eine Huldigung.

Seit der Veröffentlichung von Rahels Briefauszügen 1812 setzte sich Varnhagen unermüdlich für Goethe und sein Werk ein. 1823 gab er einen Band »Goethe in den Zeugnissen der Mitlebenden« heraus. Da er nur positive Urteile zusammengestellt hatte, schlug Goethe halb scherzhaft, halb ernst vor, als Gegenstück einen Band »Goethe in den mißwollenden Zeugnissen der Mitlebenden« herauszugeben.

Goethe hat sich diesem Buch (wie übrigens auch einem ähnlichen, 1828 von Alfred Nicolovius herausgegebenen, »Über Goethe. Literarische und artistische Nachrichten«) gegenüber zurückhaltend geäußert. Andererseits hat er Varnhagens Bemühungen mehrfach, zum Teil auch öffentlich, gewürdigt.

Ein weiterer Höhepunkt in Varnhagens Wirken für Goethe waren seine gründlichen und differenzierten Besprechungen des 1828 und 1829 erschienenen Briefwechsels zwischen Schiller und Goethe in den Berliner »Jahrbüchern für wissenschaftliche Kritik« 1829 und 1830.

Nach Goethes Tod 1832 galt Varnhagen als einer der besten Kenner des goetheschen Werkes. Noch im Todesjahr Goethes erschien einer der wichtigsten Aufsätze Varnhagens, seine Besprechung der zweiten Fassung von »Wilhelm Meisters Wanderjahren«, »Im Sinne der Wanderer«. Darin zog Varnhagen eine Entwicklungslinie von »Werther« und »Götz« bis zu den »Wanderjahren«. Die im »Werther« bereits drängend gestaltete Frage nach »den Ansprüchen der Entwicklung und des Berufs«, der aber nur »die Verzweiflung noch ohne anderen Ausweg, als den die gewaltsame Selbstzerstörung ihr bietet«, antwortet, erhalte in späteren Werken »schon eine Beigabe von Trost und Heil«. In »Faust« und »Wilhelm Meister« schließlich werde »im Geistigen der Sieg bis zur Rückführung und Versöhnung des zuerst Abtrünnigen gesteigert; hier werden dem Irdischen neue Formeln eines nach innen und nach außen gleichmäßig befriedigten Daseins angedeutet.«

Fast genau ein Jahr nach Goethe starb Rahel am 7. März 1833. Varnhagen blieb Goethe weiterhin treu. 1834 schlug er der Großherzogin von Weimar, Maria Paulowna, vor, eine Goethe-Gesellschaft zu gründen. In seinem eigenen Todesjahr 1858 faßte er noch einmal zusammen, was ihm Goethe bedeutete und welchen Rang er ihm in der nationalen wie europäischen Literatur einräumte. Er sei »gleichsam die Kernmitte unserer Literatur, das reichste Füllhorn und der höchste Glanz derselben, mit ihm und seinen vielartigen Schöpfungen, mit seiner tiefeindringenden Wirksamkeit, hängen die wichtigsten geistigen Entwicklungen des Vaterlandes zusammen, und seine Gebilde sind so mannigfaltig, so groß und voll, dabei so frisch und stark aus dem persönlichen Leben, daß ohne die genaue Kenntnis von diesem und seinen nach allen Seiten strahlenden Beziehungen uns ein großer Teil des Verständnisses seiner Schriften verloren geht. Warum sollten wir unsern Goethe nicht in gleichen Ehren halten, nicht mit der gleichen Sorgfalt pflegen wie die Italiener ihren Dante, die Engländer ihren Shakespeare? Jahrhunderte sind vergangen, und noch immer vermehrt sich die den Heroen gewidmete Literatur! Die Goethe-Literatur hat noch manchen Zuwachs abzuwarten, ehe sie zu gleicher Ausdehnung gelangt!«

Um einem Mißverständnis vorzubeugen, sei zum Schluß noch kurz angemerkt, daß Varnhagen durchaus nicht bei Goethe stehengeblieben ist. Er schätzte unter den neueren Dichtern vor allem Heine und Laube und förderte sie. Als liberaler Politiker war er nicht nur Metternich bekannt und verdächtig, dem er eine Denkschrift über die Literatur des Jungen Deutschland lieferte, sondern wegen seiner auch nach 1848 nicht abgelegten Gesinnung verlor er seinen Posten als Geheimer Legationsrat.

»Fruchtbare Keime für eine Zukunft«, für ein Weiterwirken in die Zukunft hinein aber sah er zuerst in Goethes Werk »ausgestreut«, mehr als in den Werken der jüngeren Literaten. In ihm erkannte er »die reiche Aussicht einer in Arbeit und Bildung fortschreitenden Menschheit, deren höchsten Ausdruck wir zuletzt allerdings wieder auf die zwiefache Textformel zurückführen mögen: Im Irdischen für jedes ihrer Mitglieder einen richtigen Anteil am Besitze und Genusse der vorhandenen Güter zu gewähren, im Geistes- und Gemütsleben aber, bei so vielem Unmöglichen, welches ewig versagt bleiben muß, das versagte Mögliche aus den zerbrechlichen Fesseln zu befreien.«

132 *der große Krieg* – Der zweite Teil von »Dichtung und Wahrheit« war 1812 erschienen, der hier in Rede stehende dritte (er umfaßt die Bücher 11–15) 1814; dazwischen lag 1813 die Völkerschlacht von Leipzig.

137 *Schöpflin* – Johann Daniel Schöpflin (1694–1770), Historiker, bei dem Goethe 1770/71 in Straßburg staatswissenschaftliche Vorlesungen hörte. Persönliche Beziehungen zwischen beiden bestanden nicht. In »Dichtung und Wahrheit« bezeugte ihm Goethe, er habe »bedeutend« auf ihn eingewirkt.

Klopstock – Goethe und Klopstock lernten sich im Oktober 1774 in Frankfurt am Main persönlich kennen, s. auch Anm. zu S. 75

Möser – Justus Möser (1720–1794), aufklärerischer Staatsmann, Historiker und Publizist. Gemeinsam mit dem jüngeren Herder und Goethe gab er 1773 die Programmschrift des Sturm und Drang »Von deutscher Art und Kunst« heraus, zu der er den Aufsatz »Deutsche Geschichte« beisteuerte.

137 *Klinger* – Friedrich Maximilian Klinger (1752–1831), neben Goethe, Schiller und Lenz bedeutendster Dichter des Sturm und Drang; sein 1776 entstandenes Drama »Sturm und Drang« (ursprünglicher Titel »Der Wirrwarr«) gab der ganzen Literaturepoche den kennzeichnenden Namen. Goethe und Klinger lernten sich Ende 1774 in Frankfurt kennen; 1776 kam Klinger nach Weimar und bemühte sich vergeblich um eine Anstellung am Hofe. Später erhielt er durch die Vermittlung von Goethes Schwager Schlosser eine Offiziersstelle in der russischen Armee.

Jacobi – Goethe lernte die Brüder Friedrich Heinrich (1743–1819) und Johann Georg Jacobi (1740–1814) im Juli 1774 kennen. In der von Johann Georg Jacobi herausgegebenen Zeitschrift »Iris«, 1774–76, arbeiteten unter anderen Goethe, Gleim, Heinse und Lenz mit. 1775 erschien in der »Iris« der Anfang von Friedrich Heinrich Jacobis Roman »Aus Eduard Allwills Papieren« (der Schluß wurde 1776 in Wielands »Deutschem Merkur« abgedruckt); darin versuchte Jacobi unter dem Eindruck, den Goethe auf ihn gemacht hatte, darzustellen, daß das Genie äußerer, vor allem moralischer Vorschriften nicht bedürfe, da es die ihm entsprechenden Gesetze in sich selbst trüge.

138 *Basedow* – Johann Bernhard Basedow (1723–1790), Pädagoge, Anhänger Rousseaus, begründete das Philantropinum in Dessau. Im Sommer 1774, nach Erscheinen des »Werther«, reiste Goethe mit Basedow und Lavater nach Bad Ems, an die Lahn und an den Rhein. 1776 hat er Basedow in Wörlitz noch einmal gesehen.

Hamann – Johann Georg Hamann (1730–1788), gegen die Aufklärung Mendelssohns und Kants gerichteter sprachgewaltiger deutscher Philosoph, beeinflußte mit seinen Anschauungen von Sprache und Poesie die Dichter des Sturm und Drang. Goethe, den Herder in Straßburg auf Hamann hingewiesen hatte, hat ihn persönlich nicht kennengelernt. Von ihm stammt die Bezeichnung »Magus aus Norden« für Hamann.

Zimmermann – Johann Georg Zimmermann (1728–1795), Arzt, knüpfte 1775 die erste Verbindung zwischen Goethe und Charlotte von Stein.

Fichte – Johann Gottlieb Fichte (1762–1814), einer der Hauptvertreter der klassischen deutschen Philosophie; während seiner Professur in Jena 1794–1799 hatte er Kontakt mit Goethe.

Schelling – Friedrich Wilhelm Joseph Schelling (1775–1854), als Philosoph Mitbegründer der sogenannten romantischen Schule. Goethe vermittelte ihm 1798 eine Professur in Jena, die er bis zum September 1803 innehatte. Schelling war der dritte Ehemann Carolines, die vor ihm mit Johann Franz Wilhelm Böhmer und Friedrich Schlegel verheiratet gewesen war.

des werten Fürsten – Carl August Herzog von Sachsen-Weimar-Eisenach (1757–1828)

140 *Fräulein von Klettenberg* – Susanna Katharina von Klettenberg (1723 BIS 1774), Goethe begegnete ihr und ihrem pietistischen Kreis im Herbst 1768 in Frankfurt. Durch sie bekam er auch Verbindung zur Brüdergemeinde in Marienborn in der Wetterau, die zu der von Nikolaus von Zinzendorf (1700–1760) mitbegründeten Herrnhuter Brüdergemeine gehörte. Susanna von Klettenberg wurde das Vorbild der »Schönen Seele« im »Wilhelm Meister«.

141 *Voltaire* – Francois Marie Arouet de Voltaire (1694–1778), überragender französischer Aufklärungsphilosoph, auch als Dichter bedeutend. Goethe übersetzte 1800 seinen »Tancred«.

142 *Besuch in Pempelfort bei Jacobi* – Während seiner Lahn-Rhein-Reise im Sommer 1774 besuchte Goethe auch den Philosophen Friedrich Heinrich und den Dichter Johann Georg Jacobi in Düsseldorf. In Pempelfort war er am 23. Juli.

Stelle in Heinses Briefen – Den sich auf Goethe beziehenden Abschnitt aus Heinses Brief vom 13. September 1774 haben wir auf S. 505 des vorliegenden Buches abgedruckt.

Platon – (427–347 v. u. Z.), wichtigster idealistischer Philosoph der Antike. Nach seiner Ideenlehre existieren die Ideen selbständig außerhalb des menschlichen Denkens und bilden das wahre, eigentliche Sein gegenüber der Welt der gegenständlichen Erscheinungen.

Sophokles – Sophokles – (496–406 v. u. Z.) mittlerer der drei großen altgriechischen Tragödiendichter

Matthias Claudius

»Der Hofmeister oder Vorteile der Privaterziehung«
Eine Komödie. Leipzig 1774.

Im Frühjahr 1774 erschien Lenz' Schauspiel »Der Hofmeister oder Vorteile der Privaterziehung« und im Herbst seine »Anmerkungen übers Theater«. Ebenso wie in Goethes »Werther«, der im gleichen Jahr herauskam, sprach sich im »Hofmeister« der Anspruch junger bürgerlicher Menschen nach allseitiger persönlicher Entwicklung, nach Vollkommenheit und Glück aus. Werther und Läuffer scheitern an den gesellschaftlichen Verhältnissen, die ihrem Anspruch machtvoll entgegenstehen. Im Unterschied zu Werther wird sich Läuffer seines Anspruchs auf ein sinn- und glückerfülltes Leben nicht bewußt. Jedoch zeichnet Lenz die gesellschaftlichen Widersprüche schärfer.

In den »Anmerkungen übers Theater«, kam derselbe Anspruch einer jungen, nach gesellschaftlicher Wirkung verlangenden Generation zum Ausdruck. Lenz wandte sich darin heftig gegen die sich auf Aristoteles berufende französische Dramatik. Er lehnte jeden Regelzwang für das Genie ab und wies dabei auf Shakespeare und die Volksdichtung hin. An die Stelle der poetischen Regeln sollte »die Nachahmung der Natur« treten, »das heißt aller der Dinge, die wir um uns herum sehen, hören, etcetera, die durch die fünf Tore unsrer Seele in dieselbe hineindringen«. Alle Menschen, insbesondere aber die Künstler seien »die ersten Sprossen auf der Leiter der freihandelnden, selbständigen Geschöpfe«.

Daß mit »Nachahmung« hier keine mechanische Abbildung der Welt gemeint ist, versteht sich von selbst. »Nachahmung« bedeutete für Lenz vielmehr einen schöpferischen Erkenntnis- und Gestaltungsprozeß. Der schöpferische Mensch ahmt Gott, den Weltenschöpfer, nach. Gott »nachzuäffen, seine Schöpfung ins Kleine zu schaffen« bedeute »Zuwachs« »unsrer Existenz, Glückseligkeit« (bei Herder heißt es 1778, die Poesie sei »eine Nachahmung der schaffenden, nennenden Gottheit«).

Der Lebensweg des Hofmeisters Läuffer aber weist in die entgegengesetzte Richtung. Am Ende des Schauspiels kann er nicht einmal mehr Kinder zeugen, von bedeutenden künstlerischen und geistigen Hervorbringungen ganz zu schweigen.

Daß Lenz sein Schauspiel eine Komödie nannte, ist kein Zufall. Er hielt sich auch in der literarischen Terminologie nicht an die üblich gewordenen Begriffe. Mit »Komödie« meinte er Theater »für jedermann«, verband also demokratische Vorstellungen damit. Die »Komödie ist Gemälde der menschlichen Gesellschaft, und wenn die ernsthaft wird, kann das Gemälde nicht lachend werden.« Die Komödiendichter sollten »komisch und tragisch zugleich« schreiben.

Heute bezeichnen wir Stücke wie den »Hofmeister« und »Die Soldaten«, 1776 (die Lenz in der Erstausgabe ebenfalls eine »Komödie« nannte), als Tragikomödien, eine Dramenform, die erst durch Lenz in der deutschen Literatur Bedeutung erlangte.

Matthias Claudius' Besprechung im »Wandsbecker Boten« 1774 (nr. 99 und 100) nahm warmherzig Partei für Lenz, den sich Claudius, wäre er König, zum Freund wünschte. Das heißt, er hielt ihn unter anderem für einen Menschen, auf den er sich verlassen könnte, mit dem er sich verstünde und der ihm auch als dem König die Wahrheit sagte. Claudius hatte die innere Wahrheit des Stückes erkannt. Darauf kam es ihm mehr an als auf bloß ästhetische Werte. Wie in seinem übrigen publizistischen Schaffen wollte er auch in seinen Rezensionen bildend und erziehend wirken. Mit Freimut und wachem Wirklichkeitssinn näherte er sich der Literatur; vorurteilslos ließ er auch den Werken Gerechtigkeit widerfahren, die ihm persönlich nicht lagen.

Wenn auch die »Hofmeister«-Besprechung nicht die Qualitäten der Aufsätze über »Minna von Barnhelm« und »Werther« erreicht, so bezeugt sie doch Claudius' Eintreten für die Dichter des Sturm und Drang (außer Lenz und Goethe auch für Klinger) und sein Verständnis für die neuen ästhetischen Auffassungen: »Sonach ist die Einheit der Zeit und des Ortes noch ganz gut beobachtet worden, denn die gesamte Handlung ist doch innerhalb'n Meilen oder sechzig und zehn bis zwanzig Jahre Zeit eingeschlossen, und da ist nichts von zu sagen.« Daneben bezeugt sie noch ganz persönlich Claudius' freundlichen Humor.

144 *Pintinello* – ein im »Hofmeister« erwähnter italienischer Tanzmeister.

145 *Maître des Arts* – (frz.) Magister der Freien Künste
Maître de Garderobe – (frz.) Berater in Kleidungsfragen
Maintenon – Françoise d'Aubigné, Marquise de Maintenon (1635 bis 1719), ging 1684 als Ehefrau des Dichters Scarron eine heimliche Ehe mit Ludwig XIV. ein.

Ludwig Tieck
(Johann Heinrich Voß. Gedichte im Musenalmanach für 1796)

Wie für viele arme Studenten seiner Zeit war die Anstellung als Hofmeister auch für den 1751 in Mecklenburg geborenen Johann Heinrich Voß die einzige Chance, seinen Lebensunterhalt zu verdienen. Nach dem Besuch der Lateinschule in Neubrandenburg holte ihn ein adliger Gutsbesitzer als Erzieher seiner drei Kinder nach Ankershagen. Dreieinhalb Jahre lebte er dort in demütigenden Verhältnissen, die es ihm kaum erlaubten, die eigene Bildung zu vervollkommnen. In diese ausweglos scheinende Situation schickten ihm ehemalige Schulfreunde einen Göttinger »Musenalmanach«. Angeregt durch die darin enthaltenen Gedichte und ermuntert durch die im Winter 1770/71 begonnene Freundschaft mit dem aufgeklärten Pfarrer Ernst Theodor Johann Brückner schrieb Voß selber Gedichte und schickte sie dem Herausgeber des »Musenalmanachs«, Heinrich Christian Boie. Dieser lud ihn nach Göttingen ein, unterstützte ihn, wo er nur konnte, und ermöglichte ihm das Studium. Im April 1772 konnte Voß beginnen, Theologie und Philologie zu studieren. Nach nur einem Jahr gab er die Theologie auf und widmete sich ausschließlich den alten Sprachen und der Literatur.

Um Boie und den Musenalmanach hatte sich eine Reihe patriotisch gesonnener junger Dichter geschart. Sie schwärmten für Klopstock und verachteten Wieland; sie wollten Deutschland erneuern, indem sie die germanische Frühzeit beschworen; unter den Leitworten »Tugend«, »Religion« und »Vaterland« wollten sie als »Brüder«, wie sie sich gegenseitig anredeten, verbunden bleiben; sie erstrebten eine volksverbundene Literatur und eine geeinte bürgerliche Nation. Ihren Dichterbund nannten sie den »Hain«, womit sie sich zur sogenannten Bardendichtung und zu einer idealisiert gesehenen deutschen Frühgeschichte bekannten. Neben Voß, der bald das Haupt der Vereinigung wurde, gehörten ihm neben Boie unter anderen Hölty, die beiden Grafen Christian und Friedrich Leopold Stolberg, Johann Martin Miller, Karl Friedrich Cramer und Johann Friedrich Hahn an. Bürger hielt freundschaftliche Verbindung zum »Hain«.
1775 trat Boie die Herausgabe des »Musenalmanachs« an Voß ab und verschaffte ihm damit neben der Möglichkeit, stärker auf die zeitgenössische Literatur Einfluß zu nehmen, auch eine gewisse materielle Sicherheit, die unbedingt nötig war, wenn Voß Boies Schwester Ernestine heiraten wollte.

Bereits im April 1775 verließ Voß Göttingen und zog nach Wandsbeck. Von dort aus ließ er den »Musenalmanach« im Selbstverlag erscheinen. Hamburg mit dem verehrten Klopstock war nah, und in Wandsbeck selbst lebte Matthias Claudius, den Voß bereits kannte. Obwohl ihm Friedrich Stolberg das Honorar für seine »Ilias«-Übersetzung schenkte, und obwohl der Almanach von Jahr zu Jahr mehr Geld einbrachte, lebte Voß in dürftigen Verhältnissen. So konnte er sich der »freien« Schriftstellerexistenz nicht lang erfreuen, sondern mußte sich um eine Anstellung bemühen. 1778 zog er, inzwischen verheiratet, nach Otterndorf an der Niederelbe und übernahm dort das Amt des Schulrektors. Wegen des ungesunden Klimas, unter dem er mit seiner ganzen Familie viel zu leiden hatte, verließ er Otterndorf 1782 und ging nach Eutin in Holstein. Dort hatte ihm Fritz Stolberg eine Rektorenstelle verschafft. Inzwischen war Voß ein in ganz Deutschland bekannter Mann geworden. Als Verfasser von Gedichten, als »Kalendermacher« (wie er sich selbst nannte) und vor allem als Übersetzer von Homers »Odyssee« (die erste Fassung erschien 1781) hatte er sich einen guten Namen gemacht. Nach dem »Messias« von Klopstock ist Vossens »Odyssee«-Übersetzung das zweite große Werk der deutschen Nationalliteratur in meisterhaften Hexametern. Seine Homer-Übersetzungen, 1793 erschien die »Ilias«, folgen dem Versmaß des griechischen Originals. Erst durch sie ist die breite Antikerezeption des deutschen Bürgertums möglich geworden.

Begeistert begrüßte Voß die Französische Revolution. Er dichtete die »Marseillaise« nach, schrieb selbst revolutionäre Gedichte, vor allem »Gesang der Deutschen« und »Junker Kord«, und erhoffte auch für Deutschland eine Veränderung der gesellschaftlichen Zustände. Bald jedoch verflog die Begeisterung, und Niedergeschlagenheit breitete sich aus.

Diese Haltung ging auch am »Musenalmanach« nicht spurlos vorüber. Ohnehin war der Freundesbund des »Hain« zerfallen, viele Beiträge wurden künstlerisch immer wertloser, und schließlich war Voß nicht nur Herausgeber, sondern auch beinah alleiniger Verfasser. 1800 kam der Almanach zum letzten Mal heraus. Der Musenalmanach für 1796 enthielt 36 Beiträge von Voß. –

Wir haben aus Ludwig Tiecks Besprechung neuer Almanache und Taschenbücher, die 1796 im »Berlinischen Archiv der Zeit und ihres Geschmacks«, Nr. 1, erschien, den Abschnitt ausgewählt, in dem Vossens Gedichte aus dem Musenalmanach für 1796 behandelt werden. Hauptthema dieses großen Aufsatzes ist die Frage, ob und wie Natur, das heißt: Wirklichkeit, in der Dichtung dargestellt werden könne. Es geht also um das Verhältnis von Kunst und Realität. Bereits in der Erzählung »Peter Lebrecht« (1795/96) hatte Tieck diese Problematik gestaltet und war zu der Erkenntnis gelangt, daß der Künstler durch sein Gefühl, seine Stimmung sich nicht von der Wirklichkeit entfernen dürfe, sondern daß er sich durch die Kunst, die Poesie, inniger und stärker mit der Wirklichkeit verbinden müsse. Das werde aber erst möglich, wenn der Künstler seine Empfindung, seine Wahrnehmungsorgane so verfeinere, daß er in der Wirklichkeit selbst die Poesie entdecke. Indem ihm so die Realität zur Poesie werde, gelange er zur Einheit zwischen sich selbst und der Umwelt, zwischen Kunst und Natur. In einem aus dieser Haltung entstandenen Kunstwerk werde die Natur nicht idealisiert oder überhöht, sondern in einem solchen Kunstwerk drücke sie sich selbst aus.

In den Aufsätzen über die Almanache (1798 erschien ein zweiter) führte Tieck diesen Gedanken theoretisch und fast programmatisch aus. Wenige Seiten nach dem Abschnitt über Vossens Gedichte schrieb er über Schmidt von Werneuchen, und dort heißt es, das Auge des Dichters müsse die Natur »in einem gewissen Zusammenhange mit dem Herzen sehen, oder es sieht nichts, wenigstens nichts, was uns, in Versen aufgezählt, gefallen könnte... Nicht die grünen Stauden und Gewächse entzücken uns, sondern die geheimen Ahndungen, die aus ihnen gleichsam heraufsteigen und uns begrüßen«. Wenn sich der »poetische Mensch« durch die Natur »in eine Stimmung« versetzen läßt, »in der ihm Bäume und Blumen wie belebte und befreundete Wesen erscheinen«, nimmt er teil am Leben als Ganzem, da die Grenzen zwischen Natur und Mensch bedeutungslos geworden sind.

Tieck ging es also nicht mehr um eine Nachahmung der Natur« beschreibende, abmalende Poesie lehnte er ab. Ebenso lehnte er, was aus dem oben gesagten klar hervorgeht, eine distanzierte Haltung des Künstlers zur Welt ab. Bildung wurde nicht mehr, wie bei Schiller, als ethisch-ästhetische Aufgabe verstanden, sondern als Pflicht, die Wahrnehmungsorgane, die Empfindungsfähigkeit zu verfeinern und mit ihrer Hilfe und mit Hilfe der Phantasie die Einstimmung in die Natur zu ermöglichen.

146 *seit seiner Entstehung* – Der erste, von Boie herausgegebene »Musenalmanach« erschien »für das Jahr 1770« in Göttingen; Voß leitete ihn seit 1775.

Lustrum – (lat.) Zeitraum von fünf Jahren; hier allgemeiner als »Epoche« verwendet

Johann Wolfgang Goethe

Königsberg: Lyrische Gedichte von Johann Heinrich Voß. 1802

1802 zog Johann Heinrich Voß von Eutin in Holstein nach Jena. Er hatte, nachdem er 20 Jahre lang Rektor am Gymnasium gewesen war, um Entlassung aus dem Schuldienst gebeten. Der Fürstbischof von Eutin hatte eingewilligt und ihm eine Pension gewährt, die ihn nicht verpflichtete, in Eutin zu bleiben.

Im gleichen Jahr kam bei Nikolovius in Königsberg eine vierbändige Ausgabe der »Lyrischen Gedichte« von Voß heraus. Schon bald nach Erscheinen notierte Goethe am 6. August 1802 in sein Tagebuch: »Vossens Gedichte«. Trotz einiger unterschiedlicher politischer und ästhetischer Auffassungen schätzte er Voß. Goethe hat sich häufig gegen bloße Subjektivität in der Dichtung ausgesprochen, die er »die Krankheit der jetzigen Zeit« nannte. Der Dichter sollte vielmehr »dem Wirklichen eine poetische Gestalt« geben, das heißt, daß Goethe die reale Wirklichkeit für den Ausgangspunkt der Literatur ansah. So mußten ihm Vossens dieser Wirklichkeit verbundene Gedichte grundsätzlich gefallen.

Bereits 1794 hatte Voß ihn besucht und aus seiner Homer-Übersetzung vorgelesen. Damals hatte er auch Schiller, Herder und Wieland kennengelernt. Bald verband Schillers und Vossens Frau eine enge Freundschaft, während Vossens Sohn Heinrich, der 1804 Lehrer am Weimarer Gymnasium wurde, zu Schiller und Goethe in freundschaftliche Verbindung trat. Heinrich hat auch, nach eigenen Worten, »einige Stellen« von Goethes Gedicht-Rezension »ausgearbeitet«. »Versteht sich, daß Goethe nachher revidierte, um den Stil mit dem seinigen gleichförmig zu machen, wo es mir nicht gelungen war.«

Während Goethe an dem Aufsatz arbeitete, hat ihn Johann Heinrich Voß mehrere Male besucht. Es ist wahrscheinlich, daß Voß selbst den seit der Hainbundzeit verehrten Dichter gebeten hatte, die Gedichte zu besprechen.

Goethe ist Voß vollkommen gerecht geworden. Achtungsvoll sprach er von dessen entbehrungsreicher Entwicklung, von seiner Geradlinigkeit und Treue. Er erkannte den Zusammenhang zwischen Vossens Lebensgang und dem Streben nach Unabhängigkeit, das heißt, er sah ohne Überheblichkeit die sozialen Wurzeln von dessen freiheitlich-demokratischer Dichtung. Er lobte die Verbundenheit des Dichters mit dem einfachen Volk und seine Wahrhaftigkeit. Freilich sah er auch die Grenzen einer Dichtung, die gelegentlich zur Behaglichkeit und öfter zur Erstarrung neigte. Er tadelte die nach seiner Meinung übersteigerten Freiheitsgedichte und die Schärfe in den Auseinandersetzungen mit den Romantikern. Aber wie er auch dies aus Voß' Lebensgang herleitete und zugleich freundschaftlich wohlwollend kritisierte, zeigt fast noch mehr als die Stellen uneingeschränkten Lobes Goethes grundsätzliche Achtung vor Vossens Lebens- und Literaturleistung.

Seine Besprechung erschien am 16. und 17. April 1804 in der Jenaischen Allgemeinen Literaturzeitung. Ein reichliches Jahr später zog Voß nach Heidelberg, wo er 1826 starb. In einem Gespräch mit Eckermann sagte Goethe 1827: »Ein Mann wie Voß wird übrigens so bald nicht wiederkommen... Wer von seinem Werte durchdrungen ist wie ich, weiß gar nicht, wie er sein Andenken würdig genug ehren soll.«

153 *Genuß zehnjährigen Friedens* – Gemeint ist die Zeit zwischen dem Ende des Siebenjährigen Krieges 1763 und der ersten Teilung Polens 1772.

154 *Klopstock* – Klopstock war nach Gerstenberg der bedeutendste Vertreter deutscher Bardendichtung, womit eine die nordische oder deutsche Frühgeschichte verherrlichende Literatur der Zeit zwischen ca. 1765 und 1775 bezeichnet wird. In drei »Bardiete« genannten Dramen gestaltete Klopstock den Kampf der Germanen unter Arminius gegen die Römer.

Annäherung zum französischen Freiheitskreise – Hier war Goethe schlecht unterrichtet. Voß war gerade einer der wenigen deutschen Demokraten, die sich auch während der Jakobinerherrschaft zur Französischen Revolution bekannten.

155 *Invektiven* – (lat.) Beleidigungen

156 *einen Freund zu rauben* – Goethe nahm hier auf die Entfremdung zwischen den Jugendfreunden Voß und Friedrich Leopold Stolberg Bezug, die in den Jahren nach Vossens Anstellung in Eutin 1782 immer sichtbarer wurde; nach Stolbergs Übertritt zum Katholizismus 1800 kam es zum offenen Bruch.

Hagedorn – Friedrich von Hagedorn (1708–1754), Lyriker und Fabeldichter der deutschen Aufklärung. Voß gründete bereits auf der Lateinschule in Neubrandenburg einen Geheimbund, eine sogenannte griechische Gesellschaft, in dem neben Hagedorn auch Klopstock, Ramler und Haller begeistert gelesen wurden.

Kleist – Ewald von Kleist (1715–1759), mit Lessing befreundeter Dichter der Aufklärungszeit. Sein großes Gedicht in Hexametern »Der Frühling«, 1749, wurde von den Zeitgenossen hoch geschätzt.

Gleim – Voß war mit Gleim herzlich befreundet. Er besuchte ihn von Eutin aus in Halberstadt. S. auch Anm. zu S. 42

156 *Bodmer* – s. Anm. zu S. 88
Boie – Heinrich Christian Boie (1744–1806), Mitbegründer und erster Herausgeber des Musenalmanachs (1771/75) und des »Deutschen Museums« (später »Neues deutsches Museum«, 1766/91); selbstloser Freund und Förderer des jungen Voß.
Miller – Johann Martin Miller (1750–1814), Dichter des Sturm und Drang; während seiner Göttinger Studentenzeit Mitglied des Hainbunds, Verfasser des vielgelesenen sentimentalen Romans »Siegwart. Eine Klostergeschichte«, 1776.
Hölty – Ludwig Christoph Heinrich Hölty (1748–1776), empfindsamer Lyriker, einer der bedeutendsten Dichter des Göttinger »Hainbunds«. Nach seinem frühen Tod gaben Voß und Friedrich Leopold v. Stolberg 1783 eine Sammlung seiner Gedichte heraus.
eheliche Verbindung – Vossens Frau Ernestine war eine Schwester Boies.
159 *Schulz* – Johann Abraham Peter Schulz (1747–1800), mit Voß eng befreundeter Komponist, vertonte einige seiner Gedichte.
160 *Tartarus* – in der griechischen Mythologie Abgrund unter der Unterwelt
161 *mir trug Lyäos* ... – Goethe schloß seine Besprechung mit den letzten Strophen der Ode »Der Rebensproß«.
Lyäos – (griech.) Sorgenbrecher (Beiname des Gottes Dionysos)
Herling – unreife Traube

Adolpf Freiherr von Knigge
Die Räuber, ein Schauspiel

Im Sommer 1781 erschien anonym Schiller erstes Drama, »Die Räuber«, im Selbstverlag. Die zweite, mit seinem Namen, »Friderich Schiller«, versehene Auflage kam im Januar 1782 im Verlag von Tobias Löffler in Frankfurt und Leipzig heraus. Außerdem erschien im April 1782 bei dem Mannheimer Verlagsbuchhändler Schwan eine von Schiller selbst hergestellte Bühnenfassung.

Von den Zeitgenossen wurde sofort erkannt, daß sich hier ein großer Dramatiker zu Wort meldete. So schrieb Christian Friedrich Timme schon am 24. 7. 1781 in der »Erfurtischen gelehrten Zeitung«: »Haben wir je einen deutschen Shakespeare zu erwarten, so ist es dieser.«

Der Nähe zu Shakespeare war sich Schiller selbst bewußt. In einer Selbstrezension der »Räuber«, die er in dem von ihm und seinem Freund Huber herausgegebenen »Wirtembergischen Repertorium der Literatur« veröffentlichte, heißt es: »Wenn man es dem Verfasser nicht an den Schönheiten anmerkt, daß er sich in seinen Shakespeare vergafft hat, so merkt man es desto gewisser an den Ausschweifungen.«

Die Berichte über die Uraufführung der »Räuber« in Mannheim am 13. Januar 1782 bezeugen, daß sich die Zuschauer unmittelbar angesprochen fühlten, daß es ein aktuelles Stück war: »Das Theater glich einem Irrenhaus, rollende Augen, geballte Fäuste, heisere Aufschreie im Zuschauerraum! Fremde Menschen fielen einander schluchzend in die Arme, Frauen wankten, einer

Ohnmacht nahe, zur Türe. Es war eine allgemeine Auflösung wie im Chaos, aus dessen Nebeln eine neue Schöpfung hervorbricht.« –

Seit 1779 schrieb Adolph von Knigge (1752–1796) für Friedrich Nicolais »Allgemeine deutsche Bibliothek« Kritiken. Seine Besprechung der »Räuber« erschien 1782 im 1. Stück des 49. Bandes in Berlin und Stettin. Er war einer derjenigen Mitarbeiter der »Bibliothek«, die die Französische Revolution begrüßten und verteidigten. Für das Theater hat er sich nicht stärker als für andere literarische Formen interessiert. Er hat selbst bedeutungslose Theaterstücke verfaßt und 1788/89 in Hannover die »Dramaturgischen Blätter« herausgegeben. 1783, als er sich in Heidelberg aufhielt, lernte er Schiller kennen. Dieser lud ihn ein halbes Jahr später für den 15. April zur Erstaufführung von »Kabale und Liebe« in Mannheim ein (die Uraufführung hatte zwei Tage zuvor in Frankfurt stattgefunden). Im Juli 1784 haben sie sich noch einmal in Heidelberg getroffen, eine dauerhafte, freundschaftliche Beziehung zwischen beiden ist aus diesen Begegnungen nicht erwachsen.

Karl Philipp Moritz

Kabale und Liebe, ein bürgerliches Trauerspiel in fünf Aufzügen, von Friedrich Schiller

Am 21. Juli 1784 erschien in der »Königlich privilegierten Berlinischen Staats- und gelehrten Zeitung« anonym Moritz' vernichtende Kritik von »Kabale und Liebe«. Unter den Lesern scheint Widerspruch laut geworden zu sein, denn am 6. September veröffentlichte Moritz einen zweiten, diesmal mit »M.« gezeichneten Artikel »Noch etwas über das Schillersche Trauerspiel Kabale und Liebe«, der mit folgendem Satz beginnt: »Da ich höre, daß man hin und wieder mit meinem Urteil über Kabale und Liebe unzufrieden ist, so glaube ich, dem Publikum die Achtung schuldig zu sein, von dem, was ich behauptet habe, den Beweis zu geben, welcher mir denn eben nicht schwer fallen wird.« Jetzt begründete Moritz seine Ablehnung des Stückes ausführlicher: er tadelte, daß »man überhaupt gar nicht erfährt, wie diese Menschen so geworden sind«; Luises Sprache sei unnatürlich, »als ob sie alles aus einem Roman herbete«, während ihre Eltern pöbelhaft reden, grobe Ausdrücke gebrauchen; und nachdem der Vater »vom Hintern und Huren« gesprochen habe, rede er »auf einmal wieder, als ob er aus den Romanen, die seine Tochter liest, zuweilen einen ganzen Perioden aufgeschnappt hätte«; die Eifersucht Ferdinands sei der Eifersucht Othellos nachgestaltet; Lady Milford deklamiere »viel zu viel von der Tugend«. Wieder gebrauchte Moritz den Ausdruck, daß unter Schillers Händen alles »zu Schaum und Blase« würde. Und er schloß mit dem Ausruf: »Ich wasche meine Hände von diesem Schillerschen Schmutze und werde mich wohl hüten, mich je wieder damit zu befassen!«

Fast genau ein Jahr nach Erscheinen von Moritz' heftiger Kritik trafen sich Schiller und Moritz in Gohlis bei Leipzig zum ersten Mal. Der Verleger Göschen, mit dem Schiller in einem Zimmer wohnte, hatte die Begegnung zustandegebracht. Moritz war damals Rektor am Grauen Kloster in Berlin und befand sich auf einer Reise, die ihn auch über Leipzig führte. Bereits am ersten Abend brachte Schiller das Gespräch auf die »Kabale und Liebe«-Rezensionen; er verwarf längst nicht alle Argumente Moritz' und schloß sogar Freundschaft mit ihm. Am nächsten Morgen las er ihm aus dem eben entstehenden »Don Carlos« vor.

Wenn auch Moritz' Freundschaft mit Schiller nie so eng und herzlich wurde wie die mit Goethe, so sahen sich beide doch während seines Weimaraufenthalts vom Dezember 1788 bis zum Februar 1789 häufig; und Schiller hat sich wohlwollend und anerkennend über ihn und einige seiner Werke geäußert.

Nach Karl Philipp Moritz' Tod erschien in einem von A. H. F. Schlichtegroll in Gotha herausgegebenen »Nekrolog auf das Jahr 1793« auch ein Aufsatz über Moritz. Dieser Artikel verleumdete Moritz geradezu als moralisch haltlosen Menschen. Wiederholt haben sich Goethe und Schiller gegen diese üble Nachrede gewandt. Die aus diesem Anlaß entstandenen Verse Goethes und Schillers seien hier abschließend angeführt. Sie zeigen auch, daß Schiller sehr wohl Moritz' Größe erkannt hat und ihm die unfreundliche Kritik nicht nachgetragen hat: »Armer Moritz! Wie viel hast du nicht im Leben erlitten. / Aeacus sei dir gerecht; Schlichtegroll war es dir nicht.« Aeacus war einer der antiken Richter in der Totenwelt.

Christoph Martin Wieland
Dom Karlos. Infant von Spanien, von Friederich Schiller. Leipzig 1787

Durch Vermittlung Charlotte von Kalbs ergab sich für Schiller im Dezember 1784 die Möglichkeit, der Darmstädter Hofgesellschaft den ersten Akt des »Don Carlos« vorzulesen. Unter den Zuhörern war auch der Weimarer Herzog Carl August, der den Dichter am Tag danach, am 27. Dezember, zum »Rat in meinen Diensten« ernannte. Daraufhin widmete Schiller das Heft der von ihm selbst verlegten »Rheinischen Thalia«, in dem der erste Akt des »Don Carlos« abgedruckt war, dem Herzog. Dieser bestellte bei Wieland ein Gutachten über den ersten Akt. In einem Brief vom 8. Mai 1785 teilte ihm Wieland sein Urteil mit: die Wahl des Stoffes mache Schillers poetischem Mut Ehre; Wieland habe »auch in diesen ersten Szenen ... viele Stellen und einzelne Züge gefunden«, die ihn in seiner guten »Meinung von den Fähigkeiten des Hrn. S.« bestärkt hätten. Aber er bemängelte Schillers »noch immer zu feurige und zum Ausschweifen geneigte Einbildung«. Die »Kunst der Tragödie« solle er »noch mehr aus den Werken der griechischen und französischen Meister studieren«; er solle sich »um eine nicht bloß dichterische, sondern exakte philosophische Theorie der menschlichen Natur« bemühen. Denn noch laufe er Gefahr, »gegen Wahrscheinlichkeit, Schicklichkeit und Anständigkeit zu verstoßen«. Weder seien »die Charaktere richtig gezeichnet, noch die Leidenschaften mit Wahrheit dargestellt«. An den Personen vermisse er oft »die psychologische Wahrheit«, sie seien zu »Karrikaturen« geraten. Ihre Sprache und Gedanken seien »bald schwülstig, bald zur Unzeit witzig, bald sonst unschicklich«; überhaupt sei »die Sprache ... sehr weit von dem entfernt«, was nach Wielands »von Sophokles und Racine abgezogenen Ideal die schöne Sprache der Tragödie sein soll.«

Wieland legte an den »Don Carlos« die Maßstäbe der antiken und der französischen klassizistischen Poetik.

Trotz seiner insgesamt negativen Einschätzung war Wielands Besprechung im Anzeiger des Deutschen Merkur vom September 1787, die wir hier ungekürzt abdrucken, die erste, die der im Juli 1787 herausgekommenen Buchausgabe galt. Ursprünglich hatte Wieland seinen Schwiegersohn Reinhold gebeten, eine Rezension für den Deutschen Merkur zu schreiben: »Von Don Carlos kann ich nach meiner Vorstellungsart unmöglich eine günstige Anzeige machen... Ich gebe Ihnen Vollmacht, dieses sonderbare opus so günstig zu rezensieren, als Sie es nach Ihrer eigenen Empfindung und Vorstellung ohne alle Rücksicht auf die meinige mit gutem Gewissen nur immer tun können; denn ich möchte Göschen gerne geholfen und Schiller geschont wissen.«

Reinhold schrieb die Besprechung nicht, und Wieland hat sie schließlich doch selbst verfaßt. Wie die meisten Kritiker lobte auch er die großen poetischen Fortschritte Schillers, die im »Don Carlos« sichtbar würden. Aber er bekannte sich auch zu seinen Vorbehalten und wiederholte sie in freilich abgemilderter Form. Schiller äußerte sich über Wielands Besprechung: »Es ist einiges gut darin gesagt.« Und später schrieb er an Christian Gottfried Körner: »Mit Wieland bin ich ausgesöhnt. Ich mußte ihm, nach allen Regeln der Höflichkeit und Billigkeit, wegen seiner Anzeige des Carlos im Merkur etwas sagen, worauf es sich ohne Erklärung sehr natürlich ergab, daß wir uns doch näher wären. Er sagte mir viel Gedachtes und Schmeichelhaftes über mich selbst; unter andern warnte er mich, weniger verschwenderisch in meinen Stücken zu sein, damit ich mich nicht ausgebe. Aus dem Carlos sagte er, hätte ich drei wichtige Stücke machen können. Er ist jetzt überzeugt, daß das Drama mein Fach ist. Ich bin es noch nicht.«

Vier Monate später jedoch schrieb er, wiederum an Körner: »Ich und Wieland stehen uns noch wie immer; ich wundere mich selbst, daß wir noch keine Händel gehabt haben. Neulich hätt ich ihn fast auf den Kopf gestellt; ich war just in einer meiner widersprechenden Launen, und da erklärte ich ihm, als das Gespräch auf französischen Geschmack roulierte, daß ich mich anheischig machte, jede einzelne Szene aus jedem französischen Tragiker wahrer und also besser zu machen. Du kannst ungefähr wissen, wie ich das meinen müßte, aber ihm hatte ich in die Seele gegriffen. Er führte mir meinen Carlos zur Widerlegung an; wo ich nämlich gerade die Fehler hätte, die ich an den Franzosen tadle. Ich sagte ihm, daß aus den dreißig Bogen des Carlos gewiß sieben herauszubringen seien, worin reine Natur sei (und habe ich nicht recht?); er solle mir das an einem französischen Stücke probieren. Er solle mir den Marquis Posa in einer Szene mit einem König Philipp so weit kommen lassen, ohne meinen Weg einzuschlagen, oder er solle eine dreizehn Blätter starke Szene zwischen Carlos und der Eboli in französischem Geschmacke schreiben lassen, und sehen, wer sie aushält.

Er konnte mir nichts antworten, und ich glaube überhaupt niemand.«

Der »Don Carlos« ist viel besprochen worden; aber wenn Schiller im August 1788 auch an Hufeland schrieb, daß über den Carlos »viel gedachtes gesagt« würde, so fühlte er sich doch in vielem von den Kritikern unverstanden. Um sich noch einmal erklären zu können und auch um neue

Gesichtspunkte zur Handlung des Stücks vorzutragen, schrieb er zwölf »Briefe über den Don Carlos«, die 1788 im »Deutschen Merkur« veröffentlicht wurden. Es führte hier zu weit, auf diese sehr aufschlußreichen »Briefe« einzugehen. In Erinnerung gerufen sei lediglich, daß Wieland der Kritiker des »Don Carlos« Herausgeber des »Merkur« war. Am 20. August 1788 schrieb Schiller an Körner: »Daß Dir meine kritischen Briefe im D. Merkur gefallen, freut mich. Ich finde auch, daß sie gutgeschrieben sind; Wieland hat sie sehr bewundert.«

164 *Dom* – Schiller verwandte die ältere Form des spanischen Adelstitels.
Thalia – Schiller veröffentlichte Teile aus den ersten zwei Akten im ersten (und einzigen) Heft der in Mannheim erscheinenden »Rheinischen Thalia« (»Lenzmonat« 1785, d. i. März) und im zweiten und dritten Heft der nun unter dem Titel »Thalia« bei Göschen in Leipzig herauskommenden Zeitschrift (Februar und März 1786). In Heft 4, das im Dezember 1786 erschien, waren Szenen aus dem dritten Akt abgedruckt. Im Juli 1787 kam das vollständige, gegenüber der sogenannten »Thalia«-Fassung gekürzte Werk bei Göschen heraus.

165 *legitimum poema* – in Horaz, Briefe II, 2, 109
des Aristoteles und Horaz – die Poetiken des Aristoteles aus dem 4. Jh. v. u. Z. und die des Horaz aus dem Jahre 13 v. u. Z. (s. auch Anm. zu S. 49) galten bis zum Beginn des Sturm und Drang als Lehrbücher, ohne deren Kenntnis kein literarisches Kunstwerk gelingen könnte.
Aristarch – s. Anm. zu S. 84

Friedrich Leopold Graf zu Stolberg
Gedanken über Herrn Schillers Gedicht »Die Götter Griechenlands«

Im Märzheft 1788 des »Deutschen Merkur« druckte Wieland Schillers 25 Strophen langes Gedicht »Die Götter Griechenlands« ab. Über die Entstehung des Gedichts schrieb Schiller an Christian Gottfried Körner: »Angenehm wird Dir's sein zu hören, daß ich mich aus dem Schulstaub meines Geschichtswerks auf etliche Tage losgerüttelt und mich ins Gebiet der Dichtkunst wieder hineingeschwungen habe. Bei dieser Gelegenheit habe ich die Entdeckung gemacht, daß, ungeachtet der bisherigen Vernachlässigung, meine Muse noch nicht mit mir schmollt. Wieland rechnete auf mich bei dem neuen Merkurstücke, und da machte ich in der Angst – ein Gedicht. Du wirst es im März des Merkur finden und Vergnügen daran haben, denn es ist doch ziemlich das beste, das ich neuerdings hervorgebracht habe, und die horazische Korrektheit, welche Wieland ganz betroffen hat, wird Dir neu daran sein. Ich schreibe Dir von dem Gegenstand nichts. Was wir sonst, wenn Du Dich noch darauf besinnen magst, miteinander getrieben haben, die Wortfeile, treibe ich jetzt mit Wieland, und einem Epitheton zu Gefallen werden manche Billets hin und wieder gewechselt, am Ende aber bleibt immer das erste stehen.«

Wielands Einfluß beschränkte sich allerdings nicht auf die »Wortfeile«, das heißt auf Ausdrücke und Wendungen eines dem Rokoko verhafteten

Antikebildes und auf Leichtigkeit und Anmut der Verse. Vielmehr wird seine Auffassung von der Antike als dem »glücklichsten Zeitalter der Griechen (von welchen alle Aufklärung ausgegangen ist)« spürbar (was Wieland so erst später formulierte, in einem im August 1788 im »Deutschen Merkur« abgedruckten Aufsatz). Andererseits darf Wielands Bedeutung für Schillers Gedicht auch nicht überschätzt werden.

Ebenso darf die Bedeutung des Gedichts für Schiller selbst nicht überschätzt werden. Es handelt sich dabei keineswegs um ein »Bekenntnisgedicht« zum antiken Götterglauben und gegen das Christentum (die Briefstelle an Körner läßt eher eine Gelegenheitsarbeit vermuten). Es gibt nicht einmal Schillers Antikebild wieder, das längst nicht so strahlend war, wie es uns im Gedicht entgegentritt. Zwei Jahre vor den »Göttern Griechenlands« hatte Schiller geschrieben: »Die Griechen philosophierten trostlos, glaubten noch trostloser und handelten – gewiß nicht minder edel als wir... Die Griechen malten ihre Götter nur als edlere Menschen und näherten ihre Menschen den Göttern. Es waren Kinder einer Familie.«

Wenn Schiller das alte Griechenland so scheinbar übertrieben verklärte und seinen Untergang traurig beklagte, stellte er damit einer als dunkel empfundenen Gegenwart die lichtvolle Vergangenheit gegenüber. Neben ein Daseinsgefühl, in dem sich der strenge, ferne Gott und eine entseelte Natur mit dem auf seine eigene Innerlichkeit verwiesenen Menschen gegenüberstehen, setzte er das Idealbild einer harmonischen Lebensweise, die Menschen, Götter und Natur vereinte. Er drückte damit, und wurde von vielen Zeitgenossen auch so verstanden, seine Sehnsucht nach einem neuen »göttlichen« Zeitalter aus. »Der Künstler und dann vorzüglich der Dichter behandelt niemals das wirkliche, sondern immer nur das idealische, oder das kunstmäßig ausgewählte aus einem wirklichen Gegenstand«, schrieb er am 25. 12. 1788 an Körner.

Dies nicht erkannt zu haben ist Stolbergs Grundirrtum. Er sah in dem Gedicht nichts anderes als eine Verherrlichung des »Heidentums« und einen Angriff auf das Christentum. Diese vordergründige Sicht brachte ihn in Konflikt mit der sich nun als ebenso vordergründig erweisenden Begeisterung für Schillers »Lied an die Freude«, das ihn »zu Wonnetränen« gerührt habe. Stolberg mußte dieses Gedicht mit dem jubelnden Ausruf »Brüder, überm Sternenzelt muß ein guter Vater wohnen« als ausdrückliches Bekenntnis zum Christentum genommen haben. Anders ist der Widerspruch nicht zu verstehen, vor dem er stand und den er nicht begriff. Stolberg sah nicht, daß das Gedicht »Die Götter Griechenlands« auch ein »Lied an die Freude« ist, daß sich in beiden Gedichten ähnliche Sehnsüchte ausdrücken.

Stolbergs Kritik an Schillers Gedicht beschränkt sich auf den Inhalt, es geht ihr um Moral und Religion, nicht um Ästhetik und Poesie. Stolberg forderte eine Kunst, deren »letzter Zweck ... nicht sie selbst« sei, sondern die sich in den Dienst einer Ideologie, hier der Religion stelle. –

Friedrich Leopold Graf zu Stolberg (1750–1819) war gemeinsam mit seinem Bruder Christian Mitglied des Göttinger Hains gewesen, jener Gemeinschaft junger deutscher Dichter des Sturm und Drang, die sich auf Klopstock und die germanische Vorzeit berufend eine bürgerliche, volksverbundene und patriotische Literatur anstrebte. Mit Goethe bereisten die

Brüder 1775 die Schweiz. Seit der Zeit des Hainbunds war Friedrich Stolberg eng mit Johann Heinrich Voß befreundet, den er gelegentlich auch finanziell unterstützte. Später gingen beider Anschauungen jedoch auseinander; während Voß die Französische Revolution begeistert begrüßte, lehnte Stolberg sie als einen Angriff auf die Vorrechte des Adels ab. Stärker noch als diese politischen Meinungsunterschiede entzweiten sich die Freunde durch Stolbergs Hinwendung zum Mystizismus und zum Katholizismus. 1800 war Stolberg zur katholischen Kirche übergetreten, und 1819 schickte ihm Voß seine berühmte Streitschrift ins Lager der politischen und ideologischen Gegner hinterher, »Wie ward Fritz Stolberg ein Unfreier?« –

Stolbergs Kritik an Schillers Gedicht erschien im August 1788 in der von Johann Heinrich Vossens Schwager Boie in Leipzig herausgegebenen Zeitschrift »Deutsches Museum« (Band 2). Der Aufsatz löste große Erregung aus und wurde durch Zeitschriftenbeiträge überall in Deutschland sowohl bestätigt als auch angegriffen. Die wichtigsten Erklärungen für Schiller schrieben sein enger Freund Christian Gottfried Körner (veröffentlicht im März 1789 in der von Schiller bei Göschen herausgegebenen »Thalia«) und Georg Forster (veröffentlicht im Mai 1789 in der ebenfalls bei Göschen erscheinenden »Neuen Literatur- und Völkerkunde«). Körner führte die Auseinandersetzung vom rein Inhaltlichen ins Ästhetische hinüber, »es gibt einen ästhetischen Gehalt, der von dem moralischen Werte unabhängig ist«. Und weiter unten schrieb er: »Dichterische Wahrheit fordert oft mit Recht eine gewisse Aufopferung der philosophischen.« Er wandte sich gegen die In-Dienst-Nahme der Poesie durch die Moral. »Die Kunst ist keinem fremdartigen Zwecke dienstbar. Sie ist selbst ihr eigner Zweck«, formulierte er gegen Stolberg. »An der Seite der Religion und des Patriotismus« habe die Kunst »Die Bestimmung, Leidenschaft zu veredeln«. Dabei zeige sich das Verdienst des Künstlers »nicht in der Würde des Stoffs, sondern in der Art seiner Behandlung«. Körner gestand einer einzigen »Grenzlinie« Berechtigung zu, »die der Künstler eben so wohl aus ästhetischen, als auch aus moralischen Rücksichten nicht überschreiten darf«: er dürfe »das Interesse seines Kunstwerks« nicht verletzen. Damit bestätigte Körner die poetische Wahrheit als dem Kunstwerk innewohnendes unaufhebbares Gesetz.

Georg Forster wandte sich vor allem gegen Stolbergs Intoleranz. »Wer ... die moralische Freiheit kränkt und Meinungen nachdrücklicher als mit Gründen verficht, sei er König und Priester oder Bettler und Laie, er ist ein Störer der öffentlichen Ruhe.« Forster blieb näher an Schillers Gedicht und an Stolbergs Kritik als Körner, dessen Entgegnung viel allgemeiner gehalten ist. Auch beschränkte er sich nicht auf das Ästhetische, sondern stellte Stolbergs Aufsatz in einen größeren politischen Zusammenhang. Er sah in Stolberg einen Repräsentanten der reaktionärer und unaufgeklärter werdenden Feudalklasse.

Schiller war von Stolbergs Kritik »empfindlich bewegt« (Karoline v. Wolzogen). Dennoch hat er Wielands Wunsch nicht erfüllt, dem »platten Grafen Leopold« öffentlich entgegenzutreten. Erst viel später hat er sich mit Goethe in den »Xenien« zu Stolberg geäußert: »Als du die griechischen Götter geschmäht, da warf dich Apollo/Von dem Parnasse; dafür gehst du ins Himmelreich ein.«

Diese Verse und eine sie rechtfertigende Briefstelle vom 31. Juli 1796 zeigen, daß Schiller Stolbergs Angriff nicht vergessen und nicht verziehen hatte. An Goethe schrieb er: »Stolberg kann nicht geschont werden...; ich bin mit Stolberg in einer gerechten Fehde und habe keine Schonung nötig.«

Auch Stolberg hat den Streit nicht vergessen. Nach Schillers Tod schrieb er seiner Schwägerin: »Gott habe ihn selig. Für die Philosophie, Religion und den Geschmack des Wahren und Schönen ist sein Tod Gewinn. Er hatte Talent zum glänzenden Falschen, nicht genug fürs Wahre.« –

Der großzügige und undogmatische Wieland hätte Stolberg seinen »Deutschen Merkur« gern zur Verfügung gestellt, wenn dieser sich »seines Herrgotts in einer tüchtigen Ode oder doch in einem archilochischen Jamben« angenommen hätte, das heißt, wenn er Schillers Gedicht ein christliches Gegenstück zur Seite gestellt hätte. »Aber er wird, wie es scheint, immer prosaischer, und es ist wirklich erbärmlich zu sehen, was er für Schlüsse macht. Aber so rächt sich die Philosophie an den Poeten, die von Jugend an ohne sie auszukommen sich gewöhnt haben.« (15.9. 1788)

Hier traf er sich übrigens mit Forster, der seinen Aufsatz »Fragment eines Briefes an einen deutschen Schriftsteller über Schillers ›Götter Griechenlands‹« mit der Aufforderung an Stolberg schloß: »Setzen Sie Ihren Lehrbegriff in das helle Licht, welches jetzt die Götter Griechenlands in Schillers Liede umfließt; bieten Sie alle Kräfte auf zu einem unsterblichen Gesange, der Ihres Gegners Talente verdunkelt und seinen Zauber auflöst. Den Beistand der neun Schwestern dürfen Sie zwar nicht dazu erflehen; allein, wer weiß, ob nicht eine uns unbekannte Muse auch in Ihrem Himmel wohnt?«

Stolberg hat weder mit einer tüchtigen Ode noch mit archilochischen Jamben geantwortet. Stattdessen erschien im Augustheft 1789 des »Deutschen Merkur« als Antwort auf Schillers Gedicht Franz von Kleist (1769–1797) Hymne »Das Lob des einzigen Gottes«. Die Verse waren so bedeutungslos, daß selbst Wieland als Herausgeber sie kritisierte und dem Dichter riet, sich Ewald von Kleists Dichtung als Beispiel zu nehmen.

Auch diesen frühverstorbenen, heute völlig vergessenen Franz v. Kleist haben Schiller und Goethe in den »Xenien« ein Andenken bewahrt: »Alles an diesem Gedicht ist vollkommen, Sprache, Gedanke/Rhythmus, das einzige nur fehlt noch: es ist kein Gedicht.«

166 *wie Platon sagt* – In Platons (427–347 v.u.Z.) Dialog »Ion« heißt es wörtlich: »Denn ein Dichter ist ein luftiges, leichtbeschwingtes und heiliges Wesen.« (Übersetzung F. Susemihl) S. auch Anm. zu S. 142
die Begeisterung ist eine Leidenschaft – Stolberg hatte in einem Aufsatz »Über die Begeisterung« (»Deutsches Museum« 1782, Band 1) geschrieben: »Selbst das göttlichste Gedicht ist nur ein Nachbild von den Zügen des Urbilds, welches die Begeistrung mit glühendem Pinsel in die Seele des Dichtenden hinwarf.« In dem eben zitierten »Ion« werden »Begeisterung und Verzückung« als unumgängliche Voraussetzungen der Dichtung bezeichnet.

167 *Auch Träume...* – Homer, Ilias I,63

168 *Anaxagoras* – (500–428 v.u.Z.) griechischer Philosoph, lehrte, daß die Welt aus unendlich vielen kleinen, ähnlichen Teilen bestehe; ein unper-

sönlicher Weltgeist (Nous) ordne und regiere das Chaos; beeinflußte Perikles und Euripides.

168 *Tritonen, Najaden, Dryaden, Oreaden* – (griech.) niedere Meer-, Wasser-, Baum- und Berggötter (bzw. -göttinnen)

Da der Dichtkunst ... – Dieses wie alle folgenden Verszitate stammen aus Schillers Gedicht.

169 *Hymen* – (griech.) Gott der Hochzeit

Alliebender – Gott des Christentums

170 *Saturnus* – altrömischer Gott der Saaten; seine ältere griechische Entsprechung Kronos galt als oberster Gott, Vater u. a. von Zeus. In diesem Sinne ist er hier wohl auch von Schiller gemeint.

171 *Sophisten* – s. Anm. zu S. 33

»Die Freude« – Das Gedicht »An die Freude« war 1785 entstanden und 1786 in der »Thalia« veröffentlicht worden.

jener junge Meder – In der um 360 v. u. Z. von Xenophon verfaßten »Kyrupädie« sagt Araspes in einem Gespräch mit König Kyros von sich selbst: »Ich habe ja offenbar zwei Seelen ... Denn wenn sie nur eine ist, so ist sie nicht zugleich gut und schlecht, liebt nicht zugleich schöne und häßliche Taten und will dasselbe zugleich tun und nicht tun; aber es gibt zwei Seelen, und wann die gute die Oberhand hat, so geschieht das Schöne, wann aber die böse, so wird das Häßliche unternommen.« (VI,1; anonyme Übersetzung, Leipzig 1857)

172 *nimm mir den Glauben* – letzte Zeile eines 1786 erschienenen Gedichts »Glaubensbekenntnis eines wahrheitringenden Katholiken« von Aloys Blumauer (1755–1798)

einige wienerische Dichter – Unter der Regierung des aufgeklärten Kaisers Joseph II. (1765–1790) wurde in Österreich u. a. zeitweise das Zensurgesetz gelockert, wurde ein Teil der Klöster aufgelöst und kam es zu einer Stärkung des Bürgertums. Diese neue Situation schuf die Voraussetzung dafür, daß eine Flut antikirchlicher Schriften entstehen und gedruckt werden konnte.

mehr als Mutterliebe – Im alttestamentlichen Buch Jesus Sirach heißt es, Gott »wird sich deiner mehr erbarmen als eine Mutter« (4,11).

173 *einem Volks seit einigen tausend Jahren* – die Juden

Bacchus mit seinen frechen Mänaden – s. Anm. zu S. 125

unzüchtige Priesterinnen – wie die meisten weiblichen Gottheiten hatte auch die Göttin der Liebe, Venus (griech. Aphrodite), Priesterinnen. Stolberg meint jedoch wahrscheinlich hier weniger die Priesterinnen als die Prostituierten, die sogenannten Dienerinnen der Liebe.

Ossa und Pelion – Griechische Gebirge. In Homers »Odyssee«, XI, 315/16, wird von Otos und Ephialtes, den körperlich größten Menschen aller Zeiten, berichtet, daß sie als Knaben den Olymp auf den Ossa türmen wollten, »auf diesen aber das waldreiche Pelion, um in den Himmel zu klettern.«

Johann Wolfgang von Goethe

Die Piccolomini. Wallensteins erster Teil. Ein Schauspiel in fünf Aufzügen von Schiller.

Schiller hatte einen langen, beschwerlichen Weg vom Januar 1791, da er in einem Brief an Christian Gottfried Körner zum ersten Mal den Plan zu einem neuen Drama erwähnt hatte, bis zum Januar 1799 zurücklegen müssen, da der erste Teil des Stückes in Weimar uraufgeführt wurde (»Wallensteins Lager« war bereits am 12. Oktober 1798 zur Wiedereröffnung des Weimarer Theaters uraufgeführt worden).

Am 12. Januar 1791 schrieb Schiller aus Jena an Körner: »Es ist mir jetzt wieder noch einmal so wohl, denn seit meiner Erfurter Reise bewegt sich wieder der Plan zu einem Trauerspiele in meinem Kopfe, und ich habe einen Gegenstand für abgerissene poetische Momente. Lange habe ich nach einem Sujet gesucht, das begeisternd für mich wäre, endlich hat sich eins gefunden, und zwar ein historisches.«

Erst im Dezember 1798 gelang es Schiller, den ersten Teil des Stückes zu ende zu schreiben und damit die Aufführung für den 30. Januar sicherzustellen. Der gewaltige Stoff hatte ihm ein Höchstmaß an Gestaltungskraft abverlangt und seinen ohnehin schlechten Gesundheitszustand in Mitleidenschaft gezogen. Schillers Briefe vom Dezember 1798 zeigen, wie schwer ihn die abschließende Arbeit angekommen ist. Am 24. Dezember schrieb er an Goethe: »Ich setze mich mit einem sehr erleichterten Herzen nieder, um Ihnen zu schreiben, daß die Piccolomini soeben an Iffland abgegangen sind. Er hat mich in seinem Brief so tribuliert und gequält zu eilen, daß ich heute meine ganze Willenskraft zusammennahm, drei Kopisten zugleich anstellte und (mit Ausschluß der einzigen Szene im astrologischen Zimmer, die ich ihm nachsende) das Werk wirklich zustande brachte... So ist aber auch schwerlich ein heiliger Abend auf 30 Meilen in der Runde verbracht worden, so gehetzt nämlich und quälend über der Angst, nicht fertig zu werden.«

Erst am 25. Januar 1791 fand die erste Bühnenprobe der »Piccolomini« im Weimarer Theater statt, nachdem es bereits einige Leseproben in Goethes Haus gegeben hatte. Am Morgen des 30. Januar schrieb Goethe an Schiller: »So ist denn endlich der große Tag angebrochen, auf dessen Abend ich neugierig und verlangend genug bin... Mittags hoffe ich Sie bei mir zu sehen.«

Es ist die Zeit der engsten Freundschaft und Zusammenarbeit der beiden Dichter.

Schiller war mit der Uraufführung »nicht allein zufrieden, sondern überaus glücklich« (H. Steffens). Über die Reaktion des Publikums schrieb er: »Das Publikum ehrte das Werk des Dichters und die Bemühungen der Schauspieler durch eine fortgesetzte wachsende Aufmerksamkeit, es zeigte sein Interesse und seine Rührung.«

Diese Sätze stehen fast am Schluß von Goethes Besprechung der »Piccolomini«, die wir hier gekürzt vorlegen.

Goethe hat bereits am 2. Januar 1799, also kurz nachdem er das Drama bekommen hatte und noch vor der Uraufführung, an Cotta geschrieben, daß er die »Piccolomini« für die »Allgemeine Zeitung« in Tübingen besprechen wolle. Am 16., 17. und 18. Februar arbeitete er an dem Aufsatz; Schiller, der am 4. Januar von Jena nach Weimar herübergekommen und am 7. Februar nach Jena zurückgekehrt war, nahm viel Arbeit daran. Er hat den Schluß der Kritik, der sich auf die Darstellung im Theater bezieht, selbst geschrieben. Auch an anderer Stelle hat ihn Goethe um Mitarbeit gebeten, so schrieb er ihm am 17. Februar: »Hier schicke ich die erste Lage mit der Bitte, die politische Möglichkeit, sich zum König von Böhmen zu machen, kürzlich auszuführen.« Vermutlich hat Schiller die gesamte Rezension durchgesehen, ehe Goethe sie am 22. Februar an Cotta absandte. Vom 25. bis 31. März 1799 ist sie dann in der »Allgemeinen Zeitung« in Tübingen erschienen (Nr. 84–90). Wir haben sie um die Stellen gekürzt, die nur den Inhalt nacherzählen, und um den von Schiller verfaßten Schluß.

Goethes (und Schillers) Rezension der »Piccolomini« war die erste öffentliche Reaktion auf das Stück. Schiller hat seinen Freund Körner am 8. Mai 1799 gebeten, »eine Anzeige« von »Wallensteins Tod«, den er am 17. März vollendet hatte, für die »Allgemeine Zeitung« zu schreiben. Er könne sich »darin nach der Anzeige der Piccolomini in eben dieser Zeitung, die Goethe und« er »in Gemeinschaft, obgleich etwas eilfertig aufgesetzt, richten«.

Körner hat diesem Wunsch nicht entsprochen, und so blieb »Wallensteins Tod« in der »Allgemeinen Zeitung« unbesprochen. Uraufgeführt wurde das Stück am 20. April 1799 in Weimar.

175 *attachiert* – (frz.) sich verbindet
176 *Negotiationen* – (frz.) Verhandlung, Unterhandlung
Propositionen – (lat.) Vorschläge, Anerbieten

August Wilhelm Schlegel
Über »Die Künstler«, ein Gedicht von Schiller.

Schillers großes Gedicht »Die Künstler« war im Märzheft 1789 von Wielands »Deutschem Merkur« erschienen, nachdem beide Dichter sich gründlich darüber ausgetauscht hatten. Schiller hatte Wielands Einwände und Vorschläge teilweise berücksichtigt, schrieb aber dennoch nach der Veröffentlichung an Christian Gottfried Körner: »Wieland hat manches nicht verstanden.« Die erste öffentliche Kritik des Gedichts erschien anonym 1790 im ersten Band der von Gottfried August Bürger herausgegebenen Zeitschrift »Akademie der schönen Redekünste«, Berlin und Göttingen.

Am 1. November 1790 schrieb Schiller an Körner: »Meine Künstler sollen in einem Stück des Bürgerschen Journals ›Akademie der schönen Redekünste‹ rezensiert sein. Noch habe ich es nicht gelesen, vielleicht bekommst Du es vor mir zu Gesicht. So würde mir doch der Wunsch erfüllt, daß nicht ganz davon geschwiegen wird.«

Verfasser der gründlichen, im ganzen lobenden Besprechung war August Wilhelm Schlegel. Er hatte bereits 1789 in den »Göttingischen gelehrten Anzeigen« die ersten sieben Hefte der Zeitschrift »Thalia«

besprochen und dabei die Beiträge des Herausgebers Schiller besonders gelobt. Der »Don Carlos« machte ihm großen Eindruck, und er schrieb seinem Bruder Friedrich: »Den Dichter liebe ich, wie er sich allenthalben in seiner Darstellung verrät.« Schillers Kritik der Bürgerschen Gedichte 1791 verärgerte Schlegel, der mit Bürger befreundet war und ihn verehrte. Allerdings währte die Verstimmung nicht lang, da sich Friedrich Schlegel bald für Schiller erklärte.

Ab 1795 gab Schiller die Zeitschrift »Horen« heraus. Bereits für die »Thalia« hatte er Schlegel um Beiträge bitten lassen, der zögerte aber wegen der Kritik an Bürgers Gedichten. Inzwischen war Bürger am 8. Juni 1794 gestorben, und Schlegel glaubte, auf ihn keine Rücksicht mehr nehmen zu müssen. Nachdem Körner die Verbindung zustande gebracht hatte, entwickelte sich ein lebendiger, fast freundschaftlicher Briefwechsel zwischen Schiller und August Wilhelm Schlegel. August Wilhelm Schlegel schrieb am 5. Juni 1795 aus Amsterdam an Schiller: »Meine Versuche können nirgends vorteilhafter noch in einer gewählteren Gesellschaft erscheinen als in den Horen... Was Sie und wenige Andre seit einigen Jahren im Fache der Theorie und Beurteilung des Schönen getan, hat Epoche gemacht und die Forderungen an die Kunstrichter so erhöht, daß ein deutscher Schriftsteller sich nicht ohne viel zu wagen in diese Laufbahn drängen kann... Manche Bewunderer des Dichters und Geschichtsschreibers Schiller fangen an, auf den Kunstrichter eifersüchtig zu werden; ich für mein Teil folge gern jeder Wendung eines Geistes, der in allen seinen Schöpfungen, nur nach verschiednen Perioden der Wirksamkeit, gleich unverkennbar lebt. Ich ergreife diese Gelegenheit, Ihnen für das Viele, was mir Ihre Werke an Genuß und Belehrung gewährten, den wärmsten und gefühltesten Dank zu sagen.« Und er schloß seinen Brief mit den huldigenden Sätzen: »Möge Ihnen alles, was Sie für den Genuß des Schönen, für die Verbreitung des Wahren und für den Ruhm unsrer Literatur unternehmen, bei guter Gesundheit und frohem Mute auf das erwünschteste gelingen. Erhalten Sie mir Ihre gütigen Gesinnungen: es wird immer mein Bestreben sein, Ihren Beifall zu verdienen.«

Und aus Jena schrieb ihm Schiller am 12. Juni (die Briefe überkreuzten sich): »Senden Sie uns, was Sie nur irgend zum Druck bestimmt haben. Es wird dem Journal immer zur Zierde gereichen... Kommen Sie bald wieder in Ihr Vaterland, und leben Sie den Musen ein Leben, das Sie im Dienst derselben so schön eröffnet haben.«

Worauf Schlegel am 6. August antwortete: »Ihre Aufforderung, ferner zu den Horen beizutragen, ist mir in hohem Grade schmeichelhaft und ermunternd. Da ich jetzt fürs erste einer ganz unabhängigen Muse genieße, so werde ich mit ungeteiltem Eifer Ihnen genüge zu leisten suchen.«

Schiller redete ihn am 14. September als »mein vortrefflicher Freund« an, und am 5. Oktober bezog er sich noch einmal auf Schlegels Besprechung seines »Künstler«-Gedichts: »Sie haben ... ein so geistreiches Urteil über meine Künstler gefällt, daß ich einem solchen Leser und Kunstrichter Genüge zu tun lebhaft interessiert bin.«

Wenig später bat er ihn, »den poetischen Teil der Horen in der Literatur-Zeitung zu rezensieren«, d.h. Schlegel sollte die belletristischen Teile des ersten »Horen«-Jahrgangs besprechen. Auch Goethe war damit einverstanden: »Es ist recht gut, daß die Rezension des poetischen Teils der Horen in die Hände eines Mannes aus der neuen Generation gefallen ist, mit der alten werden wir wohl niemals einig werden.«

Im Januar 1796 erschien die Besprechung in der »Allgemeinen Literatur-Zeitung«, und Goethe und Schiller (die durchaus nicht nur gelobt, sondern in Einzelheiten auch behutsam getadelt wurden) waren mit der Arbeit zufrieden. Schiller schrieb: »Gestern endlich, mein vortrefflicher Freund, bekam ich Ihre Rezension zu Gesichte, und ich brauche Ihnen wohl nicht zu sagen, daß sie mich, insofern ich selbst oder mein Journal dabei interessiert sind, mehr als befriedigt hat. Aber auch ohne alle diese Privatrücksichten erfreute mich die schöne Verbindung poetischer Wärme mit kritischer Kälte, welche darin herrscht, und ohne welche ich keinen Kunstrichter anerkennen kann ... Goethe ... war mit Ihrer Rezension sowie überhaupt mit Ihrer Art zu urteilen sehr zufrieden.«

Im Mai 1796 kam Schlegel nach Jena und entschloß sich, vor allem um in Schillers Nähe zu leben, dorthin überzusiedeln. Von Schiller und seiner Frau wurde alles dafür vorbereitet, und bereits am 8. Juli zogen Caroline und August Wilhelm Schlegel in Jena ein. Zwischen beiden Familien entstand ein enger, freundschaftlicher Verkehr, in den zuweilen auch Goethe einbezogen war, wenn er von Weimar herüberkam. Caroline Schlegel allerdings verhielt sich von Anfang an reserviert Schiller gegenüber, den sie weit weniger als Goethe schätzte.

Am 7. August kam auch Friedrich Schlegel, August Wilhelms Bruder, jedoch nur für kurze Zeit, nach Jena. Er hatte gerade eine Kritik des von Schiller herausgegebenen »Musenalmanachs für das Jahr 1796« geschrieben, die in Johann Friedrich Reichardts Zeitschrift »Deutschland« veröffentlicht wurde. Darin griff er Schillers Gedichte unverhohlen an. Was Schiller nicht wußte, und was August Wilhelm Schlegel später auch bestritt, war, daß August Wilhelm an der Kritik seines Bruders mitgearbeitet hatte.

Durch Friedrich Schlegels Aufsatz wurde auch das Verhältnis zwischen August Wilhelm und Schiller getrübt. Zum offenen Streit kam es ein Jahr später, als Friedrich Schlegel in mehreren Besprechungen die »Horen« heftig angegriffen hatte. Am 31. Mai 1797 schrieb Schiller an August Wilhelm Schlegel, er wolle »eine Verbindung abbrechen, die unter so bewandten Umständen gar zu sonderbar ist und mein Vertrauen zu oft schon kompromittierte«.

Schlegel antwortete sofort am nächsten Tag und versicherte, Schillers »Vertrauen nie auch in der geringsten Kleinigkeit nicht gemißbraucht und nie der Dankbarkeit entgegen gehandelt zu haben«, die er »für so viele Güte und Teilnahme« schuldig sei. Schiller blieb bei seinem Entschluß, er könne nicht »zugleich der Freund Ihres Hauses und der Gegenstand von den Insulten Ihres Bruders« sein.

Wir veröffentlichen Schlegels Aufsatz über »Die Künstler« um einen Abschnitt gekürzt, der allgemeine Gedanken über das Lehrgedicht enthält.

180 *Rhapsodie* – (griech.) von einem Rhapsoden, Wandersänger vorgetragene Erzählung

181 *Es ist Geist ...* – Zitat aus Gottfried August Bürgers »Elegie. Als Molly sich losreißen wollte«, 1776.

183 *Orion* – (griech.) Sternbild aus über 80 Sternen
Urania – (griech.) die Himmlische; Muse der Sternenkunde, auch Beiname der Liebesgöttin Venus
185 *platonischer Mythus* – s. Anm. zu S. 142
189 *Herme* – (griech.) vierseitiger Pfeiler mit plastisch ausgebildetem Kopf des Gottes Hermes, später auch anderer Götter
Haberrohr – Hirtenpfeife, Schalmei
190 *Mäonide* – (griech.) Beiname des Dichters Homer als aus Mäonien in Lydien gebürtig
191 *Minervens Geburt* – Der griechischen Mythologie zufolge entsprang Athene (Minerva) dem Haupte des Zeus (Jupiter).
die böotischen Verächter – Den Bewohnern der mittelgriechischen Landschaft Böotien wurde im Altertum, besonders von den Athenern, vorgeworfen, ihnen fehlten die Gesittetheit und der Sinn für das Schöne; als Ursache für die böotische Lebensart wurde das drückende Klima angesehen.
193 *Eumenidenchor* – (griech.) Eumeniden (die Wohlgesinnten) ist der euphemistische Name für die unerbittlichen, jeden Verbrecher, besonders jeden Mörder verfolgenden Rachegöttinnen, die Erinnyen.
194 *Thespis' Wagen* – (griech.) von dem Griechen Thespis im 6. Jh. v. u. Z. angeblich als Bühne benutzter Wagen, mit dem er umherzog.
Dusch – »Die Wissenschaften«, ein Lehrgedicht in sechs Gesängen von Johann Jakob Dusch (1725–1787), einem Anhänger Gottscheds, erschien zum ersten Mal 1752; erst in der dritten, erweiterten Fassung von 1765 sind die von Schlegel zitierten Verse enthalten.
195 *Avernus* – (latein.) Am Averner See bei Cumä in Unteritalien befand sich nach mythologischer Vorstellung der Eingang in die Unterwelt.
mit umgestürztem Lichte – die nach unten gehaltene Fackel war in der Antike das Sinnbild des Todes.
Kastor und Pollux – (griech.) die sogenannten Dioskuren, Zwillingssöhne der Leda; Kastor war sterblich, Pollux unsterblich. Weil sich die Brüder nach dem Tod nicht trennen wollten, verbringen sie abwechselnd jeweils einen Tag gemeinsam auf dem Olymp bei Zeus und einen in der Unterwelt. Es ist kein Beispiel dafür bekannt, daß die Dioskuren mit der nach unten gehaltenen Fackel dargestellt wurden.
196 *berühmte Gruppe von Statuen* – Die Dioskuren wurden häufig dargestellt. Eventuell denkt August Wilhelm Schlegel hier an die sogenannte Ildefonso-Gruppe, eine römische Plastik, die Winckelmann übrigens für Orest und Pylades, Lessing jedoch für Schlaf und Tod hielt.
Jovisbild – Das verlorengegangene Standbild des Zeus aus Olympia war ein Werk des griechischen Bildhauers Phidias aus dem 5. Jh. v. u. Z.
197 ʿεπ ʾοφρυζι νευδε – (griech.) er winkte mit den Brauen (Ilias, 1. Gesang, Vers 528), gemeint ist Zeus.
198 *Zythere* – griechischer Beiname der Liebesgöttin Aphrodite (Venus) nach ihrer Kultstätte auf der Insel Kythera
Apoll und Diana – göttliches Zwillingspaar, einer der Beinamen Apol-

lons lautet »Gott des Heilens und des Tötens mit fernhin treffendem Pfeil«, Diana ist vor allem als Göttin der Jagd bekannt geworden.
Hemsterhuis – In dem philosophischen Dialog »Alexis oder vom goldenen Zeitalter« (1787) des Holländers Franz Hemsterhuis (1721–1790) heißt es: »Im goldenen Zeitalter des Hesiod des des Hypsikles war der Mensch ganz vollkommen, so sehr es die Natur seiner Wesenheit gestattete, und war er gleich zum ewigen Dasein erschaffen, so war doch die Natur seiner Entwicklungen und Genüsse eine Aufeinanderfolge. Aber der Gang dieser Aufeinanderfolge vom ersten Augenblick der Geburt bis in die Ewigkeit war gleichförmig beschleunigt, und der Tod schien ihm nur eine der aufeinanderfolgenden und gewöhnlichen Entwicklungen seiner Wesenheit zu sein.« (Übersetzung von J. Hilß)

199 *Päan* – (griech.) Lob-, Sieg- und Jubellied
Kamönen – (lat.) die neun Musen

201 *Quatrain* – (franz.) Viervers; kleines Gedicht aus 4 Versen
männliche und weibliche Reime – der männliche Reim ist einsilbig und endet betont, der weibliche Reim dagegen ist zweisilbig und endet neben- oder unbetont.

Friedrich Schlegel
(Friedrich Schiller, Die Braut von Messina)

In seiner Jugend war Friedrich Schlegel ein glühenderer Verehrer Schillers als sein Bruder August Wilhelm. Wenn er auch gegen Schillers dramatische Werke große Vorbehalte hatte, so war er doch von den theoretischen Schriften sehr beeindruckt. Mit Schillers Aufsätzen »Über die ästhetische Erziehung des Menschen«, 1795, und »Über naive und sentimentalische Dichtung«, 1795/96, hat er sich gründlich beschäftigt, und ihre Spuren sind in seinen eigenen Überlegungen spürbar.

Durch Körners Vermittlung hoffte er, Schiller persönlich näherzukommen. Am 14. April 1792 trafen sie sich in Dresden, aber Schiller gewann keinen günstigen Eindruck von ihm, er hielt ihn im Gegenteil für einen »unbescheidenen kalten Witzling«.

»Er konnte mich nicht leiden, und wir haben nicht viel über sechs Worte miteinander gewechselt,« schrieb Schlegel seinem Bruder August Wilhelm über die Begegnung.

Auch als sie sich Ende 1794 erneut begegneten, besserte sich das Verhältnis nicht. Schlegel bot Schiller einen Aufsatz für die »Thalia« an, den Schiller aber an Biester, den Herausgeber der »Berlinischen Monatsschrift« gab. Über Körner ließ Schiller wenig später anfragen, ob Friedrich Schlegel an den neu gegründeten »Horen« mitarbeiten wollte. Ursprünglich wollte Schlegel ablehnen, zumal da Schiller seinen Aufsatz »Über die Grenzen des Schönen« schlecht beurteilt hatte. Aber am 12. September 1795 schrieb er doch einen langen, anbiedernden Brief und bot seine Mitarbeit an den »Horen« an: »Ich kann mir das Vergnügen nicht versagen, Ihnen für die gütige Aufmerksamkeit, die Sie meinen unreifen Versuchen geschenkt haben, zu danken.« Er nannte Schiller einen Mann, »der um die Wiederherstellung der echten Kunst einen zweifachen Lorbeer verdient hat.« »Wenn ich hoffen dürfte, daß Sie meine Bitte nicht als zudringliche Anforderung, sondern als bescheidenen Wunsch aufnehmen würden,« heißt es weiter; Schlegel sprach vom »großen Zweck« der »Horen« und schrieb über die Beziehung zwischen seinem Bruder August Wilhelm und Schiller: »Mein Bruder schreibt mir mit vieler Wärme von Ihrer Freundschaftlichkeit gegen ihn. Ich nehme den innigsten Anteil an allem, was ihn betrifft: ich wünsche ihm zu dieser Verbindung Glück und bin so frei, Ihnen aufs lebhafteste dafür zu danken.«

Schiller hat diesen Brief nicht beantwortet.

Schlegel war gekränkt. Im folgenden Jahr veröffentlichte er in der von dem Musiker und Publizisten Johann Friedrich Reichardt in Berlin herausgegebenen Zeitschrift »Deutschland« zwei Besprechungen, die Schiller tief verletzten: im Juli »An den Herausgeber Deutschlands, Schillers Musenalmanach betreffend« und im Juli-, August- und Oktoberheft die Rezension der Hefte 2 bis 12 des zweiten Jahrgangs der »Horen« (1796). Beide Male wurde Schiller scharf kritisiert, nicht unsachlich, aber gereizt.

Schiller schrieb am 16. Mai 1797 an Goethe: »Es wird doch zu arg mit diesem Herrn Friedrich Schlegel.« Er beantwortete auch einen zweiten Brief Schlegels vom 2. Mai 1797 nicht, der nicht mehr so unterwürfig war, und dem am 20. Juli ein Aufsatz für die »Horen« folgte. Als Zeichen seiner Verachtung veröffentlichte Schiller im »Musenalmanach für das Jahr 1797« Spottverse auf Schlegel, sogenannte »Xenien«.

Der Bruch war vollkommen. Am 31. Mai 1797 kündigte Schiller August Wilhelm Schlegel die Freundschaft auf. Er hat zwar später wieder eingelenkt und in den Musenalmanachen für 1798 und 1799 sowie in den letzten Heften der »Horen« Beiträge August Wilhelms veröffentlicht, aber »bei den großen Ursachen zum Mißvergnügen, die Ihr Herr Bruder mir gegeben hat und noch immer zu geben fortfährt,« könne »das gegenseitige Vertrauen zwischen Ihnen und mir nicht bestehen.« –

1808 konvertierte Friedrich Schlegel mit seiner Frau Dorothea, einer Tochter Moses Mendelssohns, zur katholischen Kirche und reiste kurz darauf nach Wien. Hier wurde er im März 1809 Sekretär bei der kaiserlichen Hof- und Staatskanzlei. Daneben hielt er, wie sein Bruder August Wilhelm, öffentliche Vorlesungen, von Februar bis Mai 1810 über neuere Geschichte und zwei Jahre später über die »Geschichte der alten und neuen Literatur«. Außerdem arbeitete er an dem 1810 auf Metternichs Veranlassung gegründeten »Österreichischen Beobachter« mit. Diese konservative Zeitung wurde während der Abwesenheit des Redakteurs, Metternichs früherem Sekretär Joseph Anton Pilat (1782–1865), das ganze Jahr 1810 hindurch von Schlegel geleitet. Er steuerte selbst viele Aufsätze bei, besprach Aufführungen der Wiener Theater und neue Bücher.

In diesen literarischen Aufsätzen und in den Vorlesungen wurde eine gewandelte Sicht Schillers deutlich. Hatte er am 7. Mai 1798 mit Bezug auf Schiller geschrieben, »Sie sehen, daß ich mit Treue hasse«, und in sein Literarisches Notizbuch 1797–1801 viele vernichtende Urteile über Schiller eingetragen, so erkannte er jetzt allmählich dessen Bedeutung.

Bereits 1808 hatte er in einer Besprechung von Goethes Werken neue Töne angeschlagen. Den »Wilhelm Tell« nannte er Schillers »vortrefflichstes Werk«, mit dem er »alle seine vorigen übertraf und krönte«, und sprach von der großen »Lücke, welche Schillers Verlust auf der deutschen Bühne ließ«. In den Vorlesungen nannte er Schiller gar den wahren »Begründer unsrer Bühne..., der die eigentliche Sphäre derselben und die ihr angemessene Form am glücklichsten getroffen hat. Er war ganz dramatischer Dichter.«

Schlegels politische und literarische Ansichten hatten sich gewandelt. Ähnlich seinem Bruder August Wilhelm sah er im katholischen mittelalterlichen Kaisertum, das es in der von ihnen bewunderten Form nie gegeben hatte, den vergangenen Höhepunkt deutscher Geschichte. Im Unterschied zu früher schwärmte er nun nicht mehr für die griechische Religion, nicht mehr für Dante, sondern tadelte an den italienischen Dichtern die Frivolität. Welche Entwicklung Schlegel genommen hat, läßt sich am besten erkennen, wenn dieser Vorwurf mit seinem eigenen Roman »Lucinde«, 1799, verglichen wird. Auf Shakespeares und Goethes Bedeutung hat Schlegel auch in dieser neuen Phase immer wieder hingewiesen. Neben Goethe aber stellte er nun Schiller.

Allerdings ist Schlegels spätes Lob für Schiller sowohl von den Zeitgenossen wie auch von den Späteren nicht so beachtet worden wie seine frühere Ablehnung. –

»Die Braut von Messina« hatte am 23. Januar 1810 in Wien Premiere gehabt. Schlegels Besprechung erschien in der Beilage 3 des »Österreichischen Beobachters« wahrscheinlich am 28. März. In demselben Beitrag rezensierte Schlegel außerdem eine Aufführung des »Attila« von Zacharias Werner. Den sich auf Schillers Drama beziehenden Teil des Aufsatzes veröffentlichen wir ungekürzt.

202 *Ferdinand von Pàlffy* – (1774–1840), großzügiger und gebildeter Förderer des Wiener Theaterlebens, Direktor des Hoftheaters, seit 1813 des von ihm gekauften Theaters an der Wien.

203 *Ödipus* – griech. Sagenheld, erschlug unwissentlich seinen Vater Laios. König v. Theben.

Clemens Brentano
(Friedrich Schiller, Die Braut von Messina)

Clemens Brentano studierte von 1798 bis 1800 Berg- und Kameralwissenschaften in Jena. Er hat sich bald dem Kreis um die Brüder August Wilhelm und Friedrich Schlegel angeschlossen; zu Schiller, der erst am 3. Dezember 1799 von Jena nach Weimar zog, fand er keinen Kontakt. Öffentlich hat sich Brentano nicht über Schiller geäußert; daß er ihm fernstand, geht aus seinen Briefen hervor. So nannte er, um nur ein Beispiel anzuführen, »Die Braut von Messina« 1803 in einem Brief an Achim von Arnim »ein erbärmliches Machwerk, langweilig, bizarr und lächerlich.«

Von Mitte 1813 an war Brentano in Wien und schrieb seit 1814 Theaterkritiken für den »Dramaturgischen Beobachter«. Am 26. Januar 1814 (Blatt 11) erschien seine Besprechung der »Braut von Messina«. Das Stück war am 12. Januar im Burgtheater aufgeführt worden, und Brentano fand lobende Worte für das Drama. Er sprach vom »schöngedachten Werke des edlen, guten, geliebten Dichters«, von seiner »Güte«, »Dichterunschuld« und »Liebe zu der Welt«.

In der Besprechung einer »Kabale und Liebe«-Aufführung vom Februar 1814 bekannte Brentano noch einmal, Schiller habe mit der »Braut von Messina« »seinen Gipfel erreicht«.

Brentano befand sich zwischen 1810 und 1817 in einer tiefen persönlichen Krise, die mit der politischen, ideologischen und kulturellen Krise Deutschlands korrespondierte. Das deutsche Reich rette sich in die »Heilige Allianz«, der Dichter in den katholischen Mystizismus. Auf dem Wege dorthin fand Brentano Zugang zu Schiller, von dem er schrieb, er habe »in dem Leben selbst ... nie gestanden«, vielmehr habe er sich »der Betrachtung und Reflexion« gewidmet. Er habe sich »von der Wahrheit des wirklichen schönen Lebens ... einer sogenannten höheren Wahrheit eines schönen Kunstlebens« zugewandt. Für dieses idealistisch verkürzte Schillerbild ist es kennzeichnend, daß es die drei frühen Dramen (»Räuber«, »Fiesco« und »Kabale und Liebe«) nur bedingt gelten läßt. Für »Don Carlos« und die folgenden Stücke aber verkündete Brentano mit prophetischer Gebärde 1814: »Aber wahrlich, wahrlich ich sage euch, in zehn Jahren werden wir andere Schauspiele auf dem Theater haben, Schiller wird von diesen allein bleiben, die Kotzebue teils im Krieg, die Ifflande aber im Bett aussterben«.

205 *Gruppe der Niobe* – Niobe, die Frau des Königs von Theben, verachtet ihre einstige Freundin Leto, weil diese nur zwei Kinder geboren hat; daraufhin erschießen diese beiden Kinder, Apollon und Artemis, die zahlreichen, mindestens 12 Kinder der Niobe vor den Augen der entsetzten Mutter. Die toten Kinder und später auch die Mutter werden in Steine verwandelt.
Memnonsäule – Sitzstatue in Oberägypten, die bei Sonnenaufgang ertönte (wahrscheinlich wegen der durch Erdbeben entstandenen Risse)
in Weimar zuerst – Die Tragödie war am 19. März 1803 in Weimar mit großem Erfolg uraufgeführt worden.
Mademoiselle Adamberger – Antonie Adamberger (1790–1867), Braut Theodor Körners, spielte von 1807 bis 1817 am Wiener Hoftheater.

207 *Hr. Reil* – Johann Anton Friedrich Reil (1773–1843), Schauspieler am Wiener Hoftheater und Schriftsteller
Hr. Stegmayer – Matthäus Stegmayer (1771–1820), Schauspieler am Wiener Hoftheater, Schriftsteller und Komponist
Mad. Weißenthurn – Johanna Franul von Weißenthurn (1773–1847), Hofschauspielerin und Verfasserin von meist rührseligen Schauspielen.

208 *Zumsteeg* – Johann Rudolf Zumsteeg (1760–1802), erster deutscher Balladenkomponist; »Des Pfarrers Tochter von Taubenhain« nach der Ballade von Bürger gehörte zu seinen beliebtesten Werken.
Hr. Korn – Maximilian Korn (1782–1854), Wiener Hofschauspieler
Hr. Koberwein – Josef Koberwein (1774–1857), Wiener Hofschauspieler
Aplomb – (frz.) Sicherheit

209 *Apotheose* – (griech.) Vergötterung, Verherrlichung
Diphtonge – (griech.) »Doppellaute«, Verbindung zweier Vokale zu einer Silbe (au, ei usw.)

210 *Haupt der Meduse* – Nach Vorstellungen der griechischen Mythologie

versteinert jeder, der in das gräßliche Haupt der Medusa (einer der drei Gorgonen) geblickt hat.

210 *Madame Bethmann* – Friederike Bethmann (1760–1815), in erster Ehe mit dem Schauspieler Karl Wilhelm Unzelmann, in zweiter mit dem Schauspieler Heinrich Eduard Bethmann verheiratet; unter Ifflands Leitung war sie die bedeutendste Schauspielerin Berlins.

August Wilhelm Schlegel
(Friedrich Schiller, Wilhelm Tell)

Nachdem es 1797 zum Bruch zwischen Schiller und August Wilhelm Schlegel gekommen war, hielten sie dennoch eine lose Beziehung aufrecht; gelegentlich sahen sie sich sogar. Schlegel hat Schiller öffentlich nicht angegriffen; was daran wirkliche Achtung war und was Rücksichtnahme auf Goethe, mit dem sich Schlegel nicht überwerfen wollte, ist schwer auseinanderzuhalten. In seinen privaten Briefen hat er Schiller nicht geschont, ohne freilich klar auszusprechen, was er an seinem Werk tadelnswert fand.

Am 17. Mai 1803 wurde die Ehe von Caroline und August Wilhelm Schlegel geschieden. Caroline heiratete bereits Ende Juni den Philosophen Friedrich Schelling, und August Wilhelm schloß sich Madame de Stael an, mit der er zunächst auf deren Schweizer Schloß Cappet zog. Von dort aus unternahmen sie ausgedehnte Reisen durch Europa. Von Dezember 1807 bis Mai 1808 waren sie in Wien, wo Schlegel im Frühjahr vor einem zahlreichen Publikum Vorlesungen »Über dramatische Kunst und Literatur« hielt. Darin behandelte Schlegel unsystematisch ausgewählte Teile der Weltliteratur konsequent vom romantischen Standpunkt. Die Gegenwart kritisierte er vor dem Hintergrund eines unrealistisch verklärten christlichen Mittelalters. Bedeutend waren seine Vorlesungen zu den klassischen griechischen Dichtern, zu Shakespeare und Calderon – von ihnen allen übersetzte er Werke ins Deutsche, womit er sich einen bleibenden Platz in der deutschen Literaturgeschichte erworben hat.

Seine Beurteilungen Schillers waren unterschiedlich. So lobend wie den »Tell« hat er kein Stück des einstigen Freundes besprochen: »Die Räuber« nannte er »wild und gräßlich«; an »Kabale und Liebe« rügte er »den überspannten Ton der Empfindsamkeit«; und »Fiesco« sei »im Entwurf das verkehrteste, in der Wirkung das schwächste« der Jugendwerke. Auch die späteren Stücke fanden wenig Gnade. »Don Carlos« sei zu philosophisch und zu lang und könne »die alte, sich brüstende Unnatur noch nicht ganz verleugnen«; im »Wallenstein« sei Schiller »des Stoffes nicht ganz Meister« geworden; in der »Jungfrau von Orleans« seien die Handlung zu lose verknüpft und die Charaktergestaltung einiger Figuren zu sehr Shakespeare nachgeahmt, aber den religiösen Gehalt rühmte er; die »Braut von Messina« sei durch die versuchte Synthese von »Trauerspiel in antiker Form« mit »romantischem Gehalt« völlig mißlungen; »Maria Stuart« kommt am besten weg, »Marias letzte Szenen sind wahrhaft königlich, religiöse Eindrücke sind mit ihrem würdigen Ernste angebracht«. Aber auch hier tadelte er »beleidigende« Szenen, »z.B. das Gezänk der beiden Königinnen, die wilden Ausbrüche von Mortimers Leidenschaft und dergleichen«. Gerade an Lob und Tadel für die »Maria Stuart« wird deutlich, von welch konservativer Position aus Schlegel die Literatur betrachtete.

Trotz der vielen Kritik sprach Schlegel von Schiller immer noch als von seinem »Freund«. Erst als er in dem 1829 von Goethe herausgegebenen Briefwechsel zwischen Schiller und Goethe las, wie wenig achtungsvoll sich Schiller über ihn geäußert hatte, gab er alle Zurückhaltung auf und griff Schiller offener als zuvor an. An Tieck schrieb er 1830, daß Schiller »nicht bloß auf Friedrich, sondern auch auf mich einen so unversöhnlichen Haß geworfen hatte, war mir doch einigermaßen neu. Mir ist es recht lieb, er ist nun vogelfrei für mich.«

1830/31 veröffentlichte er mehrere Spottgedichte auf Schiller und auf den Goethe-Schiller-Briefwechsel.

Wir drucken einen Abschnitt aus Schlegels Wiener Vorlesungen »Über dramatische Kunst und Literatur« ab, die 1809/11 in Buchform erschienen und in mehrere europäische Sprachen übersetzt wurden.

212 *Johannes Müller* – (1752–1809), Geschichtsschreiber, wurde vor allem durch seine »Geschichte der schweizerischen Eidgenossenschaft« bekannt, deren erster Band 1780 in Bern erschien (aus politischen Gründen war als Verlagsort Boston angegeben). Seine Werke zeichnen sich durch anschaulichen Stil aus, was wesentlich zu der hohen Wertschätzung beitrug, die ihm bereits von den Zeitgenossen entgegengebracht wurde.
zur halbtausendjährigen Feier – Der Landvogt Geßler wurde 1307 von Wilhelm Tell ermordet; 1308 wurden die »Veste Zwing-Uri« zerstört und König Albrecht I. ermordet.

Johann Wolfgang von Goethe

Alemannische Gedichte. Von J. P. Hebel. Zweite Auflage 1804

Im Januar 1803 erschien bei Philipp Macklot in Karlsruhe die erste Auflage von Johann Peter Hebels »Alemannischen Gedichten«. Für Hebel völlig überraschend wurde dieses Buch ein großer Erfolg.

Schon am 23. Februar stand im Freiburger »Allgemeinen Intelligenz- und Wochenblatt für das Land Breisgau« eine überschwänglich lobende Besprechung Johann Georg Jacobis. Er rühmte Hebels Originalität, Bildhaftigkeit, Volkstümlichkeit und gedankliche Tiefe. Diese Kritik hat Hebel nicht nur, wie er in einem Brief bekannte, »verdammt keck« gemacht, sondern sie war auch der Verbreitung des Buches dienlich. Anfang August schrieb Hebel seiner Freundin Gustave Fecht: »Die alem. Gedichte haben mir über 600 Gulden eingetragen. Aber einen Teil davon bedurfte ich, Schulden zu bezahlen, und etwas zerrann im fröhlichen Leichtsinn. Ich werde so arm bleiben und sterben, als ich mein Leben lang war. Ich brauche immer ungefähr so viel, als ich habe. Noch größer ist die Ehre, die ich von diesen Liedern habe.«

Jean Pauls bekannte Kritik in der »Zeitung für die elegante Welt« erschien im November. Sein Urteil hat er selbst in folgenden Sätzen zusammengefaßt: »Er ist naiv – er ist von alter Kunst erhellt und von neuer erwärmt – er ist meistens christlich-elegisch – zuweilen romantisch-schauerlich – er ist ohne Phrasen-Triller – er ist zu lesen, wenn nicht einmal, doch zehnmal, wie alles einfache. Mit andern, noch besseren Worten: Das Abendrot einer schönen friedlichen Seele liegt auf allen Höhen, die er vor uns sich hinziehen läßt – poetische Blumen ersetzt er durch Poesie.«

Noch im Dezember kam die 2. Auflage der Gedichte heraus. Diese Ausgabe hat Goethe besprochen. Ursprünglich hatte Johann Daniel Falk eine Rezension für die Jenaische »Allgemeine Literatur-Zeitung« verfaßt; mit der war Goethe jedoch nicht einverstanden, und so schrieb er selbst eine. Am 26. Januar schloß er die Arbeit ab, und am 13. Februar 1805 erschien sie in der »Literatur-Zeitung« (Nr. 37). Wir veröffentlichen sie ungekürzt.

Goethe hat das öffentlich gespendete Lob auch im persönlichen Kreis nicht zurückgenommen. Es ist im Gegenteil bezeugt, daß er sich gelegentlich aus den »Alemannischen Gedichten« vorlesen ließ und sie auch selbst vortrug.

An der Kritik der Hebelschen Gedichte wird, stärker noch als an derjenigen von Joh. Heinr. Vossens »Lyrischen Gedichten«, deutlich, wie hoch Goethe neben dem sogenannten Weltbürgertum (schließlich stammt der Begriff »Weltliteratur« von ihm) auch das jeweils Eigene der Nationalliteraturen schätze. In diese Wertschätzung bezog er, wie im vorliegenden Fall, auch die Dialektdichtung ein. In der gleichen Nummer der »Allgemeinen Literatur-Zeitung« und im unmittelbaren Anschluß an den Hebel-Aufsatz steht übrigens eine ebenfalls lobende Besprechung Goethes über Gedichte in Nürnberger Mundart.

Wenn Goethe Hebels Gedichte lobte, so bestätigte er damit auch seine eigenen Vorstellungen von Dichtung und wehrte romantische Positionen ab. In Hebels Gedichten (wie in seinem eigenen Werk) sah er gesunde Kräfte wirken, in den Werken der Romantiker kranke; Hebels Gedichte schienen ihm lebendig und aus der Anschauung der Natur, des Lebens entstanden. Nicht zufällig gebrauchte er den Begriff »naiv«, der in Schillers Aufsatz »Über naive und sentimentalische Dichtung« gerade für eine solche Schreibweise gebraucht wurde.

Goethes wohlwollende Haltung Hebels Gedichten gegenüber wurde außerdem durch sein großes, von Herder angeregtes Interesse an Volkspoesie überhaupt mitbestimmt (1806 hat er beispielsweise den ersten Band der Volksliedersammlung »Des Knaben Wunderhorn« lobend besprochen).

In den Nummern 37 und 38 der Jenaischen »Literatur-Zeitung« waren mehrere Rezensionen Goethes erschienen. Schiller hat das ganze »Bündel« gelesen und Goethe Ende Februar dazu geschrieben: »Mit wahrem Vergnügen habe ich die Reihe der ästhetischen Rezensionen gelesen, die ihren Urheber nicht verkennen lassen. Wenn Sie sich auch nur stoß- und ruckweise zu einem solchen kritischen Spaziergang entschließen können, so werden Sie dadurch die gute Sache überhaupt und das Beste der Jenaischen Zeitung ins besondere nicht wenig befördern. Gerade dieses schöpferische Konstruieren der Werke und der Köpfe und dieses treffende Hinweisen auf die Wirkungspunkte fehlt in allen Kritiken und ist doch das einzige, was zu etwas führen kann. Die Rezensionen sind zugleich in einem behaglichen und heitern Ton geschrieben, der sich auf die angenehmste Art mitteilt.«

Goethe antwortete darauf: »Sie haben mir eine große Freude gemacht durch die Billigung meiner Rezensionen. Bei solchen Dingen weiß man niemals, ob man nicht zu viel tut, und durch das zu wenig wird es eben gar nichts.« –

Für die dritte Auflage der »Alemannischen Gedichte« 1806 hat Hebel einige von Goethe und Johann Heinrich Voß vorgeschlagene Änderungen vorgenommen. Voß hat zwar keine Kritik veröffentlicht, was Hebel gern gesehen hätte, aber er hat sich in persönlichen Gesprächen lobend darüber geäußert. Im September 1804 hatten sich beide Dichter mehrmals in Karlsruhe getroffen und sich vor allem über ihre Dialektgedichte ausgetauscht.

1815 kam es zur Begegnung zwischen Hebel und Goethe, der gemeinsam mit Sulpiz Boisserée vom 3. bis 5. Oktober Karlsruhe besuchte. Goethe war von Hebel, mit dem er sich einige Male traf, beeindruckt: er bat den Verleger Cotta um ein Exemplar des »Schatzkästlein des rheinischen Hausfreundes«; nach der Rückkehr von der Reise schrieb er an Knebel: »Hebel ist ein ganz trefflicher Mann.«

In Hebel hat das Zusammentreffen keinen nachhaltigen Eindruck hinterlassen.

213 *Dryaden und Hamadryaden* – Baumnymphen der griechischen Mythologie
214 *Anthropomorphismus* – (griech.) Vermenschlichung
vindizieren – (lat.) hier: zueignen
216 *fabula docet* – (lat.) die Erzählung lehrt
217 *David und Abigail* – Nach dem Bericht des Alten Testaments (1. Sam. 25) weigerte sich Nabal, David und seinen Knechten Nahrungsmittel zu geben. Seine Frau Abigail ritt David, der sich rächen wollte, entgegen und brachte ihm das Gewünschte. Als Nabal zehn Tage später starb, heirateten David und Abigail.
Prosopopöie – (griech.) Vermenschlichung, Darstellung des Leblosen als Person
218 *sölli* – sehr
cha – kann
219 *düselet* – geht leise, heimlich
no – noch
obsi – aufwärts, hinauf, über sich
cho – kommen
pöpperlet – klopft leise
Lädemli – kleiner Fensterladen
enanderno – sofort
Zeche – Zehe
Guhl – Hahn
Meien – Blumenstrauß
Chriesi – Blumenstrauß
Schleche-Duft – Schlehenduft
Immli – Bienen
aß – daß
Gel-Veieli – Goldlack
Zinkli – Hyazinthe
men – man

219 *Hurst* – Hecke, Gebüsch
Nast – Ast
lüte – läuten
weger – wahrlich
well – will
Chüngeli – Kunigunde
weidli – schnell, flink
Meje – Blumenstrauß

Ludwig Börne
(August Friedrich Kotzebue, Verlegenheit und List)

Ludwig Börne, als »Juda Löw Baruch, Sohn des Handelsjuden in Wechselgeschäften, Jakob Baruch«, 1786 in Frankfurt am Main geboren, ist einer der bedeutendsten deutschen Publizisten und Schriftsteller des Vormärz. Nach dem Studium von Medizin und Kameralistik wurde er 1811 Polizeiaktuar in Frankfurt. Schon 1815, im Zuge der Restauration, da viele unter Napoleon gewährte Bürgerrechte zurückgenommen wurden, verlor er seinen Posten wieder. Er entschloß sich, fortan als freier Schriftsteller zu leben und – um ein regelmäßiges Einkommen zu haben – eine »vorzüglich staatsrechtlichen und politischen Erörterungen gewidmete Zeitschrift« herauszugeben. Dieser Absicht war sein jüdischer Name hinderlich, »indem er mein Religionsverhältnis zu unverkennbar bezeichnet und dem Zutrauen des lesenden Publikums in den Weg tritt, das ich gleich zum voraus in Anspruch nehmen muß, um den mit der Herausgabe einer Zeitschrift zu verbindenden ökonomischen Vorteil nur durch Bildung einer Abonnentenliste sicherzustellen«. Deshalb beantragte Baruch beim Frankfurter Senat 1818 eine Änderung seines Namens. Erst dem zweiten Antrag wurde stattgegeben, und Baruch durfte sich Börne nennen. Im Juni des gleichen Jahres trat er zum Christentum über, und im Juli erschien das erste Heft der neuen »Zeitschrift für Bürgerleben, Wissenschaft und Kunst«, »Die Waage«. Goethe übrigens, den Börne um Mitarbeit gebeten hatte, hat gar nicht geantwortet.

»Die Waage« wurde, vor allem wegen ihrer Theater- und Literaturkritiken, schnell bekannt. Anfang 1819 erschien sogar eine Neuauflage des ersten Heftes. In ihren besten Zeiten brachte sie es auf fast 700 Abonnenten, eine große Zahl für jene Zeit. Börne schrieb die meisten Artikel selbst.

Die Besprechungen der Frankfurter Theateraufführungen in der »Waage« sind Börnes erste große publizistische Leistung. Dabei ging es ihm natürlich auch ums Theater, um die Literatur, aber vorrangig um die zeitgenössische Gesellschaft, die er wegen der strengen Zensurbestimmungen direkt kaum kritisieren durfte. »Die Bühne, ich mache kein Geheimnis daraus, muß mir zur Versilberung der Pillen dienen, die man Euch, während Ihr den Mund zum Lachen öffnet, geschickt beizubringen weiß.« Da er im Theater »das Spiegelbild des Lebens« sah, kritisierte er, wenn er das »Spiegelbild« kritisierte, zugleich das »Leben«. Sein Hauptangriffsziel war der deutsche Philister, der sich demütig beschied, der sich öffentlich nicht exponieren wollte; er kritisierte die durch die Kleinstaaterei eingeschränkte deutsche Kultur und hatte einen klaren Blick für die herausragenden Leistungen etwa eines Heinrich von Kleist oder eines Grillparzer. Fehlurteile sind ihm, der scharf formulierte und bissig spottete, nur selten unterlaufen. Eines dieser Fehlurteile ist seine Beurteilung August Kotzebues.

Neben August Wilhelm Iffland war Kotzebue der am meisten gespielte Dramatiker jener Zeit. Mit Iffland ging Börne viel härter ins Gericht. Anläßlich der Aufführung von Ifflands Schauspiel »Elise von Valberg« schrieb er 1818: »Wozu uns ein solches Schauspiel von der flachsten Flachheit, von dem fadesten Geschmacke? ... Weg damit! ... Der liebe goldne Kotzebue ist doch so übel nicht.« Wenn Börne an Kotzebues Stücken gleich die philisterhafte Enge nicht entging, so lobte er doch dessen Situationskomik und seine schlagkräftigen Formulierungen. Geradezu hymnisch begann er 1818 die Besprechung von Kotzebues Stück »Die gefährliche Nachbarschaft«: »Welch ein tiefer, tiefer Brunnen voll klarer, frischer, erquickender Laune ist Kotzebue, welch ein wohltätiges Geschenk des Himmels! Bedenkt man, daß dessen Lustspiele schon dreißig Jahre alle deutschen Bühnen versorgen, daß unter denen, die ihnen zugehört, niemand ist, den sie nicht ergötzten; zählt man die fröhlichen Stunden zusammen, die sie jedem einzelnen sowohl beim Lesen als beim Vorstellen gemacht, dann kommt die große Rechnung heraus, daß ein einzelner Mann der Schöpfer eines glücklichen Jahrhunderts war. Der Mensch ist undankbar, aber der Deutsche ist es am meisten. Wie hätte das Altertum, wie London und Paris einen solchen Mann verehrt! ... Unter uns Deutschen lohnt sich's der Mühe nicht, mehr zu sein als ein Schneider. Niemals hohen, nur allerhöchsten Menschen wird Ehrfurcht bezeigt, nur Geldkünstler werden geliebt, und man schätzt keine andere Größe als die arithmetische.«

Nirgendwo lehnte er Kotzebue völlig ab, auch da nicht, wo er einzelne Stücke nicht gelten lassen konnte. So schrieb er z. B. anläßlich der »dramatischen Legende« »Der Schutzgeist«: »Wie nur Kotzebue mit der ihm eigenen Klarheit und Verständigkeit einen solchen Stoff hat bearbeiten mögen!«

Kotzebues Stück »Verlegenheit und List« erschien erst 1820, also nach dem Tod des Dichters, im 18. Jahrgang des »Almanachs dramatischer Spiele zur geselligen Unterhaltung auf dem Lande« in Leipzig. Sein vollständiger Titel lautet: »Verlegenheit und List. Lustspiel in drei Akten, frei bearbeitet nach Contretems sur Contretems von Pigault le Brun«. Es wurde wieder abgedruckt im 44. Teil von »August von Kotzebues sämtliche dramatische Werke«, Leipzig 1829.

Börnes Kritik stand in der Julinummer 1820 der »Waage« (1. Band, 8. Heft; Frankfurt am Main). Wegen zunehmender Schwierigkeiten mit der Zensur mußte Börne die Zeitschrift aufgeben. 1821 erschien, nunmehr in Tübingen, mit dem 13. Heft die letzte Nummer.

Adolph von Knigge

Hesperus oder 45 Hundstage. Eine Biographie von Jean Paul. Berlin 1795

1793 erschien in der Berliner Buchhandlung von Carl Matzdorff Jean Pauls erster Roman, »Die unsichtbare Loge«. Jean Paul hatte das Manuskript 1792 an Karl Philipp Moritz gesandt; dieser war begeistert und vermittelte es an den Verlag seines Schwagers Matzdorff.

»Die unsichtbare Loge« wurde Jean Pauls erster großer Erfolg, nachdem er bereits 10 Jahre lang veröffentlicht hatte. Knigge begrüßte das Buch 1794 in der »Neuen allgemeinen deutschen Bibliothek«. Er lobte »eine reiche Phantasie; inniges, warmes, edles Gefühl; feiner Witz und originelle Laune; Kenntnis des menschlichen Herzens und der Welt; Belesenheit, Darstellungskunst, Reichtum der Sprache und Gewalt der Diktion... Man stößt auf meisterhafte Schilderungen, auf die scharfsinnigsten Bemerkungen und auf echt komische, ganz unerwartete Einfälle und Wendungen.«

Aber er hatte auch sofort die Vorwürfe parat, die in der Folgezeit oft erhoben werden sollten: Gelegenheiten für witzige Einfälle werden »mit Gewalt« herbeigeführt; es zeige sich »eine nicht sehr gefällige Sucht« nach Originalität um jeden Preis; Knigge tadelte »Luftsprünge der Phantasie, eines bessern Genies unwert«; er tadelte die »Paradoxien« und die Sprache, die »oft ... wirklich die Grenzen der Prosa« überschreite und »in die höchste Poesie« ausarte. Jean Pauls Werke erschienen vielen Zeitgenossen, um es zusammengefaßt zu sagen, zu wenig aufklärerisch-vernünftig und zu wenig klassizistisch-einheitlich.

Unmittelbar nach Beendigung der »Unsichtbaren Loge« begann Jean Paul mit der Niederschrift des nächsten Romans, des »Hesperus«. Das Buch erschien 1795 wiederum bei Matzdorff und stand inhaltlich wie formal in enger Beziehung zur »Unsichtbaren Loge«. Es gab ein umfassendes Bild der zeitgenössischen Gesellschaft und stellte der als kalt empfundenen höfischen Welt vom republikanischen Standpunkt aus bürgerliche, zum Teil sentimentale, Empfindsamkeit und Innerlichkeit gegenüber (wofür ihm vor allem Wielands »Agathon« als Vorbild diente).

Der Erfolg des »Hesperus« übertraf den der »Unsichtbaren Loge« um ein vielfaches. Wie zwanzig Jahre vorher der »Werther« erreichte nun der »Hesperus« Leser aller Schichten und begründete Jean Pauls Weltruhm. In sonderbarem Widerspruch dazu steht die geringe Zahl von veröffentlichten Kritiken. Friedrich Jacobs besprach den neuen Roman, wie seinerzeit bereits die »Unsichtbare Loge«, wohlwollend in der Jenaischen »Allgemeinen Literatur-Zeitung«. Und in der »Neuen allgemeinen deutschen Bibliothek« (Band 21, Heft 3, Kiel 1796) war es auch der Rezensent der »Unsichtbaren Loge«, Adolph von Knigge, der nun über den »Hesperus« schrieb. Er bezog sich ausdrücklich auf jene frühere Kritik und kam zu einem ähnlichen Urteil. Wir drucken seinen Beitrag ungekürzt ab.

Daß es nicht nur Zustimmung zum »Hesperus« gab, belegt eine anonyme Kritik aus der »Neuen Nürnbergischen Zeitung« vom 30. September 1796, deren Verfasser nur 60 Seiten des Buches gelesen hatte. Nach dessen Meinung sollte Jean Paul erst »die Natur studieren, Charaktere zeichnen und durchführen lernen, das Abenteuerliche und Wilde, das dem guten Geschmack so ganz entgegen ist, und das Sonderbare und Pretiöse seiner Schreibart verbessern.«

223 *Digressionen* – (lat.) Abschweifungen. »Die häufigen Digressionen« bemängelte Knigge auch in der Besprechung der »Unsichtbaren Loge«.

224 *die siebente Bitte* – »Siebente Bitte, die halb aus der zweiten fließet, aber nur die Kunstrichter angeht, mir in ihren fliegenden Blättern, die sie Rezensionen nennen, mit keiner Publikation meiner Hauptbegebenheiten vorzugreifen, sondern dem Leser einige Überraschungen, die er doch nur einmal hat, zu lassen.«

Ludwig Tieck
(August Wilhelm Schlegel, Zueignung des Trauerspiels Romeo und Julie)

August Wilhelm Schlegel kam 1796 nach Jena. Diese Entscheidung war von Schillers Wunsch, ihn in seiner Nähe zu haben, mitbestimmt worden. Zwischen beiden Dichtern bahnte sich eine Freundschaft an, die aber vor allem wegen Friedrich Schlegels Ausfällen gegen Schiller bereits 1797 abrupt abgebrochen wurde. Die Verbindung beschränkte sich von da an auf August Wilhelm Schlegels Mitarbeit an der von Schiller herausgegebenen Zeitschrift »Horen« (1795/97) und an den »Musenalmanachen« (1796/99). Der bei Cotta in Tübingen erschienene »Musenalmanach für das Jahr 1798 herausgegeben von Schiller« enthielt fünf Gedichte Schlegels. Bekannt geworden ist dieser Jahrgang des Almanachs wegen der vielen Balladen Goethes und Schillers, die in ihm zum ersten Mal veröffentlicht wurden (z. B. Der Gott und die Bajadere, Der Zauberlehrling und Der Schatzgräber; Der Ring des Polykrates, Der Handschuh, Der Taucher, Die Kraniche des Ibykus und Der Gang nach dem Eisenhammer).

Ludwig Tieck hatte bereits 1796 eine Sammelbesprechung neuer Musenalmanache und Taschenbücher veröffentlicht. 1798 erschien im »Berlinischen Archiv der Zeit und ihres Geschmacks« (Band 1) seine zweite und letzte »Rezension über die neuesten Musenalmanache und Taschenbücher«. Ihr entnehmen wir den Abschnitt über August Wilhelm Schlegels Gedicht »Zueignung des Trauerspiels Romeo und Julie«.

Als Tieck die Kritik verfaßte, kannte er August Wilhelm Schlegel noch nicht persönlich; aber es gingen, vermittelt durch Friedrich Schlegel, der seit Juli 1797 in Berlin wohnte, bereits freundliche Briefe hin und her. Anfang Dezember 1797 schrieb Tieck seinen ersten Brief an August Wilhelm Schlegel, in dem er sich für dessen wohlwollende Besprechung seiner Märchen »Der gestiefelte Kater« und »Ritter Blaubart« in der Jenaischen »Allgemeinen Literatur-Zeitung« bedankte: »Treuester Freund, verzeihen Sie, wenn ich Sie so nenne, denn ich wünsche mir jetzt nichts so sehr als Ihre Bekanntschaft und Freundschaft... Ich danke Ihnen für die Rezension der beiden unbedeutenden Märchen.«

Im gleichen Brief ging Tieck auch bereits auf die Shakespeare-Übersetzungen ein, an denen Schlegel damals arbeitete und deren Fortgang Tieck wohlwollend bewundernd verfolgte.

Am 23. Dezember schrieb er an Schlegel, seine Gedichte hätten ihn »entzückt«. »Den Prometheus versteh ich wohl noch nicht, ich habe ihn erst einmal gelesen. Ich fühle bei Ihren Versen doch die süße himmlische Poesie, die mich mit sich nimmt, wenn ich bei Wieland, Matthisson und tausend Menschen, die von Liebe sich was vom Herzen lossingen wollen, nur poetische Redensarten verspüre.« Vermutlich hat Tieck dabei an die Gedichte aus dem 1798er Musenalmanach gedacht.

Als Schlegel im Mai und Juni 1798 in Berlin war, lernten sich die beiden Dichter persönlich kennen und fanden Gefallen aneinander. Tieck war damals 25 und August Wilhelm Schlegel knapp 31 Jahre alt. Lange Zeit hat sich Tieck wohl als Schlegels Schüler gefühlt, was den Älteren wiederum schmeichelte. 1799 zog Tieck für ein knappes Jahr nach Jena und lebte dort in enger Verbundenheit mit den Brüdern Schlegel (Friedrich war mit seiner Frau Dorothea, der Tochter Moses Mendelssohns, nach Jena zurückgekehrt), in deren Zeitschrift »Athenäum« einige von Tiecks Märchen erschienen.

Aus persönlichen Gründen, aus Gereiztheiten, die auch in der bedrückenden politischen Situation begründet waren, kam es ab 1801 immer wieder zu Streitigkeiten zwischen August Wilhelm Schlegel und Tieck, die erst im Alter gänzlich beigelegt wurden. Auch die gemeinsame Shakespeare-Begeisterung konnte nur bedingt verbinden, da es wegen Tiecks Änderungen an Schlegels Übersetzungen ebenfalls zu Verstimmungen kam. Als Zeugnis der Altersfreundschaft sei aus einem Brief Tiecks an Schlegel vom 27. März 1837 zitiert: »Ob ich nun noch einmal zu Dir komme? Ob wir uns in diesem Leben noch wiedersehn? Das liegt in den Händen des Schicksals ... Wie tröstlich, wie erfreulich wäre mir Dein Umgang gewesen: welche Erinnerungen hätten wir erwecken, über wie viele Gegenstände hätten wir sprechen, plaudern und schwatzen können. Weiß ich ja doch aus Erfahrung, von Jena her, wie milde, wie nachsichtig Du gegen den Kranken bist, wie sehr Du die Kunst besitzest, ihn zu erheitern. Fast kein Mensch erzählt so wie Du.«

Tieck hat beide »Almanach«-Rezensionen in den ersten Band seiner »Kritischen Schriften« aufgenommen, der 1848 bei Brockhaus in Leipzig herauskam. In der Vorrede schrieb er dazu: »Die kleinen Rezensionen über die Musenalmanache, 1796 und 1798 geschrieben, erregten trotz ihrer Unschuld damals manchen Anstoß.«

225 *Stanze* – (ital.) italienische Strophenform, die im Deutschen aus 8 Zeilen besteht, die jeweils aus fünfhebigen Jamben gebildet werden; im Versschluß wechseln männliche und weibliche Reime nach einem genau vorgegebenen Schema ab (ab, ab, ab, cc).

Romanze Arion, Prometheus – Beide Gedichte waren ebenfalls in dem besprochenen Jahrgang des »Musenalmanachs« enthalten.

225/26 *Terzinen des Dante* – Der italienische Dichter Dante Alighieri (1265–1321) hat sein zwischen 1304 und 1319 entstandenes Hauptwerk »Divina Commedia« in der von ihm entwickelten Versform der Terzinen geschrieben, worin sich jeweils drei Verse miteinander reimen.

226 *Jamben* – (griech.) Versfüße, die aus je einer kurzen und einer langen, bzw. einer unbetonten und einer betonten Silbe bestehen.

Trochäen – (griech.) Versfüße, die aus je einer langen und einer kurzen, bzw. einer betonten und einer unbetonten Silbe bestehen.

Amphibrachen – (griech.) Versfüße aus je einer kurzen, einer langen und einer kurzen Silbe.

Sonett – (ital.) strenge Gedichtform, besteht aus 14 meist fünffüßigen jambischen Verszeilen. Nach Gryphius und Fleming führte August Wilhelm Schlegel das Sonett in der deutschen Literatur zu neuer Blüte.

Christian Daniel Friedrich Schubart
(Hölderlin, Gedichte im Musenalmanach auf das Jahr 1792)

In dem von Gotthold Friedrich Stäudlin herausgegebenen »Musenalmanach fürs Jahr 1792« erschienen zum ersten Mal Gedichte Hölderlins im Druck. Stäudlin hatte folgende Gedichte aufgenommen: »Meine Genesung. An Lydia«, »Hymne an die Göttin der Harmonie«, »Hymne an die Muse« und »Hymne an die Freiheit«.

Er hat auch später noch Gedichte Hölderlins veröffentlicht und die Bekanntschaft mit Schiller vermittelt, der in seinen Musenalmanachen und den »Horen« einige Gedichte Hölderlins herausbrachte. Insgesamt aber war die Begegnung mit Schiller für Hölderlin enttäuschend.

Der 1758 geborene Stäudlin gehörte neben Isaac von Sinclair, Christian Ludwig Neuffer, Leopold von Seckendorff und Rudolf Friedrich Heinrich Magenau zu den engeren Freunden aus Hölderlins Jugendzeit. Er war ein begeisterter Anhänger der Französischen Revolution, nach Schubarts Tod 1791 führte er dessen »Chronik« gemeinsam mit Schubarts Sohn Ludwig bis zu ihrem Verbot im April 1793 weiter.

Zu Schubart standen die Freunde fast alle in Beziehung: sei es, daß Seckendorff 1805 für eine kurze Zeit auf dem Hohen Asperg eingesperrt war, wo Schubart 10 Jahre zugebracht hatte; oder sei es, daß sie wie Neuffer, Magenau und Hölderlin von Schubart in ihrer literarischen Arbeit bestärkt wurden (Magenau übrigens hat sich schon in jungen Jahren mit Schubart wieder entzweit).

Hölderlin sah in Schubart sein großes Vorbild, der die Begeisterung für den revolutionären Gedanken mit seinem Werk und seinem Leben beglaubigte, bei dem die Idee und ihre Verwirklichung im Leben eine Einheit bildeten. Neben Klopstock und vor allem neben Schiller beeinflußte ihn auch Schubarts Lyrik. In einer persönlichen Begegnung hat ihn Schubart ausdrücklich zum Dichten ermuntert.

Nach dem Besuch schrieb Hölderlin im April 1789 an seine Mutter: »Daß ich bei Schubart war und daß er mich so freundschaftlich, mit solcher väterlichen Zärtlichkeit aufnahm, werden Sie schon wissen. Er erkundigte sich auch viel nach meinen Eltern, fragte mich, ob ich auch zu den oft großen Ausgaben eines Poeten gehörig unterstützt werden könne – und als ich's ihm mit ja beantwortete, empfahl er mir so inständig, Gott, so hoch ich könnte, dafür zu danken, daß ich ganz gerührt darüber wurde. O es wäre eine Freude, so eines Mannes Freund zu sein. Einen ganzen Vormittag bracht ich bei ihm zu.« Schubart war 1787 nach zehnjähriger Haft vom Hohen Asperg gekommen.

Die von uns hier abgedruckte kurze Äußerung Schubarts ist die erste öffentliche Reaktion auf Hölderlins Gedichte. Sie erschien am 20. September 1791 in der von Schubart herausgegebenen Zeitschrift »Chronik« (Nr. 75) in Stuttgart und steht am Beginn einer Besprechung von Stäudlins Almanach.

Stäudlin selbst geriet nach dem Verbot der »Chronik« wegen seiner politischen Haltung in immer größere Schwierigkeiten. Im September 1793 nahm er sich im Rhein das Leben.

228 *nach einer langen Pause* – Stäudlin hatte von 1782 bis 1787 unter dem Titel »Schwäbische Blumenlese« in Tübingen Almanache herausgegeben. Der von Schubart hier besprochene »Musenalmanach für das Jahr 1792« beendete also eine lange Pause in Stäudlins Herausgeberschaft. Für 1793 erschien in Stuttgart, wo auch der für 1792 herausgekommen war, Stäudlins letzter »Musenalmanach«.

August Wilhelm Schlegel
(Hölderlin, Gedichte im Taschenbuch für Frauenzimmer von Bildung auf das Jahr 1799)

Nachdem in einigen Taschenbüchern und Almanachen vereinzelt Gedichte Hölderlins erschienen waren, die – bis auf Schubarts kurze Bemerkung – allesamt kaum Beachtung gefunden hatten, nahm Christian Ludwig Neuffer (1769–1839) 14 Gedichte seines Freundes in das »Taschenbuch für Frauenzimmer von Bildung, auf das Jahr 1799« auf. Sieben dieser Gedichte erschienen unter dem Verfassernamen Hillmar (es sind dies: Das Unverzeihliche, Die Liebenden, Ihre Genesung, An ihren Genius, Abbitte, Der gute Glaube und Die Heimat) und sieben unter Hölderlins eigenem Namen (Ehmals und Jetzt, An die Deutschen, An die jungen Dichter, Lebenslauf, Die Kürze, An die Parzen; Diotima – Du schweigst und duldest).

August Wilhelm Schlegel besprach in einem relativ kurzen Artikel Neuffers in Stuttgart erschienenes »Taschenbuch« neben einem aus Karlsruhe kommenden »Almanach zum Nutzen und Vergnügen« in der Jenaischen »Allgemeinen Literatur-Zeitung« vom 2. März 1799 (Nr. 71). Rechnet man den Raum ab, der für den Abdruck von zwei Hölderlin-Gedichten verwandt wurde, so widmete Schlegel der Kritik an den Kupferstichen mehr Raum als den literarischen Beiträgen. Im Grunde ließ er nur Hölderlin gelten.

Schlegel gehörte zu den wichtigsten Mitarbeitern der Jenaer Literaturzeitung, zu der er ungefähr 300 Kritiken beisteuerte. An Hölderlins Gedichten haben ihm das »erhebende Gefühl« gefallen, gewiß auch die knappen, eindrücklichen Bilder aus der Natur und die Klage des unverstandenen Dichters.

Die Sätze aus der »Taschenbuch«-Besprechung sind Schlegels einziges veröffentlichtes Urteil über Hölderlin. Er hatte sich zwar bereit erklärt, an der von Hölderlin geplanten Zeitschrift »Iduna« mitzuarbeiten, womit die »Vereinigung und Versöhnung der Wissenschaft mit dem Leben, der Kunst und dem Idealischen, des Gebildeten mit der Natur« befördert werden sollte, aber er hat wohl bald bemerkt, daß Hölderlins Entwicklung in eine andere Richtung ging als seine eigene. Hölderlins Idealbilder, so nahe sie zuweilen auch denen Schlegels kamen, bedeuteten keine Abkehr von der als menschenfeindlich erlebten Wirklichkeit, sondern sie waren (wie übrigens auch bei Novalis) Utopien, Zukunftsentwürfe. Hölderlin bekannte sich auch nie zu einem so übersteigerten Subjektivismus, wie er für viele deutsche Romantiker kennzeichnend war und der als Flucht aus der Realität einen gewissen Selbstschutz darstellte.

Die Zeitschrift »Iduna« kam nicht zustande.

Schlegels Urteil war die erste öffentliche Anerkennung Hölderlins, die nicht aus seinem Bekannten- und Freundeskreis kam. Daß es in der damals wichtigsten kritischen Literaturzeitung stand, hat Hölderlin besonders gefreut. Er hat die ihn betreffenden Sätze für seine Mutter abgeschrieben, um ihr »etwas Hoffnung« zu geben, daß seine »gegenwärtige Arbeit eine günstige Aufnahme finden werde«.

229 *Reinhard* – Karl Friedrich von Reinhardt (1761–1837) hatte – wie Neuffer und Hölderlin – in Tübingen Theologie studiert, begeisterte sich für die Französische Revolution und ging 1791 nach Paris, wurde erster Gesandtschaftssekretär in London, 1795 französischer Gesandter bei drei Hansestädten, Kanzleidirektor im Außenministerium, Staatsrat und Graf; starb als Pair von Frankreich. In Städlins Almanachen hat er ab 1782 häufig veröffentlicht.

Gustav Schwab

Gedichte von Friedrich Hölderlin. Stuttgart 1826

Bereits Isaac von Sinclair hatte eine Ausgabe von Hölderlins Gedichten geplant; nach dessen frühem Tod 1815 arbeiteten Johannes Schulze (der Mitherausgeber von Winckelmanns Werken) und der mit ihm verwandte preußische Offizier A. W. v. Diest weiter an der Gedichtsammlung. Inzwischen war 1822 eine zweite Auflage des »Hyperion« erschienen, die Gustav Schwab im »Literarischen Conversationsblatt« lobend besprach. Er nannte Hölderlin einen derjenigen Dichter, von denen »Deutschland gewiß wenige aufzuweisen« habe, und bedauerte, daß seine Gedichte fast völlig vergessen wären. Zugleich wies er auf die Gedichtsammlung hin, die vorbereitet würde.

Diest überließ das gesamte Material dem Dichter Justinus Kerner, den er durch Achim von Arnims Vermittlung kennengelernt hatte, und schlug vor, ein schwäbischer Dichter solle die Einleitung schreiben, da Schulze zu wenig von Hölderlins Leben und Werk wisse. Kerner hatte Diests und Schulzes Vorarbeit bereitwillig unterstützt. Als Kuriosum und als kennzeichnend für Kerners schwäbischen Lokalpatriotismus sei seine Bitte an Uhland erwähnt, er solle sich doch an Sammlung und Herausgabe von Hölderlins Gedichten beteiligen, weil sonst »nur Ausländer sich unseres unglücklichen Mitbürgers« annähmen. Mit den Ausländern waren die Preußen Diest, Schulze, Arnim und Fouqué gemeint.

Nun übernahmen Gustav Schwab und Ludwig Uhland die Herausgabe. Sie ließen alle Gedichte weg, die sie für »noch offenbare Nachahmung von Schiller« hielten, ebenso alle aus der Zeit, in der »die Klarheit des Geistes schon bedeutend getrübt« gewesen wäre. Uhland und Schwab wollten die Gedichte des nahezu vergessenen Hölderlin »in ihrer vollen und gesunden Kraft« vorstellen und alle Vorurteile von vornherein entkräften. Nicht als wahnsinniger, sondern als gesunder Dichter sollte Hölderlin vor die Leser treten.

Schwab stellte den Gedichten eine Darstellung von Leben und Werk Hölderlins voran. In den »Blättern für literarische Unterhaltung«, Leipzig, vom 1. und 2. Februar 1827 (Nr. 26 und 27) kündigte er den 1826 bei Cotta in Stuttgart erschienenen Band selbst an. Wir bringen diesen Beitrag ungekürzt.

Im Unterschied zu anderen zeitgenössischen Urteilen betonte Gustav Schwab Hölderlins Nähe zur deutschen Klassik. Dazu gehörten die plastische »Anschauung des griechischen Altertums« ebenso wie der Versuch, »die Herrlichkeit zu schauen und darzustellen«. Seine Dichtung habe ihren Grund in der Realität, nicht in der gedanklichen Vorstellung; sie verfolge und entwickle »jede Idee auf festem, irdischem Grund und Boden«.

Zu dieser im allgemeinen zutreffenden, aber dennoch vereinfachenden Auffassung konnte Schwab nur gelangen, indem er das von revolutionärem Pathos erfüllte Frühwerk (so auch die Gedichte aus Stäudlins »Musenalmanach«) und das dunkle, zuweilen zum Mystisch-visionären tendierende Spätwerk außer acht ließ. In dem von uns abgedruckten Aufsatz erklärte er selbst, daß er sich nur auf die Gedichte der Jahre von 1793 bis 1803 beziehe.

230 *vor einigen Jahren* – Schwab hatte am 7. Januar 1824 im »Literarischen Conversationsblatt«, das bei Brockhaus in Leipzig erschien, die 2. Auflage des »Hyperion« (1822 bei Cotta in Stuttgart) besprochen. Er beklagte, daß Hölderlin »so bald in Deutschland vergessen« worden sei und wies auf die von ihm selbst und Uhland vorbereitete Gedichtsammlung hin. Der »Hyperion« verdiene »vielleicht, als Kunstwerk betrachtet, den Namen eines Romans nicht«. »Dennoch halten wir das Buch für ein geniales Erzeugnis, ja, in gewisser Hinsicht für ein Musterbuch.« Und Schwab fuhr fort: »Ich wüßte, außer Goethes Werther und der Valerie der Frau von Krüdener, keinen Roman, der ein treues Bild jener jugendlichen Entwicklungskrankheit des menschlichen Geistes entworfen hätte. An diese beiden aber schließt sich Hölderlins Hyperion an, der, in manchem Einzelnen von Wertherschen Ideen abhängig, dennoch weit mehr Original ist als die Valerie, und wenn auch unförmlicher und unreifer als das Goethesche Meisterwerk, das in voller Rüstung aus dem jugendlichen Haupte seines Bildners sprang, jene Jugendansichten doch vielleicht noch umfassender darstellt als der Werther, der nur die Vergötterung der Liebesgefühle feiert, während Hyperion die dreifache Abgötterei, welche die Jugend mit Liebe, Vaterland und Natur treibt, unzertrennlich ausdrückt und schildert.« Als

»Probe von der Darstellungsweise Hölderlins« druckte er eine Landschaftsbeschreibung ab. Er schloß seine Besprechung mit einem nochmaligen Hinweis auf Hölderlins Lyrik, an der die Leser sehen würden, »wie die Naturanschauungen Hölderlins sich ausnehmen mögen, wenn erst der goldne Namen poetischer Form diese lebens- und seelenvollen Gemälde umfängt.«

von Schiller in den »Horen« – In den von Schiller herausgegebenen »Horen« waren 1797 die Gedichte »Der Wanderer« (10. Band, 6. Stück) und »Die Eichbäume« (12. Band, 10. Stück) abgedruckt.

231 *ums Jahr 1770* – Hölderlin wurde am 20. 3. 1770 in Lauffen am Neckar geboren.

Schelling – s. Anm. zu S. 138

Hegel – Georg Friedrich Wilhelm Hegel (1770–1831), bedeutendster Vertreter der klassischen deutschen Philosophie. Hölderlin hatte ihn und Schelling im Tübinger Stift kennengelernt.

die Schubartsche Schule – s. S. 551

232 *seit zweiundzwanzig Jahren* – Hölderlin war bereits 1802 körperlich und geistig krank aus Frankreich zurückgekehrt. Von seiner Mutter gepflegt erholte er sich zwar wieder, wurde aber 1806 in die Autenriethsche Nervenklinik nach Tübingen gebracht. Als unheilbar entlassen lebte er seit dem Sommer 1807 in völliger geistiger Umnachtung bei dem Tischlerehepaar Zimmer in Tübingen. Dort ist er am 7. Juni 1843 gestorben.

233 *Reminiszenzen* – (lat.) Erinnerungen

234 *Stäudlin* – Gotthold Friedrich Stäudlin (1758–1796), s. S. 551

Elysium – (lat.) sagenhaftes, am Rand der Erde liegendes Land der Seligen.

Äschylos – (525–456 v. u. Z.) ältester der drei großen altgriechischen Tragödiendichter

Sophokles – s. Anm. zu S. 142

235 *Laren* – Schutzgötter des Hauses und des Bauernhofes

Mäons Sohn – s. Anm. zu S. 190

236 *Zephyr* – (griech.) Westwind

237 *Klopstock* – Klopstock hatte mit seinem Epos »Der Messias«, 1748–73, den Hexameter für die deutsche Literatur gewonnen, s. auch Anm. zu S. 75

Prosodie – (griech.) Lehre von der metrischen und rhythmischen Gestaltung der Sprache

Metrik – (griech.) Verslehre, beschäftigt sich mit der Gliederung von Vers und Versgefüge

242 *Helios* – (griech.) Sonnengott, Sonne

244 *Empedokles* – (um 495–435 v. u. Z.) vielseitiger griechischer Philosoph, Arzt und Priester, trug seine Lehren oft in mystischen Sprüchen und mit Gebärden vor.

Pepromene – (griech.) Schicksalsgöttin

Orkus – (lat.) Unterwelt

August Wilhelm Schlegel

(Tieck, Ritter Blaubart. Der gestiefelte Kater)

Am 19. Oktober 1797 erschien in der Jenaischen »Allgemeinen Literatur-Zeitung« (Nr. 333) eine anonyme Kritik zweier neuer Bücher von Ludwig Tieck: »Ritter Blaubart« und »Der gestiefelte Kater«. Verfasser war der noch nicht 30jährige August Wilhelm Schlegel, der bereits Tiecks Übersetzung von Shakespeares »Sturm« lobend besprochen hatte. Jetzt nannte er Tieck einen »Dichter im eigentlichen Sinne«, einen dichtenden Dichter und grenzte ihn gegen das als humorlos und spießig empfundene bürgerliche Publikum ab. Schlegel, einer der Wortführer der deutschen Romantiker, sah in Tiecks Werk romantische Vorstellungen und Forderungen verwirklicht. So lobte er, daß Tieck die überkommenen poetischen Regeln außer acht gelassen und mit dem »Gestiefelten Kater« ein Stück vorgelegt habe, das sich den gängigen Rubriken entzog; »das Wunderbare« habe er »so natürlich und schlicht als möglich« hingestellt; die sogenannte »romantische Ironie« sei keine nebensächliche Zutat, sondern wirke konstituierend.

Daß sich Tieck geschmeichelt fühlte, ist verständlich. So schrieb er Anfang Dezember 1797 seinen ersten Brief an Schlegel, worin er sich »für die Rezension der beiden unbedeutenden Märchen« bedankte. August Wilhelm Schlegel antwortete am 11. Dezember: »Die Korrespondenz ist also nun förmlich eingerichtet, bis zur persönlichen Bekanntschaft, auf die ich mich lebhaft freue.«

Im Sommer des nächsten Jahres lernten sich Tieck und August Wilhelm Schlegel in Berlin kennen. Da sie eng beieinander wohnten, sahen sie sich täglich und wurden in Gesprächen über Shakespeare und die spanische Literatur, selbstverständlich auch über die zeitgenössische deutsche Literatur sehr schnell vertraut. Die Verbindung riß bis zu Schlegels Tod 1845 nie ab, wenn es auch aus den unterschiedlichsten Gründen häufig zu Streitigkeiten und Mißverständnissen kam.

Schlegel selbst hat sich öffentlich noch zweimal zu seinen Tieck-Kritiken von 1797 geäußert, beide Male, als sie in Sammelbände aufgenommen werden sollten. 1801 schrieb er: »Daß diese Anzeige vom Blaubart und dem gestiefelten Kater geschrieben ward, ehe ich mit dem Verfasser in persönlicher Bekanntschaft, in Briefwechsel oder irgend einem Verhältnisse stand, ja ehe ich nur seinen Namen und Aufenthalt wußte, erinnre ich hier nur für diejenigen, die etwa dieses mit andern öffentlich ausgesprochenen Urteilen über Schriften meines Freundes vergleichen wollen.«

Und 1827 hieß es ausführlicher: »Wiewohl man berechtigt ist, bei dem berühmten Namen meines Freundes Ludwig Tieck etwas bedeutenderes zu erwarten als eine flüchtige Anzeige von ein paar Jugendschriften, so konnte ich es mir doch nicht versagen, diesen Aufsatz hier wieder einzurücken, eben weil er so frühzeitig geschrieben ist, ehe ich mit dem Verfasser in persönliche Bekanntschaft, in Briefwechsel oder irgend einem Verhältnisse stand, ja ehe ich nur seinen Namen wußte. Ich freue mich noch jetzt, ich bin gewissermaßen stolz darauf, zuerst in Deutschland den seltenen dichterischen Genius begrüßt zu haben, der nachher mein den Zeitgenossen verpfändetes Wort, aus seiner schöpferischen Fülle sei Neues und Außerordentliches zu erwarten, so glänzend gelöst hat.«

Schlegels Kritiken zeichneten sich vor allem dadurch aus, daß er sich scheinbar mühelos in den Geist der Dichter hineinversetzen konnte, daß er ihre Absichten erkannte. Er verband die Erkenntnis der ästhetischen Gestaltung mit dem Erfassen des ideellen Gehalts und stellte beides als notwendige Einheit dar. Diese Gabe, sich in fremde Kunstwerke hineinzudenken, mehr noch, sich in sie einzuleben, kam auch seinen genialen Shakespeare-Übersetzungen (zwischen 1797 und 1810 erschienen neun Bände) und den Übersetzungen aus den romanischen Literaturen (»Spanisches Theater«, 1803/09 und »Blumensträuße italienischer, spanischer und portugiesischer Poesie«, Berlin 1804) zugute. Bei aller Einfühlungsgabe hatte Schlegel doch auch feste Grundsätze. Goethes Werk diente ihm bei der Beurteilung besonders der zeitgenössischen Dichter als Maßstab. Goethe bedeutete ihm literarisch und weltanschaulich den Gipfel zeitgenössischer deutscher Poesie.

251 *Yoriks simple travellers* – Anspielung auf Lawrence Sternes (1713–1768) 1768 in deutscher Übersetzung erschienenen Roman »A Sentimental Journey Through France and Italy by Mr. Yorick«.

252 *Spiegel von Arkadien* – Komische Oper, Text von Emanuel Schikaneder (1751–1812), Musik von Franz Xaver Süßmayr (1766–1803), Uraufführung am 14. 11. 1794 in Wien. August Wilhelm Schlegel besprach die Oper 1797 in der Jenaischen »Allgemeinen Literatur-Zeitung«: »Der Dekorateur, der Theaterschneider, sogar der Tonkünstler bekommt viel zu tun; nur der Verstand konnte bei Verfertigung dieser Oper und kann bei ihrem Genusse ganz müßig bleiben.« Er nannte sie eine Nachahmung von Mozarts »Zauberflöte«, zu der Schikaneder ebenfalls das Textbuch geschrieben hatte. Er lobte Mozarts Musik und bedauerte dessen frühen Tod.

Jean Paul
Vorrede

In seinen 1836 herausgekommenen »Erinnerungen aus meinem Leben« erzählt E.T.A. Hoffmanns erster Verleger, der Bamberger Wein- und Buchhändler Carl Friedrich Kunz, wie es dazu kam, daß Jean Paul die Vorrede zu den »Fantasiestücken in Callots Manier« schrieb: »Nun schlug ich vor, der schnelleren Bekanntwerdung des Buches halber, den mir befreundeten Jean Paul zu bitten, eine Vorrede zu schreiben, worauf Hoffmann aber anfänglich nicht eingehen wollte. Es bedürfe deren nicht, meinte er, sein Buch werde sich schon selbst vertreten und Eingang zu verschaffen wissen, und lange dauerte es, bis ich endlich durch vieles Zureden seine Einwilligung erhielt.

Alsbald ward von mir eine Reise nach Beyreuth unternommen, um Jean Paul mündlich mit meiner Bitte zu grüßen. – Daselbst angekommen, verfügte ich mich vormittags zu demselben; mein Gesuch ward aber im ersten Augenblicke rein abgeschlagen.

›Ich bedaure sehr‹, sagte Jean Paul, ›Ihre Bitte nicht gewähren zu können, da ich mir fest vorgenommen, zu keinem Buche mehr eine Vorrede zu schreiben. Zweimal nur in meinem Leben tat ich dies, nämlich zu Dobenecks ›Sagen‹ und Kannes ›Urkunden der Geschichte‹, wofür ich aber von letzterm schlecht belohnt ward. – Hier erzählte er mir den Vorgang der Sache, die mir aber leider nicht mehr genau im Gedächtnis ist. Dann fügte er hinzu: ›Ihnen zuliebe als Verleger würde ich aber doch vielleicht von meinem Vorsatze Umgang nehmen, wenn zu einer Vorrede nicht gehörte, daß man sie auch mit Liebe für den Verfasser schreiben müsse, und diese kann ich für Hoffmann nicht hegen, da mir durch meine Frau, die ihn früher in Berlin kennenlernte, Dinge erzählt wurden, welche Hoffmanns Herz in keinem vorteilhaften Lichte darstellen.‹ – Nur angedeutet wurden mir diese Dinge, die mich mutmaßlich darauf hinführten, daß eine Freundin von Jean Pauls Gattin irgendein Verhältnis mit Hoffmann gehabt habe, bei dem der die Pflicht der Dankbarkeit verletzt haben müsse.

Jean Paul, der mir die Ehre erwies, meine Einladung zu einem Diner in meinem Gasthofe anzunehmen, wünschte übrigens das Manuskript bei sich zu behalten, es zu durchblättern, um es mir mittags wieder zu übergeben. – Das war Früh 10 Uhr. Um 1 Uhr trat derselbe in mein Zimmer mit den Worten: ›Das Manuskript bringe ich nicht mit, das bleibt bei mir; denn ich schreibe die Vorrede, und hoffentlich eine recht gute und wahre! Wie konnte ich mir einbilden, daß das Buch ein so überaus vortreffliches wäre; ich gratuliere Ihnen zu dem gefundenen Schatze!‹

Über Tisch ergoß sich Jean Paul in Lobeserhebungen über Hoffmanns Geist und verkündete, was später eingetroffen, daß er einst in Deutschland einen bedeutenden Namen als Schriftsteller gewinnen werde.«

Jean Paul kleidete sein Vorwort in die Gestalt einer Rezension und unterzeichnete es auch mit dem gleichen Buchstaben-Kürzel, mit dem er ähnliche Aufsätze in den »Heidelberger Jahrbüchern der Literatur« unterzeichnete, mit »Frip.« Scherzhaft datierte er es auf Dezember 1823 vor.

Die »Fantasiestücke in Callots Manier. Blätter aus dem Tagebuch eines reisenden Enthusiasten« kamen in vier Bänden von Ostern 1814 bis Ostern 1815 in Bamberg heraus. Als einziges Werk Hoffmanns erschienen sie noch zu Lebzeiten des Dichters, 1819, in einer zweiten Auflage. Jean Pauls Vorrede wurde mit geringfügigen Änderungen in die neue Ausgabe übernommen. Wir drucken sie in der zweiten Fassung ab.

Als Jean Paul die Vorrede am 13. Februar 1814 an Kunz schickte, schrieb er in dem Begleitbrief: »Ich habe vielleicht, um die Unparteilichkeit eines Vorredners wenigstens in einer Seite zu behaupten, eher zu wenig als zu viel gelobt. Ich freue mich sehr auf die Callotsche Nachkommenschaft.

Das Honorar für diese Kleinigkeit mögen Sie selber bestimmen und mir, wenn Sie noch echte Weine haben, es etwan in diesen zu vertrinken schikken.«

Was auch geschah. Jean Paul erhielt »6 Bouteillen Steinwein, 6 Rüdesheimer von 83, 6 roten..., 6 weißen... Stark wird jeder sein, wenn er nur rein ist.«

Kennengelernt hatten sich E.T.A. Hoffmann und Jean Paul vermutlich bereits 1800, als Jean Paul in Berlin war. Eine enge Beziehung hatte sich ebensowenig ergeben wie nach dem Zusammentreffen 1810 in Bamberg.

Am 30. März 1811 besuchte Hoffmann Jean Paul in Bayreuth, wo dieser seit 1804 ständig wohnte. Er überbrachte ihm einen Brief von Kunz und »2 Bund Federkiele vom linken Flügel«, worum Jean Paul ausdrücklich gebeten hatte.

Von Kunzens Idee, den »Fantasiestücken« ein Geleitwort voranzustellen, war Hoffmann nicht begeistert. Am 20. Juli 1813 schrieb er ihm aus Dresden: »Alle Vorreden sind mir, stehen sie nicht als Prolegomena vor einem wissenschaftlichen Werke, in dem Tod zuwider, am mehrsten aber solche, womit bekannte Schriftsteller die Werke unbekannter wie mit einem Atteste versehen und ausstatten. – Diese Vorreden sind gleichsam die Brandbriefe, mit denen in der Hand die jungen Schriftsteller um Beifall betteln. Finden Sie als Verleger, Ihres bessern Nutzens wegen, es aber geraten, meinem Werklein ein solches Attestat vorsetzen zu lassen, so schreiben Sie immerhin an Ihren Freund Jean Paul, vielleicht ist er in der Laune, ein launigtes Vorwort hinzuwerfen, das dann noch meinem Vorworte (ich meine den Callott) vorgesetzt werden könnte.«

Als er von Kunz erfahren hatte, daß Jean Paul sich anfangs geweigert, nach der Lektüre des Manuskripts aber zugesagt hätte, freute er sich doch, »es ist ehrenvoll, von ihm genannt zu sein.« Nachdem er die Vorrede gelesen hatte, fand er es allerdings weniger »ehrenvoll«. Am 24. März 1814 schrieb er an Kunz: »Jean Pauls Kleister- und Essigaale haben mir tüchtig vorgeschnalzt; ich habe mir die Vorrede weniger von meiner Wenigkeit handelnd, kürzer, genialer gedacht; aber da der eigentliche Zweck, nämlich die Worte auf dem Titelblatt ›Mit einer Vorrede von Jean Paul‹ erreicht ist, und er selbst in der Vorrede von seiner Manier (nicht Stil) spricht, so mag ich nichts mehr darüber sagen. Was aber seine Ermahnung zur Menschenliebe betrifft, so habe ich ja dieser Liebe beinahe zu viel getan, indem mir oft vor lauter Liebe ganz schwächlich und miserabel zu Mute worden, daß ich Wein oder Arak nachtrinken müssen.«

Wenig später beklagte er sich noch einmal, Jean Paul habe die Vorrede nicht objektiv genug gehalten und sich zu viel mit Hoffmanns Ich befaßt, was zwar rührend wäre, ihn aber nichts angehe.

So kühl und reserviert die persönlichen Beziehungen zwischen Hoffmann und Jean Paul blieben, so stark hat doch Jean Paul auf Hoffmanns Werk gewirkt. Er sah das, wenngleich etwas übertrieben, so im Grunde doch zutreffend, wenn er am 4. Mai 1820 schrieb: »Hoffmann, obwohl der Nachahmer meines Komischen, ist doch kein Freund meines Ernstes und vielleicht keiner von mir.« Er irrte aber, wenn er fortfuhr, »weil ich ihn in der Vorrede nicht genug gelobt. Du bist nicht im Stande, den jetzigen Jünglingen eine Schmeichelei zu sagen; sie halten sie für mageres Lob.«

Hoffmann hatte, wie aus dem Brief an Kunz hervorgeht, nicht stärker gelobt werden wollen, und ein »Jüngling« war der 1776 geborene auch 1814 nicht mehr gewesen.

In der Vorrede zur zweiten Auflage des Romans »Die unsichtbare Loge« hat Jean Paul 1821 noch einmal öffentlich zu Hoffmanns Werk Stellung genommen. Früher, als Hoffmann »bei weitem weniger hoch und mir viel näher stand«, habe er »dessen Callotische Phantasien ... schon empfohlen und gepriesen«. Jetzt aber wisse »er allerdings die humoristischen Charaktere –

zumal in der zerrüttenden Nachbarschaft seiner Morgen-, Mittag-, Abend- und Nachtgespenster, welche kein reines Taglicht und keinen festen Erdboden mehr gestatten – zu einer romantischen Höhe hinaufzutreiben, daß der Humor wirklich den echten Wahnwitz erreicht, was einem Aristophanes und Rabelais und Shakespeare nie gelingen wollen«.

Für Jean Paul stand Hoffmann gemeinsam mit den Dramatikern Zacharias Werner (1768–1823) und Adolf Müllner (1774–1829) für den Verfall der zeitgenössischen romantischen Literatur. Mit »Tollheit oder Wahnwitz« könne man deren Zustand charakterisieren. »Unstreitig ist jetzo die Belladonna (wie man die Tollkirsche nennt) unsere Muse, Primadonna und Madonna, und wir leben im Poetischen Tollkirschenfest.«

Bei dieser Gelegenheit bekam auch das Lesepublikum seinen Teil ab: »Desto erfreulicher ist es, daß auch die Lesewelt diese poetische Hinaufstimmung auf eine freundliche Weise begünstigt durch ihre Teilnahme, und daß sie, wie das Morgenland, Verrückte als Heilige ehrt, und was sie sagen, für eingegeben hält. Überhaupt eine schöne Lorbeer- und Kirschlorbeerzeit!«

Vermutlich zielt die Schlußbemerkung auf den geisteskranken Neffen des Grafen P*** aus den »Serapionsbrüdern« (1819/21), der sich selbst für den heiligen Serapion hält und von den Bewohnern der Umgebung wenn schon nicht verehrt, so doch geachtet wird.

Hoffmann hat Jean Pauls Angriff nicht mehr zur Kenntnis genommen. Am 30. Januar 1822 schrieb er ihm einen äußerst verehrungsvollen Brief. Darin bezog er sich noch einmal auf seinen Besuch »in dem schönen freundlichen Bayreuth«; er bekannte Jean Pauls Einfluß auf sein eigenes Werk und schickte ihm »als Zeichen meiner Verehrung« den zweiten Band des »Kater Murr«. Jean Paul kommentierte Brief und Buchgeschenk am 22. März mit den Worten: »Hoffmann, der meine Mumien-Vorrede (gegen ihn) noch nicht gelesen, sandte mir mit viel Preisung den 2. Teil seines Katers, um mich (vergeblich) zu einer Arbeitteilnahme zu bereden.« Hoffmann hatte ihm die Bitte eines Breslauer Buchhändlers um Mitarbeit an einer »Sammlung kleiner Schriften verschiedener Autoren« übermittelt.

Am 25. Januar 1822 starb Hoffmann nach langem, qualvollem Leiden in Berlin. –

Seine Ansichten über die Literatur hatte Jean Paul 1804 in der »Vorschule der Ästhetik« dargelegt. Danach ahme die Poesie die Wirklichkeit nicht nach, ebensowenig wie sie reiner Ausdruck der persönlichen Empfindung sei. Die naturalistische Kunst lehnte er als »poetischen Materialismus« ab, die zu stark gefühlsbetonte kraftlose als »poetischen Nihilismus«. Die eine bliebe zu stark am Besonderen haften, die andere verflüchtige sich im Allgemeinen. Der wirkliche Poet müsse zu einer Vereinigung beider Richtungen gelangen: »Wenn der Nihilist das Besondere in das Allgemeine durchsichtig zerlässet und der Materialist das Allgemeine in das Besondere versteinert und verknöchert, so muß die lebendige Poesie eine solche Vereinigung beider verstehen und erreichen, daß jedes Individuum sich in ihr wiederfindet und ... jedes nur sein Besonderes in einem Allgemeinen.«

Die Poesie solle die Welt weder wiederholen noch vernichten, sondern vielmehr deren geheime Sprache entziffern. Sie schaffe die Welt mit ihren eigenen Mitteln, sie schaffe eine verkleinerte, eine »geistig wiedergeborne

Welt«. Die Poesie sei dem Traum verwandt, und der Traum wiederum sei »unwillkürliche Dichtkunst«. Die Phantasie sei »die Weltseele der Seele und der Elementargeist der übrigen Kräfte«. Sie mache »alle Teile zu Ganzen ... und alle Weltteile zu Welten, sie totalisieret alles, auch das unendliche All.«

Vor dem Hintergrund dieser Ästhetik ist es verständlich, daß E.T.A. Hoffmanns frühe Erzählungen Jean Pauls Zustimmung fanden. Es ist ebenso verständlich, daß ihm Tiecks und Novalis' Werk nahestand und daß er Fouqué überschätzte. Von den Klassikern verehrte er Herder am meisten; Goethe und Schiller gegenüber blieb er zurückhaltend. Daß er Hoffmanns spätere Bücher so abfällig bedachte, hat weitgehend persönliche, von ihm selbst nicht reflektierte Gründe. Denn seine Alterseinsichten und Hoffmanns Werke sind sich nah; beiden war bewußt, in einer grotesken, zum Teil kriminell-korrupten Welt zu leben. Und beide verdeutlichten, freilich auf unterschiedliche Weise, daß sie sich dieser Welt gegenüber letztlich als hilflos empfanden. Aus beiden Dichtern sprach das tiefe Bewußtsein, in einer krisenhaften Zeit zu leben.

253/54 *horazische neun Jahre* – In Horaz' »De arte poetica«, V. 388–390, heißt es: »Halt die Handschrift im Pulte verschlossen / bis in das neunte Jahr: Du kannst tilgen, was nicht du herausgabst:/ Ist dir das Wort erst entflohn, so holst du es nimmer zurück mehr.« (Übersetzung von W. Ritschel) S. auch Anm. zu S. 49

poste restante – (frz.) hier: aus kritischer Entfernung

d'Alembert – Jean Baptiste le Rond d'Alembert (1717–1783), französischer Naturwissenschaftler, Mathematiker und Philosoph, gab gemeinsam mit Diderot die »Encyclopédie francaise« heraus. In seinen «Réflexions sur l'Ode«, 1762, heißt es: »Die Verse, die man sich mit Leichtigkeit merkt, an welche man sich mit Freude erinnert, sind diejenigen, deren Wert sich allein aus der harmonischen Anordnung der Worte herleiten.«

Cicero – In einer im Oktober 46 v. u. Z. auf dem römischen Forum gehaltenen Rede für den verbannten Quintus Ligarius sprach Cicero (106–43 v. u. Z.) den anwesenden Cäsar an, »der du außer Beleidigungen nichts zu vergessen pflegst«.

Callot – Jacques Callot (1592–1635), französischer Grafiker mit zuweilen sehr starker Fantasie

Gozzi – Carlo Gozzi (1720–1806), italienischer Dramatiker

Farbenleibgeber – Jean Paul scheint Callots Zeichnungen und Radierungen nicht gekannt zu haben, sonst hätte er diese Bezeichnung, die sich auch auf die Figur des Leibgebers in seinem eigenen Roman »Siebenkäs«, 1796, bezieht, nicht gewählt. Dort ist der Leibgeber ein Mann, der Borniertheit und Dummheit mit Ironie und Humor verspottet.

Hogarth – William Hogarth (1697–1764), englischer Maler, Kupferstecher, Radierer und Kunsttheoretiker. Hoffmann hatte seine »Fantasiestücke in Callots Manier« ursprünglich »Bilder nach Hogarth« nennen wollen.

Anagrammatiker – (griech.) Hersteller von Wort- und Buchstabenspielen, Vertauscher von Wörtern, Silben und Buchstaben.

255 *Charivari* – (frz.) Hohn- oder Spottständchen

256 *Leibkunst* – Jean Paul meint die damals durch Lady Hamilton und in Deutschland durch die Schauspielerin Henriette Hendel-Schütz (1722–1849) in Mode gekommene sogenannte »mimische« Kunst, die Hoffmann in der Erzählung »Nachricht von den neuesten Schicksalen des Hundes Berganza« aus den »Fantasiestücken« verspottete.

Swift – Jonathan Swift (1667–1745), irischer satirischer Schriftsteller, von dem bereits zu Lebzeiten die wichtigsten Werke ins Deutsche übersetzt wurden.

Sterne – Lawrence Sterne (1713–1768), englischer, teilweise humoristischer Schriftsteller, wirkte stark auf Jean Paul.

Loretto-Häuschen – Der Legende nach wurde das Geburts- und Wohnhaus der Maria 1291 von Engeln aus Nazareth zuerst nach Dalmatien und von dort nach Loreto in Italien versetzt, damit es vor den angreifenden Türken bewahrt bliebe.

Gradierhäuser – Holzgerüste, über die Sole herabläuft; zur Behandlung erkrankter Atemwege benutzt.

»Morgenblatt« – Das »Morgenblatt für gebildete Stände« erschien von 1807 bis 1837 bei Cotta in Tübingen (ab 1820 in Stuttgart und Tübingen); Redakteure waren u. a. Friedrich Rückert, Wilhelm Hauff und Gustav Schwab.

257 *»Elegante Zeitung«* – Die »Zeitung für die elegante Welt« erschien mit Unterbrechungen, während der sie unter den Titeln »Die Mode« und »Pariser Modenpost« herauskam, von 1801 bis 1858 in Leipzig und 1858/59 in Berlin. Sowohl E.T.A. Hoffmann als auch Jean Paul zählten zu ihren gelegentlichen Mitarbeitern.

»Heidelberger Jahrbücher« – Die »Heidelberger Jahrbücher der Literatur« erschienen von 1808 bis 1872 (bis 1817 hatten sie »Heidelbergische Jahrbücher« geheißen).

Salzpfannen – zum Salzsieden benutzte Kessel aus Metall

Bahrdt – Karl Friedrich Bahrdt (1741–1792), evangelischer Theologe, dessen aufklärerische Plattheit Goethe im »Brief des Pastors«, 1773, verspottete. Seinem in Züllichau herausgekommenen »Kirchen- und Ketzeralmanach aufs Jahr 1791« ist als Erscheinungsort »Häresiopel im Verlag der Ekklesia pressa« eingedruckt.

Kriegsrat Cranz – August Friedrich Cranz (1737–1801), ehemaliger Theologiestudent, Jurist; später Kriegs- und Steuerrat, Verfasser vor allem satirischer Schriften, u. a. »Galerie der Teufel, bestehend in einer erlesenen Sammlung von Gemälden, moralisch-politischen Figuren, deren Originale zwischen Himmel und Erden anzutreffen sind« (1777/78), »Bockiade« (1779) und »Die Ochsiade, oder freundschaftliche Unterredung der Herren Schiller und Goethe mit einigen ihrer Herren Kollegen« (1797). Von 1787 bis 1790 gab er ein »Journal von Berlin« heraus.

Vademecumer – Vade mecum (lat.): geh mit mir; Bezeichnung für ein meist in kleinem Format gedrucktes handliches Buch, das als Ratgeber, kurzer Abriß oder Leitfaden dient.

Wetzel – Johann Karl Wezel (1747–1819), aufklärerischer, vor allem satirischer Schriftsteller, galt am Ende seines Lebens zu unrecht als geisteskrank.

der allgemeinen deutschen Bibliothekare – Die von Friedrich Nicolai herausgegebene »Allgemeine deutsche Bibliothek« (1765/92) und ihre Nachfolgerin, die »Neue Allgemeine deutsche Bibliothek« (1793 bis 1805) waren vor allem am Anfang führende Zeitschriften der deutschen Aufklärung.

258 *Horaz* – s. Anm. zu S. 49

ad usum Delphini – (lat.) zum Gebrauch der Kinder, der Schüler

notis variorum – (lat.) Anmerkungen über verschiedene Auslegungen, unterschiedliche Auffassungen

»Frauendienst« – »Frauendienst oder: Geschichte und Liebe des Ritters und Sängers Ulrich von Lichtenstein, von ihm selbst beschrieben. Nach einer alten Handschrift bearbeitet und herausgegeben von Ludwig Tieck.« Das Buch erschien ohne Vor- oder Nachwort und ohne jede erklärende Anmerkung 1812 bei Cotta in Stuttgart und Tübingen. Ulrich von Lichtenstein hatte von 1198 bis 1275 gelebt, der »Frauendienst« war 1255 erschienen.

Ludwig Börne

(Die Serapions-Brüder. Herausgegeben von E.T.A. Hoffmann. Berlin 1819)

Ludwig Börne gilt zu recht als der Schöpfer des politischen Literatur- und Theaterfeuilletons in Deutschland. Mit seinen publizistischen Arbeiten wollte er bewußtseinsbildend auf breite Leserkreise wirken. So war es nur konsequent, daß er bis 1830 alle seine Arbeiten für Zeitungen und Zeitschriften schrieb und auch dort zuerst drucken ließ. Mit seinen Theaterkritiken, die er großenteils in der von ihm selbst herausgegebenen Zeitschrift »Die Waage« veröffentlichte, lieferte er glänzende Kunst- und Gesellschaftskritiken von einem aufgeklärten bürgerlich-demokratischen Standpunkt aus. Börne wollte nicht für die Ewigkeit schreiben, sondern für den Tag. Das bekannte Wort vom »Zeitschriftsteller« kennzeichnet seine Haltung trefflich.

Dieser direkte Bezug auf die jeweils zeitgenössischen Probleme stellte freilich auch Börnes Grenze dar, besonders in der Beurteilung der sogenannten schönen Literatur. Daraus erklärt sich, daß er z. B. Jean Paul vergötterte und Goethe wenig schätzte. In einer »Denkrede« auf Jean Paul 1825 feierte er ihn als einen »Dichter der Niedergeborenen«, einen »Sänger der Armen«: »Er sang nicht in den Palästen der Großen, er scherzte nicht mit seiner Leier an den Tischen der Reichen.« Dieser Satz zielt ebenso gegen Goethe wie die folgenden gegen die Romantiker: »Nicht wie andere es getan, spürt er nach den verborgenen Einöden im menschlichen Herzen, er sucht darin die versteckten Paradiese auf. Er löset die Rinde von der verhärteten Brust und zeigt den weichen Bast darunter; und in der Asche eines ausgebrannten Herzens findet er den letzten halbtoten Funken und facht ihn zu hellen Liebesflammen an.«

An Goethe, den er zwar für den »größten deutschen Dichter« hielt, tadelte er, daß er die Freiheit verraten und nie offen für das Volk gesprochen habe. Diese starre, undialektische Haltung verwehrte es ihm auch, den romantischen Dichtern gerecht zu werden. In dem, was sie und die Klassiker als Leiden an der Gesellschaft und als Zukunftshoffnung gestaltet hatten, erkannte er weder den Realitätsbezug noch die humanistisch-demokratische Gesinnung. So mußte ihm auch die phantastische Welt E.T.A. Hoffmanns fremd und unverständlich bleiben. Während uns gerade die in den »Serapionsbrüdern« gesammelten Märchen und Erzählungen ein Höchstmaß an politischer und sozialer Sensibilität ihres Autors bezeugen, sah Börne nur »zersetzende Phantasie« und gräßliches Geheule darin. Wenn er forderte, der entsetzte Leser solle »an der Besonnenheit des Dichters« eine »Brustwehr« finden, oder »die Musik, die in allen Werken des Verfassers widerklingt«, solle »den Himmel ... auf die Erde« herabziehen, so war er den klassizistischen Idealen nah, die von der Kunst Ausgleich und Harmonie forderten. Da war er vor allem Goethe nah, für den, vereinfacht gesprochen, die Romantik das »Kranke« und die Klassik das »Gesunde« bedeuteten.

Gegen den romantischen Künstlerbegriff richtete sich Börnes Behauptung, »es ist falsch, daß der wahre Dichter ein Seher sei ... Der Dichter aber muß menschlich fühlen, um Menschen zu bewegen.« Der Begriff des »Menschlichen« erscheint sehr eingeengt: Kotzebue, um nur ein Beispiel zu nennen, fällt darunter, E.T.A. Hoffmann nicht. Der radikal demokratisch gesonnene Kleinbürger Börne fand in seiner auf Wirklichkeitserhellung und -veränderung gerichteten Ästhetik keinen Platz für die grotesken Figuren und Verhältnisse, mit deren Gestaltung sich E.T.A. Hoffman einer als grotesk empfundenen Zeit zu erwehren versuchte.

Immerhin hat Börne Hoffmann höher als die anderen Belieferer »der deutschen Leihbibliotheken« eingeschätzt. Sein Urteil über Hoffmann und über Goethe schmälert seine Bedeutung für seine Zeit und für die Entwicklung der deutschsprachigen Publizistik keineswegs. Es macht aber deutlich, zu welcher Einseitigkeit eine undialektische, unhistorische Betrachtungsweise führen kann.

Börnes Kritik der »Serapionsbrüder« erschien im Juliheft 1820 der Zeitschrift »Die Waage« (Band 1, Heft 8) in Frankfurt am Main.

261 *Märtyrer Serapion* – Unter der Regierung des Kaisers Decius (249–251) käm es zu besonders grausamen Christenverfolgungen im römischen Reich. Der Gedenktag des hl. Serapion, der in der thebanischen Wüste den Märtyrertod starb, ist der 14. November.

Juncturen der Glieder – ursprünglich: Verbindung der Gließmaßen; Gelenke

Anachoret – (griech.) »Zurückgezogener«; einsam, nicht im Kloster lebender Mönch

262 *Pinel* – Philippe Pinel (1745–1826), fortschrittlicher französischer Psychiater, lehnte die Anwendung von Zwangsmaßnahmen in den Nervenkliniken ab, setzte sich dagegen für eine psychologische Behandlung der Patienten ein.

Reil – Johann Christian Reil (1759–1913), praktischer Arzt, forderte eine menschenwürdige Behandlung der Nervenkranken, die damals noch in sogenannten »Tollhäusern« verwahrt wurden. Die Geisteskrankheiten beschrieb er in dem umfangreichen Werk »Über Erkenntnis und Kur der Fieber«, 1799–1815.

262 *thebaische Wüste* – Gegend um die oberägyptische Stadt Theben; schon im 3. Jahrhundert, also zur Zeit des heiligen Serapion, gab es dort viele Einsiedlermönche, Mönchskolonien und Klöster.

266 *Epopöe* – (griech.) anderer Ausdruck für »Epos«, große erzählende Versdichtung, Heldengedicht.

Friedrich Schlegel
(Heinrich von Kleist, Das Käthchen von Heilbronn)

Ende September 1810 erschien bei Georg Andreas Reimer in Berlin »Das Käthchen von Heilbronn oder die Feuerprobe, ein großes historisches Ritterschauspiel von Heinrich von Kleist«. Die Uraufführung hatte bereits am 17. März 1810 im Theater an der Wien stattgefunden; am 18. und 19. März war es wiederholt worden. Ein großer Erfolg wurde das »Käthchen von Heilbronn« (neben dem »Zerbrochenen Krug« das einzige Stück Kleists, das zu seinen Lebzeiten überhaupt gespielt wurde) vorläufig nicht, wenn es gleich neben den ablehnenden auch gewichtige lobende Urteile gab. Nach Kleists Tod wurde es einige Male in unterschiedlichen Bearbeitungen aufgeführt. Es ist das einzige deutsche Ritterdrama nach Goethes »Götz«, das nicht vergessen wurde und heute noch gespielt wird.

Am 28. März 1810 erschien in der Beilage 3 zum »Österreichischen Beobachter« Friedrich Schlegels Kritik der Uraufführung. In derselben Nummer besprach er außerdem Schillers »Braut von Messina« und Zacharias Werners »Attila«. Beide Stücke kamen besser weg als »Das Käthchen von Heilbronn«. Wir drucken den auf Kleists Stück bezüglichen Teil ungekürzt ab.

»Der Österreichische Beobachter« war eine eben erst auf Metternichs Veranlassung gegründete Zeitung, die vom 1. März 1810 an dreimal wöchentlich, vom 1. Januar 1811 an sechsmal und vom 1. Februar an sogar auch sonntags erschien. Da der von Metternich als Redakteur eingesetzte Josef Anton von Pilat jedoch erst ab Herbst 1810 in Wien sein konnte, wurden vorerst der allgemeine Teil von der Wiener Haus-, Hof- und Staatskanzlei und die literarischen Beilagen von Friedrich Schlegel redigiert, der seit März 1809 die Stelle »eines Hofsekretärs in österreichischen Diensten« bekleidete. Für die Artikel der Beilagen wurde kein Honorar gezahlt, und so hat Schlegel den größten Teil selbst verfaßt, vor allem die vielen Theaterkritiken. Mit Besprechungen neu erschienener Bücher hielt er sich seit 1801 zurück, so daß danach – von wenigen Ausnahmen abgesehen – die Aufsätze im »Österreichischen Beobachter« 1810/11 seine einzigen öffentlichen Äußerungen zur zeitgenössischen Literatur darstellen.

Im Februar 1811 übernahm Pilat die Redaktion der Zeitung, und Schlegel hat von da an nur noch wenige Beiträge für den »Österreichischen Beobachter« geliefert. –

Kleist und Schlegel haben sich vermutlich um Mai 1809 in Znaim, dem jetzigen Znojmo, in Südmähren persönlich kennengelernt, wohin sich die

Führung der österreichischen Armee nach der Niederlage gegen Napoleon zurückgezogen hatte. Bereits 1801 tauchte Schlegels Name in Kleists Briefen auf, worin er Grüße an ihn bestellte. Einen Monat nach dem Zusammentreffen in Znaim bat ihn Kleist um Mitarbeit an der geplanten Zeitschrift »Germania«. »Was dieses Blatt enthalten soll, können Sie sich leicht denken; es ist nur ein Gegenstand, über den der Deutsche jetzt zu reden hat.« Das patriotische »Wochenblatt« kam nicht zustande, und zwischen Schlegel und Kleist kam es zu keiner Verbindung. Kleist hat vorher und danach gelegentlich Versuche unternommen, Schlegel näher zu kommen, aber diese Versuche blieben ergebnislos.

Im November 1810, also bereits nach Schlegels »Käthchen«-Rezension, zeigte Kleist in den »Berliner Abendblättern« Schlegels »in Wien abgehaltene Vorlesung über die Natur und die Folgen der Kreuzzüge« an, die in der Zeitschrift »Vaterländisches Museum« erschienen waren. Er könne sie seinen Lesern »nicht genug empfehlen«.

Der einfühlsame Kritiker Friedrich Schlegel, der von der Kritik forderte, die Individualität anzuerkennen und sich nicht durch starre Regeln einschränken zu lassen, vielmehr »Autoren und Werke zu verstehen, das heißt sie in Beziehung auf jenen großen Organismus aller Kunst und Wissenschaft genetisch zu konstruieren«, dieser Friedrich Schlegel hat Heinrich von Kleist nicht verstanden. Nach Kleists Selbstmord schrieb er am 4. Januar 1812 seinem Bruder August Wilhelm: »Die seltsame Mordgeschichte von Kleist wirst Du in den Zeitungen gelesen haben. Er hat also nicht bloß in Werken, sondern auch im Leben Tollheit für Genie genommen und beides verwechselt.«

Ludwig Börne
Das Käthchen von Heilbronn

Zu Kleists Lebzeiten wurde »Das Käthchen von Heilbronn« außer in Wien noch in Graz und Bamberg aufgeführt. An der Bamberger Dekoration hat übrigens E.T.A. Hoffmann mitgearbeitet. Für diese Inszenierung hatte Franz von Holbein (1779–1855) eine Fassung hergestellt, in der das Stück auch an anderen Bühnen gespielt wurde. Ludwig Börnes Seufzer, »aber wie haben sie dieses Stück wieder zugerichtet«, bezieht sich auf Holbeins Bearbeitung. Achim von Arnim nannte Holbein wegen dieser Bearbeitung einen »gewissen Henkersknecht«. Holbein hat außerdem noch für Kleists »Familie Schroffenstein« und den »Prinzen von Homburg« Theaterfassungen hergestellt, das heißt, er hat sie verharmlost und zu reinen Unterhaltungsstücken degradiert. Allerdings gab es auch ernstzunehmende Kritiker, die Holbeins Bearbeitungen lobten, wie z. B. Willibald Alexis.

Kleists Bedeutung früh schon erkannt zu haben gehört zu Börnes Verdiensten. Seine Besprechung der Frankfurter Aufführung erschien im Oktoberheft 1818 der Zeitschrift »Die Waage« (Band 1, Heft 4). Wir haben sie um die knappe Hälfte gekürzt, das heißt um den Teil, der sich auf die konkrete Aufführung und die Leistungen der Schauspieler bezieht.

Ludwig Tieck

Über die bevorstehende Aufführung des »Prinzen von Homburg« von Heinrich von Kleist auf der Dresdener Bühne

Während eines kurzen Aufenthalts in Dresden lernte Ludwig Tieck im Sommer 1808 Heinrich von Kleist kennen, der damals gemeinsam mit Adam Müller die Monatsschrift »Phöbus« herausgab. Tieck hat später über diese Begegnung folgendes geschrieben: »Er hatte damals eben sein Schauspiel ›Käthchen von Heilbronn‹ vollendet. Heinrich von Kleist war von mittlerer Größe und ziemlich starken Gliedern; er schien ernst und schweigsam, keine Spur von vordringender Eitelkeit, aber viele Merkmale eines würdigen Stolzes in seinem Betragen. Er schien mir mit den Bildern des Torquato Tasso Ähnlichkeit zu haben, auch hatte er mit diesem die etwas schwere Zunge gemein.«

Und Tiecks Biograf Rudolf Köpke schrieb in dem 1855 herausgekommenen Buch »Ludwig Tieck. Erinnerungen aus dem Leben des Dichters nach dessen mündlichen und schriftlichen Mitteilungen«: »Noch war der geniale Dichter dem größern Publikum kaum bekannt. Im Jahre 1803 war seine Tragödie ›Die Familie Schroffenstein‹ erschienen, in der sich echt Tragisches und Großes mit Plattem, ja Rohem mischte, und soeben hatte für ihn sein Freund Adam Müller das Lustspiel ›Amphitryon‹ herausgegeben… In dieser Zeit war er bereits mit seinem Hauptwerke ›Käthchen von Heilbronn‹ beschäftigt. Er gewann Zutrauen genug, es Tieck mitzuteilen. Auch dieser erkannte das bedeutende dramatische Talent, aber zugleich auch, wie der Dichter im Kampfe mit den Zweifeln und Versuchungen zu unterliegen drohte, deren Gewalt er an sich selbst erfahren hatte.«

In der Tat war Ludwig Tieck einer der ersten, die Kleists Bedeutung erkannten. Nach Kleists Tod am 21. November 1811 hat er sich unermüdlich für dessen Werk eingesetzt. Bereits 1816 schrieb er an den Berliner Verleger Georg Andreas Reimer: »Schon früher hört ich, Sie hätten mit H. v. Kleists Novellen kein Glück gemacht; dieser edle und unglückliche Autor, der nach meiner Überzeugung unter allen jungen Dichtern bei weitem der vorzüglichste ist, ist in unserer Zeit nichts weniger als erkannt, vielleicht, ja wahrscheinlich geschieht es noch. Ich hörte, es wären noch nachgelassene Dramen von ihm, und ich habe mich deshalb an seine Verwandten adressiert, diese sind so gütig gewesen, mir zwei Schauspiele zur Herausgabe anzuvertrauen, die mich entzückt haben. ›Hermann‹, ein Schauspiel, das ganz für die damalige unglückliche Lage Preußens gedichtet ist; zweitens ›Prinz von Homburg‹, vaterländisch und groß.«

Allerdings dauerte es noch fünf Jahre, bis 1821 »Kleists hinterlassene Schriften« erscheinen konnten, worin unter anderem die beiden Dramen veröffentlicht wurden (»Die Hermannsschlacht« war auszugsweise bereits vorher gedruckt worden).

Vor Tieck hatte sich Fouqué, allerdings vergebens, um die Herausgabe von Kleists unveröffentlichten Werken bemüht.

Am 3. Oktober 1821 wurde der »Prinz von Homburg« am Wiener Burgtheater uraufgeführt, freilich wiederum in einer verstümmelnden Bearbeitung, diesmal von Ludwig Holbein. Unter dem Titel »Die Schlacht bei Fehrbellin« wurde es bis zum 28. Oktober fünfmal gespielt. Am 6. Dezember 1821 kam es mit einer Bühnenmusik von Heinrich Marschner am Dresdener Hoftheater heraus. Daß diese Aufführung zustande kam, ist hauptsächlich Tiecks Verdienst, der am 1. Dezember in der »Dresdener Abendzeitung« einen auf dieses Theaterereignis vorbereitenden Aufsatz veröffentlichte. Wir drucken diesen Beitrag ungekürzt ab.

Den »Homburg« hat Tieck, wie er in einem Gespräch mit Rudolf Köpke bekannte, besonders geschätzt: »Dies ist eins der trefflichsten und zugleich nationalsten Dramen, was wir besitzen. Liegt uns auch die mystische Seite ferner, so hat sie doch hier nichts störendes und tritt auch weniger hervor als im ›Käthchen‹. Wie menschlich wahr und anschaulich sind nicht alle Charaktere; so der Prinz selbst, der alte Kottwitz; ganz individuell und doch groß ist der Kurfürst. Der kurze Monolog im fünften Akte ›Wenn ich der Bei von Tunis wäre‹ gehört zu dem Ausgezeichnetsten, was unsere dramatische Poesie aufzuweisen hat.«

Tieck hat es nicht bei der Herausgabe der »Hinterlassenen Schriften« belassen; 1826 gab er, ebenfalls bei Reimer in Berlin, eine dreibändige Ausgabe »Heinrich von Kleists gesammelte Schriften« heraus, die oft nachgedruckt wurde. Beiden Ausgaben stellte er warmherzig-verständnisvolle Einleitungen voran; von ihm stammen die bekannten Sätze: »In einer höchst bewegten Zeit lebend, war es seinem starken Herzen unmöglich, nicht die Bedrängnis der Gegenwart ganz und voll zu fühlen; er war ganz Deutscher und liebte sein Vaterland Brandenburg noch inniger als die übrigen verwandten Stämme. Seine Zeit aber verwandelte sich ihm gleichsam zum Gespenst, so daß er nicht ruhig das Unglück fest anschauen und mit klarem Auge nach der Zukunft sehen konnte; so sehr ihn diese Zeit bedrängte, wurde sie ihm durch brütende Trauer doch fast nur in einen ängstenden Traum verwandelt. Die Poesie war diesem finstern Gemüte nur auf Augenblicke ein Labsal, keine Heilung; der unglückliche Dichter konnte ihr nicht leben und sich in ihr beruhigen, die Gegenwart verdunkelte ihren Glanz, und sie war daher nicht fähig, ihm die äußere Welt mit milderem Schimmer zu erheitern...

Er konnte im Leben die Stelle nicht finden, die ihm zusagte, und die Phantasie vermochte ihm den Verlust der Wirklichkeit auf keine Weise zu ersetzen. Wenn er zuletzt auch wohl nicht an seinem Talent verzweifelte, so mußte es ihn doch betrüben und verstimmen, daß die Welt um ihn so wenige Kunde von seinen Arbeiten nahm. Denn auch darin ist dieser Dichter unglücklich zu nennen, daß in einer Zeit, in welcher sich nur wenig Echtes in unserer Literatur zeigte, er fast unbemerkt blieb, indessen neben ihm Autoren berühmt wurden, weil sie den krankhaften Bedürfnissen der Zeit frönten, neben anderen, von denen sich gar nicht angeben läßt, warum ihnen dieser Vorzug wurde.«

Tieck hat die Werke einiger zeitgenössischer Dichter gesammelt und herausgegeben, neben demjenigen Kleists auch das von Lenz, Novalis und Friedrich (Maler) Müller. Sein Eintreten für den verkannten und mißachteten Kleist gereicht ihm zu besonderer Ehre. Noch in seinem Nachruf auf Tieck hat Friedrich Hebbel, selbst ein großer Kleist-Verehrer, 1853 das Verdienst ausdrücklich erwähnt, das sich Tieck »um den großen Heinrich von Kleist durch liebevolles und beharrliches Hinweisen erworben hat.«

Tieck selbst war sich wohl bewußt, daß er zur »Erhaltung und endlichen Anerkennung« von Kleists Werk »wesentlich beigetragen« habe. »In einem eigentlich freundschaftlichen Verhältnisse habe ich zu Kleist nicht gestanden, aber ich habe sein hohes Talent stets geliebt und geehrt, und sein tragisches Schicksal hat mich tief erschüttert.«

271 *Wien, Breslau und Frankfurt am Main* – Nach der Wiener Uraufführung wurde der »Prinz von Homburg« am 15. Oktober 1821 in Breslau und am 5. November 1821 in Frankfurt:M. aufgeführt. Am 5. 11. hatte er übrigens auch in Graz Premiere, was Tieck hier nicht erwähnt.

273 *Stil der niederländischen Kunst* – Tieck denkt hier vermutlich an die bekannten niederländischen Genremaler des 17. und 18. Jahrhunderts, die Treue im Detail oft mit symbolischer Bedeutung verbanden.

274 *Subordination* – (lat.) Unterordnung; hier: Dienstgehorsam

Karl Leberecht Immermann

»Landhausleben« Erzählungen von Ludwig Achim von Arnim. »Reisebilder« von H. Heine

Der 1796 in Magdeburg geborene Immermann wurde nach dem Jurastudium in Halle, das durch die Teilnahme an den Befreiungskriegen unterbrochen worden war, 1818 preußischer Beamter. Nach Anstellungen in Oschersleben, Magdeburg und Münster kam er im Januar 1824 als Kriminalrichter nach Magdeburg.

In der literarischen Öffentlichkeit war Immermann bereits durch mehrere Werke bekannt geworden; außer einigen Theaterstücken (vor allem »Der Prinz von Syrakus«, 1821) und einem Gedichtband war 1822 die umfangreiche Erzählung »Das Papierfenster eines Eremiten« erschienen. Damit lag eines seiner Hauptwerke vor. Die Kritik von Arnims »Landhausleben« und von Heines »Reisebildern« schrieb er zu Beginn des Jahres 1827, kurz vor seiner Abreise »nach Düsseldorf, wohin ich versetzt worden bin«. Am 21. Februar schickte er das Manuskript an Karl August Varnhagen von Ense, der den Berliner Rechtsgelehrten Eduard Gans bei Gründung und Herausgabe der »Jahrbücher für wissenschaftliche Kritik« unterstützte. In dieser bei J. G. Cotta in Stuttgart und Tübingen erscheinenden Zeitschrift wurde Immermanns Beitrag im Mai 1827 (Nr. 95–97) veröffentlicht. Wir drucken ihn ungekürzt ab.

Im Begleitbrief schrieb Immermann: »Ich wünsche nun nichts mehr, als daß meine Arbeit Ihnen und der Gesellschaft gefallen möge; ich habe sie so gut gemacht, wie es mir möglich war, und bin dem Gesichtspunkt treu geblieben, daß eine wissenschaftliche Kritik immer zu gewissen allgemeinen Rückblicken und Übersichten hinstreben, diese aber auch wieder durch sorgfältige Beachtung des Einzelnen belegen muß. Ein Beweis ist freilich auf diesem Felde nicht zu führen, man kann aber wenigstens durch Gründlichkeit etwas Beweisähnliches liefern. Freilich muß man dann etwas ausführlich sein; in der Kürze sind solche Arbeiten nicht wohl zu fassen, und so ist denn auch die meinige lang geworden. – Veränderungen und Abkürzungen habe ich dennoch bei der Durchsicht nicht vornehmen mögen.«

Mit der »Gesellschaft« war die »Sozietät für wissenschaftliche Kritik zu Berlin« gemeint, die als Herausgeberin der »Jahrbücher« zeichnete. Zu ihren Mitarbeitern zählten viele bedeutende Künstler, Wissenschaftler und Literaten, neben Eduard Gans, Varnhagen und Immermann, um nur einige der klangvollsten Namen zu nennen, Carl Gustav Carus, Ludwig Feuerbach, Goethe, Hegel, Wilhelm v. Humboldt, Friedrich Rückert, David Friedrich Strauß und Friedrich Theodor Vischer.

Gutzkow nannte sie 1831 »eine würdige Erscheinung neuerer Zeit«. »Zugleich glaub ich, daß durch sie dem Ziele wird näher gearbeitet werden, daß allmählich die schädlichen Gegensätze zwischen Fachgelehrsamkeit und sogenannter Popularität aufgehoben werden, nicht etwa durch eine chemische Rektifikation, die nur Ungesundes aus Ungesundem zu Tage fördern würde, sondern durch die eine Sprache wahrer Wissenschaftlichkeit.«

Die »Jahrbücher« erschienen von 1827 bis 1846; sie dienten vor allem der Verbreitung von Hegels Philosophie (nebenbei bemerkt sei, daß Gans eine Werkausgabe Hegels mit vorbereitete und 1833 und 1837 selbst zwei Bände davon betreute.

In dieses Ensemble fügte sich Immermanns Kritik ein. Er, der von der Romantik herkam (Arnims Roman »Armut, Reichtum, Schuld und Buße der Gräfin Dolores«, 1810, wurde für ihn während seiner Hallenser Studentenzeit zu einer prägenden Lektüre), setzte hier bereits seine Ansicht, »daß alle Kunst etwas Historisches ist«, der romantischen entgegen. Kunst war ihm nichts statisches, nichts gegebenes mehr, sondern er hatte sie als etwas begriffen, das sich in und mit der Geschichte entwickelte. –

Die Sammlung von Erzählungen »Landhausleben« erschien 1826 in Leipzig bei C. H. F. Hartmann. Sie war die letzte Buchveröffentlichung Arnims vor seinem Tod; der Begriff »Erzählung« wird auf so unterschiedliche Gebilde wie die »dramatische Erzählung in drei Handlungen« »Marino Caboga«, auf das erzählende Gedicht »Rembrandts Versteigerung« oder das »indische Märchen« »Wunder über Wunder« bezogen.

Bereits Heines erste Buchveröffentlichung, »Gedichte«, 1822, war von Immermann besprochen worden. Heine dankte ihm in einem Brief vom 24. Dezember 1822 für die »bedeutungsvollen Worte« und schrieb: »Ich gesteh es, Sie sind bis jetzt der Einzige, der die Quelle meiner dunkelen Schmerzen geahndet.« Und im Januar 1823 hieß es: »Ihre schöne Freimütigkeit beweist mir, daß Sie es gut mit mir meinen.« Der erste Teil der »Reisebilder« erschien 1826 in Hamburg; 1830 kam eine zweite, veränderte und 1840 eine dritte, nur wenig geänderte Auflage heraus.

Zwei Monate nachdem Immermanns Kritik der »Reisebilder« veröffentlicht worden war, schrieb Campe an Heine, das »Buch der Lieder« sei fertig gedruckt. Am 5. Oktober schickte er ein Exemplar an Immermann. Mit diesem Buch wurde Heine in ganz Deutschland berühmt. Daß Immermann noch vor diesem Erfolg Heines Bedeutung erkannte, bezeugt seinen vorurteilslosen Blick und sein sicheres Gespür für literarische Qualität.

Seit Immermanns Besprechung von Heines Gedichten 1822 bestand zwischen beiden Dichtern eine herzliche Freundschaft, die sich in dem Streit mit Platen 1828/29 merklich abkühlte, obwohl beide von Platen öffentlich angegriffen wurden und sich auch öffentlich gegen ihn wehrten. Aber

Immermann waren Heines Erwiderungen zu unsachlich, zu persönlich. Er schrieb ihm am 1. Februar 1830: »Bei der Replik gegen Platen hätte vielleicht ein bißchen gespart werden können.«

276 *ohne weitere Verknüpfung* – Im »Schlußbericht, wie die Handschrift dem Marchese überreicht wurde« teilt der Erzähler mit, daß er die Erzählungen in einer Villa des Marches gehört habe. Dieser »Schlußbericht« fehlt in späteren Ausgaben.

die Fortsetzung des Werkes – Die Erstausgabe trägt den Vermerk »Erste Band«; Arnim plante, »in folgenden Bänden« noch mehr Erzählungen zu veröffentlichen.

277 *in den »Kronenwächtern«* – Der erste dieses auf vier Bände geplanten historischen Romans erschien 1817 mit dem Untertitel »Bertholds erstes und zweites Leben«; 1854 gab Bettina v. Arnim den zweiten Band heraus. Den ersten Band hatte sie 1818 gemeinsam mit Wilhelm Grimm in den »Heidelberger Jahrbüchern« besprochen.

»Halle« und »Jerusalem« – »Trauerspiel in zwei Lustspielen«, so Arnims Bezeichnung in der Widmung an Clemens Brentano und Joseph Görres; das Doppeldrama erschien 1811.

278 *von den Engländern ausgebildet* – Immermann denkt hier vermutlich an Walter Scott (1771–1832), den Begründer des modernen historischen Romans.

Arnim erstes Auftreten – Arnims erstes Buch, der Briefroman »Hollins Liebesleben« erschien 1802 in Göttingen.

die neue Schule – Immermann meint damit die romantische Literatur.

279 *Deduktion* – (lat.) hier: Beweisführung

280 *Bolivar* – Simon Bolivar y Ponte (1783–1830), Führer der südamerikanischen Unabhängigkeitsbewegung gegen die spanische Kolonialmacht.

bei den Griechen – Der Befreiungskampf Griechenlands gegen die türkische Fremdherrschaft erreichte in den zwanziger Jahren des 19. Jahrhunderts seinen Höhepunkt und führte zur Bildung eines unabhängigen griechischen Königreichs.

Ironie – Immermann gebraucht das Wort hier in Friedrich Schlegels Sinne, für den Ironie »klares Bewußtsein der ewigen Agilität, des unendlich vollen Chaos« war, die »Stimmung, welche alles übersieht und sich über alles Bedingte unendlich erhebt, auch über ihre eigene Kunst, Tugend oder Genialität«. Ironie war demnach die völlige Überlegenheit des Dichters über seinen Stoff, was Distanz und Verfügbarkeit einschließt.

282 *eines warm und treu ausgeführten Niederländers* – s. Anm. zu S. 273

Dule – Vertiefung

283 *Goethen parodieren* – 1821, im gleichen Jahr wie der erste Band von Goethes »Wanderjahren« erschien im Verlag von Gottfried Basse Quedlinburg und Leipzig anonym der erste Band eines gleichnamigen Buches (bis 1828 fünf Bände). Verfasser war Johann Friedrich Wilhelm von Pustkuchen-Glanzow (1793–1834), der Goethes Werk vom Standpunkt einer engen prüden Moral aus kritisierte. Immermann und Achim v. Arnim standen in den folgenden Auseinandersetzungen auf

Goethes Seite. In der Einleitung zu »Wunder über Wunder« distanzierte sich Arnim vom »falschen ›Wilhelm Meister‹« und stellte ihm den »hellen Sternenglanz jener Novellensammlung« entgegen, »welche der wahre Meister unter dem Bilde von Wanderjahren seines Wilhelm ausgestellt« hat. Und er fuhr fort: »Doch kann ich mich nicht der Furcht erwehren, daß auch diese Blätter von einigen Freunden, die alles über einen Kamm scheren, für eine Parodie der Wanderjahre erklärt werden, obgleich sie nur ein Nachhall derselben sind, als ich jenes Buch gelesen hatte, nämlich ein Wunsch, mit den Gestalten, die aus dem Buche mir Vortrag hielten, mit der Ironie, die sie belebt, auch jene Seltsamkeiten darzustellen, welche gerade mir auf der Wanderung früher begegnet waren. Einzelne Einzelheiten des Goetheschen Stils gingen vielleicht ohne meinen Willen mit ein, es war nicht meine Absicht, sie aufzufassen oder zu parodieren.«

283 *zu den ... Ragusanischen Geschlechters* – Adelsgeschlechter der sizilianischen Provinz Ragusa, wo – nach Arnims Angabe – das Stück 1667 spielt.

Oligarchie – (griech.) Herrschaft der Wenigen, gegen die Demokratie gerichtete Regierungsform.

284 *»Almansor« und »Ratcliff« nebst einem »lyrischen Intermezzo«* – Heines zweites Buch »Tragödien; nebst einem lyrischen Intermezzo« erschien 1823 bei Dümmler in Berlin. Am 10. April sandte Heine ein Exemplar an Immermann und bat um eine Besprechung im »Rheinisch-Westfälischen Anzeiger«. Immermann sagte zwar zu, begann auch mit der Arbeit, hat den Artikel aber nicht zu ende geschrieben. Er wurde erst aus dem Nachlaß veröffentlicht.

285 *Romanzen* – (span.) kurze, volkstümliche Verserzählungen, offener und liedhafter als Balladen; in die deutsche Literatur von Gleim eingeführt.

287 *Metrum* – s. Anm. zu S. 116

Daktylus – (griech.) bereits aus der Antike bekannter Versfuß aus einer langen (betonten) und zwei kurzen (unbetonten) Silben.

Trochäus – s. Anm. zu S. 226

Monotonie – Die Gedichte der »Heimkehr« reimen meist nach dem Schema abcb und abca, seltener abba und abab.

290 *Um seine Angst ...* – Die zweite Strophe des 1. Gedichts in dem Zyklus »Die Heimkehr« heißt richtig: »Wenn die Kinder sind im Dunkeln,/ wird beklommen ihr Gemüt,/Und um ihre Angst zu bannen,: Singen sie ein lautes Lied.«

Gedicht 25 – Das nach Immermann unwürdige Gedicht XXV lautet: »Die Jahre kommen und gehen,/Geschlechter steigen ins Grab,/Doch nimmer vergeht die Liebe,/Die ich im Herzen hab'.//Nur einmal noch möcht ich dich sehen,/Und sinken vor dir aufs Knie,/Und sterbend zu dir sprechen:/Madame, ich liebe Sie!«

291 *Assonanzen* – (lat.) Gleichklang der Vokale in Schlußwörtern der Verse, Vorstufe des Reims.

wegen ihres einseitigen Hasses – Immermann wirft Heine vor, das Christentum zu hassen, dessen Judenverachtung Heine in »Donna Clara« verspottet. In »Almansor« werden der Islam und seine

Anhänger wohlwollender behandelt als das Christen tum und die Christen.

291 *Protestation* – Unmittelbar auf das Gedicht »Almansor« folgt »Die Wallfahrt nach Kevlaar«. Darauf nahm Heine mit einer »Notiz« Bezug, in der es u. a. heißt: »Auf keinen Fall will ich irgendeine Vorneigung andeuten, ebensowenig wie irgend eine Abneigung durch das vorhergehende Gedicht ausgesprochen werden soll. Dieses, Almansor überschrieben, wird im Romane, dem es entlehnt ist, von einem Mauren, einem unmutigen Bekenner des Islams, gedichtet und gesungen. ›Und wahrlich‹, so spricht ein englischer Schriftsteller, ›wie Gott, der Urschöpfer, stehe auch der Dichter, der Nachschöpfer, parteilos erhaben über allem Sektengeklätsche dieser Erde.‹ «

292 *Byron* – George Gordon Noel Byron (1788–1824), revolutionärer englischer romantischer Dichter, wirkte stark auf die zeitgenössische europäische Literatur sowohl durch sein Werk als auch durch sein tragisches Schicksal (er starb in Griechenland, wo er am Befreiungskampf der Griechen gegen die Türken teilnehmen wollte).

Petrarca – s. Anm. zu S. 190

Rapport – (frz.) hier: wechselseitige Beziehung

Sterne – s. Anm. zu S. 256

Gustav Schwab

(Gedichte von Ludwig Uhland. Stuttgart 1831)

In der »Romantischen Schule« von 1836 nannte Heine den »vortrefflichen Herren Uhland« den einzigen Lyriker der romantischen Schule, »dessen Lieder in die Herzen der großen Menge gedrungen sind und noch jetzt im Herzen der Menschen leben.« In seinen Gedichten wäre der Geist von 1813 »aufs kostbarste aufbewahrt«, und nicht bloß der politische, sondern auch der moralische und ästhetische. »Herr Uhland repräsentiert eine ganze Periode, und er repräsentiert sie jetzt fast ganz allein, da die anderen Repräsentanten derselben in Vergessenheit geraten und sich wirklich in diesem Schriftsteller alle resümieren. Der Ton, der in den Uhlandschen Liedern, Balladen und Romanzen herrscht, war der Ton aller seiner romantischen Zeitgenossen, und mancher darunter hat, wo nicht gar besseres, doch wenigstens ebenso gutes geliefert. Und hier ist der Ort, wo ich noch manchen von der romantischen Schule rühmen kann, der, wie gesagt, in betreff des Stoffes und der Tonart seiner Gedichte die sprechendste Ähnlichkeit mit Herren Uhland bekundet, auch an poetischem Werte ihm nicht nachzustehen braucht und sich etwa nur durch mindere Sicherheit in der Form von ihm unterscheidet... Dasselbe ist der Fall bei Herrn Gustav Schwab, einem berühmteren Dichter, der ebenfalls aus den schwäbischen Gauen hervorgeblüht und uns noch jährlich mit hübschen und duftenden Liedern erquickt. Besonderes Talent besitzt er für die Ballade, und er hat die heimischen Sagen in dieser Form aufs erfreusamste besungen.«

In einem Aufsatz von 1833 wies Heine noch einmal auf die enge Beziehung zwischen Uhland und Schwab hin: »Ein Dichter ganz in der Weise des Herren Uhland, und oft ebenso bedeutend wie dieser, ist Herr Gustav Schwab; er hat sich besonders auf Romanzen gelegt.«

Fünf Jahre später, im »Schwabenspiegel«, fand Heine andere Töne. Zwar hielt er Uhland immer noch für einen »großen Dichter« und den wichtigsten der sogenannten »schwäbischen Schule«, aber er sei »längst verstorben«, habe »seit zwanzig Jahren nichts mehr geschrieben«, weil »er seinen Tod wohl begriffen« habe, das heißt, weil er eingesehen habe, daß seine Dichtung den gegenwärtigen Problemen nicht mehr gewachsen, daß sie überholt sei. Aber Gustav Schwab! Auch er sei immerhin noch »ein Hering in Vergleichung mit den anderen, die nur Sardellen sind, versteht sich, Sardellen ohne Salz. Er hat einige schöne Lieder gedichtet, auch etwelche hübsche Balladen; freilich mit einem Schiller, mit einem großen Walfisch, muß man ihn nicht vergleichen.«

Die Abneigung war gegenseitig: Schwab blieb der provinziellen, kleinbürgerlich-gemütvollen Dichtung verpflichtet. Er hat die politische Dichtung des Vormärz ebenso abgelehnt wie die über diese Enge und Selbstgenügsamkeit hinausweisende Philosophie Hegels. Wegen dieser starren, die geschichtliche Entwicklung ignorierenden Haltung kühlte sich auch die Freundschaft mit Uhland ab. 1811 hatten sie sich in Tübingen kennen- und schätzengelernt. Trotz der unterschiedlichen politischen Anschauungen (z.B. lehnte Uhland als Abgeordneter in der Frankfurter Paulskirche das Erbkaisertum ab) bewahrten sie sich treue Anhänglichkeit. Davon zeugt Uhlands Brief an seinen Freund Josef von Laßberg, in dem er ihm Schwabs Tod mitteilte: »Für mich war es hart, auf den Sarg des jüngeren, so vieljährig und innig vertrauten Freundes die Scholle werfen zu müssen.« 1826 gaben Uhland und Schwab gemeinsam die erste Sammlung von Hölderlins Gedichten heraus.

Die Kritik von Uhlands Gedichten erschien am 29. und 30. Dezember 1832 (Nr. 364 und 365) in den »Blättern für literarische Unterhaltung«, die im Leipziger Verlag von F.A. Brockhaus herauskamen. Wir drucken sie vollständig ab.

295 *zweite Ausgabe* – Die erste Auflage war 1815 bei Cotta in Stuttgart und Tübingen erschienen, die »zweite vermehrte« 1820, in Tübingen ebenfalls bei Cotta. Danach folgten Neuauflagen in rascher Folge, 1834 kam bereits die 8. Auflage heraus.

Seherin von Prevorst – Justinus Kerner (1786–1862) hatte eine somnambule Frau behandelt und 1829 seine Ansichten zu Okkultismus und Somnambulismus in dem weit verbreiteten Buch »Seherin von Prevorst. Eröffnungen über das innere Leben der Menschen und über das Hereinragen einer Geisterwelt in die unsere« niedergelegt.

296 *in die Reihen der Volksvertretung* – Uhland war von 1819–1826 und von 1832–1838 Abgeordneter des württembergischen Landtags.

299 *männlicher und weiblicher Reim* – s. Anm. zu S. 225

»Tischlied« – Das mit den Versen »Mich ergreift, ich weiß nicht wie,/ Himmlisches Behagen.« beginnende Gedicht entstand 1802. Veröffentlicht wurde es im »Taschenbuch auf das Jahr 1804«.

Exkommunizierte – aus der Kirche ausgeschlossene

302 *Dedizierung* – (lat.) Widmung

302 *Karl Mayer* – (1786–1870), schwäbischer Dichter, vor allem Verfasser von Landschaftsgedichten; 1833 ein Jahr lang Mitglied der württembergischen Abgeordnetenkammer; mit vielen Dichtern seiner Heimat befreundet, mit Uhland seit der Studentenzeit.

304 *Ferge* – Fährmann

305 *das pindarische Epiphonema* – (griech.) Schlußspruch.

noch härtern Tadel – Der von Johann Amadeus Wendt (1783–1836) herausgegebene Musenalmanach für 1831 wurde am 30. Oktober 1830 in den »Blättern für literarische Unterhaltung« besprochen. Über Uhland heißt es unmittelbar vor der von Schwab zitierten Stelle, er habe »diesmal das vorzüglichste des ganzen Almanachs« geliefert, »aber doch in der ihm eigentümlichen, man könnte wohl sagen, einseitigen Gleichnisromanzenweise.« Der in Leipzig erschienene Almanach enthielt zwei Gedichte Uhlands, »Ver sacrum« und »Tells Tod«.

Livius – Titus Livius (59 v. u. Z.–17 u. Z.), bedeutendster römischer Historiker vor Tacitus, schrieb in 142 Bänden die Geschichte der Stadt Rom von der Gründung bis zum Jahr 9 v. u. Z. Das »ver sacrum« (heiliger Frühling) war ein alter kultischer Brauch, mit dem die italischen Stämme in Notzeiten den Göttern alles weihten, was im nächsten Frühjahr geboren wurde. Die Menschen, die unter dieses Gelübde fielen, mußten, sobald sie erwachsen waren, Rom verlassen.

306 *der Grammatiker Festus* – Sextus Pompeius Festus lebte im 3. Jh. u. Z. und stellte Auszüge aus einem alten Lexikon römischer Altertümer her.

Samniten – italisches Volk aus Mittel- und Süditalien, von den Römern im 4. Jh. v. u. Z. unterworfen und ihrem Reich eingegliedert.

Justinus – Marcus Iunianus Justinus, lateinischer Schriftsteller, vermutlich aus dem 3. Jh. u. Z.; über sein Leben ist nur wenig bekannt.

Gallier oder Gallogräker – Die Gallier bewohnten das Gebiet zwischen Rhein und den Pyrenäen.

Lavinium – Uhlands Gedicht beginnt mit den Zeilen »Als die Latiner aus Lavinium / Nicht mehr dem Sturm der Feinde hielten stand ...« Die latinische Stadt Lavinium wurde der Sage nach von Aeneas zu Ehren seiner Frau Lavinia gegründet.

Alba Longa – Hauptort des latinischen Städtebundes gegen Rom; der Sage nach von Aeneas' Sohn Iulus gegründet.

Karl Gutzkow

(Joseph von Eichendorff, Dichter und ihre Gesellen)

Gegen Ende des Jahres 1834 kam es zum Bruch zwischen dem Literaturkritiker, Historiker und Publizisten Wolfgang Menzel (1798–1873) und dem 23jährigen Karl Gutzkow. Gutzkow, hatte 1828 Menzels Buch »Die deutsche Literatur« »sofort käuflich erworben und verschlungen«. Der Eindruck war »überwältigend«. Durch die kritiklose Goethe-Verehrung abgestoßen, die Gutzkow in Berlin besonders im Kreis um Rahel Varnhagen kennengelernt hatte, las er Menzels Buch wie eine Befreiung und Offenbarung. Er trat 1831 sogar in das von Menzel herausgegebene »Literaturblatt«

ein und wurde bald spöttisch als Adjutant Menzels bezeichnet. 1833 reiste er mit Heinrich Laube nach Italien. Während dieser Reise bahnte sich die Abkehr von Menzel an: Laube wies Gutzkow auf die zeitgenössische bürgerliche französische Literatur hin; der nationalistischen Deutschtümelei Menzels stellte er einen kosmopolitischen Liberalismus gegenüber; und er setzte Goethe, den Menzel als unmoralisch und undeutsch abgelehnt hatte, wieder in seine Rechte ein. Teilweise folgten die Freunde der Route, die Goethe in der Italienischen Reise beschrieben hatte.

Allmählich erkannte Gutzkow, daß Menzels Goethe-Haß ebenso unhistorisch war wie der Goethe-Kult auf der anderen Seite. Nach dem Bruch mit Menzel schrieb Gutzkow: »Werthers Leiden nennt er ein niederträchtiges Buch. Das ist ein arger Ausdruck! Das ist ein Wort, was die Diskussion aufhebt und nur durch Pistolen rektifiziert werden kann. Warum ist Werther ein niederträchtiger Mensch? Weil er liebt? Weil er da liebt, wo keine Hoffnung ist?... Weil er die Residenz wegen ihres Übermutes und aus Verzweiflung, daß man in ihm den bürgerlich Geborenen verachtet, floh? Weil er sich nicht auf der Stelle totschießt? Oder weil er es überhaupt tut? Warum ist Werther ein niederträchtiger Mensch? Ich will es gleich sagen, weil er eine sanfte, weiche Seele ist und im Jahre 1770 nicht hinging und beim Bundestag eine Petition wegen des 13. Artikels einreichte. O Gott!«

Dieses Bemühen, historische Gerechtigkeit walten zu lassen, zeichnet auch die Besprechung von Eichendorffs 1834 bei Duncker und Humblot in Berlin erschienenem Roman »Dichter und ihre Gesellen« aus. Sie erschien am 14. Januar 1835 in »Phönix. Frühlingszeitung für Deutschland« in Frankfurt am Main. Herausgeber und Redakteur des »Phönix« war Eduard Duller; Karl Gutzkow wurde im Impressum als »Verantwortlicher Redakteur« des in den Samstagausgaben enthaltenen »Literaturblatts« genannt.

Über seine Auffassung von Literaturkritik schrieb Gutzkow im »Phönix«: »Gute Kritik ist nichts als Ausdruck der Mittelmäßigkeit: gute Kritik ist die Durchschnittsmeinung der Denkenden unter einer Nation; sie soll nicht über und nicht unter dem Niveau stehen... Weil ich nur das Kommende im Auge habe, so tret' ich ohne Drohung auf. Ich will mich forttragen lassen mit dem Neuesten, was die Literatur bringt. Ich habe keine alten Antipathien im Rückhalt oder geheimen Groll, selbst gegen Namen der Restaurationsperiode nicht.«

Endlich konnte Gutzkow unabhängig von Menzel schreiben, hatte er eine Literaturzeitung, in der er seine kritischen Aufsätze veröffentlichen konnte.

Menzel fühlte sich durch Gutzkows Arbeiten angegriffen und durch dessen Einfluß auf jüngere Schriftsteller in seiner Stellung als Literaturpapst bedroht. So nahm er das Erscheinen von Gutzkows moralisch sehr freiem Roman »Wally, die Zweiflerin«, 1835, zum Anlaß, rigoros gegen den einstigen Schüler vorzugehen. Er nannte das Buch eine »französische Affenschande«, das Staat und Sittlichkeit gefährde und gegen dessen Verfasser der Staat vorgehen müsse. Nur zu gern griffen die Zensurbehörden Menzels Warnung auf, und am 30. November 1835 wurde Gutzkow für zehn Wochen in Mannheim eingesperrt. Am 10. Dezember erließ der Deutsche Bundestag gegen Heine und die Dichter des Jungen Deutschland, dessen herausragender Vertreter Gutzkow war, ein Druckverbot.

Bereits im August hatte Gutzkow seine Stelle beim »Phönix« aufgegeben. Als er im Gefängnis saß, distanzierte sich Eduard Duller öffentlich von ihm und begrüßte sein Ausscheiden aus der Redaktion. Nun könne er die Zeitung endlich nach seinen Grundsätzen »Glauben, Ehre und Treue« gestalten. Er fuhr fort: »Was ich hasse, ist jene undeutsche Tendenz, die Literatur zum Pfuhl zu machen, den Tempel zum Irrenhause, das Vaterland zum Nichts und die Treue zum Wahn... Was ich liebe, ist mein deutsches Vaterland, seine heilige alte Sitte, die Verherrlichung seines Namens, der unbefleckte Ruhm seiner Häupter. Was ich liebe, ist die Wahrheit und Schönheit; was ich hasse, ist der Schleichweg, der Trug und die Grimasse.« –

Obwohl Eichendorff schon seit 1808 Gedichte veröffentlicht und 1815 den Roman »Ahnung und Gegenwart« herausgebracht hatte, blieb er lange Zeit nur einem kleinen literaturinteressierten Kreis bekannt. Erst mit dem »Taugenichts«, 1826, gelang ihm der Durchbruch, erst jetzt fanden auch die früheren Werke Beachtung. Am 2. September 1831 konnte Wilhelm von Eichendorff seinem Bruder schreiben: »Du bist ... ein berühmter Mann geworden.« Bis an sein Lebensende ist der »Taugenichts« Eichendorffs bekanntestes und beliebtestes Prosawerk geblieben. Wolfgang Menzel hat ihn im »Literaturblatt« vom 8. August 1826 verrissen. »Man erwartet etwas Komisches und findet nur langweilige Rührung. Der Taugenichts taugt auch gar nichts, ... es fehlt ihm alles, was man Humor nennt.«

Wenn Gutzkow »Dichter und ihre Gesellen« kurz nach der Trennung von Menzel so verständnisvoll und wohlwollend besprach, bestätigte er damit seine Selbständigkeit und Vorurteilslosigkeit. Sein Verständnis von Literatur als etwas historisch Wachsendem spricht sich darin aus, daß er in dem späten Romantiker Eichendorff so etwas wie einen Vermittler zwischen der klassischen und der romantischen Literatur sah. Neben Goethes »Einfachheit« und »ionischhelle Darstellung«, das heißt neben die um Objektivität bemühte Kunst, stellten die Romantiker die »Vergeistigung«, die »Subjektivität«. In der Syntheses dieser beiden Richtungen, zu der Eichendorff oder wenigstens seine Nachfolger fähig wären, könne der »Verwirrung der gegenwärtigen Literatur« abgeholfen werden.

309 *in Königsberg* – Eichendorff war bereits 1831 von Königsberg nach Berlin gezogen, wo er als Regierungsrat im Kulturministerium angestellt war.

311 *Walter Scottsche Draperien* – Auf den Unterschied zwischen den Romanen Walter Scotts und denen seiner Nachahmer wies auch Wolfgang Menzel in seiner Besprechung von »Dichter und ihre Gesellen« hin, wenn er von »den breit sentimentalen und frivol-gräßlichen anglisierten und französisierten Romanen unserer Tage« schrieb, unter denen er auf diesen »altromantischen« Roman gestoßen sei. Die modernen Leser seien »härter« geworden, sie fänden »die kristallklare Luft« mit ihren romantischen Versatzstücken, die aus Eichendorffs Roman herüberwehe (wie übrigens auch »aus Wilhelm Meisters Lehrjahre, aus Sternbalds Wanderungen und aus der Gräfin Dolores«), »doch gar zu ausgetüftelt fein, gläsern zerbrechlich und wie Schmetterlingsflügel zu wenig angreifbar.« Jetzt verlange man »derbere Kost«. Menzels Kritik

erschien erst am 2. 12. 1836, also lange nach Gutzkows Besprechung. Der mit Eichendorff befreundete Adolf Schöll (1805–1882) veröffentlichte 1836 in den Wiener »Jahrbüchern der Literatur« einen großen Aufsatz über »Eichendorffs Schriften«, worin er, ähnlich wie Menzel, nur ausführlicher, Eichendorff und Scott verglich.

311 *ombres chinoises* – (frz.) chinesische Tapeten oder Gewebe, deren Muster ohne feste Konturen bleiben

ionischhell – Gutzkow meint hier eine am griechischen Denken geschulte Klarheit.

312 *Deduktion* – Herleitung des Besonderen aus dem Allgemeinen.

Sophistik – altgriech. phil. Richtung der »Aufklärung«.

Friedrich de la Motte-Fouqué

Über den Dichter Freimund Raimar und das deutsche Sonett

Friedrich Rückert, dem die Teilnahme an den Befreiungskriegen wegen seines schlechten Gesundheitszustands nicht möglich war, reagierte begeistert auf den Ausbruch der Kämpfe. In der von Ignaz Denzinger herausgegebenen »Aurora«, einer »Zeitschrift für Kunst und Poesie in Franken«, Würzburg, veröffentlichte er 1813 ein »Lied des fränkischen Jägers«. 1814, also erst nach dem Sieg über Napoleon, erschien bei Engelmann in Heidelberg der Band »Deutsche Gedichte von Freimund Raimar«. Freimund Raimar war Rückerts Pseudonym. Das Buch enthielt neben den »Geharnischten Sonetten« eine Reihe anderer Gedichte, die alle die Befreiung von der Fremdherrschaft besangen. Wenngleich die Sonette wegen ihrer strengen Form und wegen der in ihnen enthaltenen Bezüge auf die antike Mythologie und die Bibel nicht recht populär werden konnten, so gehören sie doch neben den in den »Deutschen Gedichten« veröffentlichten volkstümlicheren »Kriegerischen Spott- und Ehrenliedern« und den »Kriegsliedern« zu den bedeutendsten Dichtungen der Befreiungskriege. Nie wieder hat Rükkert diese Nähe zu den politischen Ereignissen gefunden und wohl auch nie wieder gesucht. Besonders in den Sonetten zeigt sich das überragende handwerkliche Können Rückerts, das ihn später befähigte, schwierigste Strophenformen scheinbar mühelos zu benutzen, das ihn aber auch dazu verführte, serienweise belangloses zu dichten.

Auch Fouqué, der als Offizier selbst an den Befreiungskriegen teilnahm, hatte patriotische Lieder geschrieben. Sein bekanntestes ist das, auch vertonte, »Kriegslied für die freiwilligen Jäger« (»Frisch auf zum fröhlichen Jagen«). Als er aus Rücksicht auf seine Gesundheit 1815 die militärische Laufbahn aufgab, widmete er sich ganz der Literatur und wurde einer der produktivsten und bekanntesten deutschsprachigen Dichter, »von der Herzogin bis zur Wäscherin mit gleicher Lust« (Heine) gelesen.

Allerdings verblaßte Fouqués Ruhm nach 1820 schnell. »Die retrograde Richtung, das beständige Loblied auf den Geburtsadel, die unaufhörliche Verherrlichung des alten Feudalwesens, die ewige Rittertümelei mißbehagte am Ende den bürgerlich Gebildeten im deutschen Publikum, und man wandte sich ab von dem unzeitgemäßen Sänger. In der Tat, dieser beständige Singsang von Harnischen, Turnierrossen, Burgfrauen, ehrsamen

Zunftmeistern, Zwergen, Knappen, Schloßkapellen, Minne und Glaube, und wie der mittelalterliche Trödel sonst heißt, wurde uns endlich lästig; und als der ingeniose Hidalgo Friedrich de la Motte-Fouqué sich immer tiefer in seine Ritterbücher versenkte und im Traume der Vergangenheit das Verständnis der Gegenwart einbüßte, da mußten sogar seine besten Freunde sich kopfschüttelnd von ihm abwenden« (Heine).

1813 trafen sich seine nationalistischen Ansichten mit der Sehnsucht der Nation nach Befreiung. Danach entfernte er sich wieder von dem Verlangen der fortschrittlichen, aufgeklärten Kräfte nach Bauernbefreiung und Liberalisierung des gesellschaftlichen Lebens. Er verherrlichte den Adel (von 1840 bis 1842 gab er in Berlin eine »Zeitung für den Adel« heraus) und idealisierte das mittelalterliche Rittertum. Bekannt geblieben ist Fouqué als Verfasser des, um noch einmal Heine zu zitieren, »wunderlieblichen Gedichts« »Undine«, 1811.

Von 1812 bis 1814 gab Fouqué gemeinsam mit Wilhelm Neumann (1781–1834) in Berlin »Die Musen. Eine norddeutsche Zeitschrift« heraus. Die vier Hefte des ersten Jahrgangs erschienen in der Saalfeldschen Buchhandlung, die sechs Hefte der beiden letzten Jahrgänge im Verlag von Julius Eduard Hitzig (1780–1849), der mit beiden Herausgebern befreundet war. Fouqués Besprechung von Rückerts Gedichtband steht in Heft 3/1814, dem letzten Heft der »Musen« überhaupt. –

Rückert hatte am 24. Oktober 1814 an Fouqué geschrieben und ihn gebeten, ihm beim Suchen eines Verlegers zu helfen. Die Dichter kannten einander persönlich noch nicht, die Bekanntschaft war durch Christian von Truchseß (1755–1826), Rückerts »väterlichen Freund«, vermittelt worden. Über Truchseß wußte Rückert auch, daß Fouqué über seine »deutschen Gedichte öffentlich zu sprechen« beabsichtigte. Noch ehe er die Rezension zu Gesicht bekommen hatte, schrieb er schon an Heinrich Voß, den Sohn des Homer-Übersetzers, »wie Fouqué mich ... aufgenommen hat, wissen Sie..., und ich juble darüber.« Und an Fouqué selbst schrieb er, nachdem er dessen Aufsatz »Über den Dichter Freimund Raimar und das deutsche Sonett« »mit freudiger Erschütterung gelesen« hatte: »Ob ich Ihren Sinn ganz gefaßt, weiß ich nicht; mir selbst war nichts von dem von Ihnen angenommenen Gegensatze des deutschen Sonetts zum italischen bewußt; und jetzt mache ich mir Skrupel, ob ich denn doch nicht vielleicht bloß auf jener Stufe stehengeblieben sei, welche andere Sonettkünstler als eine bloße Unterstufe übersprungen, nämlich beim Hervorbilden der Spitze, wie Sie es nennen. Ob wirklich diese Spitze, die Spitze deutscher Sonettkunst sein mag? Wenigstens haben Sie recht mit der Prophezeiung, daß ich diese Waffe auch bei unkriegerischen Sonetten nicht würde entbehren können.«

Seinen Freund Friedrich Schubart (1789–1872) fragte er am 12. Februar 1815: »Sie darf man wohl nicht fragen; denn, ich weiß nicht, warum ich mir einbilde, daß Sie auch nicht viel von dem Sonett verstehen. Aber ob ich gleich die petrarcischen zum Teil dreimal übersetzt habe, so weiß ich doch auch von diesen Gedichten nichts.«

Fouqué hat Rückert keinen Verlag in Berlin besorgen können. Rückert, der noch am 5. Januar 1815 an Fouqué geschrieben hatte, daß sich Truchseß und er auf der Bettenburg mit immer wachsender »Bewunderung des reichen Schöpfers« aus Fouqués »Corona« vorläsen, fand schon am 12. Februar im Brief an Schubart abfälligere Töne über »den Messias-Fouqué«. Als Redakteur des »Morgenblattes« korrespondierte Rückert häufig mit Fouqué, wie auch Fouqué in von ihm herausgegebenen Taschenbüchern Beiträge Rückerts veröffentlichte.

Nachdem Rückert Ende 1816 aus der Redaktion ausgeschieden war und auch Fouqué das Taschenbuch für Damen nicht mehr herausgab (was Rükkert 1821 von ihm unternahm), geriet der Briefwechsel ganz ins Stocken. Im Juni 1821 setzte Rückert Fouqués neuestes Werk gegen dessen übrige ab, es sei »keine unnatürliche Recken-Hexen-Spukgeschichte« wie viele andere.

1861, Jahre nach Fouqués Tod, schrieb Rückert dem Schriftsteller Wilhelm Jordan (1819–1904) ein halb scherzhaft, halb ernst gemeintes Gedicht: Jordan hatte »Die Nibelunge«, ein Epos in Stabreimen, verfaßt. Rückert wies Jordan auf Fouqué hin, den er als dessen Vorbild namhaft machte. »Im Sigurd schon und im Zauberring / Geht er, nur minder geschickt wie Du, auf Stabreimstelzen einher.« Das Gedicht beginnt mit der Ehrenrettung: »Zwar ein romantischer Junker nur, / Ein junkerlicher Romantiker / War de la Motte-Fouqué; / Doch aus dem Schutt der Vergessenheit / Wär' er auch wieder hervorzuziehn / So gut wie Christian Kleist.«

Aus der wechselseitigen Begeisterung füreinander von 1814 war keine dauerhafte Bindung erwachsen. Es ist Fouqués Verdienst, als einer der ersten auf Rückert hingewiesen zu haben.

313 *einige seiner jüngsten Blüten* – Im gleichen Heft sind (unter dem Pseudonym Freimund Raimar) folgende Gedichte Rückerts abgedruckt: Die Vermittlung des Dichters, Die Allgegenwärtige und Zum Einzuge der tapfern Preußen in Hildburghausen.

314 *undulierend* – (lat.) wellenförmig, wallend; hier: verschwommen, ohne klare Konturen

Sonett von A. W. Schlegel – August Wilhelm Schlegel hatte 1799 in Heft 1 des zweiten Bandes der von ihm und seinem Bruder Friedrich in Berlin herausgegebenen Zeitschrift »Athenäum« ein »Gespräch« »Die Gemälde« veröffentlicht, worin er seine Auffassungen über Kunst und Literatur eindeutig darlegte. Das von Fouqué erwähnte Sonett wird darin u. a. als Beispiel für einen Schluß angeführt, der in knapper Weise zusammenfaßt und zugleich weiterführt. Es wird hier ohne Überschrift abgedruckt; spätere Ausgaben enthalten es innerhalb des Zyklus »Geistliche Gemälde« unter dem Titel »Magdalena«. August Wilhelm Schlegel war vor Platen der bedeutendste deutschsprachige Sonettdichter. Er hat, sowohl durch Übersetzungen Petrarcas als auch durch eigene Dichtungen, vor allem die sogenannte italienische Form des Sonetts im Deutschen heimisch gemacht. Daneben gibt es als Hauptformen noch das englische (Shakespeare) und das französische Sonett (Ronsard).

Theoretisch hat sich Schlegel in den Berliner Wintervorlesungen 1803/04 folgendermaßen über diese von den Romantikern sehr geschätzte Gattung geäußert: »Das Sonett besteht in vierzehn Zeilen, welche durch Abschnitte des Sinnes in vier Glieder, zwei von vier Zeilen, die vorangehen, und zwei von drei, die nachfolgen..., getrennt werden..., und zwar wählt man die umfassendste und allgemeinste der gereimten Versarten, welche in der Sprache üblich ist, z. B. bei den Franzosen den Alexandriner und ehedem leider auch bei uns, bei den Italienern und Spaniern den elfsilbigen Vers, bei den Engländern den fünffüßigen Jambus... Die Anordnung der Reime ist nun diese, daß in den Quartetts zwei Reime viermal wiederkehren, entweder alternierend, immer einmal ums andere, oder so, daß sie einander einfassen, welches letztere nach einem allerdings richtigen Gefühl allgemein vorgezogen wurde, so daß jenes gegen die Masse nicht in Betracht kommt, so wie auch ein paar minder symmetrische Anordnungen, die nur ausnahmsweise sich finden. In den Terzetten ist die Reimstellung freier; es können darin entweder zwei Reime dreimal wiederkehren oder drei zweimal.«

August Wilhelm Schlegel hat das Thema auch dichterisch behandelt: »Das Sonett. Zwei Reime heiß ich viermal kehren wieder, / Und stelle sie, geteilt, in gleiche Reihen, / Daß hier und dort zwei eingefaßt von zweien / Im Doppelchore schweben auf und nieder. // Dann schlingt des Gleichlauts Kette durch zwei Glieder / Sich freier wechselnd, jegliches von dreien. / In solcher Ordnung, solcher Zahl gedeihen / Die zartesten und stolzesten der Lieder. // Den werd' ich nie mit meinen Zeilen kränzen, / Dem eitle Spielerei mein Wesen dünkt, / Und Eigensinn die künstlichen Gesetze. // Doch, wem in mir geheimer Zauber winket, / Dem leih' ich Hoheit, Füll' in engen Grenzen, / Und reines Ebenmaß der Gegensätze.«

315 *ehrwürdige Heroen* – Fouqué denkt hier vermutlich vor allem an Johann Heinrich Voß, der in Cottas »Morgenblatt für gebildete Stände« am 8. März 1808 gegen Goethes Sonette u. a. geschrieben hatte: »Du hast, nicht abhold künstelnder Beschränkung, / Zwei Vierling' und zwei Dreiling' uns gereimet? / Wiewohl man hier Kernholz verhaut, hier leimet? / Den Geist mit Stümmlung lähmend und Verrenkung?« Auch Herder und Jean Paul gehörten zu den Sonett-Gegnern.

Oktaven – (ital.) Strophen von acht Verszeilen, von denen die ersten sechs abwechselnd und die beiden letzten miteinander reimen. Während Rückert von der in Oktaven geschriebenen »Corona« begeistert war, schrieb er seiner Braut am 17.6. 1821 über Fouqués »Bertrand Du-Guesclin. Ein historisches Rittergedicht in vier Büchern«, 1821, es nähme »sich freilich in chronikmäßiger prosaischer Darstellung besser aus ... als in Versen, zumal in Stanzen (ottave rime)«

mein Rittergedicht Corona – »Corona. Ein Rittergedicht in drei Büchern«, erschien 1814 bei Cotta in Stuttgart und Tübingen.

ausonischer Blumengarten – Der lateinische Dichter Ausonius (310–393), der zeitweise als Erzieher am Kaiserhof in Trier weilte, war für die Virtuosität seiner Dichtungen bekannt.

Ludwig Börne
»Sappho« Trauerspiel von Grillparzer

Am 9. April 1836 traf Grillparzer »nach elftägiger äußerst beschwerlicher Reise« in Paris ein. Er war Direktor des Hofkammer-Gerichts in Wien und hatte für diese Reise die beantragten acht Urlaubswochen genehmigt bekommen. In Paris lernte Grillparzer neben Heine auch Börne kennen, der bereits seit 1830 dort wohnte. Am 14. April notierte Grillparzer in sein Tagebuch: »Treffe Börne. Den Witz sieht man dem Manne wohl an, kaum aber die Gewalt, am wenigsten die Ausgelassenheit. Ich hatte mich herzlich auf ihn gefreut.« In der Zeit bis zu seiner Weiterreise im Mai nach London trafen sich beide Dichter noch einige Male, und Grillparzer fand warmherzige, verständnisvolle Worte für Börne und dessen Gesinnungsfreunde. Daß er Börne und Heine besuchte, war für den Beamten der Metternich-Regierung eine mutige Entscheidung; er war sich dessen auch bewußt. Am 20. April schrieb er, daß »ein Besuch bei Börne schon Stoff genug für einen Gesandtschaftsbericht« sei, »ein Mittagsmahl aber gar ... die Zahl der sieben Todsünden um eine achte vermehren würde«.

In der 1853 verfaßten Selbstbiografie schrieb er resümierend über die Parisreise, Börne und Heine seien ihm die »interessantesten« Menschen in Paris gewesen. »Mit ersterem kam ich in ein fast freundschaftliches Verhältnis. Börne war gewiß ein ehrlicher Mann, und das politisch Aufreizende in seinen Schriften oder vielmehr das auf den höchsten Grad Gesteigerte derselben kam wahrscheinlich nur daher, daß er die Deutschen für so dickhäutig hielt, daß man mit Prügeln dreinschlagen müsse, um nur die Spur eines geringen Eindruckes zurückzulassen... Ich ging öfter zu ihm nach Auteuil hinaus, und er kam mir zuliebe nach Paris.«

Börne hatte bereits im Augustheft 1818 seiner Zeitschrift »Die Waage« Grillparzers erstes Drama, »Die Ahnfrau«, besprochen. Darin rechnete er gründlich mit den Schicksalstragödien ab, in denen »der Enkel die Schulden seiner Voreltern bezahlen und für ihre Sünden büßen soll, wo die Nachkommen als leibeigne Glieder des Familienhauptes, dessen Bewegung sie folgen, angesehen werden, wo das verbrecherische Blut der Ahnen durch die ganze Reihe der Geschlechter fließt und sie versauert, bis endlich die Ader durchgefressen ist und die Schuld, die Buße und das Leben in einem großen Morde ausströmen.« In solchen Stücken siege »nicht die gerechte Vorsehung, sondern die blinde Naturkraft«; »dieser Streit zwischen sittlicher Freiheit und massiver Notwendigkeit, als zwischen ungleichen Waffen« sei »gemein und unkünstlerischen Stoffes«.

Trotz dieser grundsätzlichen Ablehnung der die menschliche Handlungsfreiheit leugnenden Schicksalsdramen nannte Börne Grillparzer einen »herrlichen und geistreichen Dichter«, dessen »Ahnfrau« weit über den üblichen »jämmerlichen Familiengeschichten« stünde, »die wie Wanzen sich in alle Ritzen der Bühnenbretter eingenistet« hätten.

1820 veröffentlichte Börne in der Julinummer der »Waage« (Bd. 1, Heft 8) eine ausgewogene Kritik der »Sappho«, die wir vollständig abdrucken.

Uneingeschränktes Lob fand Börne für Grillparzers »Expositionsszenen aus der dramatischen Dichtung ›Des Lebens Schattenbild‹«, die im »Taschenbuch für Schauspieler und Schauspielfreunde auf das Jahr 1821«, Wien, abgedruckt waren. In Heft 2 des zweiten Bandes »Der Waage«, 1821, besprach er den Theateralmanach und bezeichnete Grillparzers vorabgedruckte Szenen als das wichtigste darin. Lediglich deren Titel tadelte er als unpoetisch. »Ein Drama ist keine Fabel, die gebraten aus der Pfanne kommt und als Nutzanwendung verspeist wird.« Börne schrieb unter anderem: »Grillparzers Dichtungen gleichen weder tauben Blüten, die spurlos vorüberwelken, noch dem ungeschmückten Herbste deutschen Obstes. Sie sind wie die Gewächse südlichen Himmels (womit er auch auf Grillparzers Rezeption des klassischen spanischen Theaters hinwies, Is.), die Blüte und Frucht auf einem Zweige tragen. Das Herz spricht verständig und der Verstand herzlich.« Um seine »wochentägliche Zeitschrift sonntäglich auszuschmücken«, druckte Börne einen Ausschnitt aus den »Expositionsszenen« des später »Der Traum ein Leben« benannten Dramas ab.

Daß sich Grillparzer nach diesem »großen Lobe« (wie er es 1834 im Tagebuch formulierte) und nach dem gründlichen Aufsatz über die »Sappho« »herzlich« auf Börne freute, ist verständlich.

Neben der persönlichen Bekanntschaft mit Börne und Heine brachte der Parisaufenthalt für Grillparzer Begegnungen mit vielen im Exil lebenden Demokraten und Anarchisten. Deren politischer Einsatz und geistige Leidenschaft haben ihn sehr beeindruckt. Wenn er sie oft auch für naiv und in unrealistischen Vorstellungen befangen hielt, war er doch von ihrer persönlichen Redlichkeit überzeugt.

317 *Frau Schröder* – Sophie Schröder (1781–1865), Schauspielerin, spielte am 21.4.1818 bei der Uraufführung der »Sappho« im Wiener Burgtheater die Titelrolle, ebenfalls am 23.8.1818 bei der ersten Aufführung in Frankfurt am Main. Einem zeitgenössischen Bericht zufolge soll Sophie Schröder Grillparzer anäßlich der »Sappho«, die in Wien ein großer Erfolg wurde, gefragt haben: »Wo haben Sie, junger Freund, so tief in den Falten des weiblichen Herzens lesen gelernt? Nur wenige Rollen haben mich so angesprochen wie Ihre Sappho.«

318 *die lesbische Sappho* – Sappho gilt als die größte Dichterin des Altertums, sie lebte um 600 v.u.Z. auf der griechischen Insel Lesbos. Der Dichter Alcäus, ein Zeitgenosse Sapphos, schätzte sie sehr.

320 *Ikarus* – Gestalt der griechischen Sage; floh mit seinem Vater Dädalos von Kreta, indem er mit Wachs zusammengeklebte Federn an den Armen befestigte und über das Mittelmeer flog. Als er der Sonne zu nah kam, schmolz das Wachs, er stürzte ins Wasser und ertrank.

Theodor Fontane
(Franz Grillparzer, Des Meeres und der Liebe Wellen)

Am 5. April 1831 wurde Franz Grillparzers »Trauerspiel in fünf Aufzügen« »Des Meeres und der Liebe Wellen« am Wiener Burgtheater uraufgeführt. Der Dichter notierte in seinem Tagebuch: »Am 5. dieses Monats Hero und Leander aufgeführt, nicht gefallen. Die ersten 3 Akte wütend applaudiert, die zwei letzten ohne Anteil vorübergegangen. Traurig, daß die Stimme des Publikums mit meinen eigenen Zweifeln so sehr zusammentrifft.« Am 14. April fand die vierte und vorläufig letzte Aufführung statt. Erst als Heinrich Laube Direktor des Burgtheaters war, wurde das Stück wieder inszeniert und zu einem großen Erfolg. Über die Premiere vom 29. November 1851 berichtete Laube dem alternden Dichter: »Hero, die vor zwanzig Jahren abgefallene Hero ist gestern im Burgtheater wieder aufgeführt worden und hat gefallen, hat sehr gefallen.«

Auch nach diesem Erfolg war Grillparzer »von den Kompositions-Fehlern« der letzten beiden Akte überzeugt; vor allem am 4. Akt hatte er lang gearbeitet, ohne ihn letztlich als gelungen ansehen zu können. Das hatte er bereits 1829 dem damaligen Dramaturgen des Burgtheaters, Joseph Schreyvogel, gegenüber eingestanden. In seinem Tagebuch finden sich ähnliche Bemerkungen wie in demjenigen Schreyvogels. Dieser notierte 1829: »Die Ausführung, die teilweise viel Schönes hat, ist übrigens ungleich und besonders in den letzten zwei Akten etwas skizzenhaft.« Und nach der mißglückten Uraufführung schrieb Grillparzer mit Bezug auf den 4. Akt: »Das Ganze ist offenbar mit zu wenig Folge, abgerissen, und mehr mit einer allgemeinen, als mit einer besondern, mit einer Stoff-Begeisterung geschrieben. Mehr Skizze als Bild. Die Aufgabe war ungeheuer. Wenn die Lösung gelang, war der Gewinn groß für die Poesie. Sie gelang nicht.«

Auch Fontanes lobende Besprechung aus der Berliner »Vossischen Zeitung« vom 15. Februar 1874 (Nr. 39) beginnt mit einschränkenden Bemerkungen, die sich auf die letzten beiden Akte beziehen.

Grillparzer hatte eine Verbindung von »antiker Färbung«, das heißt von Klassik, mit der Romantik erstrebt. Sie ist ihm weitgehend gelungen. Seit der Inszenierung von 1851 wurde »Des Meeres und der Liebe Wellen« eines der meistgespielten Stücke Grillparzers. –

Auch wenn Fontane Grillparzer nicht zu seinen »Lieblingsdichtern« zählte, hat er ihn doch sehr geschätzt. Davon spricht nicht nur die vorliegende Rezension, sondern auch eine Kritik aus dem Mai des gleichen Jahres über die Neuinszenierung von »Der Traum ein Leben«. Darin revidierte Fontane alte, 1878 anläßlich der ersten Berliner Aufführung des Stückes ausgeprochene Vorbehalte gegen das Traumspiel. Es zeugt von Fontanes Ehrlichkeit und Vorurteilslosigkeit, daß er eigene, nun als unangemessen empfundene Bewertungen zurücknehmen konnte (viel grundsätzlicher als im Falle Grillparzers geschah das bei der Einschätzung Gustav Freytags in Rezensionen seiner Romane 1855 und 1875). Die Besprechung von »Der Traum ein Leben« beginnt mit folgenden Sätzen: »Dies ausgezeichnete Stück von eminent poetischer Vornehmheit erzielte bei seiner Wiederaufführung einen großen Erfolg, größer als vor sechs Jahren, was ich weniger einer gelungeneren Darstellung als einem sich vorbereitenden Umschwung im Geschmacke des Publikums zuschreiben möchte. Man fängt an, kommerzienratübersätigt zu werden, und sehnt sich wieder nach dem Quell echter Dichtung.«

Dies sei ein Grund; ein anderer liege in Fontanes eigenen Auffassungen darüber, was das Theater leisten könne, wie es Wirklichkeit vermittle. Indem Fontane über sich verändernden Geschmack und über neue ästhetische Einsichten schrieb, erwies er sich als gründlicher Kritiker, der sowohl den Gegenstand der Kritik als auch die Leser ernst nahm. –

Lang bevor 1878 Fontanes erster Roman »Vor dem Sturm« herauskam, erschienen bereits seine Literatur- und Theaterkritiken. Geschrieben hatte er Kritiken schon von etwa 1844 an, seit dem Eintritt in die Berliner Dichterrunde »Tunnel über der Spree«. Bis 1855, als er zu seinem dritten und längsten London-Aufenthalt aufbrach, standen die meisten Kritiken, die sich zudem hauptsächlich mit Lyrik befaßten (einem später völlig zurückgetretenen Gebiet), allerdings in Briefen. Nur wenige waren zur Veröffentlichung bestimmt und erschienen in dem von Friedrich Eggers, einem Freund Fontanes, redigierten »Literaturblatt des Deutschen Kunstblattes«. Darunter waren 1854 und 1855 lobende Besprechungen von Werken des »Tunnel«-Freundes Paul Heyse und 1855 eine – ebenfalls lobende – von Gustav Freytags Roman »Soll und Haben«.

Später erkannte Fontane, daß er beide Autoren überschätzt hatte, und erkannte klar ihre Grenzen, das Unzeitgemäße Heyses und das letztlich Unkünstlerische Freytags. In dieser Zeit veröffentlichte er außerdem seine erste Storm-Rezension (1853 in der »Preußischen Zeitung«) und seine ersten Theaterkritiken.

Nach der Rückkehr aus England arbeitete Fontane von 1860 bis 1870 an der dem preußischen Adel nahestehenden »Kreuzzeitung« als Redakteur. In dieser Zeit verfaßte er nur wenige Besprechungen belletristischer Werke; stattdessen lieferte er Artikel über Reisebeschreibungen, historische und kulturhistorische Bücher, die Rezensionen genannt zu werden nicht verdienen. Es handelt sich weithin um referierende Inhaltsangaben.

Im Mai 1870 kündigte Fontane seine Stelle bei der »Kreuzzeitung«. »Sie war das Freiheitsopfer nicht wert, das ich so viele Jahre lang gebracht habe.« Aus wirtschaftlichen Gründen mußte er bereits im August des gleichen Jahres einen Vertrag mit der »Vossischen Zeitung« eingehen, für die er fortan regelmäßig Theater- und später auch Buchkritiken schrieb. –

Von der Theaterkritik zu Grillparzers »Des Meeres und der Liebe Wellen« drucken wir lediglich den ersten Teil ab, der sich auf das Stück selbst bezieht. Der weitaus größere Teil des Aufsatzes beschäftigt sich mit der Berliner Aufführung vom 13. Februar 1874. Ihn haben wir weggelassen.

326 *»Iphigenie«* – Goethes »Iphigenie« diente Grillparzer bei seiner »Sappho« formal als Vorbild. Nach eigenem Bekenntnis habe er mit »seinem (Goethes, Is.) Kalbe gepflügt«.

327 *Der Quell im Innern* – Worte des Priesters zu Hero im 3. Aufzug. Das Zitat lautet genau: »Allein der Quell, der Mond und Sterne spiegelt, / Zu dem der Pilger naht mit durst'gem Mund, / Die Priesterin, zu sprengen am Altar, / Der wahre rein die ewig lautern Wellen, / Und nur bewegt, ist ihm auch schon getrübt.«

»Zug des Herzens« – Zitat aus Schillers »Die Piccolomini«, III, 8 (»Der Zug des Herzens ist des Schicksals Stimme«). Wilhelm Hauff hatte 1825 unter dem Titel »Der Mann im Mond oder Der Zug des Herzens ist des Schicksals Stimme« eine Parodie auf den Unterhaltungsschriftsteller Hans Clauren veröffentlicht.

Friedrich de la Motte-Fouqué

Leier und Schwert. Von Theodor Körner. Berlin 1814

Nach der Lektüre von Fouqués Dramentrilogie »Held des Nordens« (1809/10) widmete Theodor Körner im Dezember 1810 »dem Heldensänger des Nordens« ein Gedicht, in dem es heißt: »Aus dem Tiefsten meiner Seele / Biet ich Dir den Gruß des Liedes, / Aus des Herzens tiefsten Tiefen / Biet ich Dir der Liebe Gruß! // Hab Dich nimmer zwar gesehen / Nie erblickt des Skalden Antlitz, / Der mit großen heilgen Worten / Mir Begeistrung zugeweht.«

Körner stand mit seiner Bewunderung für die erste Dramatisierung des Nibelungenstoffes nicht allein. Die Brüder Schlegel, E.T.A. Hoffmann, Friedrich Leopold Stolberg, Jean Paul und der Theologe Schleiermacher waren ebenso begeistert. Fouqués – tatsächliche – Leistung, das bedeutendste Werk der alten deutschen Literatur in moderner Form gestaltet und dabei auf den vorchristlichen, »heidnischen« Gehalt zurückgegriffen zu haben, fand hohe Anerkennung. Daß diese Berühmtheit nicht lang anhielt, liegt an Fouqués mangelnder dichterischer Kraft.

Sein Entgegnungsgedicht, »An Th. K. Antwort«, ist weniger interessant im Hinblick auf Fouqués Stellung zu Körner als auf seine eigene Hinwendung zur nordischen Mythologie und Sagenwelt. Er riet Körner, von dem 1810 bereits ein erstes Gedichtbändchen »Knospen« erschienen war, sich ebenfalls der Geschichte und den nordischen Sagen zuzuwenden: »Schaust du dort den alten Burgbau? / Drinnen sind die Heldenbücher / Edda und viel andre Sagen; / Komm und bildre drin und lies.«

In seinen Romanen und Balladen feierte Fouqué das Rittertum des späten Mittelalters. Dabei waren ihm die romantische Besinnung auf eine verklärt gesehene Vergangenheit ebenso wichtig wie der nationale Gehalt. Der unverhältnismäßig große Erfolg seiner Ritterdichtung wird nur verständlich, wenn der zeitgeschichtliche Hintergrund mit bedacht wird: Durch die Niederlage Deutschlands gegen die napoleonische Armee, durch die folgende Unterdrückung und schließlich durch die Befreiungskriege war das Publikum für eine kämpferische Ritterdichtung empfänglich geworden. In historischem Gewand schienen Probleme der Gegenwart behandelt zu werden, schienen die Sorgen und Hoffnungen der uneinigen, unfreien Nation Ausdruck zu finden.

Auch in Theodor Körners Gedichten wurde der Krieg idealisiert. Das Schwert, durchaus ein Bild aus der Ritterzeit (in den napoleonischen Kriegen wurde längst nicht mehr mit Schwertern gekämpft), erschien als »Braut«, als »Liebchen«, das die »deutschen Reiter ... in den Arm« nehmen sollen. Das Schlachtfeld wurde zum schönen »Liebesgarten, Voll Röslein blutigrot / Und aufgeblühtem Tod«, und die Schlacht selbst zum »rüst'gen Hochzeitsreihen«. In einem anderen Gedicht erschien das Vaterland, das für Körner stets Deutschland war und nicht einzelne Teilstaaten, als »Braut«. Seine Berechtigung und Weihe erhielt der Krieg aus seinem Charakter als gerechter Krieg des ganzen Volkes gegen einen fremden Unterdrücker. Da Körner ihn in Beziehung zu den Kreuzzügen des Mittelalters setzte, fügte er der nationalen Dimension die religiöse hinzu. Die nationale Befreiung wurde zur christlichen Pflicht und Heldentat: »Vater, ich preise dich! / 'S ist ja kein Kampf für die Güter der Erde; / Das Heiligste schützen wir mit dem Schwerte.«

Fouqués Ritterdichtung und Körners die gegenwärtigen Probleme direkt beim Namen nennende Lyrik bezeichnen die beiden erfolgreichsten und wirkungsvollsten Richtungen der damaligen Literatur. Körner hat nicht nur idealisiert und stilisiert, sondern er hat durchaus auch zeitgemäß und wirklichkeitsnah geschrieben (in dem bekannten Lied »Lützows wilde Jagd« ist vom Knallen der Büchse die Rede, aber eben auch vom Zusammenschlagen der Schwerter). Auf welch breiter Übereinstimmung mit dem Bewußtsein weiter Kreise in Deutschland Körners Gedichte beruhten und welche Nähe zum Volk sie erreichten, häufig auch in vertonter Form, hat Arnold Ruge 1842 in den von ihm mit herausgegebenen »Deutschen Jahrbüchern für Wissenschaft und Kunst« nachdrücklich wie folgt formuliert: »Als Körner, Arndt, Schenkendorff, Uhland Freiheits-, Vaterlands- und Oppositionslieder sangen, taten sie dies nicht auf ihre eigene Faust; ihre Lyrik war vielmehr das erwachende Volksgefühl selbst, sie war die Religion der Zeit, ja, sie war es, die ›der Tyrannei den Kopf zertrat‹, und was die Taktik unsrer Generale verdarb, das machte dieser Sturm des Geistes wieder gut.«

Ebenso wie Körner hatte auch Fouqué an den Befreiungskriegen teilgenommen; daraus ergab sich ein Gefühl der Verbundenheit, das neben der Wertschätzung für Körners Gedichte existierte und Fouqués Urteil beeinflußt haben mag. Seine kurze Besprechung, die wir vollständig abdrucken, erschien in der von ihm selbst und Wilhelm Neumann in J. E. Hitzigs Berliner Verlag herausgegebenen Zeitschrift »Die Musen« (Jahrgang 1814, erstes Stück). Ihre vollständige Überschrift, die mit dem Titel des Buches identisch ist, lautet: Leier und Schwert. Von Theodor Körner. Einzig rechtmäßige, von dem Vater des Dichters veranstaltete Ausgabe. Berlin 1814. In der Nicolaischen Buchhandlung.

328 *Ausländer* – Körner war als Sachse in Preußen »Ausländer«.

Wilhelm Müller

(Lyrische Blätter. Von August Graf von Platen Hallermünde. Leipzig 1821)

Im Oktober 1821 erschien im Leipziger Verlag von F. A. Brockhaus Platens Gedichtsammlung »Lyrische Blätter. Nr. 1«. Ursprünglich hatte der Dichter das Buch »Fliegende Blätter« nennen wollen. Aber Brockhaus bat ihn, den Titel »zu verändern, da er zu sehr an politische Broschüren erinnere, worin er Recht hat. Freilich hatte ich ihn in sybillinischer Bedeutung aufgefaßt.«

Bereits am 13. November stand Wilhelm Müllers Besprechung im »Literarischen Conversationsblatt« (Nr. 261). Mit Müller und Platen standen sich zwei Dichter gegenüber, die – obwohl sie beide der demokratischen Opposition gegen Metternichs heilige Allianz angehörten – unterschiedliche, ja gegensätzliche ästhetische Positionen vertraten. Wenn Müller in der vorliegenden Kritik schrieb, »wer sein Christentum nicht in der einfachsten Sprache des Kindes zu bekennen und ihm zu huldigen vermag, der wird es in glänzenden, farbenschillernden Bildern nun und nimmermehr sich und seinen Hörern eindringlich und einleuchtend machen, und erschöpfe er auch alle Fundgruben des Orients«, so spricht sich darin eine Auffassung von Poesie aus, die bewußt Volkstümlichkeit anstrebt. Platen dagegen stellte sich bewußt gegen die Tradition volkstümlicher deutscher Lyrik; wieviel persönliche und politische Resignation zu dieser Entscheidung beigetragen haben, bleibe hier dahingestellt. Platen wollte keine Gedichte schreiben, in denen möglichst viele Leser sich wiederfinden könnten. Durch meisterliche Gestaltung – was bei ihm stets hieß: durch schöne Gestaltung – wollte er sein persönlichstes Erleben gerade des Individuellen entkleiden und es in den Rang des Allgemeinsten heben. Im Unterschied zu Wilhelm Müller ist Platen nie wirklich volkstümlich geworden. Obgleich er stärker an den politischen Zuständen litt, obgleich er tiefere Einblicke in das höfische Leben gewonnen hatte und die politische wie geistige Zerrissenheit Deutschlands viel schärfer poetisch gestaltet hat als z. B. Müller, blieb sein Werk letztlich doch esoterisch und auf die Zeitgenossen wirkungslos. Ein großer Teil seiner politischen Lyrik blieb übrigens zu Lebzeiten ungedruckt. Daß Platen auch ein politischer Dichter war (für Mehring war er übrigens »der erste politische Dichter der deutschen Literatur«), haben nur wenige Zeitgenossen erkannt, am wenigsten diejenigen, die sich ihm hätten verbunden fühlen können wie etwa Heine. Die politischen Gegner haben da aufmerksamer gelesen.

331 *Urania* – Beiname der Liebesgöttin Venus, deren griechischer Name »Aphrodite« »die Schaumgeborene« bedeutet. Antiker Mythologie zufolge entstand Aphrodite aus dem Schaum des Meeres, in welches das von Kronos abgeschnittene Genital des Gottes Uranos gefallen war.

332 *Ghaselen* – (arab.) »Gespinst«; aus Arabien stammende, von Persern, Türken und Indern übernommene und von Fr. Schlegel als erstem in der deutschen Literatur angewandte Gedichtform. Sie besteht aus 3 bis 15 Verspaaren, deren erstes gereimt ist, danach wechseln sich jeweils eine nicht reimende mit einer reimenden Zeile ab (aa ba ca da usw.). In der deutschen Dichtung wurde die Ghasele vor allem von Platen, Rückert und Goethe gepflegt. Die »Lyrischen Blätter« enthalten eine eigene Abteilung »Ghaselen. Zweite Sammlung. 1821«; sie ist »dem Dichter Friedrich Rückert zugeeignet«.

Vorwort – Das vollständige im Oktober 1820 entstandene Sonett lautet: »Sonette dichtete mit edlem Feuer / Ein Mann, der willig trug der Liebe Kette, / Er sang sie der vergötterten Laurette, / Im Leben ihm und nach dem Leben teuer. / Und also sang auch manches Abenteuer, / In schmelzend musikalischem Sonette, / Ein Held, der einst durch wildes Wogenbette / Mit seinem Liede schwamm, als seinem Steuer. // Der Deutsche hat sich beigesellt, ein Dritter, / Dem Florentiner und dem Portugiesen, / Und sang geharnischte für kühne Ritter. // Auf diese folg' ich, die sich groß erwiesen, / Nur wie ein Ährenleser folgt dem Schnitter, / Denn nicht als vierter wag' ich mich zu diesen.« Dem Buch sind außerdem noch eines der üblichen in Prosa verfaßten Vorworte und ein »Prolog« in Gedichtform vorangestellt.

332 *Petrarca* – Francesco Petrarca wird hier nach dem Herkunftsort seiner Familie als »Florentiner« bezeichnet, für sein eigenes Leben besaß Florenz keine Bedeutung; s. auch Anm. zu S. 90

Camoens – Luis Vaz de Camoes (1524/25–1580), bedeutendster portugiesischer Dichter; handhabte die italienische Form des Sonetts mit hoher Meisterschaft. Platen hat der Abteilung »Gesammelte Lieder. 1818–1820« folgende Strophe vorangestellt: »An Camoens. Dir eign' ich, was mir einer / Der Himmlischen beschied,/ Mein Busen schmolz wie deiner / In lauter Leid und Lied.« Außerdem enthält der Band ein »Sonett nach Camoens«.

Rückert – Von einem Brief Rückerts, in dem dieser sich auf das genannte Sonett bezog, schrieb Platen am 20. November 1821 in sein Tagebuch: »Indem ich ihn bei dem Sonett unter meine Muster zählte, hätte ich ihm eine ungebührende Ehre angetan. Seine geharnischten Sonette seien mehr das Tiefe und Sinnende.« Rückert war mit Platen (und auch mit Wilhelm Müller) befreundet.

Dante – Platen hat Dantes Werke wiederholt gelesen, nicht nur die »Göttliche Komödie«, sondern auch »Veglie di Tasso« und vor allem die 1292/93 entstandene »Vita nuova«. Mit diesem Jugendwerk gilt er bereits als einer der frühesten Vollender des Sonetts.

Tasso – Mit dem Epos »Das befreite Jerusalem«, 1580, schuf Torquato Tasso (1544–1595) nach Ariost das zweite große italienische Renaissanceepos. Platen hat »Das befreite Jerusalem« bereits 1815 in Frankreich gelesen und über Vergils »Aeneis« gestellt. 1821 schrieb er von einer erneuten Lektüre.

Flemming – Paul Flemings (1609–1640) Sonettdichtung war anfangs stark von Petrarca beeinflußt. Später entwickelte er sich zu einem eigenständigen, die Möglichkeiten der deutschen Sprache voll ausschöpfenden Dichter.

Erkenn' ich deines Werts ... – Platen hat die Schlußstrophen des Sonetts »An Rosalie. 1« mehrfach geändert. Lauteten sie in der ursprünglichen, von Müller kritisierten Fassung »Nun da ich fern von dir den Tag verbringe, / Erscheinst du der Bewunderung noch reiner, / Noch mehr erkenn ich deines Werts Erkennung; // Doch leider, ach, je mehr ich dich durchdringe, / Nur um so sehnsuchtsvoller denk' ich deiner, / Und fühle tiefer das Gefühl der Trennung.«, so hießen sie in der letzten zu Platens Lebzeiten erschienenen Ausgabe von 1834: »Nun, da ich fern von dir den Tag verbringe, / Erscheinst du der Bewunderung noch reiner, / Je mehr im Geist ich deinen Wert durchdringe. // Ja, immer sehnsuchtsvoller denk' ich deiner, / Und legt die Welt mir auch so manche Schlinge, / Du sollst mich nie gefangen sehn in einer.«

333 *eine Zusammenstellung Shakespeares ...* – Das Sonett »Das romantische Drama« heißt: »Ich sehe, Shakespeare, deiner Geister viele, / Seh' Puck und Ariel im Tanze schweben; / Der reiche Blick ins mystisch tiefe Leben, / Er führte dich, o Calderon zum Ziele. // Du, Gozzi, scherzend auf fantast'scher Diele, / Du hast uns neu die heitre Kunst gegeben; / Du führst, o Tieck, mit freundlichem Bestreben / Den frommen Ernst

in ewig junge Spiele. // Nie seid ihr kühl zur Nüchternheit versunken, / Ihr spühtet in unendlicher Verschwendung / Der goldnen Flamme lichte, dichte Funken! // An euch erging die heil'ge, große Sendung, / Ihr habt den Rausch der Poesie getrunken / Und schimmert nun in strahlender Vollendung.«

333 *Calderon* – Calderon de la Barca (1600–1681), klassischer spanischer Dramatiker, der zu Beginn des 19. Jahrhunderts großen Einfluß auf die deutschsprachige Literatur gewann. Platen hat sich besonders 1818/19 intensiv mit Calderon beschäftigt.

Gozzi – Nach der Gozzi-Lektüre schrieb Platen am 30. Juli 1818 in sein Tagebuch, er habe sich »immer mehr in ihn« hineingelesen und daß er ihm »je länger je besser gefiel«; s. auch Anm. zu S. 259

Tieck – Platen hatte 1815 einiges von Tieck gelesen; 1820 schrieb er über einige Märchen aus dem »Phantasus«: »Diese Meisterwerke der Laune und des gesundesten Witzes, der fast immer gegen die Oberflächlichkeit und Prosatendenz der Zeit gerichtet ist, können nicht anders als sehr ansprechen.«

Puck – Gestalt aus Shakespeares »Sommernachtstraum«

Ariel – Gestalt aus Shakespeares »Sturm«

der delph'sche Gott – Der griechischen Sage nach verletzte der Gott Apollon, der in Delphi eine seiner wichtigsten Kultstätten hatte, beim Diskuswerfen versehentlich den von ihm geliebten schönen Jüngling Hyakinthos (Hyazinth) tödlich.

die Gedichte Nr. ... – Es handelt sich dabei um die Gedichte mit folgenden Anfängen: Nr. 13 »Zwischen Fichtenwäldern, / Und beschneiten Feldern«; Nr. 14 »Auf ewig fliehn die Scherze«; Nr. 17 »Einem jungen Manne gönnt ihr«; Nr. 20 »So laßt uns noch einmal vereint« (Trinklied); Nr. 21 »Geduld, du kleine Knospe« und »Der Himmel ist so hell und blau« (Winzerlieder); Nr. 27 »Wehe, so willst du mich wieder«; Nr. 28 »Was ich tue / Und vollbringe«; Nr. 29 »Dies Auf- und Niederwogen«.

334 *Und wo der Mensch* – Platen ersetzte die kritisierte Strophe »Ihr mahnt ans Paradies mich tief, / wo man auf zarten Blättern schlief, / Die nun die Wipfel krönen, / Und wo der Mensch den Menschen rief / In rhythmisch lockenden Tönen« durch folgende: »Ihr sucht der Bäume grünes Dach, / Der Wiese Schmelz, den Kieselbach, / Ihr flieht vor Stadt und Mauer, / Und laßt die Menschen sagen Ach / In ihrem Vogelbauer«. Die letzte, von Müller gelobte Strophe fehlt in der Ausgabe von 1834 ganz.

zählen wir Nr. ... – Außer den von Müller abgedruckten handelt es sich um die Gedichte mit folgenden Anfängen: Nr. 1 »Enthüllt sich jährlich weit und breit«; Nr. 2 »Ich bin ein Wassertropfen«; Nr. 5 »Dich Wandersmann dort oben« (Gesang der Toten); Nr. 7 »Was uns Trost und Mut kann geben« (Das Leben ein Traum).

Ein Hochzeitbitter ... – In der 1834er Ausgabe hatte Platen wie folgt geändert: aus »Mir aber ward so weh!« wurde »Als läge noch der Schnee«; aus »Nun leb ich frei« wurde »Nun bin ich frei«; und die letzten drei Verse hießen nun: »Wenn ruh'ger auch und stiller, / Der Bäche grünen Schiller, / Der Rosen frischen Glanz.«

Hauffs großer schriftstellerischer Erfolg spornte ihn an und beflüge ihn. Eine gewisse Oberflächlichkeit war bei seinem Schreibtempo nicht zu vermeiden – aber gerade diese Oberflächlichkeit wiederum begünstigte die Aufnahme seiner Werke durch ein breites Publikum, dem die Meisterwerke der Klassiker und Romantiker zu anspruchsvoll, die Unterhaltungsliteratur – wie etwa die von Clauren – aber zu trivial war. Hauff entsprach dem Unterhaltungs- und Bildungsbedürfnis des mittleren und kleinen Bürgertums, das sich zwar an den humanistischen Werten der Klassik orientierte, in der Restaurationsepoche nach dem Wiener Kongreß aber seinen Frieden mit der Gesellschaft geschlossen hatte. Erst nach der Julirevolution 1830 in Frankreich kam wieder größere Bewegung in die deutsche Literatur. –

Die »Phantasien im Bremer Ratskeller« entstanden unmittelbar nach Hauffs Aufenthalt in Bremen vom 26. August bis zum 6. September 1826 und stehen noch ganz unter dem Eindruck des dort erlebten, der schnell entflammten, aussichtslosen Liebe zu Josephe Stolberg aus Weimar (Hauff war bereits seit dem Frühjahr 1824 mit seiner späteren Frau, seiner Cousine Luise Hauff aus Nördlingen, verlobt) und dem Besuch im bekannten Ratskeller. In Hamburg begann Hauff mit der Arbeit an den »Phantasien«; in Berlin beendete er sie und überließ sie Willibald Alexis zum Abdruck im »Berliner Conversationsblatt für Poesie, Literatur und Kritik«, wo sie 1827 in Fortsetzungen erschienen. Im Herbst 1827 kamen sie in überarbeiteter Form bei Hauffs Verleger Franckh in Stuttgart heraus.

Von der Kritik und von den Lesern wurde diese Erzählung besonders freundlich aufgenommen. Die Verbindung von Märchenhaftem mit wirklichen Erlebnissen, von Hochachtung für eine große nationale Vergangenheit mit Spott und Resignation über die gegenwärtigen Zustände, die Verbindung von Reflexion mit Handlung, von Heiterkeit mit Schauerlichem, von Lebenslust mit Todesbangigkeit – dies alles in einem leicht lesbaren Stil vorgetragen sicherte dem kleinen Werk viele Liebhaber. Alles, was den Leser zutiefst beunruhigen und ängstigen könnte, kann als Phantasie eines Betrunkenen abgetan werden; der grotesk-komische Ton bewahrt die Erzählung vor Bitterkeit und Entsetzen. Hauff hat, ob bewußt oder unbewußt sei dahingestellt, genau das Maß an Ernsthaftigkeit und Unheimlichkeit eingehalten, das er seinen Lesern zumuten konnte und das sie erwarteten. In einer Satire »Die Bücher und die Lesewelt«, veröffentlicht vom 9. bis 14. April 1827 im »Morgenblatt für gebildete Stände«, spottete Hauff darüber, daß die Leser vor allem »etwas recht Schauerliches« haben wollten. Durch den heiter-ironischen Ton brach der dem Schauerlichen in den »Phantasien im Bremer Ratskeller« gleichsam die Spitze ab, aber er bediente sich dieses beliebten Stilmittels dennoch.

Als Willibald Alexis (1798–1871) Hauffs Erzählung im »Berliner Conversationsblatt« abdruckte, hatte er die Redaktion kurz zuvor gemeinsam mit Fr. Förster übernommen (von 1830 an war er alleiniger Redakteur). Er hatte sich sofort mit Hauff angefreundet. Schon während dessen Berlinaufenthalts wurden geschäftliche Angelegenheiten besprochen, und Hauff konnte den vier Jahre älteren Alexis zur Mitarbeit am »Taschenbuch für Damen« gewinnen, dessen Redaktion ihm Cotta angeboten hatte. Hauff hat Alexis geschätzt. In den historischen Romanen folgten beide ihrem

335 *in dem Sonette an Schelling* – Im April 1821 erschienen in Erlangen Platens »Ghaselen« im Selbstverlag. Am 1. April 1821 schrieb er in sein Tagebuch: »Ich habe gestern ein Sonett an Schelling gemacht, das ihm mit den Ghaselen soll übergeben werden.« Und am 7. April: »Das allererste Exemplar erhielt Schelling. Er nahm es sehr günstig auf. Ich habe ein Sonett an ihn beigelegt.« Dabei handelte es sich um das von Müller erwähnte Gedicht »An Schelling« (»Gebeut nicht auch im Königreich des Schönen...«). In den »Lyrischen Blättern« war noch ein zweites Sonett »An Schelling« enthalten. Es entstand im April 1821 und beginnt mit der Zeile »Als ein Jahrhundert müde sank zu Grabe«. Platen schrieb im August 1823 ein drittes Sonett mit der gleichen Überschrift (»Wie sah man uns an deinem Munde hangen...«) und gegen Ende des Jahres 1823 »als Zueignung« zu dem Drama »Der gläserne Pantoffel« ein viertes Huldigungsgedicht »An Schelling«, dies allerdings nicht in Sonettform (»Es muß ein Volk allmählich höhersteigen...«). In einem Brief an Goethe vom 17. März 1824 begründete Platen die »Zueignung« damit, daß »Der gläserne Pantoffel« »zuerst im November bei Schelling vorgelesen« worden sei.

336 *Goethes Divan* – Goethes Gedichtsammlung »West-östlicher Divan« erschien 1819.

Mysterien des Christentums – Platen formulierte in der Vorrede gerade diesen, von Wilhelm Müller kritisierten Ausspruch. Die Ghaselen und »die übrigen, früheren Gedichte« träten »mit kühner Stirne ... vor allen denen auf, die in der Poesie eben nur Poesie suchen und sich auf diese reinästhetische Ansicht ... nicht wenig zugute tun. Wir aber und alle jene mit uns, die auch das Kleinste nur im Bezug mit dem Höchsten schauen, wir fühlen, daß die wahre Poesie, im einzelnen und im ganzen, erst dann beginnen kann, wenn sie Hand in Hand mit dem Glauben lustwandelt im Eden lebendiger Wahrheit und hinter sich läßt die Vergötterung der Natur«. Bis zum endgültigen Sieg des Christentums über »den Unglauben und Rationalismus unserer Zeiten ... werden diese Gedichte leben.« Mit seinem hier geäußerten Geschichtsbild, das Platen bald hinter sich ließ, stand er den Romantikern, besonders Novalis, sehr nah.

Wann einst der Fisch – Diese und die folgenden von Müller ganz oder teilweise zitierten Ghaselen entstanden im April 1821.

337 *11. Stück* – »Wenn ich hoch den Becher schwenke süßberauscht«

13. Stück – »Wann wird empor der Rosenast sich richten«

Nr. 16 – »Wer wetzt vom Schwerte mir hinweg die Scharten?«

Hinkjamben – (griech.) Vers, der im sechsten Fuß anstelle des Jambus einen Trochäus hat; s. Anm. zu S. 226

338 *besonders Nr. 14 ...* – Die genannten Gedichte beginnen mit folgenden Versen: Nr. 14 »Wähnst du, daß der Frommen«; Nr. 15 »Wer immer Gott ergeben, er opfert sich der Welt«; Nr. 17 »Du wähnst so sicher dich und klug zu sein«; Nr. 21 »Laß dich nicht verführen von der Rosen Düften«; Nr. 22 »Nach Sommervögeln hasche nicht«; Nr. 28 »Sieh, wie die Rosen vor dir starben weg«; Nr. 23 »Die Ruhe wohnt in deinen Zügen, Freund«.

»Pilgrim vor Sanct Just« und »Das Grab im Busento« – Platen nahm beide

Gedichte in veränderter Form in die Ausgabe seiner »Gedichte« auf, die 1828 bei Cotta in Stuttgart und Tübingen erschien.

339 *Nachahmungen aus dem Spanischen und Dänischen* – Das Buch enthält eine eigene kleine Abteilung »Nachbildungen. 1819«. Darin stehen zwei Gedichte unter dem Titel »Romanze aus dem Altspanischen« (»Einmal war's im Maienmonde« und »Hochzeit hielt man dort in Frankreich«) und eine »Romanze aus dem Dänischen« (»Ein Ritter, so männlich, so keck und so hold«).

Levin Schücking

Gedichte von Annette Elisabeth von D... H... Münster 1838

Über die Aufnahme ihres ersten, 1838 in Münster erschienenen Buches war Annette von Droste-Hülshoff sehr enttäuscht. Gegen Münster als Verlagsort hatte sie von Anfang an Bedenken gehabt, »ich meine immer, die in Münster herauskommenden Sachen hätten ein kurzes und obskures Leben zu erwarten, da der hiesige Buchhandel sich doch meistens auf den Kleinhandel für die Stadt und Provinz beschränkt«. »Nennen Sie mir ein einziges Werk«, schrieb sie am 4. August 1834 an ihren treuen Freund Wilhelm Junkmann, »was sich einer erwünschten Ausbreitung zu erfreuen gehabt hätte.« Noch am 4. Oktober schrieb sie der Mutter, die gerade die Familie von Annettes Schwester Jenny besuchte, sie »habe wenig Lust dazu«. Da sich aber alle anderen Aussichten zerschlagen hatten, einen bekannteren Verleger zu finden, gab die Droste dem Drängen vor allem ihres Freundes und literarischen Beraters Christoph Bernhard Schlüter nach, und so kam der 220 Seiten starke Band, »Gedichte von Annette Elisabeth v. D... H...« Anfang August 1838 in einer Auflage von 400 Exemplaren in der Aschendorffschen Buchhandlung in Münster heraus. Die Befürchtungen der Droste bewahrheiteten sich: verkauft wurden weniger als 100 Exemplare (die Angaben schwanken zwischen 18 und 74); die literarischen Zeitschriften nahmen kaum Notiz von der Neuerscheinung. Am 11. August wurde sie im »Westfälischen Merkur« und im »Münsterschen Intelligenzblatt« angekündigt. Der vollständige Name der Dichterin erschien zum ersten Mal am 12. Oktober 1838, als das Buch in Brockhaus' »Allgemeiner Bibliographie für Deutschland« (der wöchentlichen Beilage zum »Repertorium für die gesamte deutsche Literatur«) angezeigt wurde.

Einzig zwei ausführliche Kritiken erschienen, am 16. Oktober eine von Elise von Hohenhausen im »Mindener Sonntagsblatt« und ebenfalls im Oktober 1838 eine von Levin Schücking im Hamburger »Telegraph für Deutschland« (Nr. 170), die wir hier vollständig abdrucken. Doch diese beiden lobenden Kritiken trösteten die Droste nicht über den Spott, das Unverständnis und die Gleichgültigkeit der literarischen Welt und vor allem der eigenen Familie. Der Schwester schrieb sie über die beiden Rezensionen: »Beide waren freilich brillant genug, wollen aber doch die Tür nicht zutun, da die eine von einem Frauenzimmer, die andre von einem Bekannten ist. Dagegen schreibt mir Adele Schopenhauer, das Buch habe in Weimar und Jena Furore gemacht.«

Elise von Hohenhausen (1789–1857) war eine nicht nur in Westfalen gelesene Schriftstellerin. Ihre Bedeutung liegt aber mehr auf den Gebieten der Übersetzung (u.a. aus dem Englischen Youngs »Nachtgedanken«, 1844, und mehrere Romane Walter Scotts) und der Publizistik. Als Redakteurin des Literaturteils setzte sie sich im »Mindener Sonntagsblatt« für junge, begabte Dichter ein; sie veröffentlichte deren Werke (z.B. Ferdinand Freiligraths und Levin Schückings) und besprach sie anerkennend (z.B. Grabbe). Von Anfang an hat sie die Dichtung der Droste, mit der sie bekannt, aber nicht befreundet war, zu verbreiten und bekannt zu machen gesucht. Mit sicherem Instinkt hat sie das Neue und Bedeutende daran gesehen. In ihrer Rezension rühmte sie u.a. die realistische Darstellung und die lebendige Naturschilderung, »kein ewig wiederholtes Klagen um zerstörtes Liebesglück, kein namenloses Sehnen nach unbekanntem Ziel, wie so häufig in weiblichen Gedichten«.

In einem 1847 erschienenen Buch »Rousseau, Goethe, Byron. Ein kritisch-literarischer Umriß aus ethisch-christlichem Standpunkt« schrieb sie: »Die Poesie der Liebe und des Weins, der Leier und der Musen verschwanden; man bemühte sich um Naturwahrheit und Einfachheit des Ausdrucks. In höherer Vollendung und Originalität hat beides wohl Annette von Droste-Hülshoff erreicht.« –

Levin Schücking (1814–1883) war der Sohn einer jungverstorbenen Freundin der Droste, dem sie seit 1831 beratend und behutsam lenkend zur Seite stand. Allmählich veränderte sich die Beziehung, aus dem »Mütterchen« wurde die liebevolle Freundin (wenngleich sie diese Anrede beibehielten). 1841/42 weilten sie gemeinsam auf der Meersburg am Bodensee, wo Schücking durch Vermittlung der Droste als Bibliothekar bei ihrem Schwager Joseph von Laßberg, dem letzten deutschen Ritter, arbeitete. Diese Monate gehören zu den glücklichsten und produktivsten im Leben der Dichterin. Wenn es auch nach Schückings Verlobung mit der Schriftstellerin Louise von Gall (1815–1855) zur Entfremdung zwischen ihnen kam, hat er sich doch zeit seines Lebens für das Werk der älteren Freundin eingesetzt. Gemeinsam mit Annettes Schwester Jenny stellte er 1860 einen Band mit nachgelassenen Werken zusammen, »Letzte Gaben«; 1879/79 gab er eine erste Werkausgabe heraus, und auch die erste gründliche Droste-Biografie stammt von ihm (1862).

Seine eigenen publizistischen und dichterischen Werke sind weithin vergessen. Er stand dem Jungen Deutschland nah, war mit Freiligrath befreundet und machte sich vor allem durch kulturhistorische Romane und Erzählungen sowie durch Rezensionen einen Namen.

An dichterischer Kraft war er der Droste weit unterlegen, aber ohne seine belebende, entkrampfende und auch fordernd-anregende Freundschaft hätte die Droste wohl einige ihrer besten Gedichte nicht geschrieben. Nach seiner Abreise von der Meersburg schrieb sie ihm am 5. Mai 1842: »Du bist ein hochmütiges Tier und hast einen doch nur lieb, wenn man was Tüchtiges ist und leistet ... mein Talent stirbt und steigt mit Deiner Liebe; was ich werde, werde ich durch Dich und um Deinetwillen ... Mich dünkt, könnte ich Dich alle Tage nur zwei Minuten sehn – o Gott, nur einen Augenblick! – dann würde ich jetzt singen, daß die Lachse aus dem Bodensee sprängen und die Möwen sich mir auf die Schultern setzten!«

340 *Elisabeth* – Der Legende nach sollen sich der hl. Elisabeth (gestorben 1231) Brote, die sie an Arme verteilen wollte, in Rosen verwandelt haben, als sie befürchtete, von ihrem Mann, dem Landgrafen Ludwig von Thüringen, für diese Freigebigkeit getadelt zu werden.

341 *»Kann aus Nazareth*... – Anspielung auf die Bibelstelle Joh 1,46, wo Natanael auf Jesus bezogen fragt: »Aus Nazaret? Kann von dort etwas Gutes kommen?«

342 *Lord Byrons Schöpfungen* – Auch Elise v. Hohenhausen wies in ihrer Besprechung auf die Verwandtschaft mit Byron hin, den sie auch dann noch treu verehrte, als seine Beliebtheit in Deutschland nachließ; s. auch Anm. zu S. 292

343 *die frühesten Jahrgänge der Urania* – Der Leipziger Verleger Brockhaus hatte von 1816 an Preise für Erzählungen und Novellen ausgesetzt, die in der »Urania« veröffentlicht werden sollten. Ernst Schulze (1789 BIS 1817) gewann mit seiner Erzählung »Bezauberte Rose« für 1818 den ersten Preis. Die Droste übrigens hat sich 1845 in einem Brief kritisch über die »Bezauberte Rose« geäußert. Bereits 1822 bewogen »Mißdeutungen seiner Absichten« den Herausgeber »auf künftige Preisgaben völlig Verzicht zu leisten«. Allerdings veröffentlichte F. A. Brockhaus am 15. Juli 1830 noch einmal folgenden Aufruf: »Der unterzeichnete Verleger des Taschenbuchs Urania, von dem Wunsche beseelt, dasselbe immer würdiger und interessanter auszustatten, fordert alle deutsche Dichter und Dichterinnen auf, zu einem Preise zu konkurrieren, den er hiermit für die Novelle oder Erzählung aussetzt.«
Hegemonie – (griech.) Vorherrschaft
vindizieren – (lat.) hier: widmen

344 *Jupiter als Amphitryo* – In der griechischen Sage zeugt Zeus (Jupiter) mit Alkmene in der Gestalt ihres Ehemannes Amphitryon den Herakles, ein seit Plautus beliebter Komödienstoff.
Alongenperücke – (frz.) Perücke mit langen gelockten Haaren; wie Reifrock und Schönheitspflästerchen galten sie im 19. Jahrhundert als Ausdruck einer überlebten, unnatürlichen höfischen Lebensweise.
Berenice – (3. Jh. v. u. Z.) Frau des ägyptischen Königs Ptolemaios III, für dessen glückliche Heimkehr aus dem Krieg mit Syrien sie in einem Tempel eine Locke weihte.
Alexandriner – sechshebige jambische Gedichtzeile mit der Zäsur nach der dritten Hebung. Gottsched hielt den Alexandriner für die geeignete Versform des Epos; Schücking führt ihn hier als Beispiel für gekünstelte, schwerfällige Redeweise an.
Bernini – Giovanni Lorenzo Bernini (1598–1680), italienischer Bildhauer und Architekt des Barock; Schöpfer z. B. der Kolonnaden auf dem Petersplatz in Rom, mehrerer römischer Grabmäler und Brunnenanlagen.

345 *Ragnaröck* – Begriff aus der nordischen Mythologie, bezeichnet den Kampf der Götter gegen ihre Feinde, ihren Tod und den Untergang von Himmel und Erde.
sanguinisch – (lat.) leichtblütig, lebhaft
cholerisch – (griech.) unbeherrscht

Gottfried Keller

(Jeremias Gotthelf, »Uli der Knecht« und »Uli der Pächter«)

Als im Dezember 1849 Gottfried Kellers große Gotthelf-Rezension in den Leipziger »Blättern für literarische Unterhaltung« erschien (Nr. 302–305 vom 18. bis 21. Dezember 1849), gehörte Jeremias Gotthelf zu den meistgelesenen und auch bestbezahlten deutschsprachigen Dichtern. Kellers Vermutung, Gotthelfs Bücher würden im Volk wenig gelesen, trifft nur bedingt zu. Freilich waren sie für die Landbevölkerung teuer und schwer zu erreichen, aber die von Geistlichen und Lehrern auch in den Dörfern eingerichteten Bibliotheken ermöglichten gerade den Schichten den Zugang zu Gotthelfs Werken, die zu Literatur keine oder kaum Beziehungen hatten. Andererseits ist auch die Behauptung des Mitarbeiters der in Brüssel erscheinenden »Revue des Deux Mondes«, Saint Renés Taillandiers (1817 BIS 1879), übertrieben, die beiden »Uli«-Romane fänden sich auf jedem Bauernhof und seien das »Brevier der Bauern in der Schweiz«.

Gotthelf selbst wollte vor allem die Landbevölkerung erreichen, das »grobe Volk« gelegentlich auch das mittlere Bürgertum der Städte, auch »das elegante Weibervolk«, später alle, die sich »in dieser schofelen Zeit« erbauen wollten. Damit war aber wohl weniger wirklich »das einfache Volk« gemeint, sondern alle, von denen sich Gotthelf erhoffte, daß sie bildend und sittlich erzieherisch auf das Volk einwirkten, Lehrer, Pfarrer, Ärzte, wohlhabende Bauern.

Auch außerhalb der Schweiz, in Deutschland, wurde Gotthelf viel gelesen. Keller, der seit dem Oktober 1848 in Heidelberg mit einem Stipendium der Zürcher Kantonsregierung Geschichte, Anthropologie, Literatur und Philosophie studierte, sich also selbst außerhalb der Schweiz aufhielt, befürchtete, er werde als Schriftsteller nie so bekannt werden wie Gotthelf. 1846 war ein erster Gedichtband von Keller in Heidelberg erschienen, der freundlich aufgenommen wurde. In den »Blättern für literarische Unterhaltung«, in denen er 1847 »Literarische Briefe aus der Schweiz« veröffentlichte und in denen 1849, 1851, 1852 und 1855 seine Aufsätze über Gotthelf erscheinen würden, hieß es sogar: »Wenn irgendeiner, so hat Keller eine Gegenwart, die ihm die Zukunft verbürgt.«

Kellers Heidelberger Studentenzeit wurde durch die Bekanntschaft mit der Philosophie Ludwig Feuerbachs geprägt. Als Keller die »Uli«-Rezensionen schrieb, bekannte er sich bereits zum Atheismus, ohne freilich den Anhängern des Christentums gegenüber eifernd oder unduldsam aufzutreten.

Die Spannung zwischen Gotthelfs großem Erfolg und Kellers Unsicherheit hinsichtlich seiner eigenen literarischen Entwicklung einerseits und zwischen Gotthelfs konservativer, zuweilen sogar reaktionärer Religiosität und Kellers eben errungenem Atheismus andererseits bilden die Grundlage, auf der Kellers erster großer Aufsatz entstand. Außerdem stellen die beiden »Uli«-Romane genau das Gegenteil dessen dar, was Keller mit seinem »Grünen Heinrich« erreichen wollte, um den er gerade 1849 heftig rang. Keller wollte die Entwicklung eines jungen Mannes darstellen, der durch Erfahrungen mit der Welt, durch Willensstärke oder -schwäche sein

Schicksal gestaltet. Diesem freien Menschen stand Gotthelfs Uli gegenüber, dessen Schicksal von einem tatsächlich in das persönliche Leben wie in die große Geschichte eingreifenden Gott bestimmt wird. Welche Erfahrungen Uli auch mit der Welt macht, er muß sich letztlich so entscheiden, wie Gott es vorherbestimmt hat. In dem Maße, wie Uli Gottes Willen immer vollkommener erfüllt, in dem Maße wird er – der calvinistischen Theologie entsprechend – mit äußeren Glücksgütern gesegnet. Tüchtigkeit und Frömmigkeit waren für Gotthelf Sicherheiten dafür, daß ein Leben nicht scheitern konnte.

Diese Auffassung von »Entwicklung«, die in der deutschsprachigen Literatur bis zum »Simplizissimus« und bis zum »Parzival« zurückgeht, erhält in der von Goethes »Wilhelm Meister« ausgehenden Traditionslinie ihr modernes, aufgeklärtes Gegenstück. Kellers »Grüner Heinrich« bildet darin einen Höhepunkt.

Wie bereits angedeutet, hat sich Keller noch mehrmals zu Gotthelf geäußert. Dabei hat er, trotz aller grundsätzlichen Unterschiede, stets auch Gotthelfs wirkliche Größe gesehen. Bereits in dem von uns abgedruckten Aufsatz blieb er nicht in der Kritik befangen. Später verstärkte sich die Achtung vor Gotthelfs Leistung; und als Jakob Baechtold die Gotthelf-Aufsätze in ein »Deutsches Lesebuch« aufnehmen wollte, schrieb ihm Keller am 23. Mai 1880, sie wären teilweise »unüberlegt und flüchtig«. In einem Nachruf hatte er Gotthelf am 1. März 1855 »ohne Ausnahme das größte epische Talent, welches seit langer Zeit und vielleicht für lange Zeit lebte«, genannt.

Ob Gotthelf Kellers Kritiken zur Kenntnis nahm, ist nicht bekannt. Die Besprechung des »Uli« wurde ihm von Brockhaus, in dessen Verlag die »Blätter für literarische Unterhaltung« erschienen, zugeschickt. In seinen Werken und Briefen fehlt jeder Hinweis auf Keller, nicht nur auf den Kritiker, sondern auch auf den Dichter, von dem, als Gotthelf am 22. 10. 1854 in Lützelflüh im Kanton Bern starb, neben Gedichten auch die ersten drei Bände des »Grünen Heinrich« erschienen waren.

346 *Auerbachs Frau Professorin* – »Die Frau Professorin. Eine Schwarzwälder Dorfgeschichte« von Berthold Auerbach erschien in »Urania. Taschenbuch für das Jahr 1847« bei Brockhaus in Leipzig. Obwohl Auerbach (1812–1882) weder an realistischer Darstellungskraft noch an künstlerischer Durchdringung an Gotthelf oder Keller heranreichte, war er mit seinen Dorfgeschichten – weit vor ihnen – zu einem der am meisten gelesenen deutschsprachigen Schriftsteller seiner Zeit geworden.

Pestalozzis Lienhard und Gertrud – Johann Heinrich Pestalozzis (1746 bis 1827) literarisches Hauptwerk, der dreibändige Roman »Lienhard und Gertrud«, 1781/87, gab ein eindrückliches, bewegendes Bild vom Leben der Dorfbewohner. Keller hat es sehr geschätzt.

347 *Trenck* – Die »Lebensgeschichte« Friedrich von der Trencks (1726 bis 1794) erschien in drei Bänden 1787.

»Schrift und Volk« – In seinem kleinen, in Dresden erschienenen Buch »Schrift und Volk« gab Auerbach »Grundzüge der volkstümlichen Literatur«, wobei er besonders Hebel als Vorbild hinstellte.

348 *Görres* – Keller bezieht sich hier auf Joseph Görres' frühe Schrift »Die deutschen Volksbücher«, 1807, worin er eine »nähere Würdigung der schönen Historien-, Wetter- und Arzneibüchlein, welche teils innerer Wert, teils Zufall Jahrhunderte hindurch bis auf unsere Zeit erhalten hat«, vornimmt und sich damit zu ihrem Wert bekennt.
Retrograd – (lat.) rückschrittlich denkender und empfindender Mensch
350 *Cromwells Rundköpfe* – »Rundköpfe« war während der englischen Revolution von 1643 die Bezeichnung für die Puritaner, die im Gegensatz zur Mode am Hof ihre Haare kurz schneiden ließen.
Bitzius – »Jeremias Gotthelf« war das Pseudonym, unter dem Albert Bitzius seine Bücher veröffentlichte.
einen philosophischen Roman – »Spinoza. Ein historischer Roman«, Stuttgart 1837
351 *Leopold Robert* – (1794–1835), schweizerischer Maler und Kupferstecher, Schüler des klassizistischen französischen Malers J. L. David; sein Hauptwerk ist der in Italien entstandene Zyklus über die vier Jahreszeiten.
Niederländer – s. Anm. zu S. 273
352 *»Schweizerische Sagen und Bilder«* – Die sechsbändige Sammlung »Bilder und Sagen aus der Schweiz« erschien 1842/46.
Breughel – Pieter Breughel d. Ä. (1525–1569), nach dem Hauptgegenstand seiner realistischen, lebensvollen Bilder auch »Bauern-Breughel« genannter niederländischer Maler.
»Hans Joggeli« – »Hans Joggeli der Erbvetter und Harzer Hans, auch ein Erbvetter. Zwei Erzählungen für das Volk«, Berlin 1848.
»Käthi die Großmutter« – »Käthi, die Großmutter, oder: Der wahre Weg durch jede Not«, Berlin 1847
353 *»Meister«* – Keller meint »Wilhelm Meisters Wanderjahre«, 1821, als Fortsetzung von »Wilhelm Meisters Lehrjahren«, 1795/96.
»Geisterseher« – Schillers Roman »Der Geisterseher. Aus den Papieren des Grafen von O. ...«, 1787/89, blieb Fragment.
356 *Respiration* – (lat.) die Atmung, das Atemholen
358 *deus ex machina* – (lat.) »Gott aus der Maschine«; Konfliktlöser, Helfer, der plötzlich auftaucht, ohne daß sein Erscheinen logisch vorbereitet oder motiviert wäre.
in einer Vorrede – Im Vorwort zu »Uli der Pächter« schrieb Gotthelf, es sei ihm ein Trost, »daß ihm, so Gott will, nirgends ein gedankenloses oder feiles Segeln mit herrschenden Winden wird nachgewiesen werden können«.
359 *Esel, welcher in die Grube ...* – Anspielung auf zwei Beispiele aus der Bibel, wo sich Jesus gegen das gedankenlose, starre Befolgen des Gebots, den Sonntag nicht durch Arbeit zu entweihen, wendet; LK 14,5 heißt es: »Zu ihnen aber sagte er: Wer von euch wird seinen Esel oder seinen Ochsen, der in den Brunnen fällt, nicht sofort herausziehen, auch am Sabbat?«, und LK 6,1 ff verteidigte er seine Jünger, die am Sabbat Ähren abrissen, zerrieben und aßen.
Karfunkel – Keller bezieht sich auf Hebels alemannisches Gedicht »Der Karfunkel«.
360 *vindiziert* – (lat.) hier: schiebt er rachsüchtig in die Schuhe

Aristophanes – Aristophanes verspottete in seinen Komödien »Ritter«, 424 v. u. Z., und »Frieden«, 421, den einflußreichen athenischen Staatsmann Kleon (422 gefallen) wegen seiner kriegerischen Politik; s. auch Anm. zu S. 87

Malice – (frz.) Bosheit, Arglist

361 *echt demagogischen Professor* – Der Jurist Wilhelm Snell (1789–1851) war erster Rektor der 1834 gegründeten Universität Bern, setzte sich für die Demokratisierung der Schweiz ein; wegen seiner jesuitenfeindlichen Einstellung wurde er 1845 des Landes verwiesen.

Sykophant – (griech.) Verräter, Rechtsverdreher

362 *Saturn* – s. Anm. zu S. 170

Hegel – Gotthelf hat sich zwar nie eingehend mit Hegels Philosophie beschäftigt, nahm aber dessen ungeachtet wiederholt gegen seine und seiner Anhänger Schriften Stellung; s. auch Anm. zu S. 231

363 *Fallstaff* – Figur aus Shakespeares Komödie »Die lustigen Weiber von Windsor«, 1599, Typ des dicken, weinseligen Lebemanns.

Goliath – Goliat war im Kampf der Philister gegen die Israeliten der größte Soldat des Philisterheeres, »sechs Ellen und eine Spanne groß« (1 Sam 17,4); trotz seiner Größe und Stärke wurde er von dem Hirtenjungen David besiegt.

364 *»Wunderhorn«* – Achim v. Arnims und Clemens Brentanos erste umfassende Sammlung von deutscher lyrischer Volksdichtung, »Des Knaben Wunderhorn«, war 1806/08 erschienen.

Uhlands Sammlung – »Alte hoch- und niederdeutsche Volkslieder mit Abhandlung und Anmerkungen herausgegeben von Ludwig Uhland«, 2 Bände, Stuttgart und Tübingen, J. G. Cotta'scher Verlag 1844 und 1845.

Fronfastenkind – Ein während der Fronfasten (Quatemberfasten), den Fastentagen am Beginn eines kirchlichen Vierteljahrs, geborenes Kind soll die Gabe des sogenannten zweiten Gesichts besitzen

währschaft – (schweiz.) kräftig dauerhaft

365 *Sophistik* – s. Anm. zu S. 33

367 *ihns* – auf Vreneli bezogener Akkusativ (im Hochdeutschen: es) des Berner Dialekts

de tusig Gotts Wille – (schweiz.) Verstärkung des Ausrufs »um Gottes Willen«, etwa: um tausend Gottes Willen

369 *in seiner westfälischen Idylle* – Keller meint die »Oberhof«-Geschichte aus Immermanns Roman »Münchhausen«, 1838/39.

Friedrich Hebbel

(Buch der Lieder von Heinrich Heine. Hamburg 1841)

Die Herausgabe des »Buchs der Lieder«, Heines später berühmt gewordener Gedichtsammlung, erwies sich für den Hamburger Verleger Julius Campe vorerst nicht als Gewinn.

Nach dem großen Erfolg des ersten Bandes der »Reisebilder« plante Heinrich Heine im Herbst 1826 eine »große Sammlung« seiner »sämtlichen Gedichte«. Am 24. Oktober erwähnte er das Vorhaben in einem

Brief an seinen Förderer und Berater Karl August Varnhagen von Ense zum ersten Mal. Reichlich drei Wochen später schrieb er an Friedrich Merckel, er plane »eine auserlesene Gedichtsammlung, chronologisch geordnet und streng gewählt«; er hoffte, damit so populär wie Bürger, Goethe und Uhland zu werden. Zu der erhofften Popularität sollte auch »die Wohlfeilheit« des Buches beitragen.

Mit der Absicht, ein Gedichtbuch zu veröffentlichen, entschied sich Heine dafür, seinem Werk formal künftig stärkere Konturen zu geben: dem publizistisch ausgerichteten Teil wollte er einen ausschließlich lyrischen zur Seite stellen. Mischformen wie die so erfolgreichen »Reisebilder« wollte er nicht mehr veröffentlichen.

Im März 1827 erschien der zweite Band der »Reisebilder« im Verlag von Hoffmann und Campe in Hamburg und wurde wiederum ein großer Erfolg. Nachdem Heine mit seinem Verleger grundsätzlich die Herausgabe der Gedichtsammlung vereinbart hatte, verließ er Hamburg am 12. April 1827, die Vorbereitung des Drucks und die weiteren Verhandlungen mit Campe seinem Freund Merckel überlassend. Noch vor seiner Rückkehr von der Reise, die ihn über London, Rotterdam und die Insel Norderney am 19. September wieder nach Hamburg führte, erschien im August das »Buch der Lieder«. Am 30. Oktober schrieb Heine an Moses Moser: »Das ›Buch der Lieder‹ ist nichts als eine Gesamtausgabe meiner bekannten Gedichte ... Es ist wunderschön ausgerüstet und wird wie ein harmloses Kauffahrteischiff unter dem Schutze des 2. Reisebilderbandes ruhig ins Meer der Vergessenheit hinabsegeln.«

Heine hatte – wenigstens teilweise – richtig vorhergesehen: das »Buch der Lieder« verkaufte sich schlecht. Von den 2000 Exemplaren der ersten Auflage hatte Campe 1833 noch 800 auf Lager. »Seit 2 Jahren beginnt das Buch erst regelmäßig, durch wiederholte Versendung mit den Reisebildern, gangbar zu werden.« Seit 1830 ließ Campe, wenn die »Reisebilder« an die Buchhandlung verschickt wurden, immer auch Exemplare des »Buchs der Lieder« mit einpacken.

Auch das Echo in der Presse war spärlich. Die erste Besprechung erschien am 27. 11. 1827 in der Berliner Zeitschrift »Der Gesellschafter oder Blätter für Geist und Herz«, in der schon vorher viele Gedichte Heinrich Heines abgedruckt worden waren. Verfasser war Varnhagen von Ense; er wies auf die Einheitlichkeit der Sammlung hin, auf »die Einheit des Gefühls« und betonte, daß es sich nicht um eine bloße Zusammenstellung zufällig entstandener Gedichte handelte. Er rühmte »die Ursprünglichkeit und Selbständigkeit dieser lyrischen Ergüsse«. »Der allgemeine Charakter dieser Gedichte ist tiefstes Gefühl mit höchster Ironie verbunden.« Heine rede »keine Phrasen«, nirgends sei »bei ihm bloßes Füllwerk, müßiges Ausdehnen«.

Die zweite wichtige Besprechung stammt von Gustav Schwab. Sie stand am 27. Juni 1828 in der Beilage zum »Morgenblatt für gebildete Stände«. Schwab schrieb: »Herr Heine aber ist der erste, in dessen Liederdichtungen jene weltverhöhnende Stimmung eines zerrissenen Gemütes Grundton geworden ist, und zwar so, daß sein Humor nicht etwa auf eine geheime Versöhnung hindeutet, sondern den Kontrast zwischen Poesie und Leben fast immer ohne Milderung recht grell und mit kalter Bitterkeit zur Anschauung bringt.« Schwab rühmte Heines »Dichterphantasie«, die »ihm einen Platz unter unsern bleibenden, unter unsern originellen Dichtern aufbewahren« werde.

Der Inhalt der anderen Besprechungen läßt sich in drei Punkte zusammenfassen: Einseitigkeit in der Wahl der Motive (die freilich sehr variiert werden), Nachlässigkeit in der Form bei großem dichterischem Talent.

Unter veränderten politischen Zuständen (die Julirevolution in Frankreich, die Bewegung des Jungen Deutschland) und unter dem Eindruck, den Heines Übersiedlung nach Paris 1831 gemacht hatte, fand das »Buch der Lieder« allmählich stärkere Beachtung. Die zweite Auflage (1500 Exemplare) vom Oktober 1837 wurde ein großer Erfolg; im August 1839 erschien eine dritte (von Julius Campe selbst in der »Staats- und Gelehrten Zeitung des Hamburgischen unparteiischen Korrespondenten« 1839 kurz angezeigt) und im September 1841 eine vierte Auflage. Am 26.9.1841 schrieb Campe an Heine: »Das Buch der Lieder habe ich versendet. Dr. Hebbel hat mir eine Kritik für den Korrespondenten versprochen.« Schon am 16. Oktober erschien Hebbels Kritik im »Hamburgischen Korrespondenten« (Nr. 245), die wir hier vollständig abdrucken.

Hebbel betonte den nationalen und zugleich volkstümlichen Charakter der Gedichte. Durch die Verbindung von »Gefühl und Reflexion« sei Heine ein echter deutscher Lyriker, bei dem die Wahrheit der Form von der Wahrheit des Inhalts nicht zu trennen sei.

Von allen Auflagen hat Heine selbst unmittelbar nur auf die 5., im September 1844 erschienene, Einfluß genommen. Am 23. Juli war er nach Hamburg gekommen und hatte die Drucklegung mit Hinweisen und Korrekturen begleitet. Alle späteren Ausgaben, bis zu Heines Tod 1856 kamen noch acht weitere heraus, beruhen auf dieser fünften Auflage. Das »Buch der Lieder« wurde Heines größter Erfolg. –

Heine und Hebbel sind sich im September 1843 in Paris zum ersten Mal begegnet. Ein Stipendium des dänischen Königs hatte Hebbel die Reise ermöglicht, der bis dahin in dürftigen Verhältnissen gelebt hatte. Die beiden Dichter scheinen sich gut verstanden zu haben. Wenigstens notierte Hebbel am 14. Oktober 1843 in sein Tagebuch, Heine habe ihn besucht und mit ihm über sein Schauspiel »Judith« gesprochen. Dabei habe er das Stück sehr gelobt und gesagt, Hebbel gehöre mit seiner »außerordentlichen Gestaltungskraft noch unserer großen Literaturepoche an«. Heine habe vieles »bewundert und angestaunt«.

An seine Freundin Elise Lensing schrieb Hebbel aus Paris, Heine hätte sich über seine Gedichte wie folgt geäußert, »die haben den entschiedensten Eindruck auf mich gemacht, ich hätte ihnen manches Sujet stehlen mögen«. Und an Campe schrieb er im Dezember, gleichsam resümierend: »Es ist mir im allgemeinen doch lieb, daß ich Ihrem Rat gefolgt bin und seine (d. i. Heines, Is.) Bekanntschaft gemacht habe.«

Nachdem Heine im Juli 1844 aus Paris nach Deutschland abgereist war, haben sich Heine und Hebbel nicht mehr gesehen. Im September verließ auch Hebbel Paris und reiste weiter nach Rom. Über Triest gelangte er am 4. November 1845 nach Wien, wo er bis an sein Lebensende wohnen blieb. Außer mit Heine hatte Hebbel in Paris auch mit Arnold Ruge Kontakt, der gemeinsam mit Karl Marx die »Deutsch-Französischen Jahrbücher« herausgab. Folgenreich für seine weltanschauliche und ästhetische Entwicklung war weder die Begegnung mit Heine noch die mit dem Kreis um die »Deutsch-Französischen Jahrbücher«.

Nach über zehn Jahren schrieb Hebbel im Dezember 1855 an den todkranken Heine und schickte ihm sein »neustes Stück«, die Tragödie »Gyges und sein Ring«. In diesem Brief kam Hebbel noch einmal auf die Begegnungen in Paris zu sprechen und erinnerte sich dankbar des Urteils über seine »Judith«: »Sie haben mir in Paris über die Judith einmal in einer halben Stunde mehr Tiefes gesagt als alle deutschen Kritiker zusammen.«

In einem Aufsatz »Zur Anthologien-Literatur 1854« hatte Hebbel Heine lobend erwähnt, und Heine hatte 1855 »Frédéric Hebbel, auteur de Judith« in der Vorrede zur 2. Auflage von »De l'Allemagne« seinen Freund genannt.

Hebbels öffentliche Äußerungen zu Heine waren durchweg wohlwollend und achtungsvoll. Im Mai 1833 hatte er allerdings noch in sein Tagebuch geschrieben: »Heines Dichtermanier (besonders seine neuere) ist das Erzeugnis der Ohnmacht und der Lüge. Weil seine verworrenen Gemütszustände sich nicht in die Klarheit eines entschiedenen Gefühls auflösen lassen oder weil er nicht den Mut und die Kraft besitzt, den hiezu notwendigen inneren Prozeß abzuwarten, wirft er den Fackelbrand des Witzes in die werdende Welt hinein und läßt sie gestaltlos für nichts und wieder nichts verflammen. Diese Verklärung durch den Scheiterhaufen ist aber nur dann zu gestatten, wenn ein Phönix davonfliegt; an dem Phönix fehlt es jedoch bei Heine, es bleibt nichts übrig als Staub und Asche, womit ein müßiger Wind sein Spiel treibt.«

Die gründliche Besprechung von 1841 zeigt sein gewandeltes Urteil, das dem gewandelten Urteil eines großen liberal gesonnenen deutschen Lesepublikums entsprach.

370 *Zelebrität* – (lat.) Berühmtheit

372 *Lemuren* – (lat.) Nachtgespenster

Vitzliputzli – ursprünglich Name für den mexikanischen Kriegsgott, später allgemeiner für Teufel, Teufelchen. In Heines Gedichtsammlung »Romanzero«, 1851, ist ein langes »Vitzliputzli« überschriebenes Gedicht enthalten, worin sich der alte mexikanische Gott in einen Teufel verwandelt, um sich an den spanischen Kolonisatoren für deren in Mexiko verübte Verbrechen zu rächen.

Achill und Thersites – Gestalten aus der »Ilias«; Achilleus war der stärkste griechische Kämpfer vor Troia; Thersites wird als häßlicher, streitsüchtiger Schreier dargestellt.

Karl Gutzkow
(Christian Dietrich Grabbe, Hannibal)

Nachdem Christian Grabbe seine Anstellung als Auditeur des Fürstentums Lippe-Detmold aufgegeben hatte, das heißt, nachdem er sich von der Militärgerichtsbarkeit verabschiedet hatte, ging er im Oktober 1834 nach Frankfurt am Main. Hatte er am 4. Mai 1827 seinem Studienfreund und ersten Verleger Georg Ferdinand Kettembeil geschrieben, »ich stehe erträglich und verdiene auch erträglich – aber ich bin nicht glücklich«, so wollte er jetzt der Detmolder Enge und der geistigen Isolierung entfliehen. Seine 1827 erschienenen Dramen hatten in den Literaturzeitschriften Beachtung gefunden, wurden aber nicht gespielt. Lediglich »Don Juan und Faust« wurde zu Lebzeiten des Dichters aufgeführt; am 29. März 1829 fand die Uraufführung am Detmolder Hoftheater statt. In Frankfurt am Main erhoffte er, sich den literarischen Bestrebungen ähnlich gesinnter Dichter anschließen zu können. Karl Gutzkow wollte gerade die Redaktion des »Literaturblatts« übernehmen; in der Ankündigung wurde auch Grabbe als zukünftiger Mitarbeiter genannt. Er hat dann allerdings nur einige Szenen des »Hannibal« darin veröffentlicht.

In der Ankündigung des »Phönix. Frühlingszeitung für Deutschland«, die vom 1. Januar 1835 an bei Sauerländer in Frankfurt am Main erschien, wurden Grabbes und Gutzkows Namen unter den 52 deutschen Schriftstellern, die »sich zur Teilnahme daran freundlich zusammengefunden haben«, ebenfalls erwähnt.

Auch für die »Deutsche Revue« sollte Grabbe Beiträge liefern. Aber diese Zeitschrift, die Gutzkow gemeinsam mit Ludolf Wienbarg in Frankfurt herausgeben wollte, wurde noch vor der Auslieferung des ersten Heftes verboten.

Grabbe ist bereits im Dezember nach Düsseldorf gereist, ehe Gutzkow in Frankfurt eintraf. Das Angebot Immermanns, in Düsseldorf zu leben und ständigen Kontakt mit dem dortigen Theater zu haben, schien Grabbe verheißungsvoller als der mögliche Kontakt mit Gutzkow und den anderen Literaten des Jungen Deutschland. Immermann hatte wenige Wochen zuvor die Leitung des Düsseldorfer Stadttheaters übernommen und wollte es zu einer bürgerlichen, vom Adel unabhängigen Bühne entwickeln, die sich durch die Aufführung anspruchsvoller Stücke über das erschreckend niedrige Niveau der deutschen Theaterkunst heben sollte. Er hat zwar keins von Grabbes Stücken aufgeführt, aber er hat ihn bei der Überarbeitung des »Hannibal« und des »Aschenbrödel« unterstützt, zeitweise kam er für seinen Unterhalt auf und vermittelte ihm auch einen neuen Verleger, Carl Georg Schreiner in Düsseldorf, bei dem die beiden Dramen 1835 erschienen.

Während seines Aufenthalts in Immermanns Nähe schrieb Grabbe den Aufsatz »Das Theater zu Düsseldorf mit Rückblicken auf die übrige deutsche Schaubühne«. Darin würdigte er vor allem Immermanns »Geist und kräftigen Willen«, der das Düsseldorfer Theater zu einer »Musteranstalt« umgeformt habe, der es gelinge, »die Aufgabe eines Theaters, das Tagesbedürfnis zu befriedigen, aus demselben aber immer zu höheren Gestaltungen aufzustreben, zu lösen«. Ein besonderes Verdienst Immermanns sah Grabbe in dessen Bemühungen, das Ensemble als Ganzes zu festigen. Keiner der Schauspieler solle glauben, »er könne wirken ohne das strengste Festhalten am hiesigen Ensemble, wo jedes Wort, jeder Gestus der Mitspieler ihn unterstützt.«

Verheißungsvoll und für das gesamte deutsche Theaterwesen bedenkenswert schien Grabbe die Tatsache, daß das Düsseldorfer Theater »nicht nominell, sondern wirklich städtische Bühne« war. »Das Theater ist die einzige öffentliche, unmittelbar wirkende Kunstanstalt im Norden.«

Immerhin konnte sich Immermann mit seiner für ganz Deutschland beispielgebenden Theaterarbeit drei Jahre lang gegen alle Schwierigkeiten behaupten. Am 31. März 1837 mußte das Theater wegen fehlenden Geldes geschlossen werden. Da war Grabbe schon ein halbes Jahr tot.

Trotz seiner selbstlosen Hilfe konnte Immermann Grabbes Untergang nicht aufhalten. Nachdem bereits Spannungen zwischen ihnen aufgetreten waren, kam es zum Bruch, als Grabbe im Winter 1835/36 die Aufführungen des Theaters im »Düsseldorfer Fremdenblatt« besprach und Immermanns vermittelnde, die Realitäten berücksichtigende Spielplangestaltung tadelte.

Im Mai 1836 kehrte Grabbe nach Detmold zurück, »was immer besser ist als ein wohlfeiler Sturz in den Rhein, wofür ich mich noch zu teuer achte« (Brief vom 29. 4. 1836). Sein Tod am 12. September rief unter den fortschrittlichen Literaten große Bestürzung hervor. Heinrich Laube, Hermann Marggraf (Redakteur des »Berliner Conversationsblatts für Poesie, Literatur und Kritik«) und Eduard Duller (Redakteur des »Phönix«) widmeten ihm ausführliche Nachrufe. Karl Gutzkow zeigte in »Europa. Chronik der gebildeten Welt«, 1836, Grabbes Tod an und schrieb dazu: »Ganz Deutschland gewöhnte sich nur mit Schmerz an diesen Verlust und rief dem Abgeschiedenen die empfundenste Teilnahme nach. Dasjenige aber, was noch weit schmerzlicher ist als der Verlust des Mannes, ist dies, daß mit ihm nichts verloren ging. Denn es war längst entschieden, daß sich Grabbe um die produktive Fähigkeit gebracht hatte. Seine beiden letzten Gedichte, Hannibal und Aschenbrödel, standen, einige Gedanken im ersteren abgerechnet, tief unter den Erwartungen, die dieser Name angeregt hatte... Grabbe ging an seiner Stellung unter, an der Unfähigkeit, seinen Dichtergeist mit dem bürgerlichen Leben auszugleichen, einer Unfähigkeit, welche die größten, aber auch die unglücklichsten Dichter geschaffen hat.« Gutzkow behauptete, er hätte »Belege seines wirren Geistes« und sprach vom »Hirn eines Halbbewußten«.

Noch schärfer antwortete er in einem Brief vom 18. Januar 1837 dem Schriftsteller Alexander Weill, der ihm einen Aufsatz über Grabbe für den »Telegraphen« angeboten hatte: »Grabbe druck' ich nicht ab. Dieser Dichter, den Sie wahrscheinlich sehr erhoben haben, wird ungebührlich überschätzt. Wer nicht, wie Shakespeare, im Komischen groß ist, ist es auch im Tragischen nicht. Grabbe hatte keinen Witz, und seine Erhabenheit ist Fratze.« –

Als der »Hannibal« 1835 erschien, wurde er von den jungdeutschen Dichtern und Literaturkritikern sehr beachtet. In der »Allgemeinen Theater-Chronik« in Leipzig erschien am 28. 8. 1835 eine mit »M.« unterzeichnete Besprechung des »Hannibal«. Darin hieß es: »In einer Zeit, wo die deutsche dramatische Literatur in ihrer Lokalsumme besteht aus: bis zum Ekel langweilig dialogisierten Kollegienheften und französischer Hausmannskost mit langen, deutschen Wassersaucen aufgewärmt«, falle dieses kraftvolle Stück auf, dessen Mängel durchaus gesehen wurden.

Theodor Mundt schrieb in der Novembernummer 1835 des von ihm selbst redigierten »Journal für Zeit und Leben, Wissenschaft und Kunst«, »Literarischer Zodiacus«: »Grabbes Hannibal ist eine bedeutende Bereicherung der neuesten deutschen Poesie, ein Stück von wahrhafter Originalität und hoher dichterischer Kraft.« Grabbe habe »alle früheren Unarten seines Talents« überwunden; Mundt lobte den »einfachen, großartig klassischen, epigrammatisch kurzen Stil dieser Tragödie«, tadelte jedoch wie andere Rezensenten auch die mangelnde Charakterzeichnung.

Hermann Markgraf nannte in seiner Besprechung des »Hannibal« in den »Blättern für literarische Unterhaltung«, Leipzig, 25. bis 27. Mai 1836, Immermann und Grabbe als einige der wenigen, die der »allgemeinen Verderbnis« der dramatischen Literatur »Trotz bieten«. Im »Hannibal« mache sich die »Urtat und Urkraft« der dramatischen Poesie« geltend, die »in unsern neuesten Romanen und Novellen« fehlten. Ähnlich wie Theodor Mundt rühmte er Grabbes »schlagende Kürze, seine Bündigkeit im Ausdruck, sein mannhaftes Gemüt und seiner oft knorrigen Sprache Schrot und Korn«. »Die einzelnen Fehler des Stückes entsprangen notwendig aus der eigentümlichen Auffassung und Anschauung des Verfassers, gehören in seine Individualität, mithin zu den liebenswürdigen, und sind angeboren, nicht erworben, nicht gemacht.« Ansatzweise tadelte er die nur wenig ausgeführte Charakterzeichnung und wies auf eine Besonderheit Grabbes hin, die für den Konflikt mit Immermann interessant ist: »Die Tatsache geht bei ihm der Gesinnung vor, die Gesinnung dem Raisonnement, das Raisonnement dem Sententiösen.«

Grabbe wollte ein Handlungstheater, Immermann mehr ein Rezitiertheater. Aber auch Immermann, dem der »Hannibal« gewidmet war, lobte das Stück. In einem Brief vom 14. Februar 1835 schrieb er: »Ich habe ihn (den »Hannibal«, Is.) mit Freude und Bewundrung gelesen. Es ist, als ob die Blätter der Geschichte hin und her wehten, von einem lebendigen Menschenatem bewegt. Die darin vorkommenden Polisonerien und Burschikositäten sind Kleinigkeiten und sollen heraus. Der Kern ist gut und groß, oder mich müßte alles trügen.«

Gutzkow besprach im »Literaturblatt« der Zeitschrift »Phönix«, das er selbst redigierte, am 18. August 1835 »Aschenbrödel« und »Hannibal«. Grabbes »Napoleon« hatte er »ein äußerst schwaches Produkt« ohne »Plan« genannt, »die schnöde Verachtung dessen, was man Kunst nennt«. Nicht besser beurteilte er jetzt »Aschenbrödel«: »Zum Märchen hat Grabbe weder den Beruf des Witzes noch der Lyrik. Seine Versuche im Witze sind hölzern, pritschenhaft, plump; seine Leistungen in der Lyrik sind nur die Bestrebungen jenes Vogelstellers, der auf einem Lindenblatte die Nachtigall lockt. Aber die Nachtigall kömmt nicht.«

Im »Hannibal« allerdings sah er »den früheren Grabbe wieder«. Wir veröffentlichen den Teil der Kritik, der sich auf den »Hannibal« bezieht (allerdings in der von Gutzkow für eine 1836 erschienene Ausgabe seiner literaturkritischen Schriften überarbeiteten Fassung). Weiter als hier ist er in der Anerkennung Grabbes nie gegangen. Er hat sich im Gegenteil immer stärker von Grabbe entfernt, je erfolgreicher er selbst als Schriftsteller wurde und je mehr er sich konservativ nationalliberalen Positionen näherte. Immer weniger war er bereit, Grabbes Originalität anzuerkennen, immer stärker verpflichtete er sich als Dramatiker selbst den Traditionen des klassischen idealistischen Dramas. In seinem Erinnerungsbuch »Rückblick auf mein Leben«, 1875, unterstellte er Grabbe sogar »radikale Herzlosigkeit«, »feige Hinterlist und die Tücke eines eitlen Herzens«. Am »Napoleon« empörte ihn nun »der französische Standpunkt«, womit er sich in Übereinstimmung mit dem preußisch-deutschen Nationalismus nach 1871 befand.

Gutzkow, der mit ähnlichen geistigen Voraussetzungen wie Grabbe in die Literatur eingetreten war, hatte sich zu einem erfolgreichen Dramatiker entwickelt, der auf politische Kritik weithin verzichtete und seinen Frieden mit der Gesellschaft geschlossen hatte. Grabbe, der für sich und für die Gesellschaft keine Hoffnung sah, ist an den politischen, kulturellen und persönlichen Konflikten zerbrochen.

375 *Erequien* – s. Anm. zu S. 131

376 *Jamben* – s. Anm. zu S. 226

Immermann – Dem »Hannibal« ist folgende Widmung vorangestellt: »An K. Immermann. Immermann schaffte mir zur Vollendung des Hannibal die Muße und stand mir bei mit dem treffendsten Rat. Mache das Stück ihm und den Lesern Freude. Düsseldorf, den 11. Febr. 1835. Grabbe.«

Gustav Schwab

Gedichte von Nicolaus Lenau. Stuttgart 1832

Im August 1831 kam Nikolaus Lenau nach Stuttgart; hier fand er in Cotta einen Verleger, der seine Gedichte veröffentlichen wollte, und im Kreis um Gustav Schwab und Justinus Kerner wohlwollende Dichterfreunde. Außerhalb Österreich-Ungarns waren die Zensurbestimmungen weniger streng, und der geistige Freiheit ersehnende Lenau fand in Deutschland größere Beweglichkeit. Gustav Schwab, in dessen gastfreiem Hause er zwei Monate lang lebte, förderte ihn uneigennützig. Seit 1827 war er Redakteur am »Morgenblatt für gebildete Stände« und veröffentlichte darin mehrere Gedichte Lenaus.

Als im Herbst 1832 bei Cotta Lenaus erster Gedichtband erschien (er war übrigens Gustav Schwab gewidmet), war der Dichter bereits nach Amerika unterwegs. Er hatte sich am 25. Juni in Mannheim eingeschifft, von wo es über Amsterdam nach Baltimore ging. In Amerika erhoffte sich Lenau ein Leben ohne Repressalien, frei und in harmonischer Verbindung mit der Natur. Ursprünglich hatte er erwogen, um einen von Schwab und dessen Frau angeregten Heiratsplan verwirklichen zu können, in Philadelphia Vorlesungen über Pathologie und Physiologie zu halten. Aber bereits die ersten Eindrücke von Amerika enttäuschten ihn, so daß er von Baltimore aus nur zum Niagarafall und danach sofort zurückreisen wollte. In Baltimore lebende Deutsche stimmten ihn um; und Lenau unternahm einige Reisen, besuchte Indianer, sah den Niagarafall, durchstreifte den Urwald und kaufte sich im Staat Ohio sogar ein Grundstück. Trotzdem verließ er Amerika im Frühjahr und war im Juni wieder in Bremen. Die »himmelan stinkenden Krämerseelen«, die lediglich nach materiellem Gewinn strebenden Mittel- und Kleinbürger Amerikas hatten ihn angewidert. »Mein Aufenthalt in der neuen Welt hat mich von der Chimäre von Freiheit und Unabhängigkeit, für die ich mit jugendlicher Begeisterung schwärmte, geheilt.« Für die Poesie hatte Lenau in der am Profit orientierten nüchternen

Gesellschaft Amerikas keinen Platz gefunden. Ebensowenig konnte er den gerühmten amerikanischen Unabhängigkeitssinn und das Bestreben nach politischer und persönlicher Freiheit sehen (wie abstrakt auch immer er sich das vorgestellt haben mag).

Während seiner Abwesenheit war Lenau ein berühmter Dichter geworden. Schwabs Besprechung der Gedichte hatte dazu wesentlich beigetragen. Über Stuttgart, wo ihn die alten Freunde herzlich begrüßten, reiste er nach Wien. Aber schon von Januar bis Juli 1834 war er wieder in Schwaben, um die zweite Auflage der Gedichte vorzubereiten. Er nahm alle die Gedichte heraus, die vor seinem kritischer gewordenen Auge nicht mehr bestehen konnten, und fügte die in Amerika entstandenen hinzu.

Schwabs Grenzen werden bereits in der von uns vorgelegten Besprechung aus den »Blättern für literarische Unterhaltung« vom 7. und 8. Oktober 1832 (Nr. 281 und 282) deutlich. Seinem biederen selbstgenügsamen Protestantismus blieb das Verständnis für Lenaus »Weltschmerz« und erst recht für dessen gesellschaftliche Ursachen versagt. Lenau hatte sich 1831, also zu einem Zeitpunkt, da ein großer Teil der 1832 herausgekommenen Gedichte entstand, mit Spinoza beschäftigt und sich teilweise zu dessen pantheistischen Anschauungen durchgerungen. Als er nach einer mystischen Phase, beeinflußt durch Franz von Baader und Gotthilf Heinrich Schubert, am Beginn der vierziger Jahre zu einem durch Hegels Philosophie geprägten Spinozismus zurückkehrte und sich den materialistischen Positionen Feuerbachs näherte, rückte er Schwab noch ferner. Dessen Verdienst um Lenaus literarische Entwicklung bleibt dadurch ungeschmälert: er hat dem zehn Jahre jüngeren Lenau in einer krisenhaften Situation geholfen, für seine Dichtungen ein großes Publikum zu finden; er hat sein Selbstbewußtsein gestärkt und ihm Gastfreundschaft gewährt. Er hat sich an ihm, wie übrigens auch an Freiligrath, Platen und Waiblinger, als uneigennütziger Förderer erwiesen. Wie diese Dichter hat sich auch Lenau von den liberal konservativen Ansichten Schwabs entfernt, und das sowohl politisch-ideologisch als auch ästhetisch.

377 *einer unserer Mitrezensenten* – In den Nrn. 153–156 (1.–4. Juni 1832) der »Blätter für literarische Unterhaltung« erschien eine Sammelbesprechung »Relation über sechsundfünfzig Dichter aus neuester Zeit«. Bevor der Rezensent die einzelnen Bände besprach, schrieb er resümierend: »Der ganzen nachfolgenden Relation wird man eine gewisse Milde im Urteil und ein fortwährendes Streben, das Gelungenste herauszusuchen und vor das Auge zu stellen, leicht ansehen. Jede Ironie, jedes sarkastische Lächeln, wo es den Ref. hin und wieder anwandelte, ist geflissentlich unterdrückt, über zwei Dritteile der hier besprochenen Gedichte ein lobendes Wörtchen gesagt, und nur ein Dritteil ward unter jeder Kritik gefunden. Es scheint dies ein erfreuliches Resultat zu sein; aber leider scheint es nur so; denn darin offenbart sich eben der Gesamtcharakter der Dichter (namentlich der lyrischen) im ersten Drittel des 19. Jahrhunderts, daß keiner eine ästhetische Revolution zu bewirken im Stande ist, und die ganze Korporation an einer Mittelmäßigkeit laboriert, die weder Lust und Begeisterung, noch Zorn und Abscheu weckt. Seit einigen Jahren liest Ref. alle neuerscheinenden

Meister Walter Scott und wurden neben Achim von Arnim (mit den »Kronenwächtern«) zu Begründern des historischen Romans in Deutschland. Hauff plante für 1828 eine dreibändige Sammlung seiner Novellen. Dem ersten Band wollte er eine Einleitung voranstellen, der er den Titel gab »Vertrauliches Schreiben an Herrn W. A. Spöttlich, Vizebataillonschirurgen a. D. und Mautbeamten in Tempelhof bei Berlin«. In einem am Geburtstag seiner Tochter, am 10. November 1827, geschriebenen Brief teilte er Alexis mit: »Die Vorrede in den Novellen ist an Sie«.

Alexis hat Hauffs »Mann im Mond« gleich zweimal besprochen (1825 in den »Korrespondenz-Nachrichten« und 1826 im »Literarischen Korrespondenz-Blatt«, beide Berlin). In einer ausführlichen Kritik des »Lichtenstein«-Romans in den »Blättern für literarische Unterhaltung« am 16. November 1826 wies er auf das gemeinsame Vorbild Scott hin. Nach einigen Einschränkungen endete er den Artikel mit dem Satz: »Sonst können wir das Urteil fällen, daß der ›Lichtenstein‹ ein Roman ist, der sich vorteilhaft unter der Mehrzahl der neuern auszeichnet und des Beifalls unserer Lesewelt in ungleich höherm Grade als so viele Romane und Novellen der Tagesliteratur würdig ist.«

Seine kurze Kritik der »Phantasien im Bremer Ratskeller« ist einem »Korrespondenznachrichten« betitelten Artikel entnommen, der am 30. Juni 1827 in den »Blättern für literarische Unterhaltung« (Nr. 50) abgedruckt wurde. Datiert ist der Aufsatz »Berlin, Mai 1827«; die »Blätter für literarische Unterhaltung« erschienen in Brockhaus' Leipziger Verlag.[1]

Gustav Schwab

Maler Nolten. Novelle von Eduard Mörike. Stuttgart 1832

Im August 1832 erschien in E. Schweizerbarts Verlagshandlung Stuttgart »Maler Nolten. Novelle in zwei Teilen von Eduard Mörike. Mit einer Musikbeilage«. Die Musikbeilage enthielt Vertonungen einiger im »Nolten« enthaltener Lieder von Louis Hetsch und von Karl Mörike, einem Bruder des Dichters. Am 18. August schickte Mörike ein Exemplar an Gustav Schwab, der damals Redakteur an Cottas »Morgenblatt für gebildete Stände« war. »Verehrtester Freund!« schrieb er, »wenn ich mir das Vergnügen erlaube, Ihnen beiliegende Schrift zu übermachen, so möchte ich Sie in dieser kleinen Gabe wenigstens einen Beweis finden lassen, wie lieb und wichtig mir noch immer das Andenken an die wohlwollende Teilnahme sei, welche Sie mir und meinem Bestreben früher auf manchfache Weise erzeigt haben.

Was aber den immerhin problematischen Wert meiner Novelle betrifft, so wird es mitunter von Ihrem Urteile abhängen (das ich vielleicht gelegentlich aus Ihrem eigenen Munde vernehme), ob ich mich ferner in dieser Gattung versuche, ob ich einige Hoffnung haben darf, künftig, bei einem weniger beschränkten Stoffe, Bedeutenderes darin zu leisten.«

---

1) beide bekannten sich zum Liberalismus, wobei Alexis viel stärker politisch interessiert war als Hauff. Gelegentlich näherte er sich den Ansichten Gutzkows und Laubes.

Gedichte mit stets erneuter Hoffnung, es werde und möge sich ein Dichter zeigen, der die jetzige Periode der mystischen und hyperhumoristischen Poesie schließe und, ausgerüstet mit einem großen, revolutionären Genius, eine neue gestalte. In Bezug auf dieselbe hat er auch die vorliegenden 56 Bücher und Büchlein durchackert; aber leider hat er nicht ein Samenkorn gefunden, das eine solche Ernte verhieße. Überall das Alte, das Gewöhnliche und das Anschließen und Nachtreten der vorzüglichsten Persönlichkeiten der Zeit. Goethe, Schiller, Uhland, Müller, Schwab, Kerner, Heine, Platen, Tieck sehen Jünger zu ihren Füßen, von denen keiner selbst Meister wird. Der Strom germanischer Poesie tritt im Gegenteil mehr und mehr aus dem engen, romantischen Felsenbett, in welchem er vor etwa 40 Jahren in hochaufstrebendem Kraftgebrause dahinrollte; er ist jetzt viel breiter geworden; aber seine Ufer sind verflacht und an Tiefe hat er verloren.

Auf den ersten Anblick erscheint sein Silberspiegel imposant; aber genau geprüft, offenbart sich seine Seichtigkeit an hundert Stellen. Hier fließt er kaum noch; dort scheint er gänzlich zu stagnieren. Man lasse sich nicht durch die Lobhudeleien täuschen, mit denen manchen Dichtern in manchen kritischen Blättern geräuchert wird: die Zeit ist steril.« Der Aufsatz, aus dem wir eben zitierten, wurde in den Nummern 187/88 (vom 5. und 6. Juli) mit dem »Zweiten Artikel« fortgesetzt und in den Nummern 216/17 (vom 3. und 4. August mit dem »Dritten und letzten Artikel« abgeschlossen. Ein nochmaliges abschließendes Resümee zog der Verfasser nicht.

377 *Relation* – (lat.) Nachricht, Anzeige

380 *Terzinen* – Strophen aus elfsilbigen Dreizeilern
Oktaven – anderer Ausdruck für Stanzen; s. dazu Anm. zu S. 225

381 *Byronsche Farben* – Mit Byron und Hölty ist Lenau oft verglichen worden. Anastasius Grün, der 1851 den dichterischen Nachlaß und 1855 eine vierbändige Werkausgabe Lenaus herausgab, wies in der Vorrede von 1855 ausführlich auf die Ähnlichkeiten und Unterschiede zwischen Lenau und den anderen beiden Dichtern hin. Der Gedichtband von 1832 enthält eine huldigende Ode »Am Grabe Höltys«.

382 *Tschako* – (ungar.) alte Kopfbedeckung der Soldaten

384 *aus dem Morgenblatt* – Außer den zu den »Heidebildern« gehörenden Gedichten »Die Heideschenke«, »An die Wolke«, »Himmelstrauer« und »Robert und der Invalide« wurden 1831 noch die Gedichte »Der Gefangene« und »Die Waldkapelle« im »Morgenblatt« abgedruckt. 1832 hatte das »Morgenblatt« bis zum Erscheinen von Schwabs Kritik im Oktober bereits folgende Lenau-Gedichte gebracht: »Winternacht«, »Schilflieder« (einen Zyklus von fünf Gedichten), »Der Lenz« und »Der Maskenball«.

386 *Salis* – Johann Gaudenz von Salis-Seewis (1762–1834), Verfasser empfindsamer Gedichte, die der Lyrik des Hainbunds (Hölty) nahestanden; von Lenau in seinen frühen Gedichten nachgeahmt.

387 *Goethes leuchtendes Mondlied* – »Füllest wieder Busch und Tal …«

389 *amarant* – (griech.) dunkelrot
Muschelhut – Die am Hut befestigte Muschel war eins der vielen Pilger-

zeichen. Der Apostel Jakobus der Ältere und die zu seinem Grab pilgernden wurden oft mit dem Muschelhut dargestellt.

390 *Joh. Casimir von Polen* – Lenau bekam die Anregung für den Romanzenkranz »Klara Hebert« durch den 1824 in der »Abendzeitung« erschienenen Roman »Der gallische Kerker« von Alexander August Ferdinand von Oppeln-Bronikowski (1788–1834).

393 *der er wohl gar nicht einmal unmittelbar angehört* – Lenau wurde im Gebiet des heutigen Ungarn geboren und verbrachte den größten Teil seiner Kindheit im heutigen Budapest.

Willibald Alexis
(Wilhelm Hauff, Phantasien im Bremer Ratskeller)

Nachdem Wilhelm Hauff seinen anderthalbjährigen Dienst als Hofmeister am 30. April 1826 beendet hatte, brach er von Stuttgart aus zur einzigen großen Reise seines Lebens auf. Über Frankfurt am Main, Mainz und Metz reiste er nach Paris; er besuchte die Normandie, Brüssel, Antwerpen und Gent. In Kassel traf er mit Wilhelm Grimm zusammen; Göttingen, Bremen und Hamburg waren weitere Stationen. In Berlin blieb er fünf Wochen und wurde unter anderem mit Julius Eduard Hitzig, Willibald Alexis, Fouqué und Chamisso, mit dem Maler Johann Gottfried Schadow und dem Bildhauer Christian Daniel Rauch bekannt. In einem Brief berichtete er, er sei »glänzend, fast wie im Triumph aufgenommen worden.« In Dresden besuchte er Ludwig Tieck, mit dem er brieflich in Verbindung blieb; er lernte den bekannten Redakteur der »Dresdner Abendzeitung«, Theodor Hell (Pseudonym für Karl Gottlieb Theodor Winkler), kennen und machte in Leipzig die Bekanntschaft mit dem Verleger F. A. Brockhaus. Im November 1826 war er wieder daheim und wurde Kulturredakteur des bei Cotta erscheinenden »Morgenblatts für gebildete Stände«. Wilhelm Hauff war ein bekannter, von Verlegern und Taschenbuchherausgebern umworbener Schriftsteller.

Dabei war sein erster Prosaband erst im August 1825 erschienen, »Die Mitteilungen aus den Memoiren des Satans«. Im September kam der zweibändige Roman »Der Mann im Mond«, eine Parodie auf den erfolgreichen Vielschreiber Hans Clauren, heraus. Im November folgte der erste Märchenalmanach (der so bekannte Märchen wie »Kalif Storch« und »Kleiner Muck« enthielt).

1826 erschienen ein Fortsetzungsband zu den »Satansmemoiren«, der von Walter Scott beeinflußte historische Roman »Der Lichtenstein« und die drei Novellen »Die Sängerin«, »Othello« und »Die Bettlerin vom Pont des Arts«.

Im Jahr seines Todes folgten die Novellen »Jud Süß« und »Die letzten Ritter von Marienburg«. Daneben kamen ein neuer Märchenalmanach (u. a. mit »Zwerg Nase«) und die heiter-besinnliche Erzählung »Phantasien im Bremer Ratskeller« heraus. Das Erscheinen seiner letzten Novelle »Das Bild des Kaisers« und des »Märchenalmanachs für Söhne und Töchter gebildeter Stände auf das Jahr 1828« (beide 1828) erlebte Hauff nicht mehr. Am 18. November 1827, acht Tage nach der Geburt seines einzigen Kindes, ist er in Stuttgart gestorben.

Schwabs Antwortbrief ist nicht erhalten, damit auch nicht sein persönliches Urteil. Öffentlich hat er sich am 20. und 21. Januar 1833 in den »Blättern für literarische Unterhaltung« (Nr. 20 und 21) geäußert. Wir geben diese Kritik um fast zwei Drittel, nämlich um die ausführliche Inhaltsangabe, gekürzt wieder.

Bereits früher hatte er sich für Mörike verwandt. Er hatte sich, vergeblich zwar, bemüht, für ihn eine Anstellung in einer Redaktion zu finden, als er vorerst nicht ins Pfarramt gehen wollte. Er hat 1828 im »Morgenblatt« einige Gedichte Mörikes veröffentlicht; und er hat ihm sogar »die frischgedruckten Bogen der ersten Ausgabe seiner Gedichte (1828) auf einige Stunden« überlassen, was wegen der verspäteten Rückgabe zu dem huldigenden Gedicht »Entschuldigung. An Gustav Schwab« den Anlaß gab. Darin unterstellte Mörike seinen eigenen Gedichten, sie hätten den Schwabschen gegenüber »bescheiden scheue Mienen« und würden ihnen »mit Ehrfurcht nur ... dienen«.

Erst nach Mörikes Tod wurde ein »Gespräch zwischen mir (nämlich dem Kandidaten E. Mörike) und Herrn Professor Schwab« veröffentlicht. In der vermutlich im Dezember 1828 stattgefundenen Unterhaltung ging es um Mörikes Versuch, nach Unterbrechung der »Vikariatsknechtschaft« als Redakteur und Geschichtenlieferer an der bei Franckh erscheinenden »Damenzeitung« mitzuarbeiten. Mörike befürchtete nun, durch diese Arbeit »an Kraft, Stimmung und geistigem Vorrat für denjenigen Teil« seiner »Produktionen allzuviel« zu verlieren, der ihm »bei weitem mehr am Herzen liegt als der Ruhm des besten Novellisten«. Das Gespräch endete mit Mörikes Entschluß, ins Vikariat zurückzukehren. Auf Schwabs Frage, ob er es »von Herzen« wolle, antwortete der Kandidat: »Das wird sich geben.« –

Trotz der lobenden Rezensionen, außer Wolfgang Menzel und Gustav Schwab besprachen Friedrich Notter und Mörikes Freunde Johannes Mährlen und Friedrich Theodor Vischer den »Maler Nolten« (Vischers Aufsatz in den »Hallischen Jahrbüchern für deutsche Wissenschaft und Kunst« erschien allerdings erst 1839), wurde das Buch nur schleppend verkauft. 1854, als Mörike über eine geänderte Fassung verhandelte, die er übrigens nicht zu Ende schrieb, waren noch Exemplare der ersten Auflage lieferbar.

395 *in mediam rem* – (lat.) mitten hinein

398 *Semizigeuner* – Halbzigeuner

Wispeliaden – »Barbier Wispel, der entlaufene Bediente Noltens«, fällt durch aufgeblasene und wichtigtuerische Reden auf. Mörike hat 1837 zum Spaß einige Gedichte in Wispels Stil geschrieben, die unter dem Titel »Wispeliaden« aus dem Nachlaß veröffentlicht wurden.

»Der letzte König von O.« – Bei Mörike steht statt »O.« »Orplid«.

399 *Wolfgang Menzel im »Literaturblatt«* – Menzels Kritik erschien bereits am 24. August 1832, also wenige Tage nach dem Erscheinen des Buches, in dem von ihm selbst redigierten »Literaturblatt« zum »Morgenblatt für gebildete Stände« und war die erste Besprechung des »Maler Nolten« überhaupt. Von Agnes sagte Menzel, sie sei »eine der wahrsten und lieblichsten weiblichen Gestalten, die uns in Romanen je

begegnet sind, echt mädchenhaft, ohne allen Anspruch, ja dem Anschein nach ganz gewöhnlich, und dennoch von zauberischer Anmut und geheimnisvoller Tiefe. Und wie in der Wirklichkeit alles, was mit einem schönen Mädchen in Berührung kommt, uns schöner erscheint, ein Garten, ein Zimmer etc., so hat auch dieser sympathetische Rapport hier im Gedicht die Darstellung verschönert, so oft sie zu der ländlichen Braut zurückkehrt«. Menzel setzte den Roman von den zur Mode gewordenen Künstlerromanen und -novellen ab, welche »die Entsagungsromane der schreibenden Damen ausgenommen, das Unerträglichste in unsrer schönen Literatur« seien. Mörikes Roman habe dagegen »den großen, in dieser erfindungslosen Zeit nicht genug zu schätzenden Vorzug, daß er originell, daß die Fabel eine neue ist, daß die Situationen noch nicht dagewesen sind«.

399 *Prädispositionen* – (lat.) Veranlagungen

400 *ingenium ingens ...* – (lat.) unter / der plumpen Außenseite steckt ein großer Geist. (Horaz, Satiren I 3, V. 33/34; Übersetzung von Wieland)

Levin Schücking
(Adalbert Stifter, Studien)

Die ersten Kritiken über Stifters Werke standen in österreichischen Zeitschriften, worin die in Almanachen und Taschenbüchern abgedruckten Erzählungen meist lobend besprochen wurden. Außerhalb Österreichs hatte Theodor Hell bereits am 24. Oktober 1840 in den von ihm selbst herausgegebenen Dresdener »Blättern für Literatur und bildende Kunst« anläßlich einer Besprechung der »Iris für 1841« auf Stifters »Feldblumen« hingewiesen.

Als 1844 die ersten beiden Bände der »Studien« erschienen, wurde Stifter einer der meistbesprochenen zeitgenössischen Autoren; das wiederholte sich 1847 beim Erscheinen der Bände 3 und 4, sowie bei der zweiten Auflage der ersten Teile. Stifter war im ganzen deutschen Sprachraum bekannt. Bald erschienen auch erste Aufsätze, die sich weniger nur mit den Neuerscheinungen beschäftigten, sondern bereits um Bewertungen des »Gesamtwerks«, so weit es vorlag, bemüht waren.

Eichendorff (1846 in den »Historisch-politischen Blättern für das katholische Deutschland«, München) und Levin Schücking (1847 in der Augsburger »Allgemeinen Zeitung« anläßlich der letzten zwei Bände der »Studien«) gehörten zu den ersten, die Stifters Werk im Zusammenhang darstellten.

So schnell Stifter beliebt und berühmt geworden war, so schnell wurde er aber auch zu einem der am heftigsten angegriffenen und vergessenen Schriftsteller. Von 1848 an wurden die Vorwürfe gegen Stifter immer lauter: er schreibe an den Problemen der Zeit vorbei, seine Aufmerksamkeit gelte stärker der Natur als den Menschen und ihren Lebensumständen; er vermeide den Kampf, die Härte und bevorzuge die Stille, die – unwahrhaftige – Beruhigung. Bereits in dem eben erwähnten Aufsatz Schückings über »die langverheißenen zwei folgenden Bände der ›Studien‹« vom 23. Juni 1847 in der Augsburger »Allgemeinen Zeitung« hieß es: »Wir müssen ehrlich gestehen, daß uns diese weitern Bände weniger befriedigt haben als die ersten, so freudig von uns begrüßten. Stifter bleibt zu sehr an der Studie kleben und kommt nicht zur Komposition. Er malt Details mit Virtuosität, denn er weiß seine tiefe und schöne Seele in den Stoff zu legen und weiß wieder die Seele des Stoffs herauszufühlen. Aber dies fortwährende, nicht endende Malen ermüdet; man erwartet endlich Handlung, mindestens Begebenheiten; man erwartet Konflikte, mindestens künstlerische Gruppierung und Kontraste – das alles kommt nicht, Seite nach Seite ist mit Beschreibung angefüllt... Es ist dieser Mangel der Stifterschen Studien nicht Resultat eines Mangels an Erfindungsgabe oder künstlerischer Kraft im Verfasser; es ist nichts als ein falscher Geschmack... Stifter ... fühlt nicht, daß man in den Rahmen der Erzählung wohl das Historienbild, das Genrebild, ja sogar das Tierstück, aber nicht die bloße Landschaft spannen kann.«

Ebenfalls 1847 erschien in den »Grenzboten«, Leipzig, ein kleiner Artikel unter der Überschrift »Stifter en décadence«. Er bezog sein ablehnendes Urteil hauptsächlich aus der Erzählung »Prokopus«, die in der »Iris für 1848« abgedruckt war. Sie wurde »eine völlig verunglückte manirierte Produktion« genannt; »gewiß aber ist es, daß die poetische Fähigkeit dieses Autors in einer bedauerlichen Abnahme begriffen ist, ... daß seine ›Studien‹ die Summe des poetischen Vermögens des spät aufgetretenen Autors enthalten.«

Der »Prokopus« war das erste Werk Stifters, das fast ausschließlich negativ beurteilt wurde. Noch schärfer als der »Prokopus« wurden die Romane »Nachsommer«, 1857, und »Witiko«, 1865/67, kritisiert. Neben Friedrich Nietzsche war Peter Rosegger, der den verehrten Stifter noch in Linz besucht hat, einer der wenigen Zeitgenossen, die den »Nachsommer« als großes Kunstwerk begriffen.

1864 war in der Zeitschrift »Europa. Chronik der gebildeten Welt«, Leipzig, zu lesen: »So mancher unserer jüngeren Leser zumal mag noch nichts von ihm kennen oder gar gehört haben.« –

Levin Schücking, der Gutzkow und den Dichtern des Jungen Deutschland nahe stand, war von 1843 an Feuilletonredakteur bei der »Allgemeinen Zeitung« Augsburg. Neben der von uns abgedruckten Besprechung der ersten beiden Bände der »Studien« aus der »Allgemeinen Zeitung« vom 10. Januar 1845 (Nr. 10) und der bereits erwähnten Kritik der beiden folgenden Bände 1847 hat er 1853 die »Bunten Steine« besprochen. In diesem zuletzt genannten Aufsatz beschäftigte er sich auch mit den »von anderen Seiten« erhobenen Vorwürfen, »daß sich der Dichter mitunter in der Beschreibung des Einzelnen, im Ausmalen des Kleinen wie in einem schwer zu durchschreitenden Dickicht verirre, und daß die künstlerische Komposition des Ganzen beeinträchtigt, daß das, was man die Fabel nennt, von ihm in ungebührlicher Weise vernachlässigt werde«.

Schücking erkannte dagegen, »daß diese Vorliebe für das Einzelne und das Kleine nie zum ideenlosen Beschreiben nur um des Beschreibens willen werde, daß Stifter immer nur die außergewöhnliche Wichtigkeit auf die Szene und den Hintergrund seiner Gemälde lege, weil er sie als symbolischen Ausdruck des in ihnen sich bewegenden Menschengeistes und der Empfindungen und Stimmungen desselben gebe; ferner, daß in dieser tiefen Natursymbolik seine poetische Kraft liege, daß er gerade dadurch die wunderbare Harmonie zu erreichen wisse, welche über seinen Arbeiten ausgebreitet liege.«

Differenziert und eindeutig unterschied Schücking die Vorzüge und die Nachteile von Stifters Stil. Auf die gesellschaftlichen Ursachen für Stifters Rückzug in die Natur, für seine Beschränkung auf die kleinen Dinge des Lebens ist Schücking ebensowenig eingegangen wie auf die gesellschaftlichen Ursachen für Stifters schnell aufblühenden und rasch vergehenden Ruhm.

401 *Sternberg* – Alexander Freiherr v. Ungern-Sternberg (1806–1868), den Jungdeutschen nahestehender Schriftsteller, Schücking bezieht sich auf die Novelle »Die Zerissenen«, 1832, deren Titel (ähnlich wie Willkoms »Europamüden«) zum Schlagwort wurde.

zum ersten Mal ausgesprochen – Stifters Name war in der »Allgemeinen Zeitung« bereits am 27. Januar 1843 erwähnt worden. Bei der Besprechung des von Andreas Schumacher herausgegebenen »Österreichischen Novellenalmanachs« wies der anonyme Rezensent (vermutlich Josef Freiherr von Zedlitz-Nimmersatt) ausdrücklich auf Stifter und seinen »Abdias« hin: »Ich kenne den Autor nicht und habe nie etwas anderes von ihm gelesen; Abdias aber gehört in Auffassung und Darstellung, namentlich in seiner ersten Hälfte, zu den Schönsten, was die neuere deutsche Literatur im Novellenfach aufzuweisen hat... Ist Hr. Stifter, wie ich glaube, noch ein junger Mann, so kann man große Erwartungen von ihm hegen. Abdias ist allerdings eine Löwenklaue.«

402 *Scott* – s. Anm. zu S. 278

Dickens – Charles John Huffam Dickens (1812–1870), realistischer englischer Schriftsteller, zeichnete sich durch ein ausgeprägtes soziales Gewissen sowie durch treffende Milieu- und Charakterschilderungen aus.

Wasserlilie – In seiner Autobiografie »Zu meiner Zeit«, 1892, schrieb der Lyriker und Erzähler Adolf Pichler (1819–1900) über eine Begegnung mit Stifter: »Als seine Studien erschienen, erzählte ich ihm von einer Kritik in der Augsburger Allgemeinen Zeitung, die ich eben gelesen hatte: Sie wurden mit Lilien verglichen. Er strich sich lächelnd mit der flachen Hand über den dicken Bauch und sagte: ›Nu, nu, wenn dieser Rezensent erst sähe, was die Lilien für einen dicken Stengel haben!‹«

403 *Aaronsmütze* – Nach dem Bericht des Alten Testaments war Aaron der älteste Bruder Moses'; nach dem Auszug der Israeliten aus Ägypten wurde Aaron zum obersten Priester der Israeliten geweiht.

406 *Heidebilder* – Die Gedichte der Droste waren 1844 in Stuttgart erschienen.

Friedrich Hebbel
Das Komma im Frack

Als 1857 der »Nachsommer« erschien, gehörte Stifter schon längst nicht mehr zu den meistgelesenen deutschsprachigen Autoren. Nach 1848 sah er sich immer heftigeren Vorwürfen ausgesetzt, die mit Friedrich Hebbels »Nachsommer«-Kritiken einen Höhepunkt erreichten.

Bereits 1849 hatte Hebbel in der von August Lewald herausgegebenen Zeitschrift »Europa« ein Spottepigramm veröffentlicht: »Die alten Naturdichter und die neuen (Brockes und Geßner, Stifter, Kompert usw.)«:

»Wißt ihr, warum euch die Käfer, die Butterblumen so glücken?
Weil ihr die Menschen nicht kennt, weil ihr die Sterne nicht seht!
Schautet ihr tief in die Herzen, wie könntet ihr schwärmen für Käfer?
Säht ihr das Sonnensystem, sagt doch, was wär' euch ein Strauß?
Aber das mußte so sein; damit ihr das Kleine vortrefflich
Liefertet, hat die Natur euch klug das Große entrückt.«

Auf dieses Epigramm hat Stifter, der übrigens Hebbels Dramen ablehnte, mit der »Vorrede« zu seiner Novellensammlung »Bunte Steine«, 1853, reagiert. »Es ist einmal gegen mich bemerkt worden, daß ich nur das Kleine bilde, und daß meine Menschen stets gewöhnliche Menschen seien... Großes oder Kleines zu bilden hatte ich bei meinen Schriften überhaupt nie im Sinne... Das Wehen der Luft, das Rieseln des Wassers, das Wachsen der Getreide, das Wogen des Meeres, das Grünen der Erde, das Glänzen des Himmels, das Schimmern der Gestirne halte ich für groß; das prächtig einherziehende Gewitter, den Blitz, welcher Häuser spaltet, den Sturm, der die Brandung treibt, den feuerspeienden Berg, das Erdbeben, welches Länder verschüttet, halte ich nicht für größer als obige Erscheinungen, ja ich halte sie für kleiner, weil sie nur Wirkungen höherer Gesetze sind... Die Kraft, welche die Milch im Töpfchen der armen Frau emporschwellen und übergehen macht, ist es auch, die die Lava in dem feuerspeienden Berge empor treibt und auf den Flächen der Berge hinabgleiten läßt... Ein ganzes Leben voll Gerechtigkeit, Einfachheit, Bezwingung seiner selbst, Verstandesgemäßheit, Wirksamkeit in seinem Kreise, Bewunderung des Schönen verbunden mit einem heitern gelassenen Sterben halte ich für groß: mächtige Bewegungen des Gemütes, furchtbar einherrollenden Zorn, die Begier nach Rache, den entzündeten Geist, der nach Tätigkeit strebt, umreißt, ändert, zerstört und in der Erregung oft das eigene Leben hinwirft, halte ich nicht für größer, sondern für kleiner, da diese Dinge so gut nur Hervorbringungen einzelner und einseitiger Kräfte sind, wie Stürme, feuerspeiende Berge, Erdbeben. Wir wollen das sanfte Gesetz zu erblicken suchen, wodurch das menschliche Geschlecht geleitet wird.«

Hebbels Name fällt in der Vorrede nicht, wie übrigens auch nicht die von Levin Schücking oder Hieronymus Lorm, die ähnliche Vorwürfe erhoben hatten.

Am 4. September 1858 erschien in der Leipziger »Illustrierten Zeitung« Hebbels erste, kurze »Nachsommer«-Kritik. Innerhalb einer Sammelbesprechung ging er auf Stifters Roman ein. »Drei starke Bände! Wir glauben nichts zu riskieren, wenn wir demjenigen, der beweisen kann, daß er sie ausgelesen hat, ohne als Kunstrichter dazu verpflichtet zu sein, die Krone von Polen versprechen.« Nach diesen einleitenden Sätzen berief sich Hebbel auf Lessing, der im »Laokoon« (worin Hebbel übrigens Lessings Hauptwerk sah) »für alle Zeiten zwischen beiden Künsten (der Malerei und der Dichtung Is.) den unverrückbaren Markstein« gesetzt habe. Er warf Stifter vor, nicht einmal mehr zu malen, sondern nur noch »Farben« zu »reiben, ja oft sogar nur Farbstoffe zusammen« zu tragen. »Das Äußerste der Richtung scheint nun endlich in dem Stifterschen Nachsommer erreicht zu sein. Was wird hier nicht alles weitläufig betrachtet und geschildert; es fehlt nur noch die Betrachtung der Wörter, womit man schildert, und die Schilderung der Hand, womit man diese Betrachtung niederschreibt, so ist der Kreis vollendet.«

Ausführlicher und gründlicher beschäftigte sich Hebbel mit dem »Nachsommer« in dem von uns abgedruckten Aufsatz »Das Komma im Frack«, der 1858 im Oktoberheft der Zeitschrift »Stimmen der Zeit«, Gotha, erschien. Darin vertrat er eine Auffassung von Entwicklung, die von Hegel herkam; auch in der Ablehnung der Idylle waren sich Hegel und Hebbel einig, wenngleich Hegel die Idylle aus anderen Gründen ablehnte als Hebbel: sie entsprach nach seiner Auffassung nicht mehr der zeitgenössischen Gesellschaft, während Hebbel die Beschreibung, das Idyllische als am Beginn der Kunstentwicklung stehend ansah. Hebbels Position erscheint uns statischer, unhistorischer als diejenige Hegels, der die ästhetischen Maßstäbe nicht einem unverändert gültigen Kanon entnahm, sondern sie zu den realen gesellschaftlichen Verhältnissen in Beziehung setzte. Für Hebbel stand fest, was klein und groß sei, was unbedeutend und wichtig; darin befand er sich in voller Übereinstimmung mit der erstarrten Gesellschaft nach 1848, mit den Wertvorstellungen der Restauration.

Unter dem Begriff »Dorfgeschichtenschwindel« faßte Hebbel unscharf alles zusammen, was ihn in der zeitgenössischen Literatur – nicht nur an Stifter – störte: die liebevolle, unkritische Beschreibung der Natur und des dörflichen Lebens, den Rückzug aus den gesellschaftlichen Zentren, das Ausweichen vor den politischen und sozialen Konflikten, die literarische Kleinmalerei. Hebbels Gesellschaftsbild war ebenso undialektisch und statisch wie seine Ästhetik. Für ihn mußte ein Rückzug aus den »großen« Themen, aus den aufs äußerste zugespitzten philosophischen und ethischen Problemen immer Rückschritt bedeuten.

408 *Abdikationsmoment* – (lat.) Moment, in dem ein Herrscher abdankt
Jambus – s. Anm. zu S. 226
Hiatus – (lat.) Das Zusammentreffen zweier Vokale in aufeinander folgenden Silben oder Wörtern galt seit der Antike als Verstoß gegen die Gesetze der Metrik. Erst vom letzten Drittel des 18. Jahrhunderts an gingen die deutschen Dichter freier mit dem Hiatus um, bei Schiller findet er sich relativ häufig.

407 *Jung-Stilling* – Johann Heinrich Jung-Stilling (1740–1817), in seiner Jugend mit Goethe befreundeter Dichter; Hebbel denkt hier vermutlich an die berühmt gewordene Autobiografie Jung-Stillings, 1777–1817,

in deren erstem, von Goethe herausgegebenen Band das dörfliche Leben wahrheitsgetreu und liebevoll dargestellt wird.

407 *Pestalozzi* – s. Anm. zu S. 346

Ulrich Hegner – (1759–1840), Schweizer Schriftsteller, sein Hauptwerk, der Roman »Die Molkenkur«, 1812/19, wurde besonders wegen der Schilderung des ländlichen Lebens gerühmt, während die Komposition große Schwächen aufweist.

410 *Ersch und Gruber* – Die »Allgemeine Enzyklopädie der Wissenschaften und Künste in alphabetischer Folge von genannten Schriftstellern bearbeitet und herausgegeben von J. S. Ersch und J. G. Gruber« erschien von 1818 an im Verlag von Johann Friedrich Gleditsch in Leipzig. Sie blieb unvollendet.

Junkers Handbuch – Das »Handbuch der gemeinnützigen Kenntnisse für Volksschulen«, Halle 1787–1792, von Friedrich August Junker wurde mehrfach aufgelegt und war weit verbreitet.

Diminutiv – (lat.) hier: Verkleinerung

Adalbert von Chamisso

Gedichte von Ferdinand Freiligrath

Der im September 1834 in Cottas Verlag erschienene »Deutsche Musenalmanach« für 1835 enthielt vier Gedichte des jungen Dichters Ferdinand Freiligrath: »Scipio«, »Löwenritt«, »Moostee« und »Anno Domini«. Damit hatte Freiligrath den literarischen Durchbruch errungen, nachdem er bereits seit einigen Jahren Gedichte in unbedeutenderen Taschenbüchern und Almanachen veröffentlicht hatte. So anregend und ehrenvoll es für ihn war, in dem von Adalbert von Chamisso und Gustav Schwab herausgegebenen »Musenalmanach« und in einem der angesehensten deutschen Verlage neben Uhland, Lenau, Anastasius Grün, Eichendorff, Chamisso und Schwab zu erscheinen, so wichtig und fördernd war ihm auch die Bekanntschaft mit Literaten, die ihm helfen konnten, deren Urteil er vertraute. Vor allem Schwab und Chamisso gewannen großen Einfluß auf Freiligraths Dichtung.

Am 1. März 1835 schrieb Schwab dem jungen Dichter: »Chamisso schreibt mir in seinem letzten Briefe recht herzlich: ›Dem sollte man die Bruderhand reichen und ihn warnen vor Manier.‹ Ich antwortete ihm, daß ich das erste bereits getan hätte und das zweite von selbst zu tun im Begriffe gewesen... Warnen möchte ich Sie also einmal mit Chamisso vor der unaufhörlichen Wahl allzu schauerlicher und phantastischer Stoffe, vor den Opfern, welche Sie auf Kosten des Riesenhaften und Abenteuerlichen, des schneidenden Kontrastes dem Geschmacke vielleicht bringen zu müssen glauben; und zweitens noch warnen auf eigene Faust vor Mißbrauch des glänzenden Gebrauchs von Bouts-rimes (d. i. ausgefallenen Endreimen, Is.), die aus Eigennamen, besonders geographischen und historischen bestehen, und in welchen Sie sich mit Originalität und Virtuosität bewegen, aber nur bei größerer Mäßigung mit Grazie bewegen können. Ersticken Sie, ich bitte Sie darum, Ihr schönes und entschiedenes Talent nicht unter Spielereien der Form; schlagen Sie namentlich Ihre kecke, freie Phantasie, die sich »im blauen Schoß der Meereswellen großgesäugt hat«, nicht in die steten Bande des Alexandriners, so eigentümlich sie diesen zu behandeln wissen und so mächtig sicher Ihre verschlungenen Perioden einherwandeln«. Nach diesen grundsätzlichen Vorbehalten ging Schwab auf zwei Gedichte Freiligraths ein und erklärte ihm am Beispiel, was er meinte.

Freiligrath antwortete am 25. April: »Wie begründet Ihr Tadel inbetreff der angeregten beiden Punkte ist, fühle ich nur zu sehr. Die fatalen Boutsrimés! Ich bin eigentlich nur durch das Vermeidenwollen des alltäglichen Geklingels hundertmal und aberhundertmal wiederholter Reime dazu gekommen, sehe aber jetzt wohl ein, wie leicht es ist, auf diese Weise von einem Extrem ins andere zu geraten. Ach, ich möchte zuweilen verzweifeln, wenn ich die in edler Schlichtheit dastehenden Meisterwerke der Chorführer der neueren Lyrik mit meinem schwülstigen Zeuge vergleiche! Jene Endreime, wie auch meinen schlechtzäsurierten Alexandriner zu vermeiden, wird mir zwar, da sie etwas Äußerliches und Willkürliches sind, keine besonderen Schwierigkeiten machen; mehr dagegen werde ich mich schon zusammennehmen müssen, um auch in der Wahl des Stoffes Ihrer freundlichen Warnung Folge zu leisten. Gott mag wissen, wie ich friedfertiger Mensch dazu komme, so viel Blut zu vergießen! Nicht Wahl – eher Wahlverwandtschaft ist es, was mich und mit mir die meisten Dichter des deutschen Nordens das Düstere und Gräßliche ergreifen läßt und mich der Gefahr aussetzt, eine dereinstige Sammlung meiner Gedichte eher zu einem Schlachtfelde oder einem anatomischen Theater als, nach dem Vorgange der Sänger des Südens, zu einem sonnigen, duft- und farbenreichen Blumengarten zu machen. Was ich tun kann, um nicht zu einseitig in der einmal eingeschlagenen Richtung zu beharren, werde ich gewiß nicht versäumen.«

Wie ehrlich die Verbeugung vor den »Sängern des Südens«, vor den Dichtern der sogenannten Schwäbischen Schule, war, bleibe dahingestellt. Auf alle Fälle hat sich Freiligrath mit ihnen solidarisiert, als sie sich vom »Musenalmanach« zurückzogen. Damit protestierten sie dagegen, daß im 1836er Jahrgang ein Bild Heinrich Heines abgedruckt wurde. Ihrer Meinung nach hatte Heine in der »Romantischen Schule« Uhland beleidigt. Auch Freiligrath forderte seine Beiträge zurück. Als ihm Chamisso aber am 28. April 1836 schrieb, daß er den Almanach, »das lecke Schiff«, allein weiterführen werde, und ihn bat, seine Absage rückgängig zu machen, willigte Freiligrath ein. In diesem Brief sprach Chamisso mit dem Jüngeren wie mit einem Gleichgestellten. »Jetzt ziemt es mir wohl kaum, gegen einen Dichter, der anerkannt wird und sich selbst fühlen muß, so vertraulich zu tun.« Aber selbst in diesem Brief, in dem er um Freiligraths Mitarbeit am »Musenalmanach« warb, lobte er nicht nur, sondern warnte auch davor, »die Poesie im Gräßlichen zu suchen«. Er riet Freiligrath, für seine Terzinendichtung »Dante oder auch Streckfuß« zu studieren.

Zwischen beiden Dichtern entwickelte sich ein freundschaftliches Verhältnis. Chamisso schenkte Freiligrath die Gesamtausgabe seiner Werke. Im Dankesbrief bekannte Freiligrath am 13. Dezember 1836: »Ihnen und Schwab verdanke ich alles, was ich als Poet habe und bin. Sie nahmen den obskuren blöden Anfänger nachsichtsvoll und aufmunternd auf, unter Ihrer Ägide trat ich zuerst vor's größere Publikum, Sie warnten, Sie leiteten mich.«

Auch dritten gegenüber bekannte sich Freiligrath zu dem Einfluß, den Chamisso mit seinem wohlwollenden Rat direkt wie auch mit dem Vorbild seines dichterischen Werkes und seines charakterfesten Lebens indirekt auf ihn ausübte. »Wenn es jemand gibt, der Chamisso liebt und ehrt, der durch sein Leben und seine Dichtungen begeistert und zu eigenem Schaffen hingerissen ist, so bin ich's«, schrieb er 1836 an Georg Reimer.

Seit den 20er Jahren hatte Chamisso soziale Gedichte geschrieben, in denen er an das Mitleid der Leser appellierte. Damit hatte er eine Problematik in die Literatur eingebracht, die neben Heine, Herwegh und Weerth auch Freiligrath aufgriff und schärfer zum Ausdruck brachte. Sogar auf die von Freiligrath selbst so bezeichnete »Wüsten- und Löwenpoesie« seiner Frühzeit hatte Chamisso gewirkt, der die Erlebnisse seiner dreijährigen Weltreise nicht nur in dem berühmten Buch »Reise um die Welt«, 1834/35, sondern auch in Gedichten exotischen Inhalts verarbeitet hatte.

Übrigens hat sich Freiligrath später, 1852 in einem Brief an F. A. Brockhaus, über den Charakter seiner frühen Dichtung geäußert und auch sie als »nur revolutionär« gekennzeichnet, »es war die allerentschiedenste Opposition gegen die zahme Dichtung wie gegen die zahme Sozietät«.

Im Juni 1838 kam Freiligraths erster Gedichtband bei Cotta in Stuttgart und Tübingen heraus. Er ist Schwab und Chamisso gewidmet; Schwab hatte die Gedichte zusammengestellt, auf den Weltreisenden Chamisso bezieht sich das Gedicht »Einem Ziehenden«.

Bereits am 30. 6. 1838 erschien Chamissos Besprechung in der Berliner Zeitschrift »Der Gesellschafter«, zu deren Mitarbeitern er seit vielen Jahren gehörte. Am 21. August desselben Jahres starb er 57jährig in Berlin.

411 *habent sua fata libelli* – (lat.) Büchlein haben ihre Schicksale; Ierentius Maurus, »De litteris syllabis metris – Carmen heroicum«, Vers 258 (1. Hälfte des 4. Jh. u. Z.)

Frau von Stael – Anna Louise Germaine de Stael (1766–1817), französische Schriftstellerin. Chamisso lernte Madame de Stael durch die Vermittlung August Wilhelm Schlegels 1810 in Paris kennen. Im Frühjahr 1811 folgte er »der hohen Herrin nach Genf und Coppet und war 1812 ein mitwirkender Zeuge ihrer Flucht« vor Napoleon. In seinem Tagebuch schrieb Chamisso: »Ich habe bei dieser großartig wunderbaren Frau unvergeßliche Tage gelebt, viele der bedeutendsten Männer der Zeit kennengelernt und einen Abschnitt der Geschichte Napoleons erlebt, seine Befeindung einer ihm nicht unterwürfigen Macht... Im Spätjahr 1812 verließ ich Coppet.«

Byron – s. Anm. zu S. 292

Béranger – Pierre Jean de Béranger (1780–1857), französischer Chansondichter, dessen volkstümlich-demokratische Lieder schnell auch im Ausland bekannt wurden. Chamisso selbst hat seit 1826 einige Gedichte Bérangers nachgedichtet und sich formal von ihm anregen lassen (sangbare Strophenformen, Verwendung eines pointierten Refrains u. a.).

Lucian und Joseph Bonaparte – (1775–1840 und 1768–1844), Brüder Napoleons. Lucian, Fürst von Canino, schrieb den Roman »La tribu indienne ou Edouard et Stellina«, 1799, daneben Gedichte und Memoiren. Joseph wurde 1806 König von Neapel, 1808 König von Spanien, schrieb neben wissenschaftlichen Werken Memoiren.

411 *Coterieen* – (frz.) Cliquen

Horace Vernet – (1789–1863), französischer Schlachtenmaler, porträtierte Napoleon mehrere Male.

412 *Anastasius Grün* – Pseudonym für Anton Alexander Graf von Auersperg (1806–1876), österreichischer Lyriker und Publizist des Vormärz, Verfechter eines bürgerlichen Liberalismus. Berühmt wurde er durch die »Spaziergänge eines Wiener Poeten«, 1831, zeitkritische Gedichte gegen Metternichs Unterdrückungssystem und gegen religiöses Dunkelmännertum; wie Lenau auch ständiger Mitarbeiter am Deutschen Musenalmanach.

Simrock – Karl Simrock (1802–1876), Nachdichter und Übersetzer altnordischer und mittelhochdeutscher Literatur. »Wieland der Schmied, Deutsche Heldensage. Nebst Romanzen und Balladen« erschien 1835 in Bonn. 1840/41 gab Freiligrath gemeinsam mit Simrock und Christoph Joseph Matzerath das »Rheinische Jahrbuch für Kunst und Poesie« beim Dumont-Schauburg in Köln heraus.

K. B. Trinius – Karl Bernhard von Trinius (1778–1844), mit Chamisso eng befreundeter Arzt und Naturforscher; 1808–1824 Leibarzt der Herzogin von Württemberg, danach ständig am Hof in Petersburg. Chamisso nahm eins seiner Gedichte in den Musenalmanach auf.

ein Gedicht, in welchem Freiligrath meinen Namen ... – »Vorgefühl«, veröffentlicht im Deutschen Musenalmanach für 1837. Darin bezieht sich Freiligrath auf Chamissos Gedicht »Die alte Waschfrau«.

413 *Platen* – Chamisso stand im Streit zwischen Heine und Platen eher auf Heines Seite. Trotzdem nahm er in die Jahrgänge 1833 und 1834 und auch nach Platens Tod Gedichte von ihm in den Almanach auf. Der letzte Jahrgang, 1839, brachte Platens Porträt als Titelkupfer.

ΟΔΥΣΣΕΥΣ – (griech.) »Odysseus«. Das Gedicht entstand im März 1836 und wurde im Deutschen Musenalmanach 1837 zum ersten Mal veröffentlicht. Von Platens Grab in Syrakus heißt es darin: »In ihm ruht ein deutscher Dichter! / Ruht ein Dichter, dem, wie wen'gen, Dichterfeu'r im Herzen brannte.«

Friedrich Hebbel

Das Urbild des Tartüffe. Ein Lustspiel in fünf Aufzügen von Karl Gutzkow

Im September 1836 reiste Hebbel nach München, um dort das in Heidelberg begonnene Jurastudium fortzusetzen. Auf dem Weg besuchte er in Stuttgart Gustav Schwab, Wilhelm Hauff und Ludwig Uhland; den Verleger Cotta konnte er nicht für sich einnehmen, und so erschien auch der ersehnte Gedichtband nicht, den er Uhland hatte widmen wollen. Bald wechselte Hebbel von der Rechtswissenschaft zu Philosophie, Geschichte und Literatur über, immer in armseligen Verhältnissen lebend, oft buchstäblich dem Verhungern nahe. Zu Fuß machte er sich am 20. März 1839 auf die Heimreise nach Hamburg, wo er nach 20 Tagen körperlich und seelisch völlig erschöpft anlangte. Die aufopferungsvolle Pflege seiner Freundin, der Näherin Elise Lensing, rettete ihn, als er im Mai an einer Lungenentzündung erkrankte, vor dem Tode.

In Hamburg bot ihm Karl Gutzkow die Mitarbeit an der Zeitschrift »Der Telegraph« an. Er vermittelte auch Beziehungen zu anderen Literaturzeitschriften, aber das alles konnte Hebbels finanzielle Lage nicht grundsätzlich verbessern. Für den »Telegraph« schrieb er neben einem »Gemälde von München«, das in Fortsetzungen erschien, vor allem Buchbesprechungen und trat damit zum ersten Mal als Literaturkritiker vor die Öffentlichkeit. Am 5. Mai, das war noch vor der schweren Erkrankung, schrieb er über einen Besuch bei Gutzkow, dieser habe ihm »vier neue Schriften« gegeben, »mit der Bitte, sie für den Telegraphen zu rezensieren... Ein neuer Abschnitt in meinem Leben: zum ersten Mal Rezensent ex officio«. Freilich waren es meist unbedeutende, heut vergessene Bücher, an denen Hebbel seine Fähigkeiten als Kritiker übte (von Interesse sind vielleicht nur noch Wilhelm Waiblingers »Gesammelte Schriften« und Julius Eduard Hitzigs Buch »Leben und Briefe Adelbert von Chamissos«); er hat das selbst auch gespürt, wenn er schrieb: »Das Nichts, das der Kritik in den Weg tritt, zwingt sie, auch ein Nichts zu sein.« Dennoch war er sich des Werts seiner Arbeit wohl bewußt, denn bereits am 31. Dezember 1839 schrieb er resümierend: »Ich glaube, den besten jener Rezensionen, außer ihrer Aufrichtigkeit und dem Ernste, in dem sie wurzeln, einige Selbständigkeit zusprechen zu dürfen, Selbständigkeit in dem Sinne, daß sie einen nicht bloß relativen, sondern einen von den beurteilten Schriften unabhängigen Wert besitzen.«

Wie nicht anders zu erwarten kam es bald zu Spannungen zwischen Hebbel und Gutzkow. So schrieb Hebbel am 13. April 1840 in einem Brief über seine Tragödie »Judith«, die er »im letzten Winter in ungefähr drei Wochen gedichtet« habe, daß unter anderen Tieck und Uhland sie schätzten, und daß auch Gutzkow, »obgleich er nur Neid birgt und obgleich er weiß, wie geringschätzig ich seine Stücke beurteile«, ihm »doch schriftlich seine freudigste öffentliche Anerkennung zusicherte«.

Hebbel war schon damals kein Parteigänger des Jungen Deutschland. Seine ästhetischen Maßstäbe bezog er aus der deutschen Klassik; seine politischen Ansichten wurzelten in einem tiefen Pessimismus. Einerseits beklagte er die ungerechten Besitzverhältnisse, deren hungerndes Opfer er selbst war, andererseits lehnte er deren gewaltsame Veränderung ab. Er konnte weder Gutzkows Hoffnungen noch seine Vorstellungen zur Verwirklichung dieser Hoffnungen teilen.

Trotz dieser prinzipiellen Unterschiede, zu denen – wie auch aus der Briefstelle hervorgeht – persönliche Querelen hinzukamen, hat sich Hebbel als öffentlicher Kritiker stets um Objektivität bemüht und dies auch betont. In der Besprechung des Romans »Glaube und Wissen« von Wilhelm Elias verteidigte er im Januar 1840 die Dichter des Jungen Deutschland gegen den Verdacht »des Tugendhasses und der sinnlichen Raserei«. »Romane und Novellen sind keine Konfessionen, so wenig wie Statuen und Gemälde, nach denen man bisher den Lebenswandel der Bildhauer und Maler noch niemals beurteilte.« Und selbstbewußt fügte er hinzu: »Ich darf meine Indignation über diese Verdächtigungen aussprechen, denn ich bin auf keine Weise beleidigt.«

Nein, beteiligt war er nicht, und 1840 trennte er sich auch vom »Telegraph«. Sein Verhältnis zu Gutzkow blieb stets gespannt. Er rechnete ihn denen zu, »welche die deutsche Literatur zu einem Tummelplatz der Clique herabgewürdigt haben« (Brief vom 30. Januar 1863), das heißt, die ihre politischen und ideologischen Auseinandersetzungen auch auf dem Felde der Literatur und mit den Mitteln der Literatur führten.

Hebbels Kritik über »Das Urbild des Tartüffe« erschien am 16. Februar 1849 in der Wiener Zeitung »Die Presse« (Nr. 40). In einer vernichtenden Besprechung von Gutzkows Stück »Der Königsleutnant« (1850 in der »Österreichischen Reichszeitung«) kam er noch einmal auf seine »Tartüffe«-Kritik zurück und nannte sie geradezu einen Beweis dafür, daß er »Gutzkows positive Seiten kenne und sie zu schätzen« wisse. Es tue ihm »aufrichtig leid, daß sein Gelegenheitsstück (eben »Der Königsleutnant«, Is.) so hinter allen billigen Erwartungen zurückblieb.«

Diese »billigen Erwartungen« gründeten für Hebbel im »Urbild des Tartüffe«, das er 1860 als »ein satirisches Lustspiel, das in seiner Art vollkommen genannt werden kann«, bezeichnete und dessentwegen er Gutzkow für würdig hielt, durch die »von dem Prinzregenten von Preußen zur Ermunterung des deutschen Dramas errichteten Schillerstiftung« ausgezeichnet zu werden. Wenn er etwas von Gutzkow gelten ließ, dann waren es diese Komödie, die Romane »Der Zauberer von Rom« (1859/61) und »Die Ritter vom Geiste« (1850/52) sowie »manche von dem richtigsten Instinkt zeugende Charakteristik gesellschaftlicher Zustände in den ›Zeitgenossen‹«. Als Tragödiendichter hielt er ihn für völlig ungeeignet.

414 *Uriel Acosta* – »Das Trauerspiel in fünf Aufzügen«, Gutzkows erfolgreichstes Stück überhaupt, hatte am 15. Juni 1849 im Wiener Burgtheater Premiere. In einem Fragment gebliebenen Aufsatz schrieb Hebbel 1849 über den »Uriel Acosta«: »Es ist ein trauriger Anblick, einen Menschen, dem die Natur gute Beine gab, sich sein ganzes Leben lang mit Zusammensetzung einer Flugmaschine beschäftigen zu sehen. Ein solcher Mensch betrügt sich und die Welt; was er hat, braucht er nicht oder braucht es verkehrt, und was er zu Stande bringt, nützt ihm und anderen nichts. Denn wenn es ihm auch gelingt, sich mittels seines Apparates einen oder einige Schuh über den nächsten Johannisbeerstrauch zu erheben, was wird damit erreicht? Die Vögel spotten ihn aus, und der Sonne kommt er nicht näher. Das ist aber noch das wenigste; viel schlimmer ist eine andere Folge, die auch nicht ausbleibt. Um nicht mit sich selbst in einen unheilbaren Zwiespalt zu geraten, sieht er sich genötigt, eine ganz neue Theorie des Fliegens zu erfinden, eine Theorie, die er natürlich aus seinen eigenen Leistungen in dieser Kunst abstrahiert. Das Grundprinzip seiner Theorie muß dann sein, daß man zum Fliegen der Flügel nicht bedarf, daß man sich vielmehr dieser rohen Naturauswüchse, wenn man sie unglücklicherweise besitzt, zu schämen und sie auszurupfen hat. Daraus ergibt sich dann das Weitere von selbst. Ein ordentlicher Vogel darf sich keine drei Schuh über den Johannisbeerstrauch erheben, denn wenn er noch höher stiege, so könnte er keine Johannisbeeren mehr pflücken und würde doch keine Siriustrauben mit herunter bringen. Der Adler,

der sich an die Regel nicht kehrt, beweist dadurch nur, daß er übertreibt.«

414 *Michelangelo und Raffael* – Hebbel hat 1850 »ein Drama in zwei Akten« über die beiden italienischen Renaissancekünstler geschrieben, »Michel Angelo« (erschienen 1855 bei Tendler & Comp. in Wien).

416 *Puppenspielfabrikanten* – Auch in anderen Besprechungen setzte Hebbel »das wahre Schauspiel« (so in der »Wallenstein«-Rezension von 1848 über die Stücke Schillers und Shakespeares) dem »Puppenspiel, an das wir gewöhnt waren, gegenüber.

418 *Beurteilung von »Wallensteins Lager«* – Hebbels »Wallenstein«-Besprechung stand am 5. Oktober 1848 in der Beilage zur »Wiener Zeitung«. Darin heißt es: »Nur in Deutschland, und auch in Deutschland nur vor der Revolution, konnte es sich ereignen, daß das einzige Lustspiel, das die Literatur aufzuweisen hat, Der zerbrochene Krug nämlich, für die Bühne fast nicht vorhanden war.« Hebbel war einer der wenigen deutschen Dichter des 19. Jahrhunderts, die Kleists Bedeutung erkannt hatten und sich für die Verbreitung seines Werkes einsetzten. »Der zerbrochene Krug« wurde am 2. März 1850 in Wien aufgeführt. In der Besprechung dazu stellte Hebbel direkter als im vorliegenden Aufsatz Shakespeares »Lustige Weiber von Windsor«, 1599, auf eine Ebene mit Kleists Lustspiel. Er schrieb dazu: »Seit dem Fallstaff ist im Komischen keine Figur geschaffen worden, die dem Dorfrichter Adam auch nur die Schuhriemen auflösen dürfte, und auch mit Fallstaff ist Adam, dies Gemisch von Gutmütigkeit und Niederträchtigkeit, das Moses und die Propheten so wenig kennt wie ein diebischer Pudel und ihnen eben darum mit voller Gemütsruhe den Rücken zuwendet, nur weitläufig verwandt.«

Theodor Fontane
(Friedrich Hebbel, Herodes und Mariamne)

Nachdem Fontane in Hebbels Tagebüchern gelesen hatte, schrieb er am 17. Dezember 1844 an den Berliner Verleger Carl Müller-Grote: »Es interessiert mich aufs höchste, trotzdem mir der Mann im höchsten Grade unsympathisch ist. Seine Natur widersteht mir, seine Art sich auszudrücken ist geschraubt, geziert, aber die geistige Potenz und daneben der echte Künstlerernst ist so groß, daß ich ihn liebe und bewundre trotz seiner Unausstehlichkeit... Welche Haberei, welche Selbstbespiegelung. Und doch hat es wieder einen Zauber. Man kommt aus dem Zwiespalt nicht heraus.«

Zwiespältig ist Fontanes Verhältnis zu Hebbel stets gewesen. In seinem Aufsatz »Der Realismus unserer Zeit« von 1853 führte er drei Dichter als Beispiele realistischer Literatur an: Jeremias Gotthelf als Romanautor, Freiligrath als Lyriker und Hebbel als Dramatiker. Und in einem Aufsatz über Heinrich Laube schrieb er 1881: »Eine wirkliche Bildersprache, die den Gedanken leuchten läßt, statt ihn zu verdunkeln, ist eine große Gabe; Hebbel und Grillparzer haben sie, vielleicht auch noch ein paar andere.«

Die Vorbehalte gegen »Herodes und Mariamne« sind in der von uns abgedruckten Kritik klar formuliert. Das Stück war am 26. 9. 1874 in Berlin aufgeführt worden, drei Tage später erschien Fontanes Kritik in der »Vossischen Zeitung« (Nr. 277).

Entstanden war »Herodes und Mariamne« in der Zeit vom 23. Februar 1847 bis zum 14. November 1848. »Die Hauptszene des fünften Akts, die sechste, zwischen Mariamne und Titus wurde während der Wiener Schrekkenszeit geschrieben«, notierte Hebbel in sein Tagebuch. Mit der »Schrekkenszeit« war die Revolution gemeint. Er schrieb weiter: »Ja, das Werk war mir im Element des nach jeder Seite hin Widerwärtigen die einzige Rettung, und es stand mir auch mit Frau und Kind, für die ich zitterte, in gleicher Linie.«

Während Hebbels frühere Stücke »Judith« (1841) und »Maria Magdalena« (1844) zur gleichen Zeit mit großem Erfolg am Wiener Burgtheater gespielt wurden, fiel »Herodes und Mariamne« bei der Uraufführung am 19. März 1849 durch. Hebbel schrieb dazu: »Das Spiel war vortrefflich, die Inszenierung glänzend, die Aufnahme im höchsten Grade kühl. Das Publikum war sichtlich nicht im Stande, der Komposition zu folgen, auch spielte das Stück zu lange, bis dreiviertel auf elf Uhr. Das Verwirrende lag für die Masse der Zuschauer in dem zweiten Moment des Dramas, in dem historischen, dessen Notwendigkeit bei der großen Gleichgültigkeit der meisten gegen alle und jede tiefere Motivierung sie nicht begriffen.«

Dem sieben Monate später uraufgeführten »Rubin« war übrigens ein ähnliches Schicksal beschieden.

»Herodes und Mariamne« hat sich nur wenige Freunde erworben. Bezeichnenderweise hielt es der klassizistische Dichter Emanuel Geibel 1850 »für die gelungenste« von Hebbels »bisherigen Dichtungen«.

419 *Killingshot* – (engl.) »hitzig im Töten«, von Fontane erfundener Name, mit dem er die englischen Schauerromane verspottete
Horse-Guarde – (engl.) berittene Leibwache
Lied von Mörike – »Schön-Rohtraut«. Bei Mörike heißt es: »O daß ich doch ihr Jäger wär! / Fischen und Jagen freute mich sehr.: – Schweig stille mein Herze.« Fontane hat dieses Gedicht sehr geschätzt und leitmotivisch in seinem Roman »L'Adultera«, 1882, verwandt.
Assassination ...« – (engl.) Mord, gemildert durch eine Ehrensache

421 *Justinus Kerner* – volkstümlicher Lyriker und Erzähler der sogenannten Schwäbischen Schule, auch Arzt und Verfasser von medizinischen und okkultistischen Schriften. Seit 1819 lebte er in der württembergischen Stadt Weinsberg, wo sein gastfreundliches Haus zu einem literarischen Treffpunkt wurde. Fontane hat ihn als Lyriker geschätzt. 1895 rühmte er in einem Brief, daß »der lyrische Zauber ... bei Storm, Mörike, Justinus Kerner so groß« sei.

422 *pur et simple* – (frz.) rein und einfach
Oger – menschenfressender Riese im französischen Märchen
degoutant – (frz.) abstoßend
Confessions – (frz.) Bekenntnisse

Karl Gutzkow
(Georg Büchner, Dantons Tod)

Am 21. Februar 1835 schickte Georg Büchner das Manuskript von »Dantons Tod« an den Frankfurter Verleger Johann David Sauerländer. Im Begleitbrief bat er, das Manuskript und einen beigelegten Brief an Karl Gutzkow zu übergeben, der das »Literaturblatt« der bei Sauerländer erscheinenden Tageszeitung »Phönix« leitete. Büchner schätzte Gutzkows Redakteursarbeit und hoffte, in ihm einen verständnisvollen Beurteiler und einflußreichen Verlagsmitarbeiter zu finden. Er schrieb ihm: »Mein Herr! Vielleicht hat es Ihnen die Beobachtung, vielleicht, im unglücklicheren Fall, die eigene Erfahrung schon gesagt, daß es einen Grad von Elend gibt, welcher jede Rücksicht vergessen und jedes Gefühl verstummen macht. Es gibt zwar Leute, welche behaupten, man solle sich in einem solchen Falle lieber zur Welt hinaushungern, aber ich könnte die Widerlegung in einem seit kurzem erblindeten Hauptmann von der Gasse aufgreifen, welcher erklärt, er würde sich totschießen, wenn er nicht gezwungen sei, seiner Familie durch sein Leben seine Besoldung zu erhalten. Das ist entsetzlich. Sie werden wohl einsehen, daß es ähnliche Verhältnisse geben kann, die einen verhindern, seinen Leib zum Notanker zu machen, um ihn von dem Wrack dieser Welt in das Wasser zu werfen, und werden sich also nicht wundern, wie ich Ihre Türe aufreiße, in Ihr Zimmer trete, Ihnen ein Manuskript auf die Brust setze und ein Almosen abfordere. Ich bitte Sie nämlich, das Manuskript so schnell wie möglich zu durchlesen, es, im Fall Ihnen Ihr Gewissen als Kritiker dies erlauben sollte, dem Herrn Sauerländer zu empfehlen, und sogleich zu antworten.

Über das Werk selbst kann ich Ihnen nichts weiter sagen, als daß unglückliche Verhältnisse mich zwangen, es in höchstens fünf Wochen zu schreiben. Ich sage dies, um Ihr Urteil über den Verfasser, nicht über das Drama an und für sich zu motivieren. Was ich daraus machen soll, weiß ich selbst nicht, nur das weiß ich, daß ich alle Ursache habe, der Geschichte gegenüber rot zu werden; doch tröste ich mich mit dem Gedanken, daß, Shakespeare ausgenommen, alle Dichter vor ihr und der Natur wie Schulknaben dastehen.

Ich wiederhole meine Bitte um schnelle Antwort; im Falle eines günstigen Erfolges können einige Zeilen von Ihrer Hand, wenn sie noch vor nächstem Mittwoch hier eintreffen, einen Unglücklichen vor einer sehr traurigen Lage bewahren.

Sollte Sie vielleicht der Ton dieses Briefes befremden, so bedenken Sie, daß es mir leichter fällt, in Lumpen zu betteln, als im Frack eine Supplik zu überreichen, und fast leichter, die Pistole in der Hand: la bourse ou la vie! zu sagen, als mit bebenden Lippen ein: Gott lohn es! zu flüstern.«

Gutzkow hat das Stück tatsächlich sofort gelesen und noch am 25. Februar einen kurzen Brief an Büchner nach Darmstadt geschrieben: »Verehrtester Herr! In aller Eile einige Worte! Ihr Drama gefällt mir sehr, und ich werde es Sauerländer empfehlen: nur sind theatralische Sachen für Verleger keine lockenden Artikel. Deshalb müßten Sie bescheidene Honorarforderungen machen.

Wenn diese vorläufige Anzeige dazu dienen könnte, Ihren Mut wieder etwas aufzurichten, so würde es mich freuen. In einigen Tagen mehr!«

Er schrieb ihm noch dreimal kurz hintereinander. Im Brief vom 3. März heißt es u. a.: »Wo wollen Sie hin? Brennt es Ihnen wirklich an den Sohlen? Ich kann alles hören, nur nicht, daß Sie nach Amerika gehen. Sie müßten sich in der Nähe halten (Schweiz, Frankreich), wo Sie Ihre poetischen Gaben in die deutsche Literatur hineinflechten können; denn Ihr Danton verrät einen tiefen Fond, in den viel hineingeht, und viel heraus, und das sollten Sie ernstlich bedenken. Solche versteckten Genies wie Sie wären mir gerade recht; denn ich möchte, daß meine Prophezeiung für die Zukunft nicht ohne Belege bliebe, und Sie haben ganz das Zeug dazu, mitzumachen. Ich hoffe, daß Sie mir hierauf keine Antwort schuldig bleiben.

Wollen Sie folgendes: Ich komme zu Ihnen hinüber nach Darmstadt, bring Ihnen das Geld und fange mit Ihnen gemeinschaftlich an, aus Ihrem Danton den Venerin herauszutreiben, nicht durch Metall, sondern linde, durch Vegetabilien und etwas sentimentale Tisane. Es ist verflucht, aber es geht nicht anders, und ich vergebe Ihnen nicht, daß Sie mich bei dieser Dolmetscherei und Vermittlerschaft zwingen, die Partie der Prüderie zu führen. Können Sie sich aber noch halten in Darmstadt, so bekommen Sie das Geld und Manuskript durch Heyer, worauf Sie aber letzteres unfehlbar einen Tag später wieder abliefern müssen.«

Und am 5. März schrieb er, daß er nach Darmstadt kommen wolle, um Büchner zu sprechen. Vermutlich hatte ihm Büchner davon abgeraten, wegen der Postzensur aber nicht deutlich schreiben können, weshalb er so gefährlich lebte und von der Polizei überwacht wurde. Gutzkow schrieb: »Und ich erwarte deshalb bestimmt von Ihnen... genauere Angaben Ihrer Lage, ob Sie nicht ausgehen dürfen und es dann nicht möglich wäre, daß wir uns in irgendeinem Gasthofe ein Rendezvous gäben... Was dabei so Gefährliches ist, sehe ich nicht; es sei denn, daß Sie als Pech in Darmstadt herumwandeln und jeden wieder ins Pech brächten, der einige Worte mit Ihnen spricht. Oder gehen Sie gar nicht aus; dann such ich Sie in Ihrem Versteck. Vor allen Dingen, vertilgen Sie meine Briefe!«

Büchner muß, in einem nicht erhaltenen Brief, davon geschrieben haben, daß er beabsichtige, nach Frankreich zu fliehen, denn Gutzkow fuhr in dem eben zitierten Brief fort: »Daß Sie nach Frankreich gehen, ist gut. So bleiben Sie doch in der Nähe und können für Deutschland etwas tun. Arbeiten Sie ja für den Phönix... Wenn Sie mir über Ihre Lage einige Aufklärungen geben, komm ich sogleich.«

Am 5. März traf das Honorar für die Vorabdrucksrechte an »Dantons Tod« im »Phönix« bei Büchners Vater ein: der Sohn hatte wenige Stunden zuvor Darmstadt verlassen. Erst nach Straßburg, als er sich einigermaßen sicher fühlte, antwortete er Gutzkow ausführlicher und eindeutiger: »Verehrtester! Vielleicht haben Sie durch einen Steckbrief im ›Frankfurter Journal‹ meine Abreise von Darmstadt erfahren. Seit einigen Tagen bin ich hier; ob ich bleiben werde, weiß ich nicht, das hängt von verschiedenen Umständen ab. Mein Manuskript wird unter der Hand seinen Kurs durchgemacht haben.

Meine Zukunft ist so problematisch, daß sie mich selbst zu interessieren anfängt, was viel heißen will. Zu dem subtilen Selbstmord durch Arbeit kann ich mich nicht leicht entschließen; ich hoffe, meine Faulheit wenigstens ein Vierteljahr lang fristen zu können, und nehme dann Handgeld entweder von den Jesuiten für den Dienst der Maria oder von den St. Simonisten für die femme libre oder sterbe mit meiner Geliebten. Wir werden sehen. Vielleicht bin ich auch dabei, wenn noch einmal das Münster eine Jakobinermütze aufsetzen sollte. Was sagen Sie dazu? Es ist nur mein Spaß. Aber Sie sollen noch erleben, zu was ein Deutscher nicht fähig ist, wenn er Hunger hat. Ich wollte, es ginge der ganzen Nation wie mir. Wenn es einmal ein Mißjahr gibt, worin nur der Hanf gerät! Das sollte lustig gehen, wir wollten schon eine Boa Constrictor zusammen flechten. Mein Danton ist vorläufig ein seidenes Schnürchen und meine Muse ein verkleideter Samson.«

Gutzkow war erleichtert, Büchner in Sicherheit zu wissen. »Werden Sie in Straßburg bleiben? Ich halte es für ratsam, da Sie … wohl keine Aufhebung durch Dragoner zu fürchten haben.« Um ihn materiell unterstützen zu können, verschaffte er ihm Übersetzungsaufträge für Sauerländers Verlag (Victor Hugos Dramen »Lucretia Borgia« und »Maria Tudor«) und bot ihm erneut die Mitarbeit am »Phönix« an. Sie sollten meine Ermunterung, in der Teilnahme an deutscher Literatur fortzufahren, nicht in den französischen Wind schlagen. Was Sie leisten können, zeigt Ihr Danton, den ich heute zu säubern angefangen habe, und der des Vortrefflichsten so viel enthält. Glauben Sie denn, daß sich irgend etwas Positives für Deutschlands Politik tun läßt? Ich glaube, Sie taugen zu mehr als zu einer Erbse, welche die offne Wunde der deutschen Revolution in der Eiterung hält. Treiben Sie wie ich den Schmuggelhandel der Freiheit: Wein verhüllt in Novellenstroh, nicht in seinem natürlichen Gewande. Ich glaube, man nützt so mehr, als wenn man blind in Gewehre läuft, die keineswegs blind geladen sind. Wär es nicht, so hätt ich mich in der Rechnung meines Lebens betrogen und müßte dann selbst meinen Untergang beschleunigen.

Noch drückt Sie Mangel. Hoffentlich haben Sie jetzt das, was Sie zehnmal verdient haben. Das beste Mittel der Existenz bleibt die Autorschaft, das heißt nicht die geächtete, sondern die noch etwas geachtete, wenigstens honorierte bei den Philistern, welche das Geld haben. Spekulieren Sie auf Ideen, Poesie, was Ihnen der Genius bringt. Ich will Kanal sein oder Trödler, der Ihnen klingend antwortet. Bessern Rat weiß ich nicht, und ich möchte Ihnen doch welchen geben und recht altklug Ihnen zurufen: Gehen Sie in sich, werden Sie praktisch und regeln Sie Ihr Leben. Aber ich tu es zagend, denn unsre Zeit hat eine ganz besondre Art Scham erfunden, nämlich die, nicht unglücklich zu sein.«

Was die »Säuberung« betraf, so hat sich Gutzkow im Juni 1837 in seinem Nachruf auf Büchner im »Frankfurter Telegraph« dazu geäußert: »Ich hatte große Mühe mit dem ›Danton‹. Ich hatte vergessen, daß solche Dinge, wie sie Büchner dort hingeworfen, solche Ausdrücke sogar, wie er sich erlaubte, heute nicht gedruckt werden dürfen. Als ich nun, um dem Zensor nicht die Lust des Streichens zu gönnen, selbst den Rotstift ergriff und die wuchernde Demokratie der Dichtung mit der Schere der Vorzensur beschnitt, fühlt' ich wohl, wie gerade der Abfall des Buches, der unseren Sitten und unseren Verhältnissen geopfert werden mußte, der beste, nämlich der individuellste, der eigentümlichste Teil des Ganzen war. Lange, zweideutige Dialoge in den Volksszenen, die von Witz und Gedankenfülle sprudelten, mußten zurückbleiben. Die Spitzen der Wortspiele mußten abgestumpft werden, oder durch aushelfende, dumme Redensarten, die ich hinzusetzte, krummgebogen. Der echte Danton von Büchner ist nicht erschienen. Was davon herauskam, ist ein notdürftiger Rest, die Ruine einer Verwüstung, die mich genug gekostet hat.«

Gutzkow und Sauerländer wußten, daß das Stück in Büchners Fassung nie durch die Zensur gekommen wäre. Die Veröffentlichung auch der gemilderten Form war bereits ein großes Risiko, vor allem für Gutzkow, der als einer der Wortführer des Jungen Deutschland bereits bespitzelt wurde. Noch in seinem Nachruf mußte er das Stück verharmlosen, um sich selbst und das Werk des toten Gesinnungsgenossen nicht neuerlich zu gefährden. So schrieb er vom »Danton«: »Es war ein zufällig ergriffener Stoff.« Daß er es besser wußte, bescheinigte er sich selbst wenige Sätze später, indem er auf die innige Beziehung zwischen Dichter und Werk hinwies: »Es war die ängstliche Sprache eines Verfolgten, der schnell noch etwas abzumachen und dann sein Heil in der Flucht zu suchen hat.«

Vier Wochen, nachdem Gutzkow »Dantons Tod« erhalten hatte, erschien das Stück in der von ihm bearbeiteten und gekürzten Form als Fortsetzungsserie im »Literaturblatt« des »Phönix«. Bereits am 7. April 1835 konnte Gutzkow an Büchner schreiben: »Von Danton hat der Phönix sein Teil schon abgedruckt und damit viel Ehre eingelegt.« Im Juli erschien die Buchausgabe bei Sauerländer. Der Gutzkowschen Fassung hatte der liberale Redakteur Eduard Duller den verharmlosenden, dabei arg verfälschenden Untertitel »Dramatische Bilder aus Frankreichs Schreckensherrschaft« gegeben. Von diesem »Schreckenstitel« distanzierte sich Gutkow in einem Brief vom 23. Juli an Büchner. »Das ist eine der buchhändlerischen Dreistigkeiten, die man sich bei seinem zweiten Buche nicht mehr gefallen läßt.« Und noch im Nachruf betonte er, daß er an dem »merkantilistischen Titel ... unschuldig« sei. Er muß sehr klar gespürt haben, daß diese Formulierung dem Charakter des Stückes nicht entsprach.

Am 11. Juli 1835 erschien Gutzkows begeisterte Kritik von »Dantons Tod« im »Phönix« (wir veröffentlichen sie in der Form, in der Gutzkow sie in seinen »Beiträgen zur Geschichte der neuesten Literatur« 1839 abdruckte). Das war die erste öffentliche Anerkennung Büchners als Dichter.

Nach dem Ausscheiden aus Sauerländers Verlag plante Gutzkow, gemeinsam mit Ludwig Wienbarg eine »Deutsche Revue« herauszugeben. Am 28. 8. 1835 schrieb er an Büchner: »Ich gestehe aufrichtig, daß ich mich bei diesem Unternehmen ernstlich auf Sie verlassen möchte. Schreiben Sie mir, sobald Sie können, ... ob ich monatlich wenigstens einen Artikel (spekulativ, poetisch, kritisch, quidquid fert animus) von Ihnen erwarten darf?« Über den »Danton« heißt es im gleichen Brief: »Wienbarg hat ihn mit Vergnügen gelesen. Von Grabbe sind zwei Dramen erschienen. Wenn man diese aufgesteifte, forcierte, knöcherne Manier betrachtet, so muß man Ihrer frischen, sprudelnden Naturkraft das günstigste Horoskop stellen.«

Die »Deutsche Revue« wurde noch vor Erscheinen verboten. Die Namen der voraussichtlichen Mitarbeiter Heine, Börne und Theodor Mundt riefen die Redaktion auf den Plan. Büchner selbst war als Literat noch nicht bekannt genug, als daß sein Name Aufsehen erregt hätte. Wolfgang Menzel hatte Gutzkows Roman »Wally die Zweiflerin«, 1835, als staats- und sittengefährdend beurteilt und die Bestrafung des Autors gefordert. Am 20. November wurde Gutzkow auch wirklich verhaftet und bis zum 10. Februar 1836 in Mannheim gefangengehalten. Am 4. Dezember schrieb Gutzkow an Büchner: »Ich sitz im Gefängnis ... Zunächst die, daß ich des Angriffs auf die Religion beschuldigt bin.« Und wenige Tage vor der Entlassung schrieb er, er sei »von Menzel als strikter Republikaner denunziert« worden.

Während Gutzkow gefangen saß, erließ die Deutsche Bundesversammlung ein Verbot aller Schriften »der unter der Bezeichnung ›das junge Deutschland‹ oder ›die junge Literatur‹ bekannten literarischen Schule, zu welcher namentlich Heinrich Heine, Karl Gutzkow, Heinrich Laube, Ludolf Wienbarg und Theodor Mundt gehören.« Zugleich wurde auch den Verlegern und Druckern Strafe angedroht, falls sie diese Literatur veröffentlichten. So war nicht nur das Projekt der »Deutschen Revue« gescheitert, sondern auch Gutzkows materielle Existenz als freier Schriftsteller gefährdert.

Büchner nahm innigen Anteil an Gutzkows Schicksal: Am 1. Januar 1836 schrieb er seinen Eltern: »Ich muß lachen, wie fromm und moralisch plötzlich unsere Regierungen werden. Der König von Bayern läßt unsittliche Bücher verbieten! Da darf er seine Biografie nicht erscheinen lassen, denn die wäre das Schmutzigste, was je geschrieben worden! Der Großherzog von Baden, erster Ritter vom doppelten Mopsorden, macht sich zum Ritter vom heiligen Geist und läßt Gutzkow arretieren, und der liebe deutsche Michel glaubt, es geschähe alles aus Religion und Christentum und klatscht in die Hände.

Übrigens gehört sehr viel Mut dazu, einen Schriftsteller anzugreifen, der von einem deutschen Gefängnis aus antworten soll. Gutzkow hat bisher einen edlen, kräftigen Charakter gezeigt, er hat Proben von großem Talent abgelegt; woher denn plötzlich das Geschrei? Es kommt mir vor, als stritte man sehr um das Reich von dieser Welt, während man sich stellt, als müsse man der heiligen Dreifaltigkeit das Leben retten. Gutzkow hat in seiner Sphäre mutig für die Freiheit gekämpft; man muß doch die wenigen, welche noch aufrecht stehn und zu sprechen wagen, verstummen machen! Übrigens gehöre ich für meine Person keineswegs zu dem sogenannten Jungen Deutschland, der literarischen Partei Gutzkows und Heines. Nur ein völliges Mißkennen unserer gesellschaftlichen Verhältnisse konnte die Leute glauben machen, daß durch die Tagesliteratur eine völlige Umgestaltung unserer religiösen und gesellschaftlichen Ideen möglich sei. Auch teile ich keineswegs ihre Meinung über die Ehe und das Christentum, aber ich ärgere mich doch, wenn Leute, die in der Praxis tausendfältig mehr gesündigt als diese in der Theorie, gleich moralische Gesichter ziehn und den Stein auf ein jugendliches, tüchtiges Talent werfen.«

Gutzkow selbst riet er, nach der Haftentlassung sofort nach Straßburg zu gehen. Mit dem Satz »eine Entfernung aus Deutschland brächte mich um die Voraussetzung eines guten Gewissens, auf das ich mich dreist berufe«, lehnte dieser den Vorschlag ab. Im Herbst 1836 ging Büchner in die Schweiz, wo er am 19. Februar 1837 starb. Persönlich haben sich Gutzkow und Büchner nie gesehen. Die zwei Jahre zwischen Büchners erstem Brief an den Redakteur des »Phönix« und seinem Tod in Zürich waren für beide Dichter so bewegt und gefährlich, daß die einige Male geplante Begegnung nicht zustande kam.

Gutzkow gebührt das unzweifelhafte Verdienst, als erster Büchners Größe erkannt zu haben und ihn darüber hinaus entschlossen, selbstlos und mutig gefördert zu haben.

424 *noch eine andere ... Hoffnung* – Gutzkow hat seine literarischen Aufsätze wiederholt in Sammelbänden herausgegeben. So steht in dem 1. Band der »Beiträge zur Geschichte der neuesten Literatur«, Stuttgart 1839, der uns als Druckvorlage diente, unmittelbar vor der Kritik des Danton die Besprechung dreier Theaterstücke von Sigismund Wiese.
endemisch – (griech.) auf ein Gebiet beschränkt
Juste-Milieu – (frz.) ein den Umständen angepaßtes, richtiges (konformes) Verhalten

425 *Alkibiades* – athenischer Staatsmann aus dem 5. Jh. v. u. Z., bekannt wegen der häufigen Änderung seines politischen Standpunkts und seines extremen Individualismus
Illisus – Flüßchen in Attika/Griechenland. Am Illisus stand die Platane aus Platons »Phaidros«.
Ceramikus – Name zweier Plätze in und bei Athen
Demosthenes – 384–322 v. u. Z., größter athenischer Redner, wandte sich gegen Philipp von Makedonien, in dem er die größte Gefahr für Griechenland sah.
Sokrates – (469–399 v. u. Z.), einer der bedeutendsten antiken Philosophen, Lehrer Platons.
Aspasia (5. Jh. v. u. Z.), Frau des Perikles, von Sokrates und seinen Anhängern wegen ihrer Klugheit gepriesen, von ihren Gegnern heftig angegriffen.

426 *Haydns Schöpfung* – »Die Schöpfung«, Oratorium von Joseph Haydn, 1798.

Peter Rosegger

Der grüne Heinrich. Roman von Gottfried Keller
Die Leute von Seldwyla. Erzählungen von Gottfried Keller

Von 1876 an gab der aus armen, kleinbäuerlichen Verhältnissen stammende Dichter Peter Rosegger in Graz den »Heimgarten. Eine Monatsschrift« heraus. Roseggers Vater war noch Analphabet gewesen, und von seiner Mutter heißt es in einer 1874 erschienenen Biografie, sie habe »die Buchstaben kennengelernt und konnte in der Kirche ein Gebetbuch brauchen, was im Gebirge schon große Gelehrsamkeit ist«. Rosegger selbst hat sich mühsam und geradezu besessen literarische und allgemeine Bildung angeeignet. 1869 kam seine erste Gedichtsammlung in obersteirischer Mundart heraus, »Zither und Hackbrett«, mit einem Vorwort von Robert Hamerling, der den jungen Dichter sehr gefördert hatte.

In rascher Folge erschienen Erzählungen, Gedichte, Skizzen, Erinnerungen und Romane in Mundart und hochdeutsch, wobei das Hochdeutsche immer größere Bedeutung erlangte und Rosegger weit über die Steiermark und Österreich hinaus Leser gewann. Als am 1. Oktober 1876 das erste Heft des »Heimgarten« erschien, war er ein geachteter, viel gelesener Schriftsteller. Zu den engsten Mitarbeitern und Freunden Roseggers gehörten Robert Hamerling, Ludwig Anzengruber, Emil Ertl, Hans Fraungruber, Luise Lecher, Adolf Pichler, Friedrich Schlögel, Anton Schlossar, Emil Vacano und Theodor Vernaleken. Bereits für das erste Heft gewann Rosegger den damals sehr berühmten Rudolf Baumbach (1840–1905) als Mitarbeiter. Baumbach, Verfasser des Liedes »Hoch auf dem gelben Wagen«, lieferte für jeden Jahrgang des »Heimgarten« vier Gedichte. Rosegger hat Baumbachs Bücher, wie auch viele seiner anderen Freunde, lobend besprochen.

Neben dem eben genannten Mitarbeiterstamm, von dem heute einzig wohl Anzengruber noch gelesen wird, veröffentlichten gelegentlich auch bekanntere Schriftsteller im »Heimgarten«, so unter anderen Hermann Bahr, Otto Julius Bierbaum, Alphonse Daudet, Marie von Ebner-Eschenbach, Gustav Freytag, Jeremias Gotthelf, Anastasius Grün, Paul Heyse, Gottfried Keller, Detlev v. Liliencron, Hieronymus Lorm, Karl May, Wilhelm Heinrich Riehl, Ferdinand v. Saar, Heinrich Seidel, Adalbert Stifter, Theodor Storm, Bertha v. Suttner und Tolstoi.

Die meisten Beiträge aber stammten von Rosegger selbst. Unter verschiedenen Pseudonymen (sein häufigstes war Hans Malser) veröffentlichte er fast alle seine Werke zuerst im »Heimgarten«, der vorwiegend Originalbeiträge brachte.

Neben belletristischen Arbeiten, den Fortsetzungsromanen, Erzählungen und Gedichten enthielt der »Heimgarten« populärwissenschaftliche Aufsätze über Kunst, Literatur, Natur und Kulturgeschichte; er brachte Artikel über volkstümliches Brauchtum der Alpenregionen und viele im Plauderton vorgetragene Beiträge zu Alltagsthemen. Dabei standen Rosegger und seine engsten Mitarbeiter auf dem Boden eines konservativen kleinbürgerlichen Katholizismus, der die alten ethischen Werte der Landbevölkerung gegen das städtische Bürgertum vertrat, das heißt, echte Religiosität und Heimatliebe sollten der durchgehenden Kapitalisierung aller Lebensbereiche, der Zersetzung aller ethischen Normen entgegenwirken. Rosegger vereinfachte die Widersprüche auf den Gegensatz zwischen Stadt und Land, zwischen Unglauben und Glauben. Sein besonderes Interesse galt dem Schulwesen, der Bildung auch der ärmsten Kinder. Was den »Heimgarten« und damit Rosegger auszeichnet und was ihn auch unserer Achtung wert macht, sind bei aller Bindung an Heimat und Tradition seine Unvoreingenommenheit und sein absoluter Pazifismus. So zeigte er Bertha von Suttners Bücher und Zeitschriften an und besprach sie lobend. Besonders hervorgehoben zu werden verdient seine Besprechung von Zolas Roman »Lourdes« im Juniheft 1897 des »Heimgarten«: Rosegger, der ideologisch von einem ganz anderen Standpunkt herkam als Zola, erkannte die literarische Meisterschaft dieses Buches, das eine sogenannte Wunderheilung als psychologisch erklärbares Ereignis darstellt, und scheute sich nicht, dies auch auszusprechen. Zwar distanzierte er sich von Zolas materialistischer Auffassung, aber er ließ ihm, diesen grundlegenden Unterschied eingestanden, Gerechtigkeit widerfahren und besprach das Buch lobend und differenziert. Nicht ganz so gut kam der Roman »Paris« weg, in dem das Schicksal der Hauptpersonen aus »Lourdes« weiterverfolgt wird; aber dieser Roman erreichte auch nicht die künstlerische Höhe des ersten (Besprechung im Oktoberheft 1898).

Für Roseggers Toleranz spricht auch, daß er im Septemberheft 1885 des »Heimgarten« einen völligen Verriß seines eigenen Buches »Bergpredigten« veröffentlichte. Die Kritik ist unterzeichnet mit »Prof. I. Z.«

Die von uns ausgewählten Besprechungen des »Grünen Heinrich« und der »Leute von Seldwyla« standen in Heft 6 des 5. Jahrgangs des »Heimgarten« (März 1881) und in Heft 6 des 6. Jahrganges (März 1882). Längst nicht alle Besprechungen waren so lang und so gründlich. Bei kürzeren Beiträgen, die oft nur wenig über bloße Anzeigen hinausgingen, hat Rosegger die Bücher nicht gelesen, sondern verließ sich auf Ankündigungen und Mitteilungen von Verlagen und Autoren. Unter den Pseudonymen »Dr. Hofer« und »J. Hofer« besprach er gelegentlich auch eigene Bücher.

Gottfried Keller, der, wie bereits erwähnt, zu den gelegentlichen Mitarbeitern des »Heimgarten« gehörte, hat Rosegger und auch dessen Zeitschrift sehr geschätzt. Rosegger wiederum nannte ihn einen »wahren« Dichter und hat sich stets verehrungsvoll zu Keller bekannt. Beide Dichter haben auch einige Briefe gewechselt, aus denen gegenseitige Wertschätzung spricht. Beeinflußt hat Keller Roseggers Schaffen allerdings nicht; da sind neben Hamerling vor allem Anzengruber und Auerbach zu nennen.

Peter Rosegger hat den »Heimgarten« herausgegeben, bis ihn 1910 sein Sohn Hans Ludwig Rosegger übernahm. Bereits ab 1904 hatte Josef Köck, der Leiter des Grazer Leykam-Verlags, als verantwortlicher Redakteur mitgearbeitet.

431 *Als ein Pröbchen* – Unmittelbar vor dieser Besprechung ließ Rosegger den genannten Ausschnitt abdrucken.

Karl Gutzkow
Die Leute von Seldwyla

1856 erschien in Nummer 37 der von Karl Gutzkow bei Brockhaus in Leipzig herausgegebenen Zeitschrift »Unterhaltungen am häuslichen Herd« Gutzkows Besprechung der Novellensammlung »Die Leute von Seldwyla, erster Band«. Keller hat sich über diese Besprechung sehr geärgert, und sie scheint nicht wenig dazu beigetragen zu haben, daß er sich mehr und mehr von Gutzkow distanzierte.

1850 hatte er über Gutzkows Roman »Die Ritter vom Geiste«, der sich zu einem neunbändigen Monstrum erweiten sollte, noch geschrieben, »der erste Teil desselben hat mir sehr gefallen, obgleich er etwas liederlich geschrieben ist. Es sind sehr treffende und feine Zeit- und Charakterschilderungen, und er zeigt seine Meisterschaft im Beobachten. Ich glaube, es wird ein bedeutendes Werk sein, wenn die mannigfaltigen Anlagen gleichmäßig fortgeführt werden, und wird eine Lücke in unserer Literatur ausfüllen«.

Als Keller sich selbst mit Dramenplänen trug, wollte er 1850 darüber »mit Gutzkow reden, welcher Dramaturg am Hoftheater zu Dresden ist«. Er könne ihm vielleicht »diese und jene Erfahrung mitteilen«. Und am

4. Dezember 1853 schrieb er, Gutzkow sei ein »geriebener talentvoller Kerl«.

Am 18. Oktober 1856 aber schrieb Keller mit Bezug auf die von uns abgedruckte Kritik in einem Brief von »Gutzkows gehässigem und knabenhaft verdrehtem Anfall..., den er mir in seinem Blatte zukommen ließ«. Von einem Bekannten Lisa Dunckers, der Frau des mit ihm befreundeten Berliner Verlegers Franz Duncker, schrieb Keller 1857, »da er aber für die ›Kammacher‹ eingenommen ist, so ist er jedenfalls ein sehr gebildeter Mann und viel gescheiter als Prutz und Gutzkow, welche jene Schnurren für schlechte Späße erklärt haben« (Robert Prutz hatte »Die Leute von Seldwyla« am 14. August 1856 im »Deutschen Museum« besprochen). Keller selbst hielt die »Drei gerechten Kammacher« für die beste Novelle des ganzen Zyklus.

Die heftigste Reaktion steht in einem Brief Kellers vom 30. 4. 1857 an Freiligrath. »Gutzkow ist eine Ratte... Er mißgönnte mir sogleich mein bißchen Schmiererei und das winzige Erfölgelchen und suchte es durch förmliche wissentliche Entstellung zu paralysieren.« Von da an lehnte Keller Gutzkow sowohl als Kritiker wie als Dichter ab. Zu dieser Ablehnung wäre es gewiß auch ohne Gutzkows »Seldwyla«-Kritik gekommen, sie ist dadurch lediglich beschleunigt worden.

Dem Kritiker Gutzkow warf Keller Unehrlichkeit und Standpunktlosigkeit vor. Über dessen Besprechung des Buches »Gräfin Elisa von Ahlefeldt, die Gattin Adolphs von Lützow, die Freundin Karl Immermanns«, 1857, von Ludmilla Assing schrieb er am 25. Dezember 1857: »Er hat's diesmal gnädig gemacht. Als ich aber in Dresden war, hörte ich ihn mit eigenen Ohren in einer Gesellschaft, welche größtenteils aus frommen Nazarenerkünstlern bestand, sich mit großer Heftigkeit gegen Goethes Verhalten zu den Frauen äußern, als einem durchaus frivolen und unsittlichen, und er hielt diese Äußerung gegen jene Nazarener, die Goethen artig und fein verteidigten, mit eigensinniger Hartnäckigkeit fest. Heute nun verteidigt und erhebt er Immermann wegen seines Verhaltens zu Elisa von Ahlefeldt mit der wunderbaren Phrase: das sei eben Männerschicksal, und zwar besonders der Männer, welche bei der Antike und bei Goethe in die Schule gegangen seien! So sind diese Herren! Was sie augenblicklich sprechen, ist stets nur eine taube Frucht des unabtreiblichen Bedürfnisses, für den Augenblick eine winzige kleine Wirkung zu erzielen. Sie geben stets nur Scheidemünze aus, weil sie, wie die Bettler, keine Silberstücke in der Tasche haben.«

Daneben störten Keller Wichtigtuerei und Distanzlosigkeit in Gutzkows Kritiken: »Der arme Gutzkow leistet an gemeiner Klatscherei gegen das Ende seiner Tage allerdings das Unglaubliche und scheint nach allem harten Schicksal wieder bei seinem knabenhaften Anfang anzulangen«, schrieb er am 18. November 1873 an den Hebbel-Biografen Emil Kuh. »Neulich stach ihn der Hafer, als der Saltimbanque Sacher-Masoch in einem eigenen Zahnbrecher-Reklamebuch sein Glück bei vornehmen Weibern anpries, daß er, Gutzkow, einen Artikel dagegen schrieb und prahlte, man solle nicht glauben, daß er nicht auch seine Liebesaffären gehabt habe, und was für welche! Wenn er seine Briefschatullen öffnen wollte usw. Das ist ja die reine Hochkomödie oder Hochkomik.«

Als Gutzkow Heyses Stil als »akademische Manier« diffamieren wollte, ergriff Keller Heyses Partei und schrieb, im Unterschied zu der »sprachlichen Wüstenei« in Gutzkows Roman »Der Zauberer von Rom« (1859/61) müsse »die einfache Korrektheit« von Heyses Stil »wirklich akademisch genannt werden«.

In Nummer 42/1856 der »Unterhaltungen am häuslichen Herd« veröffentlichte Gutzkow einen kleinen Aufsatz »Über das Richten«, worin er sich zur Subjektivität ästhetischer Urteile bekannte und zu ihrer Abhängigkeit von der augenblicklichen Verfassung des Rezensenten. Unter anderem schrieb er: »Wer einen edeln Geist in Bitterkeiten des Urteils überraschte, der prüfe, ob auf dem innersten Daseinsgrunde desselben nicht irgendein Schmerz liegt, der ihm diese Bitterkeiten aufdrängte wie die einzige Waffe der Selbsterhaltung!«

Diese Relativierung des eigenen Urteils (die sich durchaus nicht nur auf die Keller-Rezension bezog), diese Rechtfertigung der Härte anderen gegenüber mit eigener Not machte ihn Keller nicht sympathischer. Im Gegenteil. Er schrieb, in dem bereits zitierten Brief an Hermann Hettner vom 18. Oktober 1856: »Es ist aber doch ein schroffer Gesell; nicht lang nach jenem willkürlichen Einsanhängen brachte er eine wehmütige weltschmerzliche Erklärung in seinem Küchenblatt, wie man aus übergroßem Schmerz öfter ungerecht urteilen könne, mit halbem Bewußtsein des Unrechtes etc., und suchte solche Lumperei süßholzraspelnd zu beschönigen. Es war offenbar eine oratio pro domo.«

Den Dichter Gutzkow hielt Keller für einen Vielschreiber, »der auch nur mit dem Modernsten kutschieren mußte und den Leuten anriechen ließ, daß sie soeben die Hände mit gewöhnlicher Seife gewaschen hätten, was nicht Chic war« (Brief vom 7. September 1884 an Paul Heyse). »Der arme Kerl« arbeite »fieberhaft« und schreibe »alle zwei Monate ein Buch, spricht dabei von allen alten Berliner und andern Geschichten und ärgert sich über Altes und Neues und vergißt keinen, mit dem er sich irgend einmal gezankt hat« (am 8. Juni 1870 an Ludmilla Assing). Wenn er Gutzkows Bücher lese, ärgere er sich nur »über die Roheit und den bösen Willen heutiger Talente« (am 15. September 1860 an Berthold Auerbach).

Keller hielt Gutzkow zwar für begabt, und daß er sich immer wieder über ihn geäußert hat, belegt das grundsätzliche Interesse, das er ihm entgegenbrachte, aber er hielt ihn für einen charakterschwachen »Erzpraktiker«, dem das mittelmäßige Niveau der zeitgenössischen Literatur zugute käme. Zu Emil Kuhs Aufsatz über die jungdeutsche Literatur schrieb Keller dem Verfasser am 8. 10. 1875: »Auf die noch lebenden Gesellen jener Schule muß Ihre Untersuchung einen wunderlichen Eindruck machen, namentlich auf Gutzkow, der so viele andere mißhandelt hat und zwar oft aus lauter elender Bosheit und berechnender Vorsätzlichkeit. Aus Ihrer Schilderung wird aufs neue klar, wie schrecklich es ist, wenn ein Mensch als unreifer Junge, von der Schule weg, unter die Literaten geht und bis ins Alter hinein ohne Aufhören, ohne Ausruhen, ohne Pause und Zeit zu anderer Beschäftigung fortschriftstellert und fortschustert, immer auf dem Marktplatz stehend oder sitzend, wie eine grau gewordene Hökerin, die ihren 40- oder 50jährigen Eckplatz hat gleich links neben den Fischhändlern.«

Damit distanzierte sich Keller nicht nur von Gutzkow, sondern von der Literaturbewegung des Jungen Deutschland überhaupt.

Persönlich kennengelernt haben sich beide Dichter 1855 in Dresden, als Keller »acht Tage« dort war und »alle schrecklichen Leute« gesehen hat, womit er Berthold Auerbach, Gutzkow und deren Ehefrauen meinte. –

Bereits 1851 begann Keller, eine Heine-Parodie zu schreiben, »Der Apotheker von Chamouny oder Der kleine Romanzero«, worin er »die ganze betreffende Richtung« verspotten wollte, die »bei ganz harmlosem und sentimentalem Gemüt, Frivolität und Bösartigkeit affektiert und dem gemachten Witze jedes Bewußtsein aufopfert...; viele Anspielungen auf heutige literarische Mißbräuche kommen dazu, und das Ganze hat die wunderliche Form der Heinesch romantischen Willkür... Übrigens wird das Werkchen fern von aller Roheit sein und besonders Heine als Dichter anerkennen.« Der größte Teil entstand 1853 »während längerer Krankheit im Bett«. Die Hauptrichtung des »Apothekers von Chamouny«, wie er 1856 vorlag, ging gegen Karl Gutzkow, der in zehn Strophen als der Bewohner des Tintensees verspottet wurde. Er sei »der noch lebende Übeltäter, der sich und andern längst das Leben zur Hölle macht und deshalb dem schwarzen Sumpf nicht entgehen wird«. Er nannte ihn »Taktlos, / Ungeschickt zu Schutz und Angriff«.

»Mit den Jungen und den Jüngsten: Keift und balgt er sich alltäglich. / Auf der literar'schen Gasse / Läuft und lärmt er unablässig. // Kein Gewicht in seinem Herzen, / Keine Weih auf seinem Haupte ... // Von Papier ist seine Welt, / Und papieren ist sein Witz, / Nie saß er an frischen Quellen, / Er, der Mann aus zweiter Hand!«

Im Oktober 1856 entschloß sich Keller, das »Dutzend malitiöser Strophen auf Gutzkow, ... worin er geschildert wird, ohne genannt zu werden, ... wegzuwerfen.« Er wolle sich »von dergleichen Dingen fernhalten« und lieber seine eigenen »positiven Produkte« fördern. »Hauptsächlich dachte ich, wenn Gutzkow ein Esel ist, so wolle ich nicht auch einer sein und ihn seinem eigenen dialektischen Prozesse überlassen.«

Auch in dieser abgeschwächten Fassung lehnten die Verleger Vieweg und Duncker »Den Apotheker von Chamouny« ab; erst 1883 erschien er ohne die Angriffe auf Gutzkow in den »Gesammelten Gedichten«. Da waren Gutzkow bereits fünf und Heine 27 Jahre tot.

433 *Willem Kalf* – (1622–1693), holländischer Stillebenmaler, malte vor allem Küchenwinkel

Melchior de Hondecoeter – (1636–1695), holländischer Tiermaler, erhielt wegen seiner Vorliebe für Geflügelmalerei den Beinamen »Vogel-Raffael«.

434 *Montechi und Capuletti* – Montague und Capulet, die feindlichen Familien in Shakespeares Tragödie »Romeo und Julia«.

Friedrich Hebbel

Die Chronik der Sperlingsgasse. Von Jakob Corvinus

Über die Entstehung von Wilhelm Raabes erstem, unter dem Pseudonym Jacob Corvinus erschienenem Roman »Die Chronik der Sperlingsgasse« teilte Raabes Tochter Margarete mit: »Die erste Konzeption der ›Chronik‹

wurde auf einem Deckblatt aus einer Zigarrenkiste notiert.« Und dem Braunschweiger Buchhändler Wilhelm Scholz erzählte Raabe selbst: »Ich hatte mir das gelbe Papier aus einer leeren Zigarrenkiste herausgerissen, darauf habe ich die ›Sperlingsgasse‹ begonnen.«

Von 1854 bis 1856 hatte Raabe in Berlin, fleißig aber unsystematisch, studiert. Während dieser Zeit, da er Vorlesungen über Logik, Ästhetik, Geschichte und Kunstgeschichte hörte und dabei zurückgezogen in der Spreegasse Nr. 11 beim Schneider und Tafeldecker Wuttke lebte, hat er die »Chronik« geschrieben. Nach eigenen Worten sei ihm am 15. November 1854 die erste Idee dazu gekommen, und im Frühjahr 1856 überraschte er seinen älteren Freund, den Besitzer einer privaten Leihbücherei und Buchhändler, August Stülpnagel, mit dem fertigen Manuskript. Dessen Enkel, Adolph Stülpnagel, schrieb über das weitere Schicksal des Romans: »Der Buchhändler war an diesem Tag von den Manuskriptseiten nicht zu trennen... Als der Buchhändler die letzte Seite gelesen hatte, sprang er mit jugendlichem Elan auf, klopfte seinem Freunde auf die Schulter und sagte: ›Sie werden Ihren Weg machen, junger Freund, dieses Buch wird ein Erfolg, wie es selten einen gegeben hat.‹

Er packte das Manuskript zusammen, stülpte den großen schwarzen Hut auf und eilte in die Redaktionsstube der ›Vossischen Zeitung‹. Dort wirkte Willibald Alexis, und seiner kritischen Obhut empfahl der Buchhändler das Manuskript. Alexis lächelte ein wenig über den Eifer, mit dem der Buchhändler Stülpnagel das Werk eines Anfängers lobte. Aber ein paar Tage später war dieses Lächeln ehrlicher Bewunderung gewichen.

Der Buchhändler Stülpnagel ließ seine Beziehungen spielen, er fand in Franz Stage den Verleger, der unbekümmert das Wagnis unternahm, den Anfänger zu drucken. Vorher hatte es noch einer geschäftlichen Auseinandersetzung bedurft: 50 Tage Druckkostenzuschuß lieferte Raabe seinem ersten Verleger ab, der nicht wußte, daß dieses Buch in wenigen Wochen eins der gefeiertsten Werke sein würde.

Noch nicht vier Wochen war die ›Chronik der Sperlingsgasse‹ in Druck, da erschien in der ›Vossischen Zeitung‹ die begeisterte Kritik von Ludwig Rellstab. Raabe zeigte sie frohgelaunt seinem Freunde. Der Buchhändler Stülpnagel hatte nicht zu viel prophezeit.«

Nach Rellstabs Rezension vom 29. Oktober 1856 erschien eine ganze Reihe ebenfalls lobender Besprechungen, so u. a. im »Grenzboten«, in den »Blättern für literarische Unterhaltung« und im »Familienbuch des Österreichischen Lloyd« (hier war Levin Schücking der Rezensent).

Ohne einen ordentlichen Abschluß verließ Raabe die Universität und zog 1856 zu seiner Mutter nach Wolfenbüttel, wo er sich als freier Schriftsteller niederließ. »Die ersten Korrekturbogen der ›Chronik der Sperlingsgasse‹ waren besser als ein Doktordiplom‹, äußerte er später einmal. Das erste in Wolfenbüttel entstandene Buch, die Erzählung »Ein Frühling«, 1857, erreichte zwar längst nicht die Höhe des genialen Erstlings, tat aber Raabes schnell gewachsenem Ansehen nur wenig Abbruch.

Hebbels kurze Kritik der zweiten, bei Ernst Schotte & Co. in Berlin erschienenen Auflage stand am 27. November 1858 in der Leipziger »Illustrierten Zeitung« (31. Band, Nr. 804). Ein Jahr lang, vom 20. März 1858 bis zum 5. März 1859, hat Hebbel unter der Überschrift »Literaturbriefe« literarische Neuerscheinungen knapp besprochen (der Beitrag über Raabe ist nicht der kürzeste, er steht im 12. »Literaturbrief«). Die Rezensionen erschienen stets anonym. Nach 17 »Literaturbriefen« setzte Hebbel die Reihe am 9. 7. 1859 mit sogenannten »Literaturberichten« fort, die sich nur durch den Titel von den früheren Beiträgen unterschieden. Mit dem 3. dieser »Literaturberichte« beendete Hebbel am 26. November 1859 diese Art von Übersichtsartikeln für die »Illustrierte Zeitung«. 1863 ist er in Wien gestorben. –

Der Schriftsteller Hermann Andreas Krüger (1871–1945), der Raabe persönlich gut gekannt hat, konnte Hebbels Urteil dahingehend berichtigen, daß er mitteilte, der junge Raabe habe »sich aus den phantastischen Glanzstücken des großen Gespenster-Hoffmanns auffallend wenig« gemacht; lediglich »Das Fräulein von Scuderi«, »DasMajorat«, »Signor Formica« und »Des Vetters Eckfenster« habe er »mit großem Vergnügen« gelesen. Von Jean Paul habe Raabe gar nur »Dr. Katzenbergers Badreise« gekannt, im Alter habe er dann noch die »Flegeljahre« gelesen, während er durch die großen Romane wie »Titan«, »Hesperus« und »Siebenkäs« nicht »hindurchgekommen« sei.

Theodor Fontane
(Wilhelm Raabe, Fabian und Sebastian)

Nachdem Eduard Engel am 11. Juni 1881 indem von ihm geleiteten »Magazin für die Literatur des In- und Auslandes« Raabes Erzählung »Das Horn von Wanza« lobend besprochen hatte, schrieb ihm Fontane einen zustimmenden Brief. Seine Frau hatte ihm »Das Horn von Wanza« vorgelesen, und am 17. März 1881 hatte er in sein Tagebuch notiert: »Der Schluß der Erzählung hält nicht, was die voraufgehenden Abschnitte versprachen. Das erste Drittel ist sehr gut, das zweite Drittel ist meisterhaft, aber das dritte Drittel ist beinah schwach und langweilig und rafft sich nur an ganz vereinzelten Stellen zu Kraft und Humor wieder auf. Man sieht deutlich, daß W. Raabe ein großes erzählerisches Talent hat, aber nur ein mäßig ausgebildeter Künstler ist; die natürliche Form ist groß, aber Kritik und angeborenes Schönheitsgefühl haben gefehlt, und weil sie fehlten, nichts zu voller Reife kommen lassen. Ich bin neugierig, anderes von ihm kennen zu lernen.«

Am 23. Juni schrieb Engel an Raabe, Fontane habe ihm einen »reizenden Brief« über »Das Horn von Wanza« geschrieben, und er plane, »einige Stellen« daraus in seiner Zeitschrift zu veröffentlichen. Raabe war überglücklich; »daß Theodor Fontane das ›Horn von Wanza‹ gleichfalls gelesen hat, freut mich sehr; wir sind denn wie viele weit in der Welt herum zerstreute Leute, gute Bekannte miteinander, ohne es zu einer persönlichen Bekanntschaft gebracht zu haben.«

In der Nummer 27 vom 2. Juli druckte Engel einen Ausschnitt aus Fontanes Brief ab: »Ihre Worte über Raabe und ganz speziell über das ›Horn von Wanza‹, das ich vor einem Vierteljahr gelesen habe, sind mir ganz aus der Seele gesprochen. Die ersten Zweidrittel der Erzählung sind so gut, so bedeutend, wie ich auf dem Gebiete der erzählenden Literatur überhaupt kaum etwas kenne. Das letzte Drittel fällt sehr ab. Über die Rede des Seifenfabrikanten denke ich nicht so gut wie Sie; echt ist sie, aber doch mit einem starken Beisatz von Langweiligkeit. Es fehlt hier die ›perspektivische Verkürzung‹, von der Sie, wenn auch nicht mit diesem Wort, an anderer Stelle sprechen. Mich haben die ersten Szenen (schon auf der Chaussee, in der öden Dorfkneipe) zwischen dem jungen Studenten und dem Burgemeister, dann die Rathausszene, wo wir des Nachtwächters Jugendgeschichte erfahren, und endlich die Schilderung der Hochzeitsreise der Frau Rittmeister Grünhage am meisten entzückt. All diese Dinge sind ganz ersten Ranges, und weder Dickens noch andere Humoristen, die ich kenne, haben das geleistet. Hätte Raabe mehr Kritik, so wäre er absolut No. 1; aber freilich – ›wär er besonnen, wär er nicht der Tell‹.«

Schon am 4. Juli schrieb Raabe an Engel: »Mit großer Freude habe ich Fontanes gute Worte gelesen.«

Am gleichen Tag schrieb er auch an Fontane, der ihm am 13. Juli aus Wernigerode antwortete, wo er »seit einer Reihe von Jahren« seinen »Sommeraufenthalt« verbrachte, »dem Lärm der großen Stadt entrückt.« Fontane freue sich »darauf, im Laufe der nächsten Monate die Bekanntschaft mit Ihnen fortsetzen zu können«, das heißt, mehr von Raabe zu lesen. »Ihre früheren Werke sind mir unbekannt geblieben, und ich will nun tüchtig nachexerzieren. Es ist so hocherfreulich, einem Individuum zu begegnen und seiner Eigenart.«

Seiner Frau hatte Fontane wenige Tage zuvor, nach der Lektüre von Turgenjews »Rauch«, geschrieben, »die schönen Kapitel im ›Horn von Wanza‹ « seien »ein wahres Evangelium daneben.«

Eilig hatte es Fontane allerdings nicht mit dem »Nachexerzieren«. Unmittelbar nach dem »Horn von Wanza« hatte er sich die »Alten Nester« vorlesen lassen und den Anfang der Erzählung als »wieder sehr hübsch« beurteilt. Das war alles. Erst im Dezember las ihm seine Frau die in der November- und Dezembernummer von »Westermanns Monatsheften« erschienene Erzählung »Fabian und Sebastian« vor. Noch vor Abschluß der Lektüre notierte er am 28. Dezember 1881 in sein Tagebuch: »Ganz Raabe; glänzend und geschmacklos, tief und öde.«

Die öffentlichen Kritiken waren unterschiedlich. Sie reichten von völliger Ablehnung (Theophil Zolling in der »Gegenwart«) bis zu begeisterter Zustimmung (Johann Jakob Honegger in den »Blättern für literarische Unterhaltung«). Fontanes Kritik steht etwa in der Mitte. Sie erschien am 17. Juni 1882 im »Magazin für die Literatur des In- und Auslandes« (51. Jahrgang, Nr. 25), und zwar unter einem Pseudonym. Fontane, der die Rezension vermutlich auf Eduard Engels Bitte hin geschrieben hat, wollte das gute Verhältnis zwischen sich und Raabe nicht belasten, sah sich andererseits aber außerstande, lobender über »Fabian und Sebastian« zu schreiben. Raabe hat nie erfahren, wer der Verfasser des Aufsatzes war.

Herzlich hat er dem verehrten Fontane 1889 zum 70. Geburtstag gratuliert. In Fontanes Antwortbrief stehen die freundlichen, aber über seine eigene Stellung zu Raabe wenig aussagenden Sätze: »Ihre Zeilen, hochgeehrter Herr, waren mir eine ganze besondre Freude, denn, um es Ihnen bei dieser Gelegenheit auszusprechen, meine kleine Mansardenwohnung umschließt eine treue Raabe-Gemeinde, deren Haupt ich nicht einmal selber ausschließlich bin, vielmehr die Herrschaft mit Frau und Tochter teilen muß.

Neulich ereignete sich folgendes. Meine Frau ... wurde beim Tee auf die Schweizerkantone hin examiniert, und die Tochter suchte nachzuhelfen. ›Nun, die vier Waldstätte, Mama; wie heißen die? Denke doch nur an das Horn von ... von ...‹

›... von Wanza.‹

Die Geographie kam zu kurz, aber nicht Wilhelm Raabe.«

Nach »Fabian und Sebastian« hat Fontane kein Buch Raabes mehr gelesen. Das »Horn von Wanza« hat er gelegentlich lobend erwähnt, auch Raabes Name wurde hin und wieder wohlwollend genannt. Aber eine gründliche Auseinandersetzung mit dem Werk des 12 Jahre jüngeren Dichters fand nicht statt. Dagegen ist noch für Raabes letzte Lebenswochen die Lektüre Fontanescher Briefe bezeugt.

440 *»Horn von Wanza«* – Eduard Engel hatte »Das Horn von Wanza« 1881 in Nr. 28 des »Magazins für die Literatur des In- und Auslandes« besprochen. In seiner Kritik hieß es unter anderem: »Wilhelm Raabe ist streng genommen der einzige neuere deutsche Schriftsteller mit echtem gesunden Humor, mit poetischer Gemütlichkeit... Keiner beleuchtet so wohlwollend, so milde, so durch Tränen lächelnd ... das deutsche Volksleben... Raabe mit all seinem Hang zur Sentimentalität, seiner poetischen Verklärung auch des Niedrigsten und Trivialsten, seiner wortreichen Gemütlichkeit, ist einer der glänzendsten unter den verschwindend wenigen deutschen Realisten... Bei aller Unbedeutendheit der Ereignisse sind die Menschen so packend, so herzgewinnend, daß sich dreist behaupten läßt: wenn wir Deutschen noch keinen Dickens haben, so ist es einfach Schuld unserer Blindheit, denn wir gehen achtlos an einem Schriftsteller vorüber, der die meisten der guten Eigenschaften der großen englischen Humoristen besitzt und dazu noch ein gut Teil dessen, was wir an Jean Paul bewundern.« Die Buchausgabe der zuerst in »Westermanns Illustrierten Deutschen Monatsheften« erschienenen Erzählung kam im April 1881 heraus. »Das Horn von Wanza« gehörte zu Raabes erfolgreichsten Werken. Zu seinen Lebzeiten erschienen vier Auflagen.

Theodor Fontane

(Gerhart Hauptmann, Vor Sonnenaufgang und Die Weber)

Im August 1889 erschien in C. F. Conrads Buchhandlung in Berlin Gerhart Hauptmanns erstes Theaterstück, »Vor Sonnenaufgang. Soziales Drama«. Der alte Fontane bekam es im September zu lesen und war »ganz benommen« davon. Dem Verleger Paul Ackermann gratulierte er, »etwas so Hervorragendes ediert zu haben«, und er sicherte Hauptmann, »wenn er es wünscht«, seine Unterstützung zu. Um die preußische Zensur zu umgehen, schlug er vor, das Stück als geschlossene Aufführung vor den Mitgliedern und Freunden der Freien Bühne im Berliner Lessing-Theater spielen zu lassen.

Am 14. September entschuldigte er sich bei seiner Tochter Martha, er sei nicht dazu gekommen, ihr einen Brief zu schreiben, weil er »anderweitig eine große Korrespondenz hatte, darunter ein Brief an einen Herrn Gerhart Hauptmann, der ein fabelhaftes Stück geschrieben hat... Mama natürlich wieder in Angst, ich ginge zu weit, ich engagierte mich ungebührlich; Durchgänger, Hitzkopf, ›Jüngling‹; nachdem nun aber gestern eine Karte von Brahm eingetroffen ist, der ganz meine Anschauungen teilt, hat sie sich einigermaßen beruhigt... Dieser Hauptmann, ein wirklicher Hauptmann der schwarzen Realistenbande, welche letztre wirklich was von den Schillerschen Räubern hat und auch dafür angesehen wird, ist ein völlig entphraster Ibsen, mit andern Worten, ist das wirklich, was Ibsen bloß will, aber nicht kann, weil er in seinen neben der realistischen Tendenz herlaufenden Nebentendenzen ... mehr oder weniger verrückt ist und in zugespitzter Entwicklung dieser Verrücktheit ganz ins Phrasenhafte verfällt. Nicht in die Phrasenhaftigkeit des Worts, aber in die des Gefühls, der Anschauung. Von all diesem ist Hauptmann ganz frei; er gibt das Leben, wie es ist, aber er zieht auch nichts ab und erreicht dadurch eine kolossale Wirkung. Dabei (und das ist der Hauptwitz und der Hauptgrund meiner Bewunderung) spricht sich in dem, was dem Laien einfach als abgeschriebenes Leben erscheint, ein Maß von Kunst aus, wie's nicht größer gedacht werden kann«.

Neben Fontane setzten sich auch Otto Brahm, Wilhelm Bölsche und Arno Holz für den unbekannten Dramatiker ein. Arno Holz bezeichnete Hauptmanns Stück sogar als das beste, »das jemals in deutscher Sprache geschrieben worden«.

So kam es gegen den heftigen Widerstand konservativer und reaktionärer Kulturwächter am 20. Oktober 1889 um 11 Uhr zur Uraufführung von Hauptmanns »Vor Sonnenaufgang«. Während der Vorstellung ging es tumultuarisch zu; zeitweise mußte die Aufführung unterbrochen werden, weil sich die Zuschauer so laut stritten. Fontanes Besprechung (die wir um den Teil gekürzt haben, der ausschließlich auf die Leistungen der Schauspieler eingeht) erschien bereits am 21. und 22. Oktober in der »Vossischen Zeitung« (Nr. 492 und 493). Dem Redakteur Friedrich Stephany schrieb Fontane am 22. Oktober: »Gestern abend, nachdem ich die zweite Hälfte meiner Kritik abgeliefert hatte, habe ich mir noch den Genuß gemacht, in einer Zeitungsbude die sämtlichen Abendzeitungen zu kaufen, um mich dann daheim in die Meinung der Kollegenschaft zu vertiefen. Es war mir sehr genußreich... Aber alle diese Kritiken ... sind so gewiß auf dem Holzwege, wie ich hier sitze und eine Feder mit breitem Spalt in der Hand halte. Das alles sind Schimpfereien und Ulkereien, als Ulke zum Teil sehr gut, aber auf das eigentlichste hin angesehn, doch oberflächlich und böswillig, entweder ohne jedes wahre Kunstverständnis geschrieben oder unter Zurückdrängung aller besseren Einsicht. Es ist lächerlich, diesen jungen Kerl so mit der landläufigen Phrase, daß er auch ein bißchen Talent habe, abspeisen zu wollen. Das ist gar nichts. ›Ein bißchen Talent‹ hat jeder. Das kann man von jedem dritten Menschen sagen. Hauptmann hat ein sehr großes, ein seltenes Talent. Vor allem aber, und das muß ich immer wieder betonen – und darf es betonen, weil ich von den Dingen, die hier infrage kommen, wirklich mehr verstehe als die andern –, vor allem spricht sich in diesem Stück ein stupendes Maß von Kunst aus, von Urteil und Einsicht in alles, was zur Technik und zum Aufbau eines Dramas gehört. Möglich, daß er die blinde Henne war, die das Korn zufällig fand und aufpickte, möglich, aber nicht wahrscheinlich ... lassen Sie mich als ›alten Knopp‹ die festeste Überzeugung aussprechen, daß hinter einem Manne, der so was schreiben kann, mehr steckt als hinter der andern Blase, die alle bloß nach der ›Tantieme‹ schielen.«

In der Tat ergoß sich über Hauptmann und die Freie Bühne ein Schwall von Beschimpfungen und Beleidigungen. Weil das Stück die Verlogenheit und die moralische Verkommenheit weiter Kreise des Bürgertums realistisch darstellte, wurde ihm Unmoral vorgeworfen. Weil eine der Hauptfiguren sozialdemokratisch gefärbte Ideen vortrug, wurde Hauptmann politisch verunglimpft.

Fontanes eindeutige Stellungnahme hat viel dazu beigetragen, daß sich »Vor Sonnenaufgang« so schnell durchsetzen konnte. Am Beginn seiner Parteinahme für den Naturalismus (Fontane gebrauchte übrigens viel häufiger das Wort »realistisch« als »naturalistisch«) stand im Frühjahr 1883 die Begegnung mit Zolas Werk, das ihn durch seine künstlerische Meisterschaft überwältigte und für die neue Kunstrichtung gewann. Ibsens »Gespenster«, mit denen die Freie Bühne am 29. September 1889 eröffnet wurde, erregte ihn aufs höchste. Ibsen habe »neue Typen und neue Aufgaben geschaffen. Es fängt wirklich ein neues Leben mit ihm an, und das Alte wirkt abgestanden, langweilig« (Brief vom 30. September 1889). »Vor Sonnenaufgang« begeisterte ihn vollkommen. Es war übrigens das zweite Stück, das die Freie Bühne spielte.

Fontane rühmte die Wahrhaftigkeit der Naturalisten; ihre Darstellungsweise hielt er für die ästhetisch angemessene Antwort auf die zeitgenössische Wirklichkeit. Dabei ging es ihm vor allem um ästhetische Neuerungen, die gesellschaftspolitischen Folgerungen interessierten ihn kaum.

Hauptmann hat Fontane, mit dessen ausdrücklicher Erlaubnis, sein nächstes Theaterstück gewidmet, »Das Friedensfest. Eine Familienkatastrophe«, Berlin 1890. Auch anläßlich des Wiederabdrucks 1906 in seiner ersten Gesamtausgabe bekannte er sich zu Fontane und stellte dem »Friedensfest« folgende Widmung voran: »Diese Dichtung war Theodor Fontane, dem Lebenden, ehrfurchtsvoll zugeeignet. Ich widme sie jetzt dem Andenken des Dahingeschiedenen.«

Seine letzte Theaterkritik überhaupt schrieb Fontane 1894 über »Die Weber«. Diesmal waren noch heftigere Angriffe abzuwehren als bei Hauptmanns erstem Stück. Als der Direktor des Deutschen Theaters das Drama bei der Zensurbehörde einreichte, verbot Berlins Polizeipräsident Richthofen die Aufführung unter anderen wegen der zum »Klassenhaß aufreizenden Schilderung des Charakters des Fabrikanten«, und weil es indirekt eine »gewaffnete Erhebung« rechtfertige. Außerdem sei »die ganze Staats- und Gesellschaftsordnung ... als des Bestehens unwert« dargestellt. Am 26. Februar 1893 wurden »Die Weber« in einer geschlossenen Veranstaltung der Freien Bühne uraufgeführt. Die erste öffentliche Vorstellung fand erst am 25. September 1894 im Deutschen Theater statt. Zwei Tage später schrieb Fontane an Otto Brahm, dem Direktor des Deutschen Theaters: »Allerherzlichste Glückwünsche zu dem großen Erfolg. Ich hätte Ihnen dies schon gestern ausgesprochen, doktorte aber an einem Artikelchen herum, zu dem mich meine Erregung und der Wunsch, doch auch noch mit dabeizusein (›letztes Aufgebot‹) drängte.

Das Stück ist vorzüglich, epochemachend. Ob jemand dran herumtadelt, meinetwegen selbst mit Recht, ist gleichgültig... Sprechen Sie dem liebenswürdigen Dichter, der mal wirklich einer ist und ein Mensch dazu, meinen herzlichsten Dank aus...

Mit dem Wunsche, daß, wie die deutsche Literatur ein Prachtstück, so das Deutsche Theater ein Zug- und Kassenstück gewonnen haben möge...«

Und seiner Tochter schrieb er am 8. Oktober: »Hauptmann ... hat alle Angriffe überwunden und beherrscht die Situation. Schließlich bleibt doch das Ordentliche siegreich.«

Das im Brief an Brahm erwähnte »Artikelchen« ist die Rezension der »Weber«, die 1894 anonym in Nr. 40 des von Joseph Ettlinger herausgegebenen »Salon-Feuilletons« abgedruckt wurde. Erst nach Fontanes Tod erschien der kleine Aufsatz unter seinem Namen am 15. Oktober 1898 in Nr. 2 des ebenfalls von Ettlinger herausgegebenen »Literarischen Echos«. Wir übernehmen ihn ungekürzt in den vorliegenden Band.

Bei aller Begeisterung für »Vor Sonnenaufgang« und für »Die Weber« war Fontane kein kritikloser Hauptmann-Verehrer. So lehnte er zum Beispiel »Hanneles Himmelfahrt«, 1893, energisch als »verfehlt und verwerflich« ab. (Wenigstens am Rande sei angemerkt, daß Peter Rosegger gerade »Hanneles Himmelfahrt« in der Februarnummer 1894 des »Heimgarten« temperamentvoll verteidigte.) Fontane störte der unrealistische Ansatz (was nicht gleichbedeutend ist mit Phantasielosigkeit); ihn störten die »Überspanntheit« und die »dunkeläugige Mystik« der gesamten spätromantischen Literatur. Daß er in Hauptmann beides, den künstlerischen Revolutionär und den Epigonen, den Realisten und den Phantasten, erkannte, belegt, daß er bis ins hohe Alter unvoreingenommen und aufmerksam geblieben ist; es weist zugleich auf Widersprüche im Werk auch des frühen Gerhart Hauptmann hin.

443 *ein Eduard* – Berliner Bezeichnung für einen uniformierten Diener
446 *»andren Sphären...«* – Zitat aus Goethes »Faust I«, V. 705
»Greift nur hinein...« – Zitat aus Goethes »Faust I«, Vers 167
447 *Impromptu* – (frz.) (witziger) Einfall
sportsman – (engl.) Spieler
448 *Casper* – Johann Ludwig Casper (1796–1864), Berliner Arzt, verfaßte ein weit verbreitetes »Praktisches Handbuch der gerichtlichen Medizin« in zwei Bänden, 1856/58.
450 *rocher de bronce* – (frz.) eherner Fels
451 *»Gebt ihr euch einmal...«* – Zitat aus Goethes »Faust I«, V. 220/21

Theodor Fontane
(Arno Holz und Johannes Schlaf, Die Familie Selicke)

Als siebente Aufführung der Freien Volksbühne Berlin hatte »das dreiaktige Drama der Herren Arno Holz und Johannes Schlaf ›Die Familie Selicke‹« am 7. April 1890 Premiere. Holz und Schlaf, die seit 1887 zusammenarbeiteten, hatten bereits 1889 drei gemeinsam verfaßte Erzählungen unter dem Titel »Papa Hamlet« herausgebracht. Ihre Liebe für die Mode gewordene skandinavische Literatur drückten sie mit dem Pseudonym Bjarne P. Holmsen aus, unter dem sie das Buch erscheinen ließen. Diese berühmt gewordenen Erzählungen sind Dokumente des sogenannten »konsequenten Naturalismus«. Detailgetreu, rücksichtslos wahrhaftig und in einer dem jeweiligen Stoff und dem jeweiligen Milieu angepaßten Sprache gestalteten Holz und Schlaf »einfache Erfindungen ... mit der ganzen rücksichtslosen Kraft der modernen Kunst« (Otto Brahm 1889 in einer Besprechung). Gerhart Hauptmann, der mit beiden Autoren befreundet war und wußte, wer sich hinter dem Pseudonym verbarg, widmete sein erstes Drama »Vor Sonnenaufgang« »Bjarne P. Holmsen, dem konsequentesten Realisten, Verfasser von ›Papa Hamlet‹, ... in freudiger Anerkennung der durch sein Buch empfangenen, entscheidenden Anregung«.

»Die Familie Selicke« ist als Drama ebenso »konsequent naturalistisch« wie der »Papa Hamlet« als Prosa. Im »Sekundenstil«, dem keine Geste, kein Tonfall und kein Ausstattungsstück gleichgültig ist, der bewußt auf die Hervorhebung wichtiger Ereignisse verzichtet, wird die Tragödie einer Berliner kleinbürgerlich-proletarischen Familie dargestellt. Wie in Hauptmanns »Vor Sonnenaufgang« wird auch hier die zerstörerische Wirkung vorgeführt, die vom Alkoholismus ausgeht.

Fontane hat klar das Neue gesehen, das dieses Stück in die deutsche Dramatik einbrachte. »Hier scheiden sich die Wege, hier trennt sich Alt und Neu.« Seine Kritik erschien am 8. April 1890 in der »Vossischen Zeitung« (Nr. 162). Zugleich mit der »Familie Selicke« wurde Alexander Linge Kiellands Einakter »Auf dem Heimwege« gespielt. Fontane hat beide Stücke in einem gemeinsamen Beitrag besprochen. Wir veröffentlichen nur den auf Holz/Schlafs Drama bezüglichen Teil und lassen darin auch den Abschnitt weg, in dem Fontane die Leistungen der Schauspieler beurteilt (»gespielt wurde trefflich«).

Im Unterschied zu Hauptmanns »Vor Sonnenaufgang« wurde das Stück von Arno Holz und Johannes Schlaf kein Bühnenerfolg. Die Handlung der »Familie Selicke« geht zu langsam voran, als daß echte Spannung entstehen könnte. Die Auseinanderreihung so vieler Einzelheiten, wichtiger und unwichtiger gleicherweise, ruft beim Zuschauer eher Ermüdung als Aufmerksamkeit hervor.

452 *»Macht der Finsternis«* – Tolstois Drama hatte am 26. Januar 1890 in der Freien Bühne Premiere. Fontane besprach es einen Tag später enthusiastisch in der »Vossischen Zeitung«. »Die moderne realistische Kunst hat nichts Besseres und nichts heilig Leuchtenderes aufzuweisen als dieses Stück.«

452 *Lieschen Selicke* – Im Theaterstück heißt das Kind Linchen.

453 *Kontinuation* – (lat.) regelmäßige Fortsetzung

454 *Görbersdorf* – Luftkurort im Waldenburger Gebirge/Niederschlesien mit großer Lungenheilanstalt.

Kunst ist ein ganz besondrer Saft – Anspielung auf Goethes »Faust I«, da Mephistos Faust auffordert, den Vertrag mit Blut zu unterschreiben: »Blut ist ein ganz besondrer Saft.«

Detlev von Liliencron

»Buch der Zeit«. Lieder eines Modernen von Arno Holz (1885)

Als Hermann Friedrichs, der Herausgeber des »Magazins für die Literatur des In- und Auslandes«, den Dichter Detlev von Liliencron bat, »Das Buch der Zeit« zu besprechen, antwortete ihm Liliencron am 5. Juli 1885 enthusiastisch: »Tausend Dank für Ihre freundlichen Zeilen ... und für die große, ja große Ehre, daß ich das Buch fürs Magazin rezensieren soll. Ich tat es, im ersten Sturm und mit Begeisterung. Allerdings: Arno Holz ist ja ein wüster, rotester Sozialdemokrat, aber fort mit der Feigheit, und mir schließlich egal: Arno Holz ist ein allererster Dichter. Schockschwerenot noch einmal! Ich schrieb die Kritik, wie mir der Schnabel gewachsen ist: voll Fröhlichkeit und Begeisterung für A. Holz. Nie hört' ich von ihm... Meine Kritiken weichen durchaus von der Schablone. Neid oder so etwas kenn ich nicht. Und wo ich – ach! wie selten! – wirklich Herrliches finde, warum soll man's nicht ausposaunen ... das ist ja eine ganz kolossale Revolution in der Dichterwelt zur Zeit. Eine neue Epoche. Ich fühl's in jeder Fiber. Und ich marschiere mit.«

Die »kolossale Revolution in der Dichterwelt« bezog sich vorerst nicht auf die Form, sondern auf den Inhalt der Gedichte. Im »Buch der Zeit« bediente sich Holz noch weithin traditioneller stilistischer Mittel, aber er gestaltete bereits aktuelle Themen. Wie der Prosa und der Dramatik gewann er auch der Lyrik neue, von den Dichtern bislang kaum wahrgenommene Gegenstände. Holz war vom Bewußtsein durchdrungen, in einer krisenhaften Epoche zu leben, der eine grundsätzliche Wende bevorstehe. Naturwissenschaftliche (vor allem biologische), technische und soziologische Erkenntnisse hatten die junge Dichtergeneration radikal von den Auffassungen der klassisch-romantischen Periode abgeschnitten. Damit waren den Wachen und Zeitkritischen unter ihnen auch die alten ästhetischen Maßstäbe nicht mehr gültig und verfügbar. Arno Holz bemühte sich, der neuen Situation, zu der die Industrialisierung mit den Arbeiterbezirken der Großstädte ebenso gehörte wie Fotoapparate und später der Stummfilm, mit neuen künstlerischen Mitteln gerecht zu werden. Der industriellen Revolution antwortete er mit einer »Revolution der Lyrik« (wie er seinen berühmten Aufsatz von 1899 nannte). Die Revolution der Poesie, die Liliencron bereits im »Buch der Zeit« am Werke sah, vollzog sich in Holz' Werk endgültig erst nach dieser Gedichtsammlung. »Das Buch der Zeit« erschien 1885 in Zürich (eingedruckt ist allerdings die Jahreszahl 1886): Erst danach wurden die gebundenen, strengen Formen aufgegeben. Freie Rhythmen, Bestandteile der Alltagssprache und erzählende Elemente kamen in die lyrische Sprache. Grundsätzlich neue Formen (wie z.B. die Anordnung der Gedichtzeilen um eine gedachte Mittelachse) verliehen der Lyrik auch äußerlich ein anderes Erscheinungsbild.

In einem dem Pressionismus nahestehenden, gleichsam atomisierenden, bis ins Kleinste zergliedernden Stil begegneten sich naturalistische Lyriker und Detlev von Liliencron. Sein Gedichtband »Adjutanteritte und andere Gedichte«, 1883, wurde von den Naturalisten, auch von Arno Holz, als Bestätigung ihrer eigenen literarischen Ziele angesehen. Darin fanden sie eine dem sogenannten »Sekundenstil« verwandte Sehweise. Mit ihrem geschärften sozialen Gewissen registrierten sie wohlwollend Liliencrons Wirklichkeitsnähe; seine echte Naturliebe bot ein Gegenstück zum entfremdeten Leben in den Großstädten. Die Sehnsucht nach einem besseren und schöneren Leben, die in Holz' Gedichten zur Sprache kommt, fand in Liliencrons Gegenentwürfen zur kapitalistisch und industriell bestimmten Welt eine vorläufige Antwort. Daß in seinen Gegenwelten die kauzigen Menschen und die Randfiguren überwiegen, zeigt, daß er für seine Gesellschaft keine realistische Hoffnung sah.

Seine Besprechung erschien am 1. August 1885 im »Magazin für die Literatur des In- und Auslandes«, dem »Organ des Allgemeinen Deutschen Schriftstellerverbandes« (54. Jahrgang, Nr. 31) in Leipzig.

455 *Villa Landolina* – Platen wurde am 5. Dezember 1835 in Syrakus im Garten des ihm wohlgesonnenen Mario Landolina begraben.

455/56 *Einheit und Mehrheit* – Einzahl und Mehrzahl (Singular und Plural)

457 *Anmerkung zu »Ein Heroldsruf«* – »Daß der exclusiv nationale Standpunkt, welchen dieses Gedicht vertritt, nur ein Durchgangsstadium auf dem Wege seiner Entwicklung war, braucht der Verfasser nach dem Vorhergegangenen wohl nicht erst zu betonen? Im Übrigen muß er denjenigen Kritikern, die Anmerkungen zu Gedichten nicht leiden mögen, beistimmen.« Mit dem »Vorhergegangenen« ist das lange Gedicht »Emanuel Geibel« gemeint. Geibel (1815–1884) sei der »Herold« der Zeit gewesen; aber »nach dem Sieg von Sedan« habe er »das Ölblatt in den Lorbeerreis« geschlungen. Das heißt, er habe sanftere, versöhnlichere Töne angeschlagen, Friedenssehnsucht statt Franzosenhaß ausgesprochen. Die von Liliencron kritisierte Anmerkung ist in der als 2. Auflage bezeichneten Ausgabe aus dem Berliner Verlag F. Fontane & Co., 1892, nicht mehr enthalten. Die sogenannte »Neue Ausgabe« des »Buchs der Zeit« von 1905 bringt den »Heroldsruf« gar nicht mehr, dafür ein Gedicht »Die Kritik als Epilog«, das mit der Zeile beginnt: »Dies schrieb ein Antihofpoet.« Die »Endgültige Ausgabe«, Dresden 1924, enthält die Anmerkung nicht.

Quellenverzeichnis

Matthias Claudius, Werke, herausgegeben von U. Roedl. Stuttgart 1966 (Lessing, Emilia Galotti; Goethe, Lenz)

Th. W. Danzel, Gotthold Ephraim Lessing, sein Leben und seine Werke. 2. Band: Gotthold Ephraim Lessings Leben und Werke in der Periode vollendeter Reife, von G. E. Guhrauer. 2. Abteilung. Leipzig 1854 (Ramler über Emilia Galotti)

Johann Gottfried Herder, Über die neuere deutsche Literatur. Eine Beilage zu den Briefen, die neueste Literatur betreffend, Zwote Sammlung von Fragmenten. Riga 1767 (Geßner)

Johann Wolfgang Goethe, Schriften zur Literatur, Band 1, herausgegeben von S. Seidel. Berlin und Weimar 1984 (Berliner Ausgabe, Band 17) (Geßner)

Sturm und Drang. Weltanschauliche und ästhetische Schriften, herausgegeben von P. Müller, Band 2. Berlin und Weimar 1978 (J. H. Merck über Sophie v. La Roche)

Deutsche Chronik. Auf das Jahr 1774. 10. Stück. Augsburg, 2. Mai 1774 (Schubart über Goethe, Götz)
Auf das Jahr 1774. 19. Stück. Augsburg, 2. Juni 1774 (Schubart über Goethe, Götter, Helden und Wieland)
Auf das Jahr 1774. 72. Stück. Augsburg, 5. Dezember 1774 (Schubart über Goethe, Werther)
Auf das Jahr 1775. 22. Stück. Ulm, 16. März 1775 (Schubart, über Nicolai)
Nr. 75. Stuttgart, 20. September 1791 (Schubart über Hölderlin) (Neudruck, herausgegeben von A. Henkel. Heidelberg 1975)

Heinrich Wilhelm von Gerstenberg, H. W. v. Gerstenbergs Rezensionen in der Hamburgischen Neuen Zeitung 1767–1771. Herausgegeben von O. Fischer. Berlin 1904 (Wieland)

Friedrich Schiller, Schillers Werke. Nationalausgabe. 22. Band, herausgegeben von H. Meyer. Weimar 1958 (Bürger, Goethe).

Deutsches Museum, herausgegeben von Fr. Schlegel. Vierter Band. Wien 1813. Neuntes Heft (Schlegel über Maler Müller).

Der junge Goethe im zeitgenössischen Urteil, bearbeitet und eingeleitet von P. Müller. Berlin 1969 (Lenz über Goethe).

Der deutsche Merkur. Weimar. Juni 1774 (Wieland über Goethe, Götz von Berlichingen; Wieland über Goethe, Götter, Helden und Wieland).
Dezember 1774 (Wieland über Goethe, Werther).

Iris. 1. Band, 3. Stück. Düsseldorf 1774 (Heinse über Goethe)

August Wilhelm und Friedrich Schlegel, Charakteristiken und Kritiken, Band 1. Königsberg 1801 (Fr. Schlegel über Goethe).

August Wilhelm Schlegel, August Wilhelm v. Schlegels vermischte und kritische Schriften, herausgegeben von E. Böcking. Fünfter Band: Rezensionen. Leipzig 1847 (August Wilhelm v. Schlegels sämtliche Werke, Band 11) (Hölderlin, Tieck).

August Wilhelm Schlegel, August Wilhelm v. Schlegels sämtliche Werke. Siebenter Band. Leipzig 1846 (Schiller, Die Künstler).

Die Musen, herausgegeben von Fr. de la Motte-Fouqué und W. Neumann. Berlin. 1814. Drittes Srück (Varnhagen über Goethe; Fouqué über Rückert)

Ludwig Tieck, Kritische Schriften. Band 1. Leipzig 1848 (Voß, A. W. Schlegel); Band 3. Leipzig 1852 (Kleist)

Johann Wolfgang Goethe, Schriften zur Literatur. Historisch-kritische Ausgabe. Berlin.
Band 2, bearbeitet von J. Salomon. 1971 (Voß)
Band 3, bearbeitet von H. Nahler. 1973. (Schiller, Hebel).

Allgemeine deutsche Bibliothek. 1782. Band 49, 1. Stück. Berlin und Stettin (Knigge über Schiller).

Schiller und Goethe im Urteile ihrer Zeitgenossen, herausgegeben von J. W. Braun. Erste Abteilung: Schiller. Erster Band, 1782–1793. Leipzig 1882 (Moritz über Schiller).

Oscar Fambach, Schiller und sein Kreis in der Kritik ihrer Zeit. Berlin 1957 (Wieland über Schiller).

Deutsches Museum. Achtes Stück, August 1788, Leipzig (Stolberg über Schiller).

Friedrich Schlegel, Charakteristiken und Kritiken II, herausgegeben von H. Eichner. München, Paderborn, Wien und Zürich 1975 (Kritische Friedrich-Schlegel-Ausgabe I, 3). (Schiller, Kleist).

Clemens Brentano, Werke, herausgegeben von F. Kemp. Band 2. München 1963 (Schiller).

August Wilhelm Schlegel, Über dramatische Kunst und Literatur, Vorlesungen. Zweiter Teil, zweite Abteilung. Heidelberg 1811 (Schiller, Wilhelm Tell).

Ludwig Börne, Börnes Werke. Historisch-kritische Ausgabe in zwölf Bänden, Herausgegeben von L. Geiger. Berlin, Leipzig, Wien, Stuttgart.
Band 1. 1912. (Kotzebue)
Band 2. 1912. (Kleist, Grillparzer).

Neue Allgemeine Deutsche Bibliothek, Band 21, Heft 3, 1796. Kiel (Knigge über Jean Paul)

Ludwig Tieck, Kritische Schriften, Band 1. Leipzig 1848 (A. W. Schlegel).

Gustav Schwab, Kleine prosaische Schriften, herausgegeben von K. Klüpfel. Freiburg i. Br. und Tübingen 1882 (Hölderlin, Uhland, Lenau, Mörike).

E.T.A. Hoffmann, Fantasiestücke in Callots Manier. Berlin und Weimar 1976 (Jean Paul über Hoffmann).

Ludwig Börne, Gesammelte Schriften, 7. Teil. Hamburg 1829 (E.T.A. Hoffmann).

Karl Immermann, Werke in fünf Bänden, herausgegeben von B. v. Wiese. Band 1. Frankfurt am Main 1971 (Arnim/Heine).

Karl Gutzkow, Beiträge zur Geschichte der neuesten Literatur. Band 1. Stuttgart 1839 (Eichendorff, Grabbe, Büchner).

Theodor Fontane, Schriften zur Literatur, herausgegeben von H.-H. Reuter. Berlin 1960 (Grillparzer, Hebbel, Hauptmann, Holz / Schlaf).

Friedrich de la Motte-Fouqué, Gefühle, Bilder und Ansichten. Sammlung kleiner prosaischer Schriften. Band 1. Leipzig 1819 (Körner).

Literarisches Conversationsblatt. Leipzig.
1821, 13. November (Nr. 261) (Müller über Lenau).

Telegraph für Deutschland. Hamburg.
1838. Oktober (Nr. 170) (Schücking über Droste-Hülshoff).

Blätter für literarische Unterhaltung. Leipzig.
1827, Nr. 50 (Alexis über Hauff)
1849, Nr. 302–305 (Keller über Gotthelf)

Friedrich Hebbel, Sämtliche Werke. Historisch-kritische Ausgabe, herausgegeben von R. M. Werner. Berlin o. J.
Band 11 (Gutzkow)
Band 12 (Stifter, Raabe)

Moriz Enzinger, Adalbert Stifter im Urteil seiner Zeit. Wien 1968. (Schükking über Stifert)

Adelbert v. Chamisso, Sämtliche Werke, herausgegeben von J. Perfahl und V. Hoffmann. Band 2. Darmstadt 1975 (Freiligrath)

Unterhaltungen am häuslichen Herd, herausgegeben von K. Gutzkow. Neue Folge, Erster Band, Nr. 37. Leipzig 1858 (Gutzkow über Keller).

Heimgarten. Eine Monatsschrift, herausgegeben von P. Rosegger
Heft 6, März 1881, 5. Jahrgang. Graz (Rosegger über Keller, Grüner Heinrich)
Heft 6, März 1882, 6. Jahrgang (Rosegger über Leute von Seldwyla)

Jahrbuch der Raabe-Gesellschaft 1962, herausgegeben von H. Oppermann (Fontane über Raabe).

Detlev v. Liliencron, Gesammelte Werke, herausgegeben von R. Dehmel. Band 8. Berlin 1918 (Holz).

Inhalt